Inge Baumeister

Word 2021
Stufe 1: Grundlagen

Verlag:
BILDNER Verlag GmbH
Bahnhofstraße 8
94032 Passau

http://www.bildnerverlag.de
info@bildner-verlag.de

ISBN: 978-3-8328-0518-0
Bestellnummer: 100542

Autorin: Inge Baumeister
Herausgeber: Christian Bildner

Druck: CPI Clausen & Bosse GmbH, Birkstr. 10, 25917 Leck

Bildquellen:
Cover: © sodawhiskey - stock.adobe.com; © deagreez - stock.adobe.com
Kapitelbild: © lim_pix - stock.adobe.com

© 2023 BILDNER Verlag GmbH, Passau, Kennziffer 542_01

Die Informationen in diesen Unterlagen werden ohne Rücksicht auf einen eventuellen Patentschutz veröffentlicht. Warennamen werden ohne Gewährleistung der freien Verwendbarkeit benutzt. Bei der Zusammenstellung von Texten und Abbildungen wurde mit größter Sorgfalt vorgegangen. Trotzdem können Fehler nicht vollständig ausgeschlossen werden. Verlag, Herausgeber und Autoren können für fehlerhafte Angaben und deren Folgen weder eine juristische Verantwortung noch irgendeine Haftung übernehmen. Für Verbesserungsvorschläge und Hinweise auf Fehler sind Verlag und Herausgeber dankbar.

Fast alle Hard- und Softwarebezeichnungen und Markennamen der jeweiligen Firmen, die in diesem Buch erwähnt werden, können auch ohne besondere Kennzeichnung warenzeichen-, marken- oder patentrechtlichem Schutz unterliegen.

Die in den Beispielen verwendeten Namen von Firmen, Personen, Produkten und E-Mail-Adressen sind frei erfunden. Jede Ähnlichkeit ist keinesfalls beabsichtigt, sondern zufällig.

Bei Fragen zur Produktsicherheit wenden Sie sich bitte an folgende E-Mail-Adresse: produktsicherheit@bildner-verlag.de oder informieren Sie sich auf unserer Webseite www.bildnerverlag.com/produktsicherheit.

Das Werk einschließlich aller Teile ist urheberrechtlich geschützt. Es gelten die Lizenzbestimmungen der BILDNER Verlag GmbH Passau.

Vorwort

Microsoft Word gehört sicherlich zu den bekanntesten und am meisten genutzten Apps, wenn es um das Schreiben und Gestalten von Text geht, sei es im Beruf, Studium, Schule oder auch nur im privaten Bereich. Entsprechend umfangreich sind auch die Funktionen und Werkzeuge, die Word für die verschiedenen Zwecke bereitstellt. Dieses Buch führt Einsteiger Schritt für Schritt anhand von leicht nachvollziehbaren Beispielen und mit zahlreichen farbigen Bildern in den Umgang mit Word ein. Für Anwender und Anwenderinnen mit Vorkenntnissen bietet es sich als Nachschlagewerk an. Besonderes Augenmerk wurde auf zeitsparende Arbeitsweisen für den Alltag gelegt, dazu gehören auch Tipps und Tricks sowie Hinweise auf mögliche Fehlerquellen. Zum schnellen Nachschlagen von Fachbegriffen finden Sie außerdem im Anhang ein kleines Glossar und eine Zusammenstellung wichtiger und nützlicher Tastenkombinationen.

Microsoft 365 und Office 2021
Die Inhalte und fast alle Abbildungen in diesem Buch beziehen sich auf Microsoft 365. Diese Aboversion wird laufend aktualisiert und unterscheidet sich in Funktionsumfang und Aussehen geringfügig von Word 2021. Auf wichtige Unterschiede wird gesondert hingewiesen, so dass Sie dieses Buch problemlos mit beiden Versionen nutzen können.

Schreibweise
Befehle, Bezeichnungen von Schaltflächen und Beschriftungen von Dialogfenstern sind zur besseren Unterscheidung farbig und kursiv hervorgehoben, z. B. Register *Start* ▶ *Kopieren*.

Download Übungen
Die Übungsdateien und dazugehörigen Lösungen können Sie hier kostenlos herunterladen:

www.bildnerverlag.de/00542

Viel Spaß und Erfolg mit diesem Buch wünschen Ihnen
BILDNER Verlag und die Autorin Inge Baumeister

Inhalt

1 Erste Schritte mit Word 15

1.1 Word starten 16

1.2 Beispiel: schnell einen Brief anhand einer Vorlage erstellen 17
Wählen Sie eine Vorlage aus 17
So verwenden Sie eine Vorlage 18
Schnelle Hilfe zu verschiedenen Aufgaben 20
Den fertigen Brief ausdrucken 21
Das Dokument speichern 21
Word beenden 22

1.3 Die Elemente des Word-Fensters auf einen Blick 23

1.4 Die Möglichkeiten der Befehlseingabe 25
Schaltflächen/Symbole im Menüband 25
Kontextmenü und Minisymbolleiste 29
Schaltflächen im Dokument 30
Tastenkombinationen als schnelle Alternative 30
Die Symbolleiste für den Schnellzugriff 30
Word per Toucheingabe bedienen 31
Die Word-Hilfe 32

1.5 Wichtige Anzeigeeinstellungen 34
Zwischen den Ansichten wechseln 34
Die Standardansicht Drucklayout 34
Weitere Möglichkeiten der Ansicht Drucklayout 36
Noch mehr Ansichten 38

2 Eingabe-, Bearbeitungs- und Korrekturtechniken 39

2.1 Mit einem neuen leeren Dokument beginnen 40

2.2 Text eingeben 41
Grundlegende Techniken 41
Absätze und automatischer Zeilenumbruch 42
Nicht druckbare Zeichen 43

2.3 So bewegen Sie sich im Text 44
Cursortechniken 44
In längeren Dokumenten bewegen 45

2.4 Text nachträglich ändern 46
Text löschen 46
Zeichen nachträglich einfügen 46
Rückgängig, Wiederherstellen und Wiederholen 47

2.5 Markierungstechniken 48
Mit der Maus markieren 48
Mit der Tastatur markieren 50
Im Auswahlmodus markieren 50

2.6 Rechtschreibung, Grammatik und Sprache 51
Korrekturhilfen im Dokument 52
Microsoft Editor: Die intelligente Schreibunterstützung 53
Optionen zu Sprache, Rechtschreibung und Grammatik 57

2.7 Automatische Korrekturen während der Eingabe 58
So funktioniert die AutoKorrektur 58
Eine AutoKorrektur rückgängig machen 58
AutoKorrektur-Optionen 59
Die AutoKorrektur ergänzen oder Einträge entfernen 59
AutoFormat während der Eingabe 60
Darstellung von Links 61

2.8 Besonderheiten während der Eingabe 62
Leerzeilen am Textende überbrücken 62
Manuelle und automatische Zeilenumbrüche 62
Seitenumbruch einfügen 63
Silbentrennung 64

2.9 Text verschieben oder kopieren 65
Verwenden der Maus 65
Die Zwischenablage verwenden 66
Daten zwischen Dokumenten austauschen 68
Die Office-Zwischenablage 68

2.10 Zeichenfolgen suchen und ersetzen 70
Eine Zeichenfolge suchen 70
Zeichenfolge ersetzen 71
Sonderzeichen und Formate suchen 73

2.11 Optionen zur Texteingabe und -bearbeitung 75
Wichtige Einstellungen in den Word-Optionen 75
Dokumentinformationen und mehr 76

2.12 Übung 79

3

Word-Dokumente verwalten 81

3.1 Das Register Datei im Überblick 82

3.2 Ein neues Dokument erstellen 83

3.3 Dokumente speichern 84
Der Cloudspeicher OneDrive 84
Dateiname und Speicherort festlegen 85
Wichtige Dateitypen 88
Automatisches Speichern 89

3.4 Dokumente öffnen 91
Dokument aus Word heraus öffnen 91
Schneller Zugriff auf Dokumente 92
Nach dem Öffnen an der letzten Position fortfahren 94
Sicherheitseinstellungen beim Öffnen 94
Dokumente schreibgeschützt öffnen 96

3.5 Nicht gespeicherte Dokumente wiederherstellen 97
Automatisches Wiederherstellen aktivieren 97
Dokumente nach einem Programmabsturz wiederherstellen 98
Nicht gespeicherte Änderungen an einem Dokument wiederherstellen 98

3.6 Konto und Kontoeinstellungen verwalten 100
Mit einem Microsoft-Konto bei Office an- und abmelden 101
Heller oder dunkler Hintergrund? 102

3.7 Mit mehreren Word-Dokumenten arbeiten 103
Zwischen geöffneten Fenstern wechseln 103
Fenster anordnen 103

3.8 Word-Dokumente in ein anderes Dateiformat exportieren 104
Textformate 104
PDF-Datei erstellen 105

3.9 Allgemeine Word-Einstellungen 107
Benutzeroberfläche 107
Speichern 108
Sicherheitseinstellungen 109

3.10 Dokument mit Kennwort verschlüsseln 111

3.11 Übung 111

4 Textgestaltung 113

4.1 Grundlegende Techniken 114
Zeichen- oder Absatz? 114
Tipps zur Vorgehensweise 114

4.2 Farben und Schriftart des Dokuments festlegen 115
Dokumentschriftart festlegen 116
Dokumentfarben wählen 117
Zeilen- und Absatzabstände 118
Weitere Möglichkeiten 119

4.3 Zeichenformate 120
Schriftart, Schriftgröße und Schriftschnitt 120
Farben verwenden 123
Texteffekte einsetzen 125
Weitere Zeichenformate 126
Symbole aus Symbolschriftarten verwenden 128

- **4.4 Einfache Absatzformate 129**
  - Ausrichtung 129
  - Einrückungen/Einzüge 130
  - Zeilen- und Absatzabstände 133

- **4.5 Nummerierung und Aufzählungen 135**
  - Absätze mit Aufzählungen versehen 135
  - Absätze automatisch nummerieren 138
  - Gegliederte Listen 141

- **4.6 Text mit Rahmen und Hintergrundfarbe versehen 145**
  - Rahmenlinien 145
  - Text mit einer Hintergrundfarbe/Schattierung versehen 149

- **4.7 Techniken zur schnellen Formatierung 150**
  - Letzten Arbeitsschritt wiederholen 150
  - Format übertragen (kopieren) 151
  - Formatierungen löschen und das ursprüngliche Aussehen wiederherstellen 152

- **4.8 Übung 153**

5

Seitenlayout einrichten und Dokument drucken 155

- **5.1 Seitenlayout einrichten 156**
  - Blindtext zum Testen des Layouts erzeugen 156
  - Papierformat, Ausrichtung und Seitenränder festlegen 156
  - Mehrere Seiten drucken, beidseitiger Druck 158
  - Papierformat und -zufuhr 159

- **5.2 Unterschiedliche Layouteinstellungen innerhalb eines Dokuments 160**
  - Abwechselnd Hoch- und Querformat einrichten 160
  - Im Dokument seitenweise blättern 161
  - Dokument in Abschnitte aufteilen 162

- **5.3 Leere Seite / Deckblatt hinzufügen 164**
  - Leere Seite im Dokument einfügen 164
  - Deckblatt verwenden 165

- **5.4 Text in Spalten anordnen 166**

- **5.5 Kopf- und Fußzeilen, Seitenzahlen 169**
  - Vorlagen für Kopf- und Fußzeilen verwenden 170
  - Seitenzahlen 171
  - Weitere häufig benötigte Inhalte einfügen 173
  - Kopf- und Fußzeilen ohne Vorlage erstellen 173
  - Kopf- und Fußzeilenoptionen 174
  - Unterschiedliche Kopf- und Fußzeilen einrichten 175

- **5.6 Seite einrahmen und Seitenhintergrund 178**
  - Rahmenlinien 178
  - Wasserzeichen im Hintergrund 179

5.7 **Dokument drucken** 181
 Dokument in der Druckvorschau kontrollieren 181
 Drucken und Druckeinstellungen 182

5.8 **Umschläge und Etiketten drucken** 183
 Umschläge bedrucken 183
 Etiketten drucken 184

5.9 **Übung** 185

6 Effiziente Textgestaltung mit Formatvorlagen 187

6.1 **Wann Sie Formatvorlagen verwenden sollten** 188

6.2 **Formatvorlagen zuweisen** 189
 Formatvorlage auswählen 189
 Besondere Formatvorlagen 190
 Formatvorlagen dauerhaft anzeigen 191

6.3 **Formatvorlagen anpassen** 192
 Formatvorlagensatz auswählen 192
 Vorhandene Formatvorlagen ändern 192

6.4 **Eigene Formatvorlagen neu erstellen** 195
 Absatzformatvorlage aus Auswahl erstellen 195
 Eine Absatzformatvorlage von Grund auf neu erstellen 196
 Zeichenformatvorlagen erstellen 198
 Tastenkombination zuweisen 198
 Formatvorlage löschen 199

6.5 **Überschriften mit Formatvorlagen im Griff** 200
 Überschriften nummerieren 200
 Inhaltsverzeichnis erstellen 201
 Schnelle Navigation im Navigationsbereich 202

6.6 **Übung** 203

7 Tabellen und Tabstopps nutzen 205

7.1 **Text anhand von Tabstopps ausrichten** 206
 Die Standardtabstopps zur schnellen Ausrichtung nutzen 206
 Benutzerdefinierte Tabstopps setzen 207
 Tabstopps mit Füllzeichen 209

7.2 **Tabellen einsetzen** 211
 Tabelle einfügen 211
 Texteingabe in Tabellen 213
 Tabelle und Zellen markieren 214

7.3 **Tabellenlayout anpassen** 215
   Spaltenbreite und Zeilenhöhe ändern 215
   Zeilen und Spalten hinzufügen und löschen 218
   Zellen verbinden und teilen 219
   Tabellengröße und -position 220
   Tabelle sortieren 222
   Spaltenüberschriften auf jeder Druckseite wiederholen 223

7.4 **Tabelle formatieren** 223
   Textausrichtung und -abstand 223
   Tabellen mit Formatvorlagen gestalten 225
   Tabelle mit individuellen Rahmen und Farben versehen 225
   Tabelle ohne Rahmenlinien 226
   Rahmenlinien zeichnen 227
   Tabelle zeichnen 228

7.5 **Text in Tabelle umwandeln und umgekehrt** 229

7.6 **Übung** 230

8 Bilder und grafische Elemente einfügen 233

8.1 **Ein Bild oder eine Grafik einfügen** 234
   Ein Bild von Festplatte oder OneDrive einfügen 234
   Archivbild auswählen 234
   Im Web nach Bildern suchen 236

8.2 **Bild bearbeiten** 237
   Bild markieren 237
   Die Bildgröße ändern 238
   Bild zuschneiden 239
   Bild auf die ursprüngliche Größe zurücksetzen 240
   Weitere Einstellungen zur Größenänderung 240
   Ein Bild drehen oder spiegeln 241
   Die Bildbearbeitungstools von Word 242
   Ein Bild mit Rahmen- und anderen grafischen Effekten versehen 243

8.3 **Bild im Dokument positionieren** 244
   Bild als Absatz ausrichten 244
   Textumbruch 245
   Bild verschieben 247
   Weitere Optionen zu Bildposition und Textumbruch 248

8.4 **Dokumentgestaltung mit Formen** 249
   Form einfügen 249
   Formen mit Füllungen und weiteren Effekten versehen 251
   Mehrere Formen in Zeichenbereich zusammenfassen 254
   Form mit Text versehen 255
   Objekte ausrichten 256

8.5 Weitere grafische Elemente 259
Piktogramme einfügen und formatieren 259
SmartArt-Layouts verwenden 261
WordArt-Objekte 264
Textfelder einfügen 265
3D-Modelle 266
Zeichnen 268

8.6 Übung 269

9 Weiterführende Techniken 271

9.1 Textelemente einfügen 272
Datum und Uhrzeit 272
Weitere Datumsinformationen als Feld einfügen 272
Mathematische Formeln und Sonderzeichen 274
Fuß- und Endnoten einfügen und verwalten 276
Text aus Datei einfügen 277

9.2 Wiederverwendbare Texte als Baustein speichern 277
Grundlagen 277
Baustein speichern 278
Baustein einfügen 279
Bausteine verwalten, ändern und löschen 280

9.3 Nützliche Arbeitshilfen 282
Text übersetzen 282
Begriffe schnell im Internet nachschlagen 285

9.4 Lesbarkeit am Bildschirm verbessern 286
Dokumente im Lesemodus anzeigen 286
Die Möglichkeiten des plastischen Readers nutzen 288

9.5 Dokumente im Team bearbeiten 289
Dokument freigeben 289
Freigegebene Dokumente gemeinsam bearbeiten 292
Änderungen nachverfolgen 293
Kommentare einfügen 296

9.6 Übung 297

10 Individuelle Dokumentvorlagen gestalten 299

10.1 Eigene Dokumentvorlagen speichern 300
Was sind Dokumentvorlagen eigentlich? 300
So gehen Sie bei der Erstellung vor 300
Dokumentvorlage verwenden 302
Anderen Speicherort wählen 303

10.2 Beispiel: Dokumentvorlage für interne Kurzmitteilungen 304
Dokumentvorlage speichern 304
Designfarben und Schriftarten zusammenstellen 304
Seitenlayout einrichten und Kopf- und Fußzeile gestalten 305
Sonstige Texte hinzufügen 306

10.3 Formularfelder einsetzen 307
Entwicklertools anzeigen 307
Die wichtigsten Formularfelder im Überblick 308
Inhaltssteuerelemente einfügen 309

10.4 Dokumentvorlagen und Formulare schützen 313

11 Einführung Seriendruck 315

11.1 Empfängeradressen 316
Aufbau und Dateitypen 316
Neue Adressenliste erstellen und speichern 317

11.2 Serienbriefe erstellen 319
1. Schritt: Seriendruck starten und Dokumenttyp festlegen 319
2. Schritt: Empfängeradressen auswählen 319
3. Schritt: Seriendruckfelder einfügen 321
4. Schritt: Briefe in der Vorschau kontrollieren 326
5. Schritt: Zusammenführen und drucken 326
Gespeicherten Serienbrief öffnen 327
Hauptdokument in ein normales Dokument umwandeln 327

11.3 Bedingungen verwenden 328

11.4 Serienbriefe sortieren und filtern 329
Adressen sortieren 329
Empfänger filtern 330
Adressen in der Datenquelle bearbeiten 331

11.5 Seriendruck-Etiketten 332
Etikettengröße festlegen 332
Seriendruckfelder einfügen und Etiketten aktualisieren 333

11.6 Übung 334

Tastenkombinationen 337

Glossar 342

Stichwortverzeichnis 349

1 Erste Schritte mit Word

In diesem Kapitel lernen Sie …

- Schnell einen Brief mit einer Vorlage erstellen, drucken und speichern
- Die Arbeitsoberfläche von Word
- Die Möglichkeiten der Befehlseingabe
- Wichtige Einstellungen der Bildschirmanzeige

Das sollten Sie bereits wissen

- Umgang mit Maus, Touchpad und Tastatur
- Apps starten und beenden

1 Erste Schritte mit Word

1.1 Word starten

Zum Starten von Word gibt es verschiedene Möglichkeiten:

- Falls sich das Symbol Word im Startmenü von Windows befindet, so klicken oder tippen Sie auf dieses. Manchmal findet sich Word auch auf dem Desktop, dann starten Sie Word mit einem Doppelklick auf das Symbol.

- Oder wählen Sie im Startmenü *Alle Apps*. Klicken Sie auf einen beliebigen Buchstaben, dann auf den Buchstaben *W* und anschließend auf *Word*.

- Alternativ klicken Sie in der Taskleiste auf die Schaltfläche *Suche*, tippen den Suchbegriff „word" ein und klicken dann in der Liste der Suchergebnisse auf *Word*.

Die Startseite von Word

Unmittelbar nach dem Start erscheint die Startseite von Word und Sie können wählen, was Sie tun möchten.

- Um mit einem völlig leeren Dokument zu beginnen, klicken Sie auf die Schaltfläche *Leeres Dokument* ❶.

- Möchten Sie dagegen schnell und ohne tiefergehende Kenntnisse von Word zum Beispiel einen optisch ansprechenden Brief verfassen, dann benutzen Sie dazu eine Vorlage ❷. Noch mehr Vorlagen erhalten Sie mit der Auswahl *Weitere Vorlagen* ❸.

- Benötigen Sie eines der zuletzt verwendeten Dokumente, so klicken Sie dieses hier ❹ an.

- Mit Klick auf dieses Symbol ❺ können Sie die Startseite erneut aufrufen.

Bild 1.1 Die Startseite von Word

Tipp: Möglicherweise bietet Word auch auf der Startseite mit *Eine Tour unternehmen* eine kleine Einführung in Word an.

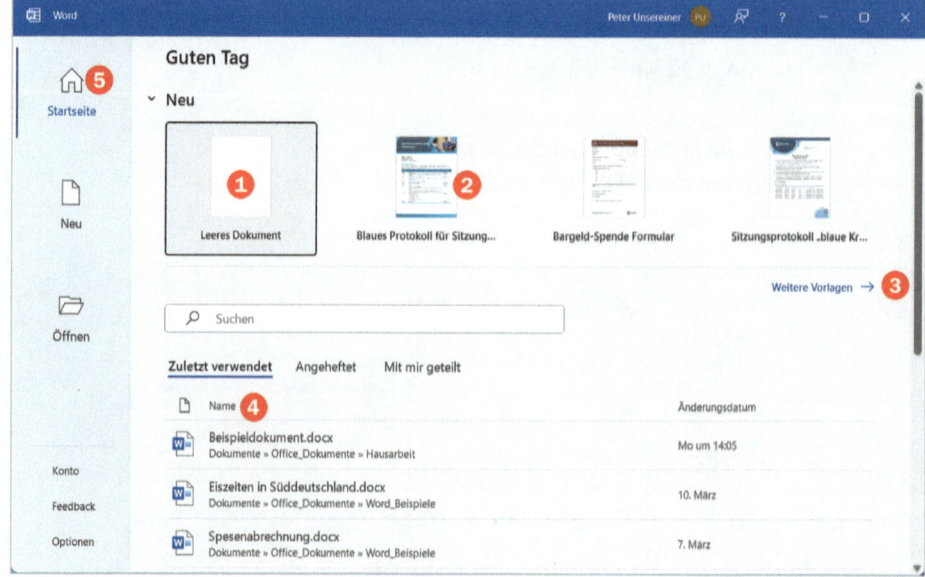

1.2 Beispiel: schnell einen Brief anhand einer Vorlage erstellen

Vorlagen sind fertig gestaltete Dokumente, die ähnlich wie Vordrucke verwendet werden. Sie enthalten bereits ein fertiges Drucklayout mit Text und Formatierungen und häufig auch noch andere Elemente wie Grafiken und Tabellen. Sie brauchen nur noch die gewünschten Inhalte einfügen und das Dokument drucken und speichern. Bei Bedarf können auch die vorgegebenen Inhalte geändert werden, die Vorlagen selbst werden dadurch nicht verändert.

Wählen Sie eine Vorlage aus

Um einen ersten Überblick zu erhalten, klicken Sie auf der Startseite von Word auf *Weitere Vorlagen* oder links auf *Neu* ❶. Scrollen Sie dann mit der Bildlaufleiste oder dem Mausrädchen nach unten.

▶ Klicken Sie auf eine Vorlage, so erhalten Sie in einem gesonderten Fenster eine vergrößerte Vorschau zusammen mit einer Beschreibung ❷.

▶ Entspricht die Vorlage nicht Ihren Vorstellungen, so können Sie die kleinen Pfeile nach rechts und links ❸ nutzen, um die nächste bzw. vorherige Vorlage in der Vergrößerung anzuzeigen. Oder klicken Sie auf das Schließen-Symbol in der rechten oberen Ecke, um die Vorschau zu beenden ❹.

▶ Wenn Sie dagegen die ausgewählte Vorlage verwenden möchten, dann klicken Sie auf *Erstellen* ❺, im Bild unten eine Vorlage mit Briefkopf als Beispiel.

Der Umfang der verfügbaren Vorlagen hängt davon ab, welche Word-Version Sie verwenden. Mit Microsoft 365 stehen Ihnen wesentlich mehr Vorlagen zur Verfügung, als mit der Kaufversion Word 2021.

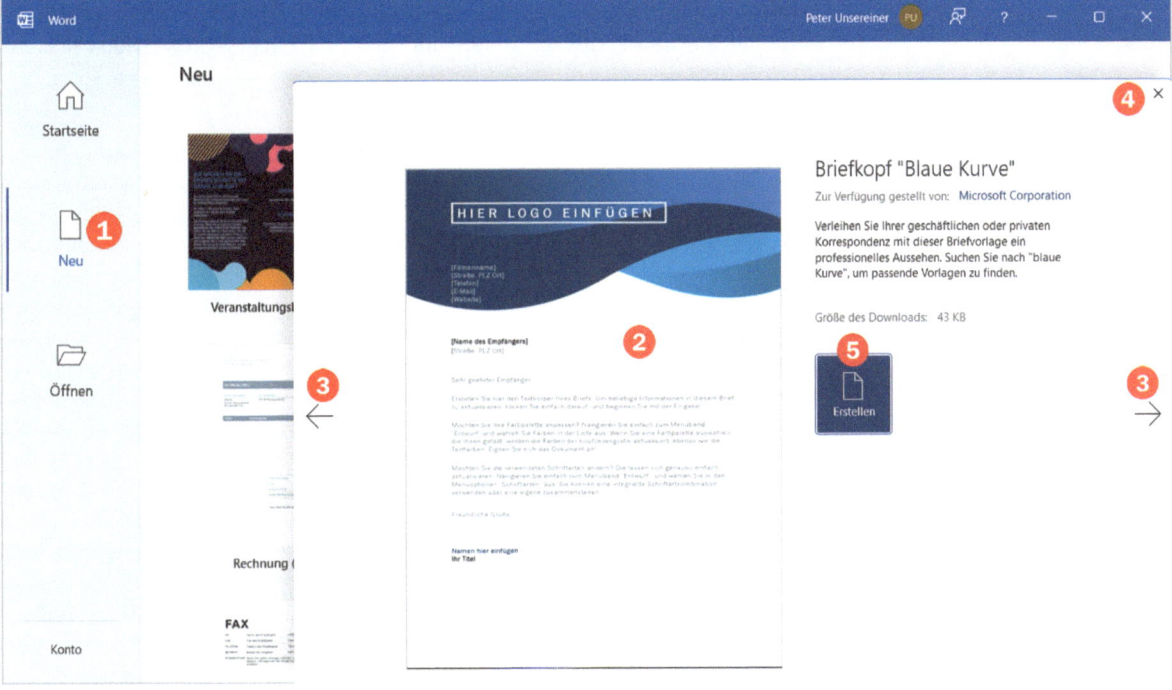

Bild 1.2 Vorlage auswählen

Hinweis: Die meisten Vorlagen sind zunächst nur online verfügbar, es kann also einige Sekunden dauern, bis eine Vorlage heruntergeladen und geöffnet wird, nachdem Sie auf *Erstellen* geklickt haben.

Weitere Vorlagen online suchen

Sollte sich unter *Neu* keine geeignete Vorlage finden, so finden Sie online weitere. Klicken Sie in das Feld *Nach Onlinevorlagen suchen*, geben Sie Ihren Suchbegriff ein, z. B. „Brief", und starten Sie die Suche mit der **Eingabetaste** oder Klick rechts auf die Lupe. Alternativ können Sie unterhalb auf einen der empfohlenen Suchbegriffe klicken.

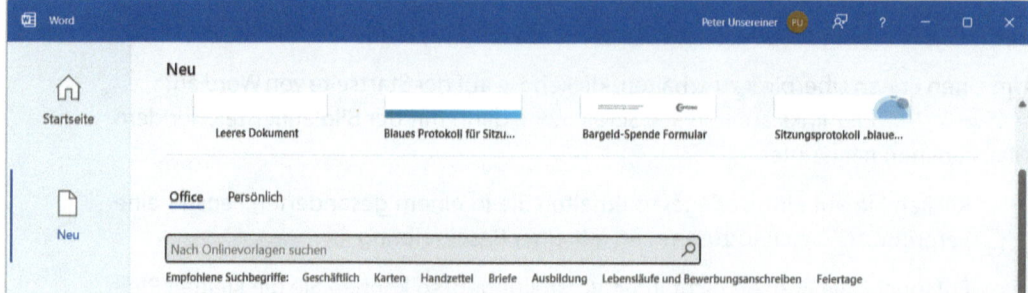

Bild 1.3 Onlinevorlagen suchen

So verwenden Sie eine Vorlage

Nachdem Sie eine Vorlage ausgewählt und auf *Erstellen* geklickt haben, erscheint diese zusammen mit der eigentlichen Arbeitsoberfläche von Word. Im nachfolgenden Beispiel wurde die Vorlage *Geschäftsbrief* gewählt. Die Vorlage enthält Hinweise als Platzhalter für alle Elemente, die von Ihnen eingegeben bzw. ersetzt werden müssen.

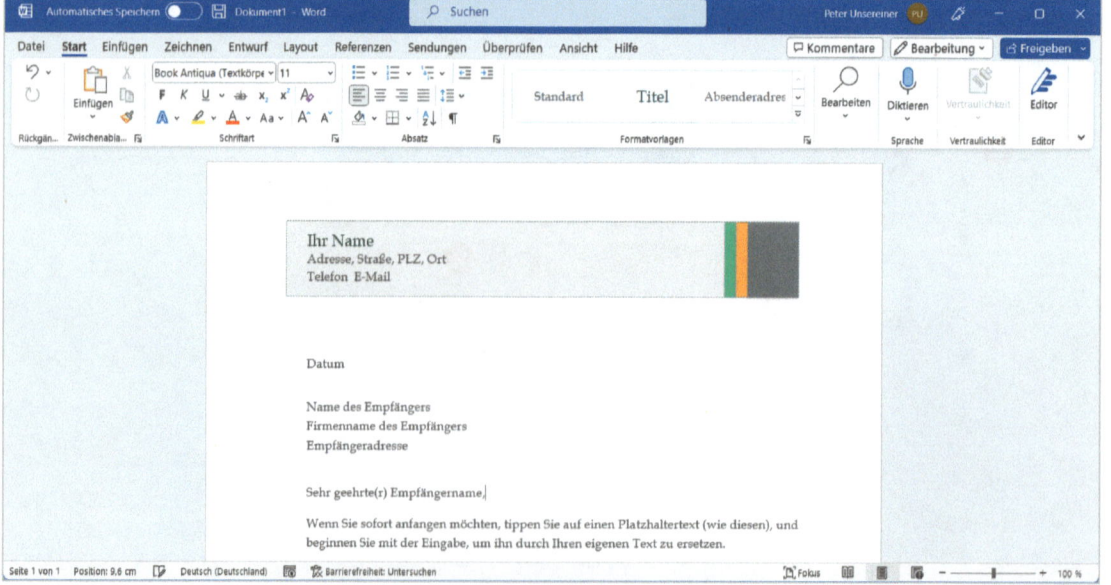

Bild 1.4 Brief mit einer Vorlage schreiben

1. Klicken Sie im Briefkopf auf den ersten Platzhalter, im Bild *Ihr Name*, um Ihren Namen als Absender einzugeben. Der Platzhalter wird grau hinterlegt, er ist markiert. Tippen Sie nun Ihren Namen ein. Der vorhandene Text braucht nicht gelöscht werden, denn er wird automatisch überschrieben.

2. Genauso verfahren Sie mit der Absenderadresse. Klicken Sie auf *Adresse, Straße, PLZ, Ort*, geben Sie die Straße ein und betätigen Sie die **Eingabetaste**, um in der nächsten Zeile Postleitzahl und Ort einzugeben.

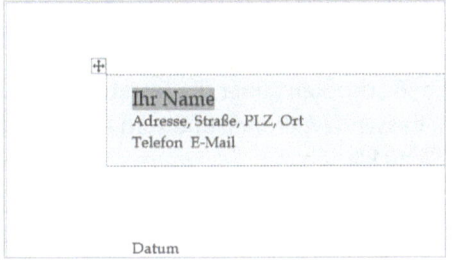 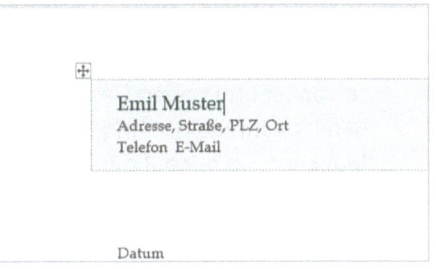

Bild 1.5 Platzhaltertext anklicken und überschreiben

3. Wenn Sie als Datum das aktuelle Datum eingeben möchten, dann erscheint nach Eingabe der ersten Zeichen ein kurzer Infotext und Sie brauchen nur die **Eingabetaste** betätigen, um das vollständige Datum zu übernehmen.

Bild 1.6 Das aktuelle Datum kann übernommen werden

4. Klicken Sie nacheinander auf die restlichen Platzhalter und geben Sie Name und Anschrift des Empfängers, Anrede und Brieftext ein. Auch der Brieftext kann mit einem einzigen Klick ausgewählt und anschließend überschrieben werden.

> Sobald Sie Ihren Namen als Absender eingetragen haben, wird dieser automatisch in die Briefunterschrift übernommen.

Schnelle Hilfe zu verschiedenen Aufgaben

Sie möchten den fertigen Brief drucken und speichern? Kein Problem, Word unterstützt Sie bei den verschiedenen Aufgaben und der Suche nach Befehlen. Hierzu finden Sie ganz oben in der Titelleiste des Word-Fensters ein Suchfeld.

▶ Beim Klick in das Suchfeld schlägt Word einige Aktionen vor. Ignorieren Sie diese vorerst und geben Sie ein Stichwort, z. B. „drucken", über die Tastatur ein ❶. Bereits während der Eingabe erscheinen passende Aktionen und zum Ausführen brauchen Sie nur auf die gewünschte ❷ zu klicken, z. B. *Seitenansicht und Drucken*, wenn Sie den Brief zuvor in der Druckvorschau kontrollieren möchten.

Bild 1.7 Hilfe erhalten

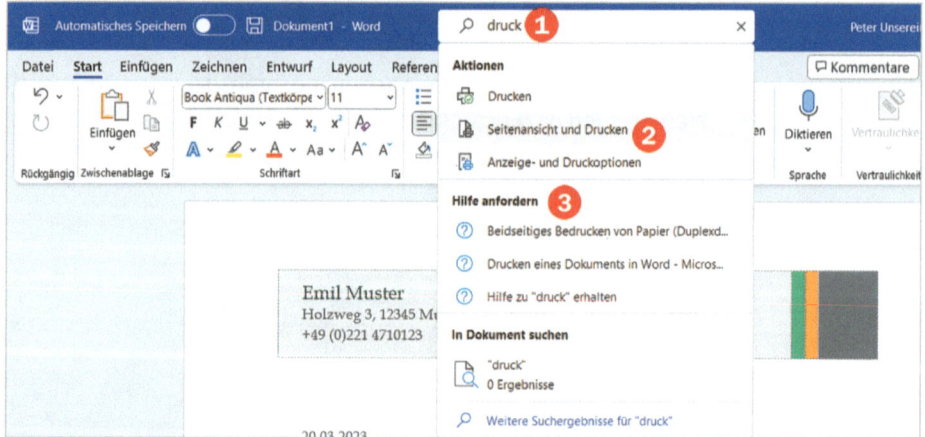

Tipp: Unter *Im Dokument suchen* bietet Word auch das Durchsuchen des aktuellen Dokuments nach dem eingetippten Suchbegriff an.

▶ Falls Sie nähere Informationen zu einer Aktion benötigen, dann klicken Sie im Abschnitt *Hilfe anfordern* ❸ auf ein Hilfethema, z. B. *Drucken eines Dokuments in Word*. Damit öffnet sich am rechten Rand des Word-Fensters ❹ die Hilfe mit einer kurzen Anleitung und manchmal auch einem Video.

▶ Um die Hilfe wieder zu schließen, klicken Sie rechts auf das x-Symbol ❺.

Bild 1.8 Die Word-Hilfe

Den fertigen Brief ausdrucken

Um beim Drucken unliebsame Überraschungen und unnötigen Papierverbrauch zu vermeiden, sollten Sie vor dem Drucken das Aussehen in der Vorschau bzw. Seitenansicht kontrollieren. Diese Möglichkeit wird auch beim Stichwort „drucken" mit der Aktion *Seitenansicht und Drucken* angeboten, siehe Bild 1.7 auf Seite 20.

1   Nachdem Sie auf *Seitenansicht und Drucken* geklickt haben, erscheint der Brief verkleinert in einer Vorschau ❶.

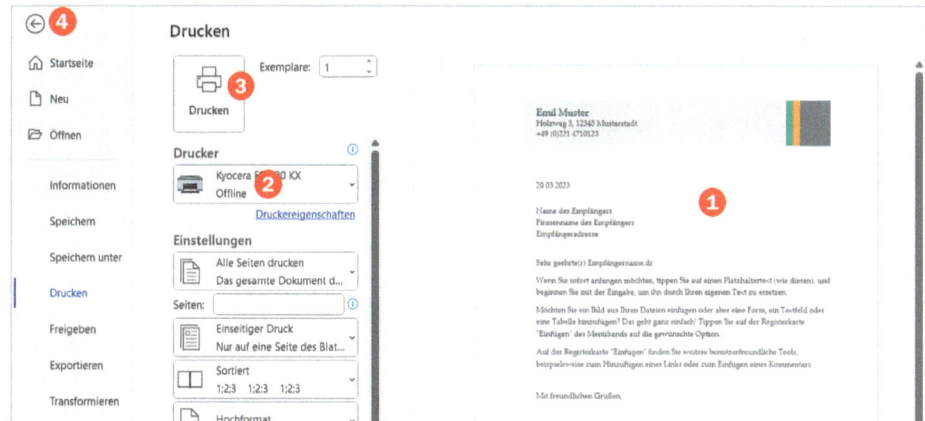

Bild 1.9 Seitenansicht und Drucken

2   Kontrollieren Sie, ob der richtige Drucker ausgewählt ist ❷. Falls nicht, klicken Sie einfach auf den Drucker und wählen in der sich öffnenden Liste einen anderen aus.

3   Klicken Sie auf die Schaltfläche *Drucken* ❸, um den Druckvorgang zu starten. Damit kehrt Word automatisch wieder zum Dokument zurück.

4   Wenn Sie zur Dokumentbearbeitung ohne Drucken zurückkehren möchten, z. B. um einen Fehler zu berichtigen, dann klicken Sie entweder in der linken oberen Ecke auf den Pfeil ❹ oder betätigen auf der Tastatur die **Esc**-Taste.

Das Dokument speichern

Im letzten Schritt muss eigentlich nur noch der fertige Brief gespeichert werden. Dazu gehen Sie wie beim Drucken vor:

Die Farbe der Titelleiste und damit auch des Speichern-Symbols, hängt von der Word-Edition ab und kann daher von der Abbildung abweichen.

1   Klicken Sie in der Titelleiste des Word-Fensters in das Suchfeld, tippen Sie „Speichern" ein und wählen Sie die Aktion *Speichern*. Oder klicken Sie in der linken oberen Ecke des Word-Fensters auf das Symbol *Speichern* 🖫, falls sichtbar.

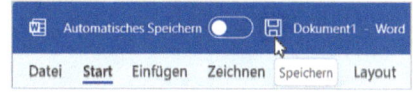

2   Anschließend erscheint das Fenster *Diese Datei speichern*. Geben Sie im Feld *Dateiname* statt des Textanfangs oder dem nichtssagenden *Dok1* einen aussagefähigen Dateinamen ein ❶ und kontrollieren Sie den Speicherort im Feld *Ort*

auswählen ❷. Meist schlägt Word hier den Ordner *Dokumente* vor und unterhalb sehen Sie, ob es sich um einen Ordner auf der lokalen Festplatte (C:) oder dem Cloudspeicher OneDrive handelt. Falls Sie einen anderen Ordner auswählen möchten, so klicken Sie in das Feld und danach in der Auswahlliste auf den gewünschten Ordner.

3 Klicken Sie zuletzt auf die Schaltfläche *Speichern* ❸.

Bild 1.10 Brief speichern

> **Was tun, wenn der gesuchte Ordner hier nicht aufgeführt wird?**
>
> Dies ist nur eine Kurzbeschreibung der Vorgehensweise beim Speichern. Wie Sie gezielt einen bestimmten Ordner auswählen, einen neuen Ordner anlegen oder Einstellungen zum Speichern vornehmen, lesen Sie in Kapitel 3.3 nach.

4 Nachdem Sie auf *Speichern* geklickt haben, verschwindet das Fenster *Diese Datei speichern* wieder. Unter welchem Namen der Brief gespeichert wurde, sehen Sie beim Blick in die Titelleiste.

Bild 1.11 In der Titelleiste sehen Sie den Dateinamen

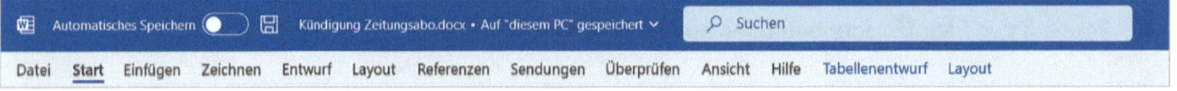

Word beenden

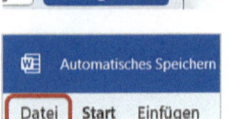

Um Word zu beenden, benutzen Sie eine der folgenden Methoden:

▶ Klicken Sie in der rechten oberen Ecke des Word-Fensters auf das Symbol *Schließen*. Dieses wird rot, sobald Sie mit der Maus darauf zeigen.

▶ Oder klicken Sie im Menüband auf das Register *Datei* und dann in der linken Spalte auf *Schließen*.

▶ Oder klicken Sie mit der rechten Maustaste auf das Word-Symbol in der Taskleiste und dann auf *Schließen*.

Wenn Sie am aktuellen Dokument Änderungen vorgenommen haben und diese noch nicht gespeichert wurden, dann erscheint vor dem Beenden eine Rückfrage, ob Sie die Änderungen speichern möchten.

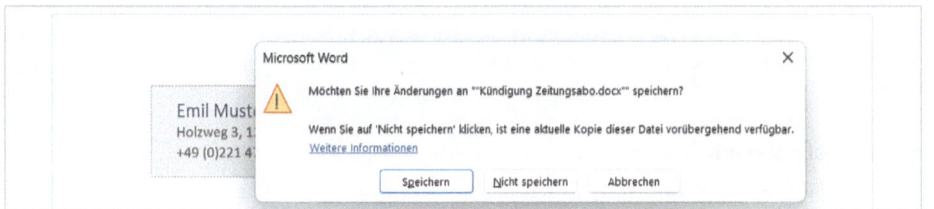

Bild 1.12 Änderungen beim Beenden speichern

▶ Klicken Sie auf *Speichern*, wenn Sie Ihre letzten Änderungen speichern und Word beenden möchten.

▶ *Nicht speichern* bedeutet, Änderungen werden nicht gespeichert, Word wird aber trotzdem beendet.

▶ Klicken Sie dagegen auf *Abbrechen*, so passiert überhaupt nichts; Änderungen werden nicht gespeichert und Word wird nicht beendet.

1.3 Die Elemente des Word-Fensters auf einen Blick

Word wird wie alle Anwendungen und Apps in einem Fenster auf dem Desktop geöffnet. Über die typischen Fensterelemente ändern Sie die Fenstergröße und beenden Word wieder. Hier die wichtigsten Elemente am Beispiel eines leeren Dokuments.

Bild 1.13 Fensterelemente

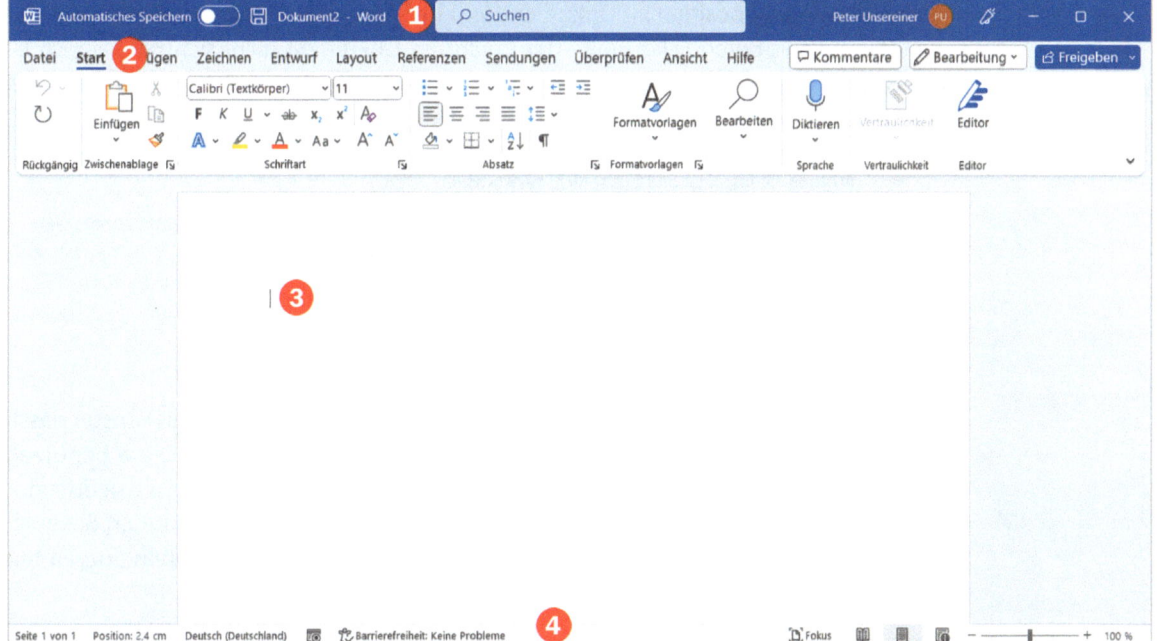

❶ Titelleiste mit dem Dateinamen und Schaltflächen zur Steuerung der Fenstergröße. Die Farbe hängt davon ab, ob Sie Word 2021 oder Microsoft 365 nutzen.

❷ Menüband

❸ das leere Dokument mit dem Cursor am Dokumentanfang

❹ die Statusleiste

Fenstergröße steuern

Die Titelleiste des Anwendungsfensters enthält unter anderem den Namen der App zusammen mit dem Namen des geöffneten Dokuments sowie ganz rechts drei Schaltflächen zum Steuern der Fenstergröße und zum Schließen des Fensters.

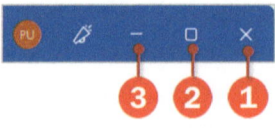

▶ Mit einem Mausklick auf das Symbol *Schließen* ❶ beenden Sie Word, siehe oben.

▶ Mit einem Mausklick auf das mittlere ❷ Symbol wechselt das Word-Fenster zwischen beliebiger Fenstergröße (*Verkleinern*) und Vollbildmodus (*Maximieren*).

▶ Mit dem Symbol *Minimieren* ❸ reduzieren Sie das geöffnete Fenster auf die Größe einer Schaltfläche in der Taskleiste. Mit einem Mausklick auf diese Schaltfläche stellen Sie das ursprüngliche Fenster wieder her, die Anwendung wird nicht geschlossen.

Mauszeiger und Cursor

Den größten Teil des Fensters nimmt das geöffnete Dokument ein. Die Einfügemarke bzw. der Cursor in Form eines blinkenden, senkrechten Strichs | kennzeichnet die aktuelle Eingabeposition im Dokument und befindet sich in einem neuen Dokument in der linken oberen Ecke. Sollte der Cursor im Dokument nicht sichtbar sein, so ist das Word-Fenster nicht das aktive Fenster. Klicken Sie in diesem Fall an eine beliebige Stelle des Fensters.

> ▮ **Achtung - Mauszeiger und Cursor nicht verwechseln**
> Eine ähnliche Form besitzt auch der Mauszeiger I , wenn er sich innerhalb des Dokuments befindet. Verwechseln Sie also den Mauszeiger nicht mit dem Cursor.

Bildlaufleisten/Scrollen

Sobald der Text eines längeren Dokuments nicht mehr vollständig in das Fenster passt, erscheint am rechten Rand des Fensters eine vertikale Bildlaufleiste. Diese benutzen Sie zum Verschieben des sichtbaren Textbereichs; ziehen Sie dazu mit gedrückter Maustaste den Balken der Leiste nach oben oder unten. Alternativ können Sie auch das Rad der Maus drehen (Scrollen) oder bei Fingerbedienung nach oben oder unten über den Bildschirm streifen.

Dasselbe gilt, wenn die Breite eines Fensters nicht zur Anzeige ausreicht; dann erscheint am unteren Rand eine horizontale Bildlaufleiste, die Sie mit gedrückter Maustaste verschieben. Scrollen mit dem Mausrad funktioniert hier leider nicht.

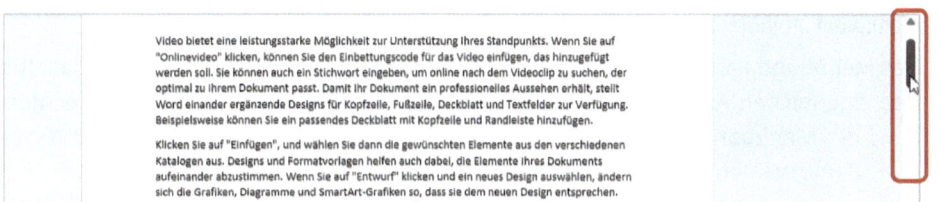

Bild 1.14 Bildlaufleiste

Statusleiste

Am unteren Rand des Word-Fensters befindet sich die Statusleiste. Sie zeigt standardmäßig links die Anzahl der Seiten und weitere Informationen an. Im rechten Bereich finden Sie Symbole zum schnellen Wechseln zwischen verschiedenen Ansichten und zum Zoomen der Bildschirmansicht. Einen detaillierten Überblick über die Informationen der Statusleiste erhalten Sie weiter unten.

Bild 1.15 Statusleiste

1.4 Die Möglichkeiten der Befehlseingabe

Word unterstützt, wie auch die übrigen Microsoft-Office-Anwendungen, verschiedene Möglichkeiten der Befehlseingabe.

Schaltflächen/Symbole im Menüband

Die Befehlseingabe erfolgt über das Menüband (engl. ribbon) im oberen Bereich des Word-Fensters. Das Menüband fasst die Symbole bzw. Schaltflächen zur Befehlseingabe aufgabenbezogen in Registerkarten zusammen. So enthält etwa das Register *Start* grundlegende allgemeine Schaltflächen, beispielsweise zum Formatieren von Text.

Zum Wechseln zwischen den Registern klicken Sie auf den Reiter mit dem Namen des Registers. Der Name des aktuellen Registers ist fett und unterstrichen hervorgehoben, im Bild unten das Register *Start*.

Bild 1.16 Das Menüband

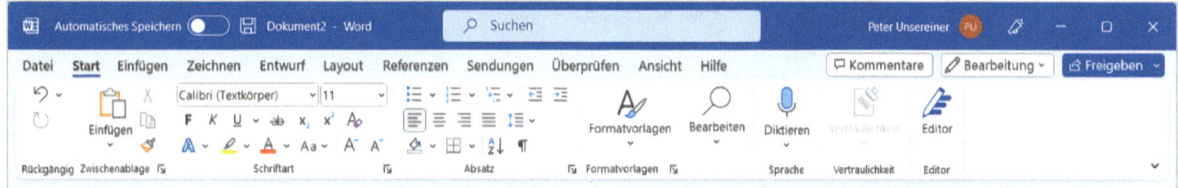

Tipp: Sobald sich der Mauszeiger im Menüband befindet, wechseln Sie auch mit Drehen des Mausrädchens zwischen den Registerkarten.

Menüband minimieren/anzeigen

Das Menüband kann verkleinert oder ganz ausgeblendet werden, um mehr Platz für den eigentlichen Arbeitsbereich zu schaffen. Dazu klicken Sie am äußersten rechten Rand des Menübands auf den nach unten weisenden Pfeil ❶ (*Menüband-Anzeigeoptionen*) und wählen unter folgenden Möglichkeiten:

▶ In der Standardeinstellung *Registerkarten und Befehle anzeigen* ist das Menüband vollständig sichtbar und sieht aus wie in Bild 1.17.

▶ Mit der Option *Registerkarten anzeigen* sind vom Menüband nur die Reiter mit den Namen sichtbar, die Befehle erscheinen erst, wenn Sie auf einen Reiter klicken, und verschwinden wieder, nachdem Sie auf ein Symbol geklickt haben.

Bild 1.17 Registerkarten anzeigen

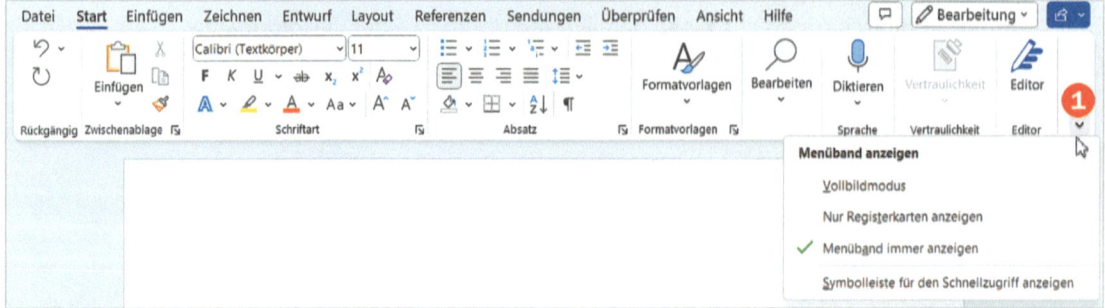

▶ Im *Vollbildmodus* sind das Menüband und alle anderen Bedienelemente von Word vollständig ausgeblendet, gleichzeitig wird das Word-Fenster maximiert. Um das Menüband und die übrigen Elemente wieder einzublenden, klicken Sie rechts oben auf die drei Punkte ❷.

Bild 1.18 Klicken Sie im Vollbildmodus auf die drei Punkte

> ### Menüband schnell aus- und wieder einblenden
> Die schnellste Methode, das Menüband zu reduzieren, ist ein Doppelklick auf das aktuelle Register. Ein weiterer Doppelklick auf ein beliebiges Register zeigt das Menüband wieder dauerhaft mit allen Befehlen an. In der Praxis wird manchmal das Menüband versehentlich reduziert, dann benutzen Sie eine der hier genannten Methoden, wenn Sie die Reduzierung wieder aufheben möchten.

So finden Sie sich im Menüband zurecht

Innerhalb der Register sind die Befehle bzw. Symbole in Gruppen angeordnet, so finden Sie beispielsweise im Register *Start* die Gruppen *Schriftart* mit Symbolen zur Schriftgestaltung und *Absatz* zur Absatzausrichtung. Kurzinformationen zu einem Symbol bzw. der Schaltfläche erhalten Sie, wenn Sie mit der Maus darauf zeigen.

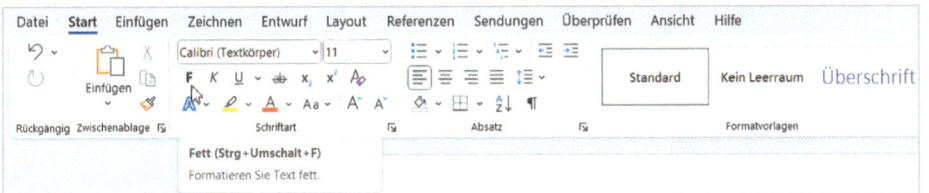

Bild 1.19 Infotext beim Zeigen

Größe und Beschriftung der Symbole passen sich automatisch an die Größe des Word-Fensters an. In einem sehr kleinen Word-Fenster sehen Sie möglicherweise auch nur den Namen einer Gruppe. Die Befehle erscheinen erst, wenn Sie auf den kleinen, nach unten weisenden Pfeil (Dropdown-Pfeil) der Gruppe klicken. Als Beispiel im Bild unten die unterschiedliche Darstellung der Gruppe *Bearbeiten* im Register *Start*.

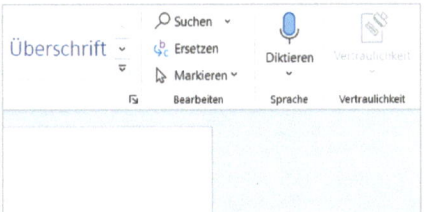 

Bild 1.20 Beispiel Gruppe Bearbeiten

Beachten Sie auch, dass manche Symbolschaltflächen zweigeteilt sind. Ein Klick direkt auf das Symbol liefert die Standardeinstellung. Klicken Sie dagegen auf den kleinen nach unten weisenden Pfeil (Dropdown-Pfeil) neben dem Symbol, so öffnet sich eine Liste mit mehreren Möglichkeiten. Im Bild unten als Beispiel die Schaltfläche *Schriftfarbe*: Ein Klick auf das Symbol liefert die angezeigte Farbe, im Bild rot, ein Klick auf den Dropdown-Pfeil dagegen öffnet eine Palette verschiedener Farben und bietet die Möglichkeit, auch andere Farben auszuwählen.

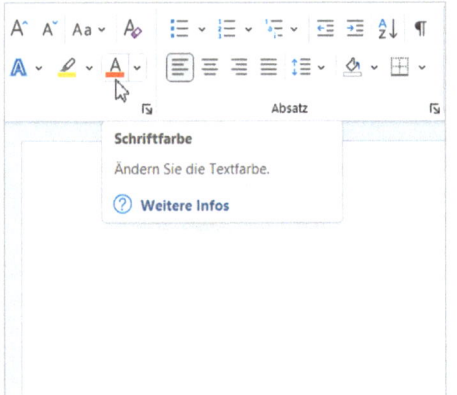 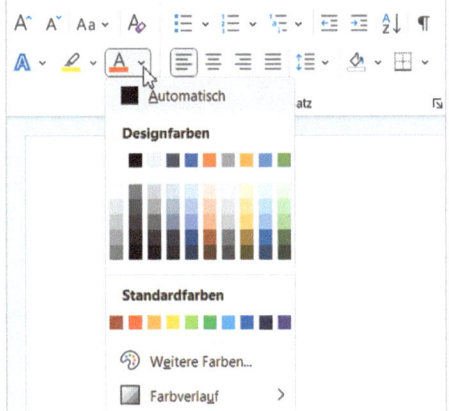

Bild 1.21 Beispiel Dropdown-Pfeil

Mehrere Aktionen gleichzeitig in einem Dialogfenster ausführen

Manche Gruppen, zum Beispiel *Schriftart* und *Absatz* im Register *Start*, weisen in ihrer rechten unteren Ecke einen kleinen Pfeil auf. Ein Klick auf diesen Pfeil, im Bild unten der Gruppe *Schriftart* ❶, öffnet ein Dialogfenster, das alle Befehle der Gruppe zusammenfasst. Das ist praktisch, wenn Sie von einer Gruppe nacheinander gleich mehrere Befehle benötigen, zudem finden Sie hier mitunter auch Befehle, die im Menüband nicht enthalten sind. Auch Dialogfenster enthalten zur besseren Übersicht Register, im Fenster *Schriftart* im Bild unten sind dies die Register *Schriftart* und *Erweitert* ❷.

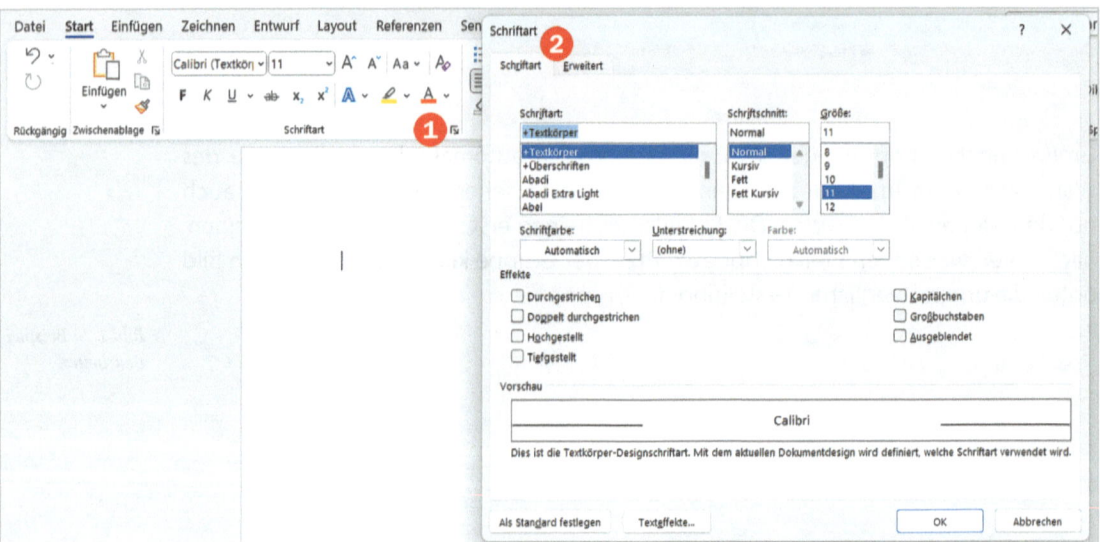

Bild 1.22 Das Dialogfenster Schriftart

Kontextbezogene Register

Neben den Standardregistern umfasst das Menüband noch weitere, allerdings kontextbezogene, Register. Das bedeutet, diese sind nur sichtbar, wenn Sie ein entsprechendes Element, z. B. eine Grafik oder Tabelle, markiert haben, und enthalten Schaltflächen speziell zur Bearbeitung des markierten Elements. Kontextbezogene Register erscheinen meist rechts vom letzten Standardregister und verschwinden automatisch, wenn das Element nicht mehr markiert ist bzw. sich der Cursor nicht mehr in der Tabelle befindet. Als Beispiel im Bild unten eine Tabelle mit den Registern *Tabellenentwurf* und *Layout*.

Bild 1.23 Tabelle mit den Registern Tabellenentwurf und Layout

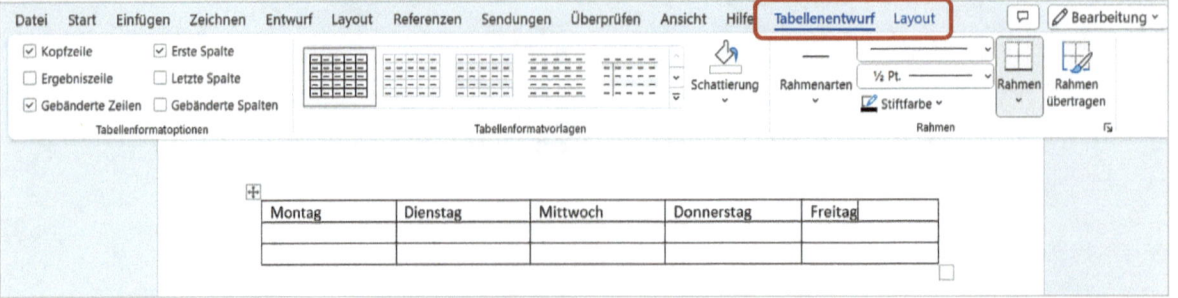

Tasten statt Schaltflächen verwenden

Als Alternative zur Maus können die Register und Befehle des Menübands auch über die Tastatur aufgerufen werden. Nach dem Drücken der **Alt**-Taste zeigt das Menüband zunächst die Tasten zum Aufrufen der Register an.

Bild 1.24 Registerkarten mit Tasten aufrufen

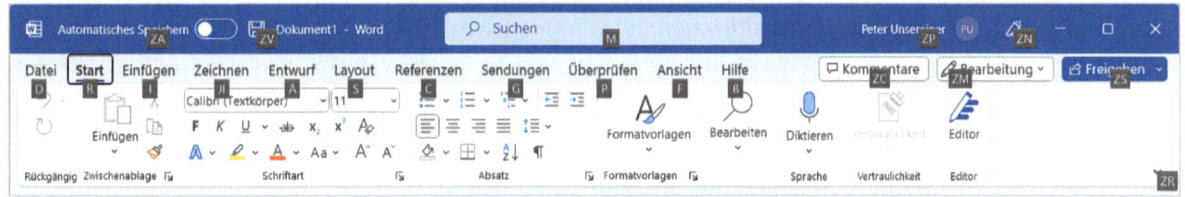

Nach dem Drücken einer Taste, beispielsweise „R" für das Register *Start*, erscheinen die Tasten zu den Schaltflächen der Registerkarte. Drücken Sie beispielsweise die „3", um markierten Text zu unterstreichen bzw. um ein Auswahlfeld mit den Möglichkeiten zur Unterstreichung zu öffnen. Mit dem Aufruf eines Befehls oder Drücken der **Esc**-Taste verschwindet die Tastenanzeige wieder.

Bild 1.25 Weitere Tasten anzeigen

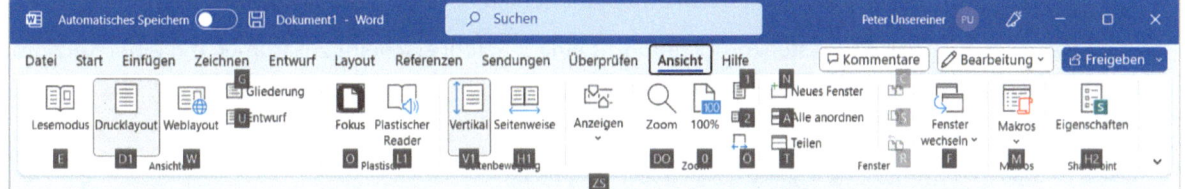

Kontextmenü und Minisymbolleiste

Als schnelle Alternative zum Menüband bietet sich das Kontextmenü ❶ an. Es wird geöffnet, wenn Sie ein Element mit der rechten Maustaste anklicken. Alle Befehle beziehen sich ausschließlich auf das angeklickte Element. Zusammen mit dem Kontextmenü erscheint zusätzlich eine Minisymbolleiste ❷ mit den wichtigsten Symbolen zur Textformatierung.

Bild 1.26 Kontextmenü und Minisymbolleiste

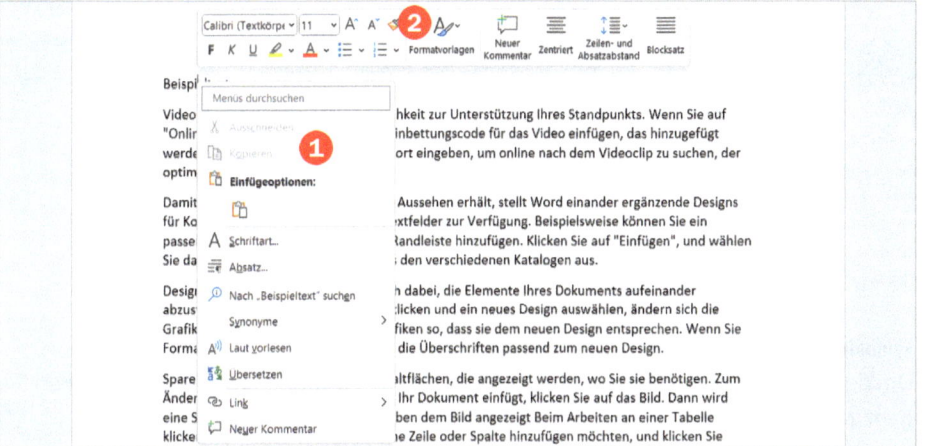

Die Minisymbolleiste erscheint auch, allerdings ohne Kontextmenü, nachdem Sie eine Textstelle markiert haben.

Schaltflächen im Dokument

Bild 1.27 Beispiel Schaltfläche im Dokument

Unmittelbar nach bestimmten Aktionen, beispielsweise dem Einfügen von Text aus der Zwischenablage, erscheinen an dieser Stelle im Dokument Schaltflächen mit verschiedenen Optionen. Aussehen und Optionen sind abhängig von der jeweiligen Aktion. Näheres hierzu erfahren Sie bei den jeweiligen Themen.

Tastenkombinationen als schnelle Alternative

Tastenkombinationen werden auch als Shortcuts bezeichnet.

Neben der bereits erwähnten Möglichkeit, Befehle des Menübandes mit Tasten aufzurufen, gibt es auch noch Tastenkombinationen, die das Menüband nicht benutzen, sondern sofort einen Befehl ausführen. Diese sind vor allem für fortgeschrittene Benutzer eine Möglichkeit, um häufig verwendete Befehle schnell aufzurufen. Meist wird dazu die **Strg**-Taste in Verbindung mit Buchstaben verwendet. Eine Zusammenstellung der wichtigsten Tastenkombinationen finden Sie im Anhang dieses Buches.

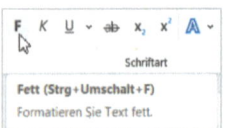

Tipp: Die Tastenkombination zu einem Befehl erscheint zusammen mit einer Kurzinfo, wenn Sie auf das Symbol zeigen.

Die Symbolleiste für den Schnellzugriff

Zum schnellen Aufruf häufig benötigter Befehle steht Ihnen auch noch die *Symbolleiste für den Schnellzugriff* (kurz Schnellzugriffsleiste) zur Verfügung. Sie enthält in der Regel die Symbole *Speichern*, *Rückgängig* und *Wiederholen* und hat gegenüber dem Menüband den Vorteil, dass Sie schnell weitere Befehle hinzufügen können.

Bild 1.28 Symbolleiste für den Schnellzugriff

Bild 1.29 Symbolleiste für den Schnellzugriff anzeigen

Falls die Symbolleiste für den Schnellzugriff ausgeblendet sein sollte, wie in Bild 1.29, so klicken Sie zum Anzeigen mit der rechten Maustaste an eine beliebige Stelle im Menüband und auf den Befehl *Symbolleiste für den Schnellzugriff anzeigen*. Ausgeblendet wird sie bei Bedarf ebenfalls per Rechtsklick im Menüband und den Befehl *Symbolleiste für den Schnellzugriff verbergen*.

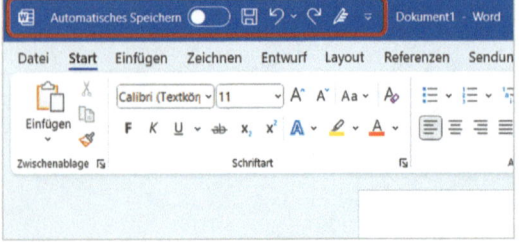 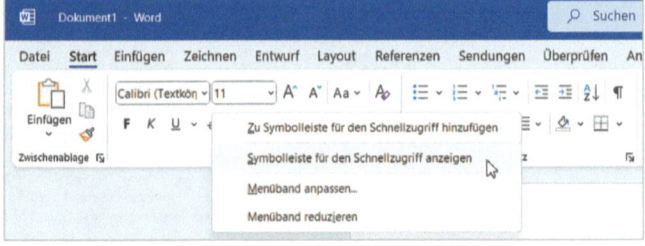

Symbole hinzufügen

Um der Symbolleiste für den Schnellzugriff weitere Symbole hinzuzufügen, klicken Sie ganz rechts in der Leiste auf den Pfeil *Symbolleiste für den Schnellzugriff anpassen* und dann auf den gewünschten Befehl, z. B. *Neu* (Neues leeres Dokument). Bereits enthaltene Befehle sind mit einem Häkchen versehen. Um das Häkchen und damit das Symbol aus der Schnellzugriffsleiste zu entfernen, genügt ein weiterer Mausklick.

Falls der gesuchte Befehl nicht aufgeführt ist, so klicken Sie auf *Weitere Befehle…*. Damit öffnet sich ein Dialogfeld mit allen, in Word verfügbaren Befehlen. Alternativ klicken Sie im Menüband mit der rechten Maustaste auf das betreffende Symbol und wählen *Zu Symbolleiste für den Schnellzugriff hinzufügen*.

Tipp: Symbole mit Beschriftung anzeigen
Bei Bedarf kann die Leiste auch unterhalb des Menübandes platziert werden, in diesem Fall erscheint zu den Symbolen automatisch auch deren Beschriftung: Klicken Sie dazu auf *Symbolleiste für den Schnellzugriff anpassen* und wählen Sie *Unter dem Menüband* anzeigen.

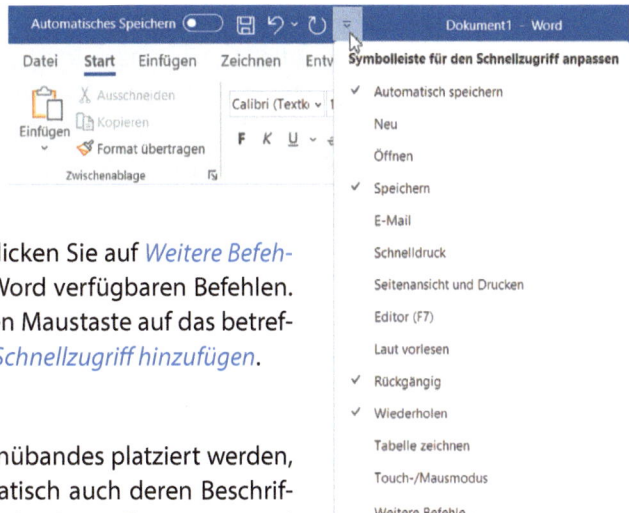

Bild 1.30 Symbolleiste für den Schnellzugriff anpassen

Word per Toucheingabe bedienen

Word unterstützt auch die Bedienung mit Fingergesten oder Stift, falls Ihr Gerät über einen Touchscreen verfügt. Die wichtigsten Gesten dürften bekannt sein:

- Anstelle eines Mausklicks tippen Sie mit dem Finger.
- Das Kontextmenü (rechte Maustaste) rufen Sie auf, indem Sie nicht nur kurz tippen, sondern mit dem Finger auf dieser Stelle kurz verweilen.
- Zum Verschieben des Bildschirmausschnitts (Scrollen) wischen Sie von der Bildschirmmitte aus in die gewünschte Richtung.
- Zum Zoomen der Anzeige berühren Sie den Bildschirm mit zwei Fingern und spreizen die Finger zum Vergrößern bzw. führen zum Verkleinern Ihre Finger zusammen.

Menüband an die Toucheingabe anpassen

Zur einfacheren Eingabe per Touchscreen können im Menüband die Abstände zwischen den Symbolen vergrößert werden. Der Wechsel zwischen Maus- und Fingereingabe erfolgt über ein Symbol  in der *Symbolleiste für den Schnellzugriff*. Da dieses Symbol hier nicht standardmäßig enthalten ist, müssen Sie es zunächst hinzufügen:

Bild 1.31 Wechsel zwischen Touch- und Mausmodus

Tippen Sie rechts in der Leiste auf *Symbolleiste für den Schnellzugriff anpassen* und aktivieren Sie das Symbol *Touch-/Mausmodus* (s. Bild 1.30).

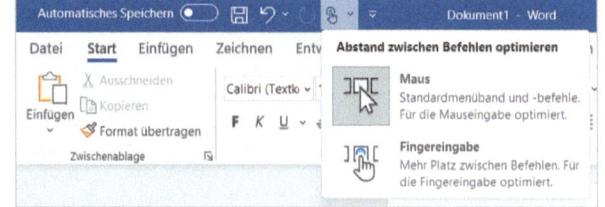

Bildschirmtastatur

Beim Arbeiten mit einem Touchscreen benutzen Sie, sofern keine externe Tastatur angeschlossen ist, zum Schreiben die Bildschirmtastatur, die entweder automatisch erscheint oder durch Antippen des Symbols im Infobereich der Taskleiste am unteren Rand des Desktops eingeblendet wird. Mit der Taste *&123* schalten Sie um auf das Tastaturlayout zur Eingabe von Zahlen und Sonderzeichen und mit der Taste *abc* gelangen Sie wieder zurück zum Standardlayout. Zum Ausblenden der Bildschirmtastatur tippen Sie auf das *Schließen*-Symbol in der rechten oberen Ecke oder tippen erneut auf das Tastatursymbol in der Taskleiste.

Bild 1.32 Bildschirmtastatur mit Zahlen und Sonderzeichen

Die Word-Hilfe

Schnelle aufgabenbezogene Hilfe über das Suchfeld erhalten

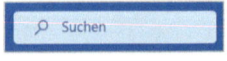

Bild 1.33 Befehle suchen, Beispiel Tabelle einfügen

Suchen Sie einfach nur einen Befehl oder eine bestimmte Aufgabe, z. B. Drucken oder Einfügen einer Tabelle, dann benutzen Sie dazu das Feld *Suchen* ❶ in der Titelleiste des Word-Fensters. Klicken oder tippen Sie hier und geben Sie ein Stichwort bzw. einen Suchbegriff ein. Als Beispiel in Bild 1.33 das Einfügen einer Tabelle, Stichwort „Tabelle".

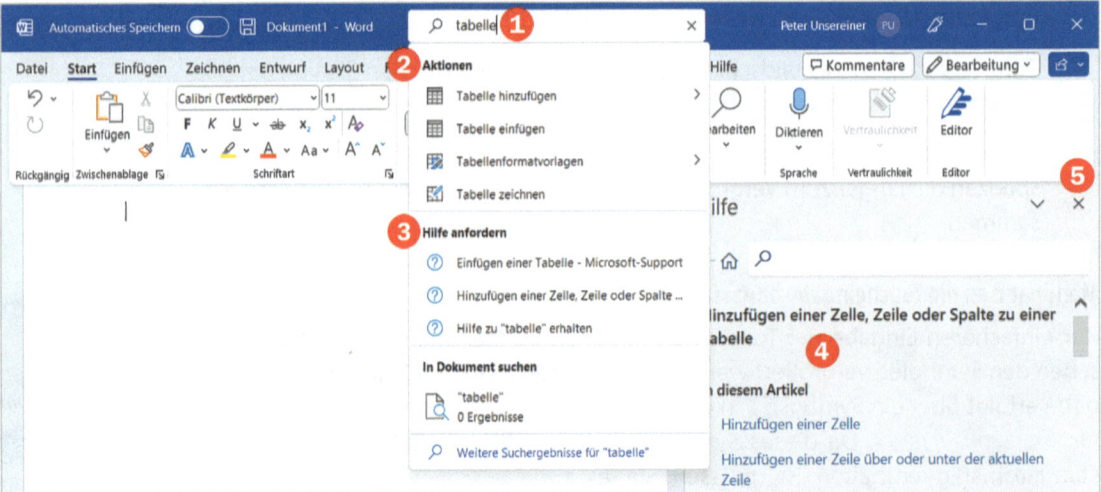

▶ Unter *Aktionen* ❷ werden passende Befehle aufgelistet, die Sie an dieser Stelle auch gleich per Mausklick ausführen können, z. B. *Tabelle einfügen*.

Die Möglichkeiten der Befehlseingabe   1   33

▶ Im Abschnitt *Hilfe anfordern* ❸ finden Sie dagegen entsprechende Hilfethemen und beim Anklicken öffnet sich am rechten Rand des Word-Fensters der Aufgabenbereich *Hilfe* mit dem dazugehörigen Artikel ❹. Zu einigen Themen finden Sie hier auch kleine Lernvideos.

▶ Zum Schließen des Hilfe-Bereichs klicken Sie auf das Symbol x ❺.

Das Register Hilfe

Oder klicken Sie im Menüband auf das Register *Hilfe* und hier auf das Symbol *Hilfe* ❶. Damit öffnet sich ebenfalls am rechten Rand des Word-Bildschirms der Bereich *Hilfe*. Klicken Sie entweder auf ein Hilfethema ❷, z. B. *Bilder*, oder geben Sie einen Suchbegriff ❸ ein und betätigen Sie danach die **Eingabetaste**. Mit Klick auf dieses Symbol ❹ gelangen Sie wieder zurück zur Startseite der Hilfe.

Bild 1.34 Register und Aufgabenbereich Hilfe

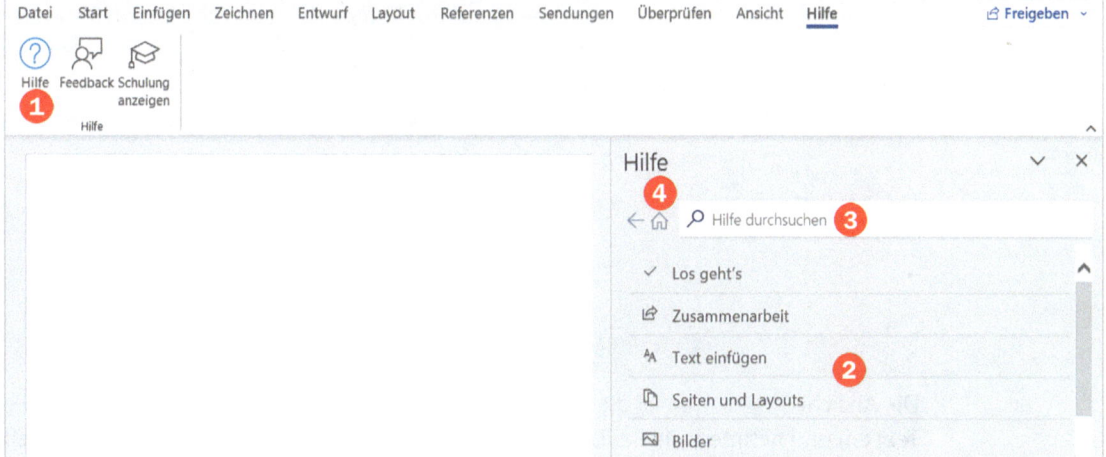

Hilfe zu Schaltflächen und Symbolen

Benötigen Sie nähere Informationen zu einem Symbol im Menüband, dann verweilen Sie kurz mit dem Mauszeiger über dem betreffenden Symbol. Sie erhalten eine kurze Beschreibung; falls detailliertere Informationen vorhanden sind, so klicken Sie auf *Weitere Infos*.

Hilfe in Dialogfenstern

Wie bereits erwähnt, lassen sich für manche Gruppen des Menübands alle Befehle auch in einem Dialogfenster zusammengefasst anzeigen. Hier können Sie die dazugehörige Word-Hilfe mit einem Klick auf das Fragezeichen in der rechten oberen Ecke des Fensters aufrufen.

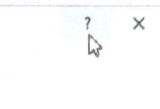

1.5 Wichtige Anzeigeeinstellungen

Zwischen den Ansichten wechseln

Zur Bearbeitung und Kontrolle von Dokumenten verfügt Word über mehrere Ansichten. Die Symbole der Ansichten *Fokus*, *Lesemodus*, *Drucklayout* und *Weblayout* finden Sie im rechten Bereich der Statusleiste am unteren Bildschirmrand. Mit Klick auf eines der Symbole wird das Dokument in der jeweiligen Ansicht angezeigt.

Bild 1.35 Ansichten in der Statusleiste

Als Alternative klicken Sie im Menüband auf das Register *Ansicht*. Hier finden Sie in der Gruppe *Ansichten* zusätzlich noch die Ansichten *Gliederung* und *Entwurf*, die allerdings für dieses Buch nicht relevant sind.

Bild 1.36 Ansichten im Register Ansicht

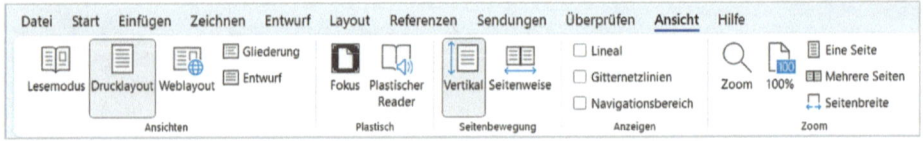

Die Standardansicht Drucklayout

Die Ansicht *Drucklayout* ist die Standardansicht von Word. In dieser Ansicht geben Sie Text ein und nehmen alle Bearbeitungen vor. Dabei wird das Dokument einschließlich der Seitenränder am Bildschirm so dargestellt, wie es später gedruckt wird. Dies gilt auch für Kopf- und Fußzeilen sowie mehrspaltigen Text und Bilder.

Bild 1.37 Ansicht Drucklayout

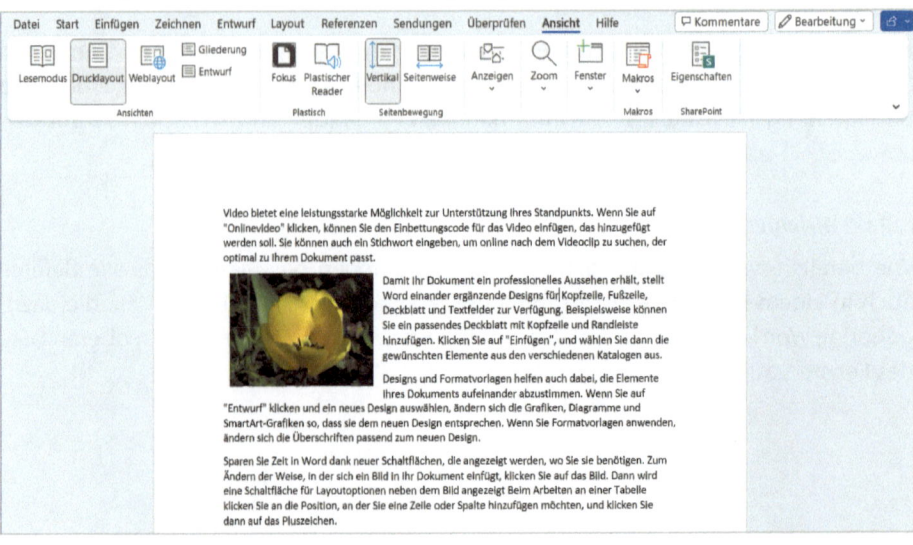

Anzeige zoomen

Um das Dokument während der Eingabe oder Bearbeitung auf dem Bildschirm vergrößert bzw. verkleinert darzustellen (zoomen), finden Sie rechts unten in der Statusleiste einen kleinen Schieberegler zusammen mit dem aktuellen Zoomfaktor. 100 % entspricht der Größe des gedruckten Ergebnisses. Zum Vergrößern oder Verkleinern ziehen Sie den Regler mit gedrückter linker Maustaste in die gewünschte Richtung oder klicken mehrmals auf das Plus- bzw. Minuszeichen.

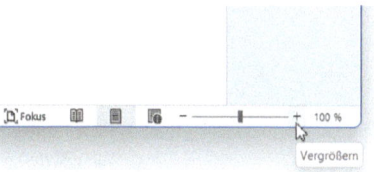

Bild 1.38 Zoom in der Statusleiste

Achtung: Ein Ändern des Zoomfaktors hat keinerlei Einfluss auf das Druckergebnis!

Noch mehr Zoom

Weitere Möglichkeiten finden Sie im Menüband, Register *Ansicht* in der Gruppe *Zoom*.

Bild 1.39 Zoomeinstellungen im Register Ansicht

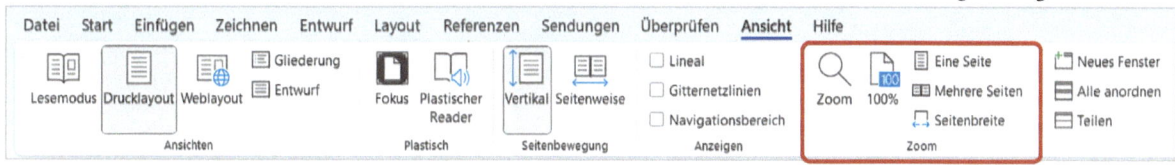

- Mit der Einstellung *Seitenbreite* wird der Zoomfaktor automatisch so gewählt, dass das Dokument die gesamte Breite des Word-Fensters ausfüllt.

- Die Option *Eine Seite* verkleinert dagegen die Anzeige so, dass die vollständige Druckseite auf den Bildschirm passt.

- Mit der Auswahl *Mehrere Seiten* werden alle Seiten des Dokuments nebeneinander angeordnet, in Bild 1.40 drei Seiten.

- Ein Klick auf das Symbol *100%* stellt schnell die gebräuchlichste Anzeige wieder her und das Symbol *Zoom* öffnet das gleichnamige Dialogfenster, in dem Sie die genannten Einstellungen ebenfalls vornehmen können.

Bild 1.40 Zoomeinstellung Mehrere Seiten

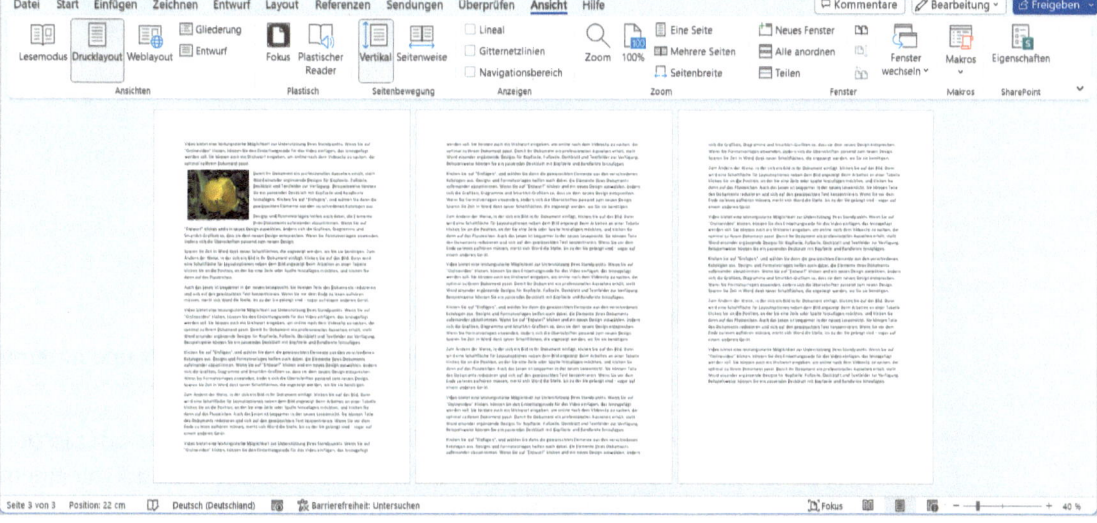

> **Tipp: Zoomen mit Maus oder Finger**
>
> Schneller können Sie mit Maus oder Finger zoomen. Bei der Maus drücken Sie dazu die Strg-Taste und halten die Taste gedrückt, während Sie das Mausrad drehen. Auf einem Touchscreen berühren Sie den Bildschirm mit mindestens zwei Fingern und spreizen diese bzw. führen sie zusammen.

Lineal anzeigen

Bild 1.41 Lineal

Ein Lineal am linken und oberen Rand des Dokuments unterstützt Sie beim Ausrichten im Dokument und zeigt die Seitenränder an. Auch beim schnellen Ändern von Einzügen und Tabstopps (siehe Kapitel 7) leistet das Lineal gute Dienste. Zum Einblenden aktivieren Sie im Register *Ansicht*, Gruppe *Anzeigen* das Kontrollkästchen *Lineal*.

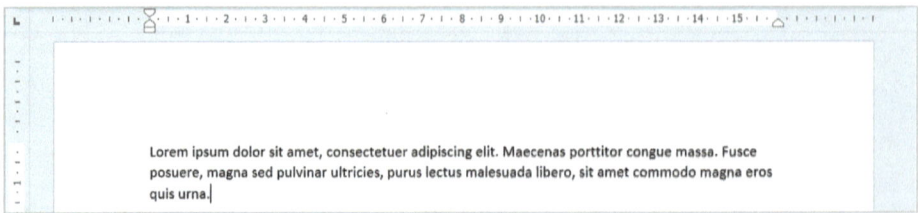

Weitere Möglichkeiten der Ansicht Drucklayout

Gitternetzlinien

Bild 1.42 Gitternetzlinien

In der Gruppe *Anzeigen* (Register *Ansicht*) finden Sie auch das Kontrollkästchen *Gitternetzlinien*. Darunter ist ein Raster oder Gitternetz zu verstehen, an dem sich Objekte, z. B. Grafiken, ausrichten lassen (siehe Kapitel 8). Bei der normalen Texteingabe und -bearbeitung stören die Linien dagegen nur und sollten daher ausgeblendet bleiben.

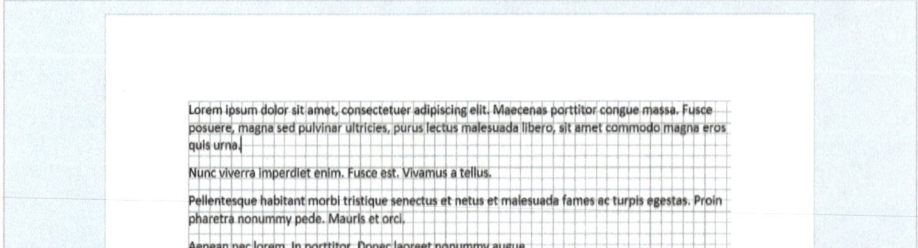

Oberen und unteren Seitenrand aus- und einblenden

In der Ansicht *Drucklayout* können Sie Platz sparen, indem Sie die oberen und unteren Seitenränder ausblenden:

1. Zeigen Sie mit der Maus in den Bereich oberhalb des Dokuments oder in den Zwischenraum zwischen zwei Seiten. Es erscheint ein kleines Symbol mit einem entsprechenden Hinweistext, leider nicht ganz eindeutig.

2   Ein Doppelklick an dieser Stelle blendet die Ränder aus und der Seitenumbruch ist nur an einer grauen Linie erkennbar. Ein weiterer Doppelklick auf die Linie blendet die Ränder wieder ein.

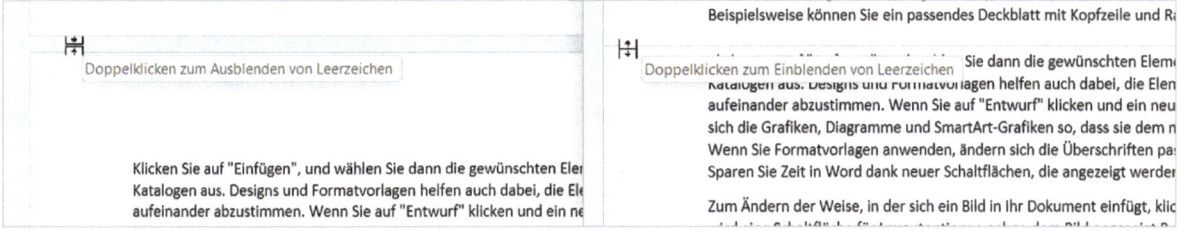

Bild 1.43 Seitenrand aus- und einblenden

Durch mehrere Seiten blättern

Standardmäßig erfolgt in der Ansicht *Drucklayout* das Blättern zwischen mehreren Seiten in vertikaler Richtung, d. h. Sie bewegen sich durch Zeigen in das Dokument und Drehen des Mausrads nach unten oder oben bzw. verschieben den sichtbaren Bildschirmausschnitt.

▸   Wenn Sie dagegen im Register *Ansicht* des Menübands unter *Seitenbewegung* auf *Seitenweise* klicken, können Sie mit dem Mausrad wie in einem Buch von links nach rechts bzw. von rechts nach links blättern und die Bildlaufleiste befindet sich am unteren Rand des Word-Fensters, wie im Bild unten. Die Seiten sind vollständig auf dem Bildschirm sichtbar und ein Vergrößern ist nicht möglich.

▸   Um wieder zur normalen Anzeige zurückzukehren, wählen Sie als *Seitenbewegung* wieder *Vertikal* .

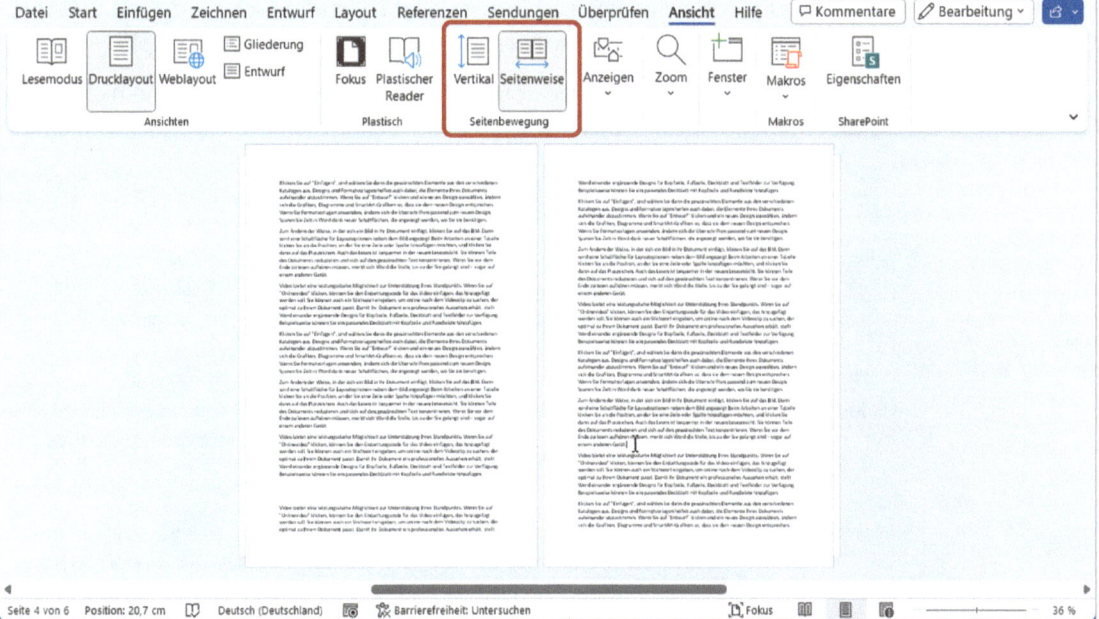

Bild 1.44 Seitenweise blättern

Noch mehr Ansichten

Die weiteren Ansichten von Word dienen ganz speziellen Zwecken:

Bild 1.45 Die Ansicht Fokus

- Die Ansicht *Fokus* maximiert das Word-Fenster, blendet alle Word-Elemente aus und das Dokument erscheint vor schwarzem Hintergrund. Sie können sich also ganz auf Ihren Text konzentrieren. Menüband und Statusleiste erscheinen erst, wenn Sie am oberen Bildschirmrand auf die drei Punkte ••• zeigen, klicken oder tippen.

  Zum Umschalten zwischen der Ansicht *Fokus* und der normalen Ansicht benutzen Sie entweder das Symbol *Fokus* in der Statusleiste oder im Menüband, Register *Ansicht*.

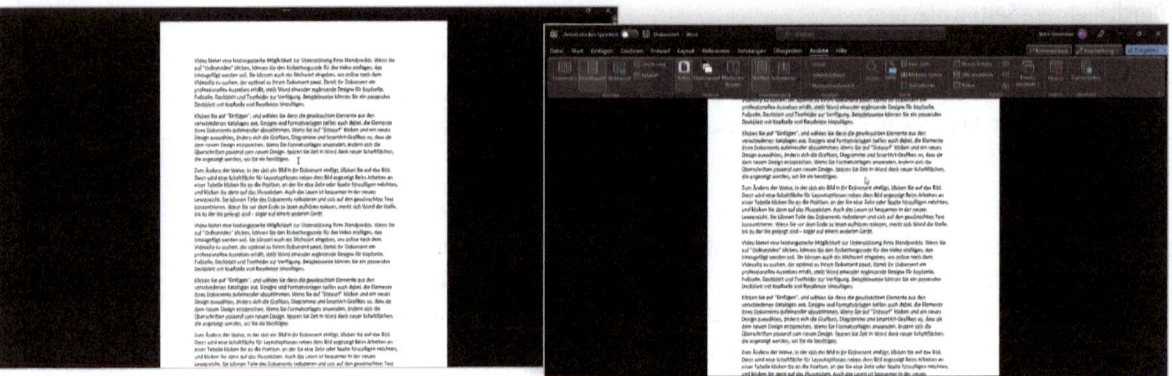

Tipp: Auch die **Esc**-Taste beendet die Ansicht *Fokus* und zeigt wieder die vorherige Ansicht an.

- Die Ansicht *Lesemodus* zielt auf die Optimierung der Lesbarkeit auf dem Bildschirm ab, das Layout auf dem Bildschirm ist daher nicht identisch mit dem Druckergebnis. Details zur Leseansicht erfahren Sie weiter hinten im Buch in Kapitel 9.4.

Die übrigen Ansichten sind für die normale Texteingabe und -gestaltung nicht weiter von Bedeutung. Hier eine kurze Übersicht.

Ansicht	Zweck
Weblayout	Die Ansicht Weblayout sollten Sie ausschließlich zur Erstellung von Webseiten verwenden. In dieser Ansicht wird das Dokument ohne Seitenumbruch wie in einem Webbrowser dargestellt, der Zeilenumbruch orientiert sich an der Fensterbreite. Ein späterer Ausdruck stimmt nicht mit der Bildschirmanzeige überein!
Gliederung	Die Ansicht Gliederung dient zur Kontrolle und Überarbeitung der Struktur umfangreicher Dokumente. In dieser Ansicht lassen sich verschiedene Gliederungsebenen ein- und ausblenden und somit gezielt bearbeiten.
Entwurf	Anstelle der Ansicht Drucklayout kann auch die Ansicht Entwurf zur Texteingabe verwendet werden. Diese Ansicht benutzt ein vereinfachtes Layout. Seitenränder, der Inhalt von Kopf- und Fußzeilen sowie eingefügte Bilder werden nicht angezeigt. Diese Ansicht sollte daher ausschließlich für die schnelle Eingabe umfangreicher Texte verwendet werden, nicht aber zur Textgestaltung!

2 Eingabe-, Bearbeitungs- und Korrekturtechniken

In diesem Kapitel lernen Sie ...
- Text eingeben und korrigieren
- Sonderzeichen bei der Eingabe
- Zeilen- und Seitenumbrüche
- Markierungstechniken
- Korrekturhilfen für Rechtschreibung und Grammatik
- Silbentrennung aktivieren
- Automatische Korrekturen während der Eingabe
- Die Zwischenablage einsetzen
- Zeichenfolgen suchen und ersetzen

Das sollten Sie bereits wissen
- Befehlseingabe
- Arbeitsoberfläche

2 Eingabe-, Bearbeitungs- und Korrekturtechniken

2.1 Mit einem neuen leeren Dokument beginnen

In diesem Kapitel befassen wir uns mit den Techniken der Texteingabe in Word. Dazu beginnen Sie am besten mit einem neuen leeren Dokument.

▶ Starten Sie also Word und klicken Sie auf der Startseite von Word auf *Leeres Dokument*. Falls Sie Word bereits mit einem anderen Dokument geöffnet haben, so klicken Sie auf das Register *Datei*, wählen hier entweder *Startseite* oder *Neu* und klicken dann auf *Leeres Dokument*.

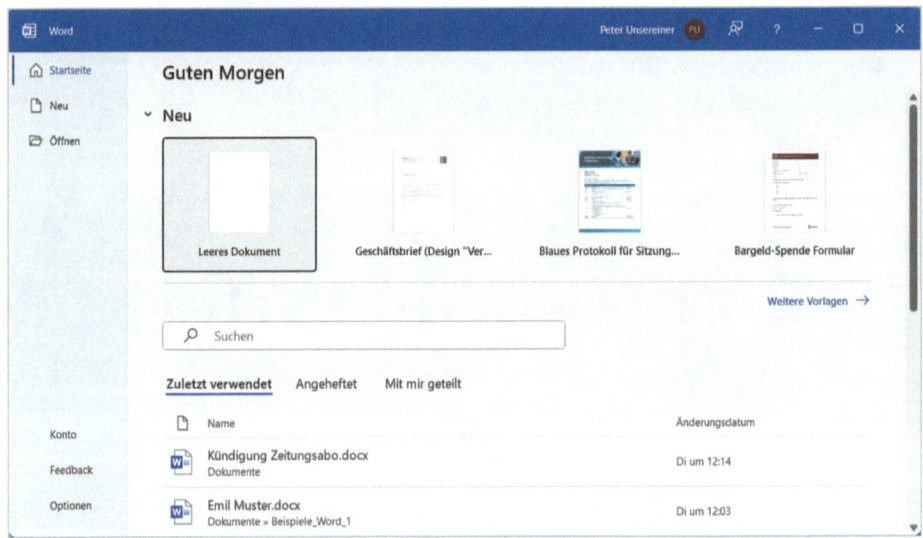

Bild 2.1 Mit einem neuen leeren Dokument beginnen

Anzeigeeinstellungen

Im nächsten Schritt maximieren Sie das Word-Fenster, falls nicht automatisch geschehen, und kontrollieren die Anzeige im Register *Ansicht* des Menübands:

▶ Zur Texteingabe sollte unbedingt die Ansicht *Drucklayout* ❶ ausgewählt sein.

▶ Außerdem muss die *Seitenbewegung Vertikal* ❷ eingestellt sein.

▶ Als Zoom wählen Sie am besten einen Wert zwischen 100 % und 130 %, dazu benutzen Sie den Zoombereich in der Statusleiste am unteren Bildschirmrand.

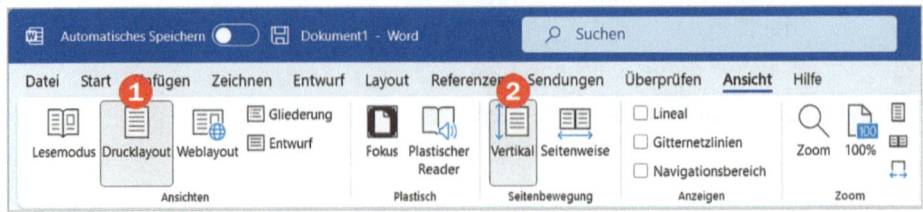

Bild 2.2 Die Ansicht Drucklayout muss aktiviert sein

Das leere Dokument sollte etwa aussehen wie im Bild unten.

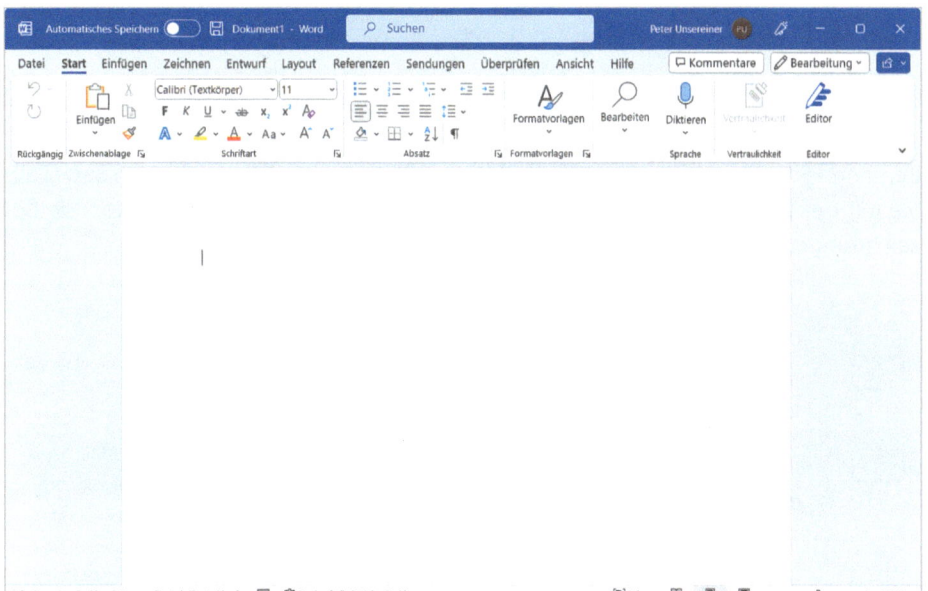

Bild 2.3 Das leere Dokument in der Ansicht Drucklayout

2.2 Text eingeben

Grundlegende Techniken

Befassen wir uns zunächst mit den grundlegenden Techniken der Texteingabe und -korrektur, gleichzeitig lernen Sie wichtige Tasten kennen. Falls Sie damit bereits vertraut sind, z. B. aus früheren Word-Versionen, können Sie diesen Punkt übergehen.

In der linken oberen Ecke des leeren Dokuments, am Textanfang, ist ein blinkender, senkrechter Strich sichtbar, die Einfügemarke oder der Cursor ❶. Jedes Zeichen, das Sie über die Tastatur eintippen, erscheint auf dem Bildschirm an der Cursorposition, gleichzeitig wird der Cursor und damit das Textende nach rechts bzw. nach unten verschoben. Dass sich der Cursor nicht unmittelbar am Rand befindet, liegt daran, dass jedes leere Dokument bereits über voreingestellte Seitenränder verfügt.

Verwechseln Sie den Cursor nicht mit dem Mauszeiger! Dieser hat eine ähnliche Form, sobald er sich im Text befindet ❷.

Wie Sie die Seitenränder ändern, erfahren Sie in Kapitel 5.

Bild 2.4 Cursor und Mauszeiger im leeren Dokument

Sollte der Cursor nicht sichtbar sein, so ist das Word-Fenster nicht das aktive Fenster. Klicken oder tippen Sie in das Fenster und der Cursor erscheint wieder.

> **Tipp**: Während der Eingabe ist die Position des Mauszeigers nicht von Bedeutung. Positionieren Sie daher vorerst die Maus am besten so, dass sich der Zeiger am Rand oder außerhalb des Dokuments befindet.

Beginnen Sie also mit der Eingabe und tippen Sie einen beliebigen kurzen Satz. Falls Sie mit der Tastatur noch nicht vertraut sind, finden Sie in der Tabelle unten die Bezeichnungen der wichtigsten Tasten sowie eine Kurzbeschreibung.

Taste	Bedeutung
⇧	Zur Eingabe von Großbuchstaben halten Sie gleichzeitig die Umschalttaste gedrückt. Diese Taste wird auch als Shift-Taste bezeichnet.
⇩	Durch einmaliges Betätigen der Feststelltaste schalten Sie um auf dauerhafte Großschreibung. Drücken Sie nochmals die Feststelltaste, um diesen Modus wieder zu beenden. Auf den meisten Tastaturen erkennen Sie den eingeschalteten Modus auch an einer Kontrollleuchte.
⇥	Zum Überbrücken größerer Zwischenräume innerhalb einer Zeile verwenden Sie anstelle der Leertaste besser die Tabulatortaste, kurz als Tab-Taste bezeichnet. Mit jedem Drücken dieser Taste bewegen Sie in der Standardeinstellung den Cursor um jeweils 1,25 cm weiter.
⇐	Diese Taste befindet sich auf der Tastatur oberhalb der Eingabetaste und wird als Korrektur-, Rückschritt- oder Backspace-Taste bezeichnet. Sie löscht ein oder mehrere Zeichen links vom Cursor und wird während des Schreibens genutzt, um fehlerhafte Eingaben sofort zu löschen.
↵	Zum Beenden eines Absatzes drücken Sie die Eingabetaste, gleichzeitig beginnen Sie damit auch eine neue Zeile. Diese Taste bezeichnet man auch als Enter- oder Returntaste.

Absätze und automatischer Zeilenumbruch

Passt während der Eingabe ein Wort nicht mehr in eine Zeile, so erfolgt ein automatischer Zeilenumbruch, das bedeutet, das Wort wandert an den Beginn der nächsten Zeile. Wenn Sie nachträgliche Änderungen am Text vornehmen, also Text einfügen, löschen oder eine größere bzw. kleinere Schrift wählen, dann passt sich der Zeilenumbruch jedes Mal automatisch neu an. Die **Eingabe**- oder **Entertaste** benötigen Sie daher nur, um einen Absatz zu beenden oder wenn Sie Leerzeilen bzw. leere Absätze einfügen möchten.

> ▪ **Die Eingabetaste beendet einen Absatz!**
> Als Absatz bezeichnet man in der Textverarbeitung zusammenhängenden Text, auch über mehrere Zeilen, der durch Drücken der Eingabetaste beendet wird. Verwenden Sie daher grundsätzlich die Eingabetaste nur, um einen Absatz zu beenden, nicht aber innerhalb eines zusammenhängenden Textes am Ende jeder Zeile!

Einen manuellen Zeilenumbruch einfügen

Benötigen Sie trotzdem in Ausnahmefällen einmal eine neue Zeile, ohne den Absatz zu beenden, dann verwenden Sie dazu die Tasten **Umschalt+Eingabetaste**. Ein solcher Zeilenumbruch wird manchmal auch als „weiche Zeilenschaltung" bezeichnet.

Nicht druckbare Zeichen

Jede Taste der Tastatur, also auch **Leertaste** und **Eingabetaste**, erzeugt bei der Eingabe ein Zeichen, aber nicht alle Zeichen sind später auf dem Ausdruck sichtbar und erscheinen in der Standardeinstellung auch nicht auf dem Bildschirm.

Zum Anzeigen dieser nicht druckbaren Zeichen klicken Sie im Menüband, Register *Start* ▶ *Absatz* auf das Symbol *Alle anzeigen* ¶ ❶, ein weiterer Klick auf dieses Symbol blendet die Zeichen wieder aus. Ein Absatzende erkennen Sie im Text an diesem Zeichen ¶ ❷.

Bild 2.5 Nicht druckbare Zeichen

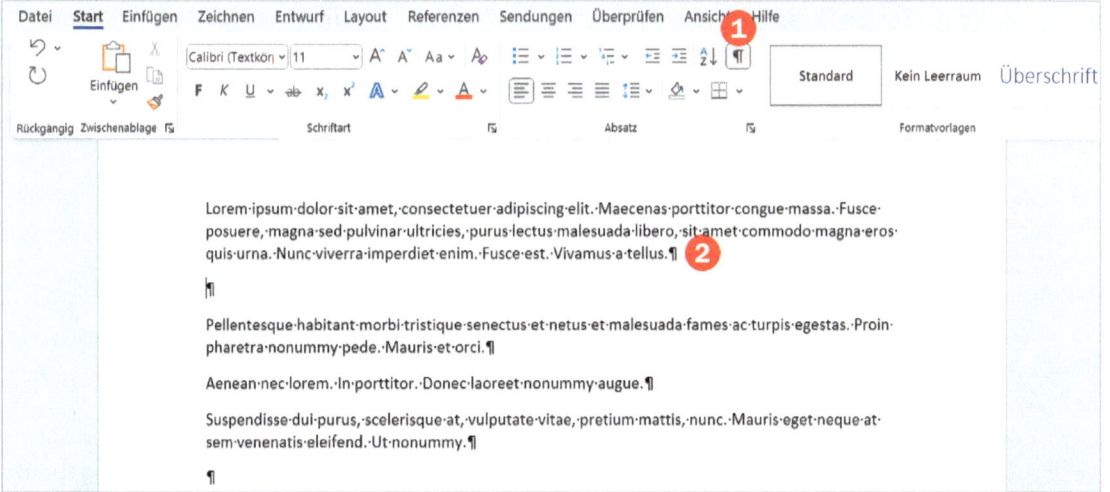

Tipp: Die Anzeige der nicht druckbaren Zeichen wirkt zwar störend im Schriftbild, liefert aber nützliche Informationen. Beispielsweise, wenn es darum geht, schnell die Anzahl leerer Zeilen bzw. Absätze im Text oder überflüssige Leerzeichen zwischen zwei Wörtern zu ermitteln oder um herauszufinden, weshalb Word plötzlich eine neue Zeile beginnt.

Diese Zeichen werden manchmal auch als Steuer- oder Formatierungszeichen bezeichnet.

Natürlich lassen sich diese Zeichen nicht nur über die Tastatur eingeben, sondern wie alle übrigen Zeichen auch wieder löschen. Auch dazu ist es nützlich, aber nicht zwingend erforderlich, wenn diese sichtbar sind.

2.3 So bewegen Sie sich im Text

Cursortechniken

Die Eingabe erfolgt immer dort, wo sich der Cursor gerade befindet, dies gilt auch für nachträgliche Korrekturen. Sie müssen also immer zuerst den Cursor an der betreffenden Stelle platzieren, entweder durch Klicken mit der Maus, Tippen mit dem Finger oder mittels Cursor-Tasten der Tastatur. **Achtung**: Der Cursor kann nur im Text bewegt werden, wobei das Ende des letzten Absatzes gleichzeitig das Textende darstellt. Allerdings können Absätze auch leer sein, also Leerzeilen bilden, und außer dem Absatzende keine weiteren Zeichen enthalten.

Cursor mit der Maus versetzen

Die einfachste Möglichkeit zum Bewegen des Cursors ist die Verwendung der Maus: Zeigen Sie an die betreffende Stelle und drücken Sie anschließend die linke Maustaste (Klicken). Verwechseln Sie aber den Cursor nicht mit dem Mauszeiger! Die Position des Cursors ist unabhängig von der Position des Mauszeigers. Im Bild unten befindet sich der Cursor unmittelbar rechts vom Wort „Cursor", während der Mauszeiger unterhalb und rechts vom Absatz platziert ist.

Bild 2.6 Cursor/Mauszeiger

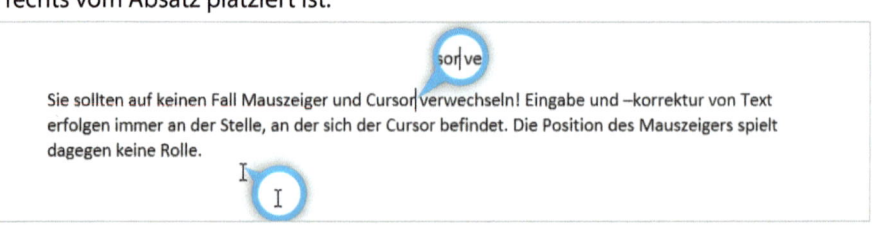

Wenn Sie z. B. am Textende weiteren Text hinzufügen möchten, dann müssen Sie zuerst mit einem Mausklick den Cursor hier platzieren und eventuell mit der Eingabetaste einen neuen Absatz anfügen, erst dann können Sie mit der Texteingabe fortfahren.

Die Cursortasten der Tastatur verwenden

Wenn Sie den Cursor mithilfe der Tastatur, beispielsweise während der Eingabe, bewegen möchten, dann verwenden Sie dazu die Pfeiltasten und die folgenden Tastenkombinationen:

Taste	Bedeutung
← →	Bewegt den Cursor um ein Zeichen nach links oder rechts
Strg + ←	Setzt den Cursor an den Beginn des vorherigen Wortes
Strg + →	Setzt den Cursor an den Beginn des nächsten Wortes

Taste	Bedeutung
↑ ↓	Bewegt den Cursor um eine Zeile nach oben oder unten
Pos 1	An den Anfang der aktuellen Zeile
Ende	An das Ende der aktuellen Zeile
Strg + ↑	Zum Absatzanfang
Strg + ↓	Zum Anfang des nächsten Absatzes
Strg + Pos 1	Zum Dokumentanfang
Strg + Ende	Zum Dokumentende
Bild ↑ / Bild ↓	Eine Bildschirmseite nach oben / unten

In längeren Dokumenten bewegen

Von längeren Dokumenten ist am Bildschirm nur ein Ausschnitt sichtbar. Verwenden Sie dann die Bildlaufleiste am rechten Bildschirmrand, das Rad der Maus oder die Tasten **Bild nach oben** oder **Bild nach unten**, um durch den Text zu blättern (Scrollen).

Tipp: Mit Klick auf die Pfeile am oberen und unteren Ende der Bildlaufleiste können Sie sie zeilenweise verschieben.

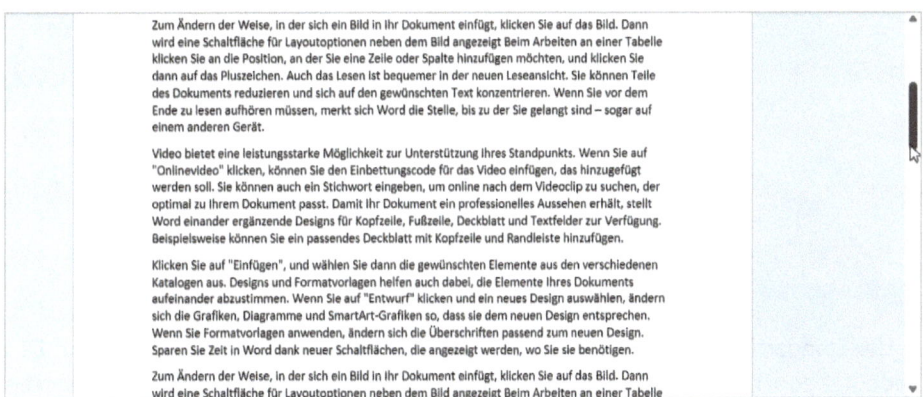

Bild 2.7 Bildlaufleiste verwenden

2.4 Text nachträglich ändern

Text löschen

Einzelne Zeichen löschen Sie mit der Taste **Entf** (Entfernen, engl. **Del**, delete) oder mit der **Korrekturtaste**, diese befindet sich auf der Tastatur über der Eingabetaste. Welche der beiden Tasten Sie benutzen, hängt von der Position des Cursors ab und davon, wo sich die zu löschenden Zeichen befinden. Beide Tasten löschen nicht nur ein Zeichen, sondern nacheinander beliebig viele Zeichen, der übrige Text rückt automatisch wieder nach links.

Taste	Bedeutung
⇐	Löscht das Zeichen links vom Cursor, daher auch als Rückschritttaste (engl. Backspace) bezeichnet
Entf	Löscht das Zeichen rechts vom Cursor

Das Löschen längerer Texte geht dagegen schneller, wenn Sie den Text zuvor markieren und dann mit einem einzigen Tastendruck auf die **Korrektur-** oder **Entf**-Taste löschen. Wie Sie Text markieren, erfahren Sie im nächsten Punkt dieses Kapitels.

Auch nicht druckbare Zeichen wie Absatzende, Tabulator oder Leerzeichen können gelöscht werden. Beginnt beispielsweise mitten im Wort plötzlich eine neue Zeile, dann haben Sie vermutlich die Eingabetaste betätigt, während sich der Cursor im Wort befand, und dadurch an dieser Stelle ein Absatzende eingefügt. Als Abhilfe sorgen Sie dafür, dass die Absatzendemarke sichtbar ist. Nun können Sie dieses Zeichen löschen und die restliche Zeile wandert wieder nach oben.

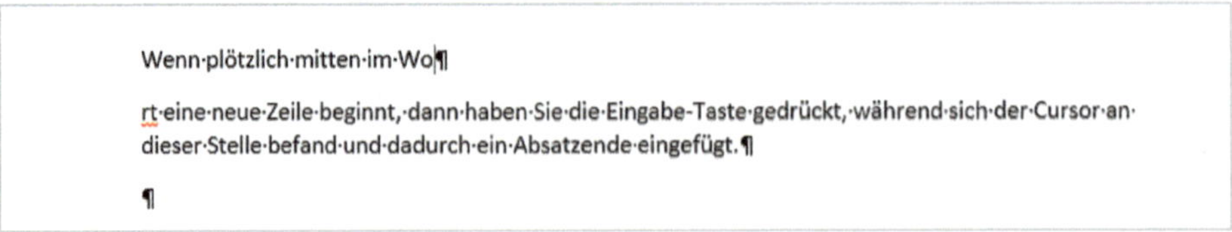

Bild 2.8 Unbeabsichtigtes Absatzende im Wort

> Wenn·plötzlich·mitten·im·Wo¶
>
> rt·eine·neue·Zeile·beginnt,·dann·haben·Sie·die·Eingabe-Taste·gedrückt,·während·sich·der·Cursor·an·dieser·Stelle·befand·und·dadurch·ein·Absatzende·eingefügt.¶
>
> ¶

Zeichen nachträglich einfügen

In der Standardeinstellung befindet sich Word im sogenannten Einfügemodus. Das bedeutet, zum nachträglichen Einfügen weiterer Zeichen im vorhandenen Text setzen Sie den Cursor an die gewünschte Stelle und geben die Zeichen über die Tastatur ein. Bereits bestehender Text rechts vom Cursor bleibt erhalten und wird automatisch in Schreibrichtung nach rechts bzw. nach unten verschoben.

> Zur Korrektur einzelner Zeichen brauchen Sie also nur den Cursor an der betreffenden Stelle positionieren, das Zeichen löschen und anschließend das korrekte Zeichen über die Tastatur eingeben.

Hinweis: Die andere Möglichkeit, bei der vorhandener Text durch die nachträgliche Eingabe von Zeichen überschrieben wird, ist der Überschreibmodus. Da allerdings der Überschreibmodus normalerweise nicht benötigt und häufig während der Eingabe versehentlich aktiviert wird, ist er in Word standardmäßig ausgeschaltet, d. h. die Taste **Einfg** (Einfügen, engl. **Ins**, insert), mit der normalerweise zwischen Überschreib- und Einfügemodus gewechselt wird, besitzt keinerlei Wirkung.

Achtung: Dies gilt nur für die Texteingabe mit Word, nicht aber für Texteingaben mit anderen Programmen/Apps.

Falls Sie den Überschreibmodus trotzdem benötigen, müssen Sie die **Einfg**-Taste erst in den Word-Optionen aktivieren. Wie Sie dabei vorgehen, erfahren Sie am Ende dieses Kapitels.

Rückgängig, Wiederherstellen und Wiederholen

Die meisten Bearbeitungsschritte, z. B. versehentliches Löschen oder Überschreiben, können in Word wieder rückgängig gemacht werden. Nicht rückgängig machen lassen sich dagegen Aktionen wie *Speichern* und *Drucken*. Das Symbol *Rückgängig* finden Sie in der *Symbolleiste für den Schnellzugriff* in der Titelleiste des Word-Fensters.

Symbolleiste für den Schnellzugriff, s. Kap. 1, Seite 30.

▸ **Letzte(n) Schritt(e) rückgängig machen**: Um den letzten Bearbeitungsschritt rückgängig zu machen, klicken Sie auf das Symbol *Rückgängig* oder betätigen die Tasten **Strg+Z**. Mehrfaches Anklicken macht auch noch die davor liegenden Schritte rückgängig.

Nicht rückgängig gemacht werden können Befehle wie Speichern und Drucken.

Tipp: Ein Klick auf den Pfeil des Symbols öffnet eine Liste und Sie können durch Anklicken eines weiter zurückliegenden Schritts auch alle dazwischen befindlichen rückgängig machen.

▸ **Rückgängig gemachte Schritte wiederherstellen**: Mit dem Symbol *Wiederherstellen* oder den Tasten **Strg+Y** können Sie dagegen zuvor rückgängig gemachte Schritte wiederherstellen.

Bild 2.9 Bearbeitungsschritt rückgängig machen

Bild 2.10 Rückgängig gemachten Schritt wiederherstellen

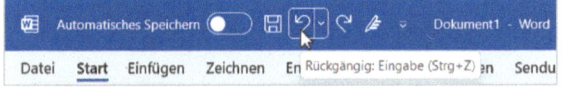 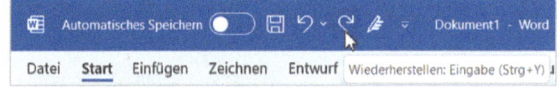

Den letzten Befehl wiederholen

Das Symbol *Wiederherstellen* erscheint nur, wenn zuvor ein Arbeitsschritt rückgängig gemacht wurde. Ansonsten befindet sich hier das Symbol *Wiederholen*. Dieses Symbol erlaubt es, schnell den letzten Arbeitsschritt, z. B. Löschen oder eine Formatierung anwenden, an anderer Stelle zu wiederholen.

> **Tipp**: Auch mit der Funktionstaste **F4** lässt sich der letzte Arbeitsschritt schnell wiederholen.

Symbolleiste für den Schnellzugriff oder Symbole nicht sichtbar?

▶ Sollte die gesamte Symbolleiste für den Schnellzugriff nicht sichtbar sein, so klicken Sie zum Anzeigen mit der rechten Maustaste an eine beliebige Stelle im Menüband und wählen den Befehl *Symbolleiste für den Schnellzugriff anzeigen*. Beachten Sie, dass sich die Symbolleiste für den Schnellzugriff auch unterhalb des Menübands befinden kann.

▶ Falls die Symbole *Rückgängig* und *Wiederholen* bzw. *Wiederherstellen* nicht in der Symbolleiste für den Schnellzugriff enthalten sein sollten, so klicken Sie auf den Pfeil am Ende dieser Leiste und aktivieren die Anzeige (siehe Kapitel 1).

2.5 Markierungstechniken

Die Markierungsfarbe hängt von verschiedenen Einstellungen ab und kann auch etwas anders aussehen.

Das Markieren von Text gehört zu den wichtigsten Arbeitstechniken der Textverarbeitung. Nicht nur bei der Korrektur längerer Textstellen, sondern auch beim späteren Formatieren ist vorheriges Markieren erforderlich. Markieren bedeutet also einfach, eine Textstelle für weitere Schritte hervorzuheben. Markierter Text wird meist grau hinterlegt und ist daher leicht zu erkennen. Eine Markierung ist nicht von Dauer, sondern wird wieder aufgehoben, wenn Sie an eine beliebige Stelle im Dokument klicken oder tippen oder eine andere Stelle markieren.

Bild 2.11 Markierter Text

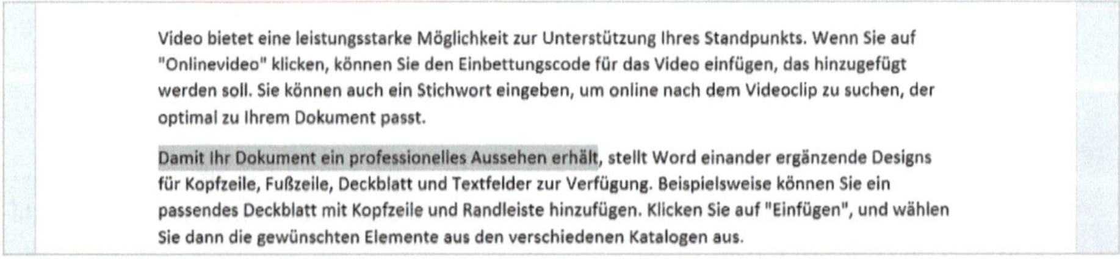

> Video bietet eine leistungsstarke Möglichkeit zur Unterstützung Ihres Standpunkts. Wenn Sie auf "Onlinevideo" klicken, können Sie den Einbettungscode für das Video einfügen, das hinzugefügt werden soll. Sie können auch ein Stichwort eingeben, um online nach dem Videoclip zu suchen, der optimal zu Ihrem Dokument passt.
>
> Damit Ihr Dokument ein professionelles Aussehen erhält, stellt Word einander ergänzende Designs für Kopfzeile, Fußzeile, Deckblatt und Textfelder zur Verfügung. Beispielsweise können Sie ein passendes Deckblatt mit Kopfzeile und Randleiste hinzufügen. Klicken Sie auf "Einfügen", und wählen Sie dann die gewünschten Elemente aus den verschiedenen Katalogen aus.

■ **Grundsätzlich gilt beim Markieren und Eingeben**

Markierter Text wird durch Tastatureingabe überschrieben. Wenn Sie also eine Textstelle durch anderen Text ersetzen möchten, dann genügt es, wenn Sie die Textstelle markieren und ohne vorheriges Löschen durch Tastatureingabe einfach überschreiben. Die Anzahl der Zeichen bzw. die Länge des Textes spielt dabei keine Rolle.

Dieses Prinzip gilt für alle Tasten. Vorsicht also, wenn Sie Text markiert haben und die Eingabetaste drücken. Auch diese Taste überschreibt markierten Text.

Mit der Maus markieren

Am einfachsten markieren Sie mit der Maus: Bewegen Sie den Mauszeiger an den Anfang der Textstelle, die Sie markieren möchten, drücken Sie die linke Maustaste und halten Sie die Taste gedrückt, während Sie gleichzeitig den Mauszeiger über den Text bewegen und damit die Maus als Textmarker benutzen. Lassen Sie die Maustaste erst los, wenn die gewünschte Textstelle markiert ist. In der Standardeinstellung markiert Word automatisch ganze Wörter. Ein Wort wird also auch dann vollständig markiert, wenn Sie in der Mitte des Wortes mit dem Markieren beginnen.

Die Richtung ist beim Markieren egal, Sie können also sowohl von links nach rechts als auch von rechts nach links markieren. Wenn Sie die Maus nach oben oder unten bewegen, dann wird Text in Schreibrichtung auch über mehrere Zeilen markiert.

Neben der oben beschriebenen Möglichkeit können Sie auch folgende Methoden zum schnellen Markieren mit der Maus nutzen:

Sie möchten markieren ...	So gehen Sie vor
Ein einzelnes Wort	Machen Sie einen Doppelklick in das Wort.
Ein Satz	Klicken Sie bei gleichzeitig gedrückter Strg-Taste in den Satz (dazu darf keine andere Textstelle markiert sein).
Eine Zeile	Klicken Sie am linken Rand mit etwas Abstand neben der Zeile, wie in Bild 2.12. Dieser Bereich ist die sogenannte Markierungsspalte, der Mauszeiger wird als gespiegelter Pfeil dargestellt.
Mehrere zusammenhängende Zeilen	Bewegen Sie die Maus mit gedrückter linker Maustaste in der Markierungsspalte nach oben oder unten.
Einen Absatz	Klicken Sie in der Markierungsspalte neben dem Absatz doppelt oder klicken Sie dreimal innerhalb des Absatzes an eine beliebige Stelle.

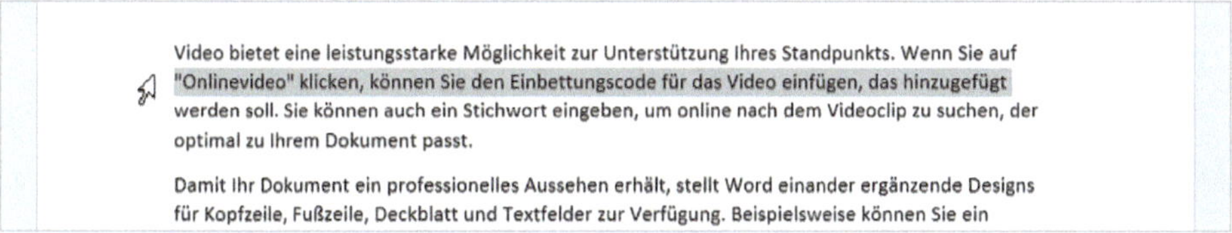

Bild 2.12 Markierung in der Markierungsspalte

Nicht zusammenhängende Textstellen markieren

Mehrere nicht zusammenhängende Textstellen markieren Sie mit gleichzeitig gedrückter **Strg**-Taste. So gehen Sie dabei vor:

1　Markieren Sie die erste Textstelle, wie oben beschrieben.

2　Drücken Sie auf der Tastatur die **Strg**-Taste und halten Sie sie gedrückt, während Sie nacheinander weitere Textstellen mit der Maus markieren. Dazu können Sie alle oben beschriebenen Techniken verwenden, ausgenommen die Verwendung der **Strg**-Taste.

3　Zuletzt lassen Sie die **Strg**-Taste los. Alle Textstellen bleiben solange markiert, bis Sie mit der Maus an eine andere Stelle klicken.

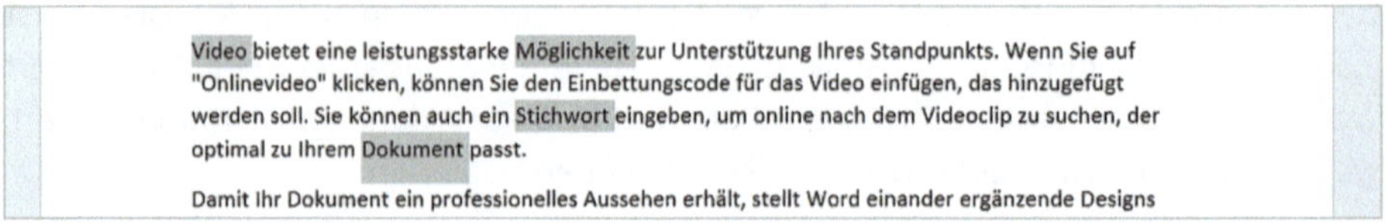

Bild 2.13 Nicht zusammenhängende markierte Textstellen (hier: Wörter)

> Video bietet eine leistungsstarke Möglichkeit zur Unterstützung Ihres Standpunkts. Wenn Sie auf "Onlinevideo" klicken, können Sie den Einbettungscode für das Video einfügen, das hinzugefügt werden soll. Sie können auch ein Stichwort eingeben, um online nach dem Videoclip zu suchen, der optimal zu Ihrem Dokument passt.
>
> Damit Ihr Dokument ein professionelles Aussehen erhält, stellt Word einander ergänzende Designs

Mit der Tastatur markieren

Da Word bei Verwendung der Maus ganze Wörter markiert, ist es nicht immer ganz einfach, nur einzelne Zeichen innerhalb eines Wortes zu markieren. Dann verwenden Sie zum Markieren besser die Tastatur. Diese bietet darüber hinaus noch weitere nützliche Markierungsmöglichkeiten. Sie verwenden dazu die **Umschalt**-Taste in Verbindung mit den Cursor-Tasten.

Sie möchten markieren ...	Tasten
Zeichenweise nach rechts	⇧ + →
Zeichenweise nach links	⇧ + ←
Wortweise nach rechts	Strg + ⇧ + →
Wortweise nach links	Strg + ⇧ + ←
Ab Cursor bis zum Absatzanfang	Strg + ⇧ + ↑
Ab Cursor bis zum Absatzende	Strg + ⇧ + ↓
Ab Cursor bis zum Dokumentanfang	Strg + ⇧ + Pos 1
Ab Cursor bis zum Dokumentende	Strg + ⇧ + Ende
Das gesamte Dokument	Strg + A

Im Auswahlmodus markieren

Eine andere Möglichkeit ist der Auswahl- oder Erweiterungsmodus, den Sie mit der Funktionstaste **F8** aktivieren. So geht's:

1   Klicken Sie im Text an die Stelle, an der die Markierung beginnen soll.

2   Schalten Sie mit **F8** den Auswahlmodus ein.

3   Klicken Sie an die Stelle, bis zu der Sie markieren möchten.

Mit der nachfolgenden Aktion, z. B. Löschen oder Formatieren, wird der Auswahlmodus automatisch wieder ausgeschaltet. Andernfalls beenden Sie den Auswahlmodus mit der **Esc**-Taste. Weitere Möglichkeiten zum Markieren im Auswahlmodus finden Sie in der Tabelle.

Sie möchten markieren ...	Drücken Sie ...
Das aktuelle Wort	zweimal F8
Den aktuellen Satz	dreimal F8
Den aktuellen Absatz	viermal F8
Das gesamte Dokument	fünfmal F8

Tipp: Wenn Sie möchten, können Sie den aktivierten Auswahlmodus in der Statusleiste anzeigen lassen. Dazu klicken Sie mit der rechten Maustaste an eine freie Stelle der Statusleiste und klicken auf *Auswahlmodus* (Häkchen). Dann erscheint hier bei eingeschaltetem Auswahlmodus der Hinweistext *Auswahl erweitern*.

Bild 2.14 Eingeschalteten Auswahlmodus in der Statusleiste anzeigen

2.6   Rechtschreibung, Grammatik und Sprache

Standardmäßig überprüft Word Ihren Text bereits während der Eingabe auf Rechtschreibung und Grammatik. Vielleicht haben Sie bereits bemerkt, dass unmittelbar nach der Eingabe einzelne Wörter mit einer roten Wellenlinie unterstrichen werden. Diese Wörter wurden von der automatischen Rechtschreibprüfung als Fehler gekennzeichnet. Grammatikfehler, z. B. überzählige Satzzeichen, werden hingegen blau und doppelt unterstrichen. Beide Kennzeichnungen sind nur auf dem Bildschirm sichtbar und erscheinen nicht auf dem Ausdruck.

Sie sollten allerdings auch wissen, dass nicht alle Rechtschreib- und Grammatikfehler von Word gefunden werden und umgekehrt auch korrekt geschriebene Wörter, beispielsweise Fachbegriffe, als Fehler gekennzeichnet werden können!

Die Überprüfung erfolgt anhand eines Standardwörterbuches und integrierter Regeln für Rechtschreibung und Grammatik. Ist ein Wort nicht im Wörterbuch enthalten, wird es als Rechtschreibfehler gekennzeichnet. Normalerweise verwendet Word ein deutsches Wörterbuch, sodass beispielsweise englische Ausdrücke trotz korrekter Schreibweise ebenfalls als Fehler hervorgehoben werden. Auch Adressangaben und Namen von Personen oder Firmen werden häufig als Fehler gekennzeichnet. Ob die Rechtschreib- und Grammatikprüfung aktiv ist und ob Fehler gefunden wurden, erkennen Sie an einem Symbol in der Statusleiste.

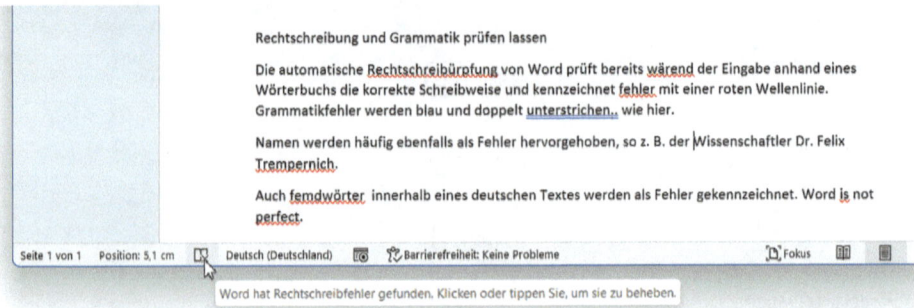

Bild 2.15 Beispiel: Rechtschreib- und Grammatikkennzeichnung

Korrekturhilfen im Dokument

Hat Word einen Rechtschreib- oder Grammatikfehler erkannt, können Sie neben den oben beschriebenen manuellen Änderungsmöglichkeiten über die Tastatur auch die Korrekturhilfen von Word nutzen:

Klicken Sie dazu im Dokument mit der rechten Maustaste auf ein als Fehler gekennzeichnetes Wort. Wählen Sie im Kontextmenü *Rechtschreibung*, um Korrekturvorschläge zu erhalten (s. Bild 2.16) und mit einem Klick auf die richtige Schreibweise wird das Wort im Text ersetzt. Dasselbe gilt auch für Grammatikfehler.

Tipp: Mit Microsoft 365 erhalten Sie dieselben Korrekturvorschläge auch beim Antippen oder Anklicken mit der linken Maustaste (s. Bild 2.17), zusätzlich erscheinen Fehler rot hinterlegt, wenn Sie darauf zeigen.

Bild 2.16 Rechtschreibkorrektur mit der rechten Maustaste

Bild 2.17 Korrekturvorschläge beim Klicken mit der linken Maustaste (Microsoft 365)

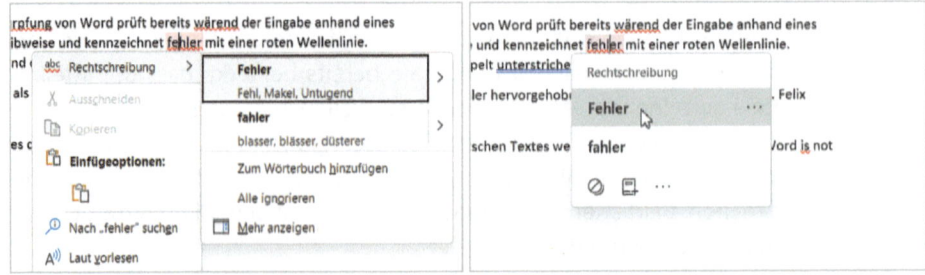

Der Nachteil dieser Vorgehensweise: Sie müssen nacheinander jedes gekennzeichnete Wort einzeln anklicken. In längeren Dokumenten kann so leicht ein Fehler übersehen werden. In diesem Fall nutzen Sie besser den Aufgabenbereich bzw. Editor. Näheres hierzu im nächsten Punkt.

Microsoft Editor: Die intelligente Schreibunterstützung

Korrekturmöglichkeiten für das gesamte Dokument erhalten Sie, wenn Sie im Register *Überprüfen* des Menübands auf *Rechtschreibung und Grammatik* klicken. Wenn Sie Microsoft 365 abonniert haben, dann finden Sie im selben Register sowie im Register *Start* auch das Symbol *Editor*. Beim neuen Microsoft Editor handelt es sich um einen KI-gestützten Dienst, der nicht nur Korrekturvorschläge für Rechtschreibung und Grammatik unterbreitet, sondern Sie auch mit Stilempfehlungen, z. B. alternativen Formulierungen beim Schreiben, unterstützen kann. In deutscher Sprache funktioniert dies allerdings derzeit nur eingeschränkt, wesentlich besser dagegen in Englisch.

KI = Abkürzung für künstliche Intelligenz

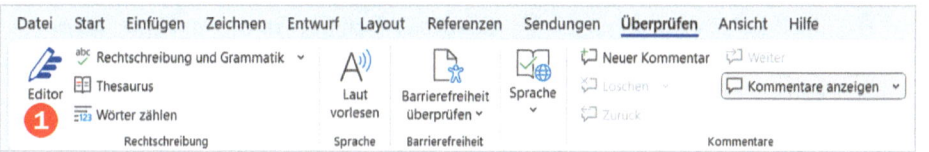

Bild 2.18 Editor bzw. Rechtschreibung und Grammatik

Mit Klick auf *Editor* ❶ öffnet sich am rechten Bildschirmrand der gleichnamige Bereich. Alternativ öffnen Sie den Editor mit Klick auf das Symbol *Rechtschreib- und Grammatikprüfung* in der Statusleiste oder mit der Funktionstaste **F7**.

Auf der Startseite des Editors erhalten Sie zunächst eine Übersicht über verfügbare Korrekturtypen ❷ einschließlich der Anzahl der gefundenen Fehler sowie Empfehlungen für mögliche *Verfeinerungen* ❸. Umfasst das Dokument mehr als 100 Wörter, dann sehen Sie außerdem oberhalb eine zusammenfassende Bewertung ❹.

Das Symbol *Editor* finden Sie im Menüband sowohl im Register *Start* als auch im Register *Überprüfen*, s. Bild unten.

Bild 2.19 Die intelligente Schreibhilfe Editor

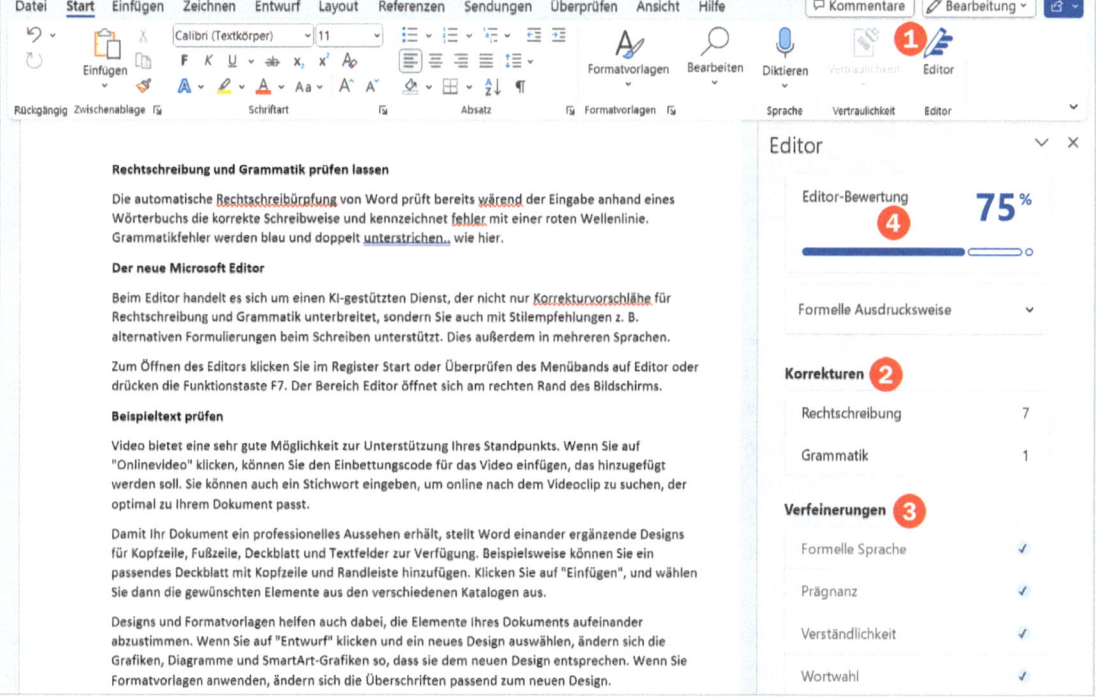

Rechtschreibung korrigieren

Word 2021 zeigt nach dem Klick auf *Rechtschreibung und Grammatik* sofort den Bereich *Dokumentprüfung* an. Die verfügbaren Korrekturmöglichkeiten sind weitgehend dieselben wie hier beschrieben.

1   Für Vorschläge zur Korrektur von Rechtschreibfehlern klicken Sie auf *Rechtschreibung*.

2   Damit wird im Dokument der erste gefundene Fehler ab Cursorposition markiert ❶, gleichzeitig erscheinen im Editor ein oder mehrere Änderungsvorschläge. Um den Fehler zu korrigieren bzw. durch die richtige Schreibweise zu ersetzen, genügt ein Klick auf einen Änderungsvorschlag ❷. Anschließend wird der nächste Fehler im Dokument markiert und erscheint im Aufgabenbereich.

- Falls ein „vermeintlicher" Fehler nicht korrigiert werden soll, können Sie mit Klick auf *Einmal ignorieren* ❸ die rote Wellenlinie für diesen Fehler an der aktuellen Stelle ausblenden oder mit *Alle ignorieren* im gesamten Dokument.

- Sollten keine Änderungsvorschläge erscheinen, so klicken Sie in das Dokument und korrigieren Sie den Fehler hier.

Bild 2.20 Rechtschreibkorrektur mit dem Editor

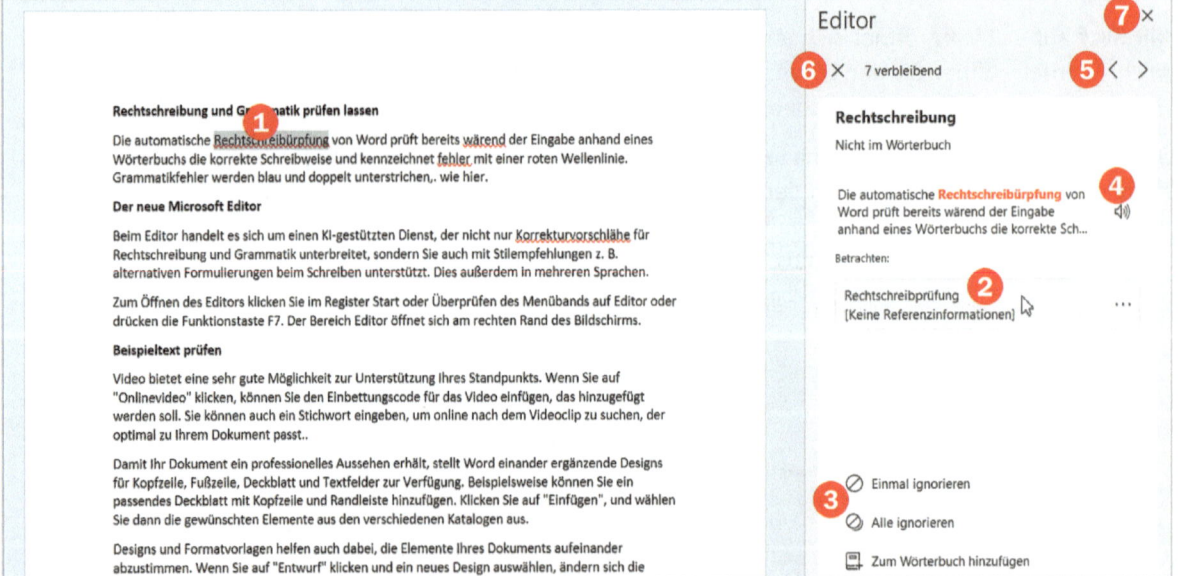

Hinweis: Editor kann nur Vorschläge unterbreiten, wenn Sie dies in den Datenschutzeinstellungen erlaubt haben, siehe Kap. 3 auf Seite 101.

- Mit Klick auf das Lautsprechersymbol ❹ können Sie den gesamten Kontext auch vorlesen lassen.

- Weitere Optionen zu einem Änderungsvorschlag erhalten Sie, wenn Sie rechts davon auf die drei Punkte klicken. *Alle ändern* ersetzt einen Fehler gleich mehrmals, falls dieser im Dokument mehrfach vorkommt. Oder lassen Sie sich den Vorschlag laut vorlesen oder buchstabieren.

3   Mit den Pfeilen ❺ können Sie auch ohne Ändern nacheinander die gefundenen Fehler anzeigen lassen und mit Klick auf das Symbol *Schließen* ❻ kehren Sie zur Startseite zurück. Mit Klick auf *Schließen* ❼ schließen Sie den Editor.

Allgemeine Tipps

▶ **Die richtige Schreibweise ist nicht in den Korrekturvorschlägen enthalten**

Manchmal wird ein Fehler zwar erkannt, Word zeigt aber keine oder nicht die richtigen Korrekturvorschläge an. Dann müssen Sie selbst die nötigen Änderungen im Dokument vornehmen. Das fehlerhafte Wort ist bereits markiert und leicht zu finden, klicken Sie nach der Korrektur auf *Fortsetzen*.

▶ **Ein Wort wurde richtig eingegeben, aber als Fehler markiert**

Namen von Personen und Adressangaben sind nicht immer im Wörterbuch von Word enthalten. In diesem Fall klicken Sie auf *Alle ignorieren*, damit wird dieses Wort im gesamten aktuellen Dokument nicht mehr als Fehler gekennzeichnet.

Fremdwörter und Fachbegriffe sind ebenfalls nicht im deutschen Wörterbuch enthalten. Sie können aber häufig verwendete Begriffe mit Klick auf *Zum Wörterbuch hinzufügen* in Ihr Wörterbuch mit aufnehmen.

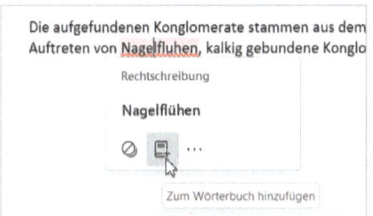
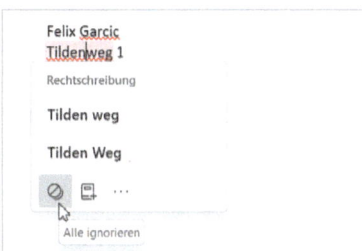

Bild 2.21 Fachbegriffe zum Wörterbuch hinzufügen

Bild 2.22 Namen und Adressangaben ignorieren

Grammatik

Genauso gehen Sie auch bei der Korrektur von Grammatikfehlern vor: Klicken Sie auf der Startseite des Editors auf *Grammatik* und ersetzen Sie anschließend nacheinander die Fehler durch Klick auf einen Änderungsvorschlag.

> ■ **Verlassen Sie sich nicht auf Word bzw. Microsoft Editor!**
> Während die Rechtschreibprüfung die meisten Fehler findet, lässt die Grammatikprüfung noch zu wünschen übrig. So wurde beispielsweise in dem Ausdruck „Bitte geben Sie mir bescheid" kein Grammatikfehler erkannt, obwohl das Wort Bescheid in jedem Fall groß geschrieben werden muss. Bei wichtigen Texten, z. B. Bewerbungen, sollten Sie sich daher nicht ausschließlich auf Word verlassen.

Schreibstil verbessern und nach Plagiaten suchen

Falls der Editor Auffälligkeiten in Ihrer Ausdrucksweise entdeckt, werden diese gepunktet unterstrichen und unter *Verfeinerungen* finden Sie dann im Editor Empfehlungen z. B. hinsichtlich Sprache, Wortwahl oder Verständlichkeit. Zudem können Sie zwischen formeller und informeller, also umgangssprachlicher Ausdrucksweise wählen. Allerdings sehen Sie derzeit in beiden Fällen meist nur ein grünes Häkchen anstelle von Vorschlägen. Da aber laut Microsoft der Editor laufend verbessert wird, dürfte sich dies in der nächsten Zeit ändern. Anders dagegen bei englischen Texten, hier erhalten Sie auch jetzt schon Vorschläge.

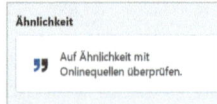

Tipp: Unterhalb der Verfeinerungen können Sie außerdem unter *Ähnlichkeit* mit Klick auf *Auf Ähnlichkeit mit Onlinequellen überprüfen* Ihren Text auf Plagiate untersuchen.

Nur ausgewählten Text mit dem Editor analysieren

Normalerweise bezieht der Editor das gesamte Dokument ein. Falls Sie nur einen bestimmten Teil davon analysieren möchten, so markieren Sie diesen Textbereich, klicken mit der rechten Maustaste in diesen Teil und wählen *Auswahl im Editor überprüfen*.

Spracheinstellungen

Editor sowie Rechtschreib- und Grammatikprüfung basieren auf der Sprache, die in den Word-Optionen als Standardsprache für Office festgelegt ist, siehe Seite 76. Hier können Sie bei Bedarf auch weitere Sprachen, z. B. Englisch, hinzufügen. Diese wird dann von Word automatisch erkannt. Sollte dies nicht der Fall sein, können Sie die zur Korrektur verwendete Sprache auch auf folgendem Weg ändern.

1. Markieren Sie die betreffende Textstelle, klicken Sie im Menüband, Register *Überprüfen* auf *Sprache* und wählen Sie *Sprache für Korrekturhilfen festlegen…*. Oder klicken Sie in der Statusleiste auf die Sprache.

2. Klicken Sie anschließend im Dialogfenster *Sprache* auf die gewünschte Sprache und danach auf *OK*.

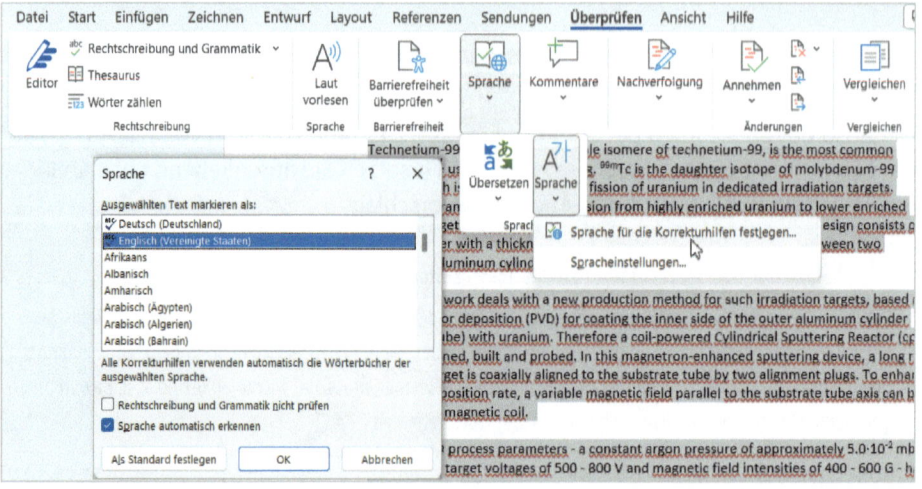

Bild 2.23 Sprache zur Korrektur auswählen

3. Die geänderte Spracheinstellung gilt nur für den markierten Text. Werden hier Rechtschreibfehler gefunden, so erhalten Sie jetzt per Rechtsklick oder im Editor Korrekturvorschläge in der zuvor festgelegten Sprache.

   Welche Sprache Word für die Korrekturvorschläge verwendet, sehen Sie in der Statusleiste, wenn Sie im Dokument an die betreffende Stelle klicken oder diesen Teil markieren.

Bild 2.24 Die im aktuellen Kontext verwendete Sprache

Im Fenster *Sprache* finden Sie außerdem folgende Möglichkeiten:

▶ Das aktivierte Kontrollkästchen *Sprache automatisch erkennen* bedeutet, dass Word versucht, die Sprache anhand der verwendeten Wörter zu erkennen.

▶ Mit der Schaltfläche *Als Standard festlegen* können Sie bei Bedarf die ausgewählte Sprache als Standardsprache festlegen. Dies gilt nicht nur für das gesamte aktuelle Dokument, sondern auch für alle neuen Dokumente, die auf derselben Vorlage (z. B. Leeres Dokument) basieren.

Optionen zu Sprache, Rechtschreibung und Grammatik

Zusätzliche Einstellungen zur Rechtschreib- und Grammatikprüfung legen Sie in den Word-Optionen fest. Klicken Sie dazu auf das Register *Datei* und hier auf *Optionen*, worauf das Dialogfenster *Word-Optionen* geöffnet wird.

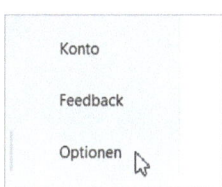

Rechtschreibung und Grammatik

Klicken Sie links auf *Dokumentprüfung*. Hier finden Sie folgende Abschnitte:

▶ Änderungen, die Sie im Abschnitt *Bei der Rechtschreibkorrektur in Microsoft-Office-Programmen* vornehmen, gelten auch für alle übrigen Office-Anwendungen, also beispielsweise PowerPoint und Excel. Wörter in Großbuchstaben, Internetadressen und Wörter mit Zahlen ignorieren bedeutet, hier erfolgt keine Überprüfung der Rechtschreibung.

Bild 2.25 Word-Optionen: Optionen zu Rechtschreibung und Grammatik

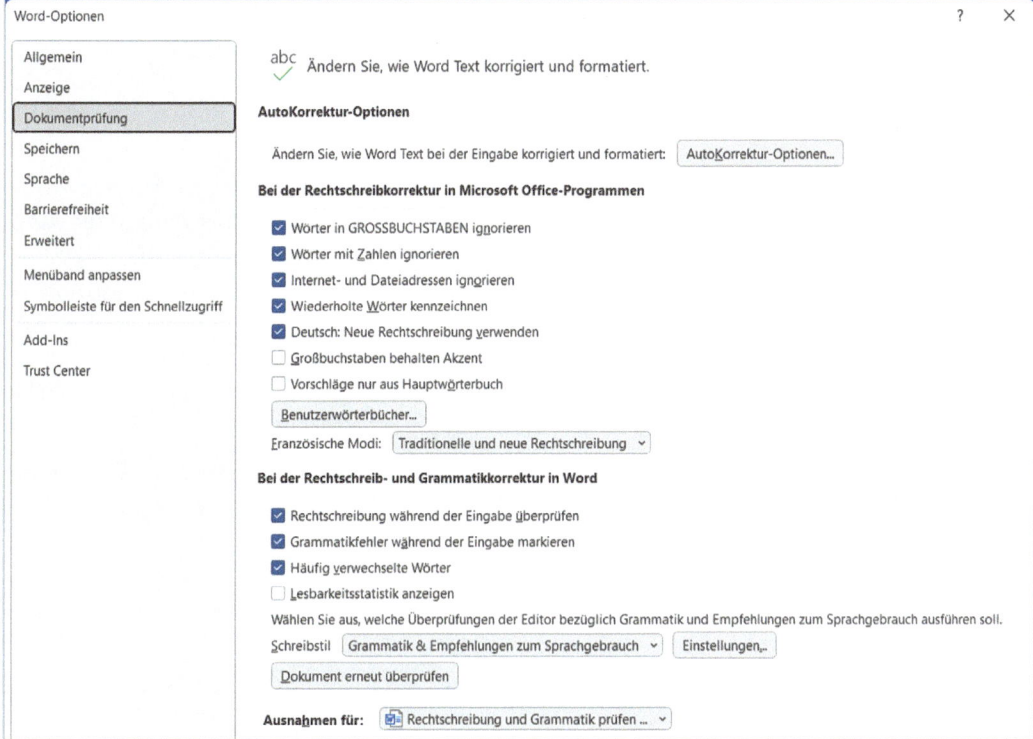

- Im zweiten Bereich treffen Sie Einstellungen, die ausschließlich in Word gültig sind. Hier können Sie bei Bedarf die Rechtschreib- und Grammatikprüfung während der Eingabe deaktivieren und bei *Schreibstil* mit Klick auf *Einstellungen* die Empfehlungen des Editors genauer definieren.
- Im dritten Bereich legen Sie Ausnahmen für das aktuelle Dokument fest.
- Der Abschnitt *AutoKorrektur-Optionen* und die gleichnamige Schaltfläche beziehen sich auf automatische Korrekturen während der Eingabe, näheres hierzu im nächsten Punkt.

2.7 Automatische Korrekturen während der Eingabe

So funktioniert die AutoKorrektur

Wenn während der Eingabe am Anfang eines neuen Satzes oder eines neuen Absatzes der erste Buchstabe eines versehentlich oder absichtlich klein geschriebenen Wortes automatisch in einen Großbuchstaben umgewandelt wird, dann liegt dies an der AutoKorrektur von Word. Im Gegensatz zur Rechtschreibprüfung, die Fehler nur kennzeichnet, erfolgt durch die AutoKorrektur bereits während der Eingabe eine Korrektur häufiger Rechtschreibfehler oder Buchstabendreher. So wandelt die AutoKorrektur beispielsweise die Zeichenfolge „udn" in das Wort „und" um und nach der Eingabe von (c) erscheint das Copyright-Zeichen © usw..

Eine AutoKorrektur rückgängig machen

Allerdings ist eine automatische Korrektur nicht immer erwünscht, z. B. bei Namen wie im Bild unten. Entweder machen Sie in solchen Fällen unmittelbar danach die AutoKorrektur wieder rückgängig, indem Sie im Menüband, Register *Start* auf *Rückgängig* klicken, oder nutzen Sie die AutoKorrektur-Optionen. Dabei gehen Sie so vor:

1. Zeigen Sie mit der Maus auf das automatisch korrigierte Wort.
2. Unterhalb des ersten Zeichens erscheint eine blaue Markierung und sobald Sie auf diese Markierung zeigen, erscheint die Schaltfläche *AutoKorrektur-Optionen*.
3. Klicken Sie auf die Schaltfläche. Nun können Sie wählen, ob Sie nur die Änderung zurücknehmen oder die automatische Korrektur dieser Zeichenfolge ab sofort deaktivieren möchten.

Bild 2.26 AutoKorrektur-Optionen im Text

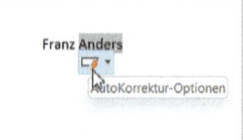
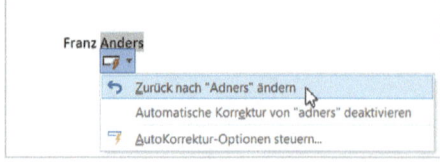

AutoKorrektur-Optionen

Der Befehl *AutoKorrektur-Optionen steuern…* öffnet das Dialogfenster *AutoKorrektur* mit weiteren Einstellungen. Alternativ öffnen Sie die AutoKorrektur-Optionen im Register *Datei*. Klicken Sie hier auf *Optionen*, wählen Sie *Dokumentprüfung* und klicken Sie dann auf die Schaltfläche *AutoKorrektur-Optionen* (Bild 2.25 auf Seite 57).

Im Register *AutoKorrektur* des Dialogfensters AutorKorrektur steuern Sie über Kontrollkästchen das Verhalten der AutoKorrektur, beispielsweise am Satzanfang ❶ oder bei unbeabsichtigtem Betätigen der Feststelltaste ❷ (Bild 2.27).

▸ **Ausnahmen bei Großbuchstaben am Satzbeginn**: Haben Sie die Option *Satz mit einem Großbuchstaben beginnen* aktiviert, dann können Sie über die Schaltfläche *Ausnahmen* ❸ im Register *Erster Buchstabe* ❹ des nachfolgenden Fensters die Liste der Abkürzungen kontrollieren bzw. ergänzen, nach denen keine automatische Umwandlung in einen Großbuchstaben erfolgen soll (Bild 2.28).

▸ Für Ausnahmen bei der Korrektur zweier Großbuchstaben am Wortanfang klicken Sie im Fenster *Ausnahmen* auf das Register *WOrtanfang GRoß* ❺.

Bild 2.27 Einstellungen in den AutoKorrektur-Optionen

Bild 2.28 Ausnahmen für Großbuchstaben am Wortanfang

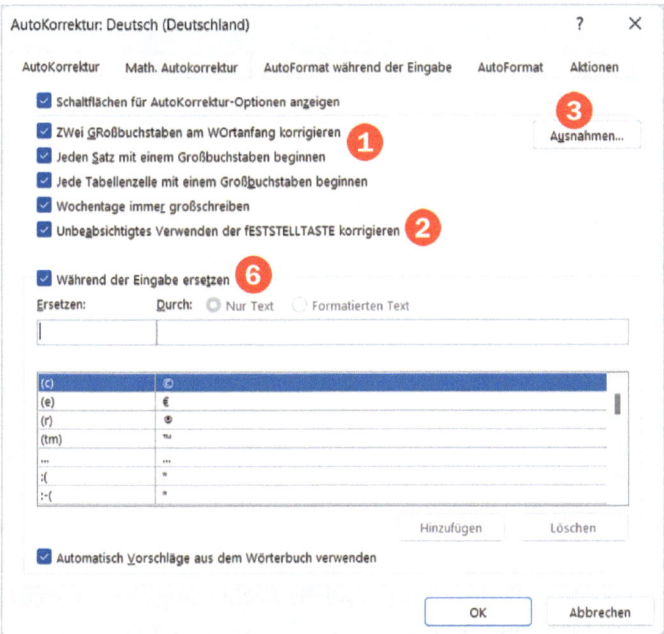

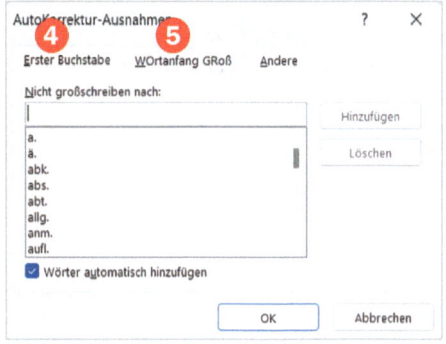

Die AutoKorrektur ergänzen oder Einträge entfernen

Im Fenster *AutoKorrektur* finden Sie außerdem eine Liste von Zeichenfolgen, die sofort nach der Eingabe automatisch korrigiert werden, vorausgesetzt das Kontrollkästchen *Während der Eingabe ersetzen* ❻ ist aktiviert. Diese Liste können Sie um eigene Ersetzungen ergänzen.

Dies können Wörter sein, bei denen Sie sich häufig vertippen, Sie können aber auch während der Eingabe bestimmte Kürzel durch häufig benötigte Textfloskeln ersetzen lassen - etwa Ihre Initialen durch Ihren vollständigen Namen oder den Namen der Firma oder das Kürzel „mfg" durch die Grußformel „Mit freundlichen Grüßen".

▶ **Einträge hinzufügen:** Tragen Sie im Feld *Ersetzen* die zu ersetzende Zeichenfolge, z. B. ein Wort mit vertauschten Buchstaben oder das oben erwähnte Kürzel der Grußformel, ein und daneben im Feld *Durch* geben Sie das Wort in der richtigen Schreibweise ein. Klicken Sie dann auf *Hinzufügen*.

▶ **Einträge entfernen:** Nicht benötigte oder lästige Einträge entfernen Sie, indem Sie den Eintrag in der Liste markieren und auf die Schaltfläche *Löschen* klicken.

Bild 2.29 Eigene Ersetzungen hinzufügen

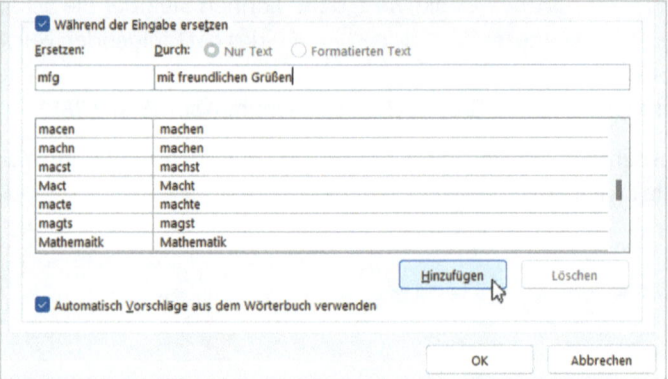

> **Automatisches Ersetzen muss aktiviert sein!**
>
> Damit Zeichenfolgen automatisch ersetzt werden, muss das Kontrollkästchen *Während der Eingabe automatisch ersetzen* aktiviert sein!

AutoFormat während der Eingabe

Nicht nur die oben genannte AutoKorrektur ist während der Eingabe aktiv, auch andere Zeichen werden während der Eingabe automatisch ersetzt, dazu zählen beispielsweise Anführungszeichen und Bindestriche. Da eine Tastatur nur gerade Anführungszeichen " " aufweist, ersetzt Word in der Standardeinstellung solche Anführungszeichen sofort nach der Eingabe durch „typografische" Anführungszeichen. Eine weitere, allerdings nicht immer erwünschte, automatische Korrektur ist das Ersetzen eines normalen Bindestrichs - durch den längeren Geviertstrich —.

Beide Einstellungen finden Sie ebenfalls im Dialogfenster *AutoKorrektur*, das Sie, wie oben beschrieben, im Dokument über die *AutoKorrektur-Optionen* oder im Register *Datei* ▶ *Optionen* ▶ *Dokumentprüfung* öffnen. Klicken Sie auf das Register *AutoFormat während der Eingabe*.

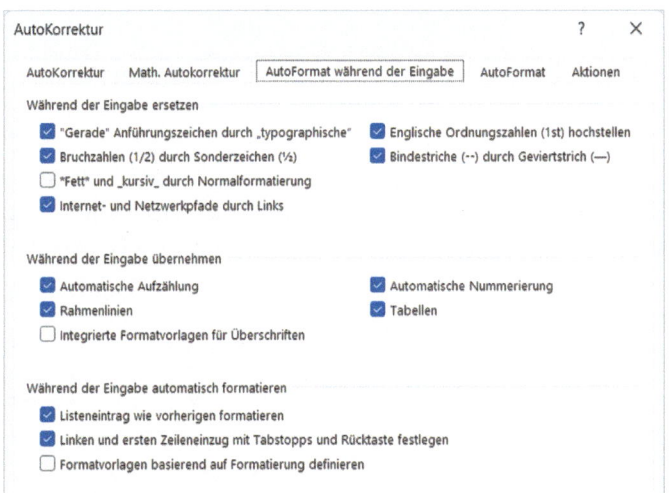

Bild 2.30 Anführungszeichen während der Eingabe ersetzen

Darstellung von Links

E-Mail-Adressen und Adressen im Internet, die mit www beginnen (Webadressen), werden unmittelbar nach der Eingabe automatisch in sogenannte Links umgewandelt. Links, auch als Hyperlinks bezeichnet, sind Verknüpfungen zu Webseiten oder anderen Dokumenten und werden von Word standardmäßig mit blauer Schriftfarbe und unterstrichen dargestellt. Beim Zeigen mit der Maus auf einen Link erscheint der unten abgebildete Hinweistext und wenn Sie mit gleichzeitig gedrückter **Strg**-Taste auf den Link klicken, so wird Ihr Standardbrowser geöffnet und die entsprechende Seite angezeigt. Bei E-Mail-Adressen wird automatisch Ihr E-Mail-Programm geöffnet und eine neue Nachricht an die angegebene Adresse erstellt.

Bild 2.31 Beispiel: Link im Text

Links sind allerdings in einem Word-Dokument nicht immer sinnvoll und wirken in gedruckten Dokumenten, z. B. in Briefen, eher störend. Um zu vermeiden, dass eine Adresse als Hyperlink angezeigt und später auch mit dieser Formatierung gedruckt wird, benutzen Sie eine der folgenden Möglichkeiten:

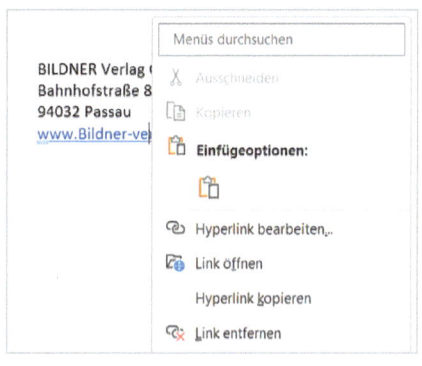

Bild 2.32 Link entfernen

- ▶ Machen Sie unmittelbar danach einfach die automatische Umwandlung rückgängig . Oder verfahren Sie wie bei der AutoKorrektur (siehe Seite 58).

- ▶ Alternativ klicken Sie mit der rechten Maustaste auf den Hyperlink und auf *Link entfernen*. Dies funktioniert auch noch später, wenn ein Rückgängigmachen nicht mehr möglich ist.

- ▶ Falls Sie das Umwandeln in Links dauerhaft unterbinden möchten, deaktivieren Sie im Fenster *AutoKorrektur*, Register *AutoFormat während der Eingabe* das Kontrollkästchen *Internet- und Netzwerkpfade durch Links* (s. Bild 2.30).

2.8 Besonderheiten während der Eingabe

Leerzeilen am Textende überbrücken

Unterhalb vom Textende, also nach dem letzten Absatzende, erscheinen unabhängig vom Cursor am Mauszeiger je nach Position Symbole verschiedener Absatzausrichtungen (siehe Kapitel 4.4). Dies signalisiert, dass an dieser Stelle nach einem Doppelklick der Cursor erscheint und Sie sofort Text eingeben können. Der Absatz erhält die angezeigte Ausrichtung und der Abstand bis zur Cursorposition wird automatisch mit Leerzeilen aufgefüllt.

Möchten Sie beispielsweise, wie im Bild unten, in der Mitte eines leeren Dokuments und nach einigen Leerzeilen mit der Texteingabe beginnen, dann zeigen Sie an die betreffende Stelle und achten dabei auf den Mauszeiger ❶. Nach einem Doppelklick erscheint hier der Cursor und Sie können Text eingeben ❷, der Abstand bis zu dieser Stelle wurde automatisch mit Leerzeilen aufgefüllt.

Bild 2.33 Leerzeilen überbrücken

Die Bedeutung der Symbole

I≡	Der Text wird am linken Seitenrand ausgerichtet.
≛	Der Text wird zwischen dem linken und rechten Seitenrand zentriert.
≡I	Der Text wird am rechten Seitenrand ausgerichtet (rechtsbündig).

Manuelle und automatische Zeilenumbrüche

Manuellen Zeilenumbruch einfügen

Wie Sie in diesem Kapitel bereits gesehen haben, erzeugen Sie durch Drücken der **Eingabetaste** ein Absatzende und beginnen eine neue Zeile. In manchen Fällen kann es aber sinnvoll sein, eine neue Zeile zu beginnen, ohne den vorherigen Absatz zu beenden. Dies bezeichnet man in Word auch als manuellen Zeilenumbruch oder „weiche" Zeilenschaltung. Einen manuellen Zeilenumbruch fügen Sie mit den Tasten **Um-**

schalt+Eingabetaste ein. Im Gegensatz zum Absatzende zeigt Word in diesem Fall das nicht druckbare Zeichen ↵ an.

Bild 2.34 Weiche Zeilenschaltung

Automatischen Zeilenumbruch verhindern

Standardmäßig erfolgt ein automatischer Zeilenumbruch zwischen zwei Wörtern, also nach einem Leerzeichen oder einem Bindestrich. Nicht immer ist dies aber auch erwünscht. In solchen Fällen verhindern Sie einen automatischen Zeilenumbruch durch Verwendung eines geschützten Leerzeichens oder Bindestrichs.

▸ **Geschützte Leerzeichen**: Beispielsweise werden zur besseren Lesbarkeit große Zahlen häufig mit einem Leerzeichen als Tausendertrennzeichen eingegeben, z. B. 1 000 000 €. Um zu verhindern, dass solche Zahlen durch einen Zeilenumbruch getrennt werden, verwenden Sie bei der Eingabe statt einfacher Leerzeichen sogenannte „geschützte Leerzeichen". Diese geben Sie mit der folgenden Tastenkombination ein: **Strg+Umschalt+Leertaste**.

Bei eingeblendeten nicht druckbaren Zeichen erscheint im Text an dieser Stelle statt eines normalen Leerzeichens das Gradzeichen °.

▸ **Geschützter Bindestrich**: Wenn Sie nach einem Bindestrich den automatischen Zeilenumbruch verhindern möchten, dann geben Sie anstelle des normalen Bindestrichs mit der Tastenkombination **Strg+Umschalt+Bindestrich** einen geschützten Bindestrich ein.

Seitenumbruch einfügen

Word erkennt automatisch das Ende einer Druckseite. Damit erfolgt an dieser Stelle ein automatischer Seitenumbruch und eine neue Seite wird an das Dokument angefügt. Benötigen Sie dagegen einen Seitenumbruch an einer bestimmten Stelle, so fügen Sie im Dokument einen manuellen Seitenwechsel oder Seitenumbruch ein.

1 Platzieren Sie den Cursor an der Stelle des Dokuments, ab der Sie eine neue Seite beginnen möchten, am besten am Beginn des Absatzes, mit dem die neue Seite beginnen soll.

2 Klicken Sie im Menüband, Register *Einfügen* ▸ *Seiten*, auf *Seitenumbruch* oder drücken Sie die Tastenkombination **Strg+Eingabetaste**. Der Seitenumbruch wird links bzw. oberhalb vom Cursor eingefügt und bei eingeblendeten nicht druckbaren Zeichen als gepunktete Linie dargestellt.

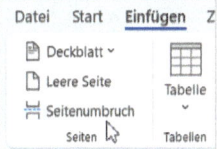

Alternativ können Sie auch im Register *Layout* ▸ *Seite einrichten* auf *Umbrüche* klicken und hier *Seite* auswählen.

Bild 2.35 Manueller Seitenumbruch im Text

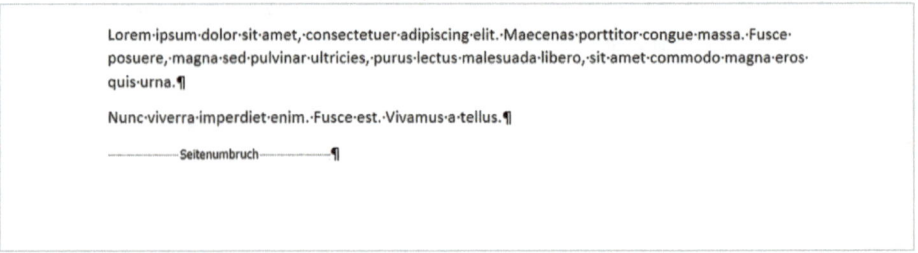

> **Seitenumbruch entfernen**
>
> Im Gegensatz zum automatischen Seitenumbruch können Sie einen manuellen Seitenumbruch jederzeit wieder entfernen: Blenden Sie die nicht druckbaren Zeichen ein (Register *Start*, Symbol ¶), klicken Sie auf den Seitenumbruch und drücken Sie die Entf-Taste.

Silbentrennung

Eine automatische Trennung von Wörtern geschieht nur, wenn Sie die automatische Silbentrennung aktiviert haben. Dies ist jederzeit und auch nachträglich möglich. Klicken Sie dazu im Menüband, Register *Layout* ▶ *Seite einrichten* auf *Silbentrennung* und wählen Sie *Automatisch*. Falls die automatische Silbentrennung bereits aktiviert ist, so erkennen Sie dies am Häkchen. Für die automatische Silbentrennung gilt:

▶ Die automatische Silbentrennung erfolgt im gesamten Text und auch während der Eingabe. Bei nachträglichen Änderungen im Text und damit am Zeilenumbruch passt sich die Trennung automatisch an.

▶ Über *Silbentrennungsoptionen…* können Sie bei der automatischen Silbentrennung außerdem die maximale Zahl der aufeinanderfolgenden Trennstriche festlegen und angeben, ob auch Wörter in Großbuchstaben, z. B. Firmennamen, getrennt werden dürfen.

▶ Falls Sie die automatische Silbentrennung wieder deaktivieren möchten, so klicken Sie auf *Silbentrennung* und wählen *Keine*.

▶ Wählen Sie dagegen *Manuell*, so müssen Sie anschließend jeden einzelnen Trennvorschlag bestätigen oder ändern.

Bild 2.36 Silbentrennung und Silbentrennungsoptionen

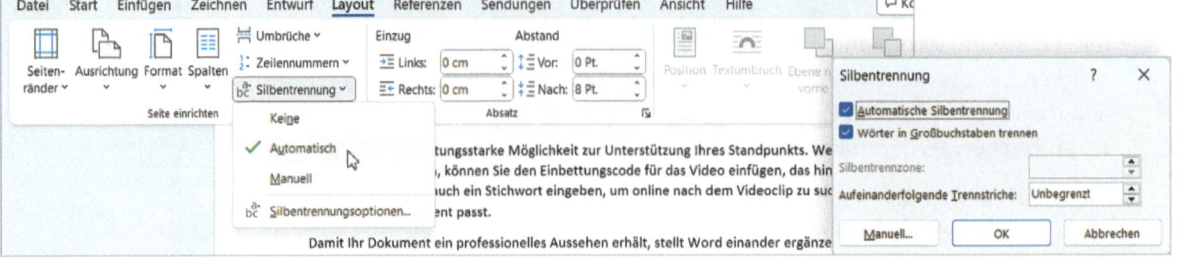

Bedingte Trennstriche

Egal, ob automatische oder manuelle Silbentrennung, Word verwendet in beiden Fällen sogenannte bedingte Trennstriche. Das bedeutet, die Trennstriche werden nur dann gedruckt, wenn sie auch tatsächlich benötigt werden, also am Zeilenende.

Achtung: Wenn Sie während der Texteingabe oder auch nachträglich selbst Trennstriche einfügen möchten, dann sollten Sie dazu keinesfalls den normalen Bindestrich verwenden. Bei späteren Änderungen am Textinhalt und damit verbundenen Änderungen des Zeilenumbruchs befinden sich sonst unter Um-ständen die Trennstriche mitten im Text, wie hier. Fügen Sie stattdessen einen bedingten Trennstrich mit der Tastenkombination **Strg+Bindestrich** ein. Falls Sie die nicht druckbaren Zeichen eingeblendet haben, so werden auch bedingte Trennstriche angezeigt, erkennbar am ¬.

2.9 Text verschieben oder kopieren

Eine gängige und wichtige Technik bei der Korrektur und Bearbeitung von Dokumenten ist das Kopieren oder Verschieben ausgewählter Textstellen. Dazu können Sie entweder die Maus verwenden, dies wird auch als Drag & Drop bezeichnet, oder die Zwischenablage. In jedem Fall müssen Sie den betreffenden Text zuvor markieren.

Drag & Drop, dt. Ziehen und Fallenlassen.

Verwenden der Maus

Am schnellsten geht es, wenn Sie Text mit der Maus verschieben. Allerdings ist dies nur innerhalb eines Dokuments möglich und nur für kurze Entfernungen geeignet. So gehen Sie vor:

1. Markieren Sie die Textstelle, die Sie verschieben möchten, und lassen Sie danach die Maustaste wieder los.

2. Zeigen Sie mit der Maus auf die Markierung (der Mauszeiger erscheint als Pfeil), drücken Sie die linke Maustaste und halten Sie die Taste gedrückt, während Sie die Maus über den Text bewegen. Am Mauszeiger wird ein kleines Kästchen sichtbar und im Text wandert der Cursor mit. Der markierte Text selbst bleibt vorerst an seiner ursprünglichen Stelle.

3. Sorgen Sie nun dafür, dass sich der Cursor am gewünschten Zielort befindet, dann können Sie die Maustaste wieder loslassen. Erst jetzt wird der markierte Text an dieser Stelle eingefügt.

Bild 2.37 Markiertes Wort mit der Maus verschieben

4 An der Einfügestelle erscheint eine kleine Schaltfläche, mit der Sie die Übernahme von Formaten steuern können. Innerhalb eines Absatzes ist dies aber meist nicht von Bedeutung. Meist erfolgt mit dem Einfügen auch ein automatischer Ausgleich der Leerzeichen.

Tipp: Falls dies nicht auf Anhieb klappt und Sie den Text versehentlich an die falsche Stelle verschoben haben, dann machen Sie diese Aktion einfach anschließend wieder rückgängig und versuchen es erneut.

Text mit der Maus kopieren

Kopieren bedeutet, der markierte Text bleibt an der ursprünglichen Stelle erhalten. Auch dazu können Sie die Maus verwenden. Dabei gehen Sie wie beim Verschieben vor, halten aber während des Ziehens gleichzeitig die **Strg**-Taste gedrückt. Am Mauszeiger erscheint dann ein kleines Pluszeichen.

Bild 2.38 Text kopieren

Die Zwischenablage verwenden

Das Drag & Drop Verfahren mit der Maus eignet sich nicht für längere Textstellen oder wenn Sie in umfangreichen Dokumenten über mehrere Seiten hinweg verschieben oder kopieren wollen. Dann benutzen Sie besser die Zwischenablage. Ein weiterer Vorteil der Zwischenablage: Ausgeschnittener oder kopierter Text verbleibt solange in der Zwischenablage, bis Sie den nächsten Text ausschneiden oder kopieren, und kann daher auch mehrmals eingefügt werden.

Die Schaltflächen zur Verwendung der Zwischenablage finden Sie im Menüband im Register *Start*, Gruppe *Zwischenablage* sowie im Kontextmenü, wenn Sie mit der rechten Maustaste auf markierten Text klicken. Alternativ stehen auch Tastenkombinationen zur Verfügung, eine Zusammenstellung finden Sie in der nachfolgenden Tabelle.

Bild 2.39 Zwischenablage verwenden

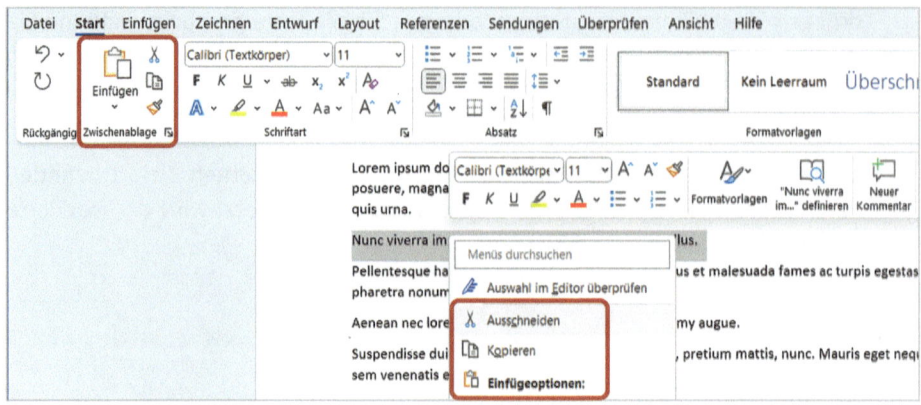

Übersicht Schaltflächen und Tastenkombinationen

Sie möchten ...	Symbol	Tastenkombination
Markierten Text in die Zwischenablage ausschneiden (Schere)	Ausschneiden	Strg + X
Markierten Text in die Zwischenablage kopieren	Kopieren	Strg + C
Text aus der Zwischenablage an der Cursorposition einfügen	Einfügen	Strg + V

Die Vorgehensweise bei Verwendung der Zwischenablage ist immer gleich und dürfte bereits von Windows her bekannt sein.

1. Markieren Sie den Text, den Sie kopieren oder ausschneiden möchten.

2. Zum Ausschneiden drücken Sie entweder die Tasten **Strg+X** oder klicken auf das Symbol *Schere*. Zum Kopieren verwenden Sie die Tasten **Strg+C** oder klicken auf das Symbol *Kopieren*.

3. Positionieren Sie im Text den Cursor an der Stelle, an der Sie den Text aus der Zwischenablage einfügen möchten. Drücken Sie dann entweder die Tastenkombination **Strg+V** oder klicken Sie in der Gruppe *Zwischenablage* auf *Einfügen*.

Erweiterte Einfügeoptionen

Sie können beim Einfügen steuern, ob auch Formatierungen wie Schriftgröße und -art aus der Quelle beibehalten werden sollen. Hierzu klicken Sie entweder auf die Schaltfläche *Einfügeoptionen*, die nach dem Einfügen im Dokument erscheint, oder im Menüband, Register *Start* ▶ *Zwischenablage* auf den Dropdown-Pfeil der Schaltfläche *Einfügen*.

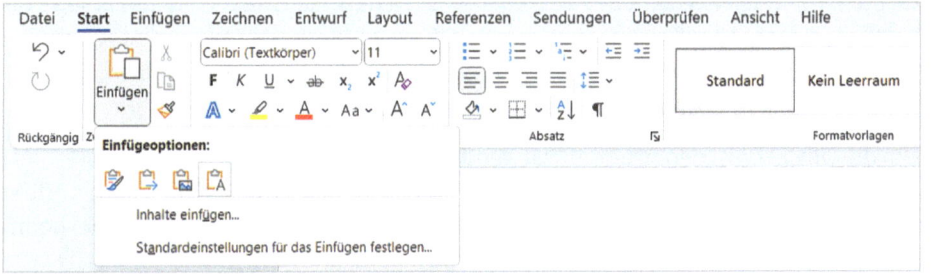

Bild 2.40 Einfügeoptionen

Folgende Möglichkeiten stehen zur Auswahl. Ein entsprechender Hinweistext erscheint, wenn Sie auf ein Symbol zeigen:

▶ *Ursprüngliche Formatierung beibehalten*: Das gesamte Aussehen (Formatierung) des eingefügten Textes wird aus der Quelle übernommen.

- ▶ *Formatierung zusammenführen*: Merkmale wie Fett, Kursiv und Unterstrichen werden aus der Quelle übernommen, nicht jedoch Schriftart und -größe.
- ▶ *Grafik*: Der Text wird als Bild/Grafik eingefügt. Er kann anschließend wie eine Grafik platziert und formatiert werden, ein Ändern des Inhalts ist dagegen nicht mehr möglich.
- ▶ *Nur den Text übernehmen*: Es werden keine Formatierungsmerkmale übernommen, der Text erhält das Aussehen des Zielortes.

Daten zwischen Dokumenten austauschen

Die Zwischenablage kann auch verwendet werden, um Text und andere Elemente zwischen verschiedenen Dokumenten auszutauschen. Dies können nicht nur Texte aus Word-Dokumenten, sondern auch beliebige andere Elemente, z. B. Bilder aus anderen Anwendungen, sein. Voraussetzung: Beide Dokumente müssen geöffnet sein.

Näheres zum Einfügen und Positionieren von Bildern erfahren Sie in Kapitel 7.

Da nahezu alle Anwendungen von der Windows-Zwischenablage unterstützt werden, können Sie z. B. in der Windows-Fotoanzeige ein Bild auswählen, kopieren und in das aktuelle Word-Dokument einfügen. Auch im Browser können Sie Elemente markieren, kopieren und im Word-Dokument wieder einfügen, die Vorgehensweise:

1. Markieren Sie das betreffende Element und kopieren Sie es mit einer der oben beschriebenen Methoden in die Zwischenablage.
2. Wechseln Sie über die Taskleiste in das Zieldokument.
3. Positionieren Sie den Cursor an der gewünschten Stelle und fügen Sie den Inhalt aus der Zwischenablage ein.

Die Office-Zwischenablage

Mit der oben beschriebenen Methode fügen Sie immer nur das zuletzt ausgeschnittene oder kopierte Textelement ein. Dagegen speichert die Office-Zwischenablage bis zu 24 Elemente. Allerdings unterstützt die Office-Zwischenablage ausschließlich den Datenaustausch zwischen Microsoft Office-Anwendungen, beispielsweise Excel-Arbeitsmappen und PowerPoint-Präsentationen.

Um die Office-Zwischenablage zu verwenden, klicken Sie im Menüband, Register *Start* auf das Pfeilsymbol ⌐ der Gruppe *Zwischenablage*. Der Bereich *Zwischenablage* öffnet sich am linken Rand des Word-Fensters, s. Bild 2.41. Wenn Sie anschließend bei geöffneter Office-Zwischenablage Text kopieren oder ausschneiden, so wird dieser der Liste der vorhandenen Einträge hinzugefügt, wie im Bild. Diese können anschließend auch mehrfach und in beliebiger Reihenfolge eingefügt werden.

- ▶ **Element in Dokument einfügen**: Zum Einfügen an der Cursorposition klicken Sie einfach auf das gewünschte Element. Oder klicken Sie auf den Dropdown-Pfeil, der rechts vom Eintrag erscheint, wenn Sie mit der Maus darauf zeigen, und anschließend auf *Einfügen*. Mit der Schaltfläche *Alle einfügen* lassen sich bei Bedarf alle Elemente in der angezeigten Reihenfolge im Dokument einfügen.

▸ **Eintrag löschen**: Die Schaltfläche *Alle löschen* entfernt alle Einträge aus der Office-Zwischenablage. Um nur ein einzelnes Element zu löschen, zeigen Sie mit der Maus darauf, klicken auf den Dropdown-Pfeil und anschließend auf *Löschen*.

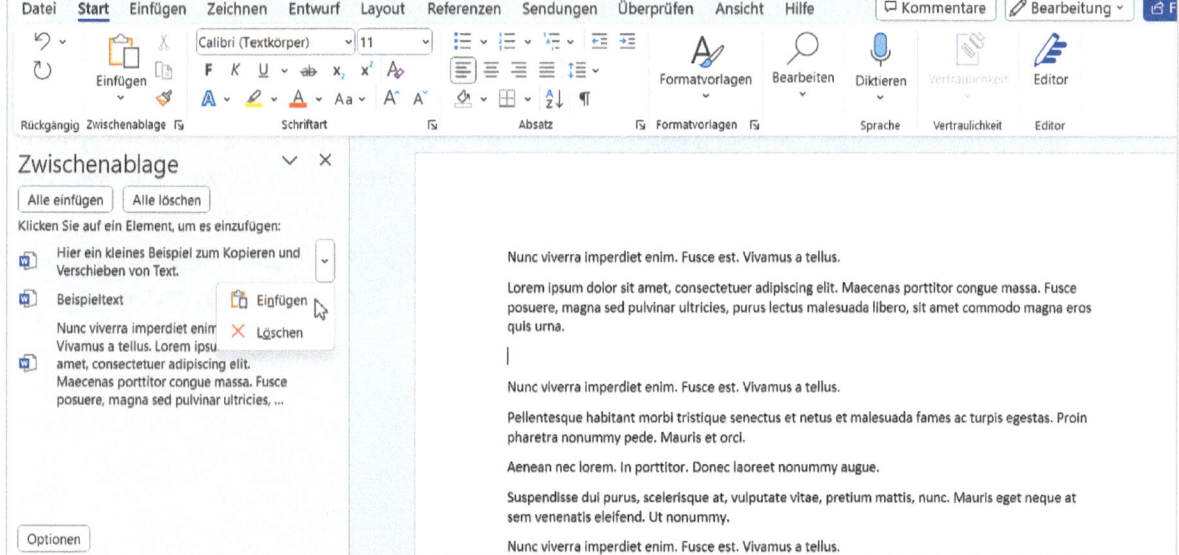

Bild 2.41 Die Office-Zwischenablage

> Die Office-Zwischenablage kann in der Standardeinstellung nur verwendet werden, wenn sie geöffnet, d.h. der Bereich *Zwischenablage*, sichtbar ist. Allerdings können Sie dies über die Optionen der Office-Zwischenablage ändern.

Anzeige der Office-Zwischenablage steuern

Falls Sie die Office-Zwischenablage dauerhaft nutzen möchten, klicken Sie unten im Bereich *Zwischenablage* auf die Schaltfläche *Optionen*. Hier finden Sie unter anderem die folgenden Möglichkeiten, aktive Einstellungen erkennen Sie am Häkchen:

▸ *Office-Zwischenablage automatisch anzeigen* bedeutet, die Zwischenablage öffnet sich automatisch, sobald Sie ein Element ausschneiden oder kopieren.

▸ Mit *Sammeln ohne Anzeige der Office-Zwischenablage* können Sie diese auch nutzen, wenn sie nicht geöffnet ist.

▸ In der Standardeinstellung *Office-Zwischenablagesymbol auf Taskleiste anzeigen* erscheint ein Symbol im Infobereich der Taskleiste, zudem erhalten Sie hier eine Kurzinfo, sobald ein weiteres Element der Zwischenablage hinzugefügt wurde.

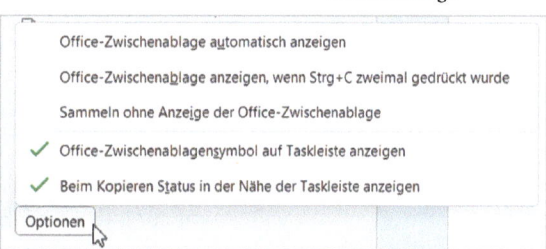

Bild 2.42 Optionen zur Zwischenablage

2.10 Zeichenfolgen suchen und ersetzen

Mit den Befehlen *Suchen* und *Ersetzen* suchen Sie im Dokument gezielt nach Begriffen oder ersetzen gleichzeitig eine Zeichenfolge durch eine andere. Die Schaltflächen bzw. Befehle dazu finden Sie im Register *Start*, Gruppe *Bearbeiten*.

Eine Zeichenfolge suchen

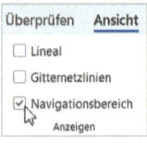

1   Klicken Sie im Menüband, Register *Start* ▶ *Bearbeiten* auf *Suchen* ❶. Am linken Rand wird der Bereich *Navigation* ❷ eingeblendet. Alternativ können Sie diesen Bereich auch öffnen, wenn Sie auf das Register *Ansicht* klicken und hier in der Gruppe *Anzeigen* das Kontrollkästchen *Navigationsbereich* aktivieren.

2   Sie können das Dokument nach Überschriften, Seiten und Ergebnissen durchsuchen, für die Suche nach einer bestimmten Zeichenfolge müssen Sie auf *Ergebnisse* ❸ klicken.

Bild 2.43 Suche im Navigationsbereich

3   Geben Sie im Feld *Dokument durchsuchen* die gesuchte Zeichenfolge ein. Bereits während der Eingabe listet Word im Bereich darunter alle Textstellen mit der gesuchten Zeichenfolge auf ❹ (Bild 2.44). Zusätzlich werden die Treffer im Dokument farblich hervorgehoben.

Bild 2.44 Die Fundstellen sind im Text hervorgehoben

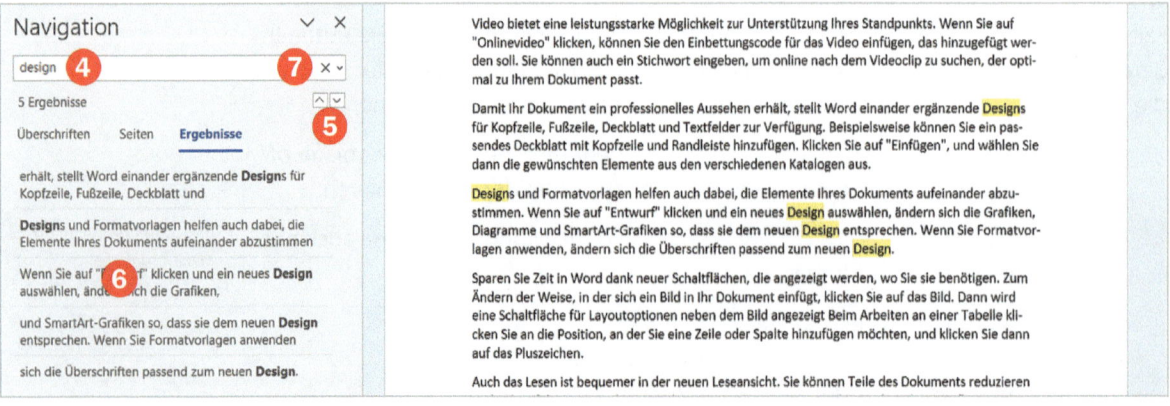

4   Mit den kleinen Pfeilen unterhalb des Suchbegriffs ❺ gelangen Sie im Dokument zur jeweils nächsten bzw. vorherigen Fundstelle. Sie können aber auch im

Navigationsbereich mit der Maus auf einen Treffer ❻ klicken, um im Dokument zu dieser Stelle zu gelangen.

5   Ein Klick auf das Symbol x im Suchfeld ❼ löscht den Suchbegriff und entfernt alle Hervorhebungen aus dem Dokument.

Zusätzliche Suchoptionen nutzen

Normalerweise unterscheidet Word bei der Suche nicht nach Groß- und Kleinschreibung und berücksichtigt auch Wörter, in denen die gesuchte Zeichenfolge enthalten ist. Haben Sie beispielsweise nach „Eiche" gesucht, so werden auch Wörter wie „erreichen", „Teiche" oder „Weichenstellung" gefunden. Um dies auszuschließen, klicken Sie auf den Dropdown-Pfeil des Suchfeldes und hier auf *Optionen...*.

Aktivieren Sie dann je nach Bedarf die Kontrollkästchen *Groß-/Kleinschreibung beachten* und/oder *Nur ganzes Wort suchen*. Klicken Sie auf *OK* und geben Sie dann Ihren Suchbegriff erneut ein.

Bild 2.45 Suchoptionen verwenden

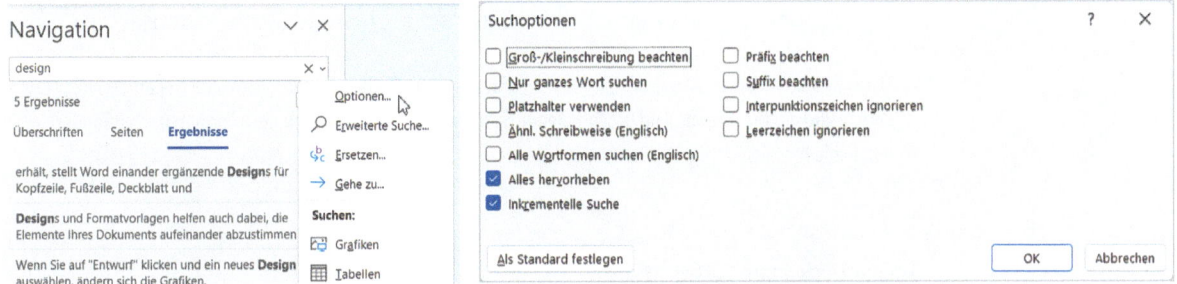

Hinweis: Dieselben Suchoptionen erhalten Sie auch, wenn Sie statt auf *Optionen...* auf *Erweiterte Suche...* und anschließend im Fenster *Suchen und Ersetzen* auf *Erweitern>>* klicken (siehe Ersetzen).

Zeichenfolge ersetzen

Sie können gefundenen Text nicht nur markieren, sondern auch gleichzeitig durch eine andere Zeichenfolge ersetzen lassen. Da die Suche ab der Cursorposition beginnt, sollten Sie zunächst dafür sorgen, dass sich der Cursor am Dokumentanfang befindet. Klicken Sie dann im Menüband, Register *Start* ▶ *Bearbeiten* auf *Ersetzen*. Falls der Navigationsbereich geöffnet ist, können Sie auch hier auf den Dropdown-Pfeil des Suchfeldes und anschließend auf *Ersetzen...* klicken.

In beiden Fällen öffnet sich das Fenster *Suchen und Ersetzen* mit dem Register *Ersetzen*.

1   Geben Sie im Feld *Suchen nach* die gesuchte Zeichenfolge ein und im Feld *Ersetzen durch* den Begriff, der diese Zeichenfolge ersetzen soll.

2   Klicken Sie nun auf die Schaltfläche *Weitersuchen*, um die Suche zu starten. Die Suche beginnt ab der aktuellen Cursorposition und die erste Fundstelle wird im Dokument markiert.

Bild 2.46 Suchen und ersetzen

3   Klicken Sie auf die Schaltfläche *Ersetzen*, um den Begriff zu ersetzen und anschließend zum nächsten Fundort zu gelangen. Mit der Schaltfläche *Weitersuchen* setzen Sie dagegen die Suche fort, ohne den markierten Begriff zu ersetzen. Wenn Sie alle übereinstimmenden Zeichenfolgen automatisch und ohne Rückfrage ersetzen lassen möchten, dann klicken Sie auf *Alle ersetzen*.

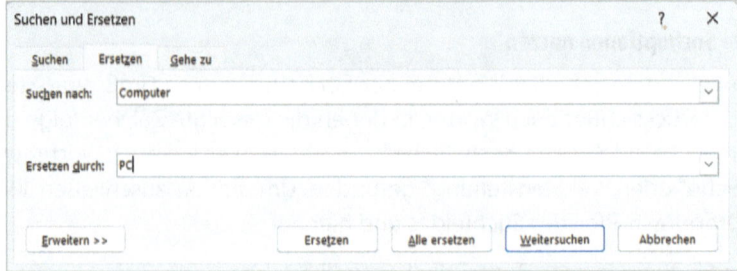

4   Abschließend erhalten Sie eine Meldung, wenn keine entsprechende Zeichenfolge mehr gefunden wurde. Falls Sie mit der Suche nicht am Dokumentanfang begonnen haben, bietet Word außerdem an, hier die Suche fortzusetzen.

> **Tipp**: Sie können das Fenster *Suchen und Ersetzen* auch nur zur Suche benutzen, wenn Sie hier auf das Register *Suchen* klicken. Die nachfolgend beschriebenen Suchoptionen und die Suche nach Formaten bzw. Sonderformaten bleiben gleich.

Suchoptionen und Suchrichtung

Auch beim Ersetzen lassen sich die Ergebnisse auf ganze Wörter oder Groß- und Kleinschreibung eingrenzen. Klicken Sie dazu im Fenster *Suchen und Ersetzen* auf *Erweitern>>*, um die zuvor beschriebenen Suchoptionen einzublenden.

In den Suchoptionen erhalten Sie über das Feld *Suchen* außerdem die Möglichkeit, die Suchrichtung zu ändern, und so beispielsweise nur einen Teil des Dokuments ab Cursorposition zu durchsuchen, siehe Bild 2.47.

Bild 2.47 Suchoptionen

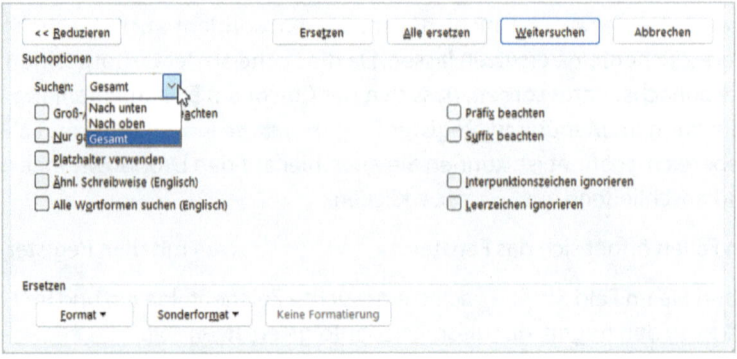

Sonderzeichen und Formate suchen

Nicht druckbare Zeichen suchen bzw. ersetzen

Sie können im Fenster *Suchen und Ersetzen* auch nach nicht druckbaren Zeichen, z. B. Absatzende, manueller Zeilenumbruch usw., suchen und diese ersetzen lassen. Eine nützliche Sache, wenn Sie z. B. im gesamten Dokument einen manuellen Zeilenumbruch durch eine Absatzmarke ersetzen möchten.

1. Klicken Sie im Fenster *Suchen und Ersetzen* zuerst in das Feld *Suchen nach*. Hier geben Sie aber keine Zeichenfolge ein, sondern klicken auf *Erweitern>>* und anschließend auf *Sonderformat*. Wählen Sie hier *Manueller Zeilenumbruch*.

2. Klicken Sie dann in das Feld *Ersetzen durch*, anschließend wieder auf *Sonderformat* und hier auf *Absatzmarke*.

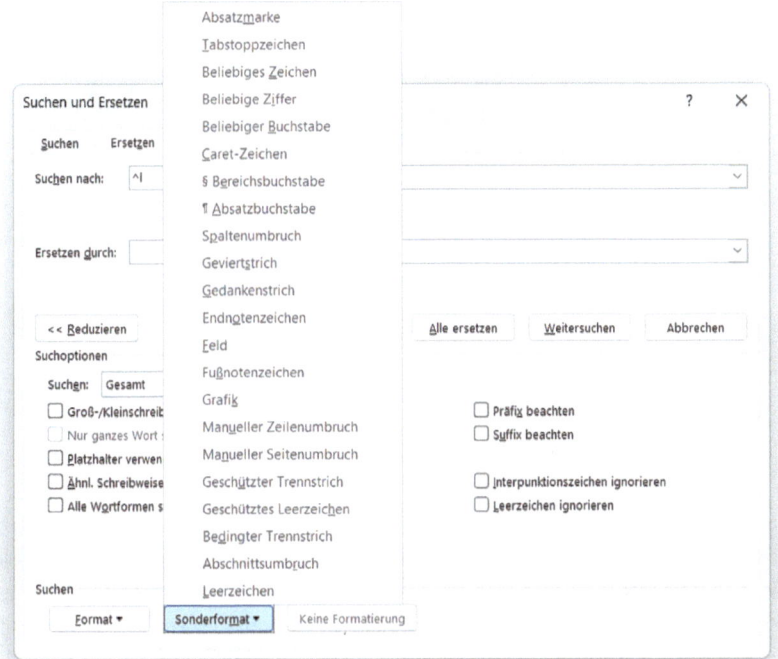

Bild 2.48 Nicht druckbare Zeichen suchen und ersetzen

Nach Formaten suchen

Mit der Schaltfläche *Format* erhalten Sie die Möglichkeit, nach einem bestimmten Format, z. B. Fett, zu suchen und dieses ggf. durch ein anderes Format zu ersetzen. Dies kann in Verbindung mit einem Suchbegriff erfolgen; Sie können aber auch ausschließlich nach einem Format suchen, dann lassen Sie das Feld *Suchen nach* einfach leer. Dasselbe gilt auch für das Feld *Ersetzen durch*.

1. Klicken Sie in das Feld *Suchen nach* und anschließend auf *Format*. Neben *Zeichenformat...* und *Absatzformat...* finden Sie hier noch weitere Möglichkeiten, wie z. B. Sprache und Tabstopps.

2. Klicken Sie auf *Zeichen...* oder *Absatz...*, um das entsprechende Fenster *Zeichen* bzw. *Absatz suchen* zu öffnen.

3. Hier können Sie nun die gesuchte Formatierung wählen, auch eine Kombination mehrerer Formate ist möglich.

4. Genauso verfahren Sie mit dem Feld *Ersetzen durch* und starten anschließend, wie oben beschrieben, die Suche.

Die Formatierung erscheint im Fenster *Suchen und Ersetzen* unterhalb des jeweiligen Suchbegriffs. Um eine Formatierung wieder zu entfernen, benutzen Sie die Schaltfläche *Keine Formatierung*.

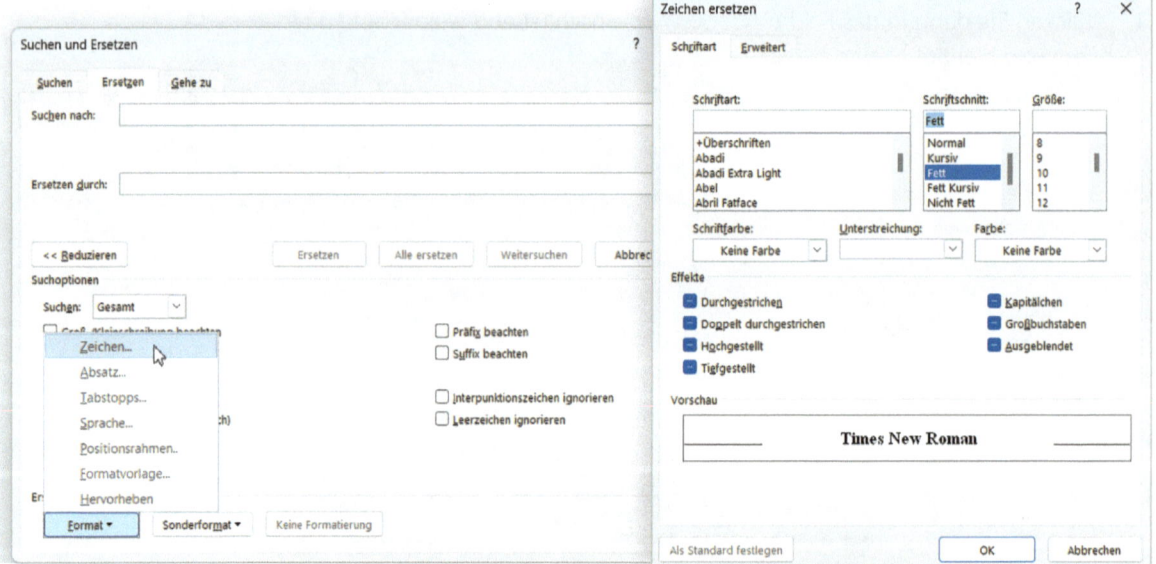

Bild 2.49 Nach Formaten suchen

> Der zuletzt verwendete Suchbegriff bzw. die Formatierung bleiben solange erhalten, bis Sie das Dokument schließen bzw. Word beenden. Wenn Sie also die Suche später nochmals mit einer anderen Zeichenfolge oder Formatierung benötigen, dann kontrollieren Sie unbedingt, ob nicht noch etwa eine Formatierung festgelegt ist, und löschen Sie diese zuvor.

2.11 Optionen zur Texteingabe und -bearbeitung

Wichtige Einstellungen in den Word-Optionen

Sollte sich Word bei der Texteingabe und -bearbeitung nicht ganz so verhalten, wie in diesem Kapitel beschrieben, dann finden Sie die dazugehörigen Einstellungen in den Word-Optionen. Klicken Sie zum Öffnen auf das Register *Datei* und hier auf *Optionen*.

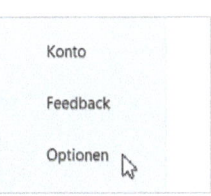

Die Einstellungen zur Rechtschreib- und Grammatikprüfung wurden bereits auf Seite 57 beschrieben. Für weitere Optionen wählen Sie links *Erweitert*. Hier finden Sie unter anderem folgende wichtige Kontrollkästchen:

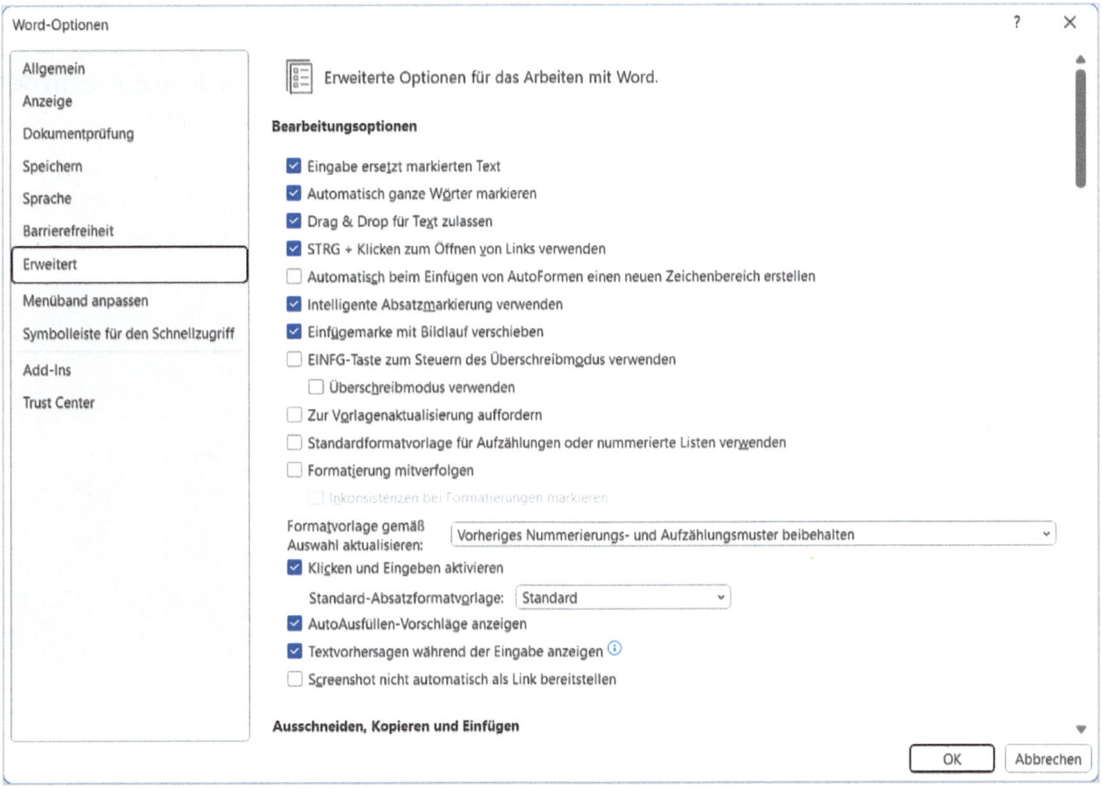

Bild 2.50 Erweiterte Word-Optionen

- *Eingabe ersetzt markierten Text* bedeutet, Sie können markierten Text einfach ohne vorheriges Löschen überschreiben.
- Die Einstellung *Automatisch ganze Wörter markieren* sorgt dafür, dass Sie beim Markieren die Maus nicht exakt an den Wortanfang oder das Wortende bewegen müssen, um das Wort zu markieren.
- Das Kontrollkästchen *Drag & Drop für Text zulassen* muss aktiviert sein, damit Sie markierten Text mit der Maus verschieben können.

▶ Damit der Überschreibmodus nicht durch versehentliches Betätigen der Einfügen-Taste aktiviert wird, ist *EINFG-Taste zum Steuern des Überschreibmodus verwenden* ausgeschaltet, kann aber bei Bedarf aktiviert werden.

▶ *Klicken und Eingeben aktivieren* fügt mit einem Doppelklick nach dem Textende Leerzeilen ein und setzt den Cursor an diese Stelle.

▶ Ist das Kontrollkästchen *Textvorhersagen während der Eingabe anzeigen* aktiv, so schlägt der Editor während des Schreibens Wörter oder Sätze vor (s. Seite 53).

Optionen zum Ausschneiden, Kopieren und Einfügen

Im Abschnitt *Ausschneiden, Kopieren und Einfügen* steuern Sie das Verhalten beim Einfügen aus der Zwischenablage, dies betrifft insbesondere die Frage, was mit vorhandenen Formatierungen passieren soll. Die Standardeinstellung ist *Ursprüngliche Formatierung beibehalten*. In vielen Fällen sparen Sie sich aber unnötiges Ändern der Formatierung, wenn Sie stattdessen *Nur den Text übernehmen* auswählen.

Damit die Einfügeoptionen im Dokument erscheinen, muss das Kontrollkästchen *Schaltfläche für Einfügeoptionen anzeigen* aktiviert sein. Ebenfalls aktiviert sein sollte *Intelligentes Ausschneiden und Einfügen*, dies sorgt beispielsweise für den automatischen Leerzeichenausgleich beim Einfügen. Die Details hierzu können Sie über die Schaltfläche *Einstellungen...* einsehen und ändern.

Bild 2.51 Optionen zum Kopieren, Ausschneiden und Einfügen

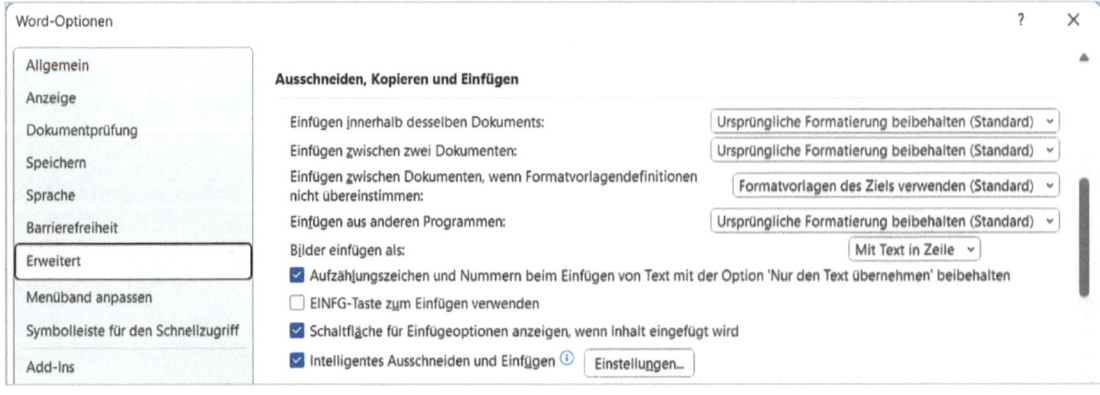

> ■ **Geänderte Einstellungen in den Optionen mit OK übernehmen**
> Beachten Sie, dass Sie nach etwaigen Änderungen in den Word-Optionen das Fenster mit der Schaltfläche *OK* schließen müssen, damit die geänderten Einstellungen wirksam werden.

Dokumentinformationen und mehr

Nützliche Informationen zum Dokument, z. B. die Anzahl der Seiten und Wörter, welche Sprache die Rechtschreibprüfung verwendet und vieles mehr, sehen Sie auf einen Blick in der Statusleiste am unteren Bildschirmrand.

Die Symbole zum Wechseln zwischen den Ansichten und den Zoomregler haben Sie bereits in Kapitel 1 kennengelernt, jedoch hält die Statusleiste noch mehr nützliche Informationen bereit.

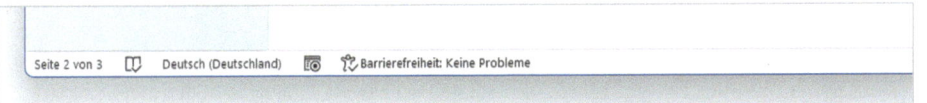

Bild 2.52 Statusleiste mit Seitenzahl und Rechtschreibprüfung

Anzahl der Seiten
Der linke Bereich der Statusleiste zeigt in der Standardeinstellung unter anderem die aktuelle Seite zusammen mit der Anzahl aller Seiten des Dokuments an. So bedeutet z. B. *Seite 2 von 3*, der Cursor befindet sich auf Seite 2 eines Dokuments mit insgesamt drei Seiten. Sollte die Seitenzahl nicht sichtbar sein, so blenden Sie diese über das Kontextmenü der rechten Maustaste ein, siehe unten.

Weitere Informationen in der Statusleiste anzeigen
Um weitere Informationen in der Statusleiste dauerhaft anzuzeigen, klicken Sie mit der rechten Maustaste auf eine beliebige Stelle der Statusleiste. Es öffnet sich eine umfangreiche Liste, bereits enthaltene Informationen sind mit einem Häkchen versehen. Hier einige besonders nützliche Informationen, weitere entnehmen Sie der Tabelle unterhalb.

▸ **Nur Seitenzahl anzeigen**: *Formatierte Seitenzahl* zeigt nur die Seitenzahl an, *Seitenzahl* dagegen die aktuelle Seite und die Anzahl der Seiten, s. oben.

▸ **Wo befindet sich der Cursor gerade**: Die *Vertikale Seitenposition* zeigt die Cursorposition in cm an, gemessen vom oberen Blattrand, und leistet gute Dienste, um z. B. in Briefen die Empfängeranschrift an der richtigen Stelle zu positionieren.

▸ **Sprache, Rechtschreib- und Grammatikprüfung**: Die *Sprache* zeigt die, im aktuellen Kontext zur Rechtschreib- und Grammatikprüfung verwendete Sprache an. An der Rechtschreib- und Grammatikprüfung lässt sich erkennen, ob im Dokument Fehler gefunden wurden und mit Klick darauf öffnet sich der Editor mit den diversen Korrekturhilfen.

▸ **Anzahl der Wörter**: Wenn Sie auf einen Blick sehen möchten, wie viele Wörter Ihr Dokument enthält, dann aktivieren Sie die *Wortanzahl*.

▸ **Barrierefreiheitsprüfung**: Zeigt an, ob das Dokument für Personen mit Behinderungen am Bildschirm lesbar ist. Dies betrifft insbesondere Schriftgrößen, die Verwendung von Farben und Alternativtext bei Bildern. Ein Klick darauf öffnet den Bereich *Barrierefreiheit* mit Hinweisen und Tipps zur Behebung möglicher Probleme.

Weitere ausgewählte Statusinformationen

Anzeige	bezieht sich auf ...
Zeilennummer	Zeigt an, in welcher Zeile sich der Cursor gerade befindet
Anzahl Zeichen	Zeigt die Anzahl der Zeichen im gesamten Dokument an, Leerzeichen mit eingerechnet
Feststelltaste	Es erscheint ein entsprechender Hinweis, wenn Sie (versehentlich) mit der Feststelltaste auf dauerhafte Großschreibung umgeschaltet haben.
Überschreiben	Der aktuelle Modus (standardmäßig Einfügen) wird angezeigt, mit einem Mausklick wechseln Sie zwischen Einfügen und Überschreiben.
Barrierefreiheit	Gibt Auskunft, ob das Dokument barrierefrei ist und auch von Personen mit Behinderungen gelesen werden kann.

Dokumentstatistik

Die Anzahl der Wörter kann in der Statusleiste angezeigt werden, siehe oben. Wenn Sie noch weitere statistische Zahlen zum Dokument benötigen, z. B. die Anzahl der Zeilen, Absätze oder Zeichen, dann klicken Sie entweder in der Statusleiste auf die Anzahl der Wörter, falls sichtbar. Oder wechseln Sie im Menüband zum Register *Überprüfen* und klicken in der Gruppe *Rechtschreibung* auf *Wörter zählen*.

In beiden Fällen öffnet sich danach das Fenster *Wörter zählen* und gibt Auskunft.

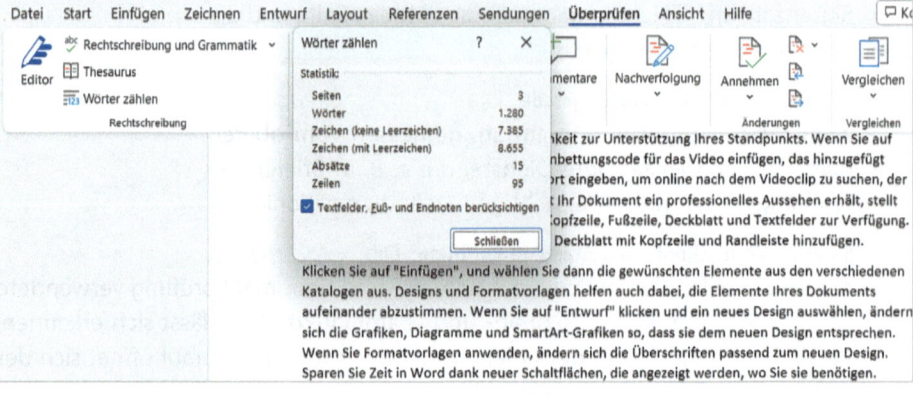

Bild 2.53 Anzahl Wörter, Absätze und Zeilen

2.12 Übung

Beginnen Sie mit einem neuen, leeren Dokument und geben Sie ab der ersten Zeile den unten abgebildeten Text ein. Da Sie möglicherweise eine andere Schriftart oder Schriftgröße und andere Seitenränder verwenden, kann auf Ihrem Computer der automatische Zeilenumbruch an anderer Stelle erfolgen. Dies spielt bei dieser Übung keine Rolle.

ENTWURF REISEANGEBOT

Sehr geehrte(r) Kunde/in,

wir möchten Ihnen heute ein ganz besonderes, einmaliges Angebot unterbreiten!

Eine Reise nach Florida, 7 Tage mit Besuch des Walt Disney World Resort ® in der Nähe von Orlando. Weitere Highlights der Reise sind der Besuch des Everglades-Nationalparks und des Biscayne-Nationalparks. Preis inkl. aller Transfers, Übernachtung mit Frühstück und HP im ****-Hotel, sowie Flug ab Berlin, Düsseldorf oder Frankfurt ab 799 € (Zuschlag für Übernachtung im Einzelzimmer 101 €).
Frühbucher erhalten einen Rabatt von 20 %.

Nähere Informationen erhalten Sie auch auf unserer Webseite unter der Adresse http://www.ueberraschungsreisen.sonst. Telefonisch steht Ihnen Herr Udo Wildunger unter der Tel.-Nr. 030 231250177 oder per E-Mail unter der Adresse udo.wildunger@ueberraschungsreisen.sonst jederzeit zur Verfügung.

▶ Speichern Sie das Dokument unter dem Namen Reiseangebot im Ordner Dokumente oder einem beliebigen anderen Ordner auf Ihrer Festplatte.

▶ Korrigieren Sie mithilfe der Rechtschreib- und Grammatikprüfung von Word eventuelle Fehler.

▶ Fügen Sie nach dem Text „Frühbucher erhalten.... 20 % Rabatt" in Klammern den Zusatz (gilt nur für Buchungen bis 31.01.) ein.

▶ Korrigieren Sie den Preis der: Statt 799 € beträgt der Preis der Reise 869 €.

▶ Korrigieren Sie die Flughäfen:
Der Text soll nun lauten: „… Flug ab Düsseldorf, Berlin oder München."

▶ Verschieben Sie den Absatz „Frühbucher…" an das Ende des Textes mit einer Zeile Abstand zum vorhergehenden Absatz.

▶ Etwaige Hyperlinks im Text sollen wie der übrige Text aussehen (statt blau und unterstrichen).

▶ Lassen Sie im gesamten Brief das Eurozeichen € durch EUR ersetzen.

3 Word-Dokumente verwalten

In diesem Kapitel lernen Sie ...
- Neue Dokumente erstellen, speichern und wieder öffnen
- Nicht gespeicherte Dokumente wiederherstellen
- Kompatibilitätsmodus und schreibgeschütztes Öffnen
- Kontoeinstellungen und OneDrive als Speicherort
- Dokumente im Browser öffnen
- Ein PDF-Dokument erstellen
- Sicherheitseinstellungen und Dokument mit Kennwort schützen

Das sollten Sie bereits wissen
- Die Arbeitsoberfläche von Word
- Grundlagen der Dateiverwaltung von Windows
- Umgang mit Ordnern und Laufwerken

3.1 Das Register Datei im Überblick

Ganz links im Menüband finden Sie das Register *Datei*. Es enthält alle Befehle zum Speichern, Öffnen und Drucken und zur allgemeinen Verwaltung von Word-Dokumenten. Auch die Programmeinstellungen werden hier über die *Optionen* festgelegt.

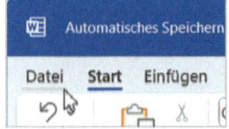

Zum Anzeigen klicken Sie im Menüband auf *Datei*. Mit einem Klick auf den Pfeil ❶ in der linken oberen Ecke des Registers oder Drücken der **Esc**-Taste kehren Sie zur Dokumentansicht zurück.

> Im Gegensatz zu den übrigen Registern füllt das Register *Datei* das gesamte Word-Fenster aus und anstelle des Dokuments erscheinen Eigenschaften und Informationen zum Dokument. Daher wird dieses Register auch als Backstage-Ansicht (dt. hinter der Bühne) eines Dokuments bezeichnet.

Bild 3.1 Das Register Datei

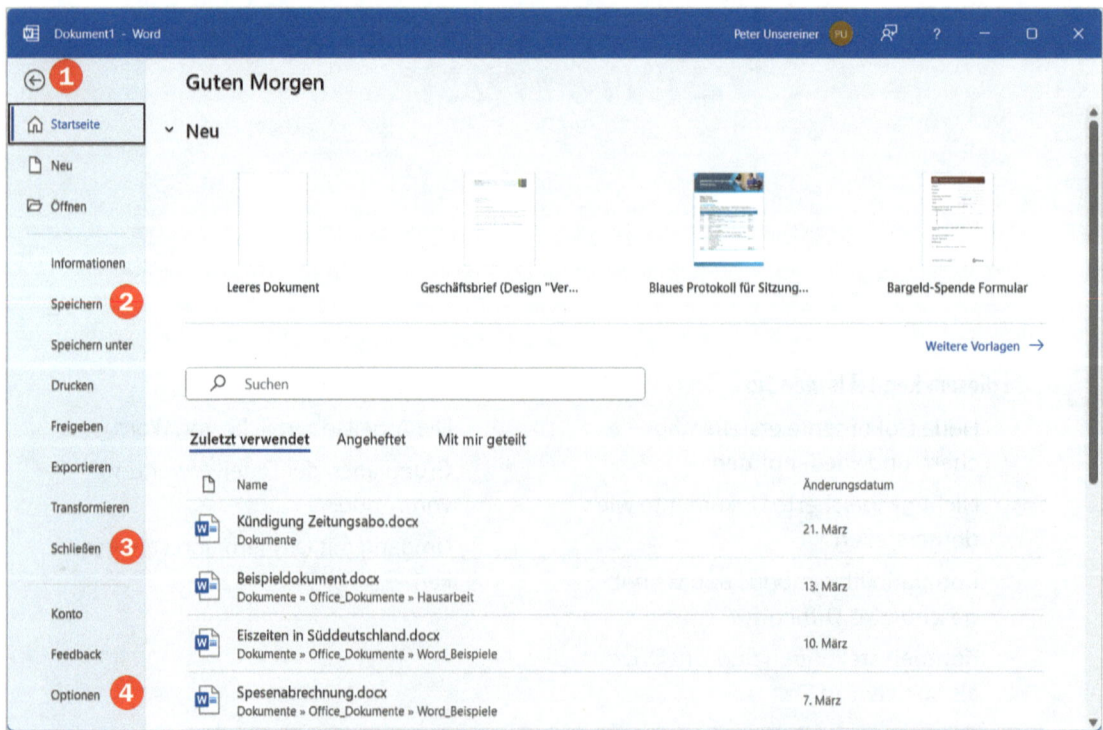

Hinweis: Der vollständige Inhalt des Registers *Datei*, wie im Bild oben, erscheint nur, wenn bereits ein Dokument geöffnet ist. Unmittelbar nach dem Starten von Word sind dagegen neben der *Startseite* nur *Neu* und *Öffnen* verfügbar, s. Bild 3.2.

▶ Standardmäßig wird das Register *Datei* mit der *Startseite* geöffnet, wie im Bild oben. Die weiteren Aufgaben, z. B. *Speichern* oder *Drucken* finden Sie in der linken Spalte ❷. Klicken Sie auf eine Aufgabe, so erscheinen rechts die dazugehörigen Befehle und Schaltflächen.

▶ Mit dem Befehl *Schließen* ❸ steht im Register *Datei* eine Alternative zum Schließen des aktuellen Fensters bzw. Dokuments und damit zum Beenden von Word zur Verfügung.

▸ Unterhalb der Aufgaben finden Sie die *Optionen* ❹. Ein Klick darauf öffnet das gleichnamige Dialogfenster, in dem Sie allgemeine Einstellungen zu Word vornehmen. Eine Zusammenstellung wichtiger und nützlicher Einstellungen finden Sie am Ende dieses Kapitels sowie bei den jeweiligen Themen.

3.2 Ein neues Dokument erstellen

Wie Sie schnell ein neues Dokument, z. B. einen Brief, aus einer Vorlage erstellen, haben Sie in Kapitel 1 erfahren. Nicht immer ist jedoch eine passende Vorlage vorhanden; wenn Sie die Textgestaltung selbst in die Hand nehmen möchten, dann beginnen Sie besser mit einem leeren Dokument.

Dazu klicken Sie auf der *Startseite* auf *Leeres Dokument* ❶. Alternativ klicken Sie aus einem geöffneten Dokument heraus auf das Register *Datei* und anschließend auf *Neu* ❷ oder *Startseite*.

Tipp: Auch die Tastenkombination **Strg+N** erstellt ein neues leeres Dokument.

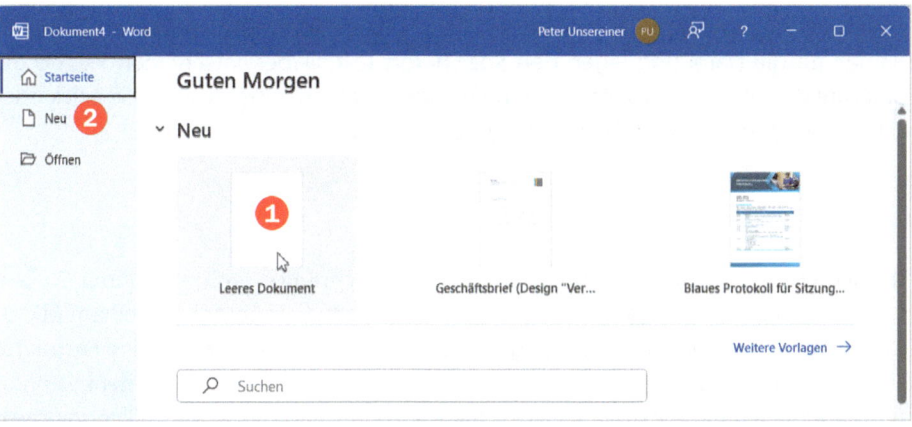

Bild 3.2 Klicken Sie auf der Word-Startseite auf Leeres Dokument

In den Word-Optionen können Sie auch festlegen, dass Word ohne vorherige Anzeige der Startseite automatisch mit einem leeren Dokument geöffnet wird. Wie das geht, lesen Sie auf Seite 108.

Ein Dokument mit dem vorläufigen Namen *Dokument1* wird geöffnet und Sie können mit der Eingabe beginnen. Wenn Sie nacheinander mehrere neue Dokument erstellen, so erhalten diese der Reihe nach die Namen *Dokument1*, *Dokument2*, usw..

> Es spielt keine Rolle, welche Nummer das neue Dokument erhält, da dies nicht der endgültige Dateiname ist. Beim Speichern sollten Sie dagegen auf einen aussagekräftigen Dateinamen achten.

Tipp: Symbol Neues leeres Dokument in der Symbolleiste für den Schnellzugriff
Ein Symbol in der Symbolleiste für den Schnellzugriff stellt eine weitere Möglichkeit dar, schnell ein neues leeres Dokument zu erstellen. Sollte das Symbol *Neues leeres Dokument* ❶ hier nicht angezeigt werden, so klicken Sie am Ende der Leiste auf den Pfeil *Symbolleiste für den Schnellzugriff anpassen* ❷ und klicken in der Liste verfügbarer Be-

Bild 3.3 Symbolleiste für den Schnellzugriff

fehle auf *Neu* (Häkchen). **Achtung**: Im Bild unten befindet sich die Symbolleiste für den Schnellzugriff unterhalb des Menübands und damit ist auch die Beschriftung sichtbar.

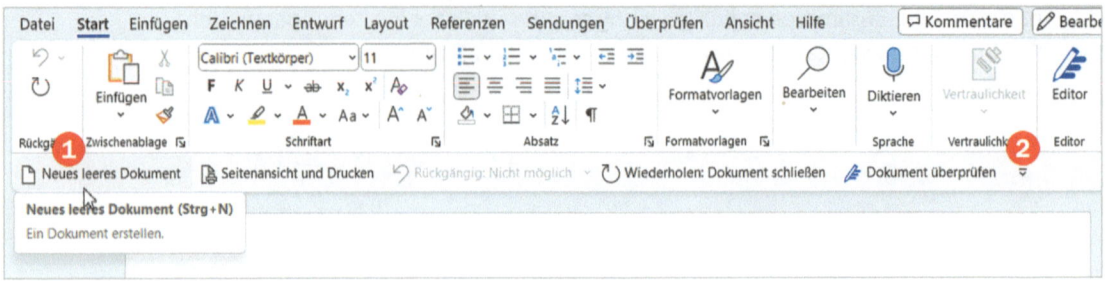

3.3 Dokumente speichern

Bevor Sie Word beenden, sollten Sie nicht vergessen, Ihr Dokument bzw. die vorgenommenen Änderungen zu speichern. Beim ersten Speichern vergeben Sie einen Namen für die Datei und legen den Speicherort fest. Dabei entscheiden Sie, ob die Datei auf der lokalen Festplatte, auf einem angeschlossenen Gerät, z. B. USB-Stick oder externe Festplatte, oder auf OneDrive gespeichert wird.

Der Cloudspeicher OneDrive

Um OneDrive verwenden zu können, benötigen Sie ein Microsoft-Konto. Zur Nutzung von Office 365 im Unternehmen und dem zugehörigen Cloud-Speicher erhält jeder Mitarbeiter ein Organisationskonto.

TB = Abk. für Terabyte, GB = Abk. für Gigabyte

Je nach Office-Version steht Ihnen unter der Bezeichnung *OneDrive* oder *Office 365 SharePoint* zusätzlicher Speicherplatz in der Cloud, genauer gesagt, auf einem Microsoft-Server im Internet zur Verfügung. Diesen Speicher können Sie wie eine Festplatte nutzen und hier z. B. Ordner anlegen, Dateien speichern oder löschen. In der kostenlosen Standardversion erhalten Sie 5 GB Onlinespeicherplatz, der kostenpflichtig erweitert werden kann. Haben Sie Microsoft 365 abonniert, so sind dies in der einfachsten Version (Microsoft 365 Single für 1 Person) 1 Terabyte (TB).

▶ **Vorteil**: Sie haben von jedem PC aus Zugang auf Ihre auf *OneDrive* gespeicherten Daten. Die auf OneDrive abgelegten Dateien können auch im Webbrowser mit dem kostenlosen Word Online angezeigt werden. Außerdem können Dokumente mit anderen Personen geteilt und gemeinsam bearbeitet werden.

▶ **Nachteil**: Auf einem Cloudspeicher liegen Ihre Daten außerhalb Ihres direkten Einflussbereichs auf einem Microsoft-Server. Außerdem kann der Speichervorgang bei umfangreichen Dokumenten etwas länger dauern, da eigentlich ein Upload über die vergleichsweise „langsame" Internetverbindung erfolgt. Umfangreiche Dokumente sollten daher zunächst auf der Festplatte gespeichert und erst nach Fertigstellung in einen *OneDrive*-Ordner verschoben werden.

Dateiname und Speicherort festlegen

Zum Speichern wählen Sie zwischen den folgenden Wegen:

▸ Register *Datei*.

▸ Symbol *Speichern* 💾 in der Symbolleiste für den Schnellzugriff oder Tastenkombination **Strg+S**.

Wenn ein Dokument zum ersten Mal gespeichert wird, müssen Sie in jedem Fall einen Dateinamen angeben und den Speicherort wählen. Die genaue Vorgehensweise hängt davon ab, welchen Weg Sie zum Speichern wählen.

Speichern im Register Datei

Das Speichern im Register *Datei* erlaubt mehr Möglichkeiten, daher betrachten wir zuerst diesen Weg genauer. Klicken Sie dazu im Menüband ganz links auf das Register *Datei* und hier auf *Speichern* oder *Speichern unter* ❶. Welchen der beiden Befehle Sie wählen, ist beim ersten Speichern nicht relevant, da bei noch nicht gespeicherten Dokumenten ohnehin automatisch *Speichern unter* erscheint.

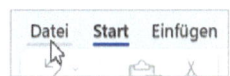

Bild 3.4 Speicherort im Register Datei auswählen

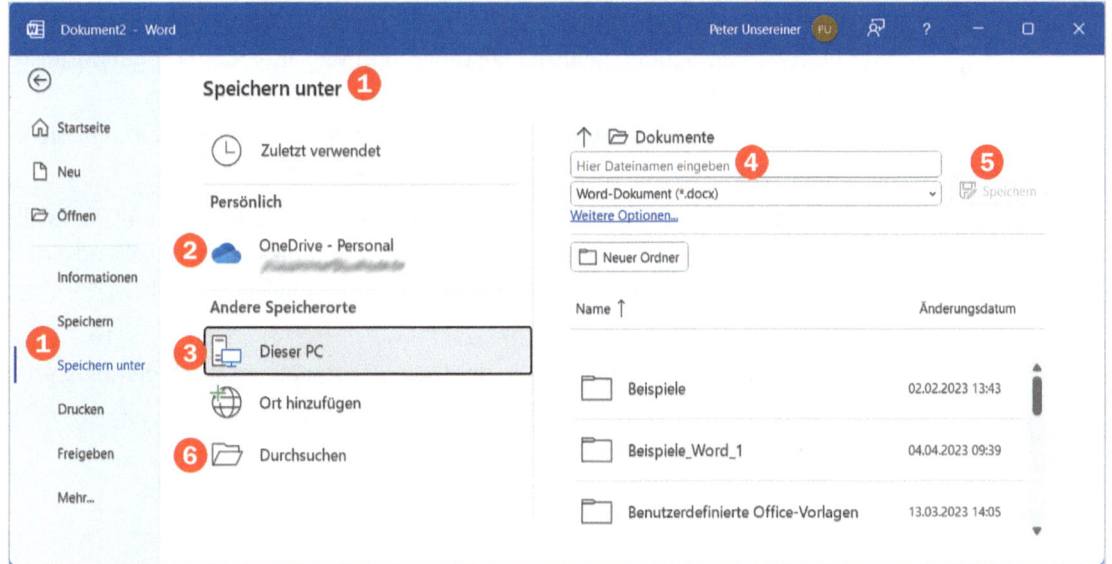

Speicherort wählen

1. Zunächst wählen Sie zwischen *OneDrive* ❷ und *Dieser PC* ❸, damit ist die Festplatte Ihres PCs einschließlich aller angeschlossenen lokalen Datenträger gemeint. Mit *Zuletzt verwendet* erhalten Sie Zugriff auf alle zuletzt verwendeten Ordner, unabhängig vom Speicherort.

2. Je nach Auswahl erscheinen rechts die an diesem Ort zuletzt verwendeten Ordner. Befindet der gesuchte Ordner darunter, so öffnen Sie diesen durch Anklicken, geben im Feld oben ❹ den Dateinamen ein und klicken auf *Speichern* ❺.

Hinweis: Word 2021 verfügt im Register *Datei* über kein Feld zur Eingabe des Dateinamens. Hier öffnet sich beim Anklicken eines Ordners das Fenster *Speichern unter*.

Das Dialogfenster Speichern unter

Wenn der gewünschte Ordner nicht in der Liste der zuletzt verwendeten enthalten ist oder Sie stattdessen lieber das *Speichern unter*-Dialogfenster öffnen möchten, dann klicken Sie im Register *Datei* ▶ *Speichern unter* auf *Durchsuchen* ❻ (Bild 3.4.).

▸ Das Fenster *Speichern unter* wird zunächst mit dem Standardordner für Dokumente, in der Regel *Dokumente* geöffnet. Den aktuellen Speicherort sehen Sie im Adressfeld ❶ (Bild 3.5).

Näheres zum Dateityp lesen Sie weiter unten auf Seite 88.

▸ **Dateiname und Dateityp:** Klicken Sie in das Feld *Dateiname*, damit wird der hier befindliche vorläufige Name markiert und kann anschließend durch Tastatureingabe mit einem aussagekräftigen Namen überschrieben werden ❷. Im Feld *Dateityp* unterhalb ist *Word-Dokument* ausgewählt, dieser Dateityp kann in den allermeisten Fällen beibehalten werden.

▸ **Ordner auswählen:**
  - Sollte der gesuchte Ordner rechts im Inhaltsbereich ❸ sichtbar sein, so öffnen Sie diesen hier mit einem Doppelklick auf das Ordnersymbol.
  - Oder benutzen Sie links den Navigationsbereich ❹ und klicken hier auf den gewünschten Ordner, unter *Netzwerk* haben Sie auch Zugriff auf die Netzwerkumgebung. **Achtung:** Aussehen und Verhalten der Navigationsleiste unterscheiden sich je nach Windows-Version.
  - In einen übergeordneten Ordner gelangen Sie am schnellsten, indem Sie in der Adresszeile auf den Namen des Ordners klicken.

▸ **Neuen Ordner anlegen**: Benötigen Sie zum Speichern einen neuen Ordner, dann klicken Sie auf die Schaltfläche *Neuer Ordner* ❺, geben diesem anschließend einen Namen und öffnen dann den neu erstellten Ordner mit Doppelklick.

▸ Zuletzt klicken Sie auf die Schaltfläche *Speichern* ❻. Erst jetzt wird das Dokument gespeichert und gleichzeitig das Dialogfenster automatisch geschlossen.

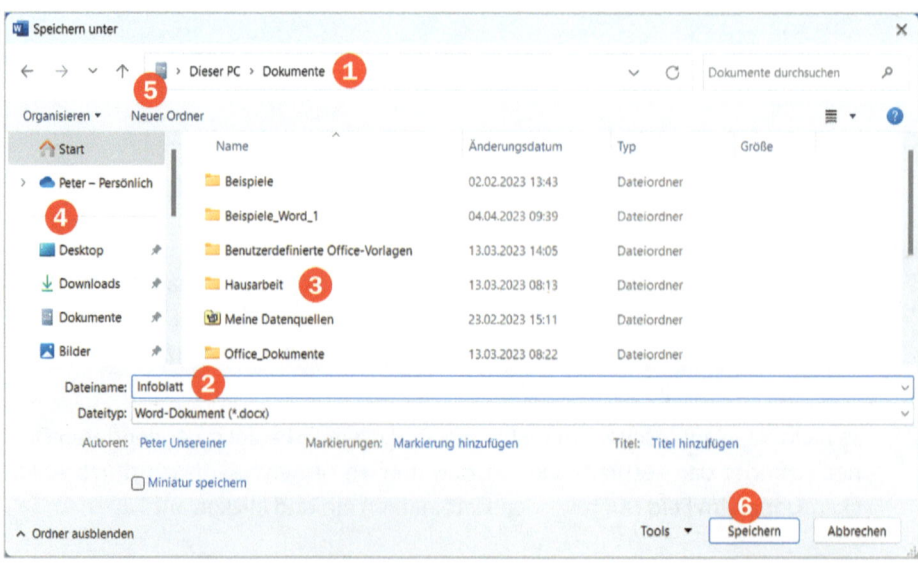

Bild 3.5 Das Fenster Speichern unter (Windows 11)

Navigationsleiste und Inhaltsbereich anzeigen

Falls im Fenster *Speichern unter* Navigationsleiste und Inhaltsbereich nicht sichtbar sein sollten, wie im Bild unten, so klicken Sie zum Anzeigen auf *Ordner durchsuchen.*

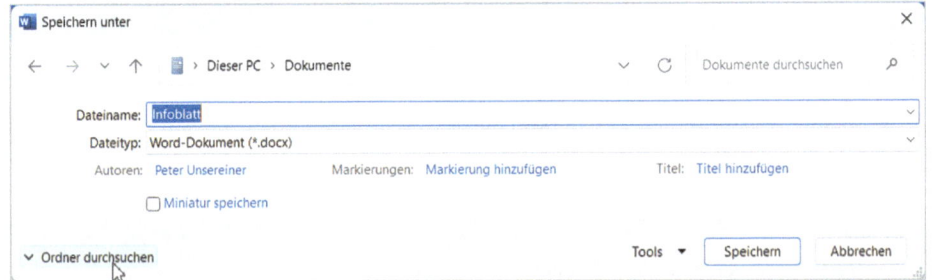

Bild 3.6 Ordner durchsuchen

Auf OneDrive speichern

Der Cloudspeicher *OneDrive* ist in die Dateiverwaltung von Windows integriert, daher finden Sie im Fenster *Speichern unter* auch *OneDrive* im Navigationsbereich, erkennbar am Symbol Wolke ☁ und können hier ebenfalls Ordner auswählen bzw. neu anlegen.

Schnelles Speichern per Tastenkombination oder Symbol

Etwas anders läuft das Speichern ab, wenn Sie in der Schnellzugriffsleiste auf das Symbol *Speichern* 💾 ❶ klicken oder die Tastenkombination **Strg+S** benutzen.

In beiden Fällen öffnet sich danach das Fenster *Diese Datei speichern*. Als *Dateiname* werden die ersten Zeichen des Dokuments vorgeschlagen bzw. *Dok1*, *Dok2* usw., wenn das Dokument noch leer ist und im Feld *Ort auswählen* erscheint Ihr Standardspeicherort, im Bild unten *Dokumente* auf der Festplatte des Geräts (C:).

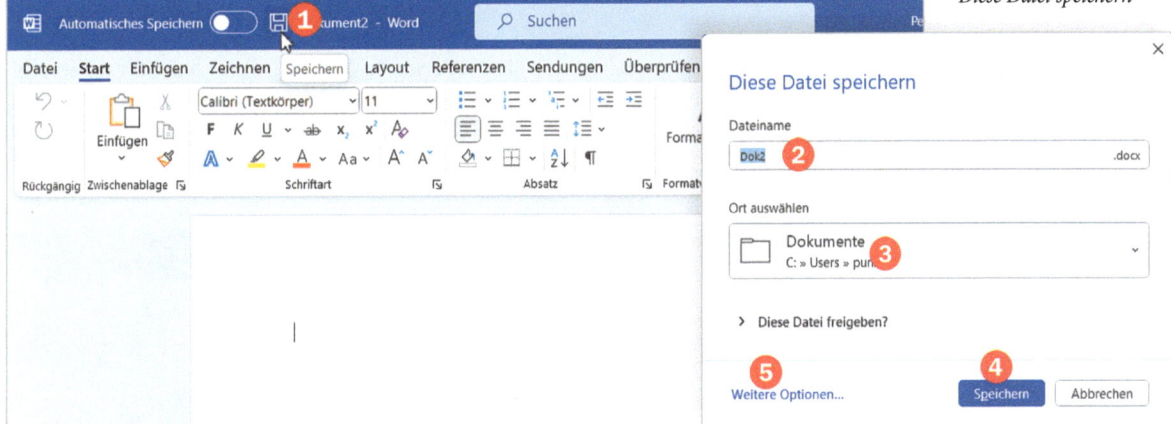

Bild 3.7 Symbol Speichern: Diese Datei speichern

1. **Dateinamen eingeben**: Der vorläufige Name in Feld *Dateiname* ❷ ist bereits markiert und kann durch Tastatureingabe überschrieben werden.

2. **Speicherort wählen**: Um einen anderen Speicherort auszuwählen, klicken Sie auf den vorgeschlagenen Speicherort ❸. Anschließend werden verschiedene zuletzt verwendete Ordner aufgelistet, sowie der Ordner *Dokumente* auf *OneDrive*.

Befindet sich darunter auch der gesuchte Ordner, so wählen Sie diesen durch Anklicken aus.

3   Klicken Sie zuletzt auf die Schaltfläche *Speichern* ❹.

Tipp: Falls Sie lieber sofort beim Klick auf *Speichern* das Dialogfenster anzeigen möchten, so können Sie dies in den Word-Optionen einstellen. Näheres hierzu auf Seite 108.

Speicherort nicht in der Liste enthalten?

Falls der gewünschte Ordner nicht in der Liste aufgeführt ist, so wählen Sie entweder in der Liste *Weitere Speicherorte* → oder klicken auf *Weitere Optionen* ❺. Anschließend erscheint das Register *Datei* mit der Auswahl *Speichern unter* und Sie können hier Speicherort und Ordner auswählen, wie oben beschrieben.

> **Der Unterschied zwischen Speichern und Speichern unter**
>
> Im Register *Datei* finden Sie zwei Möglichkeiten vor, nämlich *Speichern* und *Speichern unter*. Der Unterschied ergibt sich aus der Frage, ob das Dokument schon einmal gespeichert wurde:
>
> - Wenn Sie ein neues Dokument zum ersten Mal speichern, dann müssen Sie Dateiname und Speicherort festlegen. Daher öffnet sich in diesem Fall immer das Fenster *Speichern unter*, egal ob Sie *Speichern* oder *Speichern unter* wählen.
>
> - Ein bereits gespeichertes Dokument besitzt dagegen bereits einen Dateinamen und der Speicherort steht ebenfalls fest. Dann wird im Hintergrund gespeichert, wenn Sie auf *Speichern* klicken.
>
> - Möchten Sie ein geöffnetes und bereits gespeichertes Dokument unter einem anderen Namen und/oder an einem anderen Ort speichern, dann wählen Sie *Speichern unter*. Dadurch wird das Fenster *Speichern unter* erneut geöffnet und Sie können einen anderen Dateinamen eingeben und einen Speicherort wählen.

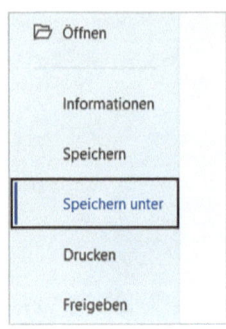

Wichtige Dateitypen

Unterhalb des Dateinamens können Sie im Fenster *Speichern unter* auswählen, in welchem Dateityp das Dokument gespeichert wird. Hier eine Übersicht über die wichtigsten Dateitypen, eine weitere Möglichkeit zum Speichern bietet Word mit *Exportieren* an. Näheres hierzu lesen Sie auf Seite 104.

Bild 3.8 Dateityp wählen

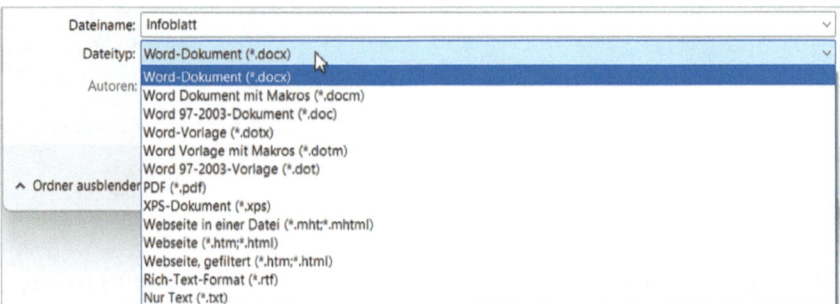

Hinweis: Ob die Dateinamenerweiterung beim Speichern mit angezeigt wird, wie im Bild oben, hängt davon ab, ob Sie im Datei-Explorer von Windows die Anzeige der Dateinamenerweiterungen aktiviert haben.

- **Der Standarddateityp Word-Dokument (*.docx)**
  Wenn nichts anderes angegeben wird, dann werden Dokumente als *Word-Dokument* mit der Dateinamenerweiterung *.docx* gespeichert. Dieser Dateityp kann in den allermeisten Fällen beibehalten werden.

- **Word Dokument mit Makros (*.docm)**
  Makros sind gespeicherte Befehlsfolgen die per Mausklick oder automatisch bei bestimmten Aktionen, z. B. Öffnen der Datei ausgeführt werden und dienen zur Vereinfachung von Abläufen. Leider sind auch Makros im Umlauf, die Schaden auf Ihrem Gerät anrichten können. Um dies zu verhindern, werden Dokumente die Makros enthalten als gesonderter Dateityp gespeichert und beim Öffnen solcher Dateien erscheint eine Sicherheitswarnung. **Achtung**: Aktivieren Sie Makros nur für vertrauenswürdige Dokumente bzw. wenn Sie dem Urheber vertrauen.

- **Word-Vorlage (*.dotx)**
  Vorlagen sind bereits fertig gestaltete Word-Dokumente, in die Sie nur noch Ihre individuellen Inhalte einfügen brauchen. Neben den integrierten Vorlagen können Sie auch Ihre eigenen Word-Vorlagen speichern.

- **Word 97-2003-Dokument (*.doc)**
  Ältere Dokumente können unter Umständen noch im alten Dateityp *Word 97-2003 (.doc)* vorliegen und werden im Kompatibilitätsmodus geöffnet. Da in diesem Modus nicht alle neuen Funktionen von Word unterstützt werden, sollten Sie ein solches Dokument vor der weiteren Bearbeitung im aktuellen Standarddateityp *Word-Dokument* (s. oben) speichern.

- **PDF (*.pdf)**
  Der Dateityp PDF eignet sich besonders zur Weitergabe von Dokumenten an Dritte. Layout, Formatierungen, Bilder und Schriftarten werden beibehalten und das Dokument kann auf allen Geräten gelesen werden. Als einzige Voraussetzung muss ein entsprechendes, meist kostenloses Leseprogramm installiert sein.

- **OpenDocument-Text (*.odt)**
  Die beiden Alternativen zu Microsoft Office, nämlich LibreOffice und OpenOffice verwenden standardmäßig das Dateiformat OpenDocument (*.odt). Falls Sie ein Word-Dokument mit einem dieser beiden Office-Pakete öffnen möchten, sollten Sie es im Dateityp OpenDocument speichern. Beide können zwar auch .docx Dokumente öffnen und umgekehrt, trotzdem sind einige Unterschiede, z. B. in der Formatierung nicht auszuschließen.

Automatisches Speichern

Möglicherweise ist Ihnen bereits der Schalter *Automatisches Speichern* ganz links in der Symbolleiste für den Schnellzugriff aufgefallen. Diese Funktion speichert jede Ihrer Änderungen sofort und im Hintergrund, allerdings nur, wenn das Dokument auf OneDrive gespeichert ist. In diesem Fall sehen Sie rechts vom Dateinamen, im Bild 3.9

"Beispieldokument", den aktuellen Status *Gespeichert* und mit Klick auf den Schalter lässt sich das automatische Speichern bei Bedarf aktivieren und deaktivieren.

Bei einem, auf der lokalen Festplatte gespeicherten Dokument hingegen ist dieser Schalter immer *Aus* und beim Versuch ihn zu aktivieren, werden Sie aufgefordert, zuvor das Dokument auf *OneDrive* zu speichern bzw. hochzuladen.

Bild 3.9 Automatisches Speichern aktiviert

Bild 3.10 ...Aus, da auf der Festplatte gespeichert

Ältere Versionen anzeigen

Ein weiterer Vorteil des automatischen Speicherns: Sie können bei Bedarf jederzeit wieder auf ältere Versionen zurückgreifen. Klicken Sie dazu in der Titelleiste auf den Dateinamen ❶ und auf *Versionsverlauf* ❷.

Der Versionsverlauf ❸ wird in einem gesonderten Bereich am rechten Rand des Word-Fensters geöffnet und listet alle Versionen auf. Die aktuelle Version befindet sich ganz oben und ist hervorgehoben. Wenn Sie eine ältere Version anzeigen möchten, dann klicken Sie bei dieser auf *Version öffnen*.

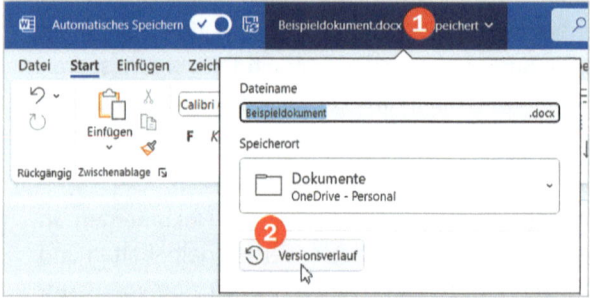

Bild 3.11 Versionen anzeigen und öffnen

Beachten Sie: Ältere Versionen werden schreibgeschützt in einem eigenen Fenster geöffnet. Sie brauchen also nur das Fenster zu schließen, um zum Original zurückzukehren.

▸ Falls Sie die Version beibehalten möchten, so klicken Sie auf *Wiederherstellen* und um eine Kopie der Version zu speichern, klicken Sie auf das Register *Datei* und auf *Speichern unter*.

▸ *Vergleichen* zeigt dagegen die aktuelle Version in einem neuen Dokument an und hebt hier alle zwischenzeitlich vorgenommenen Änderungen hervor, siehe Änderungen nachverfolgen auf Seite 293.

Bild 3.12 Ältere Version wiederherstellen

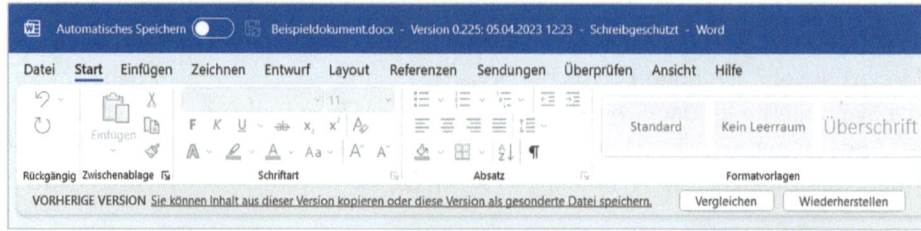

3.4 Dokumente öffnen

Dokument aus Word heraus öffnen

Im Datei-Explorer von Windows eine Datei mit Doppelklick auf das Dateisymbol öffnen, dürfte den meisten Nutzern und Nutzerinnen bekannt sein. Aber auch Word stellt Möglichkeiten bereit, um Dokumente schnell zu finden und zu öffnen.

Die Startseite zeigt die zuletzt verwendeten Dokumente an und zum Öffnen genügt ein Mausklick darauf. Oder klicken Sie im Register *Datei* auf *Öffnen* ❶, s. Bild unten. Damit ist automatisch *Zuletzt verwendet* ❷ ausgewählt und Sie erhalten, chronologisch geordnet, eine umfangreiche Liste zuletzt verwendeter Dokumente ❸, die Sie durch Anklicken oder Antippen schnell öffnen können. Falls Sie lieber die zuletzt verwendeten Ordner durchsuchen möchten, so klicken Sie auf *Ordner* ❹.

Achtung: Wurde ein zuletzt verwendetes Dokument in der Zwischenzeit gelöscht, verschoben oder umbenannt, so erhalten Sie beim Öffnen eine Fehlermeldung.

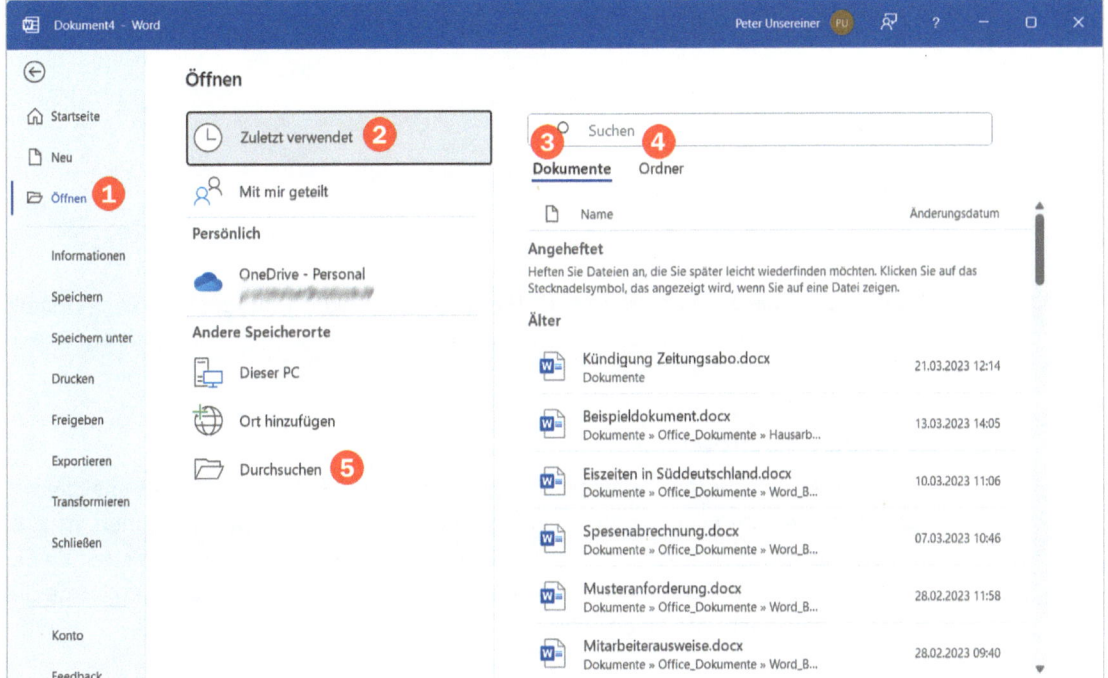

Bild 3.13 Register Datei: Öffnen

Das Dialogfenster Öffnen

Wenn sich die gesuchte Datei nicht unter den zuletzt verwendeten befindet, dann klicken Sie im Register *Datei* auf *Öffnen* und hier auf *Durchsuchen* ❺ (Bild 3.13).

Das nachfolgende Fenster *Öffnen* unterscheidet sich nur geringfügig vom *Speichern unter*-Fenster. Wie beim Speichern haben Sie in der linken Spalte, der Navigationsleiste Zugriff auf die wichtigsten Speicherorte, darunter auch Ihre *OneDrive*-Ordner, Netzlaufwerke finden Sie unter *Netzwerk*. Zum Öffnen klicken oder tippen Sie im Inhaltsbereich auf das Symbol des gesuchten Dokuments, dieses erscheint farbig hervorgehoben bzw. markiert und der Name erscheint im Feld *Dateiname*. Klicken Sie dann auf die Schaltfläche *Öffnen*. **Tipp**: Mit Doppelklick auf das Dateisymbol wird das Dokument sofort geöffnet.

Befindet sich dagegen die gesuchte Datei in einem Unterordner des aktuellen Ordners, z. B. *Aufgaben* wie im Bild unten, so müssen Sie diesen zuvor durch Anklicken und Klick auf die Schaltfläche *Öffnen* oder Doppelklick auf das Ordnersymbol öffnen.

Bild 3.14 Datei auswählen und öffnen

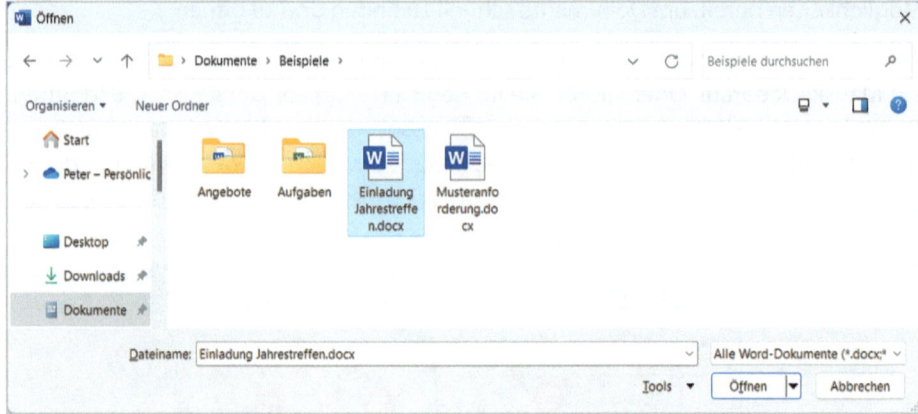

Schneller Zugriff auf Dokumente

Neben den zuletzt verwendeten Dokumenten und dem Dialogfenster *Öffnen* stellt Word im Register *Datei* noch weitere Möglichkeiten des schnellen Zugriffs auf Dokumente und Ordner bereit.

Dokumente und Ordner suchen

Im Register *Datei* finden Sie auch ein Suchfeld, über das Sie im aktuellen Speicherort bzw. ausgewählten Ordner nach Dokumenten und Ordnern suchen können. Ist z. B. aktuell die Kategorie *Zuletzt verwendet* ausgewählt, wie im Bild unten, so erhalten Sie nach Eingabe des Suchbegriffs alle zuletzt verwendeten Dokumente, deren Name die angegebene Zeichenfolge enthält

Bild 3.15 Nach zuletzt verwendeten Dokumenten suchen

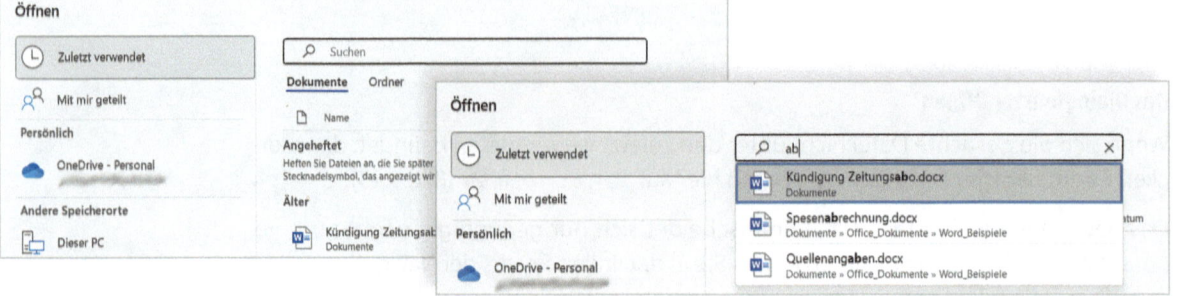

Haben Sie dagegen *Dieser PC* oder *OneDrive* als Speicherort ausgewählt, so erscheint rechts der gesamte Inhalt des aktuellen Ordners. Falls Sie einen anderen Ordner durchsuchen möchten, müssen Sie diesen zuvor durch Anklicken öffnen. Mit Klick auf den, nach oben weisenden Pfeil gelangen Sie in der Ordnerhierarchie wieder eine Ebene nach oben.

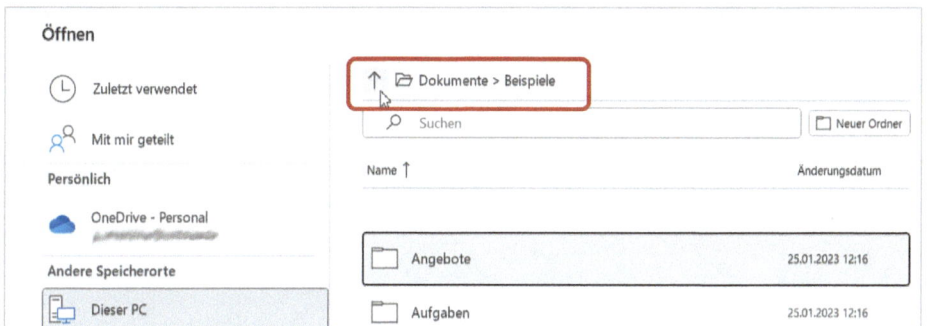

Bild 3.16 Zu durchsuchenden Ordner auswählen

Dokumente und Ordner in der Liste Zuletzt verwendet anheften

Normalerweise zeigt die Liste *Zuletzt verwendet* nur Dokumente und Ordner an, die in letzter Zeit verwendet wurden. Sie können sich aber das umständliche Durchsuchen von Ordnern sparen, wenn Sie häufig benötigte Ordner und Dokumente fest an diese Liste anheften. Der eigentliche Speicherort wird dadurch nicht angetastet.

▶ Falls das Dokument oder der Ordner unter *Zuletzt verwendet* aufgeführt wird, so klicken Sie zum Anheften auf das Pin-Symbol, das beim Zeigen mit der Maus erscheint (Bild 3.17). Oder Rechtsklick und Befehl *An Liste anheften*.

▶ Andernfalls wählen Sie den Speicherort aus, z. B. *Dieser PC* und navigieren zum entsprechenden Ordner. Klicken Sie dann mit der rechten Maustaste auf das betreffende Element und wählen Sie *An „Zuletzt verwendet"-Liste anheften*, wie in Bild 3.18.

Bild 3.17 Element per Pin-Symbol anheften

Bild 3.18 Speicherort und Dokument auswählen

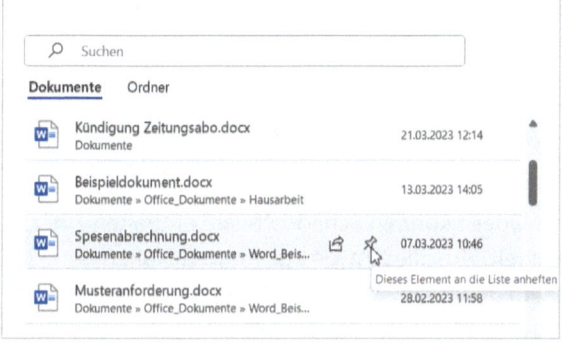
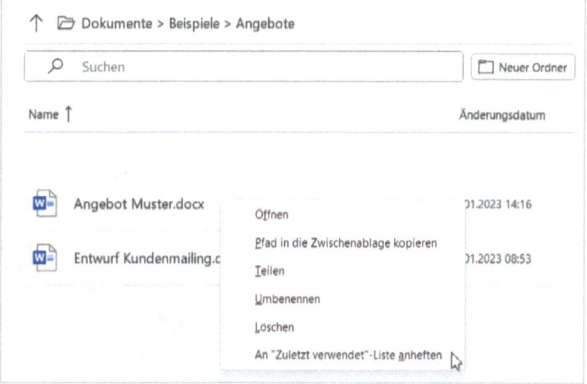

Angeheftete Dokumente und Ordner erscheinen am Beginn der Liste *Zuletzt Verwendet* in einem gesonderten Abschnitt. Falls Sie ein Element wieder daraus entfernen

Bild 3.19 Aus Liste entfernen

Bild 3.20 Auf Startseite anzeigen

möchten, so klicken Sie erneut auf das Pin-Symbol (Bild 3.19) oder Rechtsklick und Befehl *Aus Liste entfernen*.

Tipp: Auf der Startseite von Word erhalten Sie schnellen Zugriff auf angeheftete Elemente, wenn Sie statt *Zuletzt verwendet* auf *Angeheftet* klicken.

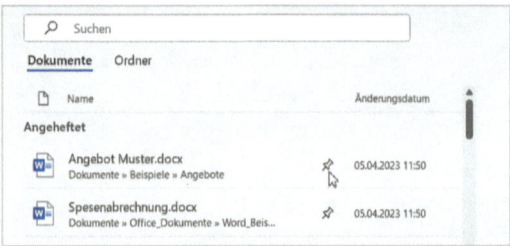
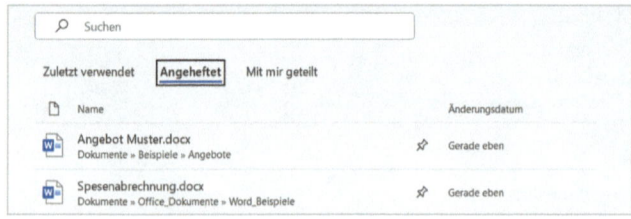

Nach dem Öffnen an der letzten Position fortfahren

Standardmäßig befindet sich nach dem Öffnen eines gespeicherten Dokuments der Cursor am Textanfang. Häufig möchten Sie aber anschließend an derjenigen Stelle fortfahren, die Sie zuletzt bearbeitet haben. Dann klicken Sie einfach auf den Infotext bzw. das Symbol, das nach dem Öffnen am rechten Fensterrand erscheint. Leider verschwindet das Symbol nach dem ersten Bearbeitungsschritt wieder.

Bild 3.21 An der letzten Position fortfahren

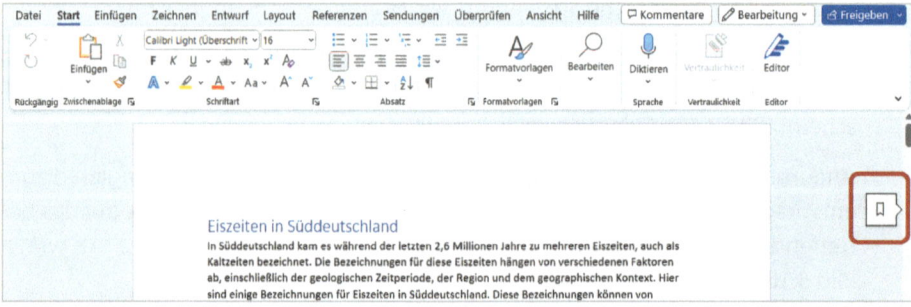

Sicherheitseinstellungen beim Öffnen

Dokumente in der geschützten Ansicht öffnen

Auch die Beispieldateien für dieses Buch werden nach dem Download grundsätzlich in der geschützten Ansicht geöffnet.

Word-Dokumente aus unbekannter Quelle können Schadsoftware enthalten, die z. B. Daten auf Ihrer Festplatte verschlüsselt. Aus diesem Grund werden Dokumente, die Sie aus dem Internet heruntergeladen oder per E-Mail als Anhang erhalten haben, zunächst in der geschützten Ansicht geöffnet. Diese Ansicht verhindert, dass eventuelle Schadsoftware aktiv wird und Sie können das Dokument lesen, nicht aber bearbeiten oder drucken.

Klicken Sie nur auf die Schaltfläche *Bearbeitung aktivieren*, wenn dies unbedingt erforderlich ist und Sie der Datenquelle vertrauen.

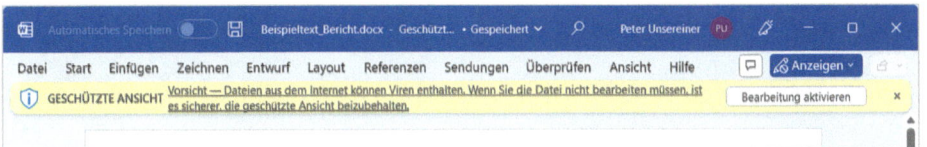

Bild 3.22 In der geschützten Ansicht muss eine eventuelle Bearbeitung erst aktiviert werden.

Dokumente mit Makros öffnen

In manchen Fällen können Word-Dokumente auch Makros enthalten. Makros sind kleine Computerprogramme, mit deren Hilfe wiederkehrende Routineaufgaben automatisiert werden. In diesem Buch wird allerdings nicht näher auf diese Möglichkeit eingegangen. Da Makros manchmal auch in böswilliger Absicht verbreitet werden und Schaden auf Computern anrichten, verwendet Word einen gesonderten Dateityp für Word-Dokumente mit Makros mit der Dateinamenerweiterung .docm.

Beim Öffnen dieses Dateityps erscheint die unten abgebildete Sicherheitswarnung. Wie bei der geschützten Ansicht gilt: Klicken Sie nur auf *Inhalt aktivieren*, wenn Sie dem Dokument und dem Urheber vertrauen. Sie können das Dokument lesen, drucken und bearbeiten, auch **ohne** die Inhalte und damit die Makros zu aktivieren.

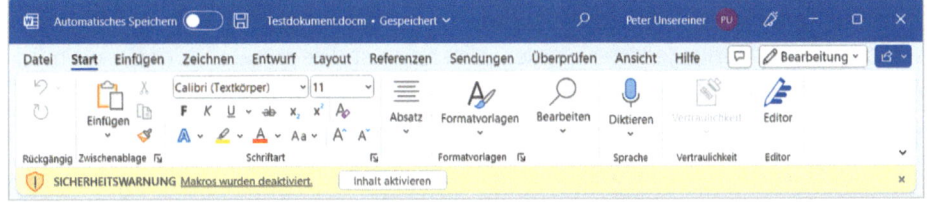

Bild 3.23 Dokument mit Makros öffnen

Ältere Dokumente im Kompatibilitätsmodus öffnen

Dokumente mit der Dateinamenserweiterung .doc, die mit älteren Word-Versionen erstellt und gespeichert wurden, werden mit Word 2021 bzw. Microsoft 365 im so genannten Kompatibilitätsmodus geöffnet. Dasselbe gilt auch für Dokumente, die im Rich Text Format (.rtf) beispielsweise mit WordPad gespeichert wurden. Ein entsprechender Hinweis erscheint zusammen mit dem Dateinamen in der Titelleiste.

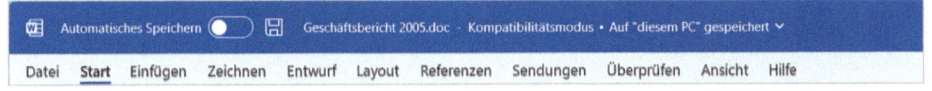

Bild 3.24 Kompatibilitätsmodus

Im Kompatibilitätsmodus stehen einige Funktionen von Word, z. B. besondere Texteffekte, nicht zur Verfügung. Um diese zu nutzen, müssen Sie das Dokument im Dateiformat Word-Dokument (.docx) speichern. Dazu haben Sie folgende Möglichkeiten:

▶ **Dateityp umwandeln**
Klicken Sie auf das Register *Datei*. Hier finden Sie unter *Informationen* die Schaltfläche *Konvertieren* und ein Klick darauf wandelt das Dokument nach einer Rückfrage entsprechend um. Das ursprüngliche Dokument wird überschrieben.

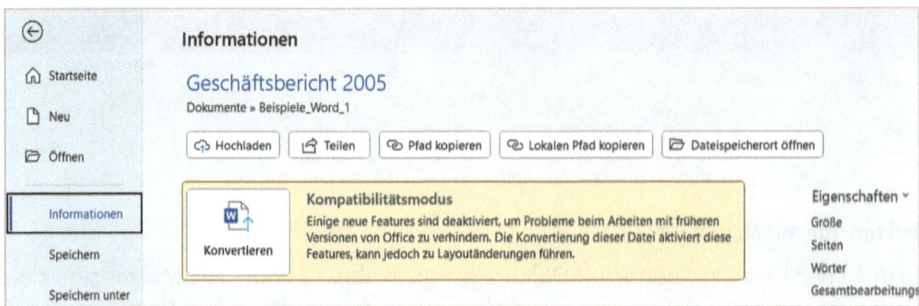

Bild 3.25 Dokument konvertieren

▶ **Dokument erneut speichern**
Als zweite Möglichkeit speichern Sie das Dokument erneut und zwar im aktuellen Dateiformat. Klicken Sie dazu im Register *Datei* auf *Speichern unter*, wählen Sie einen Speicherort und als Dateityp *Word-Dokument (*.docx)*. In diesem Fall bleibt das ursprüngliche Dokument erhalten.

Dokumente schreibgeschützt öffnen

Zum Schutz vor unbeabsichtigten Änderungen können Dokumente auch schreibgeschützt oder als Kopie geöffnet werden, allerdings ist dies nur aus Word heraus möglich, nicht aber beim Öffnen im Datei-Explorer von Windows.

1. Klicken Sie im Register *Datei* auf *Öffnen* und anschließend auf *Durchsuchen*, um das Fenster *Öffnen* anzuzeigen.

2. Wählen Sie den Speicherort aus und markieren Sie mit einem Klick das zu öffnende Dokument.

3. Klicken Sie dann auf den Dropdown-Pfeil der Schaltfläche *Öffnen* und entweder auf *Schreibgeschützt öffnen* oder auf *Als Kopie öffnen*.

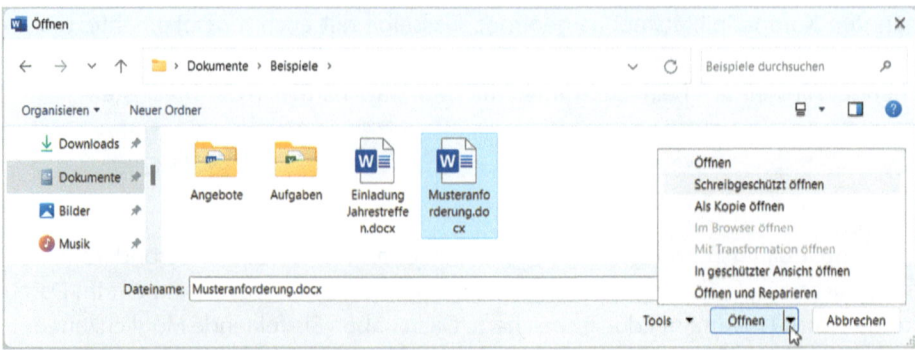

Bild 3.26 Schreibgeschützt öffnen

3.5 Nicht gespeicherte Dokumente wiederherstellen

Das automatische Speichern in Verbindung mit OneDrive haben Sie in diesem Kapitel auf Seite 89 bereits kennengelernt. Für auf der Festplatte des PCs gespeicherte Dokumente verfügt Word über eine ähnliche Funktion, die das Dokument im Hintergrund automatisch in bestimmten Intervallen in einer temporären Datei speichert. Falls Word unerwartet beendet wird oder Sie versehentlich das Dokument geschlossen bzw. Word beendet haben, ohne zuvor zu speichern, kann die automatisch gespeicherte Version wiederhergestellt werden.

> **Speichern Sie Ihre Daten!**
> Das sicherste Mittel gegen Datenverlust ist immer noch das regelmäßige Speichern. Speichern Sie daher Ihre Dokumente gleich zu Beginn und auch danach in regelmäßigen Abständen!

Automatisches Wiederherstellen aktivieren

Voraussetzung ist die AutoWiederherstellen-Funktion, die in der Standardeinstellung eigentlich aktiviert sein sollte. Sicherheitshalber sollten Sie diese Einstellungen trotzdem kontrollieren: Dazu klicken Sie im Register *Datei* ganz unten auf *Optionen* und wählen anschließend in den *Word-Optionen* die Kategorie *Speichern*.

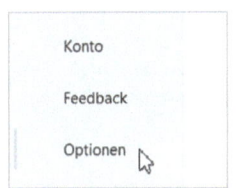

Achten Sie darauf, dass das Kontrollkästchen *AutoWiederherstellen-Informationen speichern* aktiviert ist, siehe Bild unten. Im Feld daneben legen Sie das Speicherintervall in Minuten fest. Außerdem muss das Kontrollkästchen *Beim Schließen ohne Speichern die letzte automatisch gespeicherte Version beibehalten* aktiviert sein. Den *Speicherort für Autowiederherstellen* sehen Sie im Feld unterhalb. Bei Bedarf können Sie stattdessen über die Schaltfläche *Durchsuchen* auch einen anderen Ort auswählen.

Um etwaige Änderungen zu übernehmen, schließen Sie zuletzt die Word-Optionen mit der Schaltfläche *OK*.

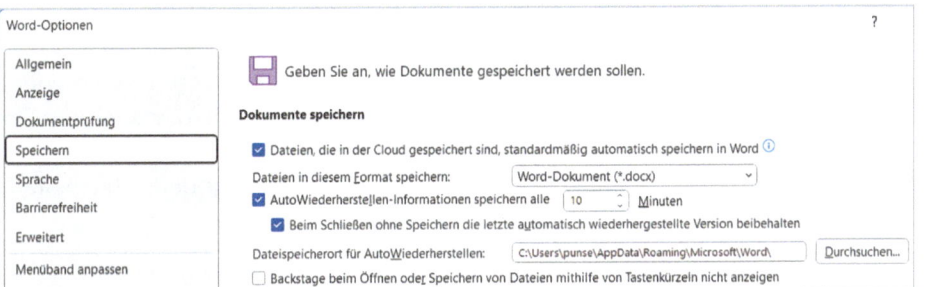

Bild 3.27 Automatisches Speichern muss aktiviert sein

Hinweis: In manchen Fällen ist möglicherweise kein Standardspeicherort für Autowiederherstellen angegeben. In diesem Fall sollten Sie unbedingt mit Klick auf *Durchsuchen* einen Speicherort festlegen, am besten einen gesonderten Ordner.

Wie Sie ein Dokument wiederherstellen können, wenn Sie versehentlich Word beendet haben, ohne Änderungen zu speichern oder Word unerwartet geschlossen wurde und das Dokument nicht gespeichert werden konnte, lesen Sie im nächsten Punkt.

Dokumente nach einem Programmabsturz wiederherstellen

Wenn Word unerwartet geschlossen wurde, bevor Sie Ihre Änderungen gespeichert haben, dann wird das Dokument nach dem nächsten Start von Word automatisch mit der letzten automatisch gespeicherten Version geöffnet, s. Bild 3.28. Ein Infobalken macht darauf Sie aufmerksam, dass es sich um eine wiederhergestellte, nicht gespeicherte Datei handelt. Falls beim Absturz von Word mehrere gleichzeitig Dokumente geöffnet waren, wird jedes in einem eigenen Fenster wiederhergestellt.

Beachten Sie beim Wiederherstellen

▶ Wiederhergestellte Dokumente können nur gelesen, nicht aber bearbeitet werden. Wenn Sie das Dokument behalten und weiter bearbeiten möchten, dann müssen Sie es speichern: Klicken Sie auf *Speichern*, geben Sie einen Dateinamen ein und wählen Sie den Speicherort.

▶ Dokumente werden automatisch im Kompatibilitätsmodus wiederhergestellt, wie im Bild unten. Achten Sie daher beim Speichern unbedingt darauf, dass das Dokument als Word-Dokument (*.docx) gespeichert wird oder konvertieren Sie es nachträglich, siehe Seite 95.

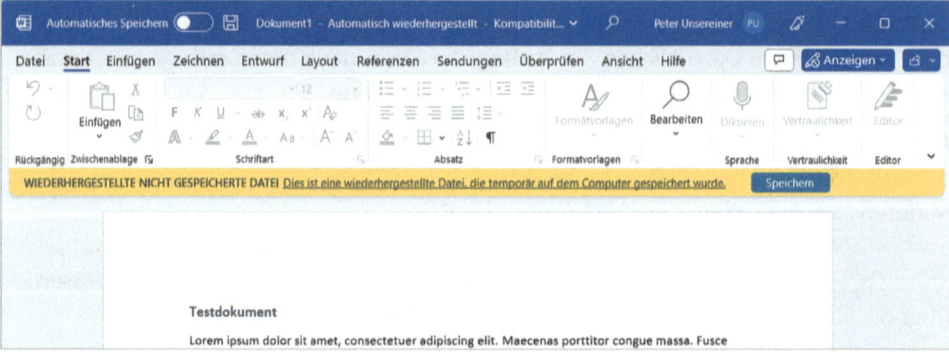

Bild 3.28 Wiederhergestellte Datei nach Programmabsturz

Nicht gespeicherte Änderungen an einem Dokument wiederherstellen

Auch wenn Sie beim Beenden von Word vergessen haben, Ihre letzten Änderungen zu speichern, kann das Dokument wiederhergestellt werden. Allerdings mit der Einschränkung, dass Sie länger als die als Intervall angegebene Zeit am Dokument gearbeitet haben und die wiederhergestellte Version nicht unbedingt dem letzten Stand entspricht.

Zum Wiederherstellen öffnen Sie das Dokument und klicken im Register *Datei* auf *Informationen* ❶. Unter *Dokument verwalten* ❷ finden Sie die letzte, nicht gespeicherte Version mit dem Zusatz *(bei Schließen ohne Speichern)* und können diese mit Klick darauf öffnen. Achtung, auch hier erfolgt die Wiederherstellung im Kompatibilitätsmodus ❸ und das Dokument sollte anschließend als Word-Dokument gespeichert oder konvertiert werden, s. oben.

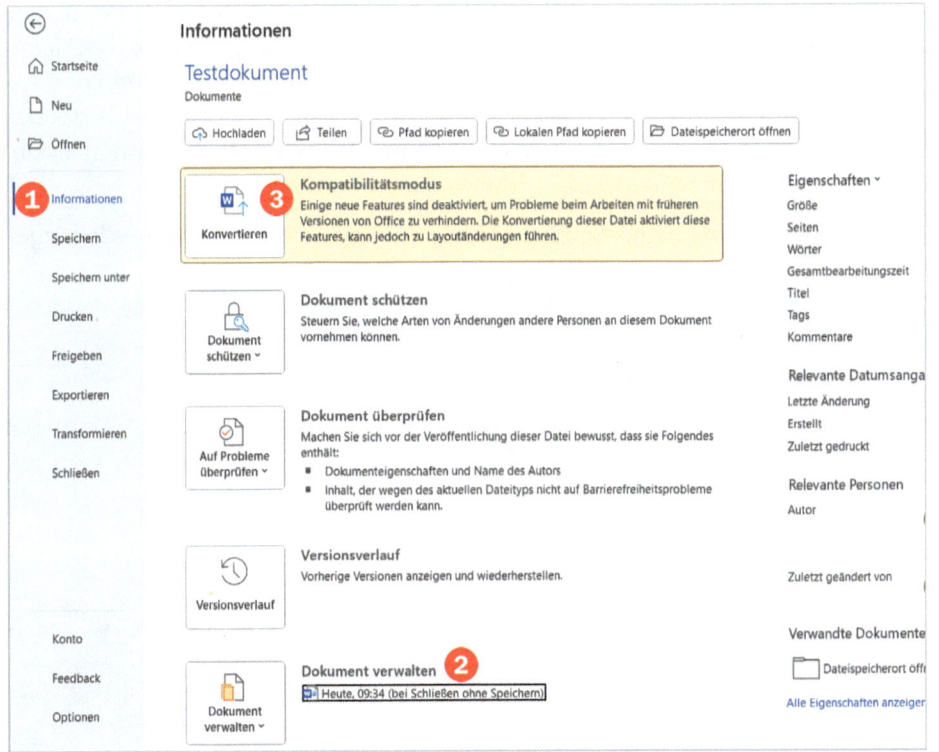

Bild 3.29 Nicht gespeicherte Änderungen wiederherstellen

Hinweis: Mit Klick auf *Versionsverlauf* bietet Ihnen Word nur das Speichern auf OneDrive an. Bei auf der Festplatte gespeicherten Dokumenten steht der Versionsverlauf nicht zur Verfügung.

Die Version wird anschließend schreibgeschützt geöffnet. Wenn Sie diese beibehalten möchten, dann klicken Sie in der Infoleiste auf *Speichern unter*, andernfalls schließen Sie die Datei.

Bild 3.30 Wiederhergestellte nicht gespeicherte Version

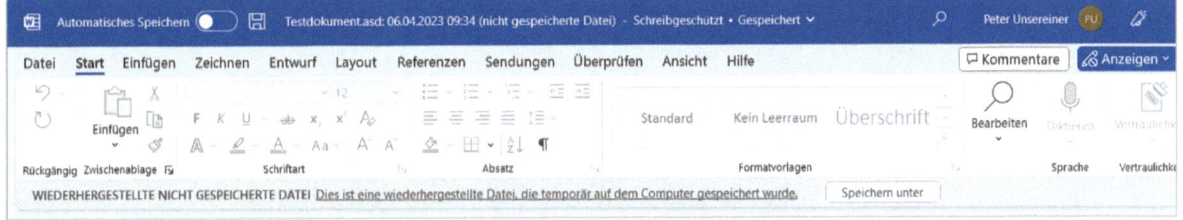

Nicht gespeicherte Dokumente wiederherstellen

Auch nicht gespeicherte Dokumente können unter Umständen wiederhergestellt werden, dazu gehen Sie wie folgt vor:

1   Klicken Sie im Register *Datei* auf *Öffnen* und danach auf *Zuletzt verwendet* ❶, falls nicht ohnehin bereits ausgewählt

2   Klicken Sie dann am unteren Rand des Fensters auf die Schaltfläche *Nicht gespeicherte Dokumente wiederherstellen* ❷. Alternativ finden Sie diese Möglichkeit auch im Register *Datei* ▶ *Informationen* und Klick auf die Schaltfläche *Dokument verwalten*.

Standardspeicherort für Autowiederherstellen festlegen, siehe Seite 97.

3. Im Dialogfenster *Öffnen* erscheinen alle Inhalte des Ordners, der in den Word-Optionen als Speicherort für Autowiederherstellen angegeben wurde. Markieren Sie mit einem Klick das Dokument, das Sie wiederherstellen möchten und klicken Sie auf *Öffnen* ❸. In diesem Fall dürfte das Änderungsdatum d. h. das Datum der letzten automatischen Speicherung der wichtigste Anhaltspunkt sein, da die Dateinamen *Dokument1* usw. wenig aussagekräftig sind.

Das Dokument wird anschließend ebenfalls im Kompatibilitätsmodus wiederhergestellt und schreibgeschützt geöffnet.

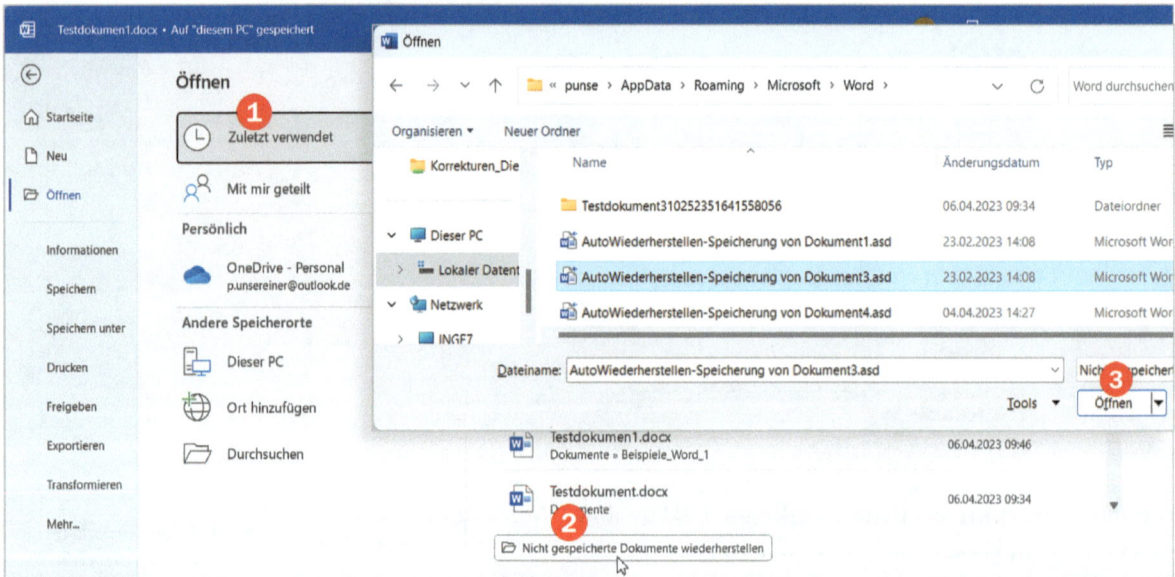

Bild 3.31 Nicht gespeichertes Dokument wiederherstellen

3.6 Konto und Kontoeinstellungen verwalten

Vielleicht ist Ihnen im Titel des Word-Fensters Ihr Name oder stattdessen die Schaltfläche *Anmelden* aufgefallen. Hierbei handelt es sich um Ihr Microsoft-Konto, mit dem Sie sich am Gerät bzw. Windows angemeldet haben. Diese Anmeldung wird in der Regel auch von allen übrigen Office-Anwendungen übernommen.

Die Anmeldung mit einem Microsoft-Konto ist für die Nutzung von Word bzw. Office, nicht zwingend notwendig, bietet aber einige Vorteile, darunter das Speichern in der Cloud bzw. auf Ihrem persönlichen Cloudspeicher OneDrive und damit verbunden die Möglichkeit der Freigabe einzelner Dokumente für andere Personen.

Mit einem Microsoft-Konto bei Office an- und abmelden

Informationen zu Microsoft Office und Ihrem Konto erhalten Sie, wenn im Register *Datei* auf *Konto* ❶ klicken. Hier können Sie sich außerdem unabhängig von der Windows-Anmeldung in Microsoft Office an- und abmelden.

Bild 3.32 Register Datei - Konto (Word 2021)

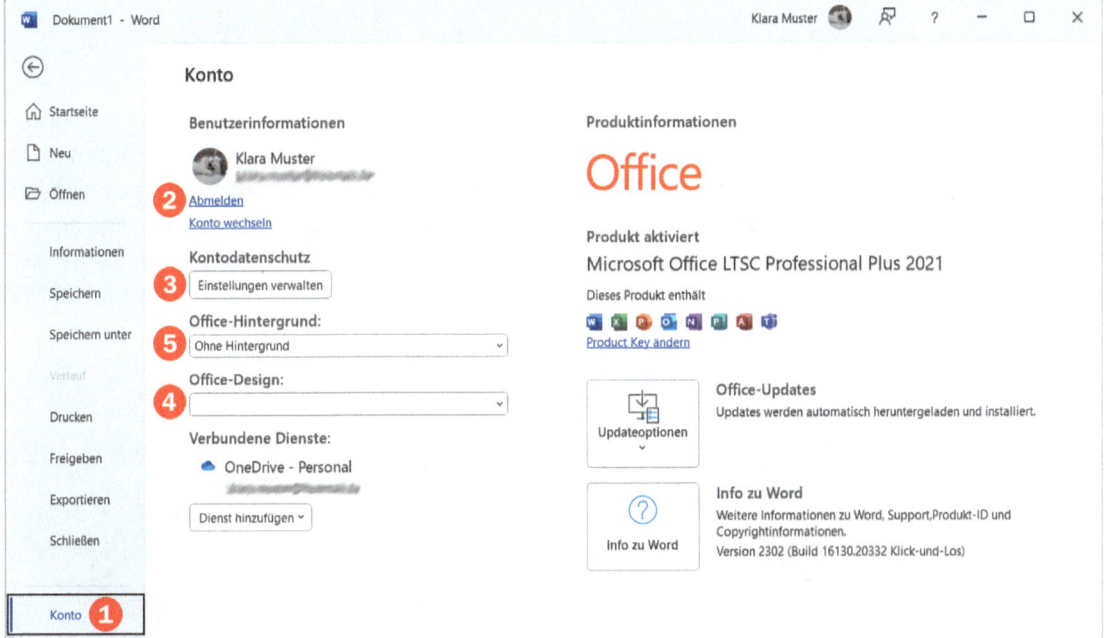

- **Abmelden**: Wenn Sie angemeldet sind, dann sehen Sie unter *Benutzerinformationen* Ihren Namen und Ihre E-Mail-Adresse. Um sich abzumelden klicken Sie auf *Abmelden* ❷ und bestätigen die nachfolgende Rückfrage mit *Ja*.

- **Anmelden**: Falls Sie nicht angemeldet sind, so finden Sie hier stattdessen die Schaltfläche *Anmelden*. Klicken Sie zum Anmelden auf diese Schaltfläche, geben Sie im nachfolgenden Fenster die E-Mail-Adresse Ihres Microsoft-Kontos und anschließend das dazugehörige Kennwort ein.

  Die Möglichkeit zum An- und Abmelden erhalten Sie auch, wenn Sie in der Titelleiste des Word-Fensters auf Ihren Namen bzw. auf *Anmelden* klicken.

Falls Sie über kein Microsoft-Konto verfügen sollten, können Sie an dieser Stelle ein solches auch einrichten.

Datenschutzeinstellungen

Einige Informationen zum Gerät (Diagnosedaten) und zu installierten Updates werden automatisch an Microsoft gesendet. Den Umfang können Sie unter *Kontodatenschutz* über die Schaltfläche *Einstellungen verwalten* ❸ einsehen und ggf. einschränken.

Achtung: Damit die intelligente Schreibunterstützung Editor Vorschläge zum Schreibstil unterbreiten kann, muss hier unter *Verbundene Erfahrungen* die Analyse von Inhalten erlaubt sein, ebenso *Erfahrungen, die Onlineinhalte herunterladen*.

Produktinformationen zu Microsoft-Office und Word

Im Register *Datei* erhalten Sie im Bereich *Konto* außerdem Informationen zum installierten Office, können ggf. Office aktivieren, indem Sie den dazugehörigen Product Key eingeben oder ändern und über die Schaltfläche *Office-Updates* verfügbare Updates für Office installieren oder deaktivieren.

Heller oder dunkler Hintergrund?

Viele Nutzer*innen bevorzugen aus ergonomischen Gründen einen dunklen Hintergrund. Auch Microsoft-Office bietet unter der Bezeichnung *Office-Design* Alternativen an, die allerdings für alle Office-Anwendungen gelten, also auch nicht nur für Word sondern gleichzeitig auch für Excel, PowerPoint usw.. Klicken Sie dazu im Register *Datei* auf *Konto* und in das Auswahlfeld *Office-Design* ❹ (Bild 3.32 auf der vorherigen Seite). Wählen Sie dann statt der Standardeinstellung *Bunt* entweder *Dunkelgrau*, wie im Bild unten, oder *Schwarz*.

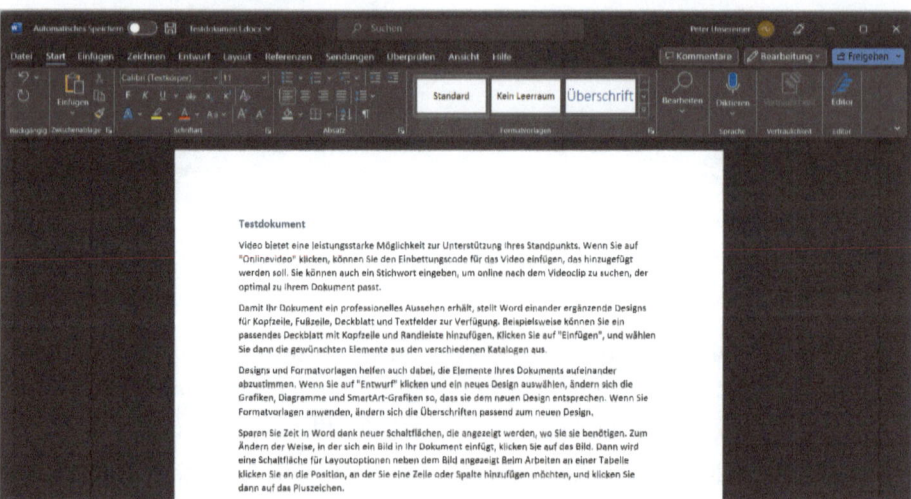

Bild 3.33 Office-Design Dunkelgrau

Titelleiste mit einem Muster verzieren

Im Auswahlfeld *Office-Hintergrund* ❺ finden Sie mehrere Muster, z. B. *Frühling*, mit denen Sie den Titelbereich des Anwendungsfensters verzieren können. Diese Möglichkeit ist jedoch nur verfügbar, wenn Sie angemeldet sind.

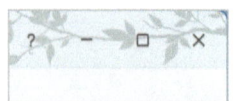

Bild 3.34 Office-Design

Bild 3.35 Office-Hintergrund

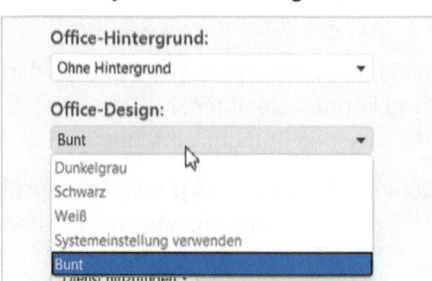
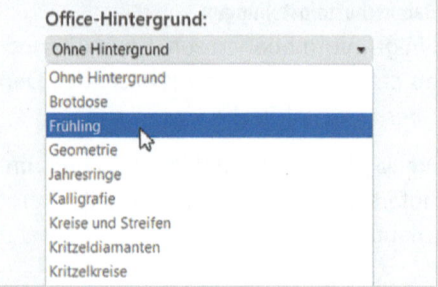

3.7 Mit mehreren Word-Dokumenten arbeiten

Zwischen geöffneten Fenstern wechseln

Word öffnet jedes Dokument in einem eigenen Fenster. Sind mehrere Word-Dokumente gleichzeitig geöffnet, so werden diese in der Taskleiste standardmäßig als gestapeltes Symbol angezeigt und beim Zeigen auf das Word-Symbol der Taskleiste erhalten Sie eine Miniaturvorschau aller Fenster. Mit einem Klick in die Vorschau aktivieren Sie das Fenster bzw. holen es in der Vordergrund.

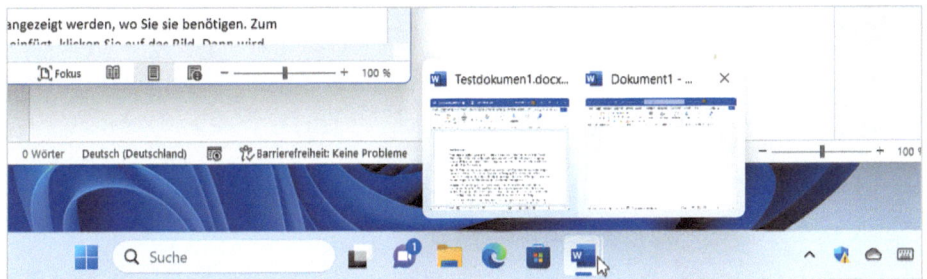

Bild 3.36 Miniaturansicht geöffneter Word-Fenster

Eine zweite Möglichkeit erhalten Sie im Register *Ansicht* ▶ *Fenster*. Mit Klick auf *Fenster wechseln* erhalten Sie eine Liste der geöffneten Fenster und brauchen nur auf das gewünschte Dokument klicken, das aktuelle Dokument ist mit einem Häkchen versehen.

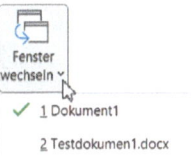

Fenster anordnen

Das Register *Ansicht* des Menübands enthält in der Gruppe *Fenster* auch Schaltflächen, über die Sie die Anordnung der Fenster steuern.

Bild 3.37 Die Schaltflächen der Gruppe Fenster

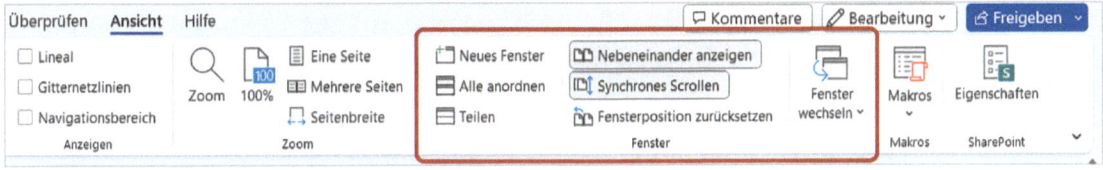

- Mit Klick auf *Alle Anordnen* ordnen Sie alle geöffneten Fenster untereinander auf dem Bildschirm an. **Achtung**: je nach Anzahl der Dokumente und Größe des Bildschirms ist unter Umständen das Menüband ausgeblendet.

- *Nebeneinander anzeigen* ordnet dagegen die geöffneten Fenster nebeneinander auf dem Bildschirm an. Da diese Ansicht häufig dazu benutzt wird, zwei Dokumente miteinander zu vergleichen, ist gleichzeitig *Synchrones Scrollen* aktiviert. Das bedeutet, wenn Sie in eines der Dokumente zeigen und das Mausrad drehen, wird gleichzeitig auch der Bildschirmausschnitt des zweiten Fensters verschoben. Falls Sie dies nicht wünschen, so deaktivieren Sie dies im Register *Ansicht* ▶ *Fenster* mit Klick auf *Synchrones Scrollen* wieder.

Aktuelles Dokumentfenster teilen

Die Schaltfläche *Teilen* (Register *Ansicht* ▶ *Fenster*) teilt das Fenster des aktuellen Dokuments in zwei Bereiche, in denen Sie unabhängig voneinander den Bildschirmausschnitt verschieben können. Damit erhalten Sie die Möglichkeit, beispielsweise Anfang und Ende eines umfangreichen Dokuments gleichzeitig am Bildschirm darzustellen und zu bearbeiten. Die Trennlinie lässt sich mit gedrückter Maustaste verschieben und wenn Sie die Teilung wieder aufheben möchten, dann verschieben Sie diese Linie bis ganz an den unteren oder oberen Rand des Dokuments oder klicken im Register *Ansicht* ▶ *Fenster* auf *Teilung aufheben*.

Bild 3.38 Geteiltes Fenster

3.8 Word-Dokumente in ein anderes Dateiformat exportieren

Textformate

Neben der Möglichkeit, den Dateityp im Dialogfenster *Speichern unter* auszuwählen, finden haben Sie außerdem im Register *Datei* unter *Exportieren* die Möglichkeit, das aktuelle Dokument in ein anderes, gängiges Textformat zu exportieren. Darunter befindet sich z. B. *OpenDocument Text* (.odt), das von der kostenlos erhältlichen Open Source Software LibreOffice unterstützt wird und sich somit für den Datenaustausch mit dieser Anwendung anbietet.

Soll dagegen reiner Text ohne Formate und grafische Elemente exportiert werden, dann empfiehlt sich der Dateityp *Nur Text* mit der Dateinamenerweiterung .txt.

1. Klicken Sie dazu im Register *Datei* auf *Exportieren* und hier auf die Schaltfläche *Dateityp ändern*.

2 Klicken Sie auf den gewünschten Dateityp, z. B. *OpenDocument Text*, wie im Bild unten und dann auf die Schaltfläche *Speichern unter*.

3 Das bekannte Dialogfenster *Speichern unter* wird geöffnet und der Dateityp ist bereits voreingestellt. Geben Sie Name und Speicherort der Datei an und klicken Sie auf *Speichern*.

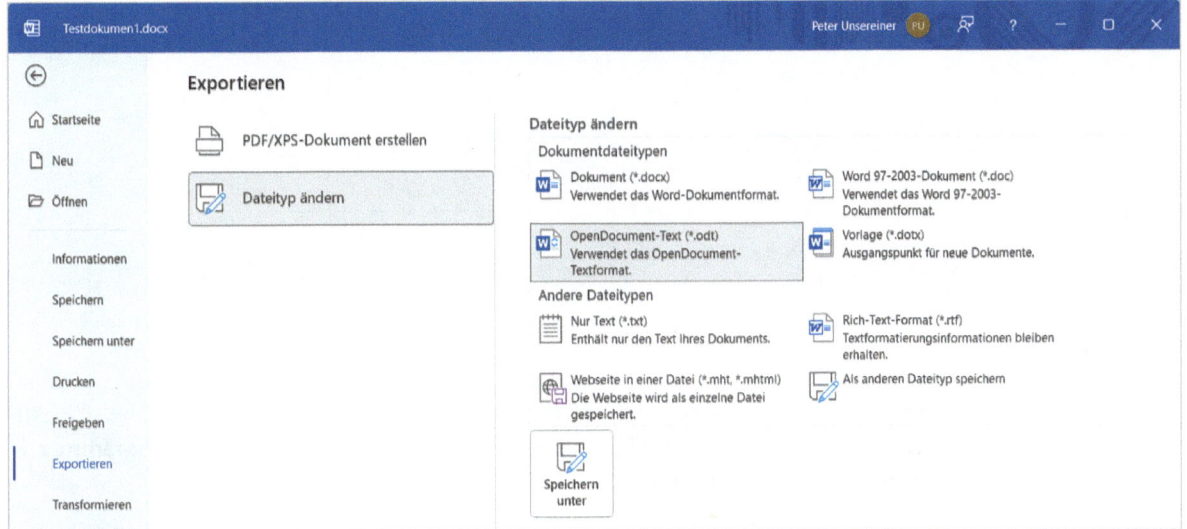

Bild 3.39 Export in Open-Document Text

PDF-Datei erstellen

Word bietet standardmäßig auch das Speichern im PDF-Dateiformat an. Layout, Formatierungen, Bilder und Schriftarten werden beibehalten und das Dokument kann unabhängig vom Betriebssystem auf allen Computern geöffnet und gelesen werden. Als einzige Voraussetzung muss ein entsprechendes Leseprogramm, beispielsweise der kostenlose Adobe Reader, installiert sein.

Natürlich können Sie stattdessen auch auf *Speichern unter* klicken und vor dem Speichern den Dateityp *PDF* auswählen.

Zum Speichern des aktuellen Dokuments als PDF-Datei klicken Sie im Register *Datei* auf *Exportieren* und wählen *PDF/XPS-Dokument erstellen*. Klicken Sie dann rechts auf die Schaltfläche *PDF/XPS-Dokument erstellen*.

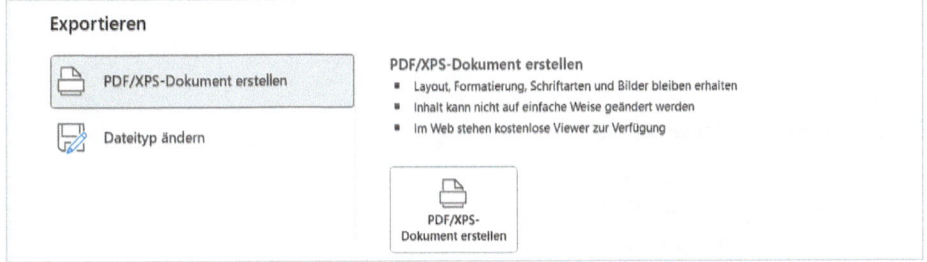

Bild 3.40 PDF-Datei aus Dokument erstellen

Geben Sie im nachfolgenden Dialogfenster *Als PDF oder XPS veröffentlichen* einen Dateinamen ein, wählen Sie den Speicherort und klicken Sie auf *Veröffentlichen*.

Bild 3.41 Als PDF speichern

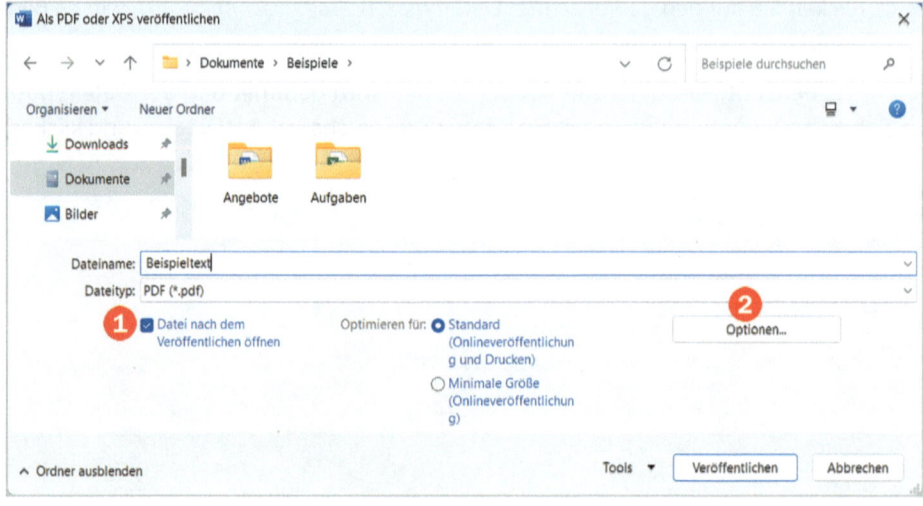

Tipps und Hinweise
Wenn Sie zuvor das Kontrollkästchen *Datei nach dem Veröffentlichen öffnen* ❶ aktiviert haben, dann wird das Ergebnis anschließend mit Ihrem PDF-Leseprogramm, z. B. Adobe Reader, geöffnet.

Lesezeichen hinzufügen: Möchten Sie dem Dokument Lesezeichen zur Navigation hinzufügen, nur bestimmte Seiten exportieren oder das Dokument mit einem Kennwort sichern, dann klicken Sie vor dem Speichern auf die Schaltfläche *Optionen* ❷.

Bild 3.42 PDF-Optionen

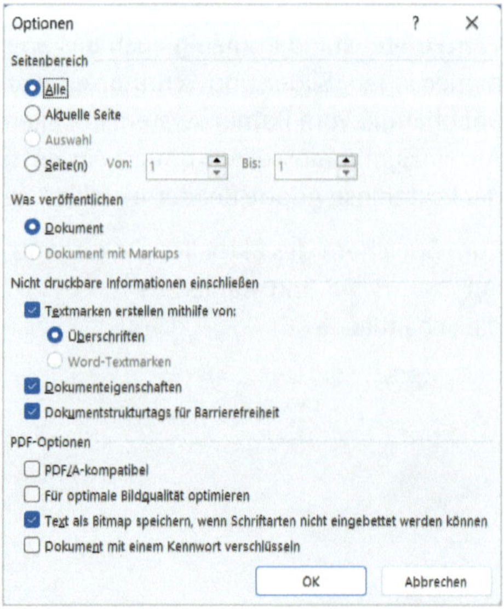

Achtung: Das Erstellen von Lesezeichen setzt voraus, dass im Dokument entweder Überschriften mit einer entsprechenden Formatvorlage formatiert wurden oder Textmarken vorhanden sind!

▸ Legen Sie bei *Seitenbereich* die zu exportierenden Seiten fest.

▸ Um Lesezeichen zu erstellen, aktivieren Sie das Kontrollkästchen *Textmarken erstellen mithilfe von* und wählen zwischen *Überschriften* und *Word-Textmarken*.

▸ Um ein Kennwort zu erstellen, aktivieren Sie das Kontrollkästchen *Dokument mit einem Kennwort verschlüsseln*.

PDF-Datei öffnen und bearbeiten
Mit Word können Sie auch PDF-Dateien öffnen. Dabei wird die PDF-Datei automatisch in ein Word-Dokument konvertiert, das anschließend auch bearbeitet werden kann. Allerdings entspricht das Aussehen des umgewandelten Dokuments nicht immer exakt dem PDF-Dokument, insbesondere wenn dieses viele Grafiken und Tabellen enthält.

Klicken Sie dazu im Register *Datei* auf *Öffnen* und auf *Durchsuchen* (siehe Dokumente öffnen). Sollten im Dialogfenster *Öffnen* keine PDF-Dateien angezeigt werden, so klicken Sie im Dialogfenster in das Feld rechts vom Dateinamen und wählen hier entweder *Alle Word-Dokumente* oder *PDF-Dateien* aus. Klicken Sie dann auf die PDF-Datei und danach auf *Öffnen*. Bestätigen Sie den nachfolgenden Hinweis auf das Aussehen der konvertierten Datei mit *OK*.

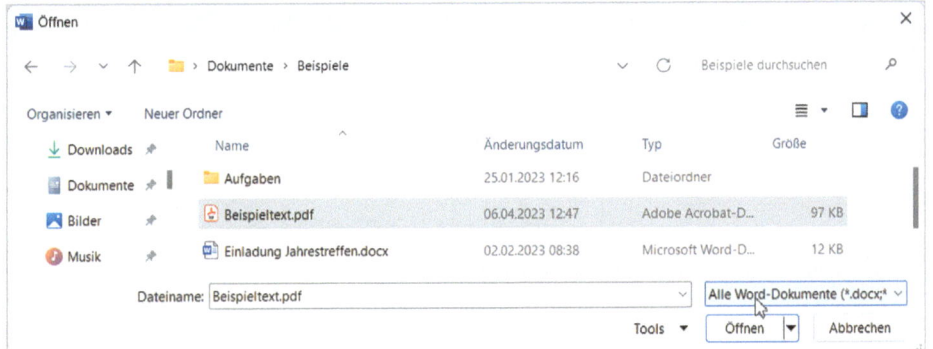

Bild 3.43 PDF-Datei mit Word öffnen

3.9 Allgemeine Word-Einstellungen

Benutzeroberfläche

Wichtige Word-Optionen hinsichtlich der Eingabe und Korrektur von Text, z. B. Rechtschreibung und Grammatik oder die AutoKorrektur haben Sie bereits in Kapitel 2 kennen gelernt. Darüber hinaus finden Sie in den Optionen auch einige allgemeine Einstellungen, die Sie ändern können. Zum Öffnen der Word-Optionen klicken Sie auf das Register *Datei* und hier auf *Optionen*. Wählen Sie im Dialogfenster *Word-Optionen* zunächst die Kategorie *Allgemein*.

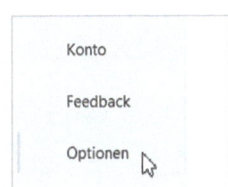

Benutzeroberfläche
Unter *Benutzeroberflächenoptionen* ❶ sollten die Kontrollkästchen *Minisymbolleiste*, *Livevorschau* und *Dokumentinhalte beim Ziehen aktualisieren* aktiviert sein (Bild 3.44).

Benutzername, Initialen und Design
Ihr Benutzername wird automatisch von der Windows-Anmeldung übernommen und erscheint an verschiedenen Stellen, z. B. als Autor in den Dokumenteigenschaften, wenn Sie im Register *Datei* auf *Informationen* klicken. *Benutzername* ❷ und *Initialen* können Sie jederzeit ändern. Das Office-Design, z. B. dunkler Hintergrund kann hier ebenfalls festgelegt werden (siehe Seite 102).

Startseite nicht anzeigen

Falls Sie beim Start von Word ohne Anzeige der Startseite sofort mit einem leeren Dokument beginnen möchten, dann entfernen Sie unter *Startoptionen* das Häkchen vor *Startbildschirm beim Start dieser Anwendung anzeigen* ❸.

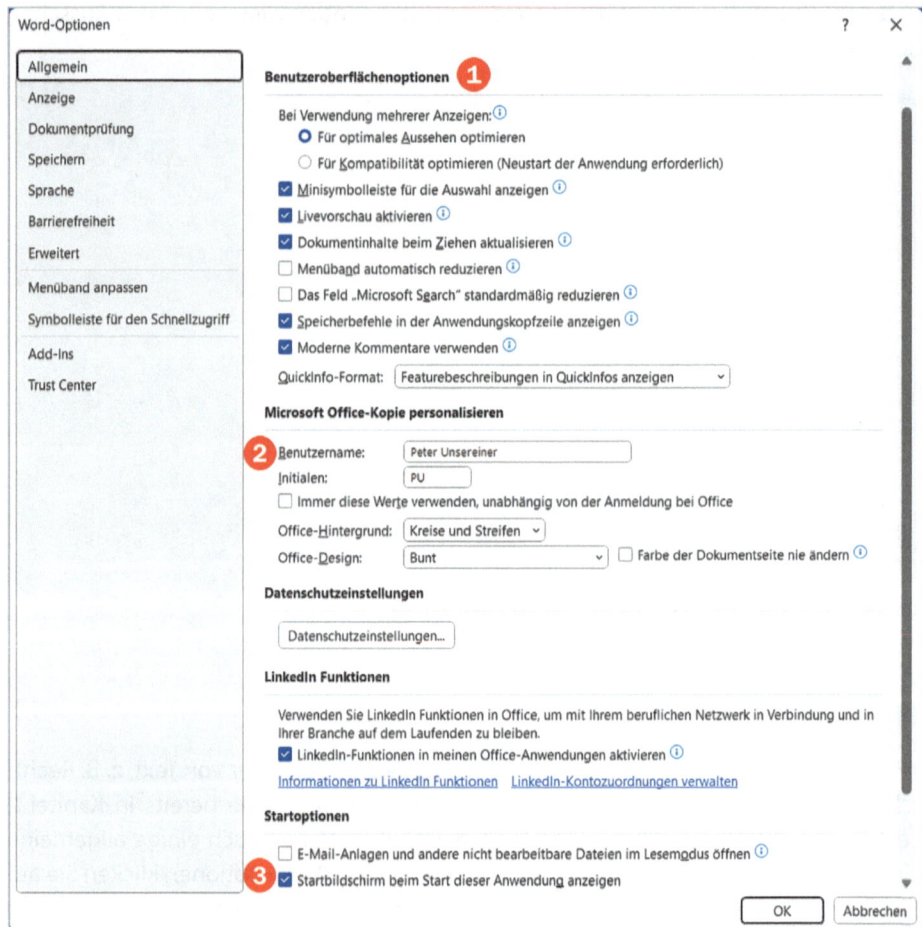

Bild 3.44 Word-Optionen zur Benutzeroberfläche

Speichern

In den Word-Optionen finden Sie auch einige zeitsparende Einstellungen zum Speichern von Dokumenten. Wählen Sie dazu links die Kategorie *Speichern*.

Speichern-Dialogfenster sofort öffnen

Wenn beim Speichern unter Verwendung der Tastenkombination **Strg+S** oder beim Klick auf das *Speichern*-Symbol in der Schnellzugriffsleiste sofort das Dialogfenster *Speichern unter* geöffnet werden soll, dann aktivieren Sie das Kontrollkästchen *Backstage beim Öffnen oder Speichern von Dateien mithilfe von Tastenkürzeln nicht anzeigen*.

Standardspeicherort festlegen/ändern

Mit dem Kontrollkästchen *Standardmäßig auf Computer speichern* legen Sie die lokale Festplatte Ihres Geräts als Standardvorgabe beim Speichern und Öffnen fest. Das Feld *Lokaler Speicherort für Datei* zeigt den Standardordner für Word-Dokumente an. In der Regel ist dies der Ordner Dokumente (*Documents*), d. h. das Dialogfenster *Speichern unter* wird mit diesem Ordner geöffnet. Bei Bedarf können Sie mit Klick auf die Schaltfläche *Durchsuchen...* einen anderen Ordner auswählen.

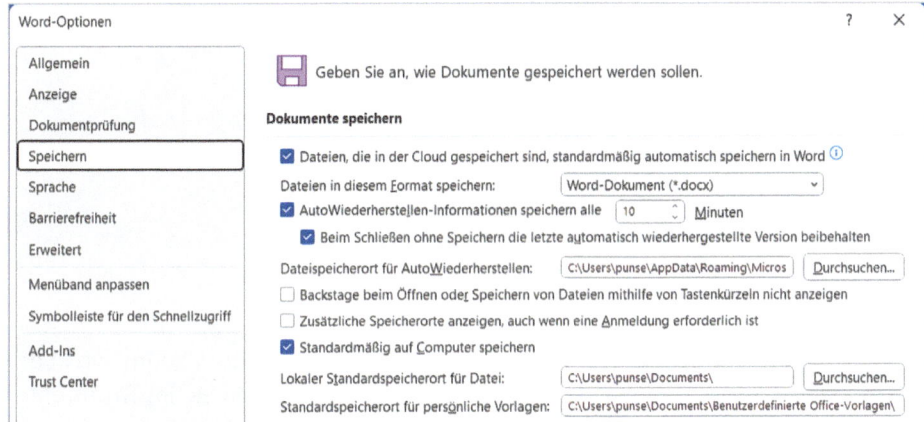

Bild 3.45 Word-Optionen: Speichern

Sicherheitseinstellungen

Einige Einstellungen in den Word-Optionen betreffen auch die Sicherheit Ihres Geräts. Mit den Standardeinstellungen sind Sie in der Regel ausreichend geschützt, diese sollten daher nur in begründeten Ausnahmefällen geändert werden. Die Sicherheitseinstellungen kontrollieren und ändern Sie im Trust Center. Wählen Sie die Kategorie *Trust Center* und klicken Sie dann auf die Schaltfläche *Einstellungen für das Trust Center....*

Bild 3.46 Einstellungen für das Trust Center öffnen

Makroeinstellungen beim Öffnen von Dokumenten kontrollieren

Zunächst werden die Makroeinstellungen angezeigt. Makros sind kleine Computerprogramme, die zusammen mit einem Word-Dokument gespeichert werden und mit deren Hilfe Routineaufgaben automatisiert werden können. Da auch Schadsoftware in Form von Makros auf Ihren PC gelangen kann, sollte die Einstellung *Alle Makros mit Benachrichtigung deaktivieren* gewählt sein. Damit erhalten Sie beim Öffnen eines Dokuments mit Makros eine entsprechende Meldung und können entscheiden, ob Sie die Makros aktivieren möchten (siehe Seite 94).

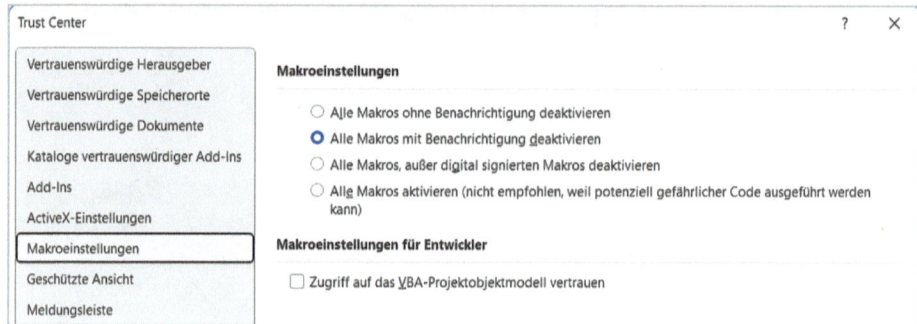

Bild 3.47 Sicherheitseinstellungen

Unsichere Dokumente in der geschützten Ansicht öffnen

Dokumente aus dem Internet oder aus E-Mail-Anlagen werden standardmäßig in der geschützten Ansicht geöffnet. Auch diese Einstellungen können Sie im Trust Center kontrollieren, wenn Sie links auf *Geschützte Ansicht* klicken. Aus Sicherheitsgründen sollten alle drei Kontrollkästchen aktiviert sein.

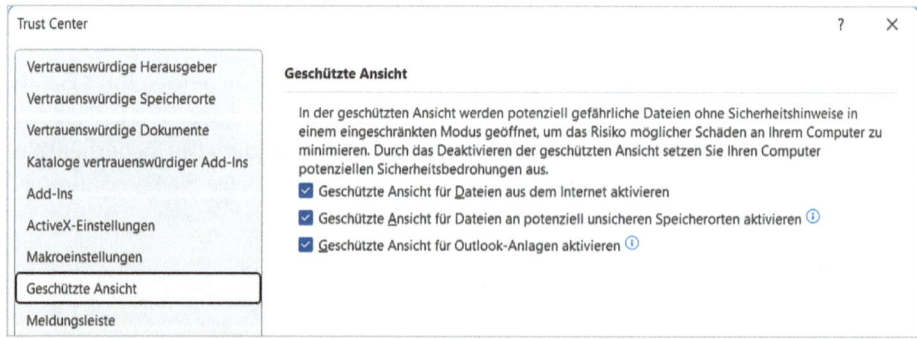

Bild 3.48 Geschützte Ansicht

> **■ Änderungen in den Word-Optionen speichern**
>
> Änderungen in den Word-Optionen werden nur wirksam, wenn Sie die Optionen mit Klick auf die Schaltfläche *OK* schließen.

3.10 Dokument mit Kennwort verschlüsseln

Wenn Sie verhindern möchten, dass das aktuelle Dokument von Unbefugten geöffnet wird, dann sichern bzw. verschlüsseln Sie es mit einem Kennwort. Klicken Sie dazu auf das Register *Datei* und unter *Informationen* ❶ auf die Schaltfläche *Dokument schützen* ❷. Wählen Sie *Mit Kennwort verschlüsseln* ❸.

Mit Kennwort verschlüsseln bedeutet, das Dokument kann nur nach Eingabe des Kennworts geöffnet werden. Daher werden Sie im nächsten Schritt aufgefordert, ein Kennwort festzulegen ❹ und um auszuschließen, dass Sie sich vertippt haben, muss das Kennwort ein zweites Mal eingegeben werden, nachdem Sie auf *OK* geklickt haben. Danach müssen Sie das Dokument speichern und schließen.

Achten Sie sowohl beim Festlegen des Kennworts, als auch bei der späteren Eingabe auf Groß- und Kleinschreibung!

Dieses Kennwort muss nun bei jedem Öffnen des Dokuments eingegeben werden. Falls Sie das Kennwort wieder entfernen möchten, so klicken Sie im Register *Datei* ▶ *Informationen* erneut auf *Dokument schützen*, wählen *Mit Kennwort verschlüsseln* und löschen das Kennwort aus dem Feld bzw. lassen das Feld leer.

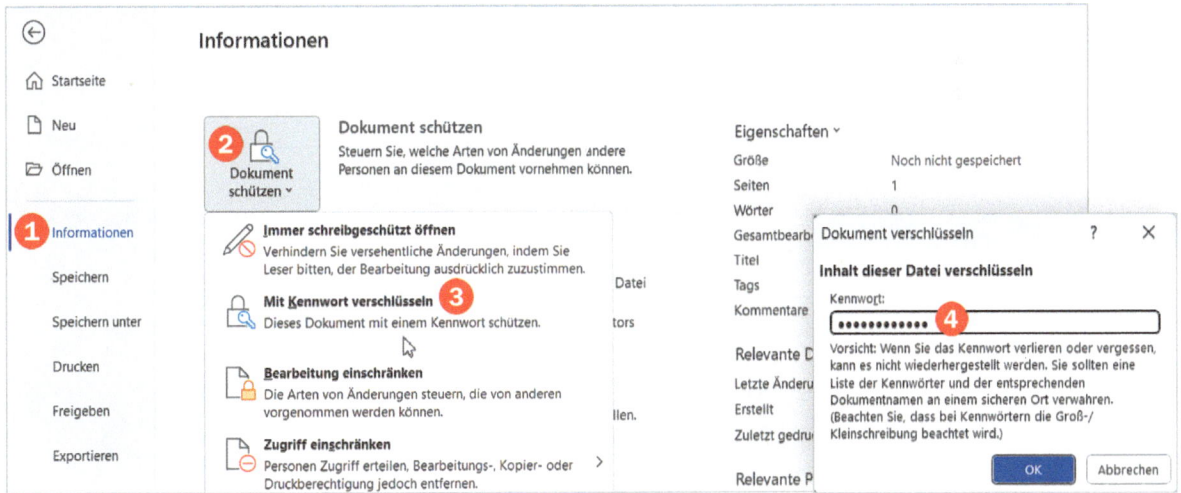

Bild 3.49 Mit Kennwort schützen

3.11 Übung

▷ Starten Sie Word mit einem neuen leeren Dokument bzw. öffnen Sie ein neues leeres Dokument.

▷ Geben Sie in diesem Dokument einen beliebigen Satz ein.

▷ Speichern Sie das Dokument unter dem Namen **Übung1** im Ordner *Dokumente* auf der Festplatte Ihres Geräts.

- Speichern Sie das Dokument erneut unter dem Namen **Übung2** im selben Ordner.
- Beenden Sie Word.
- Starten Sie Word erneut und öffnen Sie nacheinander die beiden zuvor erstellten Dokumente.
- Wechseln Sie zwischen den beiden Dokumenten und fügen Sie am Ende des Dokuments **Übung2** mit einer Leerzeile Abstand Ihren Namen hinzu.
- Erstellen Sie aus dem Dokument **Übung1** eine PDF-Datei, die Sie im selben Ordner speichern.
- Beenden Sie Word und sorgen Sie dafür, dass alle zwischenzeitlich erfolgten Änderungen gespeichert werden.

4 Textgestaltung

In diesem Kapitel lernen Sie ...
- Design zusammenstellen
- Schriftgestaltung und Einsatz von Schrifteffekten
- Absätze ausrichten
- Automatische Aufzählungen und Nummerierungen
- Text mit Rahmen und Hintergrundfarbe versehen
- Techniken zum schnellen Formatieren

Das sollten Sie bereits wissen
- Befehlseingabe
- Arbeitsoberfläche anpassen
- Dokumente speichern und öffnen
- Text eingeben und korrigieren
- Einstellungen zur Rechtschreibung und Grammatik

4.1 Grundlegende Techniken

Zeichen- oder Absatz?

Die vielfältigen optischen Gestaltungsmöglichkeiten für Text bezeichnet man als Formatierung. Word unterscheidet zwischen den folgenden grundlegenden Typen der Formatierung:

- **Zeichenformate**
  Zeichenformate legen die Darstellung einzelner Zeichen oder Zeichenfolgen fest. Dazu gehören beispielsweise Schriftart und -farbe. Für alle Zeichenformate gilt: Sie müssen den gesamten, zu formatierenden Textbereich markieren. Ausnahme: Zur Formatierung eines einziges Wortes genügt es, wenn sich der Cursor im Wort befindet.

- **Absatzformate**
  Absatzformate beziehen sich immer auf den gesamten Absatz, dieser kann mehrere Zeilen umfassen. Zu den Absatzformaten zählen beispielsweise die Abstände zwischen den Zeilen oder die Ausrichtung. Zur Formatierung eines einzelnen Absatzes reicht es, wenn sich der Cursor im Absatz befindet. Wenn mehrere Absätze das gleiche Format erhalten sollen, dann formatieren Sie entweder die Absätze einzeln nacheinander oder markieren zusammenhängende Absätze.

- **Seitenlayout**
  Andere Einstellungen beziehen sich auf das gesamte Dokument oder einen Dokumentabschnitt, dazu zählen die Seitenränder oder das Papierformat. Näheres hierzu lesen Sie im nächsten Kapitel 5.

Tipps zur Vorgehensweise

Vor und während der Eingabe

Legen Sie insbesondere bei längeren Dokumenten am besten gleich zu Beginn das allgemeine Aussehen des Textes fest, z. B. die Standardschriftart oder Farben, siehe Punkt 4.2. Einzelne abweichende Formatierungen, wie Wörter fett hervorheben, unterstreichen oder Absätze einrücken, können dagegen auch später oder zum Schluss vorgenommen werden.

- Beachten Sie bei Formatierungen während der Eingabe, dass ein Absatzformat durch Betätigen der **Eingabetaste** auch in den nachfolgenden Absatz übernommen wird. Haben Sie beispielsweise eine Überschrift zentriert, dann wird nach dem Drücken der Eingabetaste automatisch auch der nächste Absatz zentriert.

- Auch vorhandene Zeichenformate werden bei der Eingabe übernommen. Formatieren Sie beispielsweise ein Wort unmittelbar nach dem Eingeben unterstrichen, dann werden auch die nachfolgenden Wörter automatisch unterstrichen und Sie müssen von diesen die Unterstreichung unter Umständen wieder entfernen.

> Um unnötige Arbeitsschritte zu vermeiden, sollten Sie daher möglichst keine Formatierungen während oder unmittelbar nach der Eingabe vornehmen.

Formatvorlagen

Für umfangreichere Dokumente und systematisches Arbeiten empfiehlt sich die Verwendung von Formatvorlagen. Diese kombinieren meist gleich mehrere Formate, lassen sich mit einem Mausklick zuweisen und gewährleisten ein einheitliches Aussehen gleicher Textelemente, z. B. Überschriften. Ein weiterer Vorteil: Bei nachträglichen Änderungen der Formatvorlage ändert sich automatisch auch das Aussehen aller Textstellen, die mit dieser Formatvorlage formatiert wurden. Kapitel 6 befasst sich eingehend mit diesem Thema.

Näheres zum Thema Formatvorlagen finden Sie in Kapitel 6 dieses Buches.

4.2 Farben und Schriftart des Dokuments festlegen

Am Beginn jeder Textgestaltung, besonders von längeren Dokumenten, sollte die Frage nach einer einheitlichen Schriftart stehen und welche Farben Sie im Dokument verwenden möchten. Zu diesem Zweck stellt Word die so genannten Designs zur Verfügung. Designs sind Zusammenstellungen von Schriftarten, Farben, Abständen und grafischen Effekten. In der Standardeinstellung verwendet Word das Design *Office* mit der Schriftart *Calibri*.

Für Designs gilt

▶ Auswahl und Zusammenstellung eines Designs erfolgen im Register *Entwurf*.

▶ Sie können entweder ein vorgegebenes Design auswählen oder Ihr eigenes Design aus Farben und Schriftarten zusammenstellen.

▶ Es spielt keine Rolle, ob das Dokument noch leer ist oder Sie bereits Text eingegeben haben, Designänderungen wirken sich stets auf das gesamte Dokument aus. Beachten Sie aber, dass nachträgliche Änderungen, z. B. der Schriftart, sich auch auf den Zeilenumbruch auswirken und somit in umfangreichen Dokumenten das Gesamtlayout verändern können.

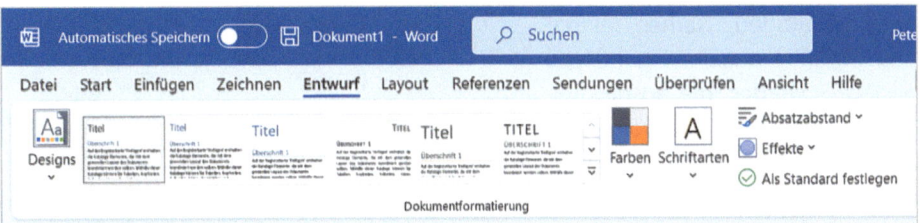

Bild 4.1 Einstellungen zur Formatierung des gesamten Dokuments finden Sie im Register Entwurf des Menübands

Dokumentschriftart festlegen

Um die Standardschrift im gesamten Dokument festzulegen, klicken Sie im Menüband, Register *Entwurf* auf *Schriftarten*. Wenn das Dokument bereits Text enthält, so sehen Sie beim Zeigen auf eine Schriftart eine Vorschau, endgültig übernommen wird die Auswahl allerdings erst durch Anklicken.

Sie können natürlich daneben im Dokument auch noch andere Schriftarten verwenden. Die gewählten Standardschriftarten befinden sich jedoch immer an erster Stelle der Schriftarten und beim Entfernen eines Schriftformats wird die Schrift wieder auf die Standardschrift zurückgesetzt.

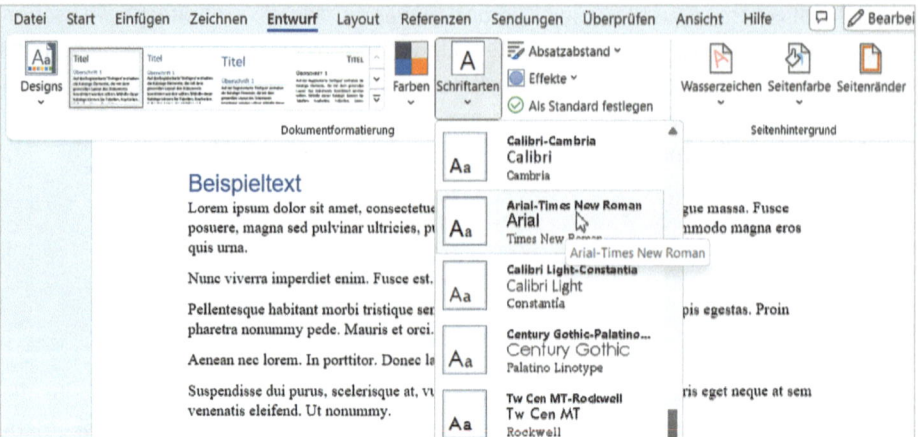

Bild 4.2 Schriftart auswählen

Hinweis: Eigentlich finden Sie in der Auswahlliste immer zwei Schriftarten: Eine für den normalen Text und eine für die Überschriften. Letztere findet hauptsächlich in Formatvorlagen Verwendung, siehe weiter unten.

Eigene Schriften zusammenstellen

Falls sich keine passende Schriftart in der Liste findet, so klicken Sie am Ende der Liste auf *Schriftarten anpassen...* und wählen die gewünschten Schriften aus. Sie können insgesamt zwei, auch unterschiedliche, Schriftarten wählen, eine für die Überschriften und eine für den restlichen Text.

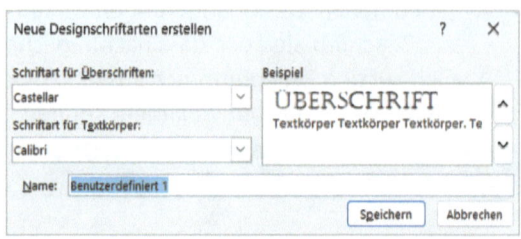

Bild 4.3 Eigene Schriftarten zusammenstellen

Falls Sie diese Schriften auch in anderen Dokumenten verwenden möchten, sollten Sie im Feld *Name* statt *Benutzerdefiniert 1* einen aussagekräftigen Namen eingeben. Mit Klick auf die Schaltfläche *Speichern* werden die ausgewählten Schriftarten in das Dokument übernommen und stehen künftig ebenfalls über die Schaltfläche *Schriftart* auch in anderen Dokumenten zur Verfügung.

Dokumentfarben wählen

Genau wie die Schriftart, werden auch die Designfarben an erster Stelle vorgeschlagen, wenn Sie z. B. eine andere Schriftfarbe benötigen. Daher sollten Sie an dieser Stelle auch gleich Ihre bevorzugten Farben wählen. Klicken Sie dazu im Register *Entwurf* des Menübands auf *Farben*. Wie bei der Schriftart, erhalten Sie auch hier beim Zeigen eine Vorschau im Dokument, vorausgesetzt Sie haben hier bereits Farben verwendet.

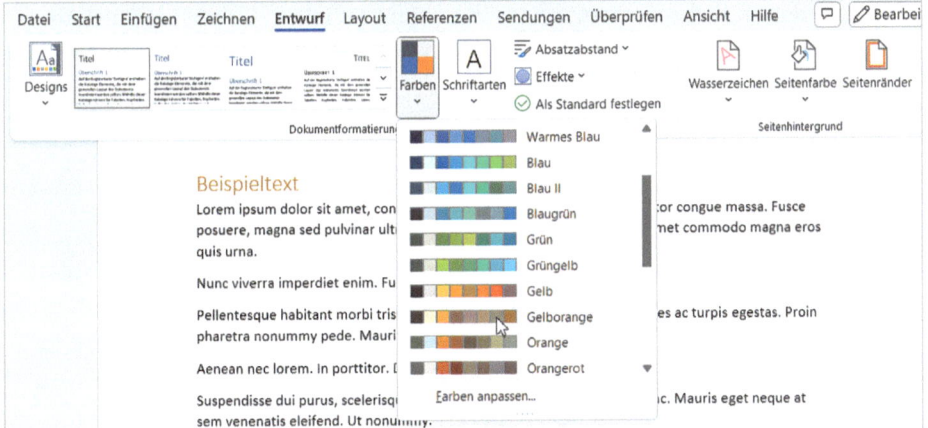

Bild 4.4 Farben auswählen

Eigene Farben zusammenstellen

Oftmals werden Farben des firmenspezifischen Corporate Designs benötigt. In diesem Fall wählen Sie zunächst Farben, die den Vorgaben am nächsten kommen und klicken dann am Ende der Liste auf *Farben anpassen...*.

1. Im Fenster *Neue Designfarben erstellen* können Sie anschließend mit einem Klick auf die betreffende Farbe, z. B. Hintergrund oder Hervorhebung (Akzent), diese ändern (Bild 4.5).

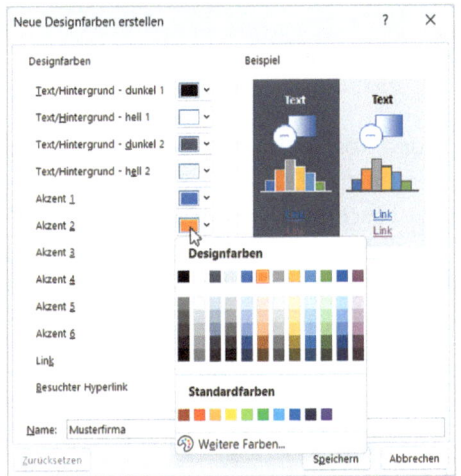
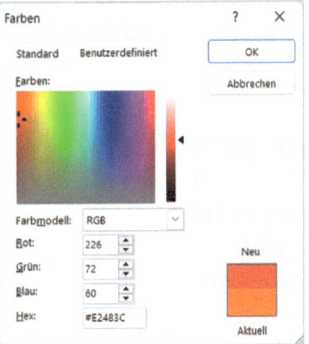
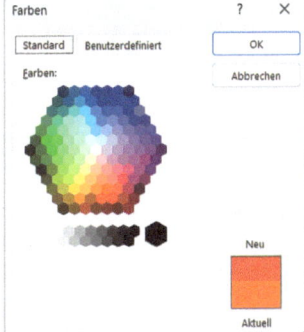

Bild 4.5 Eigene Designfarben zusammenstellen

Bild 4.6 Benutzerdefinierte Farben

Bild 4.7 Standardfarben wählen

Word unterstützt leider ausschließlich das RGB-Farbmodell. Das ebenso gebräuchliche CMYK-Farbmodell ist daher hier nicht verfügbar.

2 Ein Klick auf *Weitere Farben...* öffnet ein zweites Fenster, in dem Sie im Register *Benutzerdefiniert* (Bild 4.6) eine Farbe anhand ihres RGB-Farbwerts festlegen können. Alternativ können Sie im Register *Standard* eine Standardfarbe wählen.

3 Klicken Sie zum Übernehmen auf *OK* und wiederholen Sie diesen Schritt für alle zu ändernden Farben.

4 Im Fenster *Neue Designfarben erstellen* können Sie anschließend die Wirkung der geänderten Farben anhand einer Vorschau beurteilen. Geben Sie zuletzt noch im Feld *Name* an, unter welchem Namen Ihre Designfarben gespeichert werden sollen und klicken Sie auf *Speichern*.

Tipps und Hinweise

▸ Ein Klick auf die Schaltfläche *Zurücksetzen* stellt die ursprüngliche Farbzusammenstellung wieder her.

▸ Die gespeicherten Farben sind unter der Kategorie *Benutzerdefiniert* ab sofort in allen Dokumenten und den übrigen Office-Anwendungen, z.B. Excel, verfügbar.

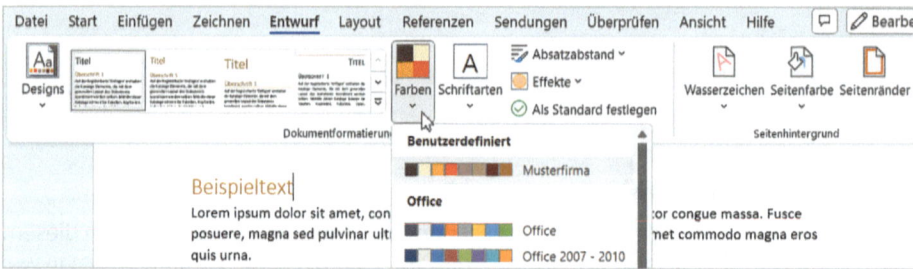

Bild 4.8 Die gespeicherten benutzerdefinierten Farben

Farben nachträglich bearbeiten/löschen
Falls Sie Ihre benutzerdefinierten Farben nachträglich ändern oder löschen möchten, so klicken Sie auf *Farben* und mit der rechten Maustaste unter *Benutzerdefiniert* auf Ihre Farben. Wählen Sie *Bearbeiten...* bzw. *Löschen...*.

Zeilen- und Absatzabstände

Ein häufiges Problem sind die Zeilenabstände und Abstände zwischen den Absätzen. Word verwendet in der Standardeinstellung vergrößerte Zeilen- (1,08) und Absatzabstände (8 Pt.), was sich zwar in längeren Texten optisch positiv auswirkt, aber in einfachen alltäglichen Dokumenten nicht immer erwünscht ist. So haben diese Abstände schon manche Briefschreiber verzweifeln lassen, da die DIN 5008 in Geschäftsbriefen einfache Zeilenabstände und jeweils eine Leerzeile zwischen Absätzen vorschreibt.

Wenn Sie also einen Brief schreiben möchten oder aus anderen Gründen einfache Abstände wünschen, dann klicken Sie im Register *Entwurf* des Menübands auf *Absatzabstand* und hier auf *Kein Absatzabstand*. Die beiden nachfolgenden Abbildungen verdeutlichen den Unterschied zwischen der Standardvorgabe (links) und der Einstellung *Kein Absatzabstand* (rechts)

Sie finden unter *Absatzabstand* auch noch weitere Varianten, die beiden genannten dürften jedoch die am häufigsten benötigten sein.

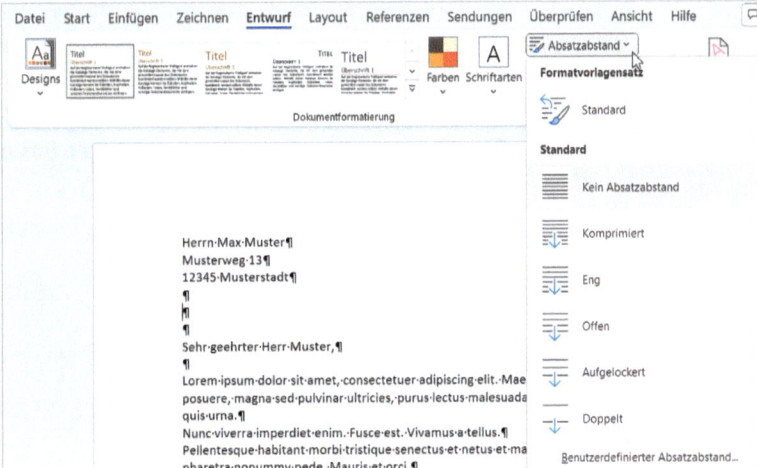

Bild 4.9 Standardabstände

Bild 4.10 Kein Absatzabstand

Weitere Möglichkeiten

Grafische Effekte

Im Register *Entwurf* des Menübands finden Sie auch noch die Schaltfläche *Effekte*. Dahinter verbirgt sich eine Sammlung verschiedener Schatten- und 3D-Effekte, die sich allerdings nur auf grafische Elemente, z. B. Rahmen oder Formen auswirken. Diese werden wir in Kapitel 8 näher betrachten.

Office-Designs verwenden

Als Alternative zur oben beschriebenen individuellen Auswahl von Schriftart und Farben stehen Ihnen mit der Schaltfläche *Designs* auch verschiedene, in Office integrierte Zusammenstellungen dieser Komponenten zur Verfügung. Auch hier erhalten Sie beim Zeigen im Dokument eine Vorschau und können so die Wirkung besser beurteilen.

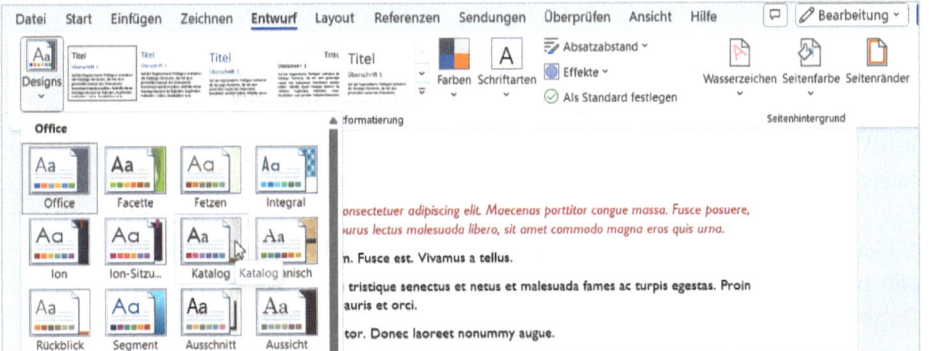

Bild 4.11 Design auswählen

Tipp: Dokument zurücksetzen

Falls Sie nach verschiedenen Experimenten mit Farben und Schriften wieder den ursprünglichen Zustand bzw. das Standard Aussehen des Dokuments wiederherstellen möchten, brauchen Sie nur im Register *Entwurf* auf *Designs* klicken und hier das erste Design, *Office* auswählen.

Einstellungen als Standard für alle künftigen Dokumente verwenden

Wenn Sie die hier getroffenen Einstellungen als Standard auch für alle künftigen Dokumente festlegen möchten, so klicken Sie auf im Menüband, Register *Entwurf* auf *Als Standard festlegen*.

4.3 Zeichenformate

Nach den grundlegenden Voreinstellungen betrachten wir nun die einzelnen Formate und Formatierungsmöglichkeiten genauer.

Die Zeichenformate finden Sie im Register *Start* des Menübands in der Gruppe *Schriftart*. Die am häufigsten benötigten sind auch in der Minisymbolleiste enthalten, die im Dokument unmittelbar nach dem Markieren von Text erscheint.

Bild 4.12 Zeichenformate

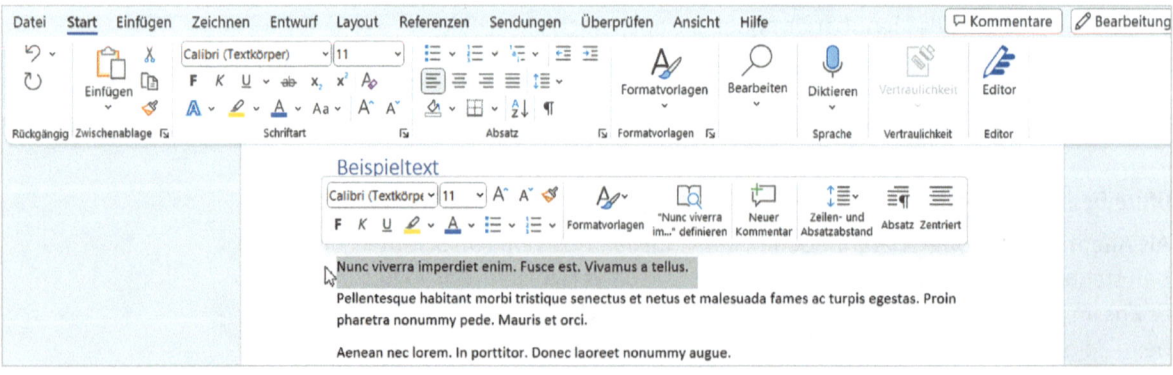

Schriftart, Schriftgröße und Schriftschnitt

Schriftart und Schriftgröße (Schriftgrad) zählen zu den wichtigsten Zeichenformaten. Windows bringt einen umfangreichen Katalog von Schriftarten mit, die von den Microsoft-Office Apps, also auch Word, und allen übrigen Apps verwendet werden. Die meisten Schriftarten sind so genannte Proportionalschriften mit Zeichen unterschiedlicher Breite, das bedeutet der Buchstabe m ist beispielsweise breiter als ein i. Nur bei wenigen Schriftarten, wie z. B. Courier, haben alle Zeichen die gleiche Breite. Daher ändert sich mit dem Ändern der Schriftart meist auch der Zeilenumbruch.

Außerdem unterscheidet man auch noch zwischen Serifenschriften und serifenlosen Schriften. Serifen sind feine Linien, die Striche quer zur Grundrichtung abschließen. Eine typische Serifenschriftart ist zum Beispiel Times New Roman, als serifenlose Schriftart kommen häufig Arial oder Calibri zum Einsatz.

Zusätzlich sind auch noch mehrere Symbolschriften verfügbar, diese enthalten grafische Zeichen anstelle von Buchstaben, ein Beispiel hierfür ist die Schriftart Wingdings.

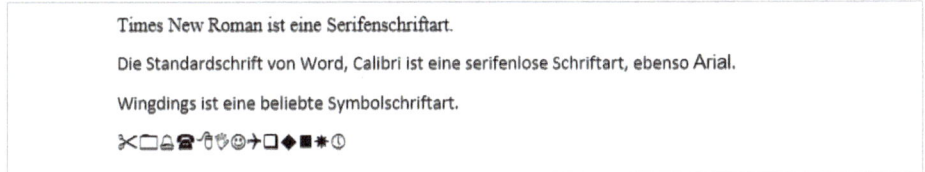

Bild 4.13 Beispiele für Schriftarten

Schriftart wählen

1 Markieren Sie die zu formatiere Textstelle ❶.

2 Klicken Sie entweder im Menüband, Register *Start* ▸ *Schriftart* oder in der Minisymbolleiste auf den Dropdown-Pfeil des Listenfeldes *Schriftart* ❷ und wählen Sie die gewünschte Schrift aus ❸.

Bild 4.14 Klicken Sie auf den Dropdown-Pfeil Schriftart

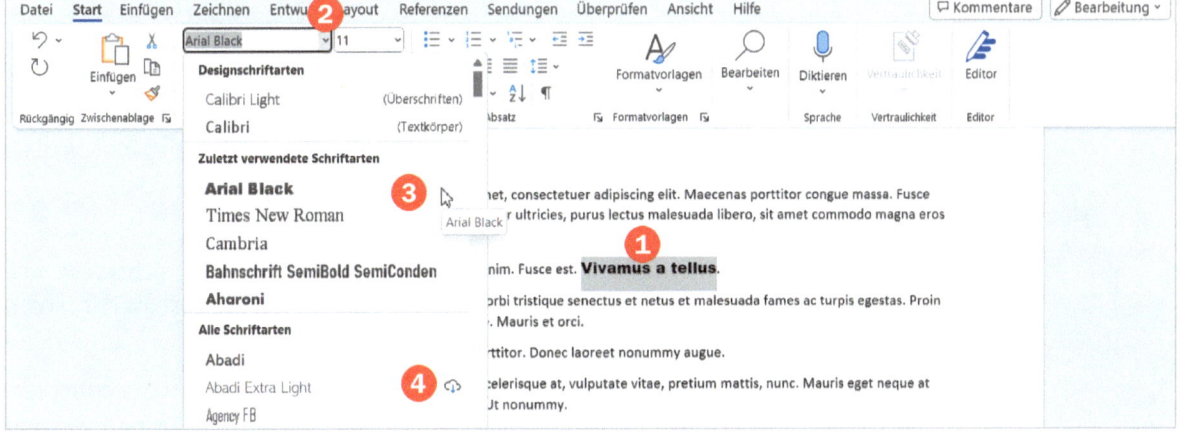

Tipps und Hinweise

▸ Beim Zeigen auf eine Schriftart sehen Sie am markierten Text eine Vorschau und können die Wirkung beurteilen, erst mit einem Klick wird diese übernommen.

▸ Die Liste der Schriftarten ist sehr umfangreich. Um Ihnen die Suche zu erleichtern, befinden sich ganz oben in der Liste die Designschriftarten und darunter die *Zuletzt verwendeten*.

▸ Manche Schriftarten sind mit dem Symbol Wolke und einem kleinen Pfeil versehen ❹. Das bedeutet, diese Schrift ist online verfügbar und wird vor der Verwendung heruntergeladen, was in wenigen Sekunden erledigt ist.

Bild 4.15 Geben Sie die ersten Buchstaben der gesuchten Schriftart ein

▶ Um schnell eine bestimmte Schriftart, beispielsweise *Times New Roman*, zu finden, klicken Sie direkt in das Feld und tippen die ersten Buchstaben der Schriftart über die Tastatur ein. Der Name der Schriftart wird automatisch ergänzt und zum Übernehmen drücken Sie die **Eingabetaste**. Sollte die gewünschte Schriftart nicht erscheinen, so klicken Sie nach Eingabe des ersten Buchstabens auf den Dropdown-Pfeil, damit wird die alphabetisch geordnete Liste mit dem angegebenen Buchstaben geöffnet und Sie können ab dieser Stelle mit der Suche fortfahren.

Schriftgröße (Schriftgrad) ändern

Wie beim Ändern der Schriftart markieren Sie auch beim Ändern der Schriftgröße zuerst die betreffende Textstelle. Klicken Sie dann im Menüband oder der Minisymbolleiste auf den Dropdown-Pfeil des Auswahlfeldes *Schriftgrad* ❶ und wählen Sie eine Schriftgröße. Auch in diesem Fall sehen Sie am markierten Text eine Vorschau ❷ und erst beim Anklicken wird die Auswahl übernommen.

Bild 4.16 Schriftgröße

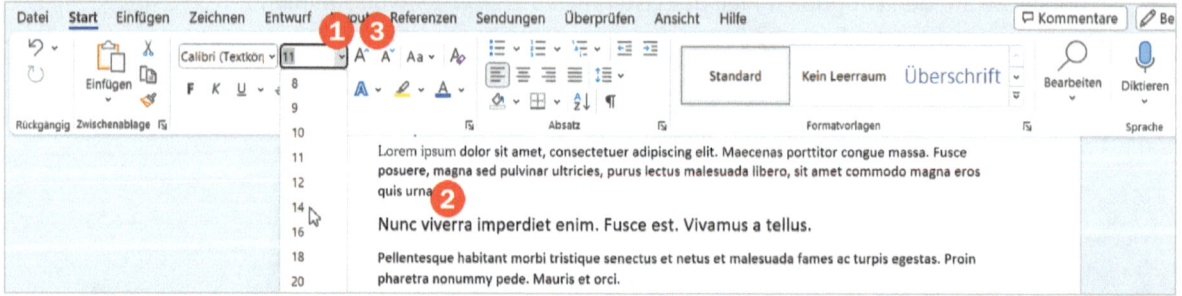

Auch mit den beiden Symbolen *Schriftgrad vergrößern*/ *verkleinern* ❸ rechts vom Auswahlfeld lässt sich die Schriftgröße schnell ändern: Jeder Mausklick auf eine der Schaltflächen vergrößert bzw. verkleinert die Schrift um jeweils 1 Stufe.

Schriftgröße eingeben: Ist die gewünschte Größe, z. B.13 Pt., nicht in der Liste enthalten, so klicken Sie direkt in das Feld, geben Sie die Schriftgröße über die Tastatur ein und übernehmen Sie diese durch Drücken der **Eingabetaste**.

> ▪ **Was bedeutet die Maßangabe Punkt (Pt.)?**
>
> Die Schriftgröße wird in Word in dem typografischen Maß Punkt (Pt.) angegeben, ein Punkt entspricht etwa 0,35 mm. Die normale Schriftgröße, etwa für Briefe liegt, abhängig von der jeweiligen Schriftart, meist zwischen 9 und 11 Punkt.

Schriftschnitt

Als Schriftschnitt bezeichnet man Attribute wie Fett (**F**), Kursiv (*K*) und Unterstrichen (U). Die Symbole dazu finden Sie ebenfalls in der Gruppe *Schriftart* des Menübands

(*Start*) sowie in der Minisymbolleiste. Auch dazu müssen Sie zuvor den betreffenden Text markieren. Die Attribute lassen sich auch kombinieren, z. B. Fett und Kursiv.

Achtung: Diese Symbole besitzen Umschaltfunktion, d. h. mit einem Mausklick auf ein Symbol wird Text z. B. unterstrichen, ein weiterer Mausklick auf dasselbe Symbol entfernt die Unterstreichung wieder.

Unterstreichungsoptionen

Verschiedene Varianten der Unterstreichung erhalten Sie, wenn Sie auf den Dropdown-Pfeil des Symbols *Unterstrichen* ❶ klicken. Hier stehen nicht nur mehrere Linienarten zur Auswahl, bei Bedarf können Sie auch eine Unterstreichungsfarbe wählen.

Falls Sie noch weitere Unterstreichungsarten benötigen, z. B. *Nur Wörter*, so klicken Sie auf den Dropdown-Pfeil der Schaltfläche und auf *Weitere Unterstreichungen...* ❷. Das Dialogfenster *Schriftart* wird geöffnet, klicken Sie hier auf den Dropdown-Pfeil *Unterstreichung* und auf *Nur Wörter* ❸. Falls gewünscht, können Sie hier auch eine, von der Schriftfarbe abweichende, Unterstreichungsfarbe wählen ❹. Das Dialogfenster *Schriftart* öffnen Sie übrigens auch, wenn Sie im Register *Start* des Menübands auf den kleinen Pfeil ⌄ in der rechten unteren Ecke der Gruppe *Schriftart* klicken.

Bild 4.17 Unterstreichungen

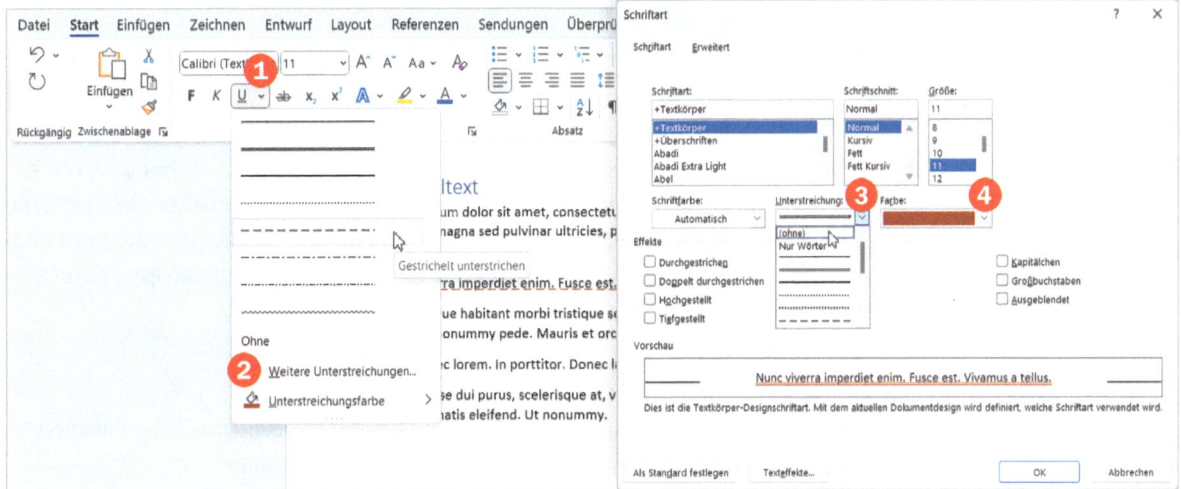

Farben verwenden

Schriftfarbe ändern

Zum Ändern der Text- oder Schriftfarbe markieren Sie ebenfalls die Textstelle und verwenden das Symbol *Schriftfarbe* in der Minisymbolleiste oder im Menüband Register *Start*, Gruppe *Schriftart*. Beachten Sie dabei: Ein Mausklick direkt auf das Symbol weist dem Text die angezeigte Farbe, standardmäßig rot, zu. Ein Klick auf den Dropdown-Pfeil öffnet dagegen ein Feld zur Farbauswahl (Bild 4.18). Hier erscheinen zunächst die aktuellen *Designfarben* zusammen mit den grundlegenden Standardfarben.

Standardmäßig gilt für die Schriftfarbe von normalem Text die Einstellung *Automatisch*, das bedeutet, es wird die Standardtextfarbe von Windows (meist schwarz) verwendet. Wenn Sie eine, von den Designfarben abweichende Farbe verwenden möchten, dann öffnen Sie mit Klick auf *Weitere Farben...* das Fenster *Farben*. Wählen Sie hier entweder im Register *Standard* eine Standardfarbe oder klicken Sie für exakte Farbangaben auf das Register *Benutzerdefiniert* und geben die Farbwerte nach dem RGB-Farbmodell ein.

Bild 4.18 Farben auswählen

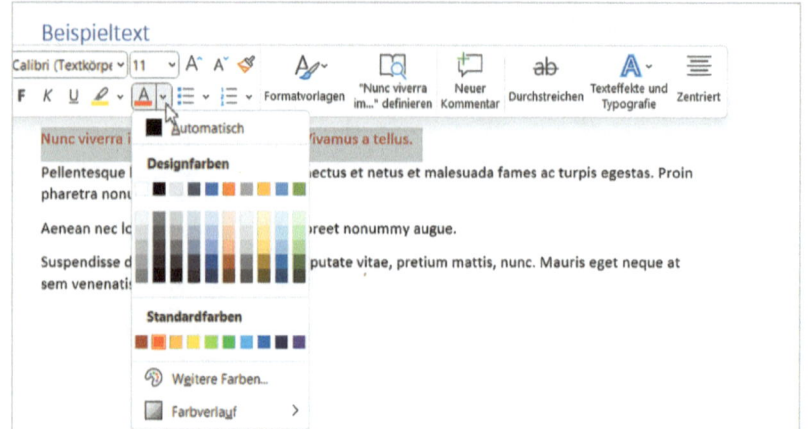
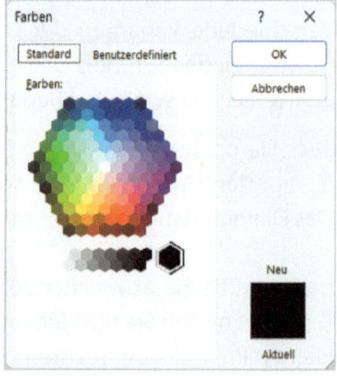

Texthervorhebungsfarbe

Im Gegensatz zur Textfarbe wird das Symbol *Texthervorhebungsfarbe* benutzt, um bestimmte Textteile farbig zu hinterlegen, vergleichbar einem Textmarker. Die Textfarbe selbst wird dadurch nicht geändert. Dies dient in erster Linie dazu, Text auf dem Bildschirm hervorzuheben, sieht aber auf dem Ausdruck optisch wenig ansprechend aus. Die Farbauswahl beschränkt sich auf wenige und kräftige Farben.

> **Nicht verwechseln mit Hintergrund- bzw. Schattierungsfarben!**
>
> Verwechseln Sie die Texthervorhebungsfarbe nicht mit Schattierungen bzw. Hintergrundfarben! Für ansprechende Texthintergründe verwenden Sie besser die Schaltfläche *Schattierung*, Näheres hierzu unter Punkt 4.6, Text mit Rahmen und Hintergrundfarbe versehen.

Die Vorgehensweise unterscheidet sich etwas von der übrigen Zeichenformatierung:

- **Einzelne Textstelle hervorheben**: Markieren Sie die Textstelle, klicken Sie im Menüband, Register *Start* ▶ *Schriftart* auf den Dropdown-Pfeil *Texthervorhebungsfarbe* und wählen Sie eine Farbe. Der markierte Text wird nun mit dieser Farbe hinterlegt.

- **Mehrere Textstellen hervorheben**: Wenn Sie nacheinander mehrere Textstellen hervorheben möchten, dann aktivieren Sie zunächst ohne vorheriges Markieren den Hervorhebungs-Modus, indem Sie auf eine Hervorhebungsfarbe klicken. Im Text erscheint nun am Mauszeiger ein Stift ✎ und Sie können nacheinander die

Textstellen durch Markieren gleichzeitig hervorheben. Zum Beenden des Hervorheben-Modus klicken Sie erneut auf das Symbol *Texthervorhebungsfarbe* oder betätigen die **Esc**-Taste.

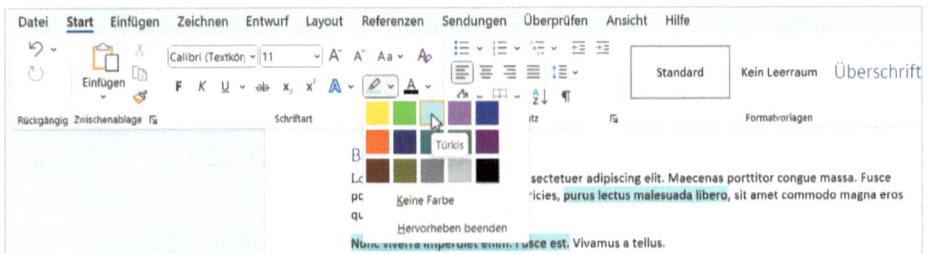

Bild 4.19 Hervorhebungsfarben

Hervorhebungsfarbe entfernen: Zum Entfernen der Hervorhebung markieren Sie erneut die betreffende Textstelle und wählen *Keine Farbe*. Um alle Hervorhebungen zu entfernen, markieren Sie am einfachsten vorher das gesamte Dokument (z. B. mit **Strg**+**A**), es macht nichts, wenn auch nicht hervorgehobener Text markiert ist.

Texteffekte einsetzen

Unter der Bezeichnung Texteffekte stellt Word verschiedene Schatten- und sonstige Schrifteffekte sowie typografische Einstellungen zur Verfügung. Sie finden das Symbol *Texteffekte* ebenfalls im Register *Start* des Menübands. Wie für alle Zeichenformate gilt auch hier: Sie müssen den Text zuvor markieren.

Sie können aus einem Katalog verschiedener Effekte wählen oder über die Menüpunkte *Kontur*, *Schatten*, *Spiegelung* und *Leuchten* Farben und individuelle Effekte zusammenstellen. Beachten Sie aber, dass bei den meisten Effekten erst ab einer bestimmten Schriftgröße eine Wirkung erzielt wird.

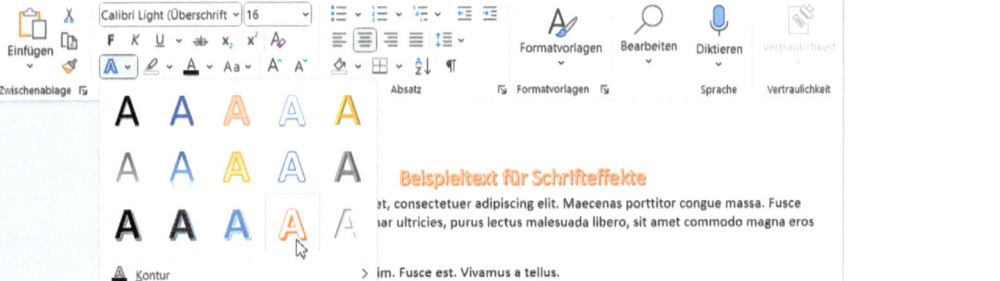

Bild 4.20 Texteffekte

Typografische Effekte

Zusätzliche OpenType Features zum Anpassen des Schriftbildes weisen Sie ebenfalls über die Schaltfläche *Effekte* zu. Auch diese gelten nur für den markierten Text.

▸ Über *Zahlenformatvorlagen* regeln Sie Größe, Position und Abstände von Zahlen.

▸ Als *Ligaturen* bezeichnet man Verbindungen von mindestens zwei Buchstaben zu einer Einheit.

▸ *Stil-Sets* sind Variationen, die allerdings nur von wenigen OpenType Schriftarten, z. B. *Gabriola* unterstützt werden.

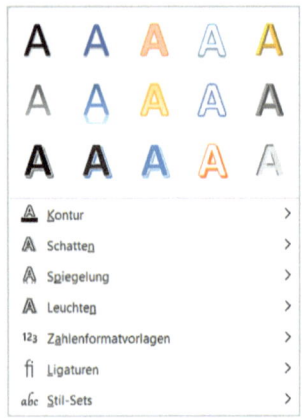

Bild 4.21 Zahlenformatvorlagen und Ligaturen

Weitere Zeichenformate

Im Register *Start* des Menübands finden Sie in der Gruppe *Schriftart* noch die folgenden Symbole zur Zeichenformatierung. Da diese weitgehend selbsterklärend sind, wird hier auf eine genauere Beschreibung verzichtet.

Symbol	Bedeutung
ab	Markierten Text durchstreichen
x_2 x^2	Markierten Text hochstellen, bzw. tiefstellen
Aa ⌄	Wählen Sie zwischen verschiedenen Formen der Groß- und Kleinschreibung, z. B. markierten Text in GROSSBUCHSTABEN oder kleinbuchstaben umwandeln
A	Alle Formatierungen löschen, der markierte Text erhält wieder das Standard Aussehen, das durch das Design bzw. Schriftarten, Farben und Abstände festgelegt wurde.

Das Dialogfenster Schriftart

Weitere Möglichkeiten bietet das Dialogfenster *Schriftart*. Zum Öffnen klicken Sie im Register *Start* auf das Pfeilsymbol ⌐ der Gruppe *Schriftart* oder verwenden Sie die Tastenkombination **Strg+D**.

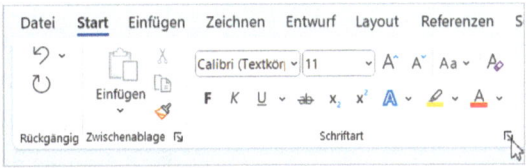

Im Register *Schriftart* ❶ des Dialogfensters (Bild 4.23) finden Sie nicht nur eine Zusammenfassung aller bereits beschriebenen Zeichenformate, sondern darüber hinaus noch die folgenden Sonderformate, eine Vorschau sehen Sie im Feld unterhalb ❷.

Bild 4.22 Dialogfenster Schriftart öffnen

▶ **Doppelt durchgestrichen**

▶ **Kapitälchen:** *Kapitälchen* ❸ wandelt den markierten Text um in große und kleine Großbuchstaben (Bild 4.23).

▶ **Ausblenden:** Als *Ausgeblendet* formatierter Text erscheint nicht auf dem Ausdruck und ist auch auf dem Bildschirm nur zusammen mit den eingeblendeten, nicht druckbaren Steuerzeichen sichtbar.

Zeichenabstand, Position und Skalierung

Im Register *Erweitert* ❹ des Dialogfensters *Schriftart* können Sie im Feld *Abstand* ❺ den Abstand zwischen den Zeichen steuern (Bild 4.24). Wählen Sie hier zwischen *Breit* und *Schmal* und geben Sie rechts daneben im Feld *Von* den Abstand in Punkt an. Eine weitere Option stellt die Skalierung dar: Damit können Sie die Zeichen horizontal um einen bestimmten Prozentsatz strecken oder komprimieren. Mit *Position* lassen sich Zeichen um ein bestimmtes Maß gegenüber der Grundlinie höher oder tiefer stellen.

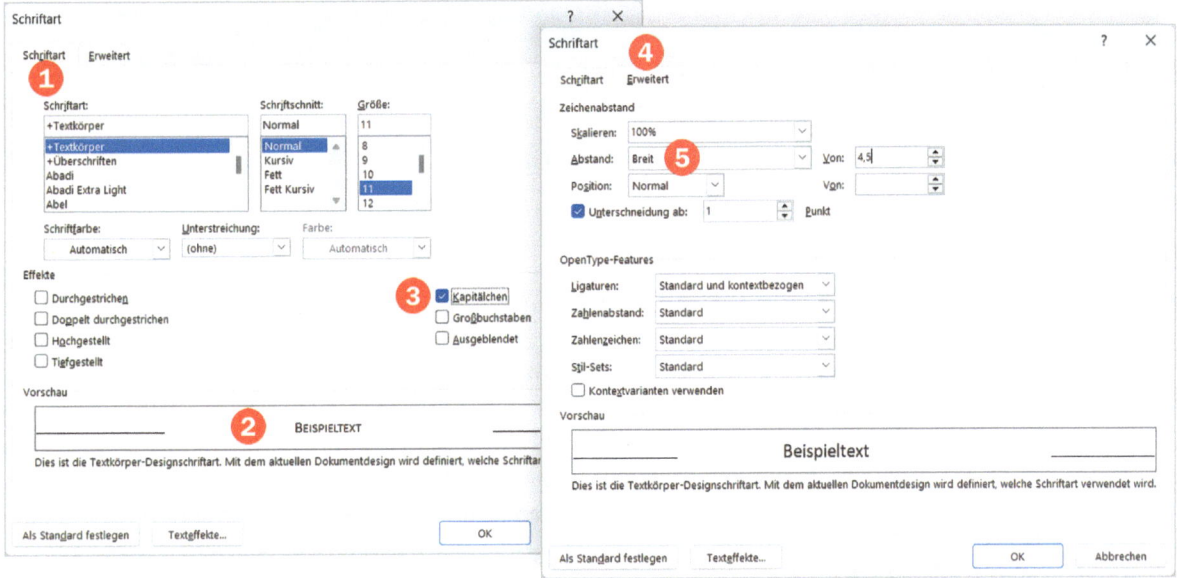

Bild 4.23 Kapitälchen

Bild 4.24 Zeichenabstand ändern

Symbole aus Symbolschriftarten verwenden

Vielleicht haben Sie bereits bemerkt, dass das Feld *Schriftart* auch Symbolschriftarten umfasst. Zum Einfügen eines bestimmten Symbols eignet sich dieses Auswahlfeld allerdings nicht, stattdessen gehen Sie so vor:

1. Positionieren Sie den Cursor im Text an der entsprechenden Stelle.
2. Klicken Sie im Menüband auf das Register *Einfügen* und hier in der Gruppe *Symbole* auf *Symbol* ❶. Es erscheint eine Zusammenstellung zuletzt verwendeter Symbole, klicken Sie entweder auf das gewünschte Symbol oder auf *Weitere Symbole...*, um das Dialogfenster *Symbol* zur weiteren Auswahl zu öffnen.
3. Wählen Sie hier im Listenfeld zunächst die gewünschte Schriftart ❷, beispielsweise *Wingdings*.
4. Markieren Sie das gewünschte Symbol ❸ und klicken Sie auf die Schaltfläche *Einfügen* ❺, ein Doppelklick auf ein Symbol fügt dieses ebenfalls an der Cursorposition im Text ein. **Achtung**: Um weitere Zeichen der Schriftart anzuzeigen, benutzen Sie die Bildlaufleiste ❹ oder die Pfeile.

Bild 4.25 Dialogfenster Symbol

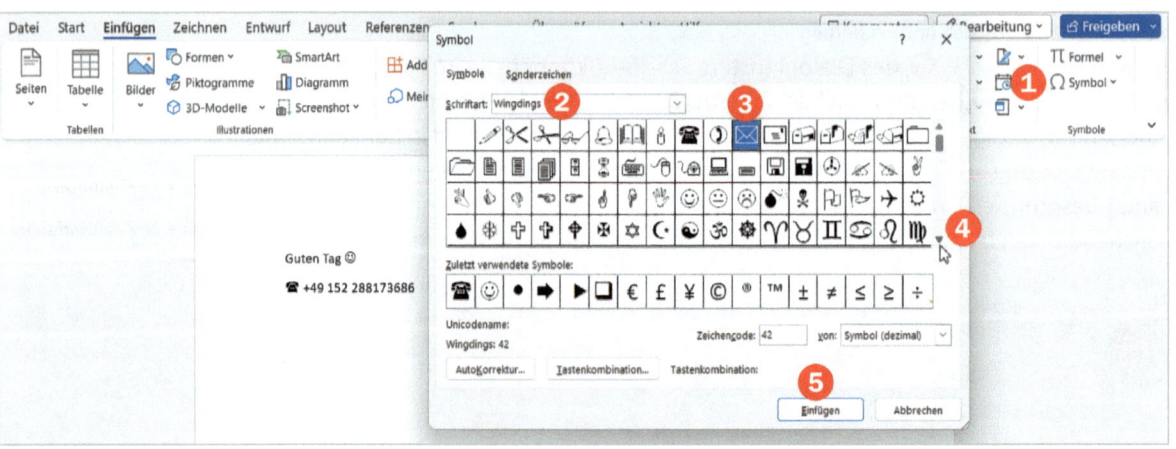

Das Fenster *Symbol* bleibt auch nach dem Einfügen eines Symbols noch geöffnet, so dass Sie nacheinander auch gleich mehrere Symbole einfügen können.

Tastenkombination zuweisen

Häufig benötigten Symbolen können Sie eine Tastenkombination zuweisen und damit diese schneller in den Text einfügen. Öffnen Sie dazu das Dialogfenster *Symbol* (siehe oben), markieren Sie das gewünschte Symbol und klicken Sie dann auf die Schaltfläche *Tastenkombination....* Klicken Sie im nachfolgenden Fenster in die Zeile *Neue Tastenkombination* und drücken Sie die gewünschten Tasten ❶ (Bild 4.26). Dabei sollten Sie unbedingt darauf achten, keine der wichtigen und häufig genutzten Tasten, z. B. **Strg+X** (Ausschneiden in die Zwischenablage) zu verwenden, da sonst die ursprüngliche Bedeutung überschrieben wird. Am einfachsten verwenden Sie die Tasten **Strg+Alt** in Verbindung mit einem Sonderzeichen, Umlaut oder einer Zahl. Ob die gewählte Tastenkombination bereits belegt ist, sehen Sie hier ❷. Klicken Sie zuletzt auf *Zuordnen* ❸.

Symbol der AutoKorrektur hinzufügen

Wenn Sie ein häufig verwendetes Symbol lieber über die AutoKorrektur (s. Kapitel 2.7) einfügen möchten, dann markieren Sie das Symbol und klicken auf die Schaltfläche *AutoKorrektur...*. Anschließend brauchen Sie im Feld *Ersetzen* nur noch angeben, welche Zeichenfolge Sie durch das Symbol ersetzen möchten und auf *Hinzufügen* klicken.

Bild 4.26 Tastenkombination zuweisen

Bild 4.27 AutoKorrektur ergänzen

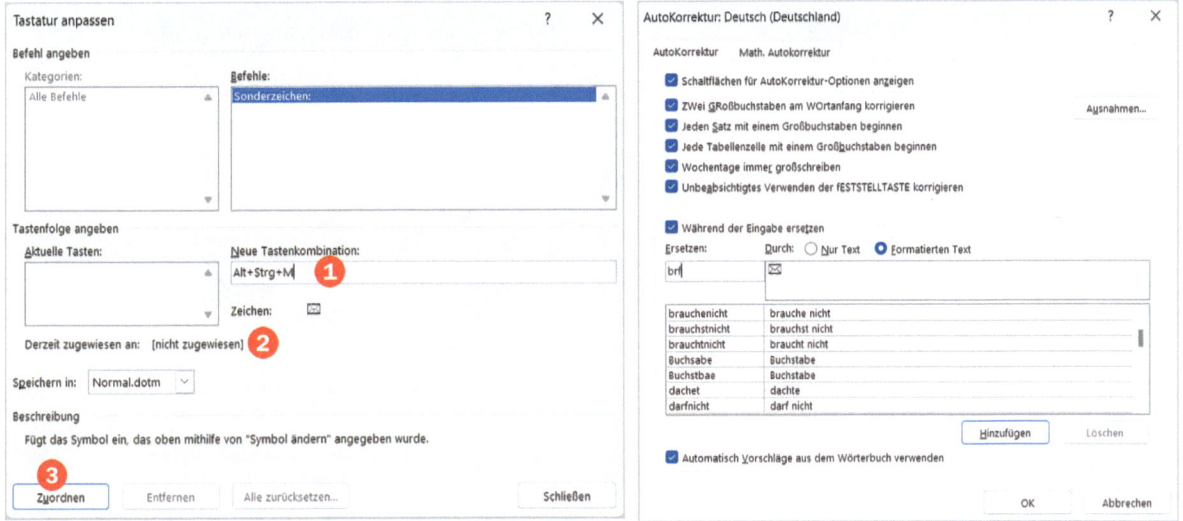

4.4 Einfache Absatzformate

Ein Absatz kann aus einer oder mehreren Zeilen bestehen und wird während der Eingabe durch Drücken der **Enter**- bzw. **Eingabetaste** beendet. Da sich Absatzformate immer auf den gesamten Absatz beziehen, ist vorheriges Markieren nicht zwingend erforderlich, es genügt, wenn sich der Cursor an beliebiger Stelle im Absatz befindet.

> ■ **Vorsicht beim Löschen von Absatzendemarken**
> Beim Löschen der Absatzendemarke ¶ wird ein Absatz mit dem nachfolgenden verbunden und dessen Absatzformate gehen verloren!

Ausrichtung

Standardmäßig werden alle Absätze während der Eingabe linksbündig ausgerichtet, das bedeutet, die Zeilen eines Absatzes schließen bündig mit dem linken Seitenrand ab. Im Menüband, Register *Start*, finden Sie in der Gruppe *Absatz* die folgenden Symbole zur Ausrichtung von Absätzen:

Ausrichtung	Symbol	Beschreibung
Linksbündig	≡	Die Zeilen sind bündig am linken Seitenrand ausgerichtet ❷.
Zentriert	≡	Alle Zeilen eines Absatzes werden zwischen dem linken und rechten Seitenrand zentriert ausgerichtet ❶.
Rechtsbündig	≡	Die Zeilen sind bündig am rechten Seitenrand ausgerichtet ❸.
Blocksatz	≡	Text im Blocksatz ❹ schließt sowohl am linken, als auch am rechten Seitenrand bündig ab. Der Ausgleich erfolgt über die Wortzwischenräume.

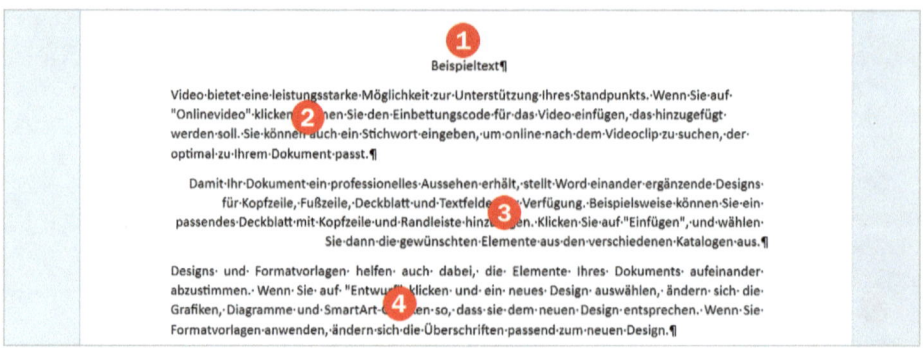

Bild 4.28 Beispiele Absatzausrichtung

Einrückungen/Einzüge

Unter einem Einzug versteht man den Abstand eines Absatzes zum linken oder rechten Seitenrand, dies wird auch als Einrückung bezeichnet.

 ▶ Den linken Einzug ändern Sie am schnellsten mit den beiden Symbolen im Menüband, Register *Start* ▶ *Absatz*. Mit jedem Klick auf *Einzug vergrößern* wird der aktuelle Absatz um ein festes Maß, nämlich 1,25 cm, eingerückt. Um zum Beispiel den aktuellen Absatz um 2,5 cm einzurücken, klicken Sie zweimal auf *Einzug vergrößern*.

Bild 4.29 Beispiel: Einzug vergrößern ▶ Umgekehrt verkleinert jeder Mausklick auf *Einzug verkleinern* den Abstand zum Seitenrand um 1,25 cm.

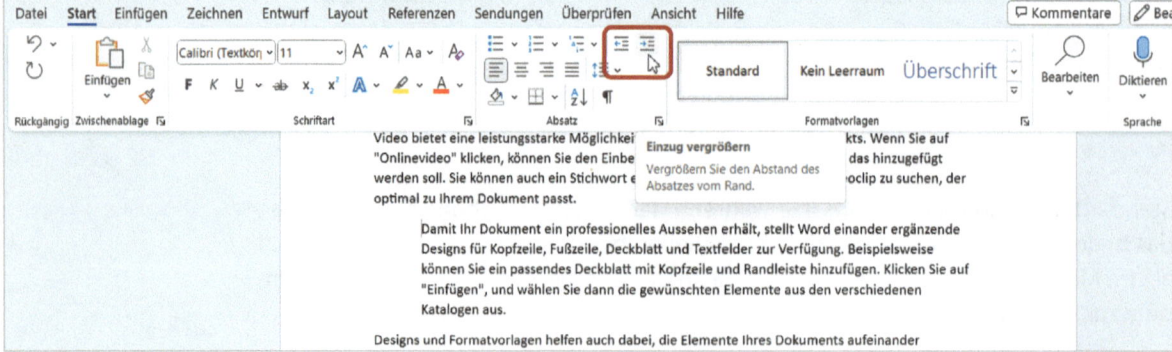

Rechter Einzug

Ein beliebiges Maß als Einzug können Sie dagegen im Register *Layout* des Menübands in der Gruppe *Absatz* angeben, außerdem ist hier auch ein rechter Einzug möglich. Benutzen Sie zur Eingabe die kleinen Pfeile nach oben bzw. unten oder klicken Sie direkt in das Feld und geben das gewünschte Maß ein. Auch die Angabe eines negativen Einzugs, z. B. -1, ist möglich, dann ragt der Absatz um 1 cm in den Seitenrand hinein.

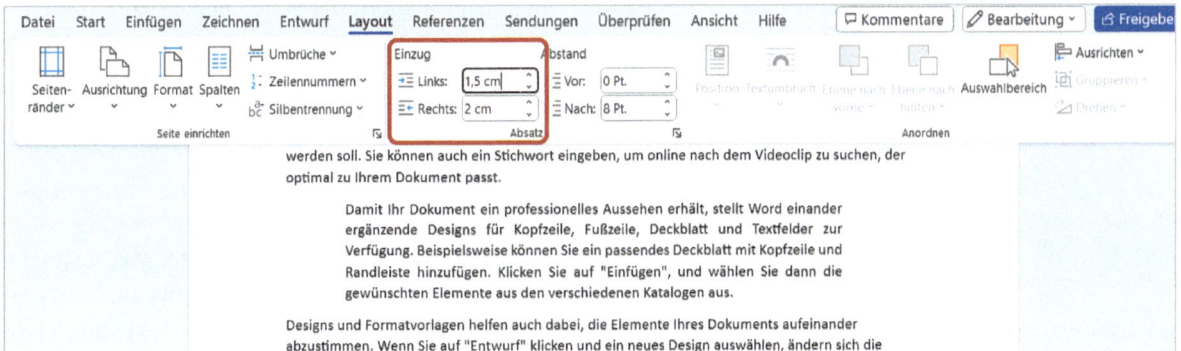

Bild 4.30 Einzüge im Register Layout

Sondereinzüge

Sondereinzüge steuern den Einzug der ersten Zeile gegenüber den restlichen Zeilen des Absatzes, hier unterscheidet man zwischen *Erste Zeile* ❶ und *Hängend* ❷. Beide finden Sie im Dialogfenster *Absatz*, das Sie im Register *Start* des Menübands mit Klick auf das Pfeilsymbol ⌐ der Gruppe *Absatz* ❸ öffnen. Oder klicken Sie mit der rechten Maustaste in den Absatz und wählen Sie den Befehl *Absatz...*.

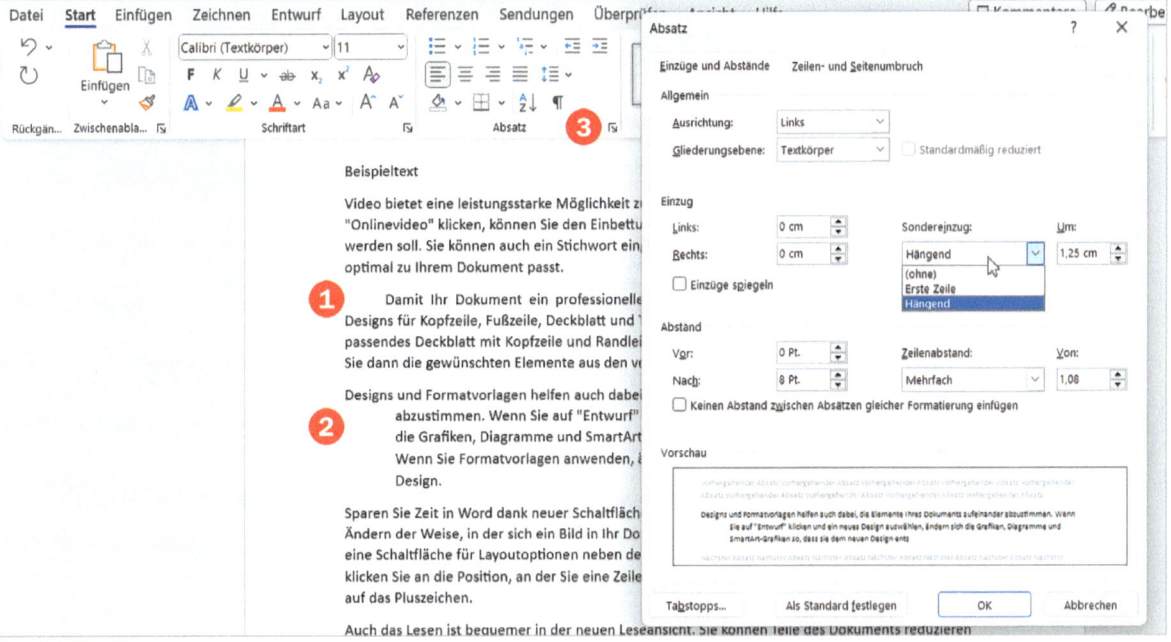

Bild 4.31 Sondereinzüge im Fenster Absatz

Klicken Sie im Register *Einzüge und Abstände* des Dialogfensters in das Feld *Sondereinzug*, wählen Sie zwischen *Erste Zeile* und *Hängend* und geben Sie im Feld dahinter das Maß in cm ein (s. Bild 4.31).

▸ **Erste Zeile**: Erstzeileneinzug bedeutet, nur die erste Zeile des Absatzes wird gegenüber den übrigen Zeilen eines Absatzes eingerückt.

▸ **Hängend**: Bei einem hängenden Einzug beginnt die erste Zeile des Absatzes am Seitenrand bzw. der ursprünglichen Position und die übrigen Zeilen sind eingerückt.

Einzüge im Lineal ändern

Lineal anzeigen: Register *Ansicht* ▸ *Anzeigen* ▸ *Lineal*.

Einzüge können Sie auch im Lineal kontrollieren und mit etwas Übung sogar ändern. Hier befinden sich am linken Seitenrand die drei Einzugsmarken *Erstzeileneinzug*, *Hängender Einzug* und *Linker Einzug*. Verschieben Sie einfach mit gedrückter Maustaste die einzelnen Marken und beachten Sie, dass sich die Änderungen ausschließlich auf den aktuellen bzw. markierten Absatz beziehen. Eine Marke zum Ändern des rechten Einzugs finden Sie am rechten Seitenrand im Lineal.

Bild 4.32 Einzüge im Lineal

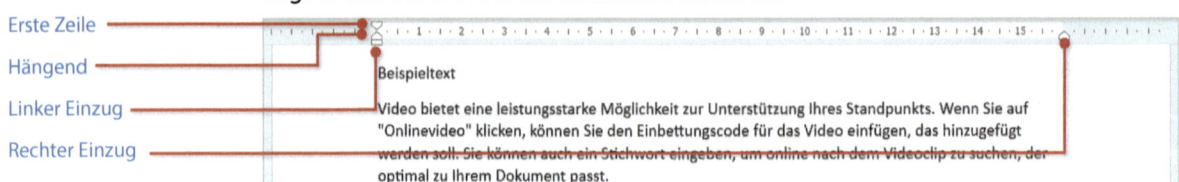

Im Bild unten als Beispiel ein hängender Einzug. Beim Verschieben der Einzugsmarke wandert im Dokument eine Hilfslinie mit.

Bild 4.33 Hängender Einzug

> ■ **Änderungen am Einzug beziehen sich nur auf den aktuellen Absatz oder die markierten Absätze!**
>
> Achtung: Das Lineal zeigt ausschließlich die Einzüge des aktuellen Absatzes oder der markierten Absätze an und alle Änderungen beziehen sich ausschließlich auf diese.

Zeilen- und Absatzabstände

> **Word unterscheidet zwischen Zeilen- und Absatzabständen!**
> Der Zeilenabstand regelt den Abstand der Zeilen innerhalb eines Absatzes, während Absatzabstände einen Abstand zur letzten Zeile des vorhergehenden bzw. zur ersten Zeile des nachfolgenden Absatzes erzeugen.

Wie Sie in diesem Kapitel auf Seite 118 bereits gesehen haben, legen Sie im Register *Entwurf* des Menübands Zeilen- und Absatzabstände für das gesamte Dokument fest. Falls Sie für einzelne Absätze abweichende feste Abstände benötigen, beispielsweise für Überschriften, betrachten wir diese hier näher. Auch hier gilt: Die geänderten Abstände gelten ausschließlich für den aktuellen Ansatz oder die markierten Absätze.

Zeilenabstand

Standardmäßig richtet sich der Zeilenabstand nach der Schriftgröße und im einfachsten Fall verwenden Sie als Zeilenabstand ein Mehrfaches der normalen Zeilenhöhe (1,0). Dazu klicken Sie im Register *Start* ▶ *Absatz* auf das Symbol *Zeilen- und Absatzabstand* und wählen Sie das gewünschte Maß, z. B. 1,5. Beim Zeigen sehen Sie im aktuellen Absatz eine Vorschau, erst mit Anklicken wird der Zeilenabstand übernommen.

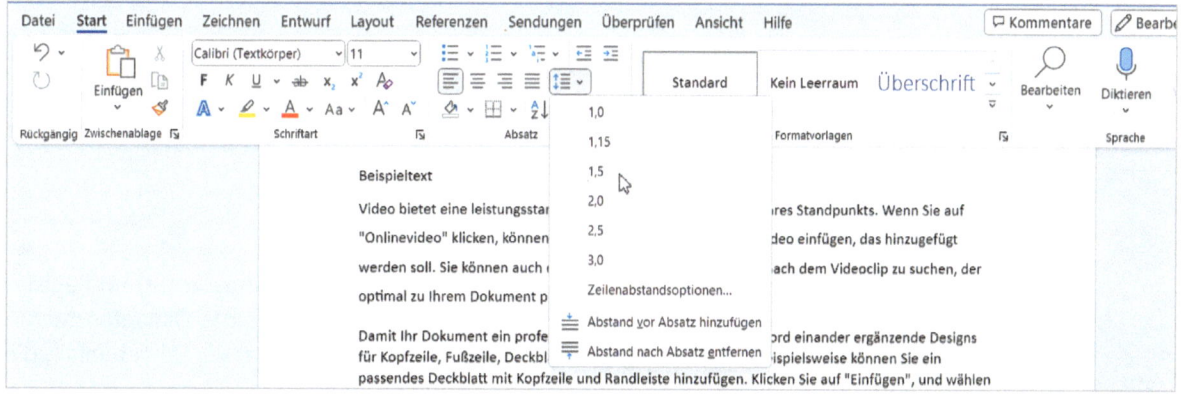

Bild 4.34 Zeilenabstände

Weitere Abstandseinstellungen erhalten Sie mit Klick auf *Zeilenabstandsoptionen…*. Damit öffnet sich das Fenster *Absatz* und im Feld *Zeilenabstand* finden Sie noch die folgende Einstellungen:

Die Abstände *Einfach*, *Doppelt*, *1,5* und *Mehrfach* beziehen sich auf die Zeilenhöhe, wobei mit der Auswahl *Mehrfach* im Feld *Von* eine Zahl erforderlich ist.

Mindestens berücksichtigt ein Mindestmaß in Punkt (Pt.), das nicht unterschritten werden darf, mit *Genau* können Sie einen exakten Wert vorgeben, auch wenn sich dadurch eventuell Zeilen überschneiden. Die dazugehörigen Werte geben Sie im Feld *Von* ein.

Bild 4.35 Zeilenabstand im Dialogfenster Absatz

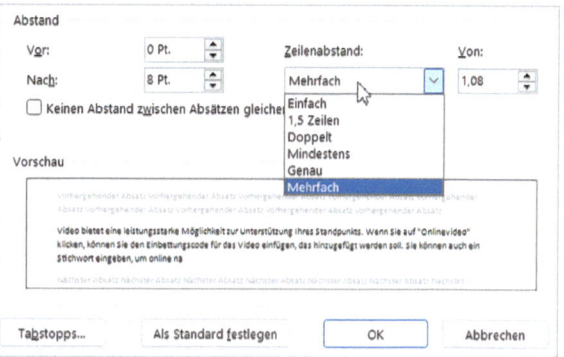

Absatzabstände

Mit Absatzabständen können Sie in längeren Dokumenten statt Leerzeilen feste Abstände zwischen Absätzen oder zwischen Überschriften und dem restlichen Text herstellen. Die Absatzabstände legen Sie am einfachsten im Menüband, Register *Layout* ▸ *Absatz* in den Feldern *Vor* und *Nach* fest.

Wenn Sie die kleinen Pfeile benutzen, dann erhalten Sie standardmäßig Abstände in 6er-Schritten, dies entspricht bei einer Schriftgröße von 10 Pt. und einem Zeilenabstand von 12 Pt. einer halben Zeile. Andere Maßeinheiten geben Sie einfach in das Feld zusammen mit der Zahl ein, z. B. 0,5 cm oder 20 mm. Word rechnet dann automatisch in Punkt um. Punkt (Pt.) ist dagegen die Standardmaßeinheit und braucht nicht extra angegeben werden.

Bild 4.36 Absatzabstand nach

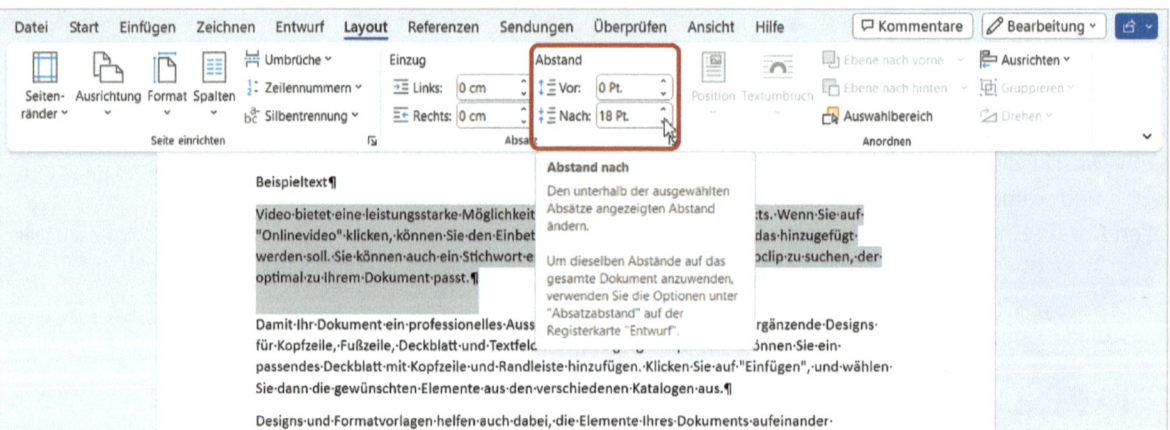

Abstände im Dialogfenster Absatz

Alternativ öffnen Sie mit Klick auf das Pfeilsymbol ⌐ der Gruppe *Absatz* im Register *Start* des Menübands oder Rechtsklick und dem Befehl *Absatz…* das Dialogfenster *Absatz*. Hier können Sie im Register *Einzüge und Abstände* ❶ unter *Abstand* ebenfalls die Abstände in die Felder *Vor* und *Nach* ❷ eingeben, s. Bild 4.37.

Absatzabstand entfernen

Zum Entfernen eines Absatzabstands gibt es verschiedene Möglichkeiten:

▸ Geben Sie im Menüband, Register *Layout* in die Felder *Abstand Vor* und *Nach* jeweils 0 ein, s. Bild oben.

▸ Oder klicken Sie im Register *Start* ▸ *Absatz*, auf *Zeilen- und Absatzabstand* und wählen, je nach Ausgangslage zwischen *Abstand nach Absatz entfernen* und *Abstand vor Absatz entfernen*.

▸ Oder tragen Sie im Dialogfenster *Absatz* unter *Abstand* in die Felder *Vor* und *Nach* jeweils 0 ein.

Kein Abstand zwischen Absätzen gleicher Formatierung

Es kann vorkommen, dass im Dokument zwischen zwei Absätzen keine Abstände berücksichtigt werden, obwohl diese festgelegt wurden. Ein Beispiel hierfür sind Listen mit Aufzählungszeichen.

In diesem Fall öffnen Sie das Dialogfenster *Absatz* und deaktivieren das Kontrollkästchen *Keinen Abstand zwischen Absätzen gleicher Formatierung einfügen* ❸.

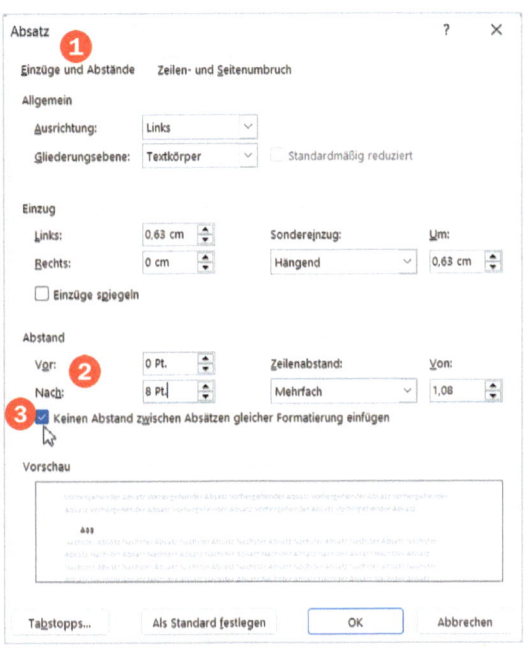

Bild 4.37 Abstand zwischen Absätzen gleicher Formatierung

4.5 Nummerierung und Aufzählungen

Wenn Sie Absätze mit einer fortlaufenden automatischen Nummerierung oder mit Aufzählungszeichen versehen möchten, dann geschieht dies in Word mit Hilfe von Formatierungen. Solche Absätze werden auch als Listen bezeichnet. Der Vorteil: Beim nachträglichen Löschen oder Verschieben von nummerierten Absätzen passt sich die fortlaufende Nummerierung automatisch an, außerdem lassen sich auf diese Weise erzeugte Nummerierungen und Aufzählungen schnell wieder entfernen.

Absätze mit Aufzählungen versehen

Mit einem Mausklick auf das Symbol *Aufzählungszeichen* im Register *Start* des Menübands versehen Sie den aktuellen Absatz bzw. die markierten Absätze mit einem Aufzählungszeichen, standardmäßig einem Punkt. Ein Klick auf den Dropdown-Pfeil des Symbols öffnet dagegen die Aufzählungszeichenbibliothek mit weiteren Zeichen.

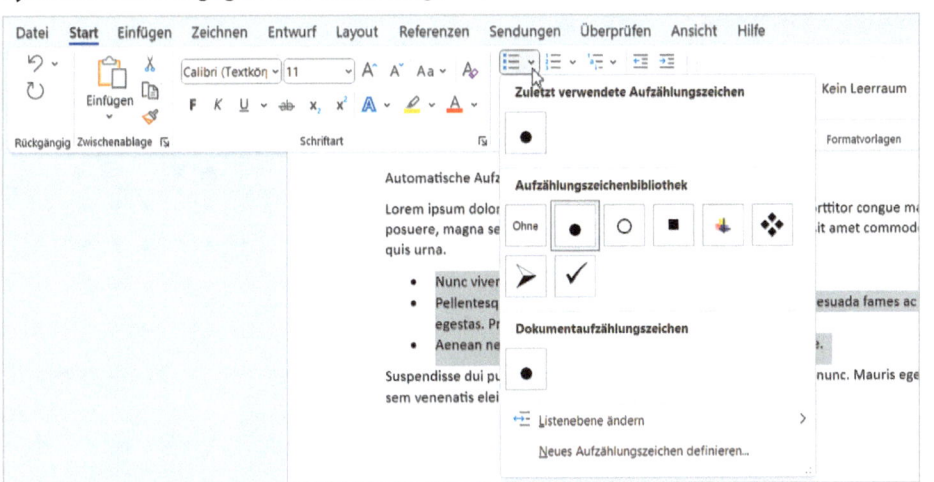

Bild 4.38 Aufzählungszeichenbibliothek

Zusammen mit Aufzählungszeichen erhalten die Absätze einen hängenden Einzug und die Folgezeilen werden automatisch exakt unterhalb des Textbeginns ausgerichtet. Außerdem werden auch die Aufzählungszeichen selbst gegenüber dem linken Seitenrand etwas eingerückt (Linker Einzug), wie in Bild 4.38 auf der vorherigen Seite.

Aufzählungszeichen entfernen: Zum Entfernen der Aufzählungszeichen markieren Sie die betreffenden Absätze und klicken erneut auf die Schaltfläche *Aufzählungszeichen*. Diese erhalten das ursprüngliche Aussehen zurück, auch der linke Einzug wird entfernt.

Einzug von Listen ändern

Wenn die Absätze zwar ein Aufzählungszeichen, aber keinen Einzug erhalten sollen, dann benutzen Sie anschließend die Schaltfläche *Einzug verkleinern*, die Aufzählungszeichen bleiben erhalten. Genauso können Sie den linken Einzug natürlich auch vergrößern, siehe Seite 130.

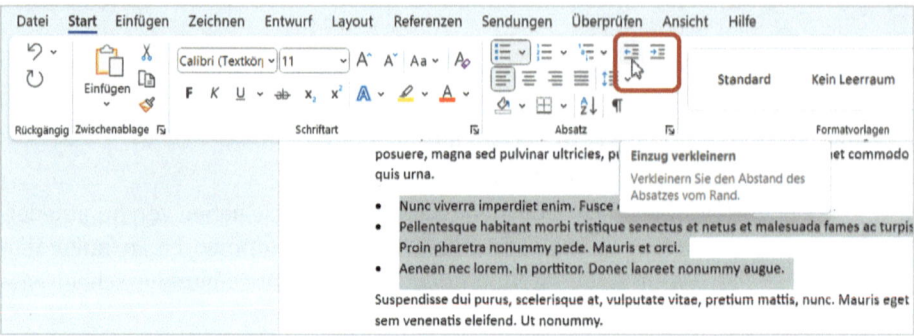

Bild 4.39 Einzug verkleinern

Anderes Symbol wählen

Wenn Sie ein anderes Zeichen als Aufzählungszeichen wünschen und Ihnen keines der Zeichen in der Aufzählungszeichenbibliothek zusagt (s. Bild 4.38), dann klicken Sie hier auf *Neues Aufzählungszeichen definieren…*.

Bild 4.40 Aufzählungszeichen definieren

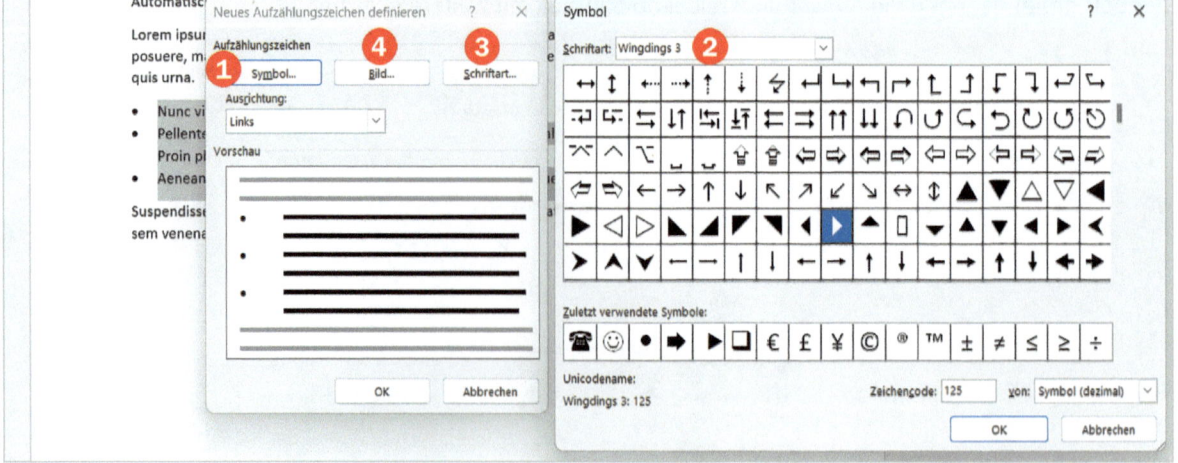

▸ Die Schaltfläche *Symbol...* ❶ öffnet das Dialogfenster *Symbol* und Sie können ein Zeichen aus einer der Symbolschriftarten von Windows auswählen, z. B. *Wingdings 3* ❷. Standardmäßig erhält das Symbol Größe und Farbe des übrigen Absatztextes. Falls Sie das Symbol mit einer abweichende Größe und/oder Farbe formatieren möchten, so legen Sie dies über die Schaltfläche *Schriftart...* ❸ fest.

Die Vorgehensweise ist dieselbe wie beim Einfügen von Symbolen, siehe Seite 128.

▸ Über die Schaltfläche *Bild...* ❹ haben Sie auch die Möglichkeit, eine geeignete Grafik als Aufzählungszeichen auszuwählen. Es öffnet sich das Fenster *Bilder einfügen* und Sie können wählen, aus welcher Quelle Sie das Bild beziehen möchten.

Näheres zur Suche und Auswahl von Bildern und Grafiken, s. Kap. 8.

Automatische Aufzählungen während der Eingabe

Wenn Sie bereits während der Eingabe einen Absatz mit einem Aufzählungszeichen versehen, dann erhält nach Beenden dieses Absatzes bzw. Drücken der **Eingabetaste** auch der nächste Absatz automatisch dasselbe Aufzählungszeichen. Sie können also die Aufzählung beliebig lange fortsetzen.

> **Aufzählung beenden**
> Zum Beenden der Aufzählung drücken Sie einfach zweimal die Eingabetaste und der nächste Absatz erhält wieder normales Aussehen.

Auch wenn Sie einen Absatz mit einem Bindestrich oder Stern (*) gefolgt von einem Leerzeichen beginnen, interpretiert Word dieses Zeichen automatisch als Aufzählungszeichen. Der Stern * wird in einen Punkt umgewandelt und der Absatz erhält einen Einzug. Gleichzeitig erscheint an dieser Stelle im Text ein kleines Symbol. Falls Sie keine Aufzählung erstellen möchten, so klicken Sie auf das Symbol und machen die automatische Aufzählung rückgängig. Als weitere Option können Sie auch das automatische Erstellen von Aufzählungen deaktivieren.

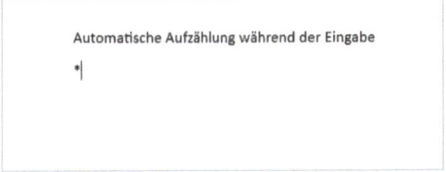 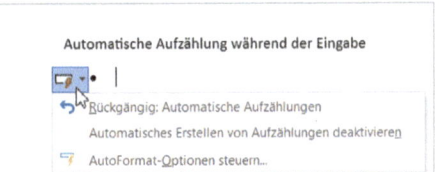

Bild 4.41 Automatisches Erstellen von Aufzählungen

Die Ursache: Hier tritt die Funktion *AutoFormat während der Eingabe* in Aktion, die Sie bereits in Kapitel 2.7 kennengelernt haben. Wenn Sie die AutoFormat-Einstellungen zu Listen anzeigen und bearbeiten möchten, dann klicken Sie auf *AutoFormat-Optionen steuern...*. Das Fenster *AutoKorrektur* öffnet sich mit dem Register *AutoFormat während der Eingabe*. Wenn Sie die automatischen Aufzählungen ganz ausschalten möchten, dann entfernen Sie unter *Während der Eingabe übernehmen* das Häkchen vom Kontrollkästchen *Automatische Aufzählung*.

Oder klicken Sie im Register *Datei* auf *Optionen - Dokumentprüfung* und hier auf *AutoKorrektur-Optionen*

Tipp: Eine automatische Aufzählung erhalten Sie auch, wenn Sie einen Absatz mit einem Symbol aus einer der Symbolschriftarten beginnen. Den Abstand zum Text müssen Sie in diesem Fall allerdings mit der **Tab**-Taste erzeugen.

Absätze automatisch nummerieren

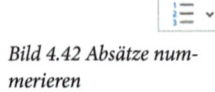

Auf die gleiche Weise versehen Sie auch Absätze nachträglich mit einer fortlaufenden Nummerierung: Markieren Sie die Absätze und klicken Sie im Menüband, Register *Start* ▸ *Absatz* oder in der Minisymbolleiste auf das Symbol *Nummerierung*.

Bild 4.42 Absätze nummerieren

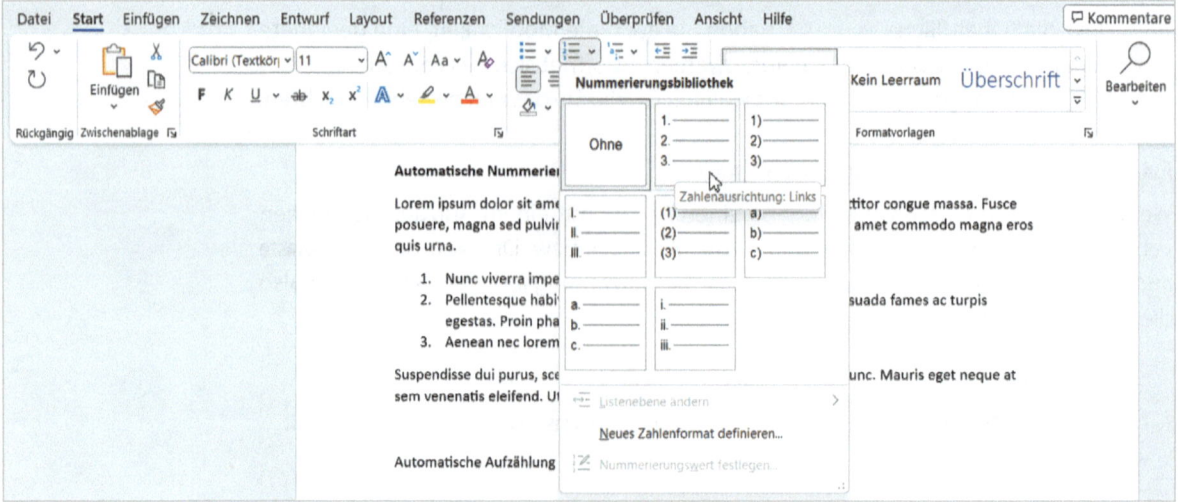

Beachten Sie bei der Nummerierung

▸ Ein Klick direkt auf das Symbol weist den Absätzen das zuletzt verwendete Nummerierungsformat zu. Der dazugehörige Dropdown-Pfeil öffnet hingegen eine Bibliothek verschiedener Varianten.

▸ Auch nummerierte Absätze erhalten automatisch einen linken Einzug. Verwenden Sie die Schaltflächen *Einzug vergrößern* bzw. *Einzug verkleinern*, wenn Sie die nummerierten Absätze an den linken Seitenrand ausrücken oder noch weiter einrücken möchten.

Zahlenformat anpassen

Statt der Punkte oder Klammern kann eine Nummerierung auch mit beliebigen anderen Zeichen, z. B. Paragraf-Zeichen kombiniert werden.

1 Dazu klicken Sie auf den Dropdown-Pfeil des Symbols *Nummerierung* und hier auf *Neues Zahlenformat definieren...*.

2 Wählen Sie im Listenfeld *Zahlenformatvorlage* ❶ eine Vorlage für die Zahlen.

3 Im Feld *Zahlenformat* ❷ erscheint das gewählte Zahlenformat und Sie können hier weitere Zeichen, z. B. Punkt, Klammern und sonstige Zeichen, links oder rechts von der Zahl per Tastatureingabe hinzufügen.

4 Wenn nichts anderes festgelegt ist, erhält die Nummerierung dasselbe Zeichenformat wie der dazugehörige Absatz. Falls die Nummerierung ein abweichendes Aussehen, z. B. eine andere Schriftfarbe erhalten soll, so klicken Sie auf die

Schaltfläche *Schriftart* ❸ und wählen anschließend im Fenster *Schriftart* die gewünschten Attribute, z. B. *Fett* ❹ oder eine andere Farbe.

5   Im Feld *Ausrichtung* ❺ können Sie, falls nötig, angeben, wie die Zahlen untereinander ausgerichtet werden. Standardmäßig ist hier *Links* ausgewählt.

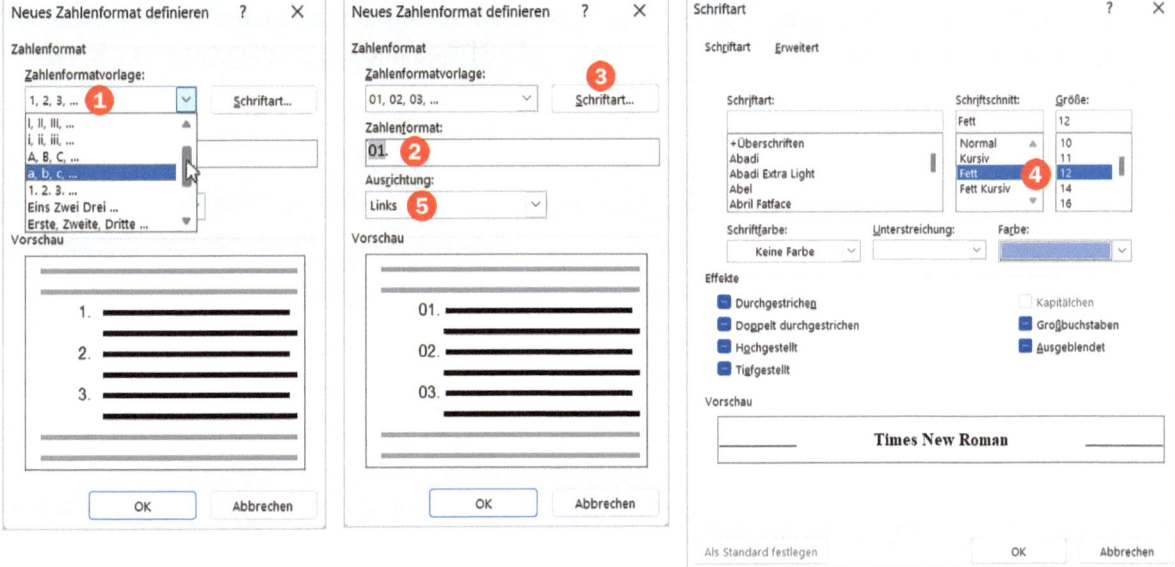

Bild 4.43 Neues Zahlenformat definieren

Nummerierung entfernen, Einzug anpassen

Zum Entfernen der Nummerierung markieren Sie die betreffenden Absätze und klicken im Menüband oder der Minisymbolleiste erneut auf das Symbol *Nummerierung* oder wählen über den Dropdown-Pfeil *Ohne* aus. Mit dieser Methode können Sie auch innerhalb einer fortlaufend nummerierten Liste einzelne Absätze aus der Nummerierung herausnehmen, wie im Bild unten. Um den Einzug der nicht nummerierten Absätze an den Textbeginn der übrigen Absätze anzupassen, verwenden Sie ebenfalls die Symbole *Einzug verkleinern/ Einzug vergrößern*.

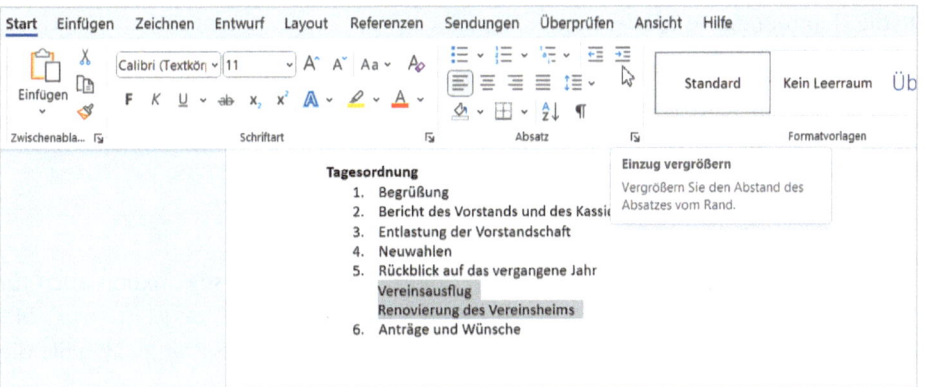

Bild 4.44 Einzug anpassen

Neu nummerieren oder mit der Nummerierung fortfahren?

Ob nach Unterbrechungen die Nummerierung fortgeführt oder neu begonnen wird, legen Sie am einfachsten über das Kontextmenü der rechten Maustaste fest. Klicken Sie mit der rechten Maustaste in den ersten Absatz, ab dem die Nummerierung geändert werden soll und wählen Sie aus dem Kontextmenü den Eintrag *Neu beginnen mit 1* ❶ bzw. *Nummerierung fortsetzen*. Alternativ können Sie auch im Dokument auf das Symbol *AutoKorrektur-Optionen* ❷ klicken und anschließend *Nummerierung neu beginnen* bzw. *Nummerierung fortsetzen* wählen.

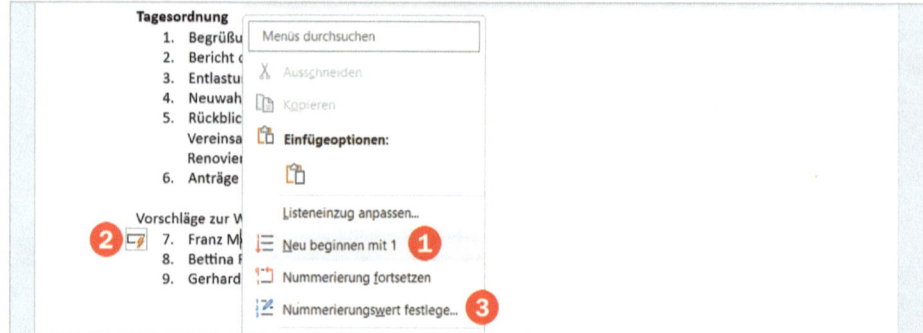

Bild 4.45 Nummerierung neu beginnen

Nummerierungswert vorgeben: Falls die Liste mit einem bestimmten Wert beginnen soll, so wählen Sie im Kontextmenü der rechten Maustaste *Nummerierungswert festlegen...* ❸ und geben im nachfolgenden Dialogfenster die gewünschte Zahl ein.

Automatische Nummerierung während der Eingabe

Wenn Sie während der Eingabe einen Absatz mit 1, gefolgt von einem Punkt und einem Leerzeichen oder Tabulatorzeichen beginnen, dann erhält dieser Absatz nach Eingabe des Leerzeichens automatisch eine Nummerierung und einen linken Einzug. Möchten Sie die Nummerierung beibehalten, so fahren Sie mit der Eingabe fort und übernehmen jeweils mit Drücken der **Eingabetaste** die Nummerierung in die nachfolgenden Absätze. Zum Beenden der nummerierten Liste betätigen Sie zweimal die **Eingabetaste** oder schalten Sie mit Klick auf das Symbol in Menüband oder Minisymbolleiste die Nummerierung wieder aus.

Bild 4.46 Rückgängig: Automatische Nummerierung

Bei automatisch erfolgter Nummerierung erscheint im Text an dieser Stelle das Symbol *AutoKorrektur-Optionen*. Wenn Sie keine automatische Nummerierung wünschen, dann machen Sie mit Klick darauf

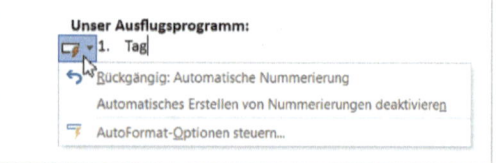

entweder die Nummerierung rückgängig oder deaktivieren diese Funktion auch für künftige Eingaben, siehe Aufzählungen. Der Befehl *AutoFormat-Optionen steuern...* öffnet die AutoKorrektur mit dem Register *AutoFormat während der Eingabe*, wo Sie die automatische Nummerierung deaktivieren können.

Gegliederte Listen

Um gegliederte Listen mit hierarchischen Ebenen zu erzeugen, benutzen Sie im Menüband, Register *Start* ▶ *Absatz*, das Symbol *Liste mit mehreren Ebenen*. Word unterstützt maximal 9 Gliederungsebenen, wobei sich die Gliederungsebenen am Einzug orientieren. Wenn Sie bereits bestehenden Absätzen nachträglich eine Gliederung zuweisen möchten, dann gehen Sie wie folgt vor:

1 Markieren Sie alle betreffenden Absätze.

2 Klicken Sie im Register *Start* auf das Symbol *Liste mit mehreren Ebenen* und wählen Sie in der Listenbibliothek die gewünschte Variante.

> **Achtung: Verwenden Sie für normale Absätze keine Vorlagen für Überschriften!**
>
> Die Listenbibliothek umfasst auch Vorlagen mit dem Zusatz *Überschrift 1*, *Überschrift 2*, usw.. Diese sind reserviert für die Nummerierung von Überschriften und dürfen auf keinen Fall für normale Absätze verwendet werden. Näheres hierzu in Kapitel 6.5.

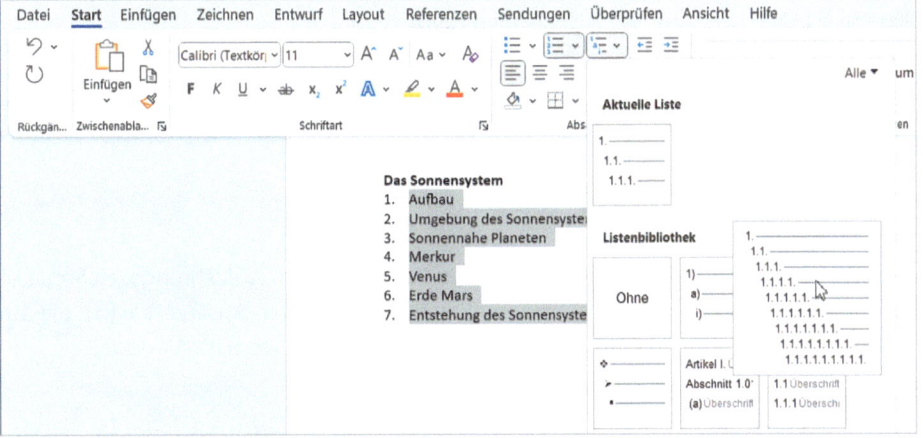

Bild 4.47 Alle Absätze erhalten zunächst die Nummerierung der Ebene 1

3 Alle Absätze erhalten zunächst Gliederungsebene 1. Positionieren Sie nun den Cursor in einem Absatz, den Sie tiefer stufen möchten bzw. markieren Sie die betreffenden Absätze und klicken Sie auf das Symbol *Einzug vergrößern*. Genauso verfahren Sie mit den übrigen Absätzen.

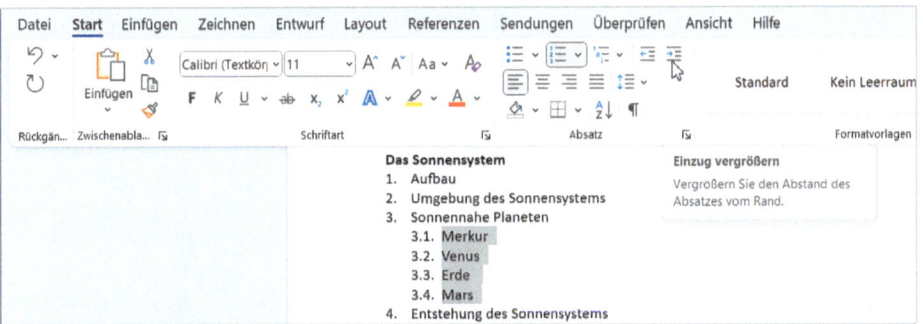

Bild 4.48 Absätze tiefer stufen

> Jeder Klick auf das Symbol *Einzug vergrößern* rückt den aktuellen Absatz ein und stuft ihn gleichzeitig um jeweils eine Ebene tiefer. Mit *Einzug verkleinern* dagegen wird ein Absatz wieder ausgerückt und so jeweils eine Ebene höher gestuft. Wurden einzelne Absätze bereits vor der Nummerierung mit einem Einzug versehen, so wird auch die Nummerierung entsprechend erstellt.

Listen während der Eingabe erstellen

Um bereits während der Eingabe eine gegliederte Liste zu erstellen, genügt es, wenn Sie dem ersten Absatz eine Nummerierung, ein Aufzählungszeichen oder eine Listenformatvorlage zuweisen. Dieser erhält Gliederungsebene 1 und mit Drücken der **Eingabetaste** erhält der nächste Absatz dieselbe Ebene.

Bild 4.49 Gliederung während der Eingabe erstellen

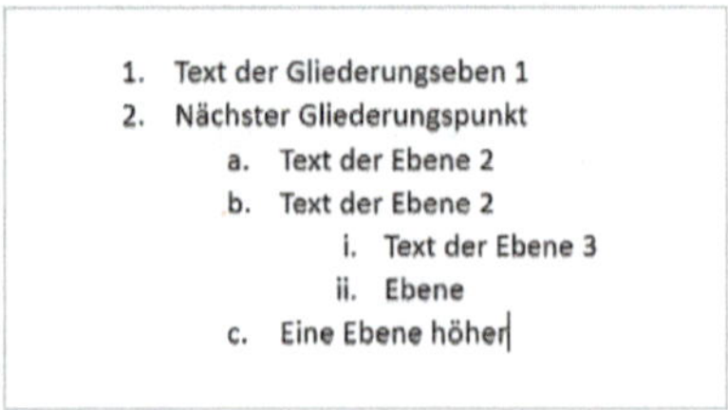

Absatz tiefer stufen:
Tab-Taste oder
Einzug vergrößern

Absatz höher stufen:
Umschalt+Tab-Taste oder
Einzug verkleinern

Eine Ebene tiefer: Soll der nachfolgende Absatz eine Ebene tiefer gestuft werden, so betätigen Sie am Anfang der Zeile die **Tab-Taste** der Tastatur, bevor Sie mit der Texteingabe beginnen.

Eine Ebene höher: Drücken Sie dagegen die **Eingabetaste** ein zweites Mal, siehe Nummerierung beenden, so wird der nachfolgende Absatz automatisch eine Ebene höher gestuft, alternativ benutzen Sie zum Höherstufen die Tasten **Umschalt+Tab**.

Liste mit Aufzählungszeichen

Die Listenbibliothek umfasst neben Nummerierungen auch Aufzählungszeichen. Die Vorgehensweise bleibt gleich: Markieren Sie die betreffenden Absätze, klicken Sie auf das Symbol *Liste mit mehreren Ebenen* und dann auf die gewünschte Vorlage.

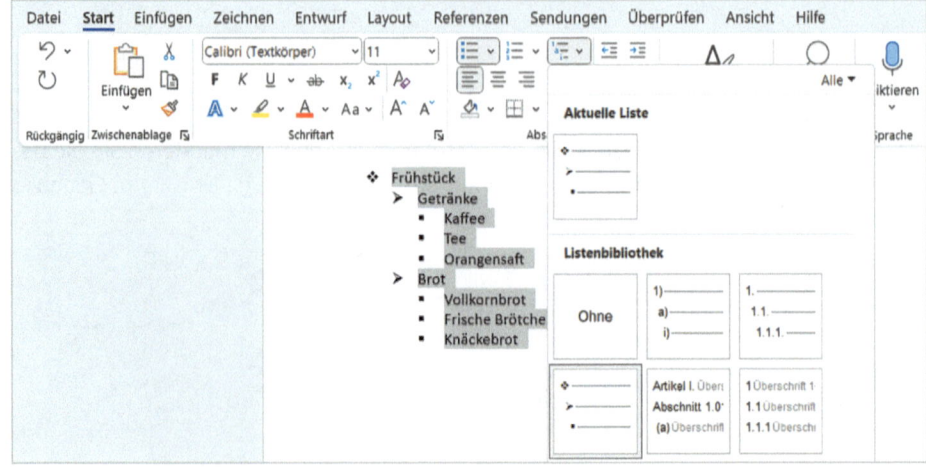

Bild 4.50 Liste mit Aufzählungszeichen

Listenformat ändern

Wenn Sie nachträglich das Listenformat ändern möchten und z. B. statt einer Nummerierung Aufzählungszeichen oder umgekehrt verwenden möchten, dann genügt es, wenn Sie in den ersten Absatz der Liste klicken und diesem das gewünschte Listenformat zuweisen.

Eigene Listenformate definieren

Natürlich können Sie auch eigene Listen bzw. mehrere Ebenen mit individuellen Nummerierungen erstellen, am besten bewährt hat sich folgende Vorgehensweise.

Markieren Sie alle Absätze, die dieses Listenformat erhalten sollen oder positionieren Sie den Cursor im ersten Absatz der Liste. Klicken Sie dann im Menüband, Register *Start* auf *Liste mit mehreren Ebenen* und wählen Sie in der Listenbibliothek zunächst ein Format, das Ihren Vorstellungen am nächsten kommt. Klicken Sie dann erneut auf *Liste mit mehreren Ebenen* und auf *Neue Liste mit mehreren Ebenen definieren...*. Im gleichnamigen Fenster bearbeiten Sie anschließend die einzelnen Gliederungsebenen:

Bild 4.51 Neue Liste definieren

Bild 4.52 Ebenen bearbeiten

1. Klicken Sie links auf die erste Ebene, die Sie bearbeiten möchten, z. B. Ebene 1 ❶; diese wird rechts in der Vorschau ❷ fett hervorgehoben.

2. Wählen Sie dann im Feld *Zahlenformatvorlage für diese Ebene* ❸ ein Zahlenformat, z. B. römische oder arabische Ziffern.

3. Die Zahl erscheint im Feld *Formatierung für Zahl eingeben* ❹ und Sie können hier nun weitere Zeichen wie Punkte, Klammern usw. oder Text hinzufügen oder löschen. Falls gewünscht, können Sie zusätzlich über die Schaltfläche *Schriftart...* die Nummerierung beispielsweise fett oder in einer anderen Farbe formatieren.

4. Im Abschnitt *Position* wählen Sie im Feld *Zahlenausrichtung* ❺ die Ausrichtung zweistelliger Zahlen, standardmäßig links.

- Das Feld *Ausrichtung* daneben gibt das Maß an, um das die Nummerierung vom linken Seitenrand *eingerückt* wird. Das Beispiel im Bild bezieht sich auf Ebene 1; wenn diese am linken Seitenrand beginnen soll, dann muss 0 cm angegeben werden.
- Im Feld *Texteinzug* legen Sie dagegen fest, wo der eigentliche Text beginnen soll, die Folgezeilen des Absatzes werden automatisch um dasselbe Maß eingerückt (hängender Einzug). Da in unserem Beispiel der Zahl der Text „TOP" vorangestellt wird, benötigen wir einen etwas größeren Abstand.

Genauso verfahren Sie mit den weiteren Ebenen: Markieren Sie die nächste Ebene, beispielsweise Ebene 2, wählen Sie ein Zahlenformat und legen Sie die Position von Zahl und Text fest. Ebenen, die Sie in der Liste garantiert nicht verwenden, brauchen nicht bearbeitet werden.

Tipps und Hinweise

▶ Wenn alle Ebenen denselben Einzug für Zahlen bzw. Aufzählungszeichen, z. B. 0 cm, d. h. Beginn am linken Seitenrand sowie für Text erhalten sollen, dann klicken Sie auf die Schaltfläche *Für alle Ebenen festlegen* und geben die Werte im nachfolgenden Fenster ein.

▶ Soll eine Ebene exakt unterhalb des Textes der übergeordneten Ebene beginnen, so geben Sie im Feld *Ausrichtung* den Wert des Texteinzugs dieser Ebene an.

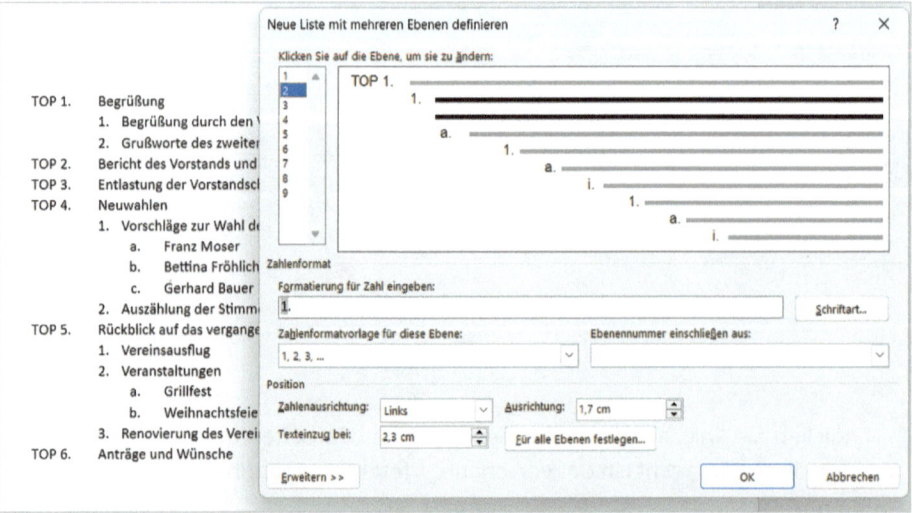

Bild 4.53 Zweite Ebene

Benutzerdefinierte Liste erneut bearbeiten

Falls Sie mit dem Ergebnis noch nicht zufrieden sind, lässt sich die Liste jederzeit ändern. Dazu muss nicht die gesamte Liste im Dokument markiert werden, es genügt, wenn sich der Cursor im ersten Absatz der Liste befindet. Klicken Sie dann wieder auf *Neue Liste mit mehreren Ebenen definieren...*, markieren Sie die zu bearbeitende Ebene und nehmen Sie Ihre Änderungen wie oben beschrieben vor.

4.6 Text mit Rahmen und Hintergrundfarbe versehen

Rahmenlinien

Rahmenlinien können sowohl einzelne Zeichen als auch Absätze einschließen. In beiden Fällen benutzen Sie dazu im Menüband, Register *Start* ▶ *Absatz*, das Symbol *Rahmen* ❶. Beachten Sie, dass in Word *Rahmen* nicht automatisch Rahmenlinien an allen vier Seiten bedeutet; ein Klick direkt auf das Symbol liefert die angezeigte Einstellung, meist eine einzelne Rahmenlinie unten ❷, während ein Klick auf den dazugehörigen Dropdown-Pfeil eine Liste aller Varianten öffnet.

Als dritte Option können noch Druckseiten mit Rahmen versehen werden. Näheres hierzu in Kap. 5.6.

Markierung beachten: Ob einzelne Zeichen bzw. Wörter oder ganze Absätze einen Rahmen erhalten, richtet sich nach der Markierung:

▸ **Ein Absatz:** Soll ein einzelner Absatz einen Rahmen erhalten, so genügt es, wenn sich der Cursor im Absatz befindet.

▸ **Mehrere Absätze**: Wenn mehrere Absätze in einem Rahmen zusammengefasst werden sollen ❸, so müssen alle Absätze markiert werden. **Achtung**: Alle Absätze müssen in diesem Fall denselben Einzug haben. Wählen Sie dann mit Klick auf den Dropdown-Pfeil die Variante *Rahmenlinien außen.*

Soll dagegen bei mehreren markierten Absätzen jeder Absatz einen eigenen Rahmen erhalten, dann müssen Sie *Alle Rahmenlinien* wählen.

▸ **Zeichen oder Wörter**: Um ein oder mehrere Wörter innerhalb eines Absatzes mit einem Rahmen zu versehen, müssen Sie diese zuvor markieren ❹ (Zeichenformatierung).

Bild 4.54 Rahmenlinien

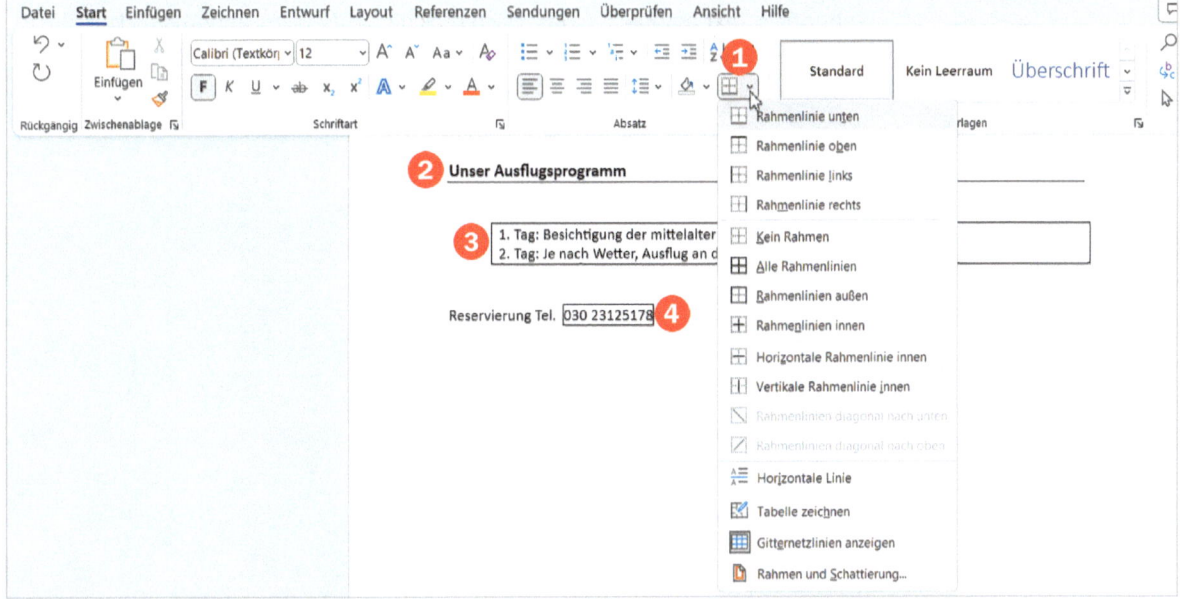

Rahmen entfernen

Zum Entfernen eines Rahmens markieren Sie die betreffende Textstelle, klicken auf den Dropdown-Pfeil des Symbols *Rahmen* und wählen *Kein Rahmen*.

Linienart und -farbe im Fenster Rahmen und Schattierung

Linienart, z. B. gepunktete oder doppelte Linie und -farbe wählen Sie im Fenster *Rahmen und Schattierung*, das Sie mit Klick auf den Dropdown-Pfeil des Symbols *Rahmen* und den Befehl *Rahmen und Schattierung...* öffnen.

Klicken Sie, falls nicht ohnehin bereits ausgewählt, auf das Register *Rahmen*. Hier finden Sie folgende Möglichkeiten:

1 Unter *Einstellung* wählen Sie zwischen den Vorgaben *Ohne*, *Kontur*, *Schatten* und *3D*. Soll beispielsweise ein Absatz auf allen vier Seiten eingerahmt werden, dann klicken Sie auf *Kontur* ❶. *Schatten* oder *3D* liefern entsprechende Rahmeneffekte.

2 Klicken Sie dann im Listenfeld *Formatvorlage* ❷ auf die gewünschte Linienart, unterhalb wählen Sie Farbe und Linienbreite ❸ aus.

3 In der Vorschau rechts sollten nun mit der Einstellung *Kontur* bzw. *Schatten* die ausgewählten Linien an allen vier Seiten erscheinen. Falls nicht, so klicken Sie einfach erneut auf *Kontur*.

4 Kontrollieren Sie außerdem im Feld *Übernehmen für* ❹, ob Sie dabei sind, Text (Zeichenformatierung) oder einen Absatz mit Rahmen versehen. Haben Sie versehentlich Text markiert, so lässt sich dies hier auf *Absatz* ändern. Klicken Sie abschließend auf die Schaltfläche *OK,* um den Rahmen zu übernehmen.

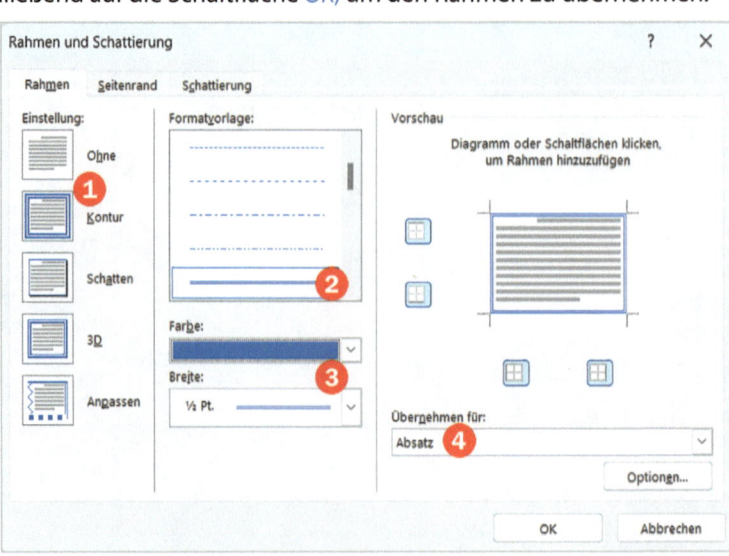

Bild 4.55 Das Fenster Rahmen und Schattierung

> **Das Symbol Rahmen verwendet die jeweils zuletzt verwendete Linienart!**
>
> Die geänderte Linienart wird bis zum Beenden von Word beibehalten. Das bedeutet, beim nächsten Klick auf Symbol *Rahmen* und/oder Auswahl einer der Standardlinien erhalten Sie automatisch die zuletzt verwendete Linienart. Um wieder eine einfache schwarze Linie zu erhalten, müssen Sie im Dialogfenster *Rahmen und Schattierung* die Linienart wieder ändern.

Einzelne Rahmenlinien zuweisen, z. B. unten

Möchten Sie dagegen einen Absatz mit einer einzelnen Rahmenlinie an einer bestimmten Position, z. B. unterhalb, versehen, so klicken Sie im Fenster *Rahmen und Schattierung* links auf die Einstellung *Anpassen* ❶. Wählen Sie dann wieder Linienart, -farbe und -breite aus. Um anschließend die Position der Linie anzugeben, benutzen Sie im Bereich *Vorschau* entweder die Schaltflächen ❷ oder klicken direkt in der Vorschau an die entsprechende Stelle, z. B. unterhalb ❸. Ein weiterer Klick auf eine Linie entfernt diese bei Bedarf auch wieder.

Achtung: Auch nach dem nachträglichen Ändern von Farbe oder Linienart müssen Sie in der Vorschau erneut auf die Linie oder die dazugehörige Schaltfläche klicken, damit die Änderung wirksam wird.

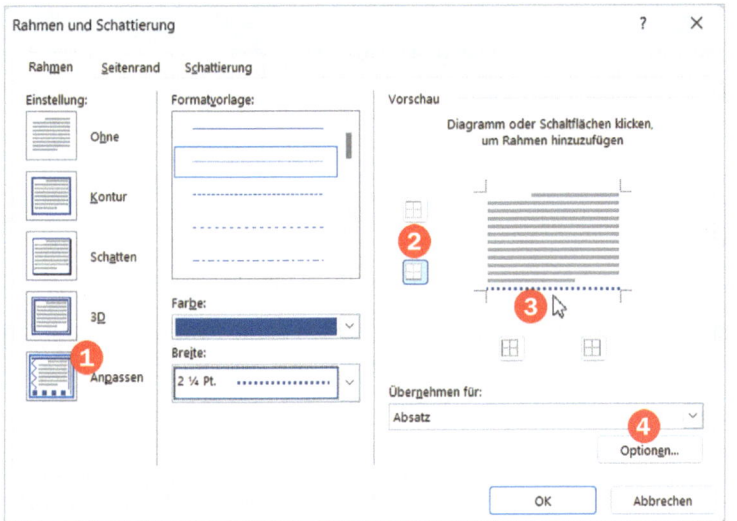
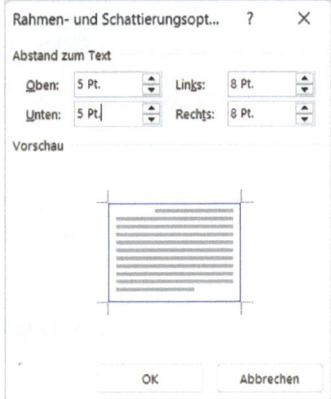

Bild 4.56 Einzelne Rahmenlinien

Bild 4.57 Abstand zum Text

Abstand zum Text

Wenn Sie den Abstand der Rahmenlinien zum Text vergrößern möchten, dann klicken Sie im Fenster *Rahmen und Schattierung* rechts unten auf die Schaltfläche *Optionen* ❹. Anschließend geben Sie im Fenster *Rahmen- und Schattierungsoptionen* den Abstand oben, unten, rechts und links in Punkt (Pt.) ein (Bild 4.57).

Länge der Absatzlinien / Abstand zum Seitenrand

Der Abstand eines Rahmens zum linken und rechten Seitenrand und damit die Länge der waagrechten Linien orientiert sich am Einzug des dazugehörigen Absatzes. Damit also beispielsweise der Rahmen um eine zentrierte Überschrift nicht bis zum linken und rechten Seitenrand reicht, müssen Sie die Überschrift mit einem passenden linken und rechten Einzug versehen, z. B. über die Felder *Einzug Links* bzw. *Rechts* im Register *Layout* des Menübands. Ein Beispiel für Absatzrahmen in Verbindung mit Einzügen sehen Sie in Bild 4.58.

Bild 4.58 Abstände und Einzüge

> ▪ **Achten Sie bei mehreren Absätzen in einem Rahmen auf den Einzug!**
> Nur Absätze mit exakt demselben Einzug können in einem einzigen Rahmen zusammengefasst werden. Andernfalls erhalten Sie ein Ergebnis wie in Bild 4.59.

Besondere Rahmenvarianten

Im Menü des Symbols *Rahmen* finden Sie auch noch die folgenden Sonderformen:

- ▶ **Waagrechte Linien zwischen mehreren Absätzen**: Markieren Sie die Absätze und wählen Sie *Horizontale Rahmenlinie innen*.

- ▶ **Einzelne waagrechte Linie einfügen**: Fügen Sie einen leeren Absatz ein bzw. positionieren Sie den Cursor in einem leeren Absatz und wählen Sie *Horizontale Linie*.

Im Gegensatz zu den übrigen Rahmenlinien kann hier weder Farbe noch Linienart geändert werden. Zum Entfernen der Linie klicken Sie diese an und verwenden die Taste **Entf**.

Bild 4.59 Absatz mit abweichendem linken Einzug

Bild 4.60 Horizontale Rahmenlinie innen

Bild 4.61 Horizontale Linie

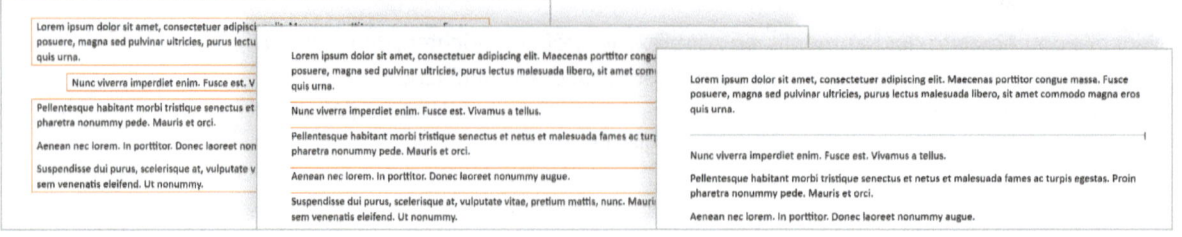

Text mit einer Hintergrundfarbe/Schattierung versehen

Sie können einzelne Zeichen oder ganze Absätze mit einer Hintergrundfarbe versehen, diese wird in Word als Schattierung bezeichnet. Das Symbol *Schattierung* finden Sie im Menüband, Register *Start* ▶ *Absatz* rechts vom Symbol *Rahmen* und wie beim Symbol *Rahmen* liefert ein Klick direkt auf das Symbol die angezeigte Farbe, meist *Keine Farbe*, während ein Klick auf den Dropdown-Pfeil die Farbauswahl mit den Designfarben öffnet. Ob sich die Schattierung auf einen oder mehrere Absätze oder einzelne Zeichen bzw. Wörter bezieht, ist wie bei den Rahmen abhängig von der Markierung.

▶ **Zeichen oder Wörter**: Um ein oder mehrere Wörter mit einer Schattierung zu versehen ❶, müssen Sie diese zuvor markieren (Zeichenformatierung).

▶ **Absatz**: Soll ein Absatz ❷ eine Hintergrundfarbe bzw. Schattierung erhalten, so genügt es, wenn sich der Cursor im Absatz befindet. Mehrere Absätze müssen dagegen markiert werden.

▶ **Einzug**: Wie beim Rahmen richtet sich auch die Schattierung von Absätzen nach dem linken und rechten Einzug des dazugehörigen Absatzes.

▶ **Schattierungsfarbe entfernen**: Markieren Sie die betreffende Textstelle, klicken Sie auf den Dropdown-Pfeil des Symbols *Schattierung* und wählen Sie **Keine Farbe**.

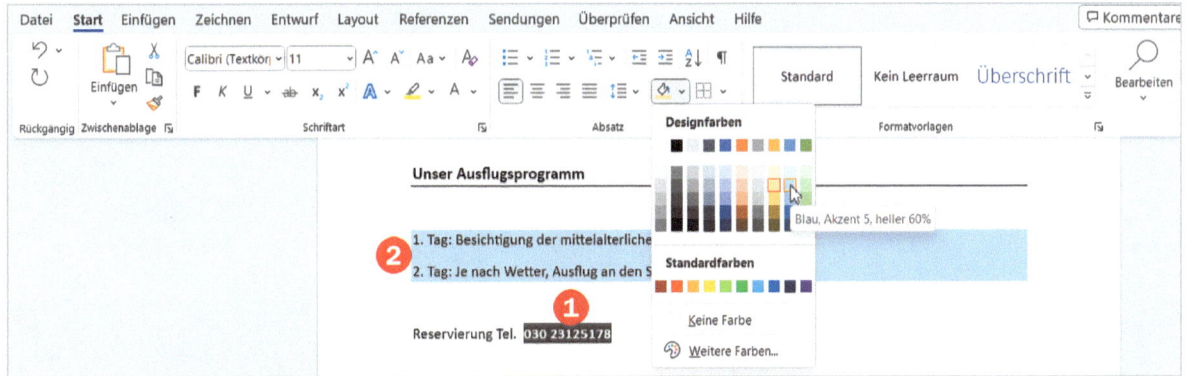

Bild 4.62 Hintergrundfarbe/Schattierung

> ▮ **Verwechseln Sie die Schattierung nicht mit der Texthervorhebungsfarbe!**
>
> Die Texthervorhebungsfarbe (s. Seite 124) dient als Textmarker vorwiegend zur Hervorhebung am Bildschirm, während die Schattierung auch beim Drucken optisch ansprechende Ergebnisse liefert.

Hinweis: Die Möglichkeit einer Schattierung erhalten Sie auch, wenn Sie im Fenster *Rahmen und Schattierung* auf das Register *Schattierung* klicken, siehe Rahmen. Sie können dadurch einen Absatz in einem einzigen Arbeitsschritt mit Rahmen und Schattierung versehen. Zusätzlich besteht hier unter *Muster* im Feld *Linienart* (Bild 4.63) die Möglichkeit, den Hintergrund als Raster oder mit diagonalen Linien zu gestalten. Beides trägt allerdings nicht gerade zur Lesbarkeit des Textes bei, daher sollte die Standardeinstellung *Transparent* beibehalten werden.

Seite einrahmen

Das Dialogfenster *Rahmen und Schattierung* enthält noch ein weiteres Register mit der Bezeichnung *Seitenrand*. Im Gegensatz zum oben beschriebenen Register *Rahmen* erhalten Sie hier die Möglichkeit, eine oder mehrere Druckseiten mit Rahmen zu versehen. **Achtung**: Die Möglichkeiten sind fast dieselben wie zuvor unter Rahmen beschrieben, verwechseln Sie also die beiden Register nicht!

Eigentlich gehört diese Möglichkeit zum Layout des Dokuments. Daher können Sie hier auch angeben, für welchen Bereich des Dokuments die Rahmenlinien Gültigkeit besitzen. Dieses Thema wird in Kapitel 5.6. genauer behandelt. Dasselbe Dialogfenster öffnen Sie auch, wenn Sie im Menüband, Register *Entwurf* ▶ *Seitenhintergrund* auf *Seitenränder* klicken.

Bild 4.63 Schattierung

Bild 4.64 Seitenrand

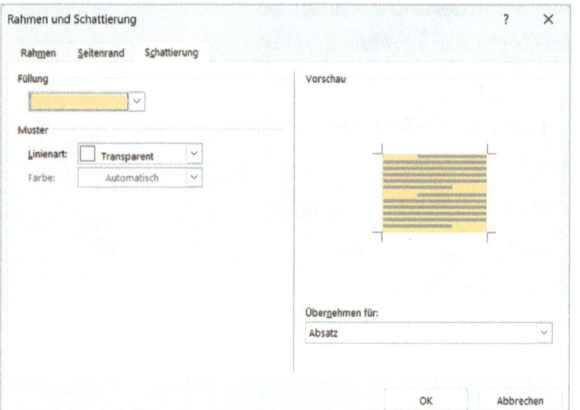
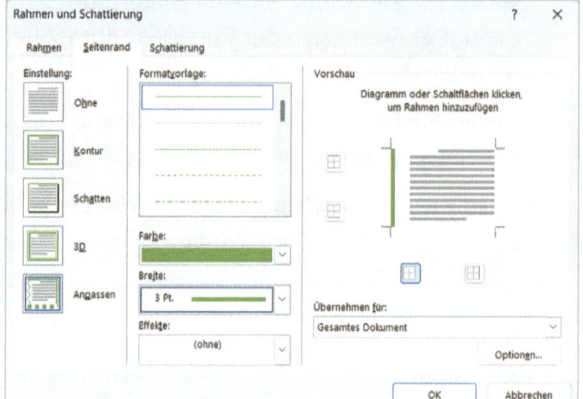

4.7 Techniken zur schnellen Formatierung

Häufig wird an mehreren Textstellen eines Dokuments dieselbe Formatierung benötigt. Im einfachsten Fall markieren Sie dazu vor der Formatierung alle entsprechenden Stellen mit gedrückter **Strg**-Taste (siehe Kapitel 3, Markierungstechniken). Daneben gibt es aber auch noch andere zeitsparende Techniken.

Letzten Arbeitsschritt wiederholen

Letzten Befehl wiederholen: Taste **F4**

Eine Möglichkeit besteht darin, den letzten Arbeitsschritt und damit auch eine Formatierung wie z. B. Unterstreichen oder Ändern der Schriftfarbe, zu wiederholen. Dazu markieren Sie unmittelbar nach der zu wiederholenden Aktion die nächste Textstelle und klicken in der Symbolleiste für den Schnellzugriff auf das Symbol *Wiederholen* ↻ oder betätigen die Taste **F4** oder die Tastenkombination **Strg+Y**. Dies kann mehrmals wiederholt werden, bis alle gewünschten Stellen diese Formatierung erhalten haben.

Tipp: Normalerweise wird damit eine einzige Aktion wiederholt, wenn Sie aber in einem Dialogfenster, z. B. *Schriftart*, gleich mehrere Formatierungen gleichzeitig festgelegt haben, dann weisen Sie mit **F4** oder **Strg**+**Y** der nächsten markierten Textstelle alle hier vorgenommenen Formatierungen zu.

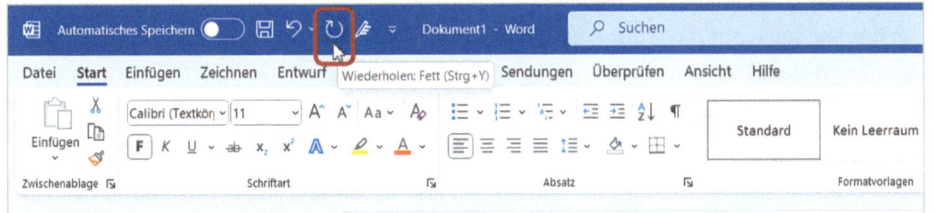

Bild 4.65 Formatierung wiederholen

Format übertragen (kopieren)

Noch einfacher ist es, wenn Sie die Formatierung einer Textstelle einfach kopieren und anschließend auf eine andere Stelle anwenden. Das Symbol dazu, *Format übertragen*, finden Sie im Menüband, Register *Start* ▶ *Zwischenablage*. Es schließt sowohl Zeichen- als auch Absatzformate ein. So gehen Sie vor:

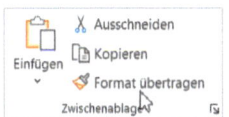

1 Markieren Sie die Textstelle ❶, deren Format Sie kopieren möchten.

2 Klicken Sie im Menüband ▶ *Start* ▶ *Zwischenablage* oder in der Minisymbolleiste auf das Symbol *Format übertragen* ❷.

3 Am Cursor erscheint nun ein Pinselsymbol ❸. Markieren Sie jetzt mit der Maus die Textstelle, der Sie die Formatierung zuweisen möchten.

Als Alternative verwenden Sie die Tastenkombinationen **Strg**+**Umschalt**+**C** (Format kopieren) und **Strg**+**Umschalt**+**V** (Format einfügen bzw. anwenden).

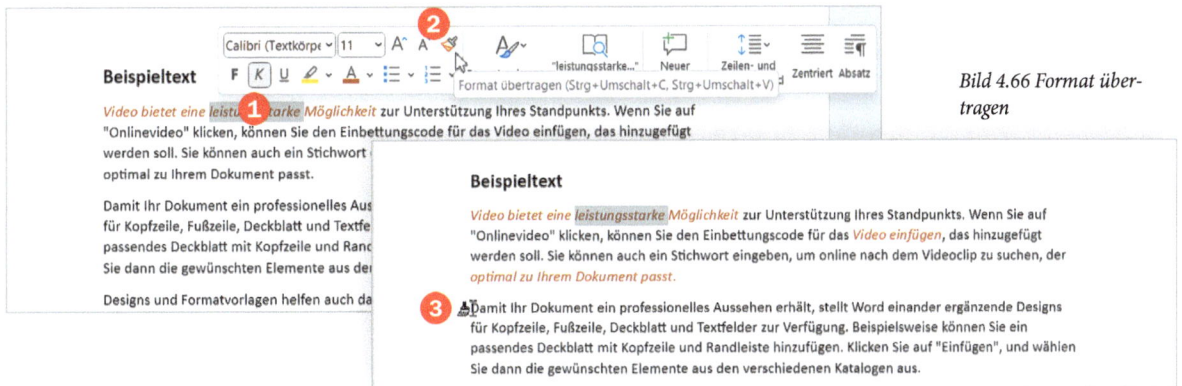

Bild 4.66 Format übertragen

Format nacheinander auf mehrere Textstellen übertragen

Falls Sie die Formatierung gleich auf mehrere Textstellen nacheinander übertragen möchten, so doppelklicken Sie auf das Symbol *Format übertragen*. Damit bleibt die Funktion dauerhaft solange aktiviert, bis erneut auf das Symbol klicken oder die

Esc-Taste betätigen. Ob Format übertragen aktiv ist, erkennen Sie am hervorgehobenen Symbol und am Pinsel am Mauszeiger.

Format übertragen auf Zeichen- und Absatzformate anwenden

Format übertragen schließt nicht nur Schrift- und Absatzformate ein, sondern kann auch wahlweise auf einzelne Zeichen oder ganze Absätze angewendet werden. Dies hängt von der Markierung ab.

▶ **Zeichenformate übertragen**
Markieren Sie eine Textstelle, deren Formatierung kopiert werden soll und klicken Sie auf *Format übertragen*. Anschließend markieren Sie diejenigen Zeichen, die das Format erhalten sollen.

▶ **Auf gesamten Absatz übertragen**
Zum Übertragen des gesamten Absatzformats genügt es, wenn sich der Cursor in dem Absatz befindet, der als Vorlage dient. Oder markieren Sie den gesamten Absatz einschließlich der (meist ausgeblendeten) Absatzendemarke. Klicken Sie auf *Format übertragen* und klicken Sie dann entweder in den Zielabsatz oder markieren Sie wieder den gesamten Absatz.

Formatierungen löschen und das ursprüngliche Aussehen wiederherstellen

Nicht immer ist beim Formatieren das Ergebnis zufriedenstellend. Dann kann es nützlich sein, wenn Sie vor einem erneuten Versuch alle Formatierungen entfernen und das ursprüngliche Aussehen des Textes wiederherstellen. Dazu verwenden Sie im Menüband, Register *Start*, das Symbol *Alle Formatierungen löschen*. Ob dadurch Schriftformate und/oder Absatzformate entfernt werden, hängt von der Markierung ab.

Bild 4.67 Alle Formatierungen löschen

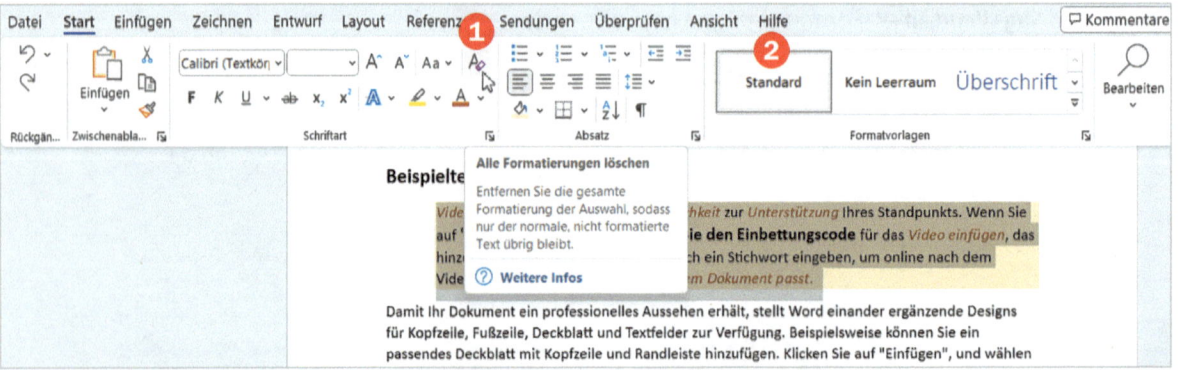

▶ **Nur Schriftformate entfernen**
Um ausschließlich alle Schriftformate zu entfernen, markieren Sie die betreffende Textstelle und klicken auf das Symbol *Alle Formatierungen löschen* ❶. Achtung: Wenn alle Schriftformate eines Absatzes gelöscht werden sollen, dann darf die Absatzendemarke nicht mit markiert werden, da sonst auch die Absatzformate entfernt werden.

▶ **Absatzformate entfernen**
Sollen nur die Absatzformate entfernt, abweichende Schriftformate einzelner Zeichen wie z. B. Unterstreichen von Wörtern aber beibehalten werden, dann positionieren Sie den Cursor im Absatz und klicken entweder auf *Alle Formatierungen löschen* oder im selben Register des Menübands auf die Formatvorlage *Standard* ❷ oder verwenden Sie die Tasten **Strg+Umschalt+N**.

▶ **Schrift- und Absatzformate von Absätzen entfernen**
Wenn Sie sämtliche Formate, also Schrift- und Absatzformate eines Absatzes löschen möchten, dann markieren Sie den gesamten Absatz einschließlich der Absatzendemarke und klicken auf *Alle Formatierungen löschen*.

4.8 Übung

▶ Beginnen Sie mit einem neuen leeren Dokument, das Sie unter dem Namen Kap_04_Uebung.docx in einem beliebigen Ordner speichern.

▶ Legen Sie für das gesamte Dokument die folgenden Design-Einstellungen fest:

- Designschriftart: *Corbel*, 11 Pt..
- Absatzabstand: *Kein Absatzabstand*
- Die Designfarben wählen Sie dagegen nach Ihren Vorstellungen.

▶ Tippen Sie den nachfolgenden Text ab und formatieren Sie diesen möglichst ähnlich der Vorlage. Achten Sie dabei darauf, dass der Text auf eine Seite passt.

HEIDEMARIE-MÜLLER-STIFTUNG
Am Gartenweg 1
12345 Musterstadt

Seminar: Strategische und praktische Verkaufsplanung

Termin: 28. April
Ort: Hotel zur Post
             Tagungsraum 2, 3. Stock
Beginn: 9:00 Uhr
Referent: Herr André Wolf

Seminarinhalte
(1) Begrüßung

(2) Begriffsdefinition Marketingstrategie

(3) Strategieplanung von der Idee zum Verkaufserfolg

    Pause ca. 10:30 Uhr

(4) Gruppenarbeit: Entwurf einer Strategie

    Mittagspause von 12:30 bis 13:30 Uhr

(5) Cashcows und Poor Dogs

(6) Warum kauft der Kunde?

    Kaffeepause ca. 15:30 Uhr

(7) Gruppenarbeit: Entwurf einer fiktiven Werbekampagne

(8) Resümee

    Ende ca. 17:00 Ihr

✂---
Bitte hier abtrennen

Bitte senden Sie uns folgende Informationen zu:

Name / Vorname: ....

Straße / Ort: ....

Mittagessen (bitte ankreuzen):
    ❏ Fleisch
    ❏ Fisch
    ❏ Vegetarisch

5 Seitenlayout einrichten und Dokument drucken

In diesem Kapitel lernen Sie ...
- Seitenränder, Papierformat und -ausrichtung
- Kontrolle in der Druckvorschau und Druckeinstellungen
- Text in Spalten anordnen
- Seitenzahlen einfügen
- Kopf- und Fußzeilen gestalten
- Wasserzeichen einfügen
- Umschläge und Etiketten drucken

Das sollten Sie bereits wissen
- Text eingeben und korrigieren
- Dokumente speichern und öffnen
- Zeichen und Absätze formatieren

5 Seitenlayout einrichten und Dokument drucken

5.1 Seitenlayout einrichten

Blindtext zum Testen des Layouts erzeugen

Blindtext lässt sich auch gut zum Testen verschiedener Formatierungen oder Formatvorlagen einsetzen, siehe Kapitel 4.

Da die Wirkung eines Seitenlayouts in einem leeren Dokument nur schwer zu beurteilen ist, gibt es Word eine Möglichkeit, ohne mühsames Eintippen schnell längeren Blindtext, d. h. beliebigen Text ohne Bedeutung zu erzeugen. Dieser wird später einfach wieder gelöscht.

▶ **Dazu setzen Sie den Cursor an den Beginn eines Absatzes und tippen ein:**
=Rand(10) und betätigen unmittelbar danach die Eingabetaste.

▶ **Falls Sie statt Text aus der Word-Hilfe lieber lateinischen Text möchten, dann geben Sie ein:**
=Lorem(10).

▶ Die Zahl in Klammern legt die Anzahl der Absätze fest, wenn Sie auch noch die Anzahl der Sätze pro Absatz vorgeben möchten, dann geben Sie diese dahinter mit Komma getrennt an. So erhalten Sie z. B. mit =rand(10,5) zehn Absätze mit je fünf Sätzen.

Bild 5.1 Mit =Rand() erzeugter Blindtext

Papierformat, Ausrichtung und Seitenränder festlegen

Genau wie bei der Formatierung verwendet Word auch für das Seitenlayout, also beispielsweise Papierformat und Seitenränder, bestimmte Standardeinstellungen. Eine Änderung ist jederzeit möglich, sollte aber am besten bereits zu Beginn der Eingabe, vorgenommen werden. Alle wichtigen Einstellungen zum Seitenlayout finden Sie im Menüband im Register *Layout*, Gruppe *Seite einrichten*.

Bild 5.2 Register Layout

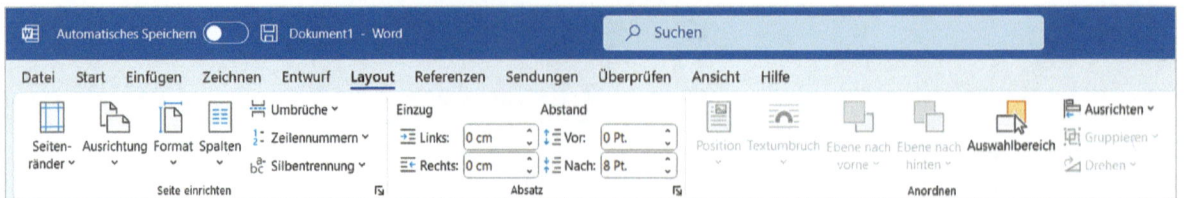

Papierformat und Ausrichtung

Das Papierformat A4 ist in der Regel bereits voreingestellt und braucht daher nur in Ausnahmefällen geändert werden. Dazu klicken Sie im Register *Layout* ▶ *Seite einrichten* auf die Schaltfläche *Format* und wählen eines der Formate aus der Liste. Sollte die gewünschte Größe nicht in der Liste enthalten sein, so klicken Sie auf *Weitere Papierformate…*, um anschließend ein eigenes Papierformat zu definieren (s. Bild 5.8 auf Seite 159). Ob Hoch- oder Querformat, steuern Sie über die Schaltfläche *Ausrichtung*.

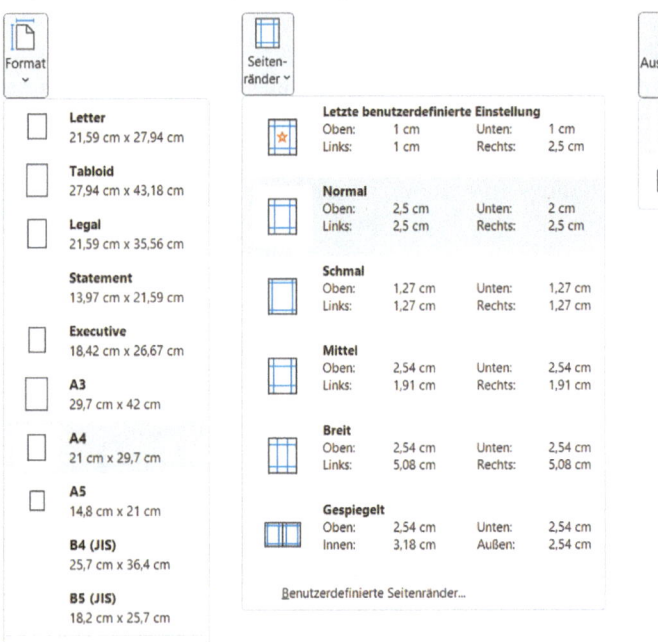

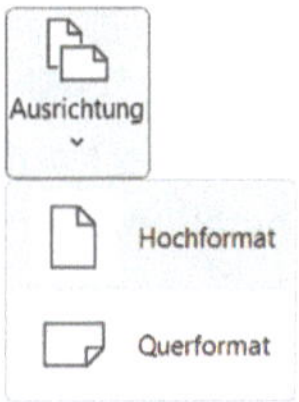

Bild 5.3 Papierformat

Bild 5.4 Seitenränder

Bild 5.5 Ausrichtung

> ■ **Sonderformate für Briefumschläge**
>
> Unter *Format* sind auch die gängigen Formate für Briefumschläge aufgeführt. Allerdings sollten Sie zum Bedrucken von Umschlägen und Etiketten eine andere Vorgehensweise wählen, Näheres hierzu am Ende dieses Kapitels ab Seite 183.

Seitenränder

Mit Klick auf die Schaltfläche *Seitenränder* erhalten Sie verschiedene Vorschläge (s. Bild 5.4 oben). Leider enthält diese Liste nur selten genau die benötigen Einstellungen. Am besten halten Sie sich daher nicht mit den vordefinierten Rändern auf, sondern klicken am Ende der Liste auf *Benutzerdefinierte Seitenränder…* und geben die Maße im Dialogfenster *Seite einrichten* ein.

Noch schneller geht's, wenn Sie zum Ändern der Seitenränder im Menüband, Register *Layout* auf den kleinen Pfeil ⌐ der Gruppe *Seite einrichten* klicken und so gleich das Dialogfenster *Seite einrichten* öffnen.

Im Register *Seitenränder* des Dialogfensters geben Sie die gewünschten Ränder in cm entweder direkt in die Felder ❶ ein oder benutzen die kleinen Pfeile. Die Einheit cm ist hier die Standardmaßeinheit und braucht nicht explizit mit angegeben werden.

Falls Sie einen zusätzlichen Bereich zum Binden oder Heften benötigen, so geben Sie diesen bei *Bundsteg* ❷ und *Bundstegposition* an. Alternativ können Sie einen solchen Bereich auch beim linken oder oberen Seitenrand berücksichtigen und 0 cm als Bundsteg beibehalten. Unterhalb kann die Ausrichtung ebenfalls geändert werden ❸.

Seitenränder als Standardeinstellung speichern

Benötigen Sie häufig dieselben Seitenränder? Dann speichern Sie diese als Standardeinstellung für alle künftigen neuen leeren Dokumente. Dazu legen Sie erst einmal alle gewünschten Seitenränder fest und klicken dann auf die Schaltfläche *Als Standard festlegen* ❹. Bestätigen Sie die nachfolgende Meldung mit *Ja*.

Bild 5.6 Das Fenster Seite einrichten

Bild 5.7 Gegenüberliegende Seiten drucken

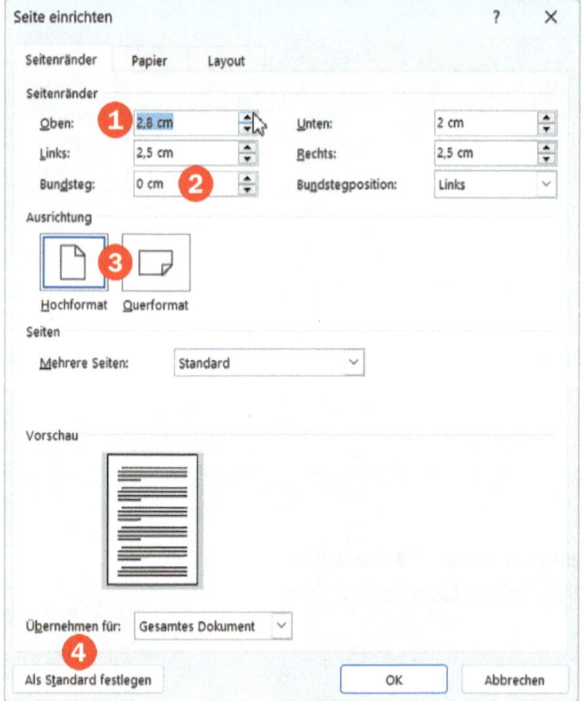
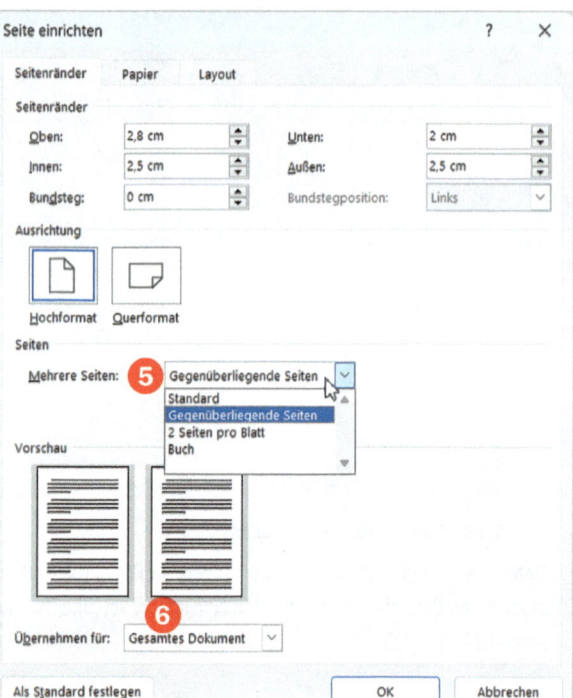

Mehrere Seiten drucken, beidseitiger Druck

Umfasst Ihr Dokument mehrere Seiten, dann können Sie im Feld *Mehrere Seiten* ❺ auswählen, wie diese angeordnet werden. Damit die Einstellungen in das gesamte Dokument übernommen werden, muss außerdem im Feld *Übernehmen für* unbedingt *Gesamtes Dokument* ❻ ausgewählt sein.

▶ **Beidseitig drucken**: Soll das Dokument beidseitig (Vorder- und Rückseite) mit gespiegelten Seitenrändern gedruckt werden, so wählen Sie *Gegenüberliegende*

Seiten statt der Einstellung *Standard*. In diesem Fall werden die Seitenränder *Innen* und *Außen* statt Links und Rechts angegeben.

- **Zwei Seiten pro Blatt:** Mit der Auswahl *2 Seiten pro Blatt* und der Ausrichtung *Querformat* erhalten Sie ebenfalls gespiegelte Seitenränder, außerdem wird die Seitengröße automatisch so angepasst, dass auf jeder A4-Seite zwei Seiten des Dokuments gedruckt werden. Damit können Sie das Ergebnis beispielsweise falten.

- **Broschüre:** Ein ähnliches Ergebnis erhalten Sie auch mit der Auswahl *Buch*. In diesem Fall wird als Ausrichtung automatisch *Querformat* festgelegt und die Breite der einzelnen Seiten so gewählt, dass je zwei Seiten auf eine Druckseite im aktuellen Papierformat (z. B. A4) passen. Die endgültige Größe der Broschüre ist also halb so groß wie das verwendete Papierformat und die Reihenfolge der Seiten entspricht der Reihenfolge beim Lesen der beidseitig gedruckten und gefalteten Broschüre.

Papierformat und -zufuhr

Netzwerkdrucker verfügen in der Regel über mehrere Papierschächte und erlauben beim Druck die Auswahl eines bestimmten Papiers, z. B. Briefpapier mit vorgedrucktem Briefkopf oder leeres Papier. Falls das aktuelle Dokument mit einem solchen Drucker und auf bestimmtem Papier gedruckt werden soll, so klicken Sie im Dialogfenster *Seite einrichten* auf das Register *Papier*. Beachten Sie, dass die Möglichkeiten der Papierzufuhr abhängig sind vom installierten Drucker bzw. Druckertreiber und daher auf Ihrem Gerät von der Abbildung (Bild 5.8) abweichen können. Normalerweise verwendet Word den Standardschacht. Bei mehrseitigen Dokumenten wird die Papierzufuhr für die erste Seite und die restlichen Seiten getrennt gewählt. Die Einstellungen werden zusammen mit dem Dokument gespeichert und gelten nur für dieses.

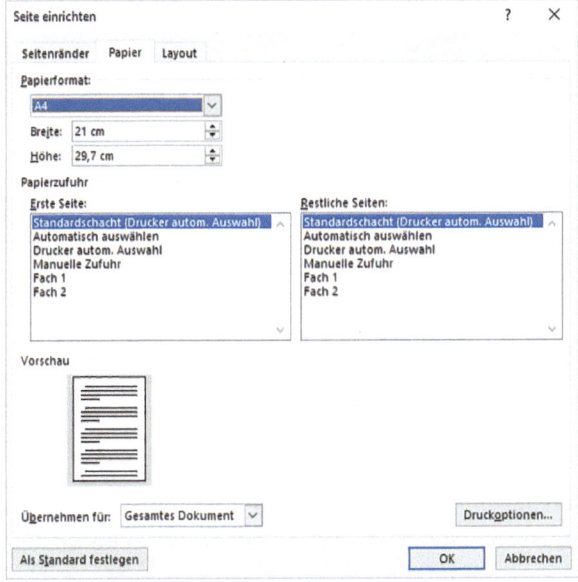

Bild 5.8 Papierformat und -zufuhr

Hinweis: In diesem Register kann auch das Papierformat ausgewählt werden. Sollte das benötigte Papierformat nicht in der Liste aufgeführt sein, so wählen Sie *Benutzerdefiniert* und geben in die Felder *Breite* und *Höhe* die exakten Maße ein.

5.2 Unterschiedliche Layouteinstellungen innerhalb eines Dokuments

Abwechselnd Hoch- und Querformat einrichten

Ausrichtung und Seitenränder beziehen sich, wenn nichts anderes festgelegt wurde, immer auf das gesamte Dokument. Allerdings können Sie auch einzelne Seiten abweichend im Querformat ausrichten oder unterschiedliche Seitenränder angeben. Diese Einstellungen nehmen Sie ebenfalls im Fenster *Seite einrichten* vor.

Als Beispiel wollen wir innerhalb eines Dokuments mit insgesamt vier Seiten die Seite zwei im Querformat einrichten, alle übrigen Seiten erhalten Hochformat.

1. Zunächst achten Sie darauf, dass sich der Cursor im Dokument an der Stelle befindet, **ab** der Querformat beginnen soll.

2. Öffnen Sie dann das Fenster *Seite einrichten*, klicken Sie auf das Register *Seitenränder* und ändern Sie hier die Ausrichtung auf *Querformat*.

3. Klicken Sie in das Feld *Übernehmen für* und wählen Sie *Dokument ab hier*. Bestätigen Sie dann mit *OK*.

Bild 5.9 Querformat ab Cursorposition

Tipp: Mit derselben Vorgehensweise können Sie auch unterschiedliche Seitenränder innerhalb eines Dokuments festlegen.

4. Word beginnt eine neue Seite und ab hier werden alle restlichen Seiten im Querformat angezeigt. Wir möchten aber ab der dritten Seite wieder Hochformat. Po-

sitionieren Sie daher den Cursor an der Stelle, ab der wieder Hochformat beginnen soll und öffnen Sie erneut das Fenster *Seite einrichten*.

5   Ändern Sie die Ausrichtung wieder auf *Hochformat*, klicken Sie auf *Übernehmen für* und wählen Sie wieder *Dokument ab hier*.

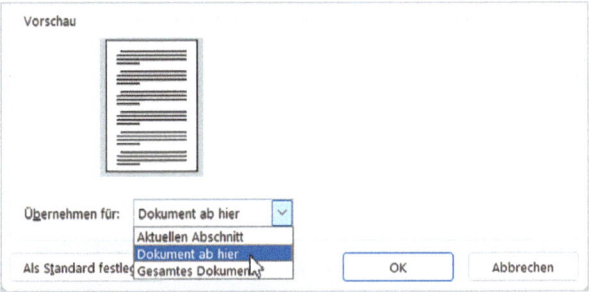

Bild 5.10 Hochformat ab Cursorposition

Im Feld *Übernehmen für* ist eine dritte Option hinzugekommen, nämlich *Aktueller Abschnitt*. Was dies bedeutet und wie Sie ein Dokument selbst in Abschnitte aufteilen, erfahren Sie weiter unten im nächsten Punkt.

Im Dokument seitenweise blättern

Das Ergebnis unterschiedlicher Layouts können Sie am besten kontrollieren, wenn Sie im Dokument ausnahmsweise seitenweise horizontal statt vertikal blättern wie im Bild unten. Dazu klicken Sie im Menüband auf das Register *Ansicht* und aktivieren hier in der Gruppe *Seitenbewegung Seitenweise* statt *Vertikal*. Das Dokument wird automatisch so verkleinert, dass eine Druckseite vollständig auf den Bildschirm passt und wie in einem Buch blättern Sie durch Drehen des Mausrads oder mit den Tasten **Bild auf** / **Bild ab** seitenweise durch das Dokument.

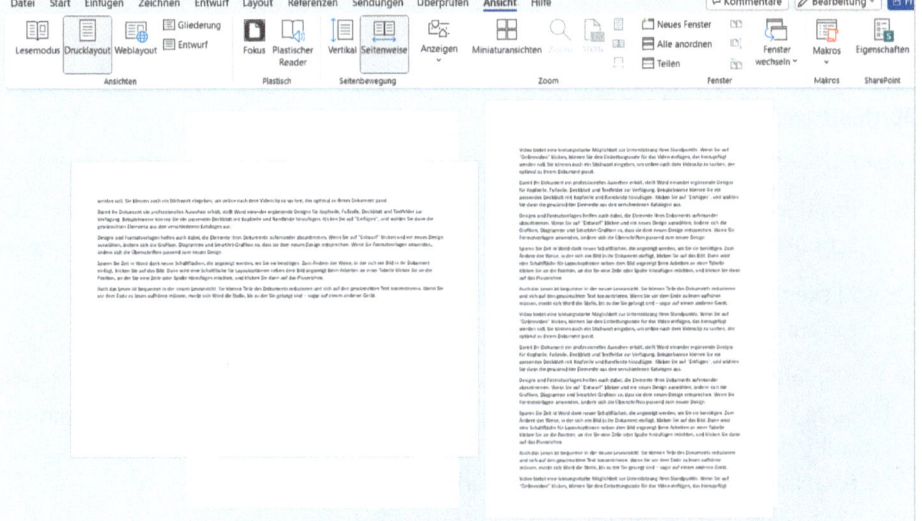

Bild 5.11 Im Dokument seitenweise blättern

Falls Sie statt Blättern die Seiten nebeneinander darstellen möchten, so behalten Sie die Einstellung *Seitenweise* bei und klicken in der Gruppe *Zoom* auf *Miniaturansichten*. Diese Ansicht dient eigentlich zur schnellen Auswahl einer bestimmten Seite durch Anklicken, eignet sich aber auch für eine schnelle Kontrolle das Layouts.

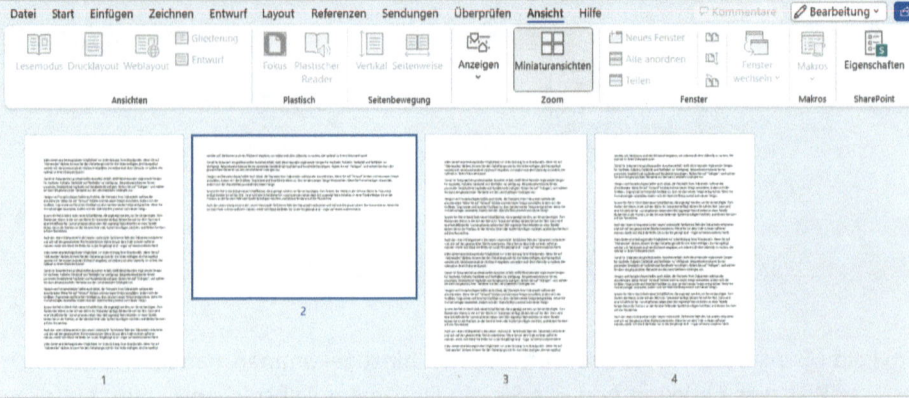

Bild 5.12 Miniaturansichten

Sobald Sie eine Seite durch Anklicken ausgewählt haben, wechselt Word wieder zur Ansicht im Bild 5.11. Falls Sie ohne Auswahl einer Seite zur vorherigen Anzeige zurückkehren möchten, klicken Sie nochmals auf *Miniaturansichten*.

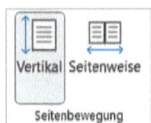

Achtung: Wenn *Seitenweise* als Seitenbewegung aktiviert ist, lässt sich der Zoom nicht ändern. Sie müssen also wieder auf *Vertikal* klicken, wenn Sie das Dokument anschließend wieder in der normalen Anzeige bearbeiten möchten.

Dokument in Abschnitte aufteilen

> ■ **Einstellungen zum Seitenlayout beziehen sich auf Abschnitte**
>
> Das Seitenlayout gilt eigentlich für Abschnitte. Um innerhalb eines Dokuments unterschiedliche Layouts einzurichten, müssen Sie daher es in Abschnitte aufteilen. Beim Beispiel oben wurde von Word an der Cursorposition automatisch ein Abschnittsumbruch eingefügt. Anschließend können Sie für jeden Abschnitt das Layout gesondert bearbeiten.

Abschnittsumbruch einfügen

Um im Dokument manuell einen Abschnittsumbruch einzufügen, gehen Sie so vor:

1. Positionieren Sie im Dokument den Cursor an der Stelle, **ab** der ein neuer Abschnitt beginnen soll, entweder am Beginn eines Absatzes oder in einer Leerzeile.

2. Klicken Sie im Menüband auf das Register *Layout* und in der Gruppe *Seite einrichten* auf die Schaltfläche *Umbrüche*.

3. Wählen Sie unter *Abschnittsumbrüche*, ob der neue Abschnitt mit einer neuen Seite (*Nächste Seite*) oder ab der Cursorposition auf derselben Seite beginnen soll (*Fortlaufend*). Weitere Möglichkeiten sind, einen neuen Abschnitt automatisch mit einer geraden oder ungeraden Seite zu beginnen.

   Auf diesem Weg kann mit *Seite* auch ein manueller Seitenumbruch eingefügt werden, siehe Kapitel 2.

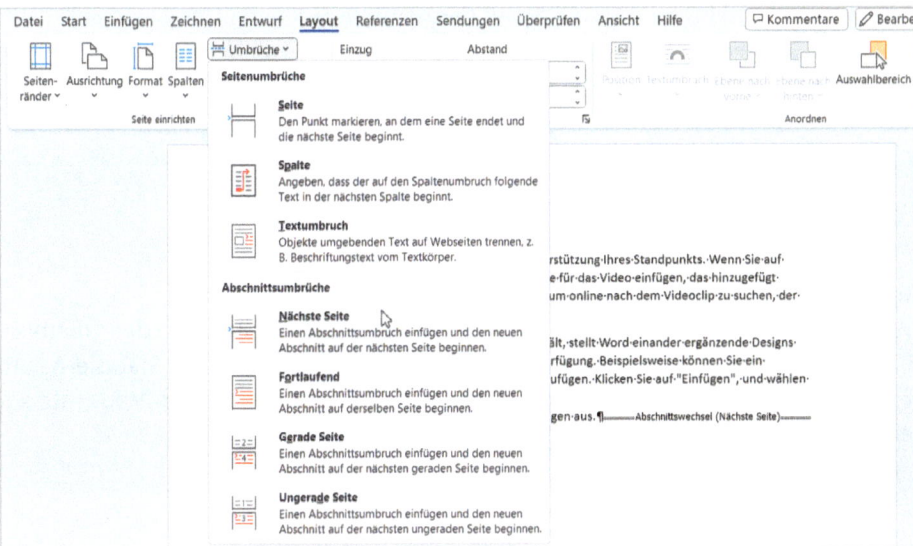

Bild 5.13 Abschnittsumbrüche einfügen

Abschnittsumbrüche anzeigen/löschen

Abschnittsumbrüche können zusammen mit den übrigen nicht druckbaren Zeichen von Word ein- und ausgeblendet werden und erscheinen als doppelt gepunktete Linie wie im Bild unten. Zum Ein- und Ausblenden dieser Zeichen benutzen Sie im Register *Start* des Menübands ▶ *Absatz* das Symbol *Alle anzeigen* ¶ .

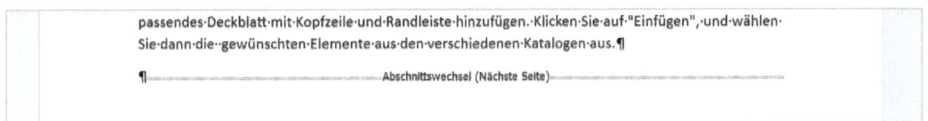

Bild 5.14 Ein Abschnittswechsel wird als doppelt gepunktete Linie dargestellt

Genau wie ein manueller Seitenumbruch kann auch ein Abschnittsumbruch wieder gelöscht werden. Dazu klicken Sie mit der Maus in die Doppellinie und betätigen die **Entf**-Taste.

> ■ **Vorsicht beim Löschen eines Abschnittswechsels!**
>
> Ein Abschnittsumbruch bzw. die doppelt gepunktete Linie enthält alle Layouteinstellungen des oberhalb befindlichen Abschnitts. Löschen Sie einen Abschnittswechsel, so wird der vorhergehende Abschnitt mit dem nächsten zusammengeführt und erhält dessen Layout. Ist beispielsweise Abschnitt 1 im Hochformat ausgerichtet und Abschnitt 2 im Querformat, dann erhält Abschnitt 1 nach dem Löschen des Abschnittswechsels automatisch ebenfalls Querformat.

Layout eines Abschnitts bearbeiten

Wenn Sie das Layout eines Abschnitts bearbeiten möchten, dann müssen Sie dafür zuerst sorgen, dass sich der Cursor innerhalb dieses Abschnitts befindet. Standardmäßig beziehen sich dann alle Layoutänderungen, die Sie beispielsweise im Register *Layout* vornehmen, auf den aktuellen Abschnitt. Wenn Sie nicht sicher sind oder eine Einstel-

Bild 5.15 Übernehmen für

Bild 5.16 Abschnittsanzeige in der Statusleiste

lung sich trotz mehrerer Abschnitte auf das gesamte Dokument beziehen soll, dann öffnen Sie das Fenster *Seite einrichten*, nehmen hier Ihre Einstellungen vor und wählen im Feld *Übernehmen für* die gewünschte Option.

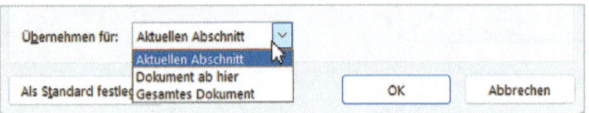 

Tipp: Abschnitt in der Statusleiste anzeigen
Wenn Sie in umfangreichen Dokumenten mit mehreren Abschnitten den Überblick behalten möchten, dann blenden Sie den aktuellen Abschnitt in der Statusleiste am unteren Rand des Word-Fensters ein. Klicken Sie dazu mit der rechten Maustaste auf einen freien Bereich der Statusleiste und aktivieren Sie die Anzeige *Abschnitt*.

5.3 Leere Seite / Deckblatt hinzufügen

Häufig wird für ein Dokument nachträglich ein Deckblatt benötigt oder Sie möchten innerhalb eines Dokuments an einer bestimmten Stelle eine leere Seite einfügen. Beides lässt sich mit Seiten- und/oder Abschnittsumbrüchen bewerkstelligen, schneller geht es jedoch mit den passenden Werkzeugen von Word.

Leere Seite im Dokument einfügen

Positionieren Sie den Cursor im Dokument an der Stelle, **vor** der die leere Seite eingefügt werden soll, also z. B. am Beginn des ersten Absatzes, wenn Sie davor eine leere Seite benötigen ❶ und klicken Sie im Register *Einfügen* ▶ *Seiten* auf *Leere Seite* ❷.

Bild 5.17 Leere Seite im Dokument einfügen

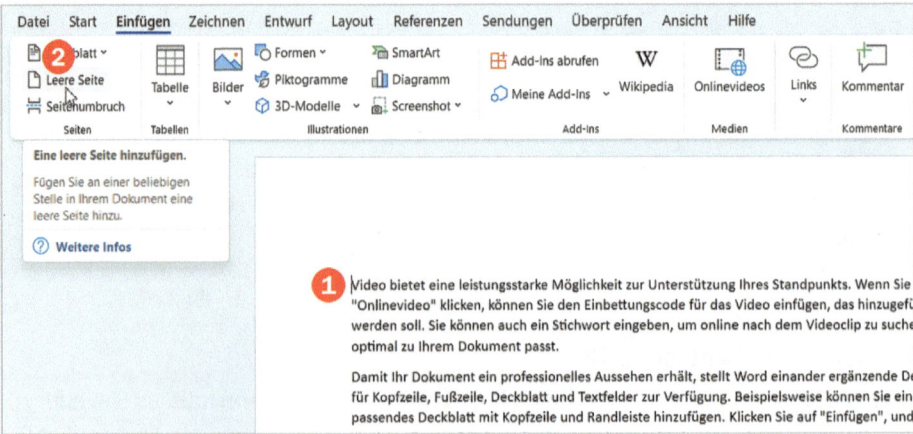

Haben Sie die leere Seite am Dokumentanfang eingefügt, so enthält die hinzugefügte Seite einen leeren Absatz und einen Seitenumbruch, wie im Bild unten.

Bild 5.18 Der zweite Seitenumbruch befindet sich auf der neu eingefügten leeren Seite

Wird dagegen die leere Seite zwischen zwei Absätzen in das Dokument eingefügt, so werden zwei Seitenumbrüche erzeugt: Einer nach dem vorhergehenden Absatz und ein zweiter auf der nächsten leeren Seite nach einer Leerzeile.

Deckblatt verwenden

Im Register *Einfügen* ▶ *Seiten* lässt sich statt einer leeren Seite auch schnell ein fertig gestaltetes Deckblatt einfügen. Die Deckblätter verfügen über Platzhalter in die Sie nur noch die gewünschten Inhalte eingeben brauchen.

Im Gegensatz zur leeren Seite spielt beim Einfügen eines Deckblatts die Cursorposition keine Rolle, Deckblätter werden automatisch am Beginn des Dokuments eingefügt.

Klicken Sie im Menüband, Register *Einfügen* ▶ *Seiten* auf *Deckblatt* ❶ und wählen Sie eine Vorlage. Beachten Sie, dass Farben und Schriften der angebotenen Vorlagen abhängig sind von den Designfarben und -schriften und daher auf Ihrem Gerät von der Abbildung unten abweichen können.

Bild 5.19 Fertig gestaltetes Deckblatt einfügen

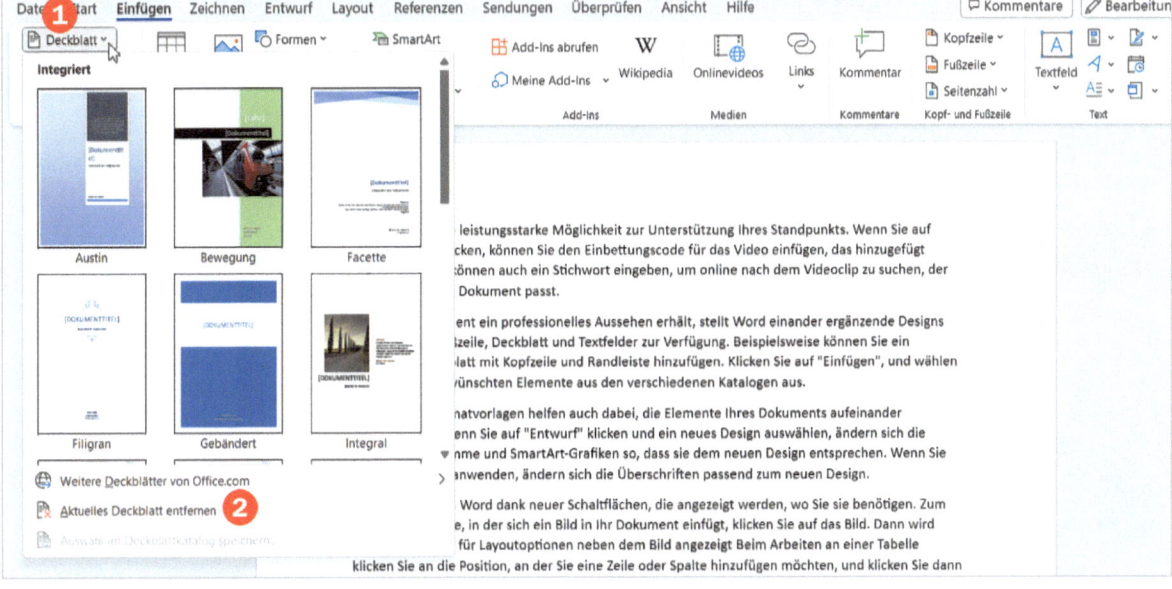

Anschließend klicken Sie nacheinander in die Platzhalter und geben hier Ihren Text ein, nicht benötigte Platzhalter können Sie nach dem Anklicken bzw. Markieren einfach löschen. Falls Ihnen das gewählte Deckblatt nicht zusagt, können Sie problemlos ein anderes auswählen, allerdings gehen dadurch bereits eingetippte Inhalte verloren. Weitere Deckblätter sind auch online auf Office.com verfügbar.

Deckblatt entfernen
Um ein Deckblatt schnell wieder zu entfernen, klicken Sie nochmals im Menüband auf *Deckblatt* und dann auf *Aktuelles Deckblatt entfernen* ❷.

5.4 Text in Spalten anordnen

Mit Word lässt sich Text auch in zwei oder mehr Spalten anordnen, wobei sich die Aufteilung in Spalten ebenfalls auf Abschnitte bezieht. Wenn also nur ein bestimmter Teil des Dokuments zweispaltig sein soll, dann müssen Sie im ersten Schritt das Dokument wieder in Abschnitte aufteilen.

Dokument in Abschnitte aufteilen, s. Seite 162.

Beispiel: Überschrift und der erste Absatz erhalten die gesamte Breite, der restliche Text wird zweispaltig angeordnet.

1. Schritt: Fortlaufenden Abschnittswechsel einfügen
Positionieren Sie den Cursor am Beginn des Absatzes, ab dem der zweispaltige Text beginnen soll ❶. Klicken Sie im Register *Layout* auf *Umbrüche* und unter *Abschnittsumbrüche* auf *Fortlaufend* ❷.

Bild 5.20 Fortlaufenden Abschnittswechsel einfügen

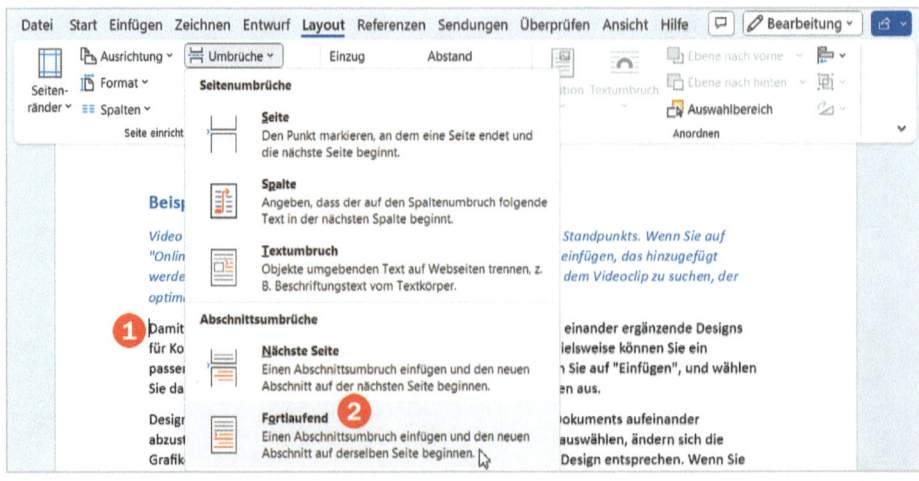

2. Schritt: Aufteilung in Spalten
Positionieren Sie den Cursor im zweiten Abschnitt, klicken Sie im Register *Layout* ▶ *Seite einrichten* auf *Spalten* und auf die gewünschte Anzahl, hier *Zwei*.

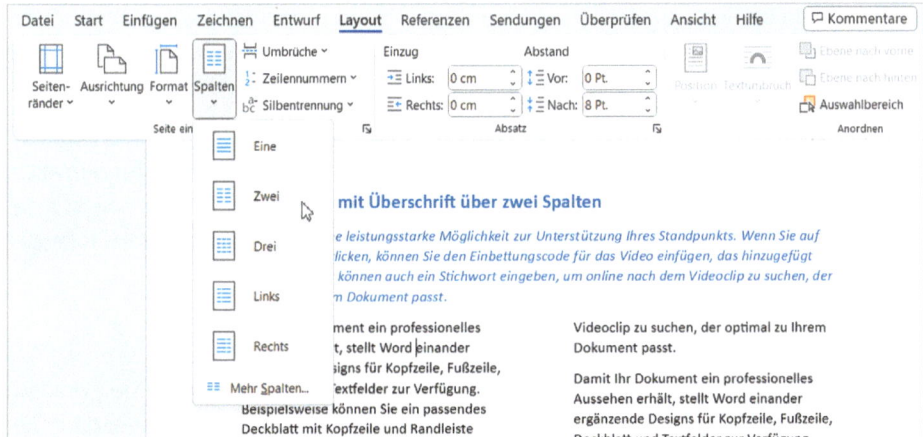

Bild 5.21 Text in zwei Spalten

Weitere Einstellungen für Spalten

Mit der Auswahl *Zwei* oder *Drei* erhalten alle Spalten dieselbe Breite und einen Standardabstand zwischen den Spalten. Für detailliertere Einstellungen klicken Sie auf *Mehr Spalten…*. Im nachfolgenden Dialogfenster *Spalten* finden Sie folgende zusätzliche Optionen:

▸ **Spaltenanzahl:** Die Anzahl der Spalten geben Sie im Feld *Spaltenanzahl* ❶ ein.

▸ **Linie zwischen den Spalten einfügen**: Aktivieren Sie das Kontrollkästchen *Zwischenlinie* ❷.

▸ **Abstand zwischen den Spalten ändern:** Den Abstand zwischen den Spalten ändern Sie im Feld *Abstand* ❸. Ist das Kontrollkästchen *Gleiche Spaltenbreite* ❹ aktiviert, so erfolgt eine automatische Angleichung der Spaltenbreiten entsprechend der gewählten Spaltenanzahl und der Seitenbreite.

▸ **Genaue Spaltenbreite festlegen:** Möchten Sie unterschiedliche Spaltenbreiten, dann muss das Kontrollkästchen *Gleiche Spaltenbreite* deaktiviert sein. Dann können Sie für jede Spalte im Feld *Breite* die gewünschte Breite eingeben.

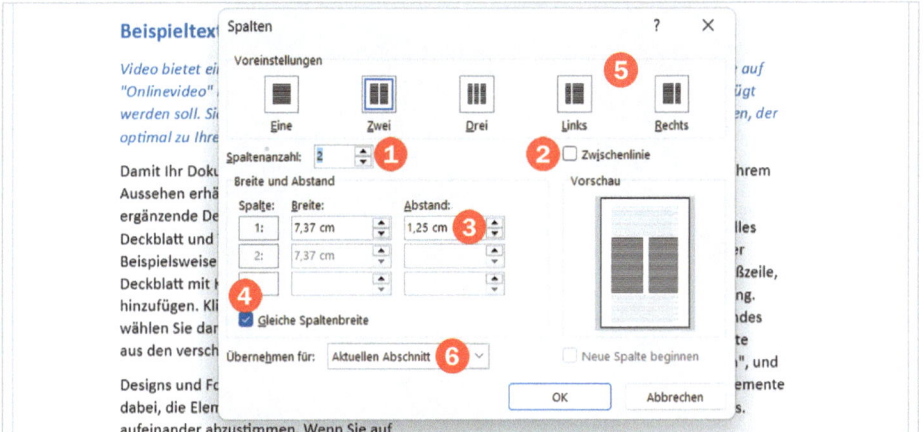

Bild 5.22 Spaltenoptionen

▶ Mit den beiden Varianten *Links* und *Rechts* ❺ erzeugen Sie zwei Spalten unterschiedlicher Breite, wobei in der Standardvorgabe die jeweils schmälere Spalte ein Drittel der verfügbaren Breite erhält. Die Breite kann jedoch individuell angepasst werden.

▶ Im Feld *Übernehmen für* ❻ legen Sie wieder fest, ob die Einstellung für den aktuellen Abschnitt oder das gesamte Dokument übernommen werden soll. Mit der Auswahl *Dokument ab* wird an der Cursorposition automatisch ein fortlaufender Abschnittswechsel eingefügt.

Spaltenwechsel einfügen

Der Umbruch zwischen den Spalten erfolgt ebenfalls automatisch. Wenn Sie trotzdem an der Cursorposition einen manuellen Spaltenwechsel einfügen möchten, dann klicken Sie im Register *Layout* des Menübands auf *Umbrüche* und wählen *Spalte*.

Tipp: Text in Spalten am Dokumentende gleichmäßig aufteilen

Der automatische Spaltenumbruch verhält sich wie der automatische Seitenumbruch, und erfolgt entweder am Ende der Seite, wie im Bild unten links oder beim nächsten Abschnittswechsel. Wenn Sie den Text am Ende des Dokuments aus optischen Gründen gleichmäßig auf zwei Spalten verteilen möchten, dann fügen einfach am Dokumentende noch einen fortlaufenden Abschnittsumbruch ein. Das Ergebnis sehen Sie im Bild rechts.

Bild 5.23 Spalten am Dokumentende gleichmäßig aufteilen

5.5 Kopf- und Fußzeilen, Seitenzahlen

Gleichbleibende Inhalte, die auf jeder Seite gedruckt werden sollen, z. B. Seitenzahlen, werden in den Bereich ober- und unterhalb der Seitenränder eingefügt, also zwischen Seitenrand und Papierrand und damit außerhalb des Satzspiegels. Je nach Position wird dieser Bereich als Kopfzeile oder Fußzeile bezeichnet, die Bearbeitung unterscheidet sich nicht.

Kopf- und Fußzeile öffnen
Um den Bereich Kopf- oder Fußzeile zu bearbeiten, müssen Sie diesen öffnen. Am einfachsten geschieht dies durch einen Doppelklick in den Bereich ❶, im Bild unten als Beispiel der Bereich Kopfzeile.

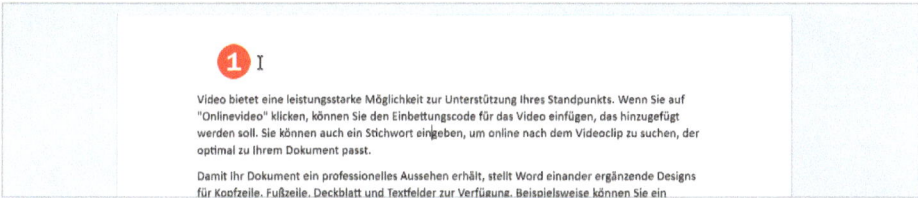

Bild 5.24 Doppelklicken Sie in den Bereich Kopfzeile

Anschließend erscheint der Cursor im geöffneten Bereich, hier *Kopfzeile* ❷ während das übrige Dokument ausgegraut ist. Gleichzeitig erscheint im Menüband das Register *Kopf- und Fußzeile* zur weiteren Bearbeitung.

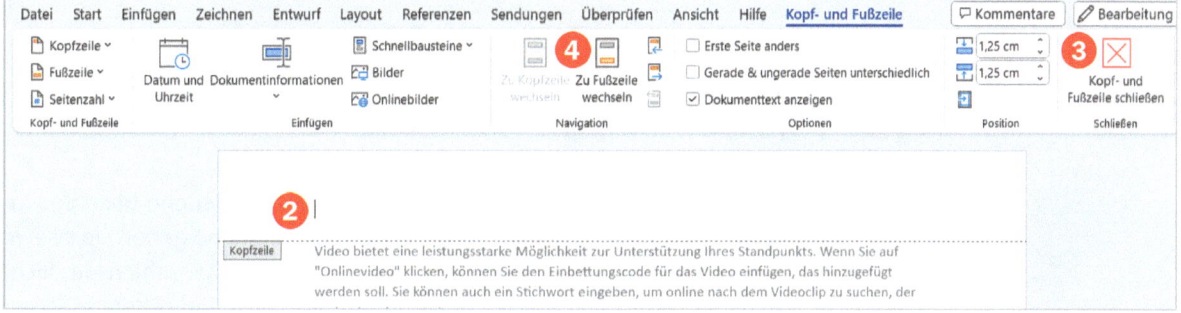

Bild 5.25 Der Bereich Kopfzeile mit dem Register Entwurf

Kopf- und Fußzeile schließen
Wenn Sie wieder mit der Bearbeitung im Dokument fortfahren möchten, klicken Sie im Register *Kopf- und Fußzeile* auf *Kopf- und Fußzeile schließen* ❸. Schneller geht's mit Doppelklick in den Bereich des übrigen Dokuments.

Zwischen Kopf- und Fußzeile wechseln
Im Register *Kopf- und Fußzeile* des Menübands finden Sie in der Gruppe *Navigation* die beiden Schaltflächen *Zu Kopfzeile wechseln* und *Zu Fußzeile wechseln* ❹. Diese können Sie benutzen, um schnell zwischen diesen Bereichen zu wechseln. Scrollen mit dem Mausrad funktioniert natürlich ebenfalls.

Vorlagen für Kopf- und Fußzeilen verwenden

Word verfügt über eine Reihe von Vorlagen für Kopf- und Fußzeilen, in die Sie nur noch die gewünschten Inhalte eingeben brauchen. Dazu klicken Sie entweder im Register *Einfügen* ▶ *Kopf- und Fußzeile* auf die Schaltfläche *Kopfzeile* oder *Fußzeile* (Bild 5.26); wenn Sie sich bereits in der Kopf- oder Fußzeile befinden, dann finden Sie dieselben Schaltflächen auch im Register *Kopf- und Fußzeile*. Die Vorlagen für Kopf- und Fußzeilen sind in beiden Fällen identisch.

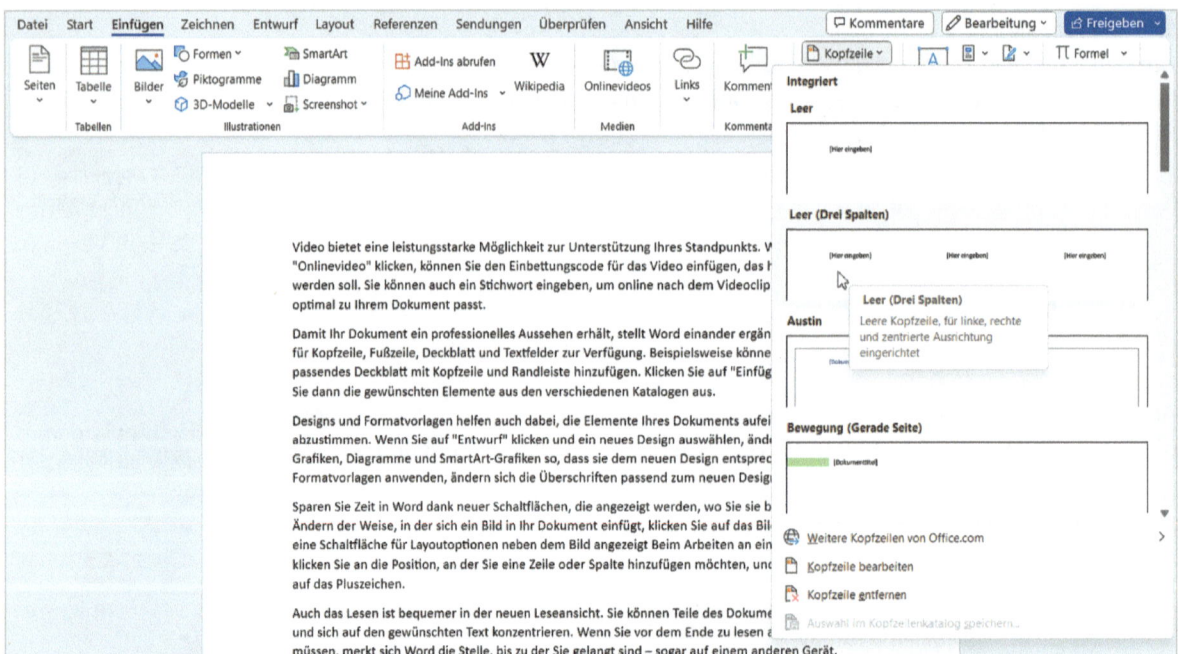

Bild 5.26 Vorlage für Kopfzeile einfügen

Die meisten Vorlagen verfügen über Platzhalter in die Sie anschließend beliebige Inhalte eingeben können. Klicken Sie in den jeweiligen Platzhalter und geben Sie, wie im Bild unten, entweder Text ein oder fügen Sie Elemente wie z. B. Seitenzahlen ein. Nicht benötigte Platzhalter lassen sich durch Anklicken und anschließendes Betätigen der **Entf**- oder der Korrektur Taste jederzeit löschen.

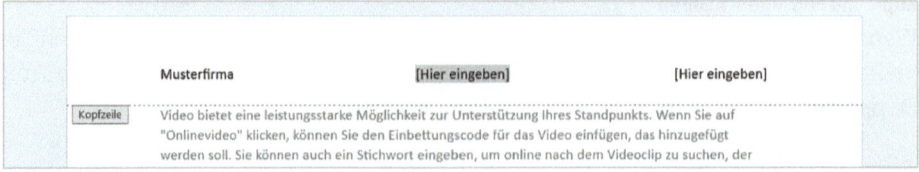

Bild 5.27 Geben Sie Text in die Platzhalter ein

Andere Vorlage wählen

Wenn Ihnen die gewählte Kopf- oder Fußzeilenvorlage nicht gefällt, dann wählen Sie einfach nachträglich eine andere. Die vorhandene Kopf- und/oder Fußzeile wird automatisch ersetzt, bereits eingegebener Text geht allerdings verloren.

Seitenzahlen

Einfache Seitenzahlen einfügen

Wenn Sie nur die Seitenzahlen benötigen, dann klicken Sie am einfachsten im Menüband, Register *Einfügen* ▶ *Kopf- und Fußzeile* oder im Register *Kopf- und Fußzeile* auf *Seitenzahl*, zeigen je nach gewünschter Position auf *Seitenanfang* oder *Seitenende* und wählen eine Vorlage wie im Bild unten.

Bild 5.28 Einfache Seitenzahlen einfügen

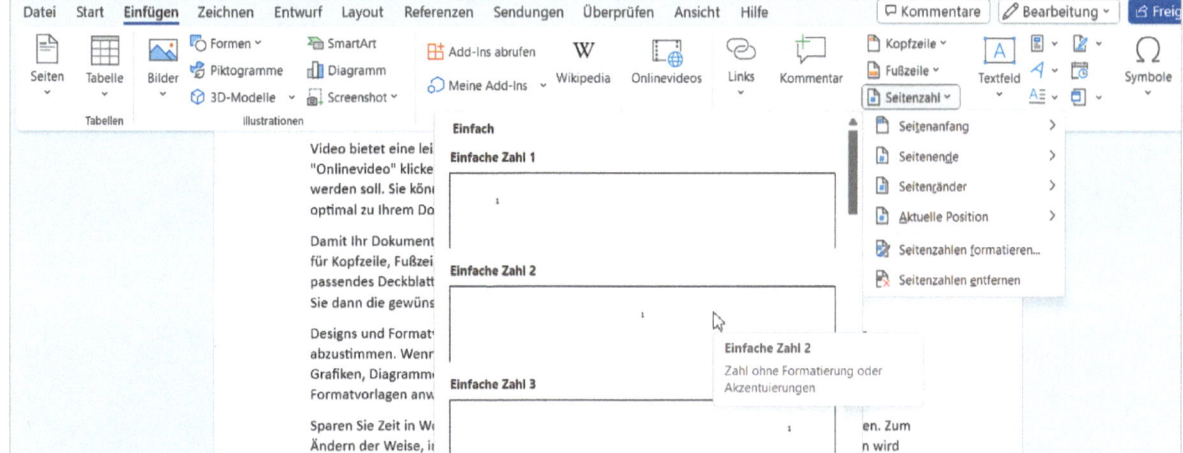

Tipps und Hinweise

Die häufig benötigte Schreibweise „Seite X von Y" befindet sich ganz am Ende der Liste. Dass hier die Seitenzahlen fett formatiert sind, macht nichts, Sie können sie jederzeit anders formatieren. Mit *Seitenzahl* und der Auswahl *Seitenränder* können Seitenzahlen auch im linken oder rechten Seitenrand eingefügt werden.

Seitenzahlen in Platzhalter oder an aktueller Position einfügen

Wenn Sie die Seitenzahl in die Kopf- oder Fußzeile an der Cursorposition oder in den Platzhalter einer Vorlage einfügen möchten, dann klicken Sie im Register *Kopf- und Fußzeile* auf *Seitenzahl*. Wählen Sie in diesem Fall *Aktuelle Position* und klicken Sie auf die gewünschte Schreibweise, z. B. *Einfache Zahl*.

Bild 5.29 Seitenzahl einfügen

Zahlenformat ändern

Wenn Sie eine anderes Zahlenformat, z. B. römische Zahlen als Seitenzahlen benötigen, dann fügen Sie zunächst die Seitenzahlen in der Standardschreibweise ein und ändern dann diese wie folgt:

Vorheriges Markieren der Seitenzahl ist nicht nötig!

1   Klicken Sie im Register *Einfügen* ▶ *Kopf- und Fußzeile* auf *Seitenzahl* und auf *Seitenzahl formatieren…*. Falls sich der Cursor bereits im Bereich Kopf- bzw. Fußzeile befindet ❶, so klicken Sie im Register *Kopf- und Fußzeile* auf *Seitenzahl* und wählen *Seitenzahl formatieren…* ❷. Das Dialogfenster *Seitenzahlenformat* wird geöffnet und Sie können das Aussehen der Seitenzahl weiter bearbeiten.

2   Klicken Sie in das Feld *Zahlenformat* ❸, wählen Sie das gewünschte Zahlenformat und schließen Sie das Fenster mit Klick auf *OK*.

Bild 5.30 Zahlenformat bearbeiten

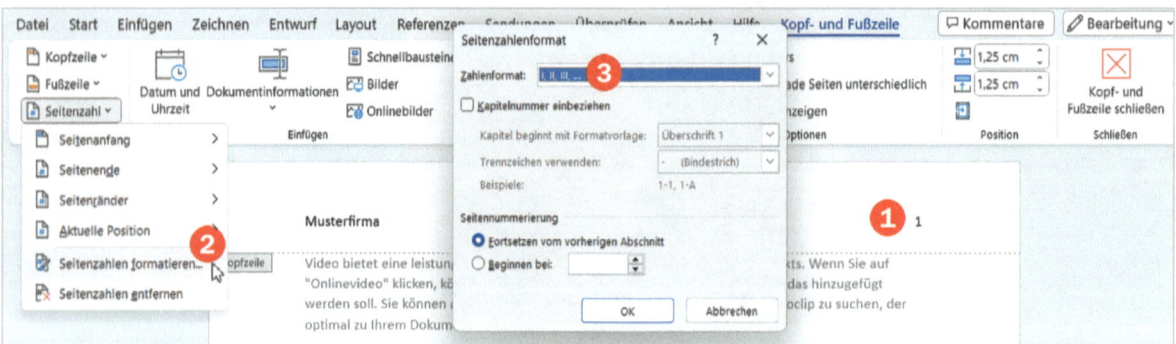

Mit einer bestimmten Seitenzahl beginnen

Abschnittsumbruch einfügen, s. Seite 162.

Normalerweise beginnt Word die Seitennummerierung mit 1 und setzt diese auch über mehrere Abschnitte hinweg fort. Wenn Sie dagegen ab einer bestimmten Seite mit der Nummerierung neu beginnen möchten, dann müssen Sie zuerst an dieser Stelle wieder einen Abschnittsumbruch einfügen. Öffnen Sie dann über *Seitenzahlen formatieren…* das Fenster *Seitenzahlenformat* (siehe Bild oben) und wählen Sie unter *Seitennummerierung* statt *Fortsetzen vom vorherigen Abschnitt* die Option *Beginnen bei*. Die entsprechende Seitenzahl geben Sie im Feld daneben ein.

Tipp: Falls nur die erste Seite bei der Nummerierung nicht berücksichtigt werden soll, weil beispielsweise ein Deckblatt oder Titelblatt verwendet wird, so ist dazu nicht unbedingt ein Abschnittsumbruch erforderlich. Wählen Sie in diesem Fall die Option *Beginnen bei* und geben Sie daneben die Zahl 0 ein.

Seitenzahlen mit Zusatz versehen

Wenn Sie die Seitenzahlen mit einem Zusatz versehen möchten, z. B. mit Klammern, Bindestrichen oder dem Text „Seite", dann klicken Sie in Kopf- oder Fußzeile an die betreffende Stelle vor oder hinter der Zahl und geben dann die Zeichen über die Tastatur ein. **Achtung**: Die Seitenzahl selbst darf dabei nicht überschrieben oder gelöscht werden!

Weitere häufig benötigte Inhalte einfügen

Neben den Seitenzahlen finden Sie im Register *Kopf- und Fußzeilen* in der Gruppe *Einfügen* Symbole für weitere, häufig in Kopf- Fußzeilen benötigte Elemente. Dazu gehören Datum und Uhrzeit, Bilder sowie Schnellbausteine, auch bekannt unter der Bezeichnung Textbausteine. Über die Schaltfläche *Dokumentinformationen* können Sie bei Bedarf den Dateinamen mit oder ohne Dateipfad einfügen; nützlich bei firmeninternen Dokumenten, die häufig und von mehreren Personen geöffnet und gedruckt werden müssen.

Detaillierte Informationen zu diesen Elementen finden Sie in den Kapiteln 7 und 8.

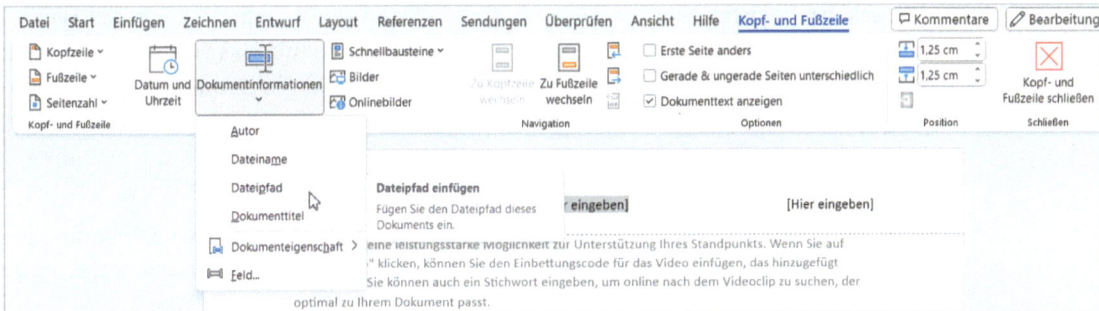

Bild 5.31 Beispiel Dateipfad einfügen

Kopf- und Fußzeilen ohne Vorlage erstellen

Wenn Sie eine Kopf- oder Fußzeile ohne Vorlage erstellen möchten, dann öffnen Sie einfach den Bereich der Kopf- oder Fußzeile. Oder klicken Sie auf *Einfügen* ▶ *Kopfzeile* bzw. *Fußzeile* und am Ende der Liste auf *Kopfzeile bearbeiten*.

Die oben beschriebenen Inhalte, z. B. Seitenzahlen, Datum und Uhrzeit oder Dateiname können auch ohne Platzhalter an der Cursorposition eingefügt werden. Beachten Sie, dass Sie beim Einfügen der Seitenzahlen *Aktuelle Position* wählen müssen, damit die Seitenzahl an der Cursorposition eingefügt wird. Interessanter ist aber die Frage, wie Sie diese Inhalte ausrichten können.

Inhalte ausrichten

Häufig sollen in der Kopf- oder Fußzeile mehrere Inhalte in einer einzigen Zeile nebeneinander ausgerichtet werden, z. B. links Ihr Name, in der Mitte die Seitenzahl und am rechten Seitenrand rechtsbündig das Datum.

Word bringt zu diesem Zweck in der Kopf- und Fußzeile zwei Tabstopps mit: Einen in der Mitte der Seite (zentriert) und einen am rechten Seitenrand (rechtsbündig).

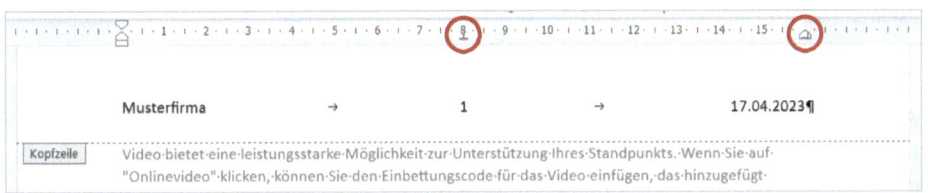

Bild 5.32 Tabstopps verwenden

Näheres zu Tabstopps und Tabellen lesen in Kapitel 7

Sie brauchen also für das Beispiel in Bild 5.32 nur links Ihren Namen eingeben, dann die **Tab**-Taste betätigen und in der Mitte die Seitenzahl einfügen. Betätigen Sie ein weiteres Mal die **Tab**-Taste, so springt der Cursor an den rechten Rand und Sie können hier das Datum einfügen. Dieses wird automatisch rechtsbündig ausgerichtet. Anhand des Lineals sind die Tabstopps leicht zu überprüfen, wie im Bild auf der vorherigen Seite.

Noch komfortabler lassen sich umfangreichere Inhalte in Kopf- oder Fußzeilen mit Hilfe von Tabellen ausrichten. Wie Sie Tabellen einfügen und formatieren, lesen Sie in Kapitel 7.

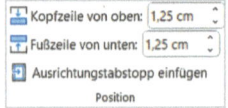

Hinweis: Im Register *Kopf- und Fußzeile* finden Sie in der Gruppe *Position* das Symbol *Ausrichtungstabstopp einfügen*. Dieses bewirkt eigentlich nur, was Sie mit der **Tab**-Taste schneller erledigen, nämlich den Cursor in die Mitte der Seite oder an den rechten Seitenrand setzen, damit Sie hier anschließend Text eingeben können.

Kopf- und Fußzeilen formatieren

Auf Kopf- und Fußzeilen können Sie alle bekannten Formatierungen anwenden. Besonders beliebt ist eine optische Abgrenzung mit einzelnen Rahmenlinien, z. B. in der Fußzeile eine Rahmenlinie oben.

Bild 5.33 Beispiel: Fußzeile mit Rahmen oben

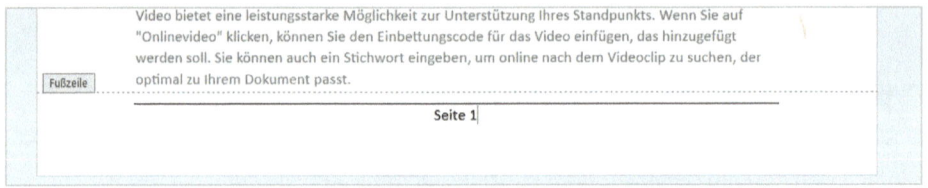

Kopf- und Fußzeilenoptionen

Das Register *Kopf- und Fußzeile* bietet außerdem folgende Einstellungen für Kopf- und Fußzeilen an.

Bild 5.34 Kopf- und Fußzeilenoptionen, Position

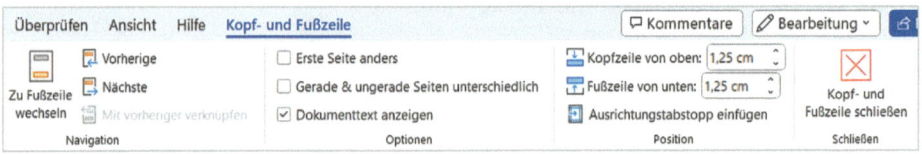

Vertikaler Abstand zum Blattrand

Kopf- und Fußzeile befinden sich im Bereich zwischen Blattrand und Seitenrand und zwar standardmäßig mit einem Abstand von je 1,25 cm zum oberen und unteren Papierrand. Zum Ändern benutzen Sie im Menüband, Register *Kopf- und Fußzeile* die Felder *Kopfzeile von oben* und *Fußzeile von unten* in der Gruppe *Position*. Wenn Sie den Abstand verringern möchten, dann sollten Sie aber berücksichtigen, dass manche Drucker einen Mindestabstand zum Papierrand benötigen, Kopf- und Fußzeilen werden bei einem zu geringen Abstand abgeschnitten oder überhaupt nicht gedruckt.

Wie viel Platz steht für Kopf- und Fußzeile zur Verfügung?

Der verfügbare Bereich für Kopf- und Fußzeile richtet sich nach den Seitenrändern oben und unten abzüglich des vertikalen Abstands zum Blattrand (s. oben) und kann daher auch mehrere Zeilen umfassen. Überschreitet der Inhalt von Kopf- oder Fußzeile den verfügbaren Platz, dann werden Kopf- und/oder Fußzeilenbereich automatisch vergrößert, so dass sich Dokumenttext und Kopf- und Fußzeile nicht überlappen. Der Seitenrand selbst wird dadurch nicht geändert!

Tipp: Kopf- oder Fußzeile hinter dem Dokument anzeigen
Soll der Inhalt der Kopfzeile hinter dem Dokumenttext erscheinen, dann geben Sie als oberen Seitenrand einen negativen Wert, z. B. -2,5 cm, ein. Dies bewirkt einen festen Seitenrand von 2,5 cm, der auch eingehalten wird, wenn die Kopfzeile wesentlich mehr Raum einnimmt und dadurch werden die Inhalte übereinander gedruckt. Dasselbe gilt natürlich auch für die Fußzeile.

Unterschiedliche Kopf- und Fußzeilen einrichten

Keine oder abweichende Kopf- oder Fußzeile auf der ersten Seite

Wenn auf der ersten Seite, dem Titelblatt, keine Kopf- oder Fußzeile bzw. keine Seitenzahl benötigt wird, dann aktivieren Sie im Register *Kopf- und Fußzeile* in der Gruppe *Optionen* das Kontrollkästchen *Erste Seite anders* ❶. Dadurch erhalten Sie auf der ersten Seite des Dokuments die Bereiche *Erste Kopfzeile* und *Erste Fußzeile*. Beide können Sie nun unabhängig von den restlichen Kopf- oder Fußzeilen bearbeiten bzw. leer lassen..

Achtung: In diesem Fall müssen Sie zwei unterschiedliche Kopf- und Fußzeilen bearbeiten! Welche Sie gerade vor sich haben, erkennen Sie an der Beschriftung *Erste Kopfzeile* ❷ oder *Kopfzeile*. Zum Wechseln zwischen den beiden Kopf- oder Fußzeilen scrollen Sie entweder im Dokument zur nächsten Seite oder benutzen im Register *Kopf- und Fußzeile* die beiden Schaltfläche *Vorherige* und *Nächste* ❸.

Bild 5.35 Erste Seite anders

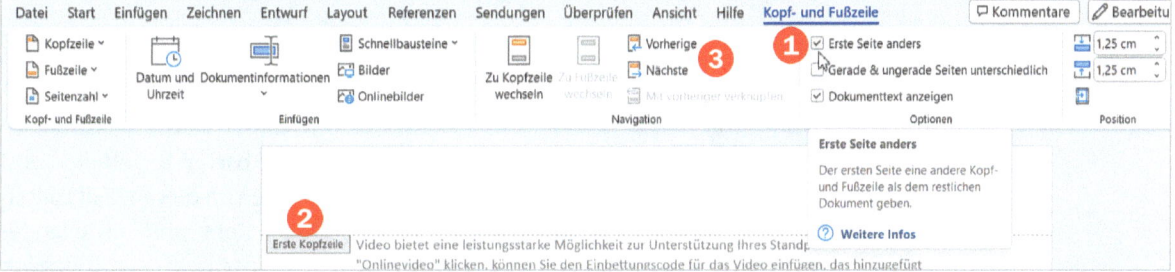

Unterschiedliche gerade und ungerade Seiten

Soll ein Dokument beidseitig gedruckt werden, dann benötigen Sie meist auch spiegelverkehrte Kopf- und Fußzeilen, z. B. die Seitenzahlen immer außen. In diesem Fall wechseln Sie in den Bereich Kopf- oder Fußzeile und aktivieren im Register *Kopf- und Fußzeile* des Menübands das Kontrollkästchen *Gerade & unge-*

rade Seiten unterschiedlich. Am besten geschieht dies vor dem Einfügen von Inhalten in die Kopf- oder Fußzeile.

Anschließend bearbeiten Sie unabhängig voneinander die Kopf- und Fußzeile für die geraden und die ungeraden Seiten. Haben Sie zusätzlich die Option *Erste Seite anders* aktiviert, dann haben Sie es sogar mit drei unterschiedlichen Kopf- und Fußzeilen zu tun! Auch hier erkennen Sie an der Beschriftung, welche Sie gerade vor sich haben.

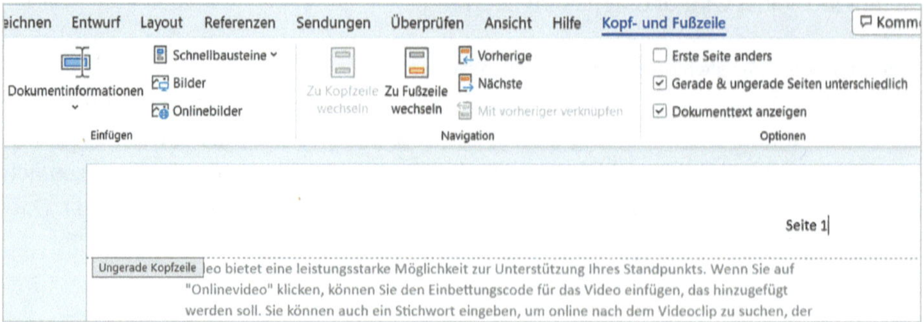

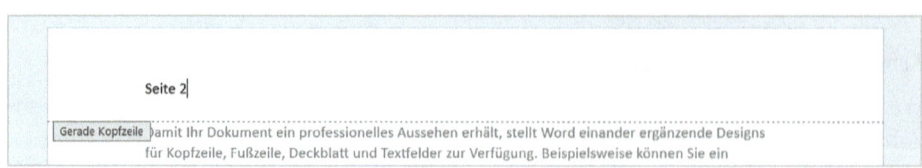

Bild 5.36 Ungerade Kopfzeile bearbeiten

Die Optionen *Erste Seite anders* und *Gerade & ungerade Seiten untersch.* finden Sie auch im Register *Layout* des Fensters *Seite einrichten*.

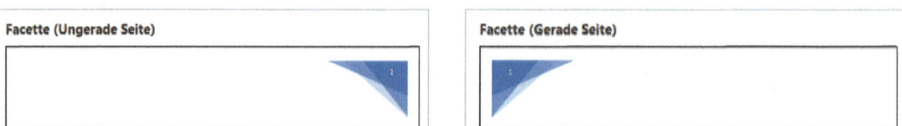

Bild 5.37 Gerade Kopfzeile bearbeiten

Tipp: Vorlagen für gerade und ungerade Seiten
Der Vorlagenkatalog für Kopf- und Fußzeilen umfasst auch solche, die jeweils für gerade und ungerade Seiten verfügbar sind, zu erkennen am Zusatz *Gerade* bzw. *Ungerade Seite*.

Bild 5.38 Vorlagen für Gerade und Ungerade Seiten

Unterschiedliche Kopf- und Fußzeilen für Dokumentabschnitte

Als dritte Möglichkeit können Sie ein Dokument in mehrere Abschnitte aufteilen und jedem Abschnitt eine gesonderte Kopf- und Fußzeile zuweisen. In diesem Fall sollten Sie allerdings berücksichtigen, dass Word standardmäßig die Kopf- und Fußzeilen jeweils mit dem vorherigen Abschnitt verknüpft, um so einheitliche Kopf- und Fußzeilen im gesamten Dokument zu gewährleisten. Auch nachträgliche Änderungen einzelner Kopf- oder Fußzeilen wirken sich im gesamten Dokument aus.

Verknüpfte Kopf- und Fußzeilen sind am rechten Rand mit dem Hinweis *Wie vorherige* versehen und die Schaltfläche *Mit vorheriger verknüpfen* ist hervorgehoben.

Bevor Sie unterschiedliche Kopf- und Fußzeilen bearbeiten können, müssen Sie zunächst die Verknüpfung aufheben. Auch dies geschieht am besten vor der Eingabe von Inhalten, da diese dadurch gelöscht werden können.

1. Öffnen Sie die Kopf- oder Fußzeile des ersten Abschnitts und geben Sie hier Ihre Inhalte ein.

2. Mit Klick auf die Schaltfläche *Nächste* gelangen Sie zur Kopf- oder Fußzeile des nächsten Abschnitts ❶. Da beide verknüpft sind, wird der Inhalt automatisch aus der Kopfzeile des ersten Abschnitts übernommen. Die Verknüpfung erkennen Sie auch am Zusatz *Wie vorherige* ❷ und im Menüband am hervorgehobenen Symbol *Mit vorheriger verknüpfen* ❸.

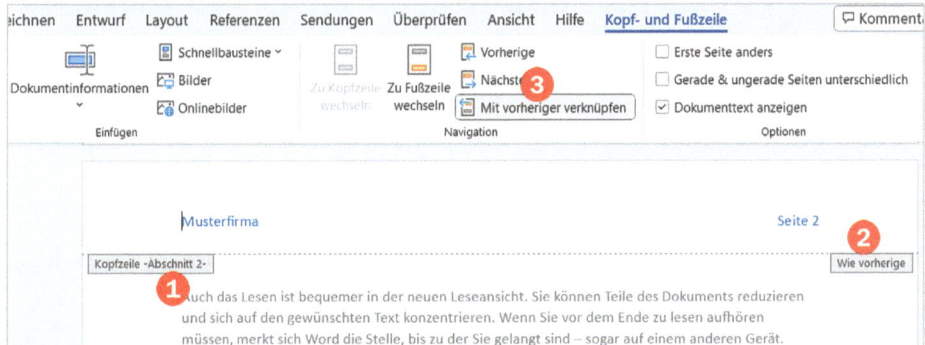

Bild 5.39 Die Kopfzeilen der Abschnitte 1 und 2 sind verknüpft

3. Um die Verknüpfung aufzuheben, klicken Sie im Register *Kopf- und Fußzeile* ▶ *Navigation* auf *Mit vorheriger verknüpfen*. Das Symbol ist nun nicht mehr hervorgehoben und der Zusatz *Wie vorherige* ist verschwunden.

4. Der Inhalt bleibt erhalten und kann nun unabhängig von der ersten Kopfzeile beliebig geändert werden.

5. Falls Ihr Dokument mehrere Abschnitte umfasst, müssen Sie diese Schritte für jeden Abschnitt wiederholen.

Umgekehrt können Sie natürlich auch mit einem erneuten Klick auf das Symbol die Verknüpfung wiederherstellen und Kopf- und Fußzeile des vorherigen Abschnitts übernehmen. **Achtung**: Kopf- und Fußzeile des aktuellen Abschnitts werden dadurch nach einem entsprechenden Hinweis gelöscht.

Hinweis: Die beiden Optionen *Erste Seiten anders* und *Gerade & ungerade Seiten unterschiedlich* beziehen sich auf Abschnitte, so dass Sie unter Umständen nun für jeden Abschnitt gerade und ungerade Kopf- und Fußzeilen bearbeiten müssen.

5.6 Seite einrahmen und Seitenhintergrund

Rahmenlinien

Rahmenlinien, siehe Kap. 4.6.

Wie Sie Absätze mit Rahmenlinien versehen, haben Sie bereits in Kapitel 4 kennengelernt. Auch ganze Seiten können mit Rahmenlinien versehen werden, die Schaltfläche bzw. das Symbol dazu finden Sie im Register *Entwurf* des Menübands in der Gruppe *Seitenhintergrund*. Ein Klick auf *Seitenränder* öffnet das, aus Kapitel 4 bereits bekannte, Fenster *Rahmen und Schattierung* mit dem Register *Seitenränder*. Die Vorgehensweise unterscheidet sich, bis auf zwei kleine Ausnahmen, nicht von Absatzrahmen.

Bild 5.40 Register Entwurf Seitenränder

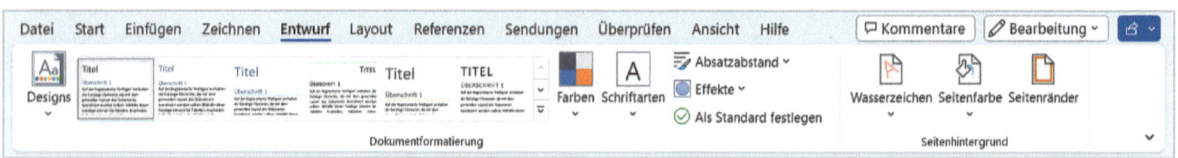

▶ **Bereich**: In der Standardeinstellung gelten auch Rahmenlinien für Seiten im gesamten Dokument. Falls Sie dies nicht wünschen, wählen Sie im Feld *Übernehmen für* ❶ einen Bereich aus. Hier können Sie nicht nur Abschnitte, sondern außerdem *Nur erste Seite* oder *Alle außer 1. Seite* wählen.

▶ **Grafische Effekte**: Im Feld *Effekte* ❷ finden Sie verschiedene grafische Rahmen, die allerdings wenig professionell wirken und sich mehr für private Zwecke eignen.

▶ **Abstand**: Den Abstand zum Text bzw. zum Papierrand legen Sie über die Schaltfläche *Optionen* ❸ fest. Standardmäßig wird dieser Abstand vom Papierrand (*Seitenrand*) gemessen, Sie können jedoch abweichend auch den Abstand zum Text angeben, indem Sie im Feld *Gemessen von* ❹ *Text* auswählen und in die Felder *Oben*/*Unten* bzw. *Links*/*Rechts* die gewünschten Abstände eintragen.

Bild 5.41 Rahmen und Schattierung, Register Seitenrand

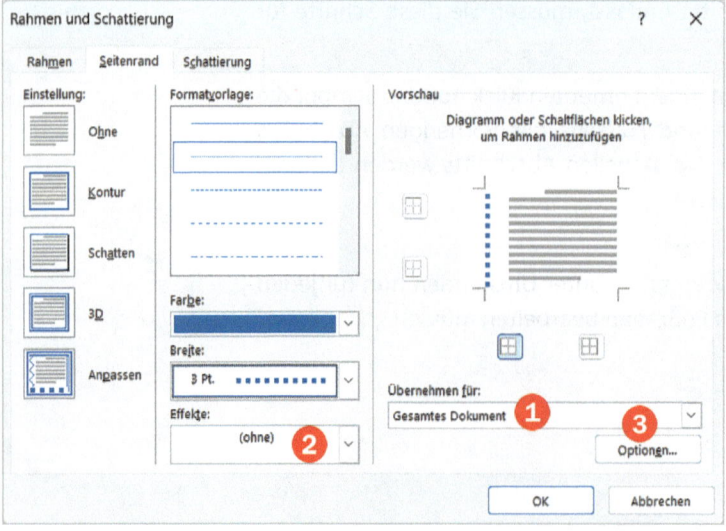
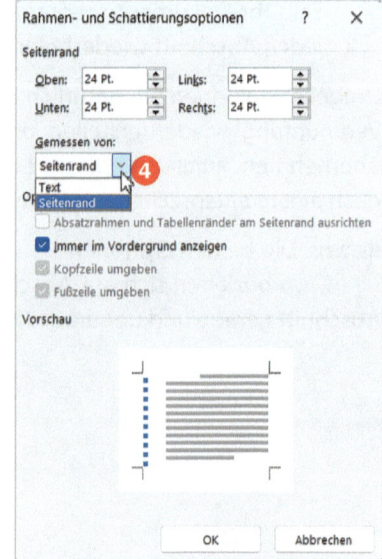

Wasserzeichen im Hintergrund

Als Wasserzeichen bezeichnet Word einen Schriftzug oder eine Grafik als Texthintergrund. Im Gegensatz zu einer Grafik, die Sie beispielsweise ebenfalls hinter den Text legen können, wird ein Wasserzeichen automatisch auf der Seite horizontal und vertikal zentriert und kann nicht verschoben werden. Erstreckt sich ein Dokument über mehrere Seiten, so erhält jede Seite das Wasserzeichen, Einschränkungen auf bestimmte Seiten wie beim Seitenrahmen sind nicht möglich.

1. Zum Einfügen von *Wasserzeichen* klicken Sie im Menüband, Register *Entwurf* ▶ *Seitenhintergrund* auf *Wasserzeichen*. Die Cursorposition spielt dabei keine Rolle.

2. Klicken Sie auf die gewünschte Vorlage, weitere sind online auf Office.com verfügbar. Wenn Sie Ihr eigenes Wasserzeichen definieren möchten, dann klicken Sie stattdessen auf *Benutzerdefiniertes Wasserzeichen…* ❶.

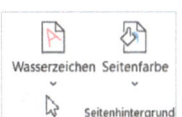

Bild 5.42 Benutzerdefiniertes Wasserzeichen bearbeiten

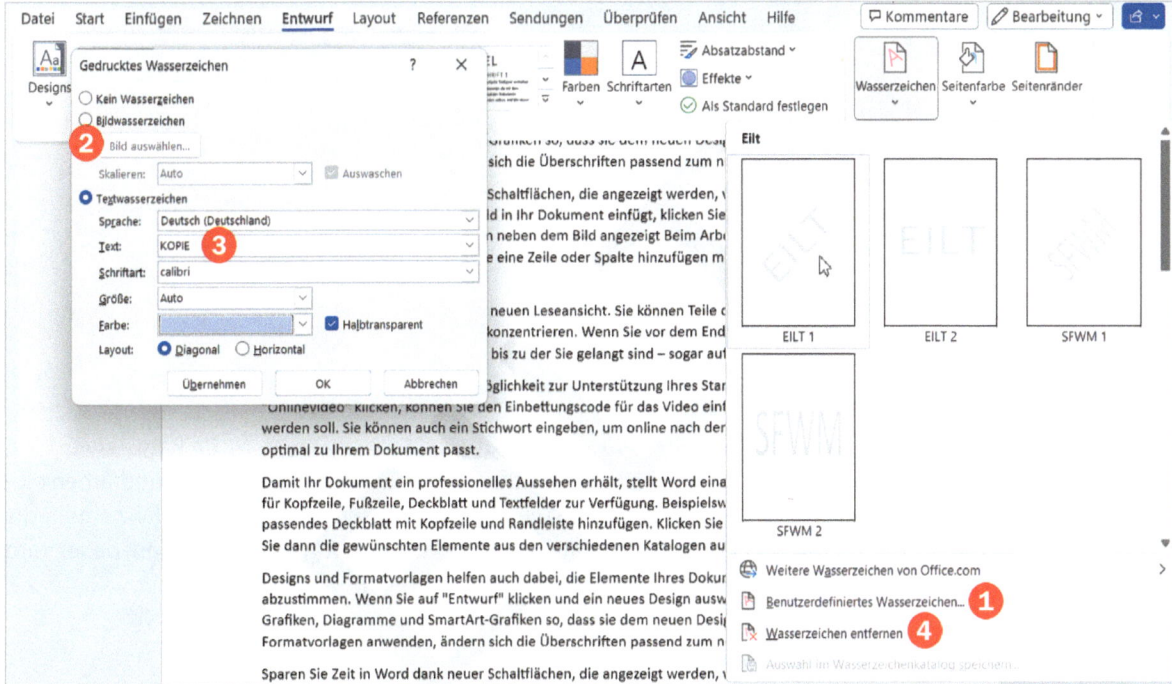

3. Im Fenster *Gedrucktes Wasserzeichen* haben Sie nun folgende Möglichkeiten:

   - Wenn Sie eine Grafik, z. B. ein Firmenlogo, verwenden möchten, so wählen Sie die Option *Bildwasserzeichen* ❷ und klicken auf *Bild auswählen*. Im Feld *Skalieren* können Sie bei Bedarf die Grafik vergrößern oder verkleinern und über das Kontrollkästchen *Auswaschen* verringern Sie nochmals die Farbintensität.

   - Mit der Option *Textwasserzeichen* können Sie im Feld *Text* beliebigen Text eingeben ❸ sowie Schriftart, -größe und -farbe festlegen und zwischen den Ausrichtungen *Diagonal* und *Horizontal* wählen. Das Kontrollkästchen *Halb-*

transparent sorgt dafür, dass die Lesbarkeit des eigentlichen Dokuments möglichst nicht beeinträchtigt wird.

Wasserzeichen entfernen: Zum Entfernen eines Wasserzeichens klicken Sie erneut im Menüband ▶ *Entwurf* auf *Wasserzeichen* und auf *Wasserzeichen entfernen* ❹.

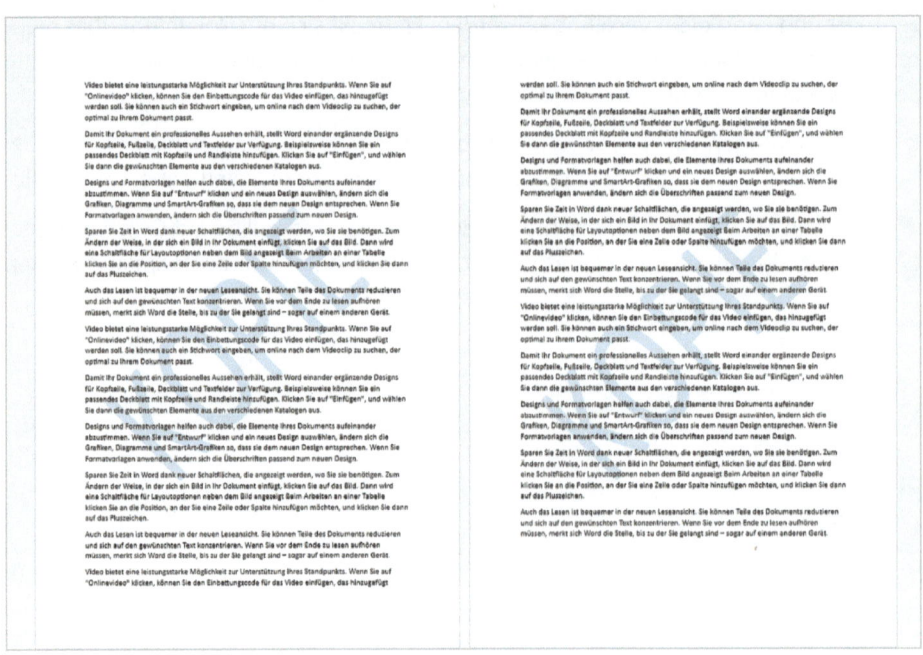

Bild 5.43 Beispiel Benutzerdefiniertes Wasserzeichen

Seitenfarbe

Die dritte Schaltfläche, *Seitenfarbe*, der Gruppe *Seitenhintergrund* im Register *Entwurf*, erlaubt die Auswahl einer Hintergrundfarbe oder eines Bildes. Hintergrundfarben eignen sich eigentlich nur für die Erstellung von Webseiten oder von Dokumenten, die hauptsächlich auf dem Bildschirm betrachtet und nicht gedruckt werden, daher wird auf diese Möglichkeit hier nicht weiter eingegangen.

> ■ **Achtung Tinten- bzw. Tonerverbrauch!**
>
> Die Möglichkeit, eine Seite mit einer Hintergrundfarbe zu versehen, eignet sich nur für Webseiten oder zum Testen der Wirkung, falls Sie ein Dokument auf farbigem Papier drucken möchten. Vergessen Sie in diesem Fall aber nicht, vor dem Drucken mit der Auswahl *Keine Farbe* die Seitenfarbe wieder zu entfernen, da sonst Tinte oder Toner Ihres Druckers schnell zur Neige gehen!

5.7 Dokument drucken

Zusammen mit den allgemeinen Druckeinstellungen zeigt Word zur Kontrolle eine Vorschau auf das Druckergebnis an. Die Vorschau und die Druckeinstellungen finden Sie im Register *Datei*, klicken Sie links auf *Drucken*.

Dokument in der Druckvorschau kontrollieren

Rechts sehen Sie die Druckvorschau ❶, in der Sie das Ergebnis vor dem Drucken noch einmal kontrollieren können. Sie zeigt das Dokument exakt so, wie es später auch gedruckt wird, Änderungen am Inhalt sind nicht möglich.

Zum Blättern in der Vorschau verwenden Sie die kleinen Pfeile ❷ nach rechts und links am unteren Rand des Fensters. Hier sehen Sie zusammen mit der Gesamtzahl der Seiten auch, welche Seite gerade angezeigt wird. Die Bildlaufleiste am rechten Fensterrand oder das Mausrad (Scrollen) können ebenfalls zum Blättern benutzt werden. Zum Vergrößern oder Verkleinern der Vorschau verwenden Sie den Zoombereich rechts unten ❸.

Bild 5.44 Register Datei - Drucken

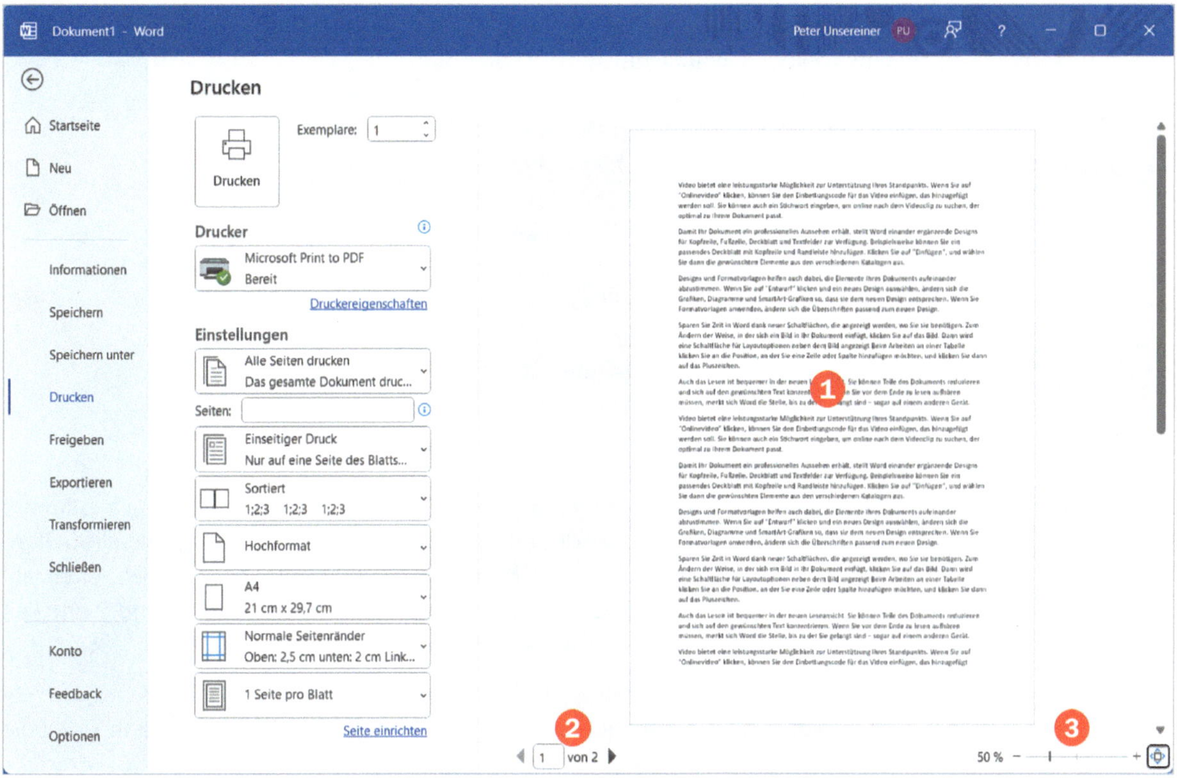

Tipp: Ein Klick auf das Symbol *Auf Seite zoomen* rechts im Zoombereich wählt den Zoom automatisch so, dass eine vollständige Seite genau auf den Bildschirm passt.

Drucken und Druckeinstellungen

Mit einem Klick auf die Schaltfläche *Drucken* ❶ (Bild 5.45) senden Sie das Dokument an den Drucker. Zuvor sollten Sie jedoch einige Druckeinstellungen kontrollieren und bei Bedarf ändern, diese werden unter *Einstellungen* aufgelistet. Alle Einstellungen sind mit einem kleinen, nach unten weisenden, Pfeil versehen, das bedeutet ein Klick auf die jeweilige Schaltfläche öffnet ein Auswahlfeld.

Drucker auswählen

Verfügen Sie über mehrere Drucker, so klicken Sie in das Dropdown-Feld *Drucker* ❷ und wählen den gewünschten Drucker. Standardmäßig wird der, von Windows als Standarddrucker festgelegte Drucker verwendet. Weitere druckerspezifische Eigenschaften, wie z. B. Druckqualität und Papierzufuhr, öffnen Sie mit einem Mausklick auf den Link *Druckereigenschaften*.

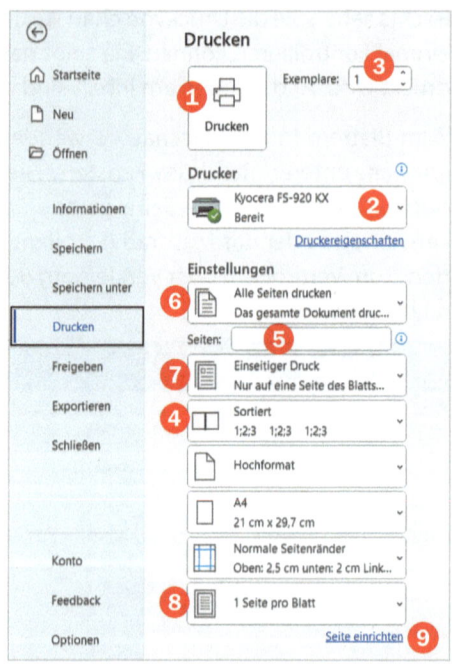

Bild 5.45 Druckeinstellungen

Anzahl Exemplare

Rechts von der Schaltfläche *Drucken* können Sie im Feld *Exemplare* ❸ angeben, wie viele Exemplare gedruckt werden sollen, standardmäßig ist hier 1 eingestellt. Beim Drucken mehrerer Exemplare sollten Sie bei mehrseitigen Dokumenten auch auf die Sortierung achten. Klicken Sie auf das Dropdown-Feld *Sortierung* ❹ und wählen Sie zwischen *Sortiert* und *Getrennt*. Die Standardeinstellung ist *Sortiert*.

Zu druckende Seiten festlegen

Die übrigen Einstellungen, Papierformat, Ausrichtung und Seitenränder sind identisch mit denen im Register *Layout* und wurden bereits am Anfang dieses Kapitels ausführlich beschrieben. Ein Klick auf den Link *Seite einrichten* ❾ öffnet das gleichnamige Fenster, in dem Sie ebenfalls die dazugehörigen Einstellungen vornehmen können.

Standardmäßig werden alle Seiten des Dokuments gedruckt. Wenn Sie nur bestimmte Seiten drucken möchten, dann klicken Sie in das Feld *Seiten* ❺ und geben die Seitenzahlen der zu druckenden Seiten ein. Neben der Eingabe einer bestimmten Seitenzahl sind auch folgende Schreibweisen erlaubt: 3;5, wenn Sie die Seiten 3 und 5 drucken möchten oder z. B. 1;7-20, um die Seiten 1 und von 7 bis 20 zu drucken.

Tipp: Weitere Optionen zum Druckumfang erhalten Sie mit Klick auf *Alle Seiten drucken* ❻. Hier können Sie auch nur die *Aktuelle Seite drucken* oder die markierte Textstelle (*Auswahl drucken*) sowie bei Bedarf nur gerade oder ungerade Seiten.

Beidseitiger Druck

Standardmäßig druckt Word nur auf der Vorderseite eines Blattes. Unterstützt Ihr Drucker automatischen beidseitigen Druck (Duplexdruck), dann können Sie hier ❼ wählen, ob die Blätter an der langen oder kurzen Seite gedreht werden sollen. Wenn Ihr Drucker dies nicht unterstützt, dann wählen Sie für beidseitigen Druck die Option *Beidseitiger manueller Druck*. Nach dem Bedrucken der Vorderseite erscheint dann eine Aufforderung, das Papier gedreht erneut in den Drucker einzulegen, anschließend wird auf der Rückseite gedruckt.

Mehrere Seiten pro Blatt
Um Papier und Toner oder Tinte zu sparen, können Sie umfangreiche Dokumente entweder beidseitig drucken oder mit Klick auf *Seite/n pro Blatt* ❽ mehrere Seiten des Dokuments verkleinert auf einem Blatt neben- bzw. untereinander drucken.

Tipps zum Drucken

▶ **Druckbefehl der Symbolleiste für den Schnellzugriff hinzufügen**
Wenn Sie den Druckbefehl zusammen mit der Druckvorschau schneller aufrufen möchten, dann fügen Sie diesen einfach der Symbolleiste für den Schnellzugriff hinzu. Klicken Sie dazu am rechten Ende der Leiste auf *Symbolleiste für den Schnellzugriff anpassen* und aktivieren Sie *Seitenansicht und Drucken*.

▶ **Ausgeblendeten Text drucken**
Standardmäßig druckt Word das aktuelle Dokument mit allen Inhalten, ausgenommen Text, der als ausgeblendet formatiert wurde (siehe Kapitel 4, Zeichenformate). Soll dieser ausnahmsweise gedruckt werden, so können Sie dies in den Word-Optionen einstellen. Öffnen Sie dazu im Register *Datei* die *Word-Optionen* und klicken Sie auf *Anzeige*. Aktivieren Sie dann das Kontrollkästchen *Ausgeblendeten Text drucken* und vergessen Sie nicht, dieses nach dem Drucken wieder zu deaktivieren.

5.8 Umschläge und Etiketten drucken

Für das Drucken von Umschlägen und Etiketten stellt Word ein gesondertes Tool zu Verfügung, Sie brauchen also nicht extra ein Seitenlayout dazu einrichten. Klicken Sie im Menüband auf das Register *Sendungen*, hier finden Sie in der Gruppe *Erstellen* die beiden Schaltflächen *Umschläge* und *Etiketten*.

Achtung: Im Gegensatz zum Seriendruck drucken Sie hier immer nur eine einzige Adresse!

Umschläge bedrucken

1 Klicken Sie im Menüband auf das Register *Sendungen* und in der Gruppe *Erstellen* auf *Umschläge*. Es öffnet sich das Fenster *Umschläge und Etiketten* mit dem Register *Umschläge*.

2 Geben Sie Empfänger- ❶ und Absenderadresse ❷ in die Felder ein.

3   Klicken Sie auf die Schaltfläche *Optionen...* ❸, um im Fenster *Umschlagoptionen* das Umschlagformat ❹ zu wählen und ggf. die Position der Anschriften zu ändern. Bei Bedarf können Sie über die Schaltflächen *Schriftart...* auch die Schrift der Adressen ändern.

4   Wie Sie den Umschlag in den Drucker einlegen müssen, ist druckerabhängig und wird im Fenster *Umschläge und Etiketten* unter *Einzug* ❺ angezeigt. Details erhalten Sie, wenn Sie auf *Optionen...* und hier auf das Register *Druckoptionen* klicken.

5   Mit Klick auf die Schaltfläche *Drucken* wird der Umschlag an den Drucker gesendet und der Ausdruck gestartet.

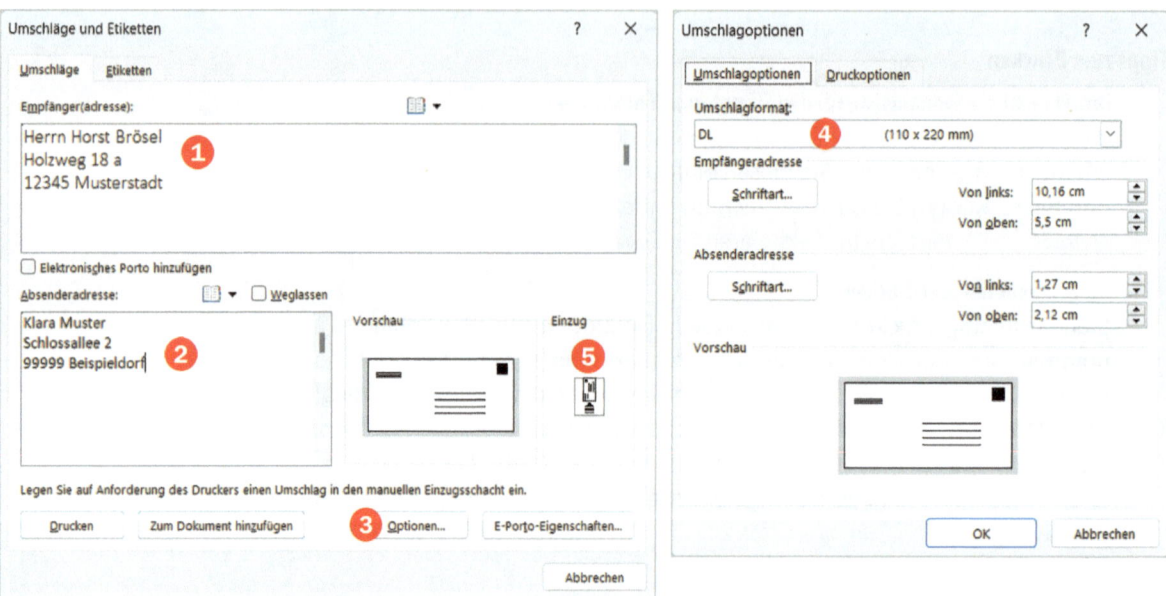

Bild 5.46 Umschläge drucken

Tipp: Sie müssen für den Druck von Umschlägen kein neues Dokument öffnen. Sie können also beispielsweise den dazugehörigen Brief geöffnet lassen und die Anschrift einfach über die Zwischenablage (**Strg**+**C** und **Strg**+**V**) in das Feld *Empfängeradresse* kopieren. Wenn der Umschlag zusammen mit dem Dokument gespeichert werden soll, dann klicken Sie auf die Schaltfläche *Zum Dokument hinzufügen*. Word fügt dann den Umschlag am Beginn des Dokuments als zusätzliche Seite ein.

Etiketten drucken

1   Ähnlich verfahren Sie beim Drucken von Etiketten. Klicken Sie im Menüband, Register *Sendungen* ▶ *Erstellen* auf *Etiketten*. Geben Sie dann im Fenster *Umschläge und Etiketten* im Register *Etiketten* die Empfängeradresse ein (Bild 5.47). Unter *Drucken* wählen Sie zwischen einer *Seite mit derselben Adresse* und einem einzelnen Etikett. Mit der Auswahl *Ein Etikett* müssen Sie in den Feldern *Zeile* und *Spalte* außerdem die genaue Position des Etiketts auf dem Etikettenbogen angeben.

2   Die Etikettengröße legen Sie wieder über die Schaltfläche *Optionen...* fest. Wählen Sie hier zuerst den Etikettenhersteller und unterhalb dann die Etiketten- bzw. Bestellnummer. Sollte das verwendete Etikett nicht aufgeführt sein, so können Sie über die Schaltfläche *Neues Etikett...* die Maße selbst eingeben.

3   Beim Drucken von Etiketten haben Sie zwei Möglichkeiten: Mit Klick auf *Neues Dokument* erfolgt die Ausgabe in ein neues Dokument und Sie können hier einzelne Etiketten noch manuell bearbeiten und anschließend mit dem normalen Druckbefehl ausdrucken. Ein Klick auf die Schaltfläche *Drucken* startet dagegen sofort den Ausdruck.

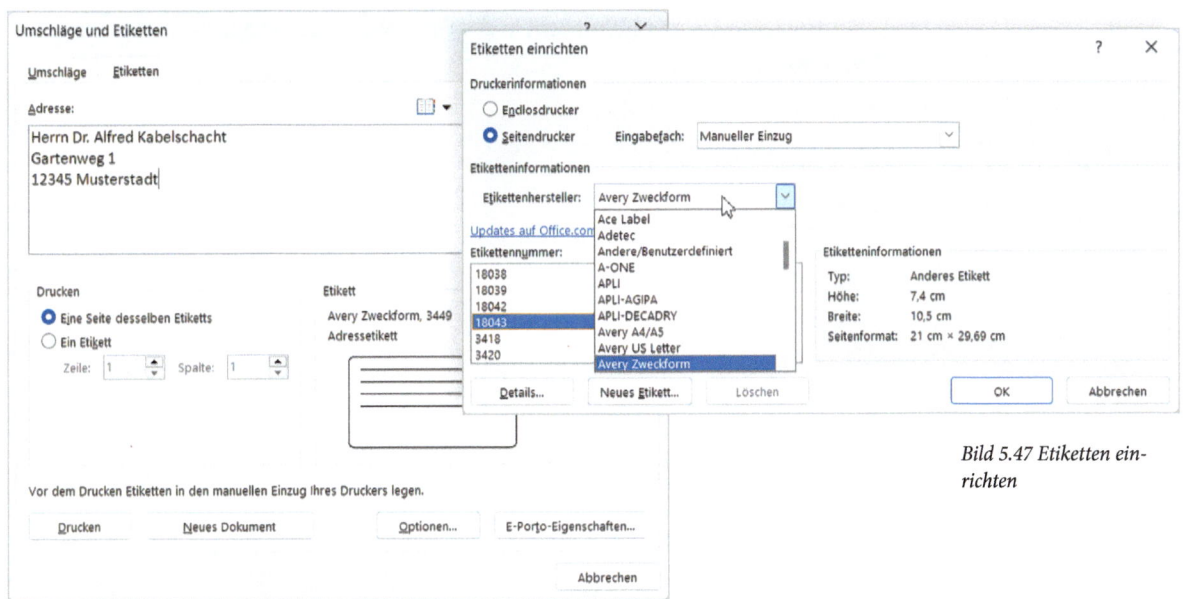

Bild 5.47 Etiketten einrichten

5.9   Übung

1   Erstellen Sie ein neues leeres Dokument und fügen Sie etwa 30 Absätze (=rand(30)) bzw. mindestens drei Seiten mit Blindtext ein. Speichern Sie das Dokument unter dem Namen Kap_05_Uebung.docx.

2   Das Dokument soll im Hochformat gedruckt werden mit folgenden Seitenrändern: Links und rechts jeweils 3 cm, oben 3,5 cm und unten 2 cm.

3   Gestalten Sie eine einheitliche Kopfzeile für das gesamte Dokument: Links geben Sie Ihren Namen ein und rechts soll das aktuelle Datum stehen. Formatieren Sie die Kopfzeile mit einer Rahmenlinie unten.

4　Die Seitenzahlen sollen in der Mitte der Fußzeile gedruckt werden und zwar in der Schreibweise „Seite X von Y".

5　Ändern Sie das Layout so, dass die Absätze zwei bis einschließlich fünf zweispaltig angeordnet werden. Die Spalten erhalten gleiche Breite mit einem Abstand von 1 cm und einer Zwischenlinie. Die übrigen Absätze bleiben einspaltig.

6　Fügen Sie am Beginn des Dokuments eine zentrierte Überschrift mit beliebigem Text ein und formatieren Sie diese nach Ihren Vorstellungen.

7　Fügen Sie ein beliebiges Deckblatt hinzu und ergänzen Sie die Inhalte.

8　Kontrollieren Sie das Dokument in der Druckvorschau und speichern Sie Ihre Änderungen.

6 Effiziente Textgestaltung mit Formatvorlagen

In diesem Kapitel lernen Sie …
- Längere Dokumente mit Formatvorlagen gestalten
- Formatvorlagen ändern
- Eigene Formatvorlagen erstellen
- Formatvorlagen für Überschriften nutzen
- Aus den Überschriften ein Inhaltsverzeichnis erstellen

Das sollten Sie bereits wissen
- Text eingeben und korrigieren
- Zeichen und Absätze formatieren

6 Effiziente Textgestaltung mit Formatvorlagen

6.1 Wann Sie Formatvorlagen verwenden sollten

Dieses Kapitel möchte Ihnen den Umgang mit Formatvorlagen nahebringen. Das wichtigste allerdings gleich vorweg: Das Anpassen oder Erstellen von Formatvorlagen erfordert auch etwas Zeit. Klar im Vorteil sind Sie mit Formatvorlagen in umfangreicheren Dokumenten, z. B. Haus- oder Seminararbeiten, bei einfachen Briefen und schnellen Notizen lohnt sich hingegen der Aufwand meist nicht.

Was sind Formatvorlagen?

Formatvorlagen umfassen gleich mehrere Formatierungsmerkmale für Zeichen und/oder Absätze und leisten gute Dienste, wenn umfangreiche Dokumente ein einheitliches Aussehen erhalten sollen. Word bringt einen ganzen Satz fertiger Formatvorlagen für unterschiedliche Zwecke, z. B. Überschriften mit, die Sie verwenden und außerdem schnell anpassen können.

Die Vorteile von Formatvorlagen auf einen Blick

▶ Mit Formatvorlagen weisen Sie in einem einzigen Arbeitsschritt gleich mehrere Formatierungsmerkmale (z. B. Schriftart, Schriftgrad, Zeilenabstand und Ausrichtung) schnell und effizient zu.

▶ Formatvorlagen gewährleisten ein einheitliches Aussehen bestimmter Textstellen im gesamten Dokument.

▶ Um nachträglich die Formatierung zu ändern, genügt es, die Formatvorlage zu ändern. Dadurch ändert sich automatisch auch das Aussehen aller Textstellen im Dokument, denen diese Formatvorlage zugewiesen wurde.

Zusätzliche Vorteile erhalten Sie durch die integrierten Überschriften-Formatvorlagen

Navigationsbereich anzeigen: Register Ansicht ▶ *Anzeigen* Kontrollkästchen *Navigationsbereich*.

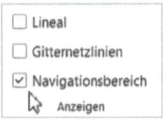

Bild 6.1 Überschriften ausblenden

▶ Im Navigationsbereich können Sie der Auswahl *Überschriften* hier alle Überschriften des Dokuments anzeigen und erhalten so im einen guten Überblick über Aufbau und Gliederung des Dokuments. Per Mausklick auf eine Überschrift gelangen Sie außerdem im Dokument schnell zu dieser Stelle.

▶ Im Dokument selbst erscheinen beim Zeigen links von einer Überschrift kleine graue Dreiecke. Mit einem Klick auf das Dreieck blenden Sie untergeordnete Ebenen aus und erhalten so ebenfalls eine bessere Übersicht über Ihre Gliederungspunkte. Ein weiterer Klick auf das Dreieck blendet die Ebenen wieder ein.

▶ Aus den Überschriften kann per Mausklick ein Inhaltsverzeichnis erstellt und auch aktualisiert werden. Mehr zum Thema Formatvorlagen für Überschriften lesen Sie in diesem Kapitel ab Seite 200.

Hinweis: Word bringt noch weitere integrierte Vorlagen für unterschiedliche Zwecke, z. B. zur Tabellenformatierung oder für grafische Elemente mit. Dieses Kapitel befasst sich jedoch ausschließlich mit Formatvorlagen für Text, also für Absätze und Zeichen.

6.2 Formatvorlagen zuweisen

Formatvorlage auswählen

Eine Auswahl an Formatvorlagen für Text finden Sie im Register *Start* des Menübands in der Gruppe *Formatvorlagen* und ein Mausklick auf die Schaltfläche *Weitere* öffnet den gesamten Katalog auf einen Blick.

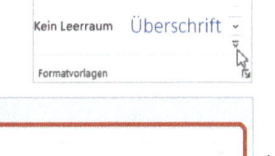

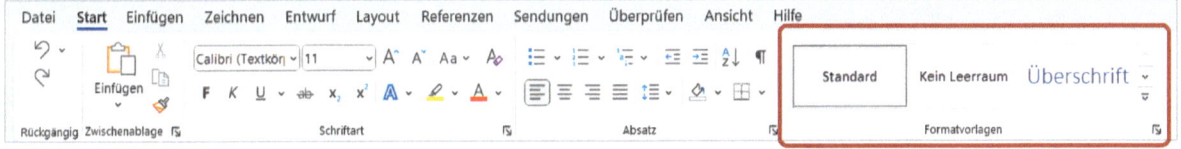

Die meisten Vorlagen lassen sich sowohl für die markierten Zeichen als auch für Absätze verwenden. Um einer Textstelle eine Formatvorlage zuzuweisen, markieren Sie daher entweder die betreffenden Zeichen; wenn dagegen der gesamte Absatz die Formatvorlage erhalten soll, dann genügt es, wenn sich der Cursor im Absatz befindet.

Öffnen Sie dann mit Klick auf *Weitere* den Formatvorlagenkatalog und wählen Sie eine Vorlage. Bereits beim Zeigen auf eine Vorlage sehen Sie an der aktuellen Textstelle im Dokument eine Vorschau und können so die Wirkung vorab beurteilen, im Bild unten die Vorlage *Überschrift*. Erst durch Anklicken übernehmen Sie die Vorlage. Falls diese später nicht mehr gefällt, können Sie dem Text jederzeit eine andere Formatvorlage zuweisen oder mit der Formatvorlage *Standard* das ursprüngliche Aussehen wiederherstellen.

Bild 6.2 Beispiel: Überschriftformatvorlage zuweisen

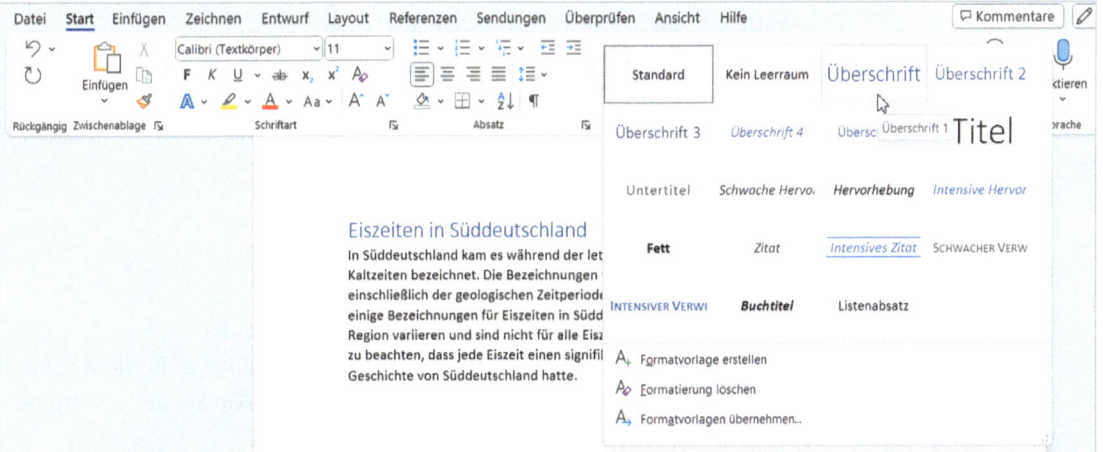

Word unterscheidet bei den Formatvorlagen für Text zwischen folgenden Typen, von ihnen hängt es ab, ob Sie eine Textstelle markieren müssen oder ob es genügt, wenn sich der Cursor im entsprechenden Absatz befindet.

- Reine Absatzformatvorlagen können sowohl Zeichen- als auch Absatzformate enthalten und wirken sich immer auf den gesamten Absatz aus, d. h. es genügt, wenn sich der Cursor im Absatz befindet. Zu diesem zählen beispielsweise die Vorlagen *Standard* und *Kein Leerraum*, siehe unten.
- Reine Zeichenformatvorlagen enthalten ausschließlich Zeichenformate, z. B. Schriftart und/oder -farbe, und können ausschließlich den markierten Zeichen zugewiesen werden. Dazu zählen z. B. die diversen Hervorhebungen.
- Zuletzt gibt es noch verknüpfte Formatvorlagen, diese können wahlweise den markierten Zeichen oder dem aktuellen Absatz zugewiesen werden. Dazu gehören unter anderem auch alle Formatvorlagen für Überschriften.

Besondere Formatvorlagen

Die Formatvorlagen Standard und Kein Leerraum

Die Vorlage *Standard* ist die wichtigste Formatvorlage in Word. Sie legt die Standardschriftart und -größe sowie das Standardabsatzformat, z. B. linksbündige Ausrichtung, fest. Wenn Sie nach dem Öffnen eines leeren

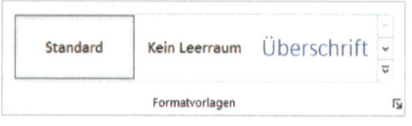

Dokuments mit der Eingabe beginnen und nichts anderes festgelegt haben, dann erhält der Text automatisch alle Merkmale der Formatvorlage *Standard*. Wenn also bei Verwendung von Formatvorlagen Text wieder das ursprüngliche Aussehen erhalten soll, dann brauchen Sie diesem nur die Formatvorlage *Standard* zuweisen. Auch das Löschen der Formatierung ist eigentlich nichts anderes, als den Text wieder auf die Formatvorlage *Standard* zurücksetzen.

Zeilenabstände im Dokument, siehe Kap. 4, Seite 118.

> **Tipp: Absätze ohne Abstände mit der Formatvorlage Kein Leerraum**
>
> In der Standardeinstellung verwendet Word vergrößerte Zeilenabstände und Abstände zwischen Absätzen. Eine komfortable Möglichkeit, diese von einzelnen Absätzen schnell zu entfernen, bietet sich mit der Formatvorlage *Kein Leerraum* an. Sie verwendet normalerweise dieselbe Schrift wie die Vorlage *Standard*, beinhaltet aber einen einfachen Zeilenabstand (1) und keine Abstände zwischen Absätzen.

Überschriften

Nützlich sind insbesondere die Vorlagen für Überschriften, z. B. *Überschrift 1*, *Überschrift 2*, usw. Mit ihnen lassen sich bis zu neun Ebenen gestalten, außerdem können Sie mit ihrer Hilfe Inhaltsverzeichnisse automatisch erstellen. Wie Sie dabei vorgehen, lesen Sie in diesem Kapitel ab Seite 200.

Formatvorlagen dauerhaft anzeigen

Vielleicht haben Sie bereits bemerkt, dass bei häufiger Verwendung von Formatvorlagen der Formatvorlagenkatalog etwas unübersichtlich und umständlich in der Handhabung ist. Schneller lässt sich die Arbeit mit Formatvorlagen erledigen, wenn Sie diese dauerhaft im Aufgabenbereich *Formatvorlagen* anzeigen. Zum Öffnen des Aufgabenbereichs klicken Sie auf das Pfeilsymbol ⌐ der Gruppe *Formatvorlagen* im Register *Start* des Menübands.

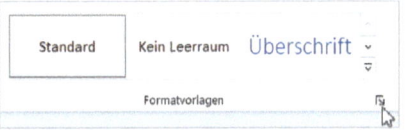

Bild 6.3 Formatvorlagen öffnen

Tipps zum Arbeiten mit dem Aufgabenbereich Formatvorlagen

▸ Falls die Formatvorlagen in einem frei beweglichen Fenster geöffnet werden, so sollten Sie dieses mit Doppelklick auf den Namen ❶ am rechten Fensterrand verankern (andocken). Das Fenster bzw. der Aufgabenbereich bleibt solange geöffnet, bis Sie auf das *Schließen*-Symbol ❷ klicken. Die Breite bestimmen Sie durch Verschieben der Trennlinie mit der Maus.

▸ Die Formatvorlagen erscheinen in Form einer übersichtlichen Liste, Sie erhalten so einen besseren Überblick über vorhandene Formatvorlagen und können diese schneller zuweisen. Die Formatvorlage des aktuellen Absatzes, d. h. in dem sich Cursor gerade befindet, ist durch die Umrandung ❸ leicht zu erkennen.

▸ Zusätzlich sollten Sie das Kontrollkästchen *Vorschau anzeigen* ❹ aktivieren. Dadurch werden in der Liste alle Formatvorlagen zusammen mit Ihren Formaten angezeigt, was ebenfalls den Überblick erleichtert.

Sämtliche Formatierungen werden zusätzlich eingeblendet, wenn Sie auf eine Formatvorlage zeigen.

▸ Darüber hinaus ist jede Formatvorlage mit einem Symbol versehen, das den Formatvorlagentyp kennzeichnet:

- Absatzformatvorlagen sind an diesem Symbol ¶ zu erkennen.
- Das Symbol a steht für reine Zeichenformatvorlagen.
- Verknüpfte Formatvorlagen ¶a können wahlweise markierten Zeichen oder dem aktuellen Absatz zugewiesen werden.

Bild 6.4 Der Aufgabenbereich Formatvorlagen

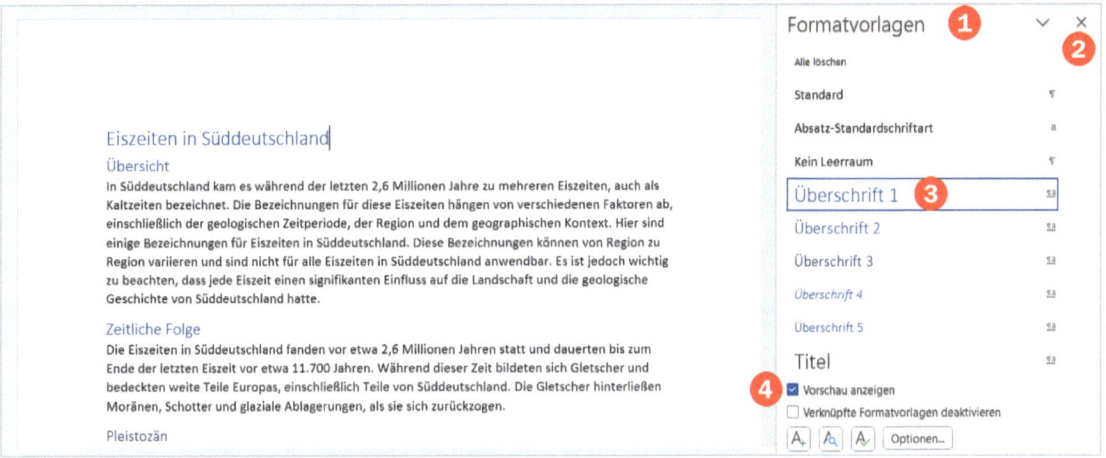

6.3 Formatvorlagen anpassen

Das Aussehen der Formatvorlagen hängt von den aktuellen Designfarben und -schriften ab (siehe Kapitel 4.2). Mit der Auswahl eines anderen Designs und/oder anderer Farben und Schriften erhalten daher auch die integrierten Formatvorlagen ein anderes Aussehen. Darüber hinaus können Sie vorhandene Formatvorlagen ändern oder einfach einen anderen Formatvorlagensatz wählen.

Formatvorlagensatz auswählen

Word bietet im Menüband, Register *Entwurf* ▶ *Dokumentformatierung* mehrere Formatvorlagensätze bzw. Varianten an, die alle auf dem aktuellen Design bzw. den aktuellen Farben und Schriften basieren. Ein Klick auf die Schaltfläche *Weitere* ▽ öffnet den gesamten Katalog und erlaubt einen besseren Überblick. Zudem erhalten Sie im Dokument eine Vorschau, wenn Sie auf einen Vorlagensatz zeigen.

Bild 6.5 Wählen Sie im Register Entwurf einen Formatvorlagensatz

> **Achtung**: Bereits mit Formatvorlagen formatierter Text, z. B. Überschriften erhält mit der Auswahl eines anderen Formatvorlagensatzes ein anderes Aussehen.

Vorhandene Formatvorlagen ändern

Neben den, in Kapitel 4 beschriebenen Anpassungsmöglichkeiten im Register *Entwurf* des Menübands lassen sich auch einzelne Formatvorlagen gezielt ändern. Dazu können Sie entweder die Formatvorlage direkt bearbeiten und ihr andere Formate zuweisen oder Sie formatieren zuerst eine Textstelle im Dokument, z. B. einen Absatz und aktualisieren anschließend die Formatvorlage anhand dieses Absatzes.

Achtung: Alle Änderungen an einer Formatvorlage wirken sich automatisch auf alle Absätze und Zeichen aus, die mit dieser Formatvorlage formatiert wurden.

Formatvorlage anhand von Text aktualisieren

Die einfachste Möglichkeit besteht darin, dass Sie eine Formatvorlage anhand einer entsprechend formatierten Textstelle im Dokument aktualisieren. Diese Vorgehensweise besitzt außerdem den Vorteil, dass Sie vor der endgültigen Übernahme die Wirkung im Dokument besser beurteilen können. Der Absatz, mit dem Sie die Formatvorlage aktualisieren, sollte mit der betreffenden Formatvorlage formatiert sein, dies ist aber nicht zwingend nötig.

1 Als Beispiel hat die Überschrift ❶ im Bild unten abweichend Schriftgröße 16, Kapitälchen, einen erweiterten Zeichenabstand und gelbbraune Schriftfarbe sowie eine Rahmenlinie unterhalb in derselben Farbe erhalten. Alle diese Formate sollen nun der Formatvorlage *Überschrift 1* zugewiesen werden.

2 Zum anschließenden Aktualisieren muss sich entweder der Cursor im geänderten Absatz befinden oder Sie markieren den gesamten Absatz. Klicken Sie im Aufgabenbereich *Formatvorlagen* mit der rechten Maustaste auf die Formatvorlage ❷, die Sie ändern möchten und auf den Befehl *…aktualisieren, um der Auswahl zu entsprechen* ❸.

Alternativ erhalten Sie diesen Befehl auch mit Klick auf den Dropdown-Pfeil der Formatvorlage; dieser erscheint erst beim Zeigen auf die Vorlage.

Bild 6.6 Klicken Sie mit der rechten Maustaste auf die Formatvorlage und auf … aktualisieren.

Die Formatvorlage wird entsprechend angepasst. Gleichzeitig ändert sich automatisch auch das Aussehen aller Absätze, denen diese Formatvorlage bereits zugewiesen wurde.

Hinweis: Falls Sie nicht mit dem Aufgabenbereich *Formatvorlagen* arbeiten, so finden Sie den Befehl zum Aktualisieren auch, wenn Sie im Menüband mit der rechten Maustaste auf die zu aktualisierende Formatvorlage klicken.

Die Formatvorlage direkt bearbeiten

Als zweite Möglichkeit bearbeiten Sie die Formatvorlage direkt, hierzu als Beispiel die Formatvorlage *Überschrift 2*.

Dasselbe Menü mit dem Befehl *Ändern…* erscheint auch, wenn Sie im Formatvorlagenkatalog des Menübands mit der rechten Maustaste auf die betreffende Formatvorlage klicken.

1. Dazu klicken Sie ebenfalls im Aufgabenbereich *Formatvorlagen* mit der rechten Maustaste auf die zu ändernde Formatvorlage und hier auf *Ändern…* (Bild 6.7). Oder klicken Sie auf den Dropdown-Pfeil der Vorlage und auf *Ändern…*.

2. Anschließend können Sie die Formatvorlage im Dialogfenster *Formatvorlage ändern* bearbeiten und das Ergebnis anhand der Vorschau ❶ kontrollieren. Unterhalb sehen Sie eine zusammenfassende Beschreibung aller Eigenschaften ❷.

3. Die wichtigsten Formatierungen lassen sich über Symbole ❸ schnell ändern, deren Bedeutung dürfte aus Kapitel 4 bekannt sein. Alle übrigen, z. B. *Rahmen* sind über die Schaltfläche *Format* ❹ verfügbar.

4. Zum Übernehmen Ihrer Änderungen klicken Sie abschließend auf *OK*.

Bild 6.7 Klicken Sie auf Ändern…

Bild 6.8 Fenster Formatvorlage ändern

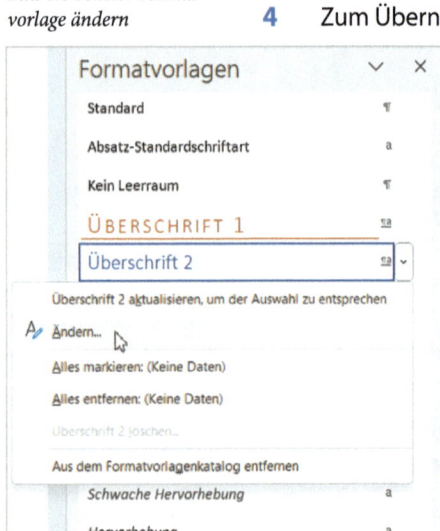
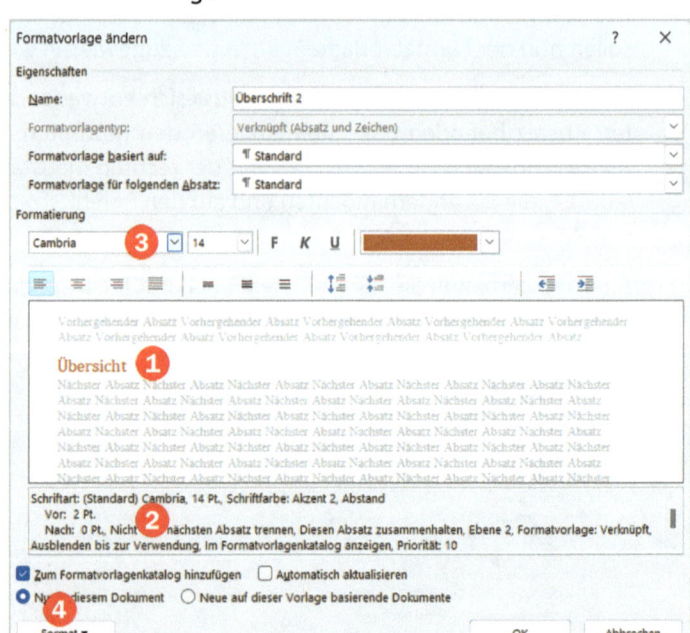

Was Sie beim Ändern von Formatvorlagen unbedingt beachten sollten

Achten Sie bei Änderungen an Formatvorlagen auf die folgenden Optionen, die Word im unteren Bereich des Fensters bereitstellt und behalten Sie hier die Standardeinstellungen nach Möglichkeit bei.

Bild 6.9 Optionen beachten!

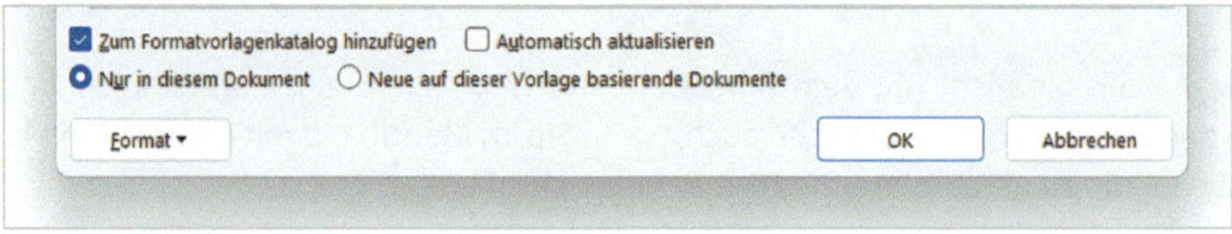

- **Zum Formatvorlagenkatalog hinzufügen**: Damit ist diese Formatvorlage nicht nur im Aufgabenbereich *Formatvorlagen*, sondern auch im Formatvorlagenkatalog des Menübands (Register *Start*) verfügbar.

- **Automatisch aktualisieren**: **Achtung**: Dieses Kontrollkästchen ist mit Vorsicht zu behandeln! Wenn Sie es aktivieren, dann wird jede Formatänderung, die Sie im Dokument an einer Textstelle mit dieser Formatvorlage vornehmen, automatisch auch in die Formatvorlage übernommen. Unterstreichen Sie beispielsweise einen Absatz, der mit der Formatvorlage *Standard* formatiert wurde, so erhält die Formatvorlage *Standard* ebenfalls Unterstreichung und infolgedessen werden im Dokument alle, mit dieser Formatvorlage formatierten Absätze unterstrichen.

- **Nur in diesem Dokument**: Diese Option bewirkt, dass sich alle vorgenommenen Änderungen ausschließlich im aktuellen Dokument auswirken. Diese Standardeinstellung sollte nur in Ausnahmefällen geändert werden.

- **Neue, auf dieser Vorlage basierende Dokumente**: Wenn Sie stattdessen diese Option wählen, dann wirken sich Änderungen an der Formatvorlage auch auf alle neuen Dokumente aus, die auf derselben Dokumentvorlage, normalerweise *Leeres Dokument*, basieren.

6.4 Eigene Formatvorlagen neu erstellen

Genau wie beim Ändern haben Sie auch beim Erstellen komplett neuer, eigener Formatvorlagen die Möglichkeit, diese anhand eines fertig formatierten Absatzes im Dokument oder im Fenster *Neue Formatvorlage* zu erstellen.

Absatzformatvorlage aus Auswahl erstellen

Am schnellsten stellen Sie eine eigene benutzerdefinierte Absatzformatvorlage, wenn Sie zunächst einen Absatz im Dokument mit allen gewünschten Zeichen- und Absatzformaten versehen.

Beispiel: Sie möchten besondere Hinweise in Schriftgröße 10, kursiv, eingerückt und mit hellgrauem Hintergrund und einer einfachen Rahmenlinie außen hervorheben. Da das Dokument mehrere Hinweise enthält, die alle dasselbe Aussehen erhalten sollen, erstellen Sie zu diesem Zweck eine Formatvorlage mit dem Namen „Hinweistext".

1. Im ersten Schritt versehen Sie einen Absatz des Dokuments mit allen gewünschten Formatierungen (siehe Bild 6.10). **Achtung**: Dieser Absatz sollte auf der Formatvorlage *Standard* basieren, da sonst eventuell auch unerwünschte Formate übernommen werden.

2. Im nächsten Schritt erstellen Sie aus dieser Formatierung eine neue Formatvorlage: Achten Sie darauf, dass sich der Cursor innerhalb dieses Absatzes befindet ❶ und klicken Sie im Menüband ▶ *Start* ▶ *Formatvorlagen* auf die Schaltfläche *Weitere* ⌄. Wählen Sie hier *Formatvorlage erstellen* ❷.

3. Geben Sie im nachfolgenden Fenster einen Namen für die Formatvorlage ein ❸ und klicken Sie auf *OK*.

Die neue Formatvorlage ist automatisch vom Typ *Verknüpfte Formatvorlage*, d. h. sie kann für Absätze und markierte Zeichen verwendet werden und ist ab sofort im Formatvorlagenkatalog des Menübands sowie im Aufgabenbereich *Formatvorlagen* verfügbar.

Bild 6.10 Neue Formatvorlage aus Auswahl erstellen

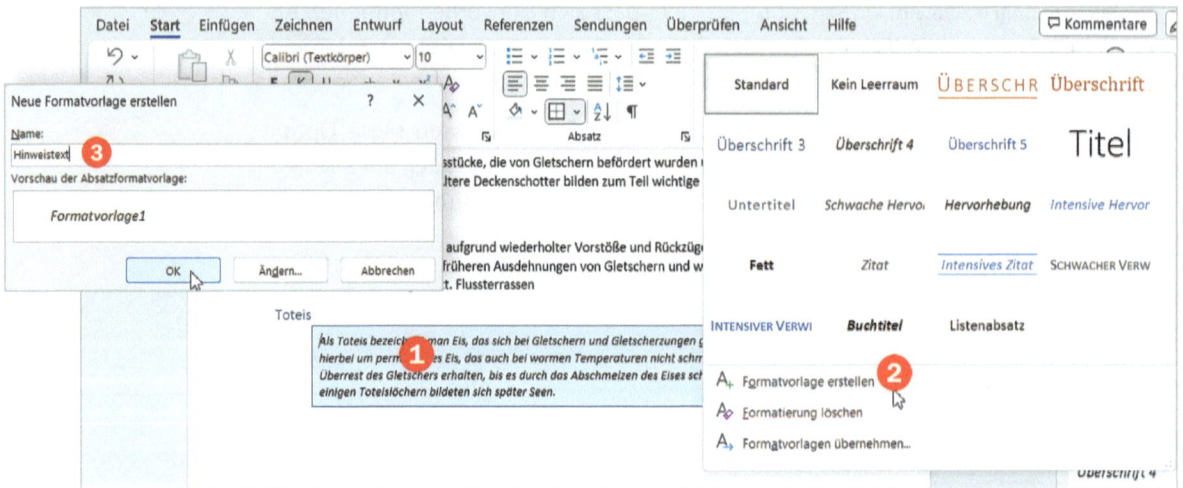

Eine Absatzformatvorlage von Grund auf neu erstellen

Umfangreiche und weitergehende Möglichkeiten finden Sie im Dialogfenster *Neue Formatvorlage erstellen*. Dieses Fenster öffnen Sie entweder im Aufgabenbereich *Formatvorlagen* mit einem Klick das Symbol *Neue Formatvorlage* , oder klicken Sie im Formatvorlagenkatalog auf *Formatvorlage erstellen* (siehe oben) und im nachfolgenden Fenster auf die Schaltfläche *Ändern...*. Hier können Sie weitere Eigenschaften der neuen Formatvorlage festlegen und im Bedarfsfall auch einen anderen Formatvorlagentyp auswählen.

> ▌ **Vermeiden Sie unerwünschte und überflüssige Formate!**
>
> Wenn beim Öffnen des Fensters *Neue Formatvorlage erstellen* eine Textstelle markiert ist oder sich der Cursor in einem formatierten Absatz befindet, dann verfügt die neue Formatvorlage automatisch auch bereits über alle Formatmerkmale dieses Absatzes. Möchten Sie dagegen mit einer neuen Formatvorlage ohne weitere Vorgaben beginnen, dann muss sich der Cursor in einem nicht weiter formatierten Absatz mit der Formatvorlage *Standard* befinden.

1. Zunächst geben Sie einen Namen für die neue Formatvorlage ein ❶. Jeder Formatvorlagenname darf im Dokument bzw. der Dokumentvorlage nur einmal vorhanden sein, daher erhalten Sie möglicherweise eine Meldung, dass dieser Name bereits vorhanden oder für eine integrierte Formatvorlage reserviert ist.

2. Als Formatvorlagentyp ❷ wird standardmäßig *Absatz* vorgeschlagen, die übrigen Typen, *Zeichen* und *Verknüpft* wählen Sie mit Klick in das Feld aus. **Achtung:** der Formatvorlagentyp kann nachträglich nicht mehr geändert werden!

3. Unter *Formatvorlage basiert auf* ❸ legen Sie fest, auf welcher Formatvorlage die neue Vorlage basieren soll. Basiert sie z. B. auf der Formatvorlage *Standard*, so enthält sie zunächst einmal deren Formatierungen und nachträgliche Änderungen an der Formatvorlage *Standard*, z. B. Ändern der Schriftart, wirken sich auch auf die neue Formatvorlage aus. Möchten Sie dies ausschließen, so wählen Sie hier *keine Formatvorlage*.

4. Wenn Sie während der Eingabe einen Absatz beenden, erhält der nachfolgende Absatz automatisch dieselbe Formatvorlage. Im Feld *Formatvorlage für nachfolgenden Absatz* können Sie dem nächsten Absatz eine abweichende Formatvorlage zuweisen. Sinnvoll ist dies beispielsweise bei Überschriften, da für den Folgeabsatz normalerweise wieder eine Formatvorlage für Fließtext benötigt wird. Bei Aufzählungen sollte dagegen auch der nächste Absatz dieselbe Formatierung erhalten. Diese Einstellung dient nur der Arbeitserleichterung, Sie können jederzeit dem Folgeabsatz manuell eine andere Formatvorlage zuweisen.

5. Im Bereich *Formatierung* ❹ legen Sie die Formate fest. Weitere, z. B. Rahmen und Schattierung oder Tabstopps finden Sie über die Schaltfläche *Format* ❺.

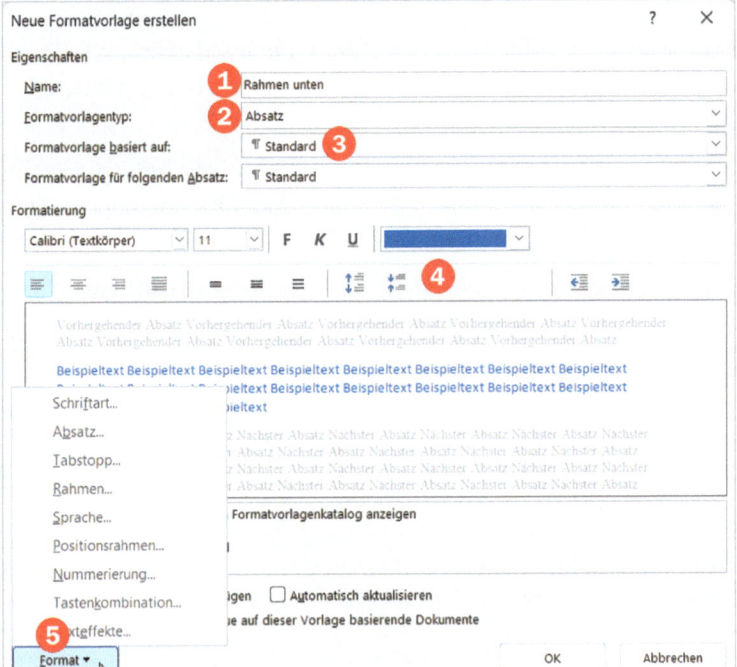

Bild 6.11 Neue Formatvorlage erstellen

6   Aktivieren Sie das Kontrollkästchen *Zum Formatvorlagenkatalog hinzufügen*. Genaue Erläuterungen zu den übrigen Optionen finden Sie auf Seite 194.

> **In welchen Dokumenten wird die neue Formatvorlage benötigt?**
>
> Die allermeisten benutzerdefinierten Formatvorlagen werden ausschließlich im aktuellen Dokument benötigt; daher sollte die Standardeinstellung *Nur in diesem Dokument* bis auf wenige Ausnahmefälle beibehalten werden. So vermeiden Sie, dass die Liste der Formatvorlagen unnötig aufgebläht wird.

Zeichenformatvorlagen erstellen

Die Erstellung von Zeichenformatvorlagen unterscheidet sich kaum von der oben beschriebenen Vorgehensweise. Der einzige Unterschied: Wählen Sie im Feld *Formatvorlagentyp* den Typ *Zeichen* aus und beachten Sie, dass dieser nur Zeichenformate, z. B. Schriftart und -größe, Schriftschnitt und -farbe unterstützt.

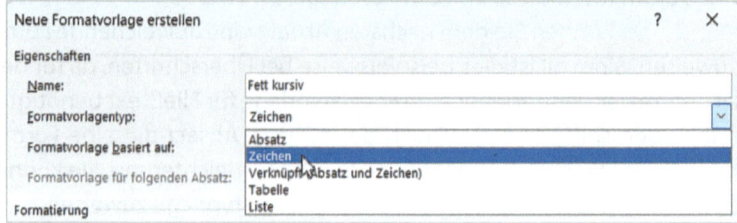

Bild 6.12 Neue Zeichenformatvorlage erstellen

Tastenkombination zuweisen

Noch schneller lassen sich häufig verwendete Formatvorlagen mit Hilfe von Tastenkombinationen zuweisen. Diese können sowohl den integrierten als auch benutzerdefinierten Formatvorlagen zugewiesen werden.

1   Öffnen Sie dazu das Fenster *Formatvorlage ändern*, entweder per Rechtsklick auf die betreffende Formatvorlage im Formatvorlagenkatalog oder im Aufgabenbereich *Formatvorlagen* und den Befehl *Ändern...*.

2   Klicken Sie im Fenster *Formatvorlage ändern* auf die Schaltfläche *Format* und auf *Tastenkombination...* ❶.

Tipp: Die Umlaute Ä, Ü, Ö sind nicht zugewiesen und können problemlos verwendet werden.

3   Das Fenster *Tastatur anpassen* wird geöffnet. Klicken Sie in das Feld *Neue Tastenkombination* und drücken Sie die gewünschten Tasten ❷. Wählen Sie am besten eine Kombination mit den Tasten **Strg**+**Umschalt** (Shift). Sollte die gewählte Tastenkombination bereits anderweitig belegt sein, so erscheint dies unter *Derzeit zugewiesen an* ❸.

Achtung: Verwenden Sie keine der bekannten und wichtigen Tastenkombinationen wie beispielsweise **Strg**+**C** (Kopieren), da sonst die ursprüngliche Tastenbelegung überschrieben wird!

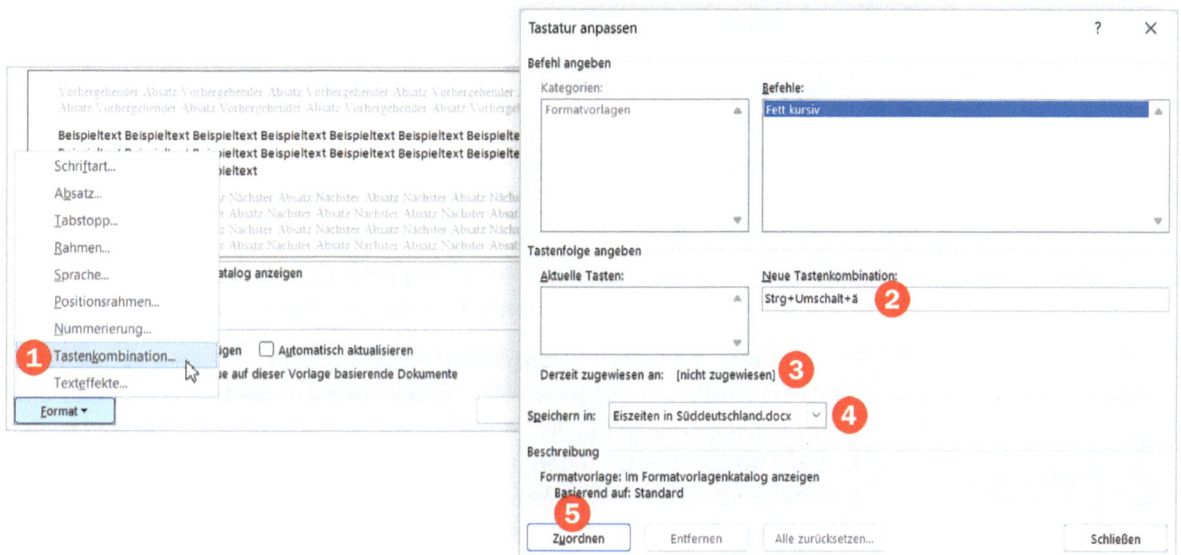

Bild 6.13 Format - Tastenkombination

Bild 6.14 Geben Sie eine Tastenkombination ein

4   Wählen Sie im Feld *Speichern in* ❹ aus, in welchen Dokumenten die Tastenkombination in Verbindung mit der Formatvorlage verfügbar sein soll. Auch hier gilt: Überlegen Sie, ob Sie die Formatvorlage und damit die Tastenkombination wirklich in allen Dokumenten (Auswahl *Normal*) benötigen. In der Regel genügt es, wenn Sie das aktuelle Dokument wählen.

5   Zuletzt klicken Sie auf die Schaltfläche *Zuordnen* ❺.

Formatvorlage löschen

Benutzerdefinierte Formatvorlagen können Sie auch wieder löschen, wenn Sie nicht benötigt werden. Dazu klicken Sie im Aufgabenbereich *Formatvorlagen* mit der rechten Maustaste auf die zu löschende Formatvorlage, und wählen Sie den Eintrag *xxx löschen...*, wobei *xxx* für den Namen der Formatvorlage steht.

Bestätigen Sie die nachfolgende Meldung mit der Schaltfläche *OK*. Falls die gelöschte Formatvorlage noch im Dokument verwendet wird, so erhalten die entsprechenden Textstellen wieder die Formatvorlage *Standard*.

Bild 6.15 Formatvorlage löschen

Achtung: Der Befehl *Aus dem Formatvorlagenkatalog entfernen*, entfernt die Formatvorlage nur aus dem Katalog des Menübands, sie wird dadurch aber nicht gelöscht.

Integrierte Formatvorlagen, z. B. *Überschrift1* oder *Standard*, können nicht gelöscht werden!

6.5 Überschriften mit Formatvorlagen im Griff

Überschriften nummerieren

In der Standardeinstellung sind die Überschriften, genauer gesagt die entsprechenden Formatvorlagen, nicht nummeriert. Allerdings ist die Zuweisung einer Nummerierung schnell erledigt.

1. Setzen Sie den Cursor im Dokument in eine beliebige Überschrift ❶, diese muss mit einer Überschriftenformatvorlage ❶ formatiert sein.

2. Klicken Sie im Menüband, Register *Start* ▶ *Absatz*, auf *Liste mit mehreren Ebenen* ❷ (siehe Kapitel 4.5 auf Seite 141) und wählen Sie in der Listenbibliothek eine Vorlage, deren Ebenen mit dem Zusatz *Überschrift 1*, *Überschrift 2*, usw. versehen sind ❸. Im Gegensatz zu den einfachen Listenvorlagen mit mehreren Ebenen sind meist alle Ebenen am linken Seitenrand ausgerichtet.

Bild 6.16 Wählen Sie eine Vorlage für Überschriften

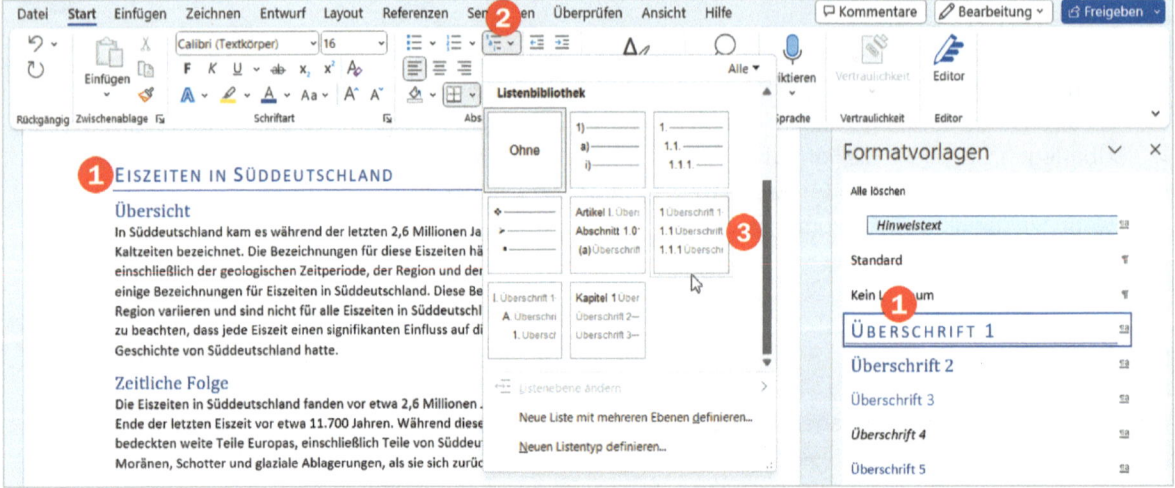

Word nummeriert anschließend im Dokument automatisch sämtliche Überschriften aller Ebenen, eine Vorschau auf die Nummerierung sehen Sie im Aufgabenbereich *Formatvorlagen*.

Bild 6.17 Die nummerierten Überschriftenebenen

Inhaltsverzeichnis erstellen

Wenn Sie Ihre Überschriften konsequent mit den integrierten Formatvorlagen für Überschriften formatiert haben, dann ist ein Inhaltsverzeichnis mit wenigen Mausklicks schnell erstellt. So gehen Sie vor:

1. Zuerst benötigen Sie für das Inhaltsverzeichnis eine neue Seite am Beginn des Dokuments. Dazu setzen Sie den Cursor vor das erste Zeichen am Dokumentbeginn und klicken im Menüband, Register *Einfügen* ▶ *Seiten* auf *Leere Seite*.

2. Positionieren Sie den Cursor am Beginn der neu hinzugefügten Seite, wählen Sie im Menüband das Register *Referenzen* und klicken Sie auf *Inhaltsverzeichnis*.

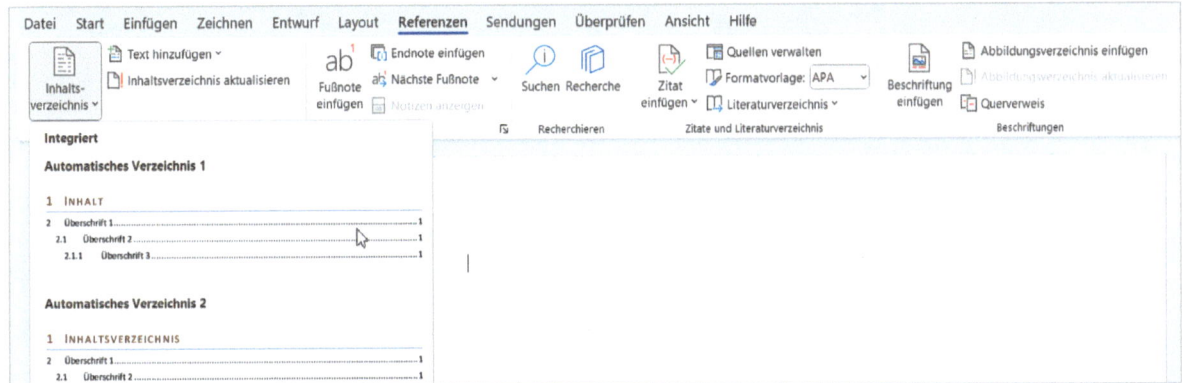

Bild 6.18 Wählen Sie Automatisches Verzeichnis

3. Je nach gewünschter Verzeichnisüberschrift klicken Sie auf *Automatisches Verzeichnis 1* oder *Automatisches Verzeichnis 2*.

Die beiden Verzeichnisse unterscheiden sich nur durch ihren Titel.

4. Das Inhaltsverzeichnis wird ab der Cursorposition eingefügt.

Beachten Sie

▶ Bei nachträglich vorgenommenen Änderungen am Dokument muss das Inhaltsverzeichnis aktualisiert werden. Dazu klicken Sie in das Inhaltsverzeichnis und dann am oberen Rand auf *Inhaltsverzeichnis aktualisieren* ❶ (Bild 6.19) oder im Menüband, Register *Referenzen* auf *Inhaltsverzeichnis aktualisieren* ❷.

▶ Die Überschriften des Inhaltsverzeichnisses sind gleichzeitig Hyperlinks ❸. Das bedeutet, wenn Sie mit gleichzeitig gedrückter **Strg**-Taste auf eine Überschrift klicken, gelangen Sie im Dokument sofort zu dieser Stelle.

▶ Wenn Sie in das Inhaltsverzeichnis zeigen, erscheint eine graue Schattierung. Diese kennzeichnet Word-Felder (siehe Seitenzahlen) und wird, genau wie der Rahmen um das Inhaltsverzeichnis nicht gedruckt.

> ▪ **Keine inhaltlichen Änderungen im Inhaltsverzeichnis!**
> Eventuell notwendige Fehlerkorrekturen, z. B. von Rechtschreibfehlern müssen an der Originalstelle vorgenommen und anschließend durch Aktualisieren in das Inhaltsverzeichnis übernommen werden. Im Inhaltsverzeichnis erfolgte Korrekturen gehen dagegen bei der nächsten Aktualisierung verloren.

Bild 6.19 Das fertige Inhaltsverzeichnis

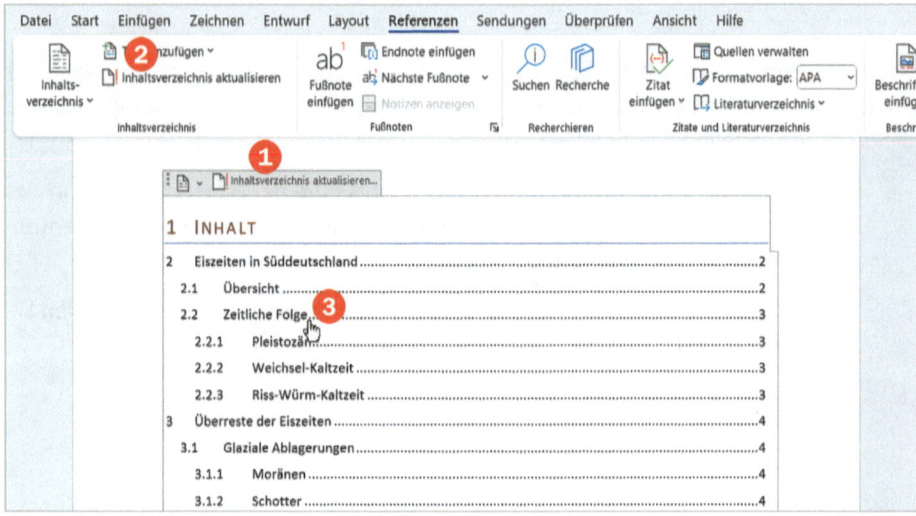

Hinweis: In der Standardeinstellung werden maximal drei Überschriftsebenen in das Inhaltsverzeichnis aufgenommen, auch wenn im Dokument weitere Ebenen existieren. Eine Beschreibung, wie Sie Inhaltsverzeichnisse anpassen, würde an dieser Stelle zu weit führen. Die detaillierte Vorgehensweise beim Erstellen von Inhalts- und Abbildungsverzeichnissen zeigen wir Ihnen im Buch Word 2021, Stufe 2: Aufbauwissen vom Bildner Verlag.

Schnelle Navigation im Navigationsbereich

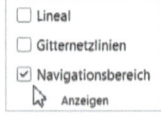

Bild 6.20 Überschriften im Navigationsbereich

Die Verwendung von Formatvorlagen für Überschriften hat noch einen weiteren Vorteil: Sie erhalten im Navigationsbereich eine Übersicht über Ihre Gliederung und können durch Anklicken einer Überschrift schnell zu diesem Punkt navigieren. Zum Einblenden des Navigationsbereichs klicken Sie im Menüband auf das Register *Ansicht* und aktivieren in der Gruppe *Anzeigen* das gleichnamige Kontrollkästchen. Wählen Sie die Navigationsart *Überschriften*.

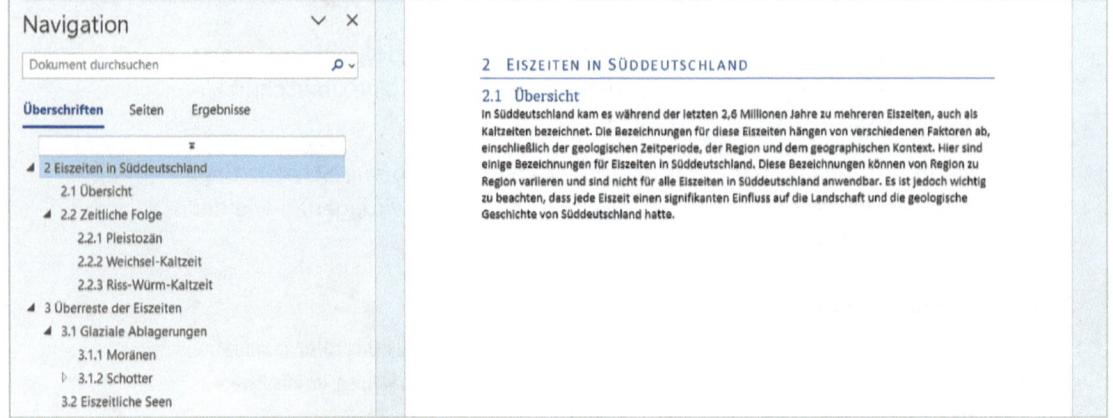

6.6 Übung

- Öffnen Sie aus dem Ordner Download\Uebungen die Datei Kap_06_Beispieltext_Formatvorlagen.

    Alternativ beginnen Sie mit einem leeren Dokument und fügen ab der ersten Zeile mit der Anweisung =rand(30) Blindtext über mehrere Seiten ein (Siehe Kapitel 5.1 auf Seite 156). In diesem Fall fügen Sie anschließend noch an mehreren Stellen des Dokuments Überschriften beliebigen Inhalts ein.

- Wählen Sie Designfarben und -schriften sowie einen Formatvorlagensatz nach Ihren Vorstellungen.

- Lassen Sie sich die Formatvorlagen im Aufgabenbereich anzeigen und verankern Sie diesen, falls nötig am rechten Rand des Word-Fensters. Aktivieren Sie hier außerdem die Vorschau.

- Weisen Sie einzelnen Absätzen verschiedene Formatvorlagen zu. Wenn Sie eine Formatvorlage wieder von einem Absatz entfernen möchten, weisen Sie diesem einfach wieder die Formatvorlage *Standard* zu.

- Formatieren Sie die Überschriften mit Formatvorlagen bis max. Ebene 3.

Achten Sie bei den folgenden Änderungen darauf, dass sich diese ausschließlich auf das aktuelle Dokument beziehen!

- Ändern Sie die Formatvorlage *Überschrift 2*: Diese erhält eine andere Schriftfarbe und eine Rahmenlinie unterhalb.

- Erstellen Sie eine neue Absatzformatvorlage mit dem Namen „Einzug links". Diese soll auf der Formatvorlage *Standard* basieren und erhält außerdem Schriftgröße 9, kursiv und einen linken Einzug von 2,5 cm. Außerdem einen Abstand nach oben und unten von je 12 Pt..

- Weisen Sie diese Formatvorlage zwei bis drei beliebigen Absätzen zu und setzen Sie dann diese Absätze wieder auf die Formatvorlage *Standard* zurück.

- Wählen Sie eine andere Farbzusammenstellung und/oder einen anderen Formatvorlagensatz aus und beobachten Sie die Wirkung auf das Dokument.

- Falls Sie mit dem Aussehen des Dokuments nicht zufrieden sind, so testen Sie einfach nacheinander mehrere Designs.

- Speichern Sie das fertige Dokument unter dem Namen Kap_06_Beispieltext_Formatvorlagen_fertig.docx.

7 Tabellen und Tabstopps nutzen

In diesem Kapitel lernen Sie ...
- Arbeiten mit Tabstopps
- Benutzerdefinierte Tabstopps setzen
- Tabellen einfügen
- Tabellen formatieren und Tabellenlayout ändern
- Text in Tabelle umwandeln und umgekehrt

Das sollten Sie bereits wissen
- Texteingabe und -korrektur
- Zeichen und Absätze formatieren

Zum Ausrichten von Text in Spalten oder einfach zum Erzeugen größerer Abstände im Text können Sie entweder Tabstopps oder Tabellen benutzen, auf keinen Fall aber sollten Sie die Abstände zwischen Spalten mit Leerzeichen auffüllen! Der Grund: Da fast immer Proportionalschriften mit unterschiedlichen Zeichenbreiten verwendet werden, ist es mit Leerzeichen unmöglich, Text über mehrere Zeilen in Spalten exakt untereinander auszurichten. Außerdem geraten bei nachträglichen Änderungen auf diese Weise erzeugte Spalten ohnehin schnell aus den Fugen.

7.1 Text anhand von Tabstopps ausrichten

Die Standardtabstopps zur schnellen Ausrichtung nutzen

Tabstopps orientieren sich nicht an der Zeichenbreite, sondern sind feste, vorgegebene Positionen im Dokument, die Sie mit der **Tab**-Taste der Tastatur ansteuern. Word verfügt über vordefinierte Standardtabstopps in Abständen von 1,25 cm. Das bedeutet, mit jedem Drücken der **Tab**-Taste bewegen Sie den Cursor um 1,25 cm weiter nach rechts. So erzeugen Sie während der Eingabe schnell größere Leerschritte und da Tabstopppositionen unabhängig sind von der Zeichenbreite, ist eine Ausrichtung auch über mehrere Zeilen hinweg kein Problem.

Mit der **Tab**-Taste erzeugte Tabulatorzeichen gehören zu den nicht druckbaren Zeichen und erscheinen, wenn sie eingeblendet sind, auf dem Bildschirm als kleine Pfeile. Tabulatorzeichen können, wie alle Zeichen auch nachträglich eingefügt oder gelöscht werden.

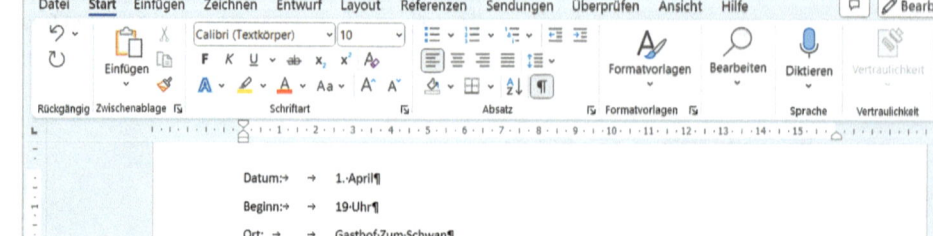

Bild 7.1 Beispiel für Standardtabstopps

Nachteile der Standardtabstopps

▶ Text wird an den Standardtabstopps ausschließlich linksbündig ausgerichtet.

▶ Nachträgliche Änderungen im Text oder an der Formatierung, z. B. Schriftgröße, machen meist auch das Löschen oder Einfügen weiterer Tabulatorzeichen nötig. Daher eignen sich die Standardtabstopps meist nur für kleinere Bereiche mit wenigen Zeilen.

Benutzerdefinierte Tabstopps setzen

Anstelle der Standardtabstopps können Sie auch eigene Tabstopps setzen. Ein benutzerdefinierter Tabstopp hebt alle Standardtabstopps links von seiner Position auf, sodass Sie mit Drücken der **Tab**-Taste den Cursor sofort an die erste benutzerdefinierte Tabstoppposition setzen.

> **Benutzerdefinierte Tabstopps gelten jeweils nur für den aktuellen Absatz!**
>
> Benutzerdefinierte Tabstopps werden wie Absatzformate behandelt. Das bedeutet, sie gelten nicht für das gesamte Dokument, sondern nur für den Absatz, in dem sie vereinbart werden. Während der Eingabe werden Tabstopps durch Drücken der Eingabetaste in den nächsten Absatz übernommen.

Vorteile benutzerdefinierter Tabstopps

- Benutzerdefinierte Tabstopps können jederzeit, also auch nachträglich gesetzt, verschoben oder gelöscht werden.
- Sie können zwischen den Tabstopp-Ausrichtungen Linksbündig, Rechtsbündig und Zentriert wählen. Mit der Ausrichtung Dezimal werden die Dezimaltrennzeichen, standardmäßig Komma, am Tabstopp ausgerichtet. Diese Einstellung eignet sich für Zahlen, z. B. bei der Erstellung einer Preisliste.
- Benutzerdefinierte Tabstopps erlauben zusätzlich die Verwendung von Füllzeichen, d. h. der Zwischenraum bis zum nächsten Tabstopp wird mit Punkten oder Bindestrichen automatisch aufgefüllt.

Tipp: Lineal einblenden

Tabstopps werden im Lineal angezeigt und können hier auch schnell gesetzt oder verschoben werden, daher sollte beim Arbeiten mit Tabstopps das Lineal sichtbar sein. Zum Anzeigen klicken Sie auf das Register *Ansicht* und blenden das Lineal durch Aktivieren des Kontrollkästchens in der Gruppe *Anzeigen* ein.

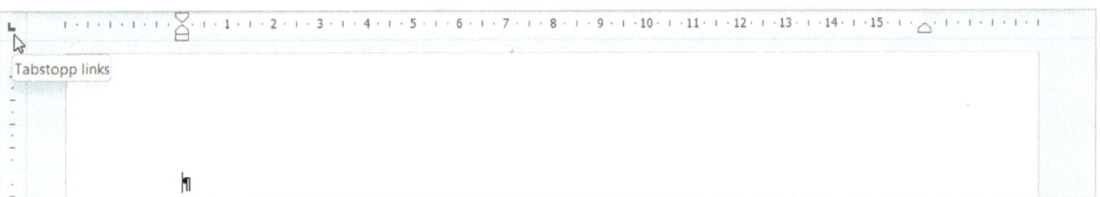

Bild 7.2 Das Lineal

So setzen Sie Tabstopps im Lineal

Achten Sie darauf, dass sich Cursor in dem Absatz befindet, der den Tabstopp erhalten soll. Soll der Tabstopp für mehrere Absätze gelten, so müssen diese markiert sein.

1. Zwischen dem vertikalen und dem horizontalen Lineal befindet sich eine kleine Schaltfläche, die die aktuell aktive Tabstoppausrichtung anzeigt, standardmäßig linksbündig, wie im Bild 7.2.

2   Klicken Sie nun mit der Maus im Lineal an die gewünschte Stelle. Hier erscheint eine Tabstoppmarke mit der gewählten Ausrichtung und im dazugehörigen Absatz springt nach dem Drücken der **Tab**-Taste der Cursor an diese Position.

Bild 7.3 Tabstopp setzen

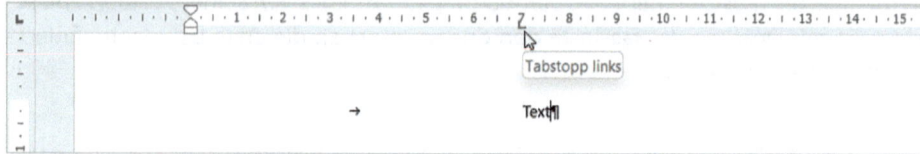

Tabstoppausrichtung wählen

Wenn Sie einen Tabstopp mit einer anderen Ausrichtung, z. B. rechtsbündig, setzen möchten, dann müssen Sie zuerst die Ausrichtung festlegen. Dazu klicken Sie mehrmals auf die Schaltfläche links im Lineal, bis die gewünschte Tabstoppausrichtung erscheint und setzen erst dann den Tabstopp per Mausklick in das Lineal.

Auf diese Weise können Sie in einem Absatz nacheinander auch mehrere Tabstopps mit unterschiedlicher Ausrichtung setzen. An Lineal erkennen Sie auch, ob ein Absatz bereits über benutzerdefinierte Tabstopps verfügt. Beachten Sie aber, dass nur die Tabstoppmarken des aktuellen Absatzes, in dem sich der Cursor befindet, angezeigt werden. Oder der markierten Absätze, wie im Bild unten.

Bild 7.4 Tabstopps unterschiedlicher Ausrichtung

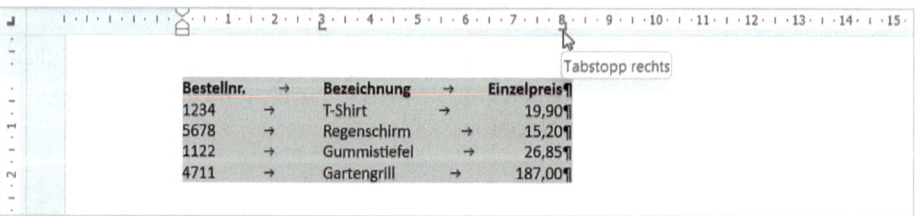

Die Tabstopp-Ausrichtungen im Überblick

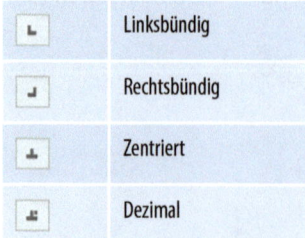

Hinweis: Die übrigen Symbole *Linker* und *Rechter Einzug* sowie *Vertikale Linie-Tabstopp*, das im Dokument an der Tabstoppposition einen senkrechten Strich einfügt, werden in der Regel nicht benötigt. Klicken Sie einfach solange auf das Kästchen, bis wieder das Symbol *Linksbündig* erscheint.

Benutzerdefinierte Tabstopps ändern

Auch alle nachträglichen Änderungen an benutzerdefinierten Tabstopps beziehen sich auf den aktuellen Absatz oder die markierten Absätze. Haben Sie also einen Tabstopp über mehrere Absätze verwendet und möchten diesen verschieben, so müssen Sie die Absätze zuvor markieren.

Am einfachsten verschieben Sie einen Tabstopp mit der Maus im Lineal: Zeigen Sie auf die Tabstoppmarke und ziehen Sie die Marke mit gedrückter linker Maustaste nach rechts oder links an die gewünschte Position.

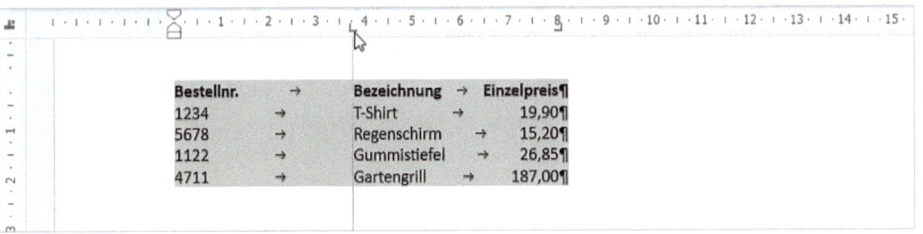

Bild 7.5 Tabstopp verschieben

 Tipp: Tabstopps schnell auf andere Absätze übertragen

Da benutzerdefinierte Tabstopps wie Absatzformate behandelt werden, können Sie im Register *Start* des Menübands das Symbol *Format übertragen* (*Zwischenablage*) benutzen, wenn Sie schnell die Tabstopps des aktuellen Absatzes in andere Absätze übernehmen möchten. Siehe Kapitel 4.7.

Tabstopp löschen

Im aktuellen Absatz nicht benötigte und überzählige Tabstopps sollten Sie löschen. Dazu genügt es, wenn Sie die Tabstoppmarke mit gedrückter Maustaste aus dem Lineal heraus nach unten ziehen. Falls sich im Absatz Tabulatorzeichen befinden, so steuern diese anschließend wieder die Standardtabstopps an.

Tabstopps mit Füllzeichen

Wenn der Zwischenraum bis zu einem Tabstopp automatisch mit Füllzeichen aufgefüllt werden soll, dann müssen Sie dazu das Fenster *Tabstopps* öffnen.

▶ Dazu setzen Sie entweder im Lineal einen Tabstopp an die gewünschte Stelle und doppelklicken dann auf die Tabstoppmarke.

▶ Oder öffnen Sie das Fenster *Absatz*, entweder mit Klick auf den kleinen Pfeil ⌐ der Gruppe *Absatz* im Menüband oder Rechtsklick und Befehl *Absatz...*, und klicken hier auf die Schaltfläche *Tabstopps...*.

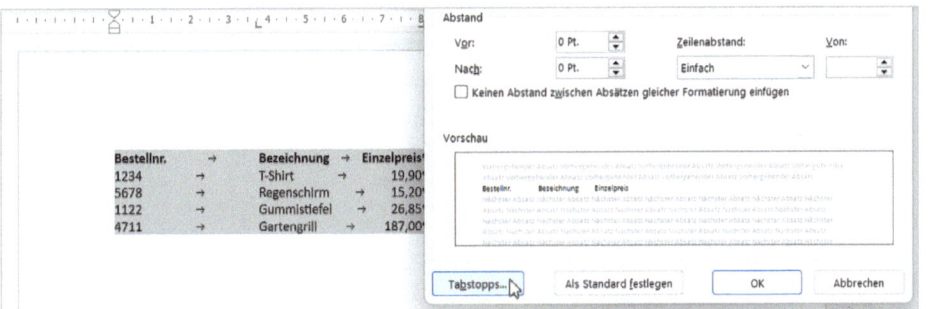

Bild 7.6 Das Fenster Tabstopps öffnen

1. Geben Sie zuerst die gewünschte Tabstoppposition in cm ein ❶. Falls der Tabstopp bereits vorhanden ist, so markieren Sie diesen im Feld unterhalb ❷.

2. Wählen Sie dann Ausrichtung ❸ und Füllzeichen ❹ und klicken Sie anschließend auf die Schaltfläche *Festlegen* ❺.

3. Werden noch weitere Tabstopps benötigt, so wiederholen Sie diese Schritte für jeden Tabstopp. Zuletzt schließen Sie das Fenster mit der Schaltfläche *OK*.

Bild 7.7 Füllzeichen festlegen

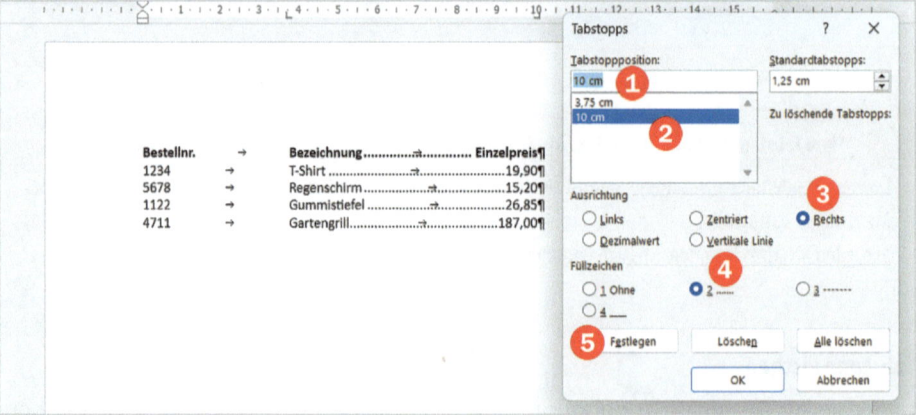

Tipps und Hinweise

▸ Im Dialogfenster *Tabstopps* lässt sich die Position eines Tabstopps exakt angeben, im Lineal ist dies dagegen manchmal nicht ganz einfach.

▸ Tabstopps können hier nicht nur mit Füllzeichen versehen werden, auf dem oben beschriebenen Weg lässt sich auch die Ausrichtung eines Tabstopps nachträglich noch ändern.

▸ Leider kann nachträglich die Position eines Tabstopps im Fenster *Tabstopps* nicht geändert werden. In diesem Fall müssen Sie den Tabstopp löschen und anschließend erneut setzen. Zum Löschen markieren Sie den Tabstopp und klicken auf die Schaltfläche *Löschen*. Oder verschieben Sie stattdessen den Tabstopp im Lineal mit der Maus.

> **Tabellen statt Tabstopps**
>
> Tabstopps sind mit Ausnahme der Füllzeichen nur selten der beste Weg, um Text in Spalten auszurichten. Wesentlich komfortabler in der Handhabung sind Tabellen; wenn Sie diese anschließend ohne Rahmenlinien formatieren, dann ist optisch kein Unterschied auszumachen. Wenn Sie also z. B. einen tabellarischen Lebenslauf schreiben möchten, dann verwenden Sie dazu besser eine Tabelle, Näheres hierzu im nächsten Punkt.

7.2 Tabellen einsetzen

Am einfachsten lässt sich Text mithilfe von Tabellen ausrichten. Füllzeichen sind in Tabellen zwar hier nicht möglich, dafür bieten Tabellen zahlreiche andere Vorteile:

- Spaltenbreite und Zeilenhöhe können schnell geändert werden und viele Formatierungen, z. B. Ausrichtung innerhalb einer Spalte, lassen sich wesentlich einfacher durchführen.
- Tabellen können nicht nur Text, sondern auch Grafiken enthalten.
- Innerhalb von Zellen erfolgt ein automatischer Zeilenumbruch, dadurch sind also auch mehrzeilige Einträge möglich. Sie können aber auch einen manuellen Zeilenumbruch oder durch Drücken der **Eingabetaste** ein Absatzende einfügen.

Tabelle einfügen

Eine einfache Standardtabelle einfügen

Tabellen werden an der Cursorposition eingefügt, achten Sie daher vor dem Einfügen darauf, dass sich der Cursor am Beginn eines neuen Absatzes befindet. Sie sollten sich auch zuvor bereits überlegen, wie viele Spalten die Tabelle erhalten soll. Die Anzahl der Zeilen spielt dagegen keine Rolle, da neue Zeilen während der Eingabe automatisch an die Tabelle angefügt werden.

1 Klicken Sie im Menüband, Register *Einfügen* ▸ *Tabellen* auf *Tabelle* ❶.

2 Ein Raster erscheint, in dem Sie die Anzahl der Spalten und Zeilen festlegen. Bewegen Sie dazu die Maus im Raster über die gewünschte Anzahl Spalten und Zeilen ❷, im Bild unten 5x2, gleichzeitig erhalten Sie im Dokument eine Vorschau auf die Tabelle ❸. Zum Übernehmen klicken Sie im Raster in die untere rechte Ecke des ausgewählten Tabellenbereichs.

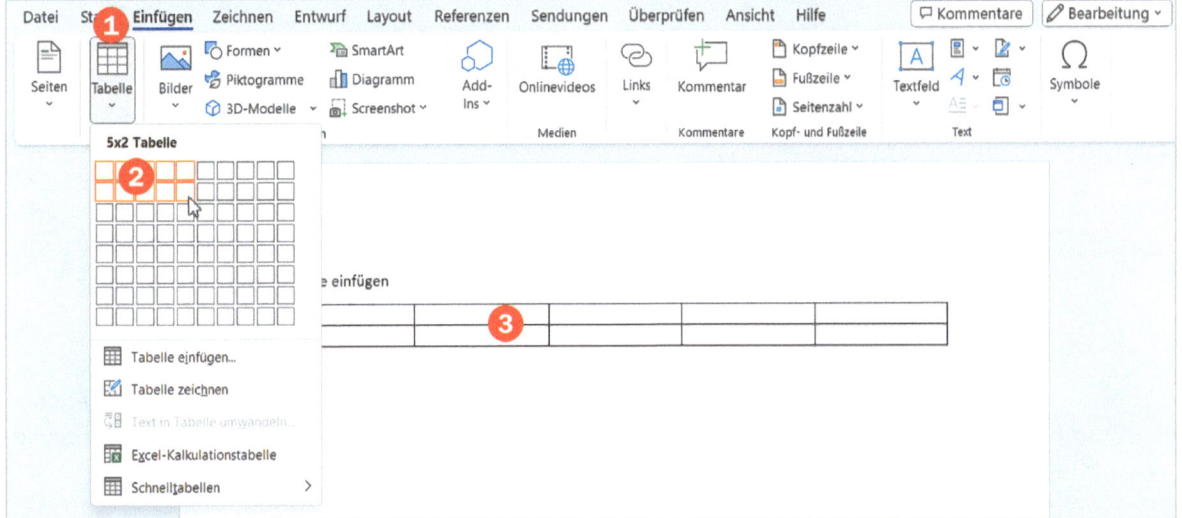

Bild 7.8 Tabelle einfügen

Standardmäßig erhalten alle Spalten beim Einfügen gleiche Spaltenbreite und die Tabellenbreite richtet sich nach der Breite des Satzspiegels, d. h. dem verfügbaren Platz zwischen dem rechten und linken Seitenrand des Dokuments.

Tabellengröße beim Einfügen festlegen

Als zweite Möglichkeit klicken Sie auf die Schaltfläche *Tabelle* und auf den Befehl *Tabelle einfügen...*. Damit öffnen Sie das Dialogfenster *Tabelle einfügen* (siehe Bild unten) und geben die Anzahl der Spalten und Zeilen in die entsprechenden Felder ein. Zudem können Sie hier unter *Einstellung für optimale Breite* die Tabellenbreite steuern.

▶ Am besten behalten Sie die Standardeinstellung, *Feste Spaltenbreite*, bei. *Auto* im Feld daneben bedeutet, die Tabellenbreite orientiert sich am linken und rechten Seitenrand und alle Spalten erhalten gleiche Breite. Sie können stattdessen natürlich auch eine bestimmte Spaltenbreite eingeben, diese gilt dann zunächst für alle Spalten.

▶ Mit *Optimale Breite: Inhalt* erhält die Tabelle zunächst die kleinstmögliche Breite, da die Spalten erst während der Eingabe an den Inhalt angepasst und somit verbreitert werden.

▶ Die dritte Option, *Optimale Breite: Fenster*, eignet sich nicht für Druckdokumente, da sich die Tabellenbreite nach dem Word-Fenster richtet und die Tabelle beim Drucken ein völlig anderes Layout erhält.

Bild 7.9 Tabelle im Fenster Tabelle einfügen... erstellen

Tipp: Vorgefertigte Tabellen einfügen
Mit Klick auf das Symbol *Tabellen* im Register *Einfügen* des Menübands und der Auswahl *Schnelltabellen* erscheint eine Liste fertig gestalteter Tabellen zu verschiedenen Zwecken, z. B. Kalender, die Sie per Mausklick in das Dokument einfügen. Anschließend brauchen Sie nur noch Ihre Inhalte eingeben.

Texteingabe in Tabellen

Zur Texteingabe klicken Sie entweder mit der Maus in die gewünschte Zelle, schneller geht's wenn Sie während der Eingabe die folgenden Tasten benutzen.

Sie möchten ...	Taste/n
Nächste Zelle rechts	Tab-Taste (Tabulator-Taste)
Nächste Zelle links	Umschalt + Tab-Taste
An den Anfang der nächsten Zeile	Drücken Sie in der letzten Spalte die Tab-Taste
Neue Zeile am Ende der Tabelle anfügen	Drücken Sie am Ende der letzten Zeile die Tab-Taste
Innerhalb der Zelle einen Tabstopp ansteuern	Strg + Tab-Taste

Beachten Sie außerdem folgende Besonderheiten bei der Eingabe

▶ Mit der **Tab**-Taste setzen Sie den Cursor in die nächste Zelle rechts. Befindet sich der Cursor in der letzten Spalte einer Zeile, so wandert dadurch der Cursor in die erste Spalte der nächsten Zeile.

▶ Mit Drücken der **Eingabetaste** (Absatzende) beginnen Sie dagegen innerhalb der Zelle einen neuen Absatz ❶.

▶ Wenn die Spaltenbreite für den Inhalt nicht ausreicht, erfolgt in der Zelle ein Zeilenumbruch, die Zeilenhöhe wird dagegen automatisch angepasst.

▶ Befindet sich der Cursor in der letzten Zelle der Tabelle, dann brauchen Sie zum Anfügen einer weiteren Zeile nur die **Tab**-Taste betätigen ❷.

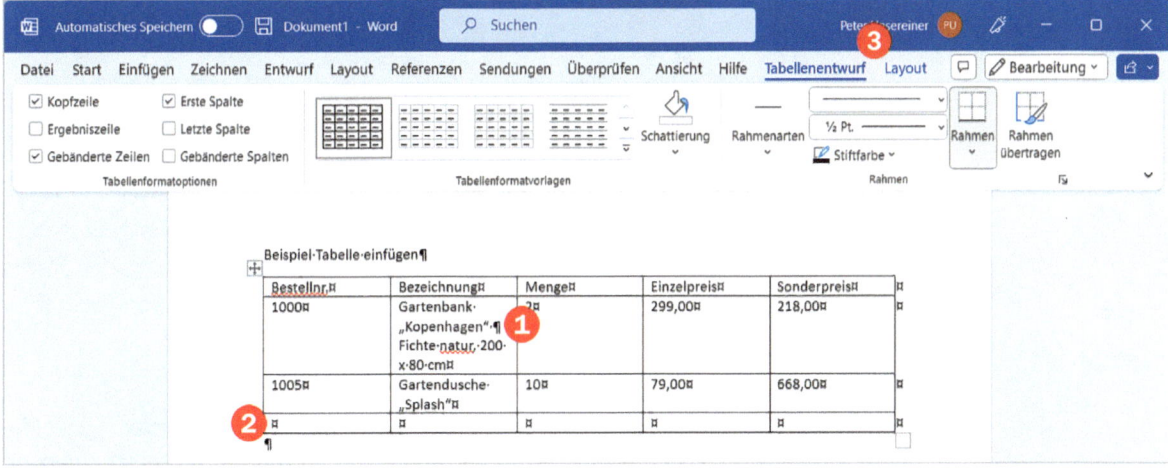

Bild 7.10 Text in Tabelle eingeben

Sobald sich der Cursor in einer Tabelle befindet, erscheinen im Menüband die beiden Register *Tabellenentwurf* und *Layout* ❸. Wenn in diesem Kapitel in der Folge vom Register *Layout* die Rede ist, dann ist damit das Register zur Bearbeitung des Tabellenlayouts gemeint.

Tabelle und Zellen markieren

Zum Markieren von Tabellenelementen können Sie neben den bekannten Methoden auch folgende Möglichkeiten verwenden.

Markieren...	So gehen Sie vor	Mauszeiger
Zeile	Klicken Sie links neben der Zeile in die Markierungsspalte.	
Spalte	Zeigen Sie mit der Maus auf den oberen Rand der Spalte und klicken Sie, wenn ein nach unten weisender Pfeil erscheint.	
Zelle	Zeigen Sie mit der Maus an den linken Rand der Zelle und klicken Sie, wenn als Mauszeiger ein diagonaler Pfeil erscheint.	
Tabelle	Klicken Sie in der linken oberen Ecke der Tabelle auf das Kästchen. Da dieses Kästchen gleichzeitig zum Verschieben der Tabelle dient, sollten Sie beim Markieren darauf achten, dass Sie die Maus nicht bewegen.	

Hinweis: Beim Zeigen in den Bereich links von der Tabelle erscheint manchmal auch ein Plus-Zeichen mit einer Linie, wie im Bild rechts. Dieses Zeichen bedeutet, Sie können an dieser Stelle mit einem Mausklick eine neue Zeile einfügen. Näheres hierzu weiter unten.

Auswählen

Eine weitere Möglichkeit zum Markieren finden Sie im Menüband, Register *Layout* (Tabelle) ▶ *Tabelle*. Im Listenfeld der Schaltfläche *Auswählen* können Sie entscheiden, ob die aktuelle Zelle, die Zeile bzw. Spalte, in der sich der Cursor befindet oder die gesamte Tabelle ausgewählt bzw. markiert werden soll.

7.3 Tabellenlayout anpassen

Spaltenbreite und Zeilenhöhe ändern

> Zum Ändern von Spaltenbreite und Zeilenhöhe ist kein Markieren erforderlich. Im Gegenteil; sind einzelne Zellen markiert und Sie ändern Spaltenbreite und/oder Zeilenhöhe, so beziehen sich Ihre Änderungen unter Umständen ausschließlich auf diese Zellen!
>
> **Außerdem gilt:**
> - Wenn Sie die Spaltenbreite mit der Maus verschieben, dann benutzen Sie dazu die **rechte** Trennlinie der Spalte. Die Zeilenhöhe ändern Sie über die **untere** Trennlinie.
> - Solange Sie die Trennlinien innerhalb der Tabelle verschieben, bleibt die Tabellenbreite unverändert. Mit den beiden Linien links und rechts außen ändern Sie dagegen die Breite der gesamten Tabelle.

Mit der Maus ändern

Am einfachsten passen Sie Spaltenbreite und Zeilenhöhe durch Ziehen mit der Maus an. Als Beispiel soll im Bild unten die Breite der ersten Spalte geändert werden.

1. Zeigen Sie mit der Maus auf die **rechte** Trennlinie derjenigen Spalte, deren Breite Sie ändern möchten. In unserem Beispiel die rechte Begrenzung der ersten Spalte. Als Mauszeiger wird ein Doppelpfeil sichtbar.

2. Drücken Sie nun die linke Maustaste und verschieben Sie mit gedrückter Maustaste die Linie nach links oder rechts.

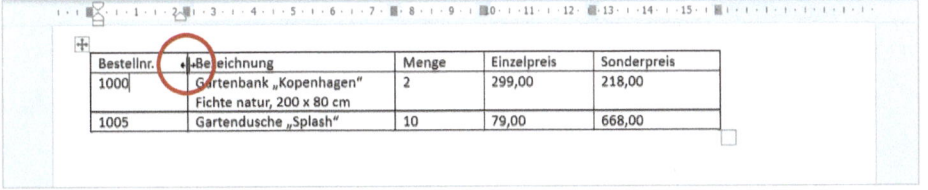

Bild 7.11 Spaltenbreite ändern

Tipp: Wenn das Lineal eingeblendet ist, dann werden beim Verschieben mit gleichzeitig gedrückter **Alt**-Taste hier auch die Spaltenbreiten in cm sichtbar.

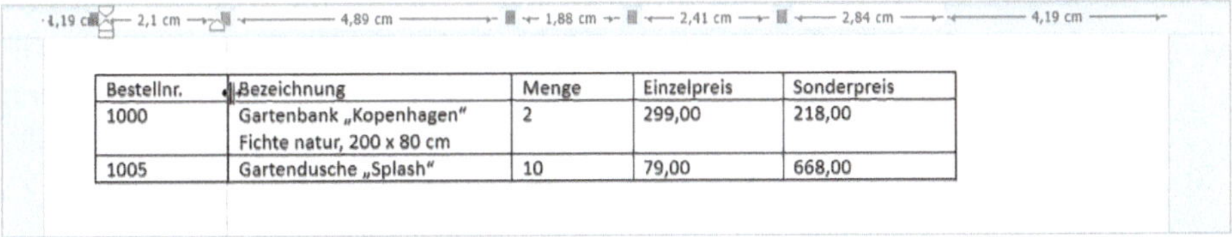

Bild 7.12 Spaltenbreiten im Lineal anzeigen

Die Höhe der Zeilen ändern Sie genauso. Beachten Sie, dass Sie dazu immer die untere Trennlinie verschieben müssen.

Tipp: Zeilenhöhe und Spaltenbreite der gesamten Tabelle mit der Maus vergrößern

Wenn Sie der gesamten Tabelle eine einheitliche Zeilenhöhe verpassen möchten, dann lässt sich dies ebenfalls schnell mit der Maus erledigen. Klicken Sie an eine beliebige Stelle der Tabelle und zeigen Sie mit der Maus auf das Kästchen in der rechten unteren Ecke der Tabelle. Als Mauszeiger erscheint ein diagonaler Doppelpfeil und Sie können nun mit der Maus Zeilenhöhe und/oder Spaltenbreite der gesamten Tabelle auf die gewünschte Größe ziehen.

Bild 7.13 Gesamte Tabelle mit der Maus vergrößern

Spaltenbreite und Zeilenhöhe vorgeben

Benötigen Sie exakte Abmessungen für Spalten und/oder Zeilen, dann geben Sie diese im Menüband, Register *Layout* in die Felder *Tabellenspaltenbreite* und *Tabellenzeilenhöhe* der Gruppe *Zellengröße* ein. Zudem finden Sie hier noch weitere Möglichkeiten der Anpassung von Spaltenbreite und Zeilenhöhe.

▶ **Spaltenbreite:** Die erste Spalte der unten abgebildeten Tabelle soll eine Breite von 2,5 cm erhalten. Klicken Sie in eine beliebige Zelle dieser Spalte und geben Sie im Feld *Tabellenspaltenbreite* entweder 2,5 ein oder benutzen Sie dazu die kleinen Pfeile.

Bild 7.14 Beispiel: Die erste Spalte erhält 2,5 cm Breite

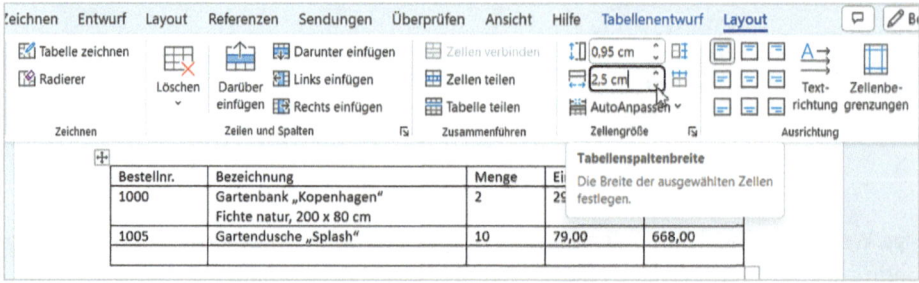

▶ **Zeilenhöhe:** Genauso verfahren Sie, wenn eine Zeile eine bestimmte Höhe erhalten soll, in diesem Fall geben Sie die Höhe im Feld *Tabellenzeilenhöhe* ein. Wenn die gesamten Tabelle eine einheitliche Zeilenhöhe erhalten soll, müssen Sie alle Zeilen zuvor markieren.

▶ **Automatisches Anpassen von Zeilenhöhe und Spaltenbreite an den Inhalt:** Die Schaltfläche *AutoAnpassen* bezieht sich auf alle Spalten der Tabelle und bietet die folgenden Optionen an:

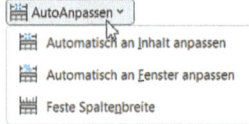

- *Automatisch an Inhalt anpassen* passt die Spaltenbreite an den Inhalt an, auch während der Eingabe.

- *Automatisch an Fenster anpassen* passt die Breite der gesamten Tabelle an die Seitenbreite an, sofern die Ansicht *Drucklayout* verwendet wird.
- Mit der Auswahl *Feste Spaltenbreite* deaktivieren Sie das automatische Anpassen wieder.

▶ **Gleiche Spaltenbreite/Zeilenhöhe:** Mit den Symbolen *Zeilen verteilen* und *Spalten verteilen* können Sie allen markierten Zeilen und/oder Spalten schnell gleiche Breite oder Höhe zuweisen. Die Größe der gesamten Tabelle ändert sich dadurch nicht!

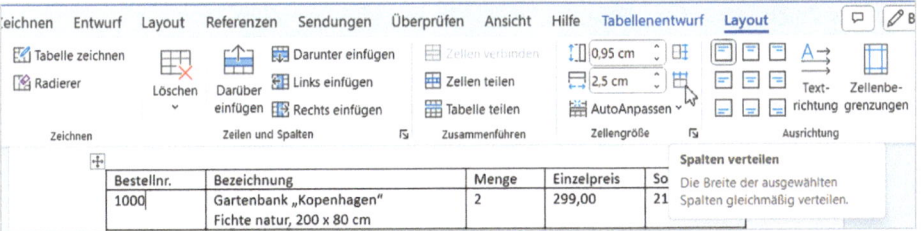

Bild 7.15 Spalten verteilen

Feste Zeilenhöhe und Spaltenbreite im Fenster Tabelleneigenschaften definieren

Weitere Möglichkeiten erhalten Sie im Dialogfenster *Tabelleneigenschaften*, das Sie im Menüband, Register *Layout*, mit einem Klick auf den Pfeil ⌐ der Gruppe *Zellengröße* oder per Rechtsklick in die betreffende Zeile oder Spalte und den Befehl *Tabelleneigenschaften* öffnen.

▶ **Zeilenhöhe:** Wenn Sie für die aktuelle Zeile eine feste Zeilenhöhe vorgeben möchten, dann klicken Sie auf das Register *Zeile*, aktivieren das Kontrollkästchen *Höhe definieren* und geben daneben das gewünschte Maß in cm ein. Im Feld *Zeilenhöhe* wählen Sie zwischen den Vorgaben *Mindestens* oder *Genau*.

▶ **Zeile auswählen:** Mit den Schaltflächen *Vorherige Zeile* und *Nächste Zeile* können Sie schnell die nächste Zeile der Tabelle auswählen.

▶ **Spaltenbreite:** Genauso verfahren Sie mit der Spaltenbreite: Klicken Sie auf das Register *Spalte*, aktivieren Sie das Kontrollkästchen *Bevorzugte Breite* und geben Sie im dazugehörigen Feld die Breite der aktuellen Spalte ein. Als Maßeinheit können Sie zwischen *Prozent* und *Zentimeter* wählen und so z. B. einer Spalte als Breite 25 % der gesamten Tabellenbreite zuweisen.

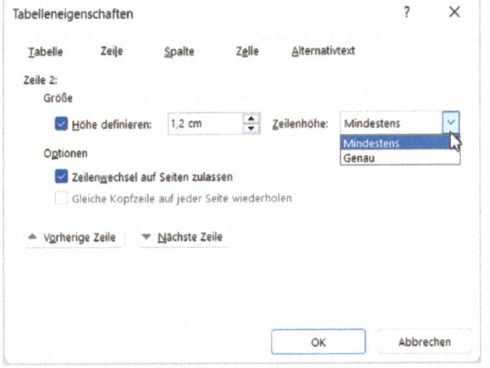

Bild 7.16 Tabelleneigenschaften Zeile

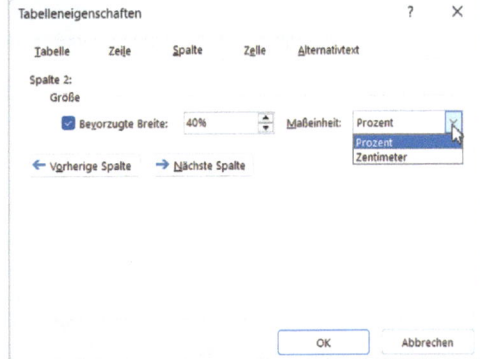

Bild 7.17 Spalte

Zeilen und Spalten hinzufügen und löschen

Zeilen einfügen

Dazu muss sich der Cursor nicht zwingend in der Tabelle befinden!

Am Ende der Tabelle werden durch Betätigen der **Tab**-Taste automatisch weitere Zeilen angefügt. Falls Sie zwischen zwei Zeilen nachträglich Zeilen einfügen möchten, so verwenden Sie das am einfachsten das kleine Plus-Symbol im Dokument. Es erscheint automatisch zusammen mit einer Doppellinie, sobald Sie mit der Maus am linken Rand der Tabelle auf eine Trennlinie zwischen zwei Zeilen zeigen und mit einem Klick auf das Plus-Zeichen wird an dieser Stelle eine leere Zeile eingefügt.

Bild 7.18 Zeile einfügen

Spalten einfügen

Weitere Spalten können Sie auf dieselbe Weise einfügen: Zeigen Sie am oberen Rand der Tabelle mit der Maus auf eine senkrechte Trennlinie, so erscheint ebenfalls das Pluszeichen und mit einem Klick wird die neue Spalte links von dieser Stelle eingefügt.

Achtung: Die neue Spalte erhält automatisch die Breite der rechts angrenzenden Spalte, sofern nicht automatisches Anpassen an den Inhalt (*AutoAnpassen*) festgelegt wurde. Die Tabellenbreite ändert sich dadurch allerdings in der Regel nicht, sondern die übrigen Spalten werden entsprechend verkleinert.

Bild 7.19 Spalte nachträglich einfügen

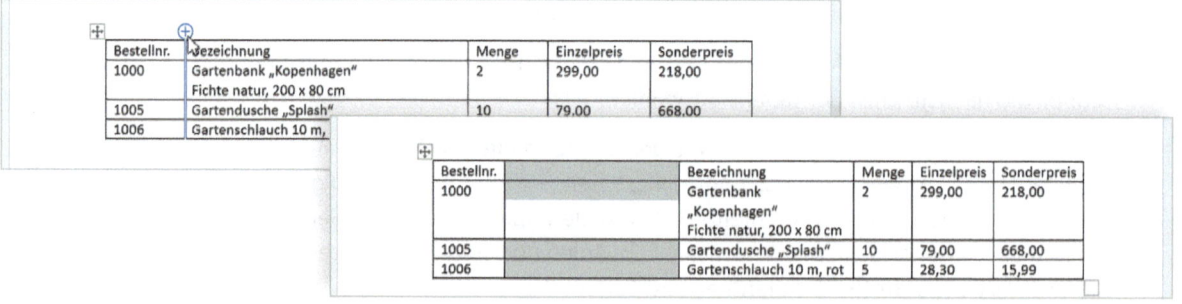

> ■ **Beim Einfügen von Zeilen und Spalten werden auch Formate übernommen!**
> Zeilen erhalten beim nachträglichen Einfügen mit dieser Methode automatisch das Format der Zeile oberhalb, Spalten dagegen das Aussehen der Spalte rechts.

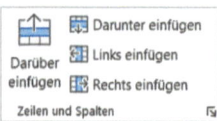

Eine zweite Möglichkeit zum Einfügen von Zeilen und Spalten finden Sie im Register *Layout* (Tabellen) des Menübands oder in der Minisymbolleiste (Rechtsklick). Benutzen Sie in der Gruppe *Zeilen und Spalten* die Schaltflächen *Links einfügen* bzw. *Rechts einfügen*, um eine neue Spalte links oder rechts von der aktuellen Spalte einzufügen. Zeilen fügen Sie mit den Schaltflächen *Darüber einfügen* oder *Darunter einfügen* hinzu.

Hier gilt in Bezug auf Formate: Über die Schaltflächen eingefügte Spalten und/oder Zeilen erhalten automatisch das Format der aktuellen Zeile bzw. Spalte, in der sich der Cursor gerade befindet. Sie können also durch die Wahl der Spalte oder Zeile gezielter steuern, woher das Aussehen für die neue Zeile/Spalte übernommen werden soll.

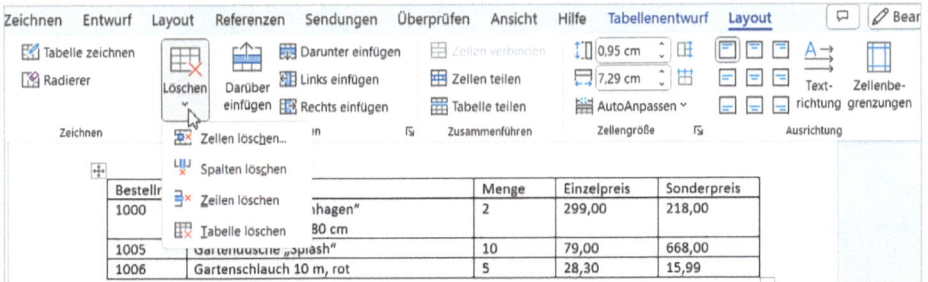

Bild 7.20 Spalten und Zeilen über das Register Layout einfügen oder löschen

Zeilen und Spalten löschen

Zum Löschen von Zeilen oder Spalten genügt es, wenn sich der Cursor in der betreffenden Zeile/Spalte befindet. Klicken Sie im Register *Layout* auf die Schaltfläche *Löschen* und wählen Sie das gewünschte Element (Bild 7.20). Hier finden Sie auch den Befehl zum Löschen der gesamten Tabelle.

Tipp: Eine Tabellenzeile können Sie auch löschen, indem Sie die gesamte Zeile markieren und auf der Tastatur die **Korrektur**-Taste (Backspace) betätigen.

Achtung: Die **Entf**-Taste dagegen löscht nur den Inhalt der markierten Zellen.

Zellen verbinden und teilen

Zum Verbinden von zwei oder mehr nebeneinander liegenden Zellen, beispielsweise für eine gemeinsame Überschrift über mehrere Spalten, markieren Sie die betreffenden Zellen und klicken im Menüband, Register *Layout* ▶ *Zusammenführen* auf *Zellen verbinden*. Sie können sowohl nebeneinander, als auch übereinander liegende Zellen verbinden, wie in Bild 7.22).

Bild 7.21 Markierte Zellen horizontal verbinden

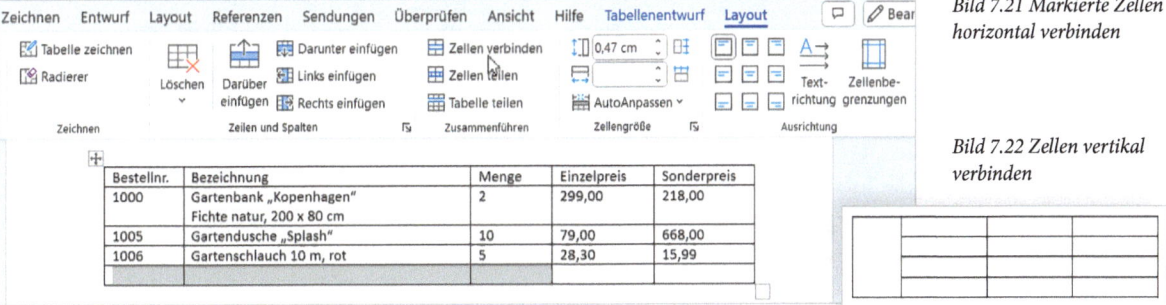

Bild 7.22 Zellen vertikal verbinden

Zelle teilen

Um die aktuelle Zelle in zwei oder mehr Zellen aufzuteilen, benutzen Sie im Menüband, Register *Layout* die Schaltfläche *Zellen teilen*. Geben Sie im nachfolgenden Fenster die gewünschte Anzahl Zeilen und/oder Spalten ein und klicken Sie auf *OK* (Bild

7.23). Durch Aufteilen erzeugte Spalten erhalten automatisch gleiche Breite, d. h. Sie müssen anschließend meist noch die Spaltenbreite an vorhandene Spalten anpassen.

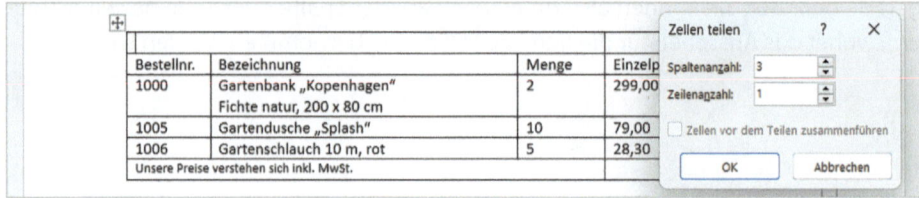

Bild 7.23 Zelle teilen

Tabellengröße und -position

Tabelle ausrichten

Normalerweise wird eine Tabelle in einen leeren Absatz eingefügt und verhält sich in Bezug auf die Ausrichtung wie ein Absatz. Wenn Sie z. B. eine Tabelle zentriert ausrichten möchten, dann markieren Sie mit Klick in das kleine Kästchen ❶ in der linken oberen Ecke der Tabelle die gesamte Tabelle und benutzen im Register *Start* des Menübands die bekannten Symbole zur Ausrichtung von Absätzen, hier *Zentriert* ❷.

Zum Ein oder Ausrücken von Tabellen benutzen Sie die Symbole *Einzug vergrößern* und *Einzug verkleinern* ❸.

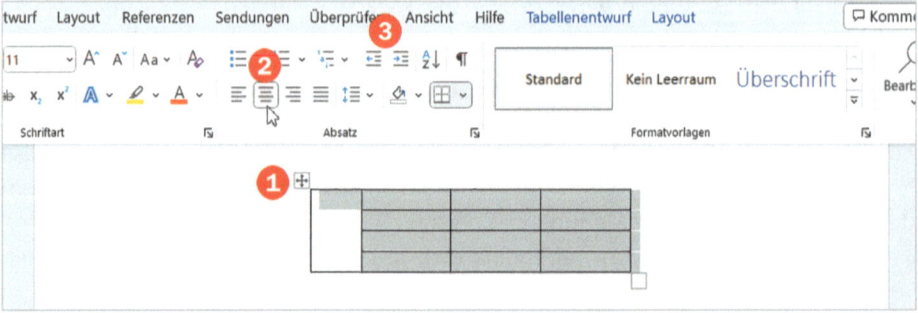

Bild 7.24 Tabelle zentrieren

Ausrichtung, Größe und Position in den Tabelleneigenschaften anpassen

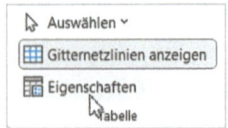

Auch der kleine Pfeil der Gruppe *Zellengröße* öffnet die Tabelleneigenschaften.

Weitergehende Einstellungen zur Tabellengröße und -position finden Sie im Dialogfenster *Tabelleneigenschaften*. Dieses Fenster öffnen Sie entweder per Rechtsklick in die Tabelle und den Befehl *Tabelleneigenschaften* oder im Menüband, Register *Layout*, mit Klick auf die Schaltfläche *Eigenschaften*. Klicken Sie im Dialogfenster auf das Register *Tabelle* (Bild 7.25).

▶ **Tabellenbreite**: Falls die Tabelle eine bestimmte Breite erhalten soll, so aktivieren Sie das Kontrollkästchen *Bevorzugte Breite* und geben die Breite in cm oder % ein, die Maßeinheit wählen Sie im Feld daneben.

Tabelle schnell an die Seitenbreite anpassen: 100% entspricht exakt der Breite des Satzspiegels, d. h. des Bereichs zwischen linkem und rechtem Seitenrand.

▶ **Tabelle ausrichten**: Unter *Ausrichtung* können Sie die Tabelle im Dokument wie einen Absatz links, zentriert, oder rechts ausrichten sowie bei Bedarf einen linken Einzug (nur bei linksbündiger Ausrichtung) festlegen.

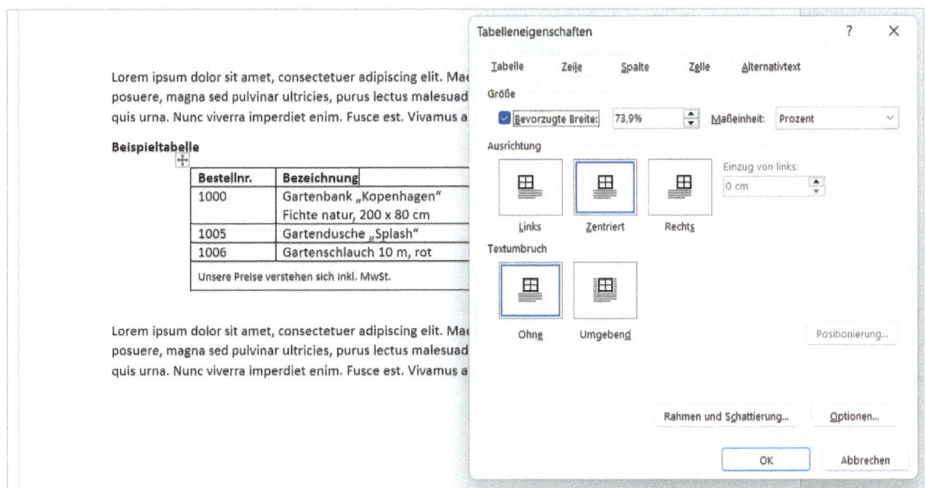

Bild 7.25 Tabelleneigenschaften: Ausrichtung

Hinweis: Die Schaltfläche *Rahmen und Schattierung...* öffnet das gleichnamige Fenster, das Sie bereits aus der Absatzformatierung kennen. Über *Optionen...* können Sie den Textabstand steuern. Näheres hierzu in diesem Kapitel ab Seite 223.

Text um die Tabelle herum fließen lassen

Das Verhalten des normalen Textes zur Tabelle steuern Sie im Fenster *Tabelleneigenschaften* unter *Textumbruch*. In der Standardeinstellung *Ohne* wird die Tabelle als Absatz behandelt (s. oben), d. h. der übrige Text befindet sich ober- und unterhalb. Soll dagegen die Tabelle wie ein Objekt behandelt werden und der übrige Text um die Tabelle herum fließen, wie im Bild unten, so müssen Sie hier die Einstellung *Umgebend* ❶ wählen.

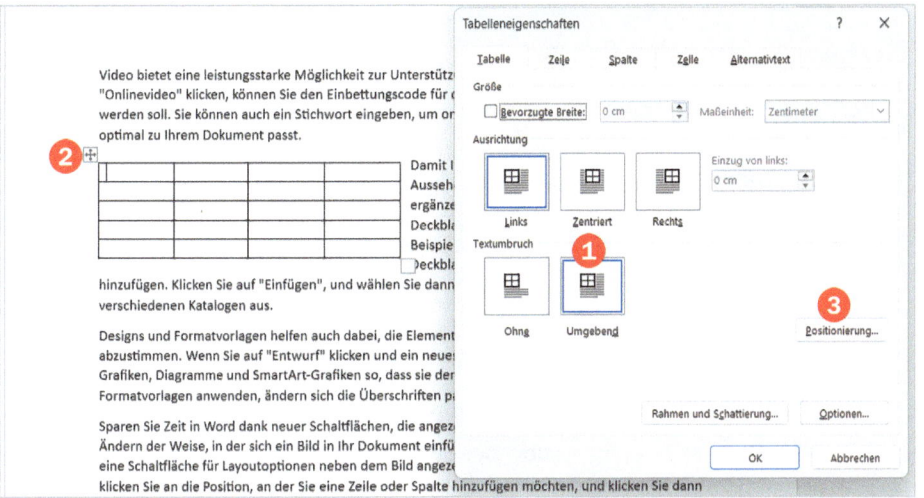

Bild 7.26 Tabelle um Textumbruch umgeben

Siehe auch Bilder und grafische Elemente im nächsten Kapitel.

Bild 7.27 Genaue Tabellenposition festlegen

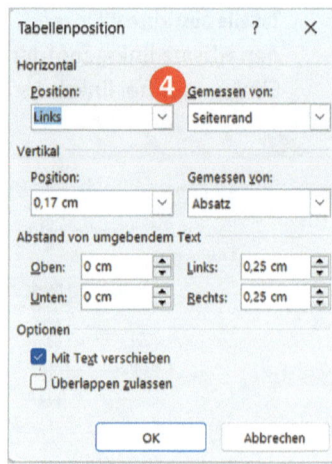

Anschließend können Sie die Tabelle entweder anhand des kleinen Kästchens ❷ in der linken oberen Ecke im Dokument verschieben oder über die Schaltfläche *Positionierung...* ❸ die genaue horizontale und vertikale Position sowie den Abstand zum umgebenden Text festlegen ❹. Im Feld *Gemessen von* wählen Sie jeweils zwischen *Seitenrand*, *Seite* und *Absatz* bzw. *Spalte*. Den Abstand zum umgebenden Text geben Sie in die Felder *Oben*, *Unten*, *Links* und *Rechts* ein.

Tipp: Sie können das kleine Kästchen in der linken oberen Ecke der Tabelle auch ohne vorheriges Öffnen der *Tabelleneigenschaften* zum Verschieben mit der Maus benutzen. In diesem Fall erhält die Tabelle automatisch den Textumbruch *Umgebend*.

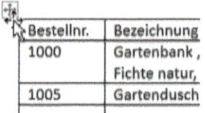

Tabelle sortieren

Zum Sortieren der Tabelle klicken Sie in eine beliebige Zelle der Tabelle oder markieren Sie die gesamte Tabelle und klicken Sie im Menüband, Register *Layout* (Tabelle) ▶ *Daten* auf *Sortieren* ❶.

1 Kontrollieren Sie zunächst unter *Meine Liste enthält* ❷, ob eventuell vorhandene Überschriften in der ersten Zeile der Tabelle korrekt erkannt wurden. Falls nicht, müssen Sie diese Option manuell aktivieren.

Bild 7.28 Tabelle sortieren

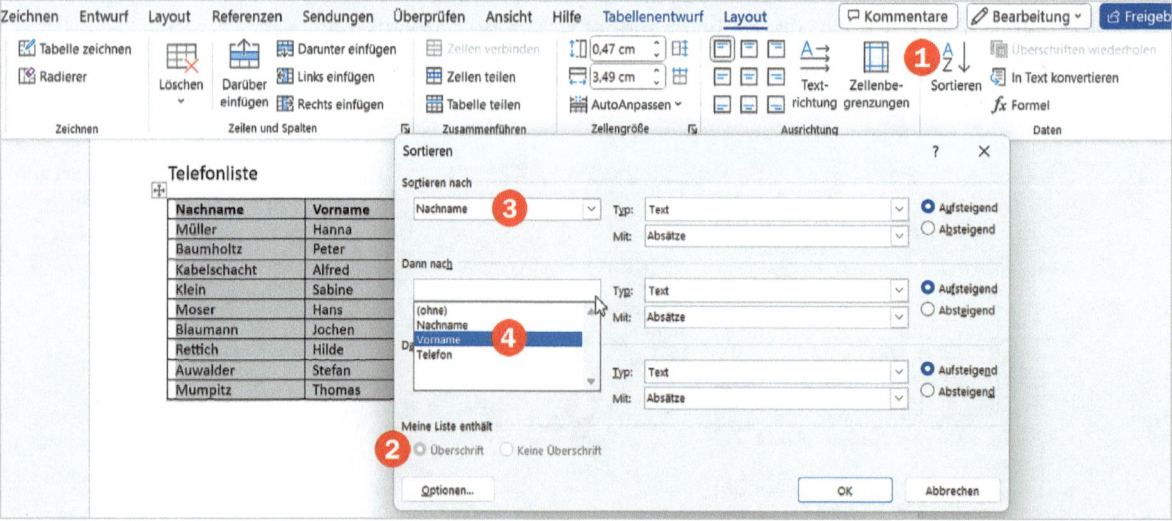

2 Wählen Sie dann unter *Sortieren nach* ❸ das gewünschte Sortierkriterium bzw. eine Spalte, hier *Nachname* und bei Bedarf im Feld *Dann nach* ❹ eine zweite Spalte; maximal drei werden unterstützt. Die Sortierfolge (aufsteigend oder ab-

steigend) legen Sie in den Feldern daneben fest. Der Typ, Text, Zahl oder Datum, richtet sich nach dem Inhalt der Spalte und wird von Word in der Regel automatisch erkannt.

Spaltenüberschriften auf jeder Druckseite wiederholen

Umfangreiche Tabelle können sich auch über mehrere Druckseiten erstrecken. In solchen Fällen sollten Sie dafür sorgen, dass die Spaltenüberschriften am Beginn jeder Seite automatisch wiederholt werden. Dazu markieren Sie die Überschriftzeile bzw. die zu wiederholenden Zeilen und klicken im Menüband, Register *Layout* ▶ *Daten*, auf *Überschriften wiederholen*.

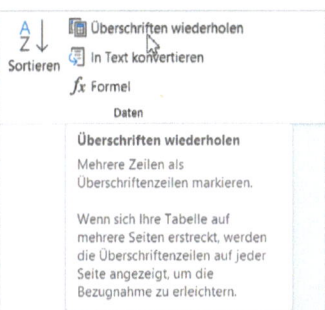

Bild 7.29 Überschriften auf jeder Seite wiederholen

7.4 Tabelle formatieren

Zum Formatieren von Text in Tabellen können Sie alle Formatierungsmöglichkeiten von Word verwenden. Diese wurden bereits in Kapitel 4 ausführlich beschrieben, daher befassen wir uns hier nur mit den tabellenspezifischen Besonderheiten.

Textausrichtung und -abstand

Neben den bereits bekannten Möglichkeiten der horizontalen Textausrichtung können Sie in Tabellenzellen auch die vertikale Ausrichtung steuern. Standardmäßig wird Text linksbündig und oben ausgerichtet; weitere Möglichkeiten wie z. B. *Mitte rechts*, erhalten Sie im Register *Layout* (Tabelle) des Menübands mit den Schaltflächen der Gruppe *Ausrichtung*. Die Symbole dürften weitgehend selbsterklärend sein.

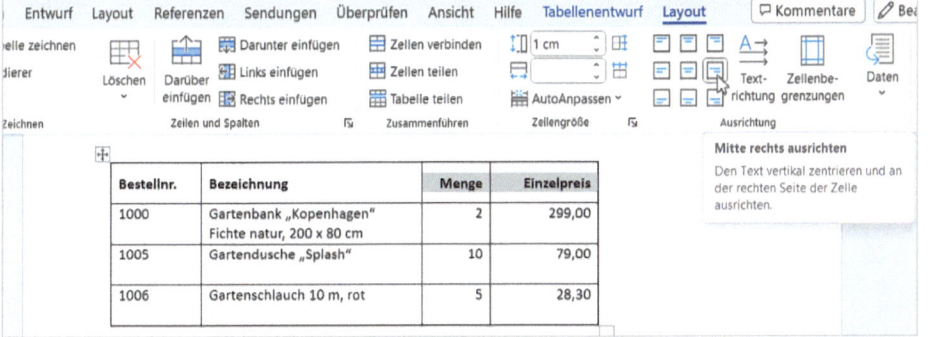

Bild 7.30 Horizontale und vertikale Textausrichtung

Text drehen

In der Gruppe *Ausrichtung* des Registers *Layout* finden Sie auch die Schaltfläche *Textrichtung*, mit der Sie den Inhalte der markierten Zelle/n drehen können. Jeder Mausklick auf die Schaltfläche dreht den markierten Text um jeweils 90 Grad.

Auch im Kontextmenü der rechten Maustaste erhalten Sie den Befehl *Textrichtung*.

Bild 7.31 Textrichtung ändern

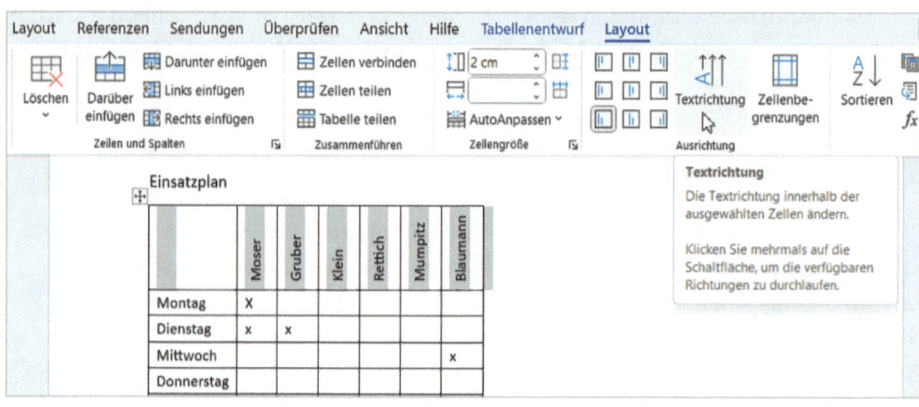

Abstände zwischen Zellinhalt und Zellbegrenzung

Word richtet Tabellen am linken Seitenrand so aus, dass die Linie am Seitenrand abschließt. Der Abstand zwischen Text und Zellbegrenzung führt allerdings dazu, dass der Text in der ersten Spalte gegenüber dem normalen Dokumenttext geringfügig eingerückt wird. Dies wird manchmal als störend empfunden, insbesondere wenn die Tabelle ohne Rahmenlinien gedruckt werden soll, wie im Bild links.

Abhilfe schaffen Sie in einem solchen Fall, indem Sie den Abstand zwischen Text und Zellbegrenzung entfernen. Sinnvoll ist dies allerdings nur in Tabellen ohne gedruckte vertikale Rahmenlinien, da der Abstand automatisch für die gesamte Tabelle gilt. Klicken Sie dazu in die Tabelle und im Register *Layout* des Menübands auf *Zellenbegrenzungen* ❶. Im Dialogfenster *Tabellenoptionen* können Sie anschließend alle Abstände ändern bzw. als Abstand *Links* 0 cm eingeben ❷.

Bild 7.32 Abstand zwischen Text und Zellbegrenzung

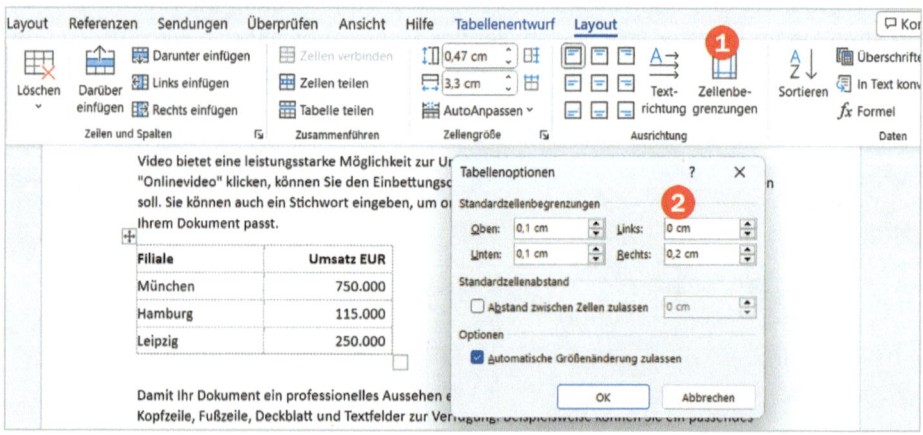

Tipp: Fester Abstand nach oben und unten

Statt Ändern der Zeilenhöhe können Sie in den Tabellenoptionen auch einen festen Textabstand nach oben und unten vereinbaren. Dies erhöht die Lesbarkeit und ihre Tabellen erhalten in den meisten Fällen ein wesentlich einheitlicheres Aussehen.

Tabellen mit Formatvorlagen gestalten

Zur schnellen Formatierung mit Rahmenlinien und Füllfarben (Schattierung) stellt Word im Register *Tabellenentwurf* des Menübands verschiedene Formatvorlagen zur Verfügung. Ein Mausklick auf den Pfeil *Weitere* ⊽ öffnet in der Gruppe *Tabellenformatvorlagen* ❶ den gesamten Vorlagenkatalog und beim Zeigen auf eine Vorlage sehen Sie an Ihrer Tabelle eine Vorschau.

Beachten Sie bei der Verwendung von Formatvorlagen
- Die Farben entsprechen den Designfarben, mit der Wahl anderer Farben ändern sich auch die Tabellenformatvorlagen entsprechend.
- Die Tabelle sollte vorab keine zusätzlichen Zeichenformate, z. B. Fett aufweisen, da die meisten Vorlagen eigene Formatierungen mitbringen. Eine vorhandene Ausrichtung, etwa rechtsbündig, wird dagegen beibehalten.
- In der Gruppe *Tabellenformatoptionen* ❷ können Sie über Kontrollkästchen steuern, ob aus der gewählten Vorlage auch Sonderformate für Kopf- und Ergebniszeilen (=erste und letzte Zeilen), erste oder letzte Spalte, übernommen werden sollen. Mit *Gebänderte Zeilen* bzw. *Spalten* sind abwechselnde Zeilen und/oder Spaltenfarben gemeint.

Bild 7.33 Tabellenformatvorlagen

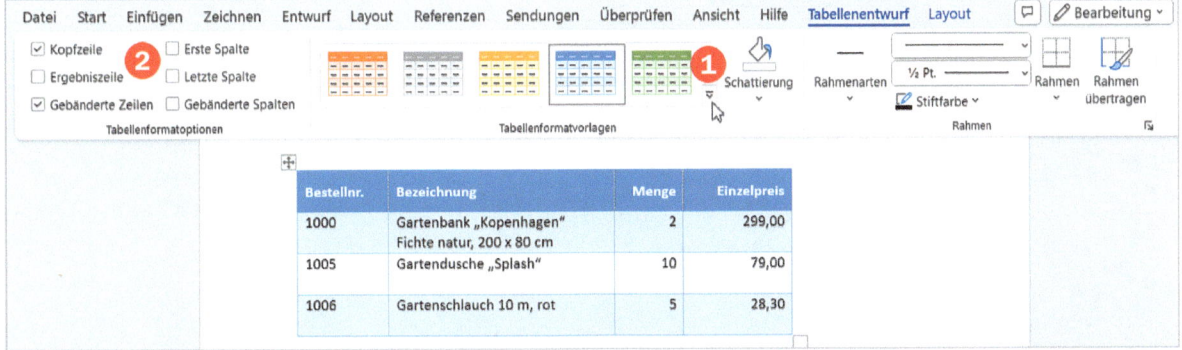

Tabellenformat entfernen
Falls Ihnen die gewählte Formatvorlage später nicht mehr zusagt und Sie die Tabelle wieder auf ihr ursprüngliches Aussehen zurücksetzen möchten, so wählen Sie im Formatvorlagenkatalog unter *Einfache Tabelle* die erste Vorlage links oben, *Tabellenraster*.

Tabelle mit individuellen Rahmen und Farben versehen

Falls Sie anstelle der Vorlagen lieber eigene Formate verwenden möchten, so markieren Sie die betreffenden Zellen bzw. die gesamte Tabelle und benutzen die Symbole *Schattierung* und *Rahmen*, entweder in der Minisymbolleiste oder im Menüband. Hier können Sie sowohl die Symbole im Register *Start* als auch im Register *Tabellenentwurf* ❶ (Bild 7.34) verwenden. Letzteres hat den Vorteil, dass Sie hier in der Gruppe *Rahmen* auch Felder finden, über die Sie schnell Linienart, Linienstärke und über die Schaltfläche *Stiftfarbe* ❷ die Farbe auswählen. Oder klicken Sie stattdessen auf *Rahmenarten* und wählen Sie einen der *Designrahmen*. **Achtung**: Linienart, -stärke und -farbe müssen vor der Formatierung der Tabelle mit Rahmenlinien festgelegt werden, da Word automatisch immer das zuletzt gewählte Linienformat verwendet.

Ein Klick auf *Rahmen* ❸ öffnet ein Menü mit verschiedenen Varianten, im Unterschied zu Absatzrahmen sind hier zusätzlich *Rahmenlinien außen* bzw. *innen* sowie *Horizontale* und *Vertikale Rahmenlinien innen* von Interesse, ein Beispiel sehen Sie im Bild unten. Der Befehl *Rahmen und Schattierung...* ❹ öffnet das Dialogfenster *Rahmen und Schattierung*, das Sie bereits aus Kapitel 4 kennen dürften. Hier finden Sie einige zusätzliche Varianten und im Feld *Übernehmen für* wählen Sie zwischen *Text*, *Absatz*, *Zelle* (markierter Bereich) und *Tabelle* ❺.

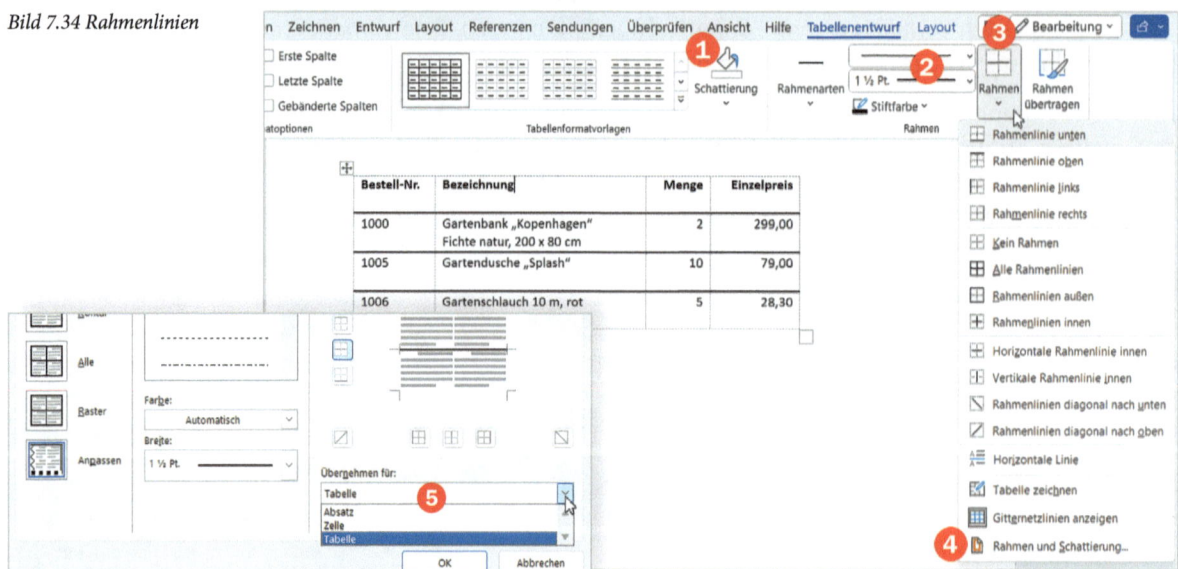

Bild 7.34 Rahmenlinien

Tabelle ohne Rahmenlinien

Eine Tabelle muss nicht zwangsläufig mit Rahmenlinien gedruckt werden und leistet in vielen Fällen auch gute Dienste zum Ausrichten von Text, z. B. beim Erstellen eines tabellarischen Lebenslaufs. Standardmäßig wird eine Tabelle mit Rahmenlinien eingefügt, die auch auf dem Ausdruck erscheinen. Wenn Sie von einer Tabelle die Rahmenlinien entfernen möchten, dann markieren Sie die Tabelle, klicken auf die Schaltfläche *Rahmen* (s. oben) und wählen *Kein Rahmen*.

Gitternetzlinien anzeigen

Tabellen ohne Rahmenlinien, wie in Bild 7.35, sind eigentlich nur an den Kästchen in den Ecken zu erkennen. In diesem Fall sollten Sie dafür sorgen, dass am Bildschirm die Gitternetzlinien der Tabelle sichtbar sind. Diese erscheinen im Gegensatz zu den Rahmenlinien als gestrichelte graue Linien. Sie werden nicht gedruckt, geben aber

Anhaltspunkte über die Tabelleneinteilung und leisten gute Dienste beim Ändern der Spaltenbreite mit der Maus.

Zum Ein- und Ausblenden der Gitternetzlinien klicken Sie auf die Schaltfläche *Rahmen* und aktivieren die Einstellung *Gitternetzlinien anzeigen* (siehe Bild oben). Oder benutzen Sie dazu im Register *Layout* (Tabellen) des Menübands die Schaltfläche *Gitternetzlinien anzeigen*.

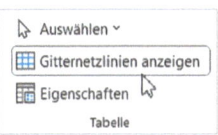

Bild 7.35 Tabelle ohne Rahmenlinien

Bild 7.36 Die eingeblendeten Gitternetzlinien

Rahmenlinien zeichnen

Eine andere Möglichkeit, um Tabellen mit Rahmenlinien zu versehen besteht darin, dass Sie die Linien mit der Maus zeichnen. Dazu benutzen Sie ebenfalls im Menüband, Register *Tabellenentwurf* die Symbole und Auswahlfelder der Gruppe *Rahmen*. Im Gegensatz zur oben beschriebenen Methode brauchen Sie allerdings nichts markieren, sondern gehen so vor:

1. Wählen Sie im ersten Schritt Linienart, Linienbreite und Stiftfarbe ❶ oder wählen Sie über die Schaltfläche *Rahmenarten* eine der Vorlagen aus.

2. Das Symbol *Rahmen übertragen* ❷ wird aktiviert und als Mauszeiger erscheint ein Stift ❸. Um nun in der Tabelle einzelne Linien entsprechend zu formatieren, brauchen Sie diese nur anklicken oder mit gedrückter Maustaste nachziehen.

3. Zum Beenden des Zeichnen-Modus betätigen Sie entweder die **Esc**-Taste der Tastatur oder deaktivieren per Mausklick die Schaltfläche *Rahmen übertragen*.

   Den Zeichnen-Modus können Sie jederzeit mit einem Klick auf *Rahmen übertragen* wieder aktivieren. Falls Sie nichts anderes festlegen, verwendet Word dann automatisch das zuletzt gewählte Linienformat.

Bild 7.37 Rahmenlinien zeichnen

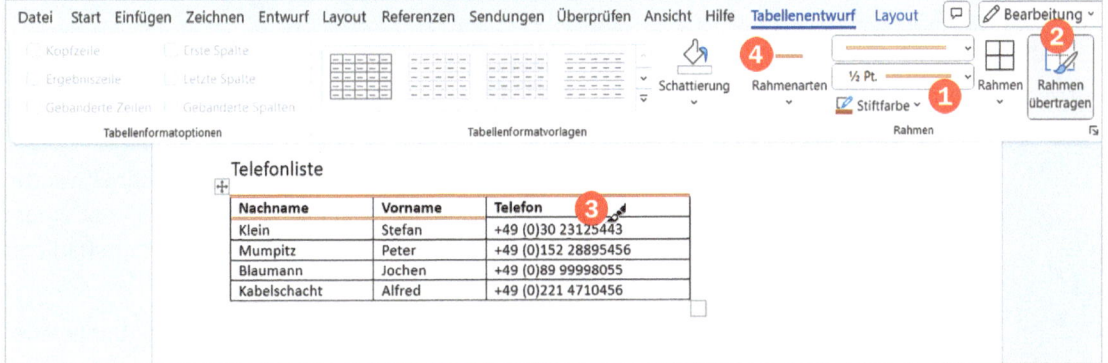

> **Rahmenlinien schnell zurücksetzen**
>
> Die Rahmenvarianten der Schaltfläche *Rahmen* verwenden dieselben Einstellungen wie der Zeichen-Modus. Falls Sie anschließend wieder einfache schwarze Rahmenlinien über diese Schaltfläche zuweisen möchten, müssen Sie zuvor wieder Linienart und Stiftfarbe zurücksetzen. Dies geht am einfachsten, indem Sie auf *Rahmenarten* ❹ klicken und hier den ersten Designrahmen links oben wählen.

Tabelle zeichnen

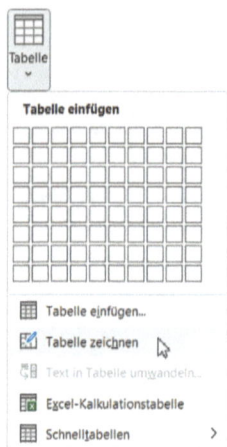

Dieselbe Technik wie beim Zeichnen von Rahmenlinien können Sie auch anwenden, um eine neue Tabellen zu zeichnen anstatt diese einzufügen. Dazu klicken Sie im Register *Einfügen* des Menübands auf *Tabelle* und wählen *Tabelle zeichnen*. Der Mauszeiger verwandelt sich in einen Stift und Sie können im Dokument an beliebiger Stelle mit gedrückter Maustaste eine Tabelle zeichnen.

▶ Ziehen Sie zunächst in diagonaler Richtung die äußere Umrandung der Tabelle als Rechteck auf. Anschließend unterteilen Sie dieses mit waagrechten und senkrechten Linien.

▶ Sobald Sie die Umrandung gezeichnet haben, erscheinen auch die Register *Tabellenentwurf* und *Layout* und Sie können nun auch eine andere Linienart wählen, bevor Sie mit dem Zeichnen fortfahren. Zum Beenden des Zeichnen-Modus drücken Sie wieder entweder die **Esc**-Taste oder klicken auf *Rahmen übertragen*.

▶ **Tipp**: Sie können auch nur die erste Tabellenzeile zeichnen und diese in Spalten aufteilen wie im Bild unten rechts. Die Spaltenaufteilung und Zeilenhöhe werden während der Eingabe automatisch fortgeführt.

Bild 7.38 Tabelle zeichnen

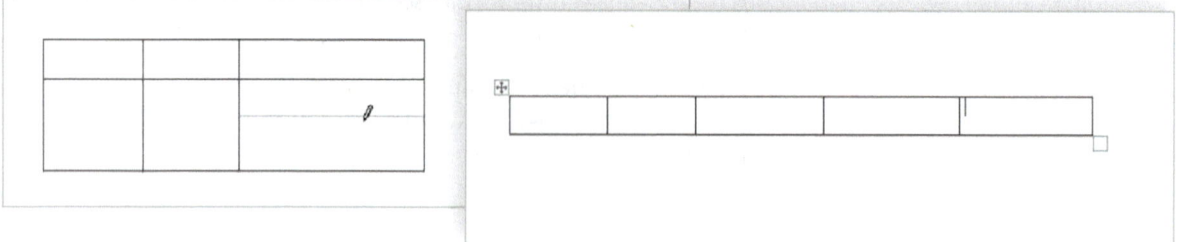

Gezeichnete Linien entfernen

Versehentlich gezeichnete Linien können Sie mit Hilfe des Radierers schnell wieder entfernen. Aktivieren Sie dazu im Menüband, Register *Layout* ▶ *Zeichnen* mit einem Klick den *Radierer* ❶. Anschließend klicken Sie wie beim Zeichnen mit dem Radierer als Mauszeiger ❷ auf die zu entfernenden Linien.

Mit der **Esc**-Taste oder erneutem Klick auf *Radierer* schalten Sie diese Funktion wieder aus.

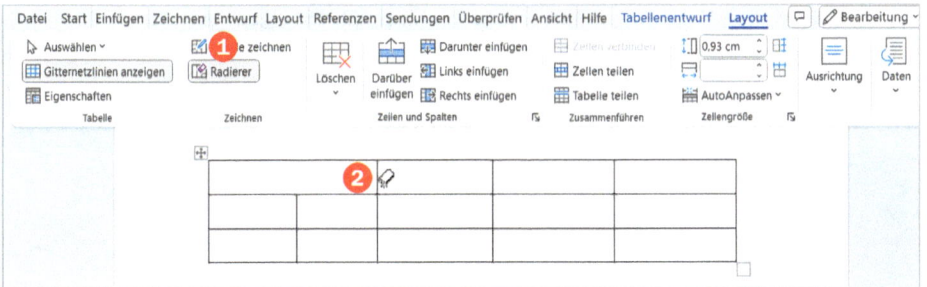

Bild 7.39 Linien mit dem Radierer entfernen

Hinweis: Das Löschen von Linien mit dem Radierer hat dieselbe Wirkung wie das Verbinden von Zellen, Sie könnten stattdessen also auch die zu verbindenden Zellen markieren und im Register *Layout* auf *Zellen verbinden* klicken.

7.5 Text in Tabelle umwandeln und umgekehrt

Absätze können nachträglich in eine Tabelle umgewandelt werden, vorausgesetzt es ist ein eindeutiges Trennzeichen, z. B. Tabstopps oder Semikolon vorhanden, anhand dessen die Aufteilung in Spalten erfolgen kann. Als Beispiel sollen die unten abgebildeten Absätze mit Semikolon ; als Trennzeichen in eine Tabelle umgewandelt werden.

1. Markieren Sie alle entsprechenden Absätze, klicken Sie im Menüband, Register *Einfügen* auf *Tabelle* und wählen Sie *Text in Tabelle umwandeln...*.

2. Wählen Sie unter *Text trennen bei* das verwendete Trennzeichen, hier Semikolon. Als Einstellung für optimale Breite können Sie zunächst die Standardeinstellung *Feste Spaltenbreite* beibehalten.

3. Die Anzahl der Spalten im Feld *Spaltenanzahl* dient zur Kontrolle und sollte eigentlich bei der Wahl des korrekten Trennzeichens automatisch erkannt werden.

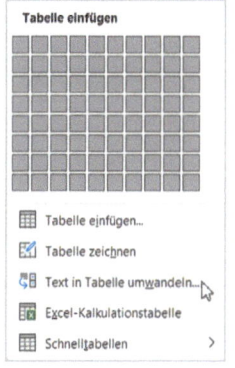
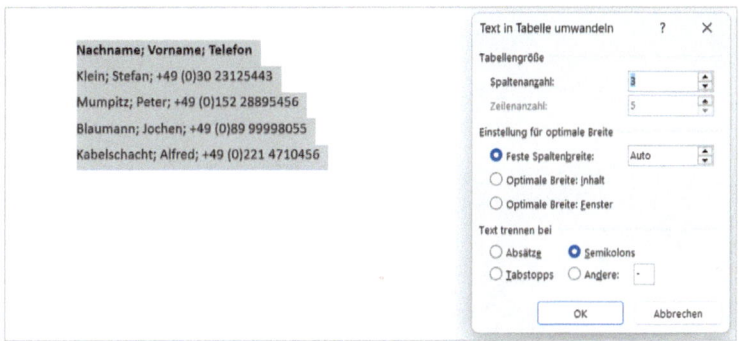

Bild 7.40 Text mit Trennzeichen in Tabelle umwandeln

Tabelle in Text umwandeln

Wenn Sie umgekehrt eine Tabelle in Text umwandeln möchten, dann klicken Sie in die Tabelle ❶ und im Menüband, Register *Layout* ▶ *Daten* auf *In Text konvertieren* ❷. Wählen Sie im nachfolgenden Fenster *Tabelle in Text umwandeln* das gewünschte

Bild 7.41 Tabelle in Text umwandeln

Trennzeichen, z. B. Tabstopps ❸ oder Semikolons (;). Falls Sie ein anderes Trennzeichen benötigen, z. B. Komma, dann klicken Sie auf die Option *Andere* und geben im Feld daneben das Trennzeichen ein. Klicken Sie abschließend auf *OK*

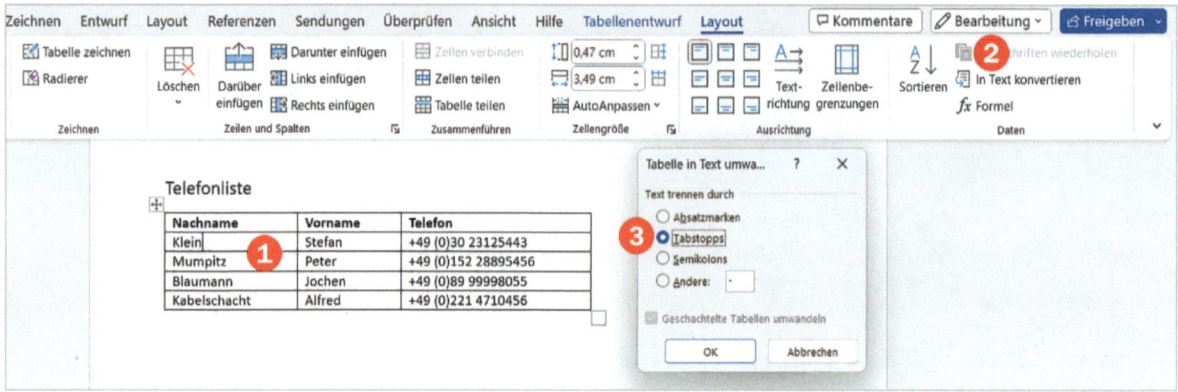

7.6 Übung

Teil 1

Erstellen Sie ein neues Dokument, das Sie unter dem Namen Kap_07_Übung.docx speichern. Erfassen Sie eine Speisekarte mit beliebigem Inhalt nach dem unten abgebildeten Muster:

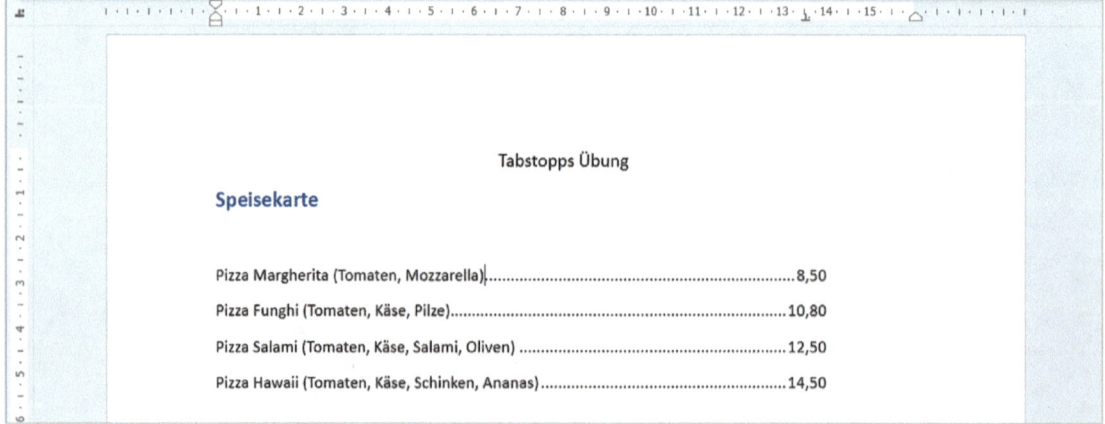

Hinweise und Tipps

▶ Achten Sie beim Setzen des Tabstopps für die Preise darauf, dass sich der Cursor im richtigen Absatz befindet.

▶ Wählen Sie als Tabstoppausrichtung rechtsbündig oder dezimal und legen Sie Punkte als Füllzeichen fest.

▶ Während der Eingabe erscheinen die Füllzeichen erst nach dem Drücken der **Tab**-Taste. Beenden Sie jeden Absatz mit der **Eingabetaste**, auf diese Weise übernehmen Sie den Tabstopp auch in den nachfolgenden Absatz.

Teil 2

Fügen Sie unterhalb der Speisekarte zwei bis drei Leerzeilen ein und entfernen Sie aus diesen Absätzen alle eventuell vorhandenen Tabstopps.

Fügen Sie danach eine Tabelle ein, die Sie nach dem unten abgebildeten Muster gestalten. Farben und Schrift wählen Sie nach Ihren Vorstellungen. Folgende Vorgaben sollten eingehalten werden:

▶ Zeile 1 der Tabelle erhält Zeilenhöhe 1 cm, alle übrigen Zeilen die Höhe 0,6 cm.

▶ Die Spalten 3 bis 8 erhalten gleiche Spaltenbreite.

▶ Richten Sie mit Ausnahme der ersten Zelle (Preisliste) die Inhalte aller Zellen vertikal zentriert aus.

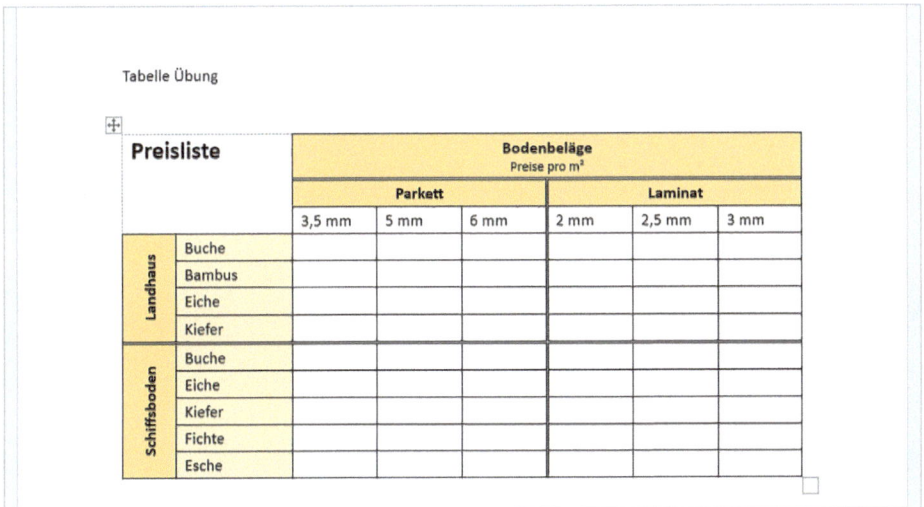

Hinweise und Tipps

▶ Am einfachsten beginnen Sie, indem Sie zuerst eine Tabelle mit der maximalen Anzahl an benötigten Spalten, in diesem Fall acht Spalten, und drei bis vier Zeilen einfügen.

▶ Bevor Sie Zellen verbinden, sollten Sie die Spalten drei bis sechs mit einheitlicher Spaltenbreite formatieren und die Breite für Spalte eins und zwei festlegen.

- Verbinden Sie dann in der ersten Spalte die Zellen und ändern die Textrichtung auf senkrecht. Verbinden Sie auch die Zellen der Überschriftzeilen.
- Entfernen Sie die Linien in der linken oberen Ecke (Preisliste). Die Formatierung mit unterschiedlichen Rahmenlinien erledigen Sie am besten durch Zeichnen.

8 Bilder und grafische Elemente einfügen

In diesem Kapitel lernen Sie ...
- Bilder einfügen und im Dokument positionieren
- die Sammlung Archivbilder nutzen
- Bilder und Grafiken bearbeiten und mit Effekten versehen
- Formen einfügen, ausrichten und beschriften
- Grafische Layouts (SmartArt), Piktogramme, WordArt und 3D-Modelle verwenden
- Freihandformen zeichnen
- Textfelder einfügen

Das sollten Sie bereits wissen
- Texteingabe und -korrektur
- Zeichen und Absätze formatieren
- Druckseite einrichten, Seitenlayout gestalten

8.1 Ein Bild oder eine Grafik einfügen

In ein Word-Dokument lassen sich Bilder und Grafiken aus verschiedensten Quellen einfügen. Sie können sowohl Fotos und Grafiken verwenden, die auf Festplatte oder *OneDrive* gespeichert sind als auch Bilder aus dem Web, sollten allerdings bei deren Verwendung beachten, dass diese Bilder in der Regel dem Urheberrecht unterliegen.

Ein Bild von Festplatte oder OneDrive einfügen

1. Positionieren Sie den Cursor im Dokument an derjenigen Stelle, an der Sie das Bild einfügen möchten, am besten zunächst in einem leeren Absatz ❶. Klicken Sie dann im Menüband auf das Register *Einfügen*, hier in der Gruppe *Illustrationen* auf *Bilder* und wählen Sie als Quelle *Dieses Gerät* ❷.

2. Das Fenster *Grafik einfügen* öffnet sich, in der Regel mit dem Ordner *Bilder*. Navigieren Sie zum Ordner, der das gesuchte Bild enthält.

3. Klicken Sie auf das Bild ❸ und anschließend auf die Schaltfläche *Einfügen* ❹. Als Alternative können Sie das Bild mit Doppelklick darauf einfügen.

Bild 8.1 Bild aus Datei einfügen

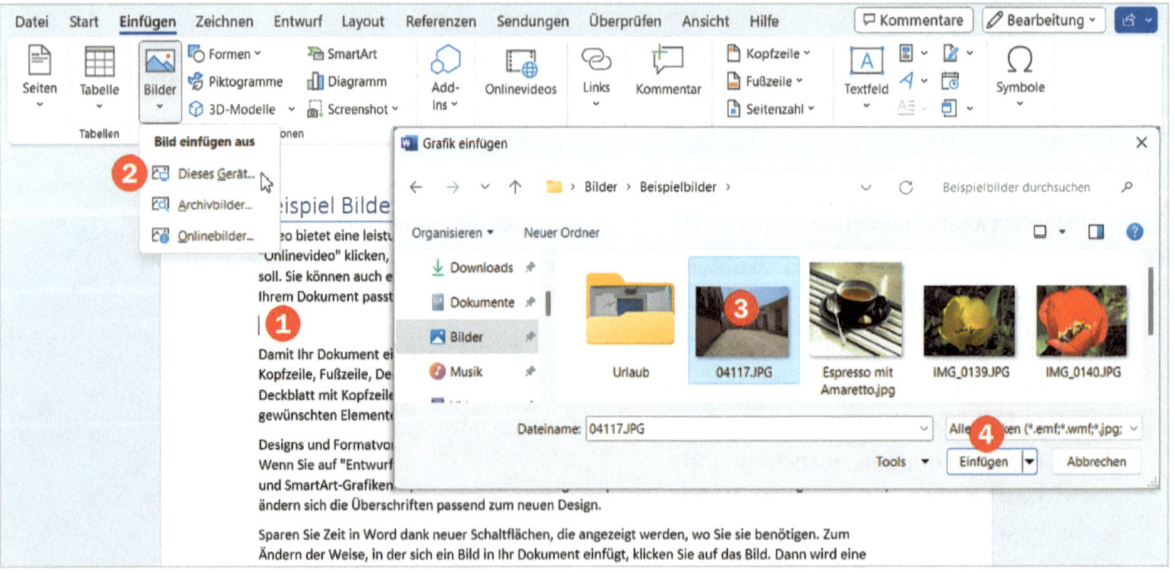

Archivbild auswählen

Nutzern und Nutzerinnen der Kaufversion bzw. von Word 2021 steht nur ein eingeschränkter Umfang zur Verfügung.

Nutzern und Nutzerinnen von Microsoft 365 und in eingeschränkter Form auch von Word bzw. Office 2021 stehen außerdem Archivbilder zur Verfügung. Hinter dieser Bezeichnung verbirgt sich eine, von Microsoft zur Verfügung gestellte Sammlung von Bildern und Grafiken. Diese dürfen Sie in Office-Dokumenten, also Word-Dokumenten, Excel-Tabellenblättern und PowerPoint-Präsentationen unter Angabe der Bildquelle frei verwenden. Nicht erlaubt ist dagegen die Verwendung in anderen Apps und Webseiten. Abonnenten von Microsoft 365 haben Zugriff auf die gesamte Bibliothek, für Nutzer von Office 2021 ist dagegen nur ein Teil verfügbar. Da die Archivbilder aus dem Internet heruntergeladen werden, ist zum Einfügen eine Internetverbindung erforderlich.

1   Wie beim Einfügen eines Bildes von der Festplatte klicken Sie im Dokument an die gewünschte Stelle, danach im Menüband, Register *Einfügen* auf *Bilder* und wählen *Archivbilder...*.

2   Damit öffnet sich ein Auswahlfeld mit dem Grafiktyp *Bilder* ❶. Wenn Sie die Anzeige auf ein bestimmtes Thema eingrenzen möchten, dann klicken Sie entweder auf eine Kategorie ❷, z. B. *Natur* oder *Landwirtschaft*. Mit den Pfeilen ❸ blättern Sie durch die Kategorien. Oder klicken Sie in das Suchfeld ❹ und geben einen Suchbegriff ein, dann erscheinen bereits während der Eingabe passende Bilder.

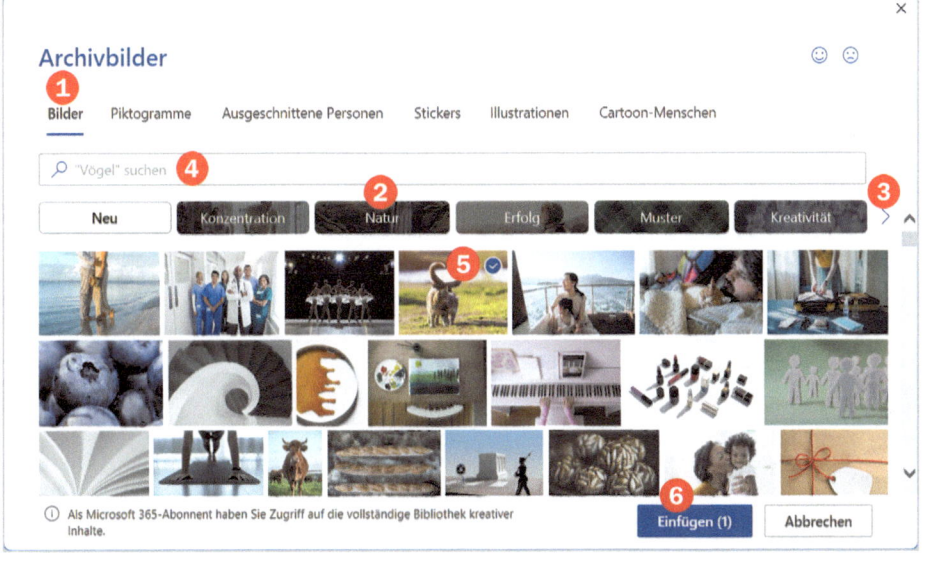

Bild 8.2 Archivbild einfügen

Da beim Aufruf die Archivbilder erst geladen werden müssen, kann es etwas dauern, bis alle Bilder erscheinen.

3   Klicken Sie auf das Bild das Sie einfügen möchten, dieses wird in der rechten oberen Ecke mit einem Häkchen ❺ versehen und klicken Sie auf die Schaltfläche *Einfügen* ❻.

- Sie können auch mehrere Bilder auswählen und gleichzeitig einfügen, die Schaltfläche *Einfügen* zeigt dann deren Zahl in Klammern an.
- Um ein Bild aus der Auswahl und damit das Häkchen zu entfernen, genügt ein weiterer Klick auf das Bild.

Tipp: In der Leiste am oberen Rand finden Sie je nach Office-Version neben dem Typ *Bilder* noch weitere Grafiktypen, darunter auch *Piktogramme*. Wie Sie mit diesen verfahren, lesen Sie weiter unten auf Seite 259 ff.

Im Web nach Bildern suchen

Als dritte Bildquelle können Sie auch das Web mit Hilfe des Suchdienstes Bing nach einem geeigneten Bild durchsuchen. Klicken Sie dazu im Menüband, Register *Einfügen* ▶ *Bilder* auf *Onlinebilder*....

▶ Ähnlich wie bei den Archivbildern können Sie nun im Fenster *OnlineBilder* entweder mit Klick auf eine Kategorie z. B. *Tiere* oder *Auto* ❶ diese durchsuchen oder in das Suchfeld einen Suchbegriff eingeben ❷ und die Suche durch Drücken der **Eingabetaste** starten. In beiden Fällen liefert der Microsoft Suchdienst Bing die Ergebnisse.

▶ Zum Einfügen markieren Sie mit einem Mausklick das gewünschte Bild ❸ und klicken auf die Schaltfläche *Einfügen* ❹. Sie können auch nacheinander mehrere Bilder anklicken und diese anschließend mit einem einzigen Klick einfügen, die Schaltfläche *Einfügen* zeigt die Anzahl der ausgewählten Bilder an.

▶ Falls die Kategorie oder der eingegebene Suchbegriff nicht die gewünschten Ergebnisse liefert, so kehren Sie mit Klick auf den Pfeil ❺ schnell wieder zurück zur Startseite.

Bild 8.3 Online-Bilder suchen und einfügen

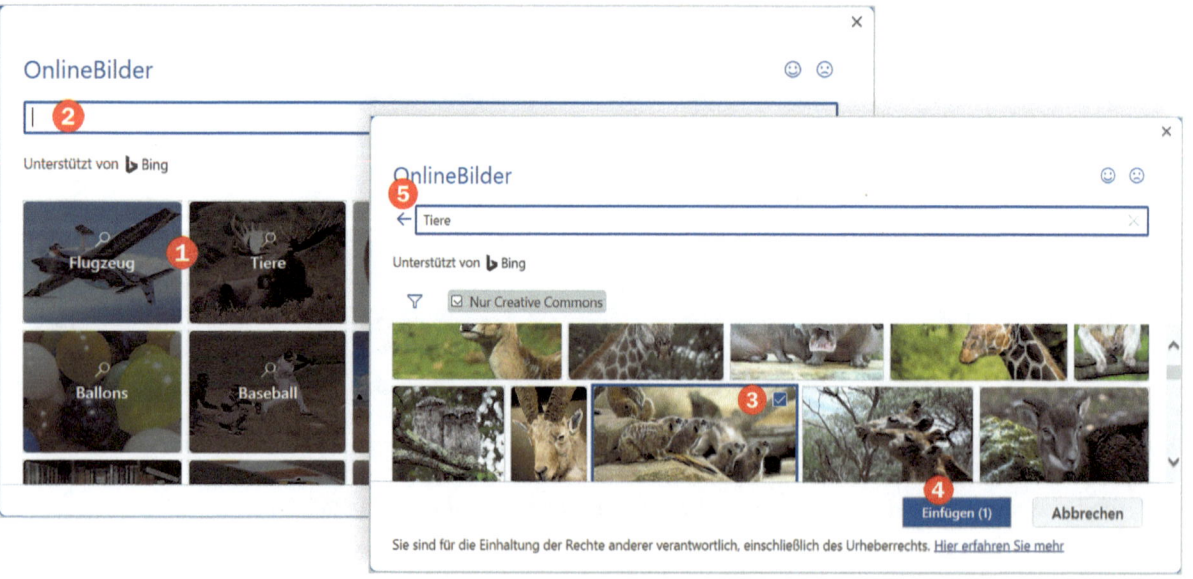

> ▪ **Beachten Sie bei der Verwendung von Onlinebildern das Urheberrecht!**
>
> Bilder aus dem Web unterliegen in der Regel dem Urheberrecht und dürfen nicht ohne Weiteres, insbesondere für kommerzielle Zwecke, verwendet werden. In den Kategorien und als Suchergebnisse erhalten Sie zunächst nur Bilder und Grafiken, die unter Creative Commons lizenziert sind (s. Bild oben). Das bedeutet, Sie erhalten Nutzungsrechte, die über das Urheberrecht hinausgehen, in der einfachsten Form beinhaltet dies nur die Nennung des Namens des Rechteinhabers. Näheres erfahren Sie über den Link am unteren Rand des Auswahlfeldes (*Hier erfahren Sie mehr*).

8.2 Bild bearbeiten

Unabhängig von der Quelle, aus der das Bild stammt, verhält es sich unmittelbar nach dem Einfügen im Dokument immer gleich: Das Bild wird zunächst wie Text behandelt und größere Bilder automatisch an die Breite des Satzspiegels zwischen linkem und rechtem Seitenrand angepasst. Im nächsten Schritt können Sie nun Größe und/oder Position des Bildes ändern.

Bild markieren

Vor jeder weiteren Bearbeitung müssen Sie das Bild markieren. Dazu genügt ein Mausklick in das Bild. Ein markiertes Bild erkennen Sie an den Markierungspunkten in den Ecken ❶ und in der Mitte jeder Seite. Gleichzeitig erscheint an seiner rechten oberen Ecke eine kleine Schaltfläche mit *Layoutoptionen* ❷ zur Platzierung im Dokument (siehe Bild 8.4). Im Menüband erscheint zusammen mit dem markierten Bild das Register *Bildformat* mit Schaltflächen zur weiteren Bearbeitung.

Bild 8.4 Das markierte Bild im Dokument

Bild aus dem Dokument entfernen
Um ein Bild aus dem Dokument zu entfernen, markieren Sie es mit einem Mausklick und betätigen anschließend die **Entf**-Taste.

Die Bildgröße ändern

Die Größe eines Bildes ändern Sie am einfachsten mit der Maus: Markieren Sie das Bild und zeigen Sie auf einen der Eckpunkte. Sobald als Mauszeiger ein Doppelpfeil erscheint, können Sie mit gedrückter linker Maustaste diese Ecke diagonal in eine der beiden Richtungen ziehen und so das Bild vergrößern oder verkleinern.

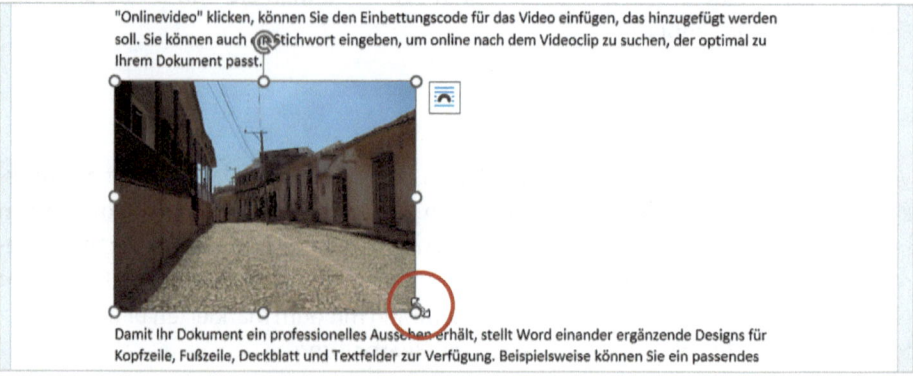

Bild 8.5 Ändern Sie die Bildgröße durch Ziehen mit der Maus an den Eckpunkten

> ■ **Achtung: Seitenverhältnis beibehalten!**
> Wenn Sie zur Größenänderung ausschließlich die Eckpunkte benutzen, dann wird das ursprüngliche Seitenverhältnis beibehalten. Die Markierungspunkte in der Mitte jeder Seite lassen dagegen nur horizontale oder vertikale Größenänderungen zu und das Bild wird dadurch verzerrt.

Genaue Maße eingeben

Als Alternative oder zur Angabe exakter Maße klicken Sie im Menüband auf das Register *Bildformat*. In der Gruppe *Größe* können Sie über Eingabefelder bzw. die kleinen Pfeile die genaue Höhe oder Breite festlegen. Die Bildgröße ändert sich in diesem Fall ebenfalls proportional bzw. wird das Seitenverhältnis beibehalten.

Bild 8.6 Exakte Maße festlegen

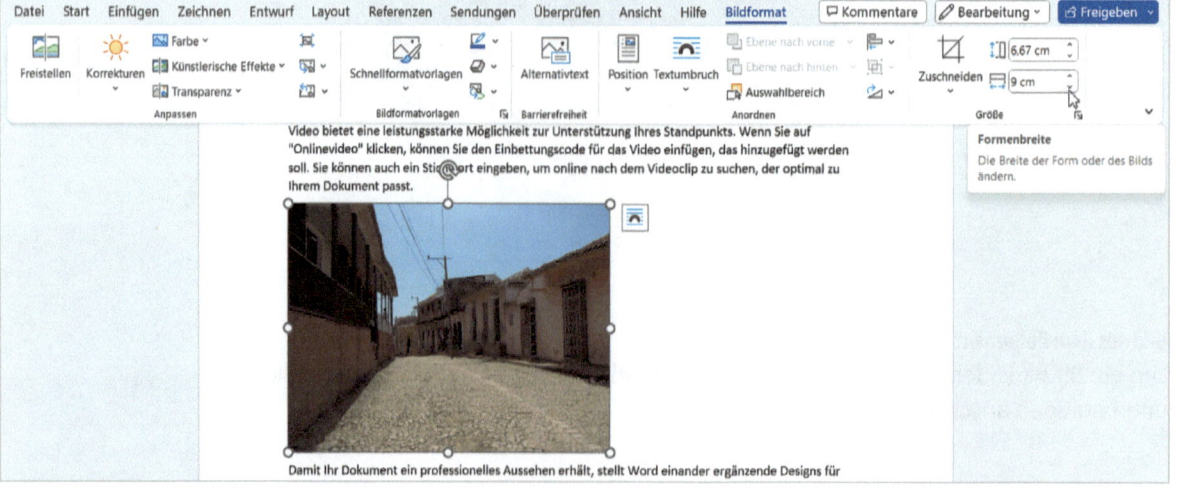

Bild zuschneiden

Möchten Sie die Größe beibehalten und einen Teil des Bildes wegschneiden, dann klicken Sie im Register *Bildformat* ▶ *Größe* auf *Zuschneiden*. Statt der Markierungspunkte erscheinen am Bild Zuschneidemarken, an denen Sie mit der Maus Bildbereiche wegschneiden können. Die entfernten Bildbereiche sind zunächst noch sichtbar, verschwinden aber, sobald das Bild nicht mehr markiert ist.

Bild 8.7 Bild zuschneiden

Weitere Varianten erhalten Sie, wenn Sie auf den Dropdown-Pfeil der Schaltfläche *Zuschneiden* klicken (s. Bild oben):

▶ *Auf Form zuschneiden* erlaubt das Zuschneiden auf eine beliebige Form, zum Beispiel Ellipse, wie in Bild 8.8.

▶ Mit der Auswahl *Seitenverhältnis* schneiden Sie das Bild auf ein bestimmtes Seitenverhältnis zu, ohne dabei die Originalproportionen zu ändern. Anschließend verschieben Sie das Bild mit der Maus, um einen Bildbereich auszuwählen (Bild 8.9). Sie sehen zunächst eine Vorschau, die grauen abgeschnittenen Bereiche verschwinden, wenn Sie mit der Maus an einen beliebige andere Stelle klicken.

Bild 8.8 Auf Form zuschneiden (Ellipse)

Bild 8.9 Auf Seitenverhältnis zuschneiden (hier Hochformat 3:4)

▶ Als dritte Möglichkeit können Sie durch Zuschneiden zunächst eine bestimmte Größe vorgeben und dann im zweiten Schritt entweder mit *Einpassen* die Größe des Bildes an den neuen, verkleinerten Bildbereich anpassen oder mit *Ausfüllen* den vorgegebenen Bildbereich ausfüllen, wobei außerhalb liegende Teile entfernt werden. In beiden Fällen wird das Originalseitenverhältnis beibehalten.

Bild auf die ursprüngliche Größe zurücksetzen

Möglicherweise haben Sie bei der Größenänderung das Bild versehentlich verzerrt oder zu viel weggeschnitten. Neben der Möglichkeit, solche Änderungen über das Symbol *Rückgängig* in der Schnellzugriffsleiste sofort anschließend rückgängig zu machen, können Sie auch später noch die ursprüngliche Größe des Bildes schnell wiederherstellen. Dazu markieren Sie das Bild und klicken im Menüband, Register *Bildformat* ▸ *Anpassen* auf den Dropdown-Pfeil des Symbols *Zurücksetzen* und wählen *Bild und Größe zurücksetzen*. Allerdings erhält dadurch das Bild seine Originalgröße, kann also auch über den Seitenrand hinaus ragen und auch alle zwischenzeitlich vorgenommenen Bildformatierungen, z. B. Rahmen gehen verloren.

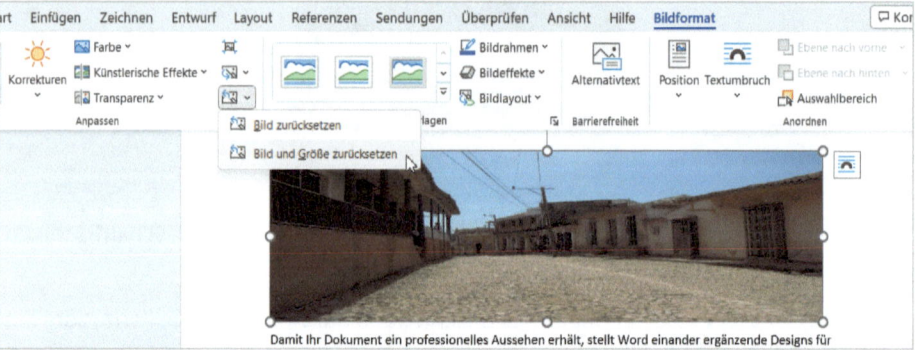

Bild 8.10 Bildgröße zurücksetzen

Weitere Einstellungen zur Größenänderung

Die genannten und noch mehr Möglichkeiten zur Größenänderung finden Sie auch im Dialogfenster *Layout*, das Sie per Rechtsklick in das Bild und den Befehl *Größe und Position...* öffnen. Oder klicken Sie im Menüband, Register *Bildformat* auf das Pfeilsymbol ⌐ der Gruppe *Größe*. Im Register *Größe* finden Sie folgende Möglichkeiten:

▸ In den Bereichen *Höhe* und *Breite* geben Sie in den Feldern *Absolut* die Maße in cm ein. Relative Höhe und Breite und eine entsprechende Bezugsangabe sind dagegen nur für Zeichnungselemente bzw. Formen verfügbar.

▸ Oder wählen Sie unter *Skalierung* eine prozentuale Größenänderung. Sowohl bei der Eingabe von Breite oder Höhe als auch bei Prozentangaben sorgt das bereits standardmäßig aktivierte Kontrollkästchen *Seitenverhältnis sperren* dafür, dass das ursprüngliche Verhältnis von Breite und Höhe beibehalten wird.

▸ Ist zusätzlich das Kontrollkästchen *Relativ zur Originalgröße* aktiviert, so beziehen sich alle prozentualen Änderungen stets auf die ursprüngliche Bildgröße. Eventuell zwischenzeitlich vorgenommene Größenänderungen werden ignoriert.

▶ Die Schaltfläche *Zurücksetzen* nimmt alle Änderungen zurück und das Bild erhält wieder die Originalgröße, siehe oben.

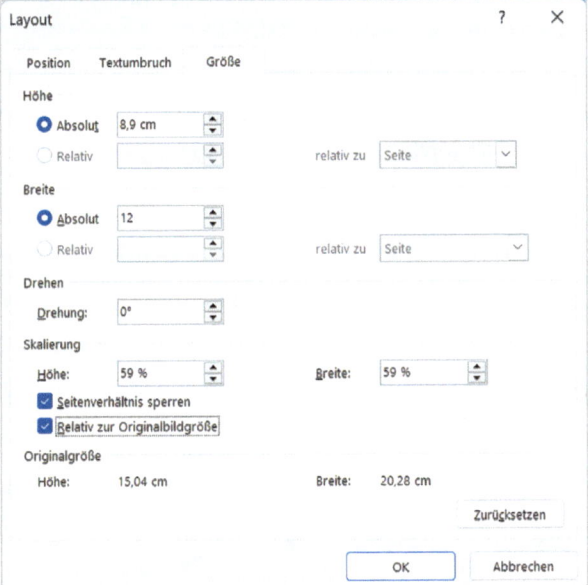

Bild 8.11 Einstellungen im Fenster Layout

Ein Bild drehen oder spiegeln

Oberhalb eines markierten Bildes befindet sich ein Symbol ❶, mit dem Sie das Bild mit der Maus frei drehen können. Zeigen Sie auf dieses Symbol, sobald am Mauszeiger ein kreisförmiger Pfeil erscheint, können Sie mit gedrückter linker Maustaste das Bild beliebig drehen.

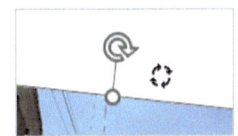

Für exakte Drehungen um jeweils 90 Grad oder seitenverkehrte Spiegelung markieren Sie das Bild, klicken im Menüband, Register *Bildformat* ▶ *Anordnen* auf *Objekte drehen* ❷ und wählen die gewünschte Richtung.

Bild 8.12 Bild drehen

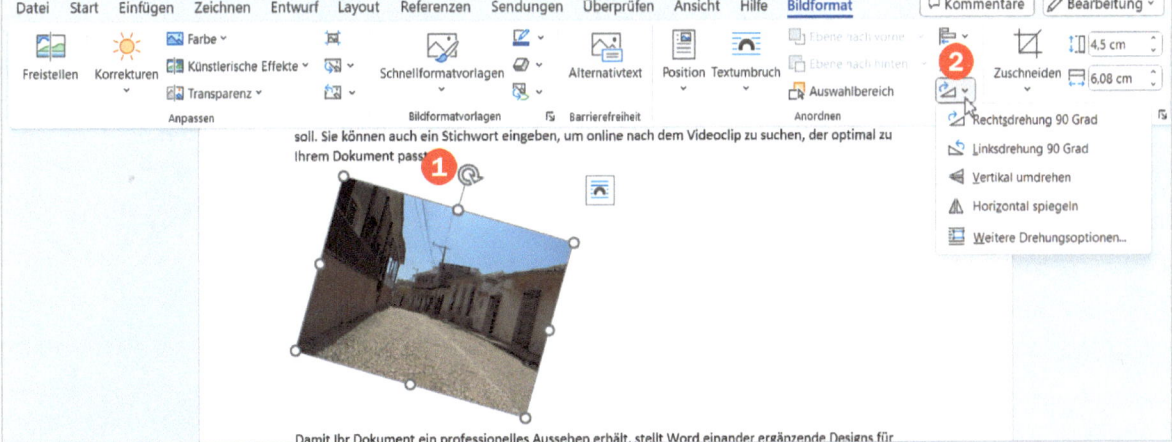

Die Bildbearbeitungstools von Word

Im Register *Bildformat* des Menübands finden Sie in der Gruppe *Anpassen* auch einige Bearbeitungsmöglichkeiten für das Bild selbst.

Über die Schaltfläche *Korrekturen* können Sie Schärfe, Helligkeit und Kontrast verändern, mit *Farbe* ändern Sie den Farbton oder färben das Bild neu ein, z. B. in Graustufen oder Schwarzweiß. Hier finden Sie auch den Befehl *Transparente Farbe bestimmen*, mit dessen Hilfe Sie einen bestimmten Bereich transparent machen können. *Künstlerische Effekte* öffnet einen Katalog verschiedener Verfremdungseffekte.

Bild 8.13 Korrekturen

Bild 8.14 Farbe

Bild 8.15 Künstlerische Effekte

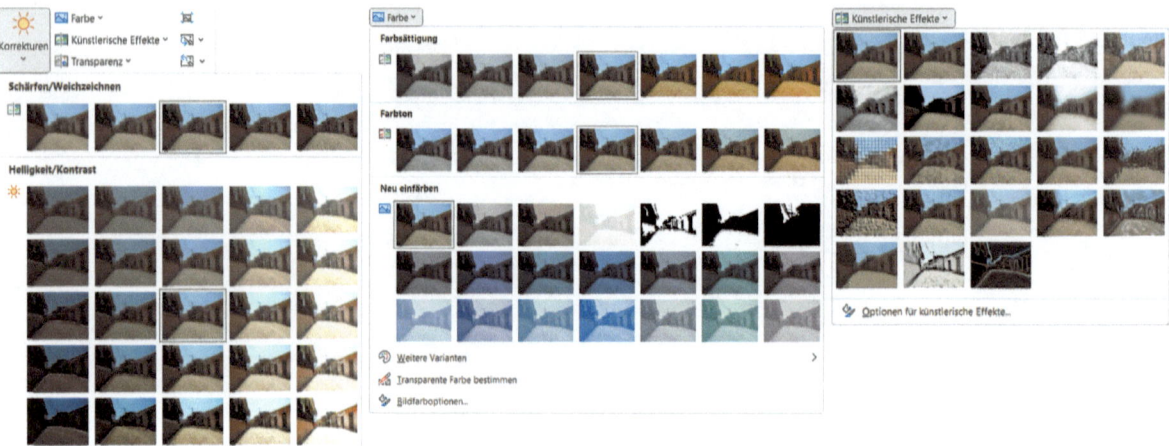

Die weiteren Möglichkeiten der Gruppe *Anpassen*:

- **Transparenz**: Das Symbol *Transparenz* bietet mehrere Transparenzstufen für das gesamte Bild an.

- **Freistellen**: Durch *Freistellen* lassen sich ausgewählte Bildbereiche transparent machen. Auf diese Weise können Sie z. B. den Hintergrund von Bildern entfernen, wie im Bild unten. Wählen Sie, ob Sie die zu behaltenden ❶ oder die zu entfernenden Bereiche markieren möchten und klicken Sie dann im Bild mit der Maus in den betreffenden Bereich ❷. Mit Klick auf *Änderungen beibehalten* ❸ werden die ausgewählten Bereiche entfernt und in das Bild übernommen.

Bild 8.16 Durch Freistellen ausgewählte Bildbereiche entfernen

▶ **Bilder komprimieren**: Je nach Größe und Typ tragen Bilder erheblich zum Speicherplatzbedarf eines Dokuments bei. Mit *Bilder komprimieren* können Sie wahlweise das markierte Bild oder alle Bilder komprimieren und so den Speicherplatzbedarf der Datei zu verringern. Diese Option erweist sich als nützlich, wenn Sie ein umfangreiches Dokument z. B. per E-Mail weitergeben möchten.

▶ **Bild ändern:** Das markierte Bild durch ein anderes ersetzen, Größe und Formatierungen bleiben erhalten.

▶ **Bild zurücksetzen**: Das Symbol *Bild zurücksetzen* entfernt alle Bildbearbeitungen, mit Klick auf den dazugehörigen Dropdown-Pfeil können Sie zusätzlich auch die Größe zurücksetzen.

Ein Bild mit Rahmen- und anderen grafischen Effekten versehen

Rahmenvorlagen

Um das markierte Bild schnell mit einem Rahmen und/oder Schatteneffekt zu versehen, finden Sie im Menüband, Register *Bildformat* in der Gruppe *Bildformatvorlagen* eine Sammlung verschiedener Effekte ❶. Ein Klick auf die Schaltfläche *Weitere* ❷ öffnet den gesamten Katalog auf einen Blick und bereits beim Zeigen auf eine Vorlage sehen Sie im Dokument am markierten Bild eine Vorschau.

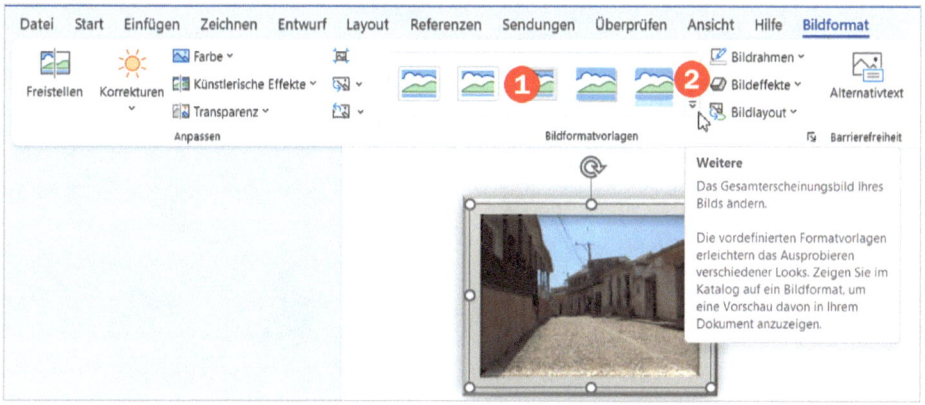

Bild 8.17 Rahmenvorlagen

Hinweis: Die angebotenen Rahmen- und Schatteneffekte sind abhängig von den gewählten Designeffekten (s. Kap. 4.2) und können sich von der Abbildung unterscheiden.

Einfacher Bildrahmen, Rahmen entfernen

Wenn Sie stattdessen das Bild nur mit einer einfachen Rahmenlinie versehen möchten, dann klicken Sie im Menüband, Register *Bildformat* ▶ *Bildformatvorlagen* auf *Bildrahmen* und wählen eine Linienfarbe. Bei Bedarf können Sie nacheinander auch *Stärke* und Art der *Striche* auswählen, mit *Skizziert* erhalten Sie verschiedene unregelmäßige Linienarten zur Auswahl.

Rahmen entfernen

Um einen einfachen Rahmen wieder zu entfernen, klicken Sie im Menüband, Register *Bildformat* auf *Bildrahmen* und wählen *Keine Kontur*. Falls Sie allerdings eine Bildfor-

matvorlage als Rahmen gewählt haben und diesen wieder entfernen möchten, dann wählen Sie besser *Bild zurücksetzen* (s. Seite 243), da sich die Formatvorlagen meist aus verschiedenen Effekten zusammensetzen.

Rahmeneffekte selbst zusammenstellen

Statt vorgefertigter Bildformatvorlagen können Sie über die Schaltfläche *Bildeffekte* Schatten-, Spiegelungs- und andere Effekte auch selbst zusammenstellen. Klicken Sie z. B. auf *Schatten* wie im Bild unten und wählen Sie einen Effekt, bereits beim Zeigen sehen Sie am markierten Bild eine Vorschau. *Kein Schatten* entfernt den Schatteneffekt wieder. Genauso verfahren Sie auch bei der Auswahl von Spiegelungen, Leuchteffekten, weichen Kanten usw.

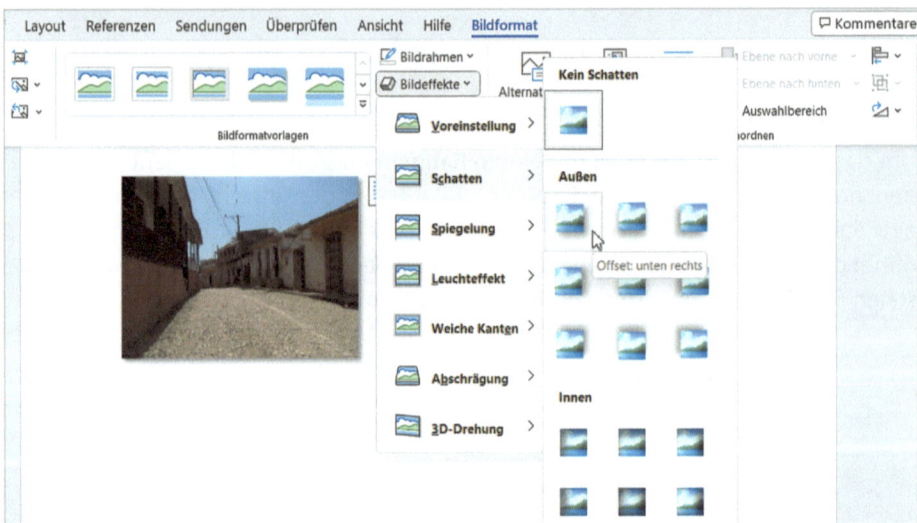

Bild 8.18 Bildeffekte

8.3 Bild im Dokument positionieren

Bild als Absatz ausrichten

Standardmäßig wird ein Bild in einen Absatz bzw. eine Zeile eingefügt und als Text behandelt. Der Zeilen- oder Absatzabstand vergrößert sich entsprechend der Größe des Bildes und die Ausrichtung des Bildes richtet sich nach der Absatzausrichtung. Wurde beispielsweise ein Bild in einen leeren Absatz eingefügt wie im Bild unten, dann brauchen Sie zum Ausrichten in der Mitte nur den dazugehörigen Absatz zentriert ausrichten. Genauso können Sie das Bild mit dem Absatz auch wieder linksbündig oder auch rechtsbündig ausrichten.

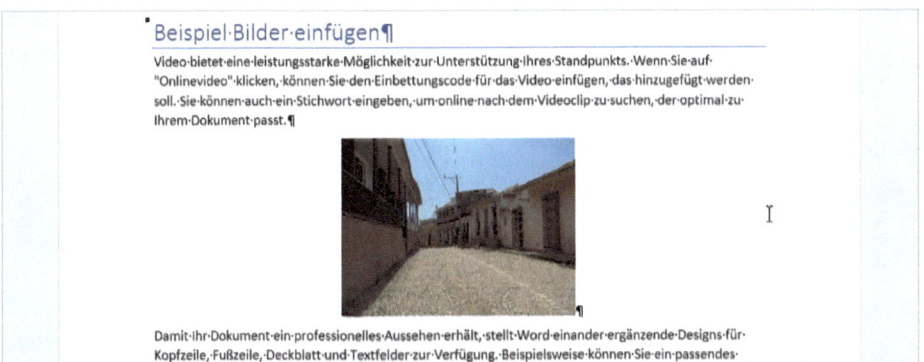

Bild 8.19 Bild als Absatz zentriert ausrichten

Textumbruch

Wenn dagegen der Text das Bild umfließen soll, dann klicken Sie auf das Symbol *Layoutoptionen*, das im Dokument in rechten oberen Ecke des markierten Bildes erscheint ❶; oder im Menüband, Register *Bildformat* ▶ *Anordnen* auf *Textumbruch* ❷.

1   In beiden Fällen erhalten Sie verschiedene Layoutvarianten, *Mit Text in Zeile* ist die Standardeinstellung für Bilder (siehe oben).

2   Wählen Sie im Abschnitt *Mit Textumbruch* eine Umbruchart aus, z. B. *Quadrat* ❸, wenn der Text rechteckig, wie im Bild unten, das Bild umfließen soll.

Bild 8.20 Layoutoptionen

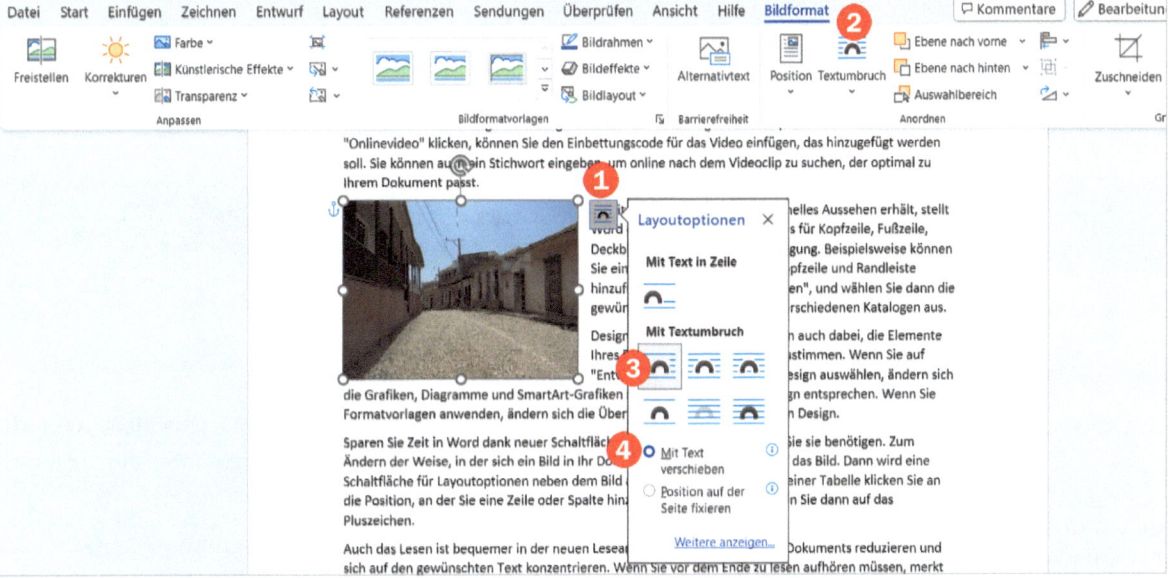

Bild mit Text verschieben oder feste Position?

Standardmäßig ist außerdem die Option *Mit Text verschieben* ❹ aktiviert. Das bedeutet, das Bild ist mit dem Absatz verbunden, in den es eingefügt wurde und wird bei nachträglichen Änderungen im Dokument zusammen mit diesem Absatz verschoben. Soll dagegen das Bild einen festen Platz auf der Seite erhalten, dann wählen Sie die Option *Position auf der Seite fixieren*.

Die Umbrucharten im Überblick

Symbol	Bedeutung	Beispiel
	Mit Text in Zeile: Das Bild wird in einer Zeile ausgerichtet und als Text behandelt. Diese Einstellung wird benötigt, wenn Sie eine Grafik in einer Tabellenzelle positionieren möchten.	
	Quadrat: Der Text fließt in Rechteckform um das Bild herum.	
	Eng / Transparent: Bei entsprechender Grafik passt sich der Text an die Konturen an.	
	Oben und unten: Der Text umfließt das Bild nur ober- und unterhalb	
	Hinter den Text: Die Grafik wird hinter den Text gelegt. Zur besseren Lesbarkeit sollte in diesem Fall die Helligkeit bzw. Transparenz des Bildes entsprechend angepasst werden.	
	Vor den Text: Die Grafik wird über den Text gelegt und kann diesen verdecken. Diese Einstellung verhindert auch, dass sich der Text beim Verschieben der Grafik automatisch ändert und eignet sich am besten in Dokumenten mit ausreichend freiem Platz.	

Tipp: Hinter dem Text befindliche Objekte markieren
Ein Bild, das sich hinter dem Text befindet, ist nicht immer leicht zu markieren. Zur Abhilfe klicken Sie in diesem Fall im Menüband, Register *Start* ▶ *Bearbeiten* auf *Markieren* und wählen *Objekte markieren*.

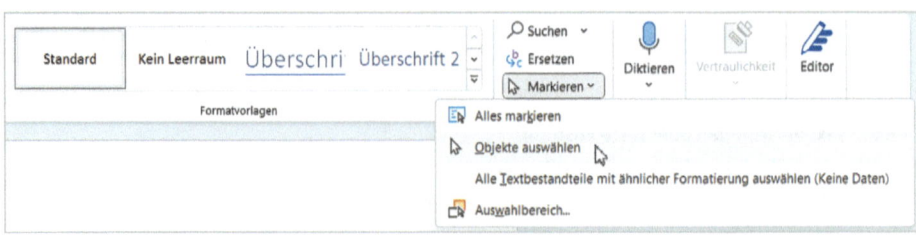

Bild 8.21 Bild hinter dem Text markieren

Damit ist der Modus *Objekte markieren* aktiviert, das bedeutet, der Mauszeiger erscheint nun auch im Text als Pfeil und beim Klicken werden ausschließlich (Grafik-)Objekte markiert, Text wird ignoriert. Mit der **Esc**-Taste oder der Auswahl *Markieren* ▶ *Alles markieren* beenden Sie den Modus wieder.

Bild verschieben

Um ein Bild im Dokument zu verschieben, positionierten Sie den Mauszeiger an einer beliebigen Stelle im Bild. Am Mauszeiger erscheinen vier Richtungspfeile und Sie können nun mit gedrückter linker Maustaste das Bild im Dokument verschieben. Die Möglichkeiten der genauen Positionierung sind abhängig vom Textumbruch:

▶ Die Einstellung *Mit Text in Zeile* erlaubt Verschieben ausschließlich im Text.

▶ Haben Sie dagegen *Mit Textumbruch* gewählt, so kann das Bild an jede beliebige Stelle des Dokuments verschoben werden, der umgebende Text passt sich je nach Umbruchart, z. B. *Quadrat* oder *Passend* automatisch an.

Als Alternative zum Verschieben mit der Maus kann ein Bild auch in die Zwischenablage ausgeschnitten oder kopiert und anschließend an beliebiger Stelle wieder eingefügt werden.

Ausrichtungslinien zur exakten Positionierung nutzen

Ein nützliches Hilfsmittel zur Ausrichtung von Bildern und sonstigen Objekten, sind intelligente Ausrichtungslinien. Diese erscheinen auf dem Bildschirm, sobald Sie ein Element mit der Maus verschieben. Mit ihrer Hilfe lassen sich Bilder schnell an den Seitenrändern platzieren. Da die Ausrichtungslinien in der Standardeinstellung nicht angezeigt werden, müssen Sie sie zuerst aktivieren:

▶ Dazu klicken Sie im Menüband, Register *Bildformat* ▶ *Anordnen* auf *Ausrichten* und wählen *Ausrichtungslinien verwenden*. Sollte diese Einstellung bereits aktiviert sein, erkennen Sie dies am Häkchen.

Bild 8.22 Ausrichtungslinien

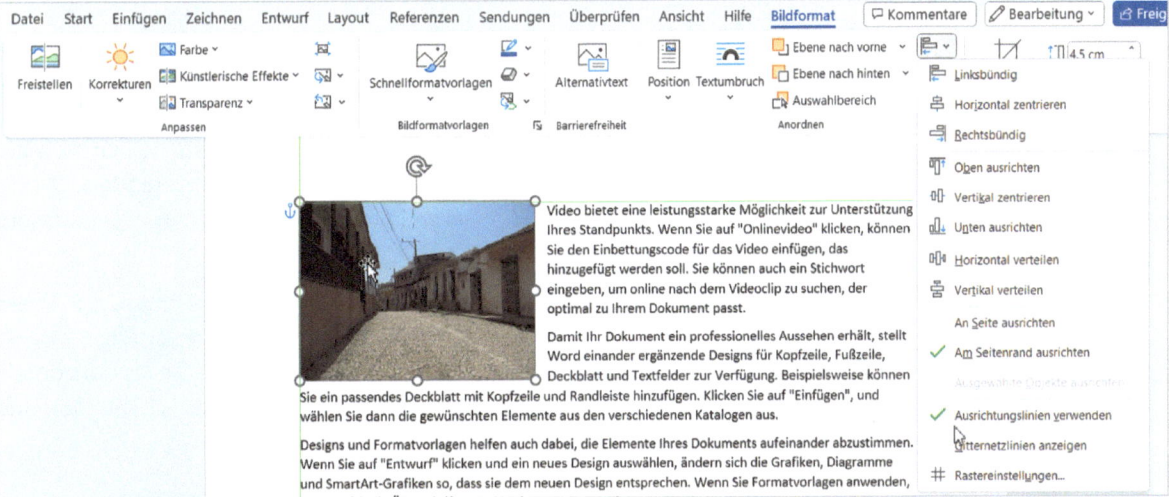

Weitere Optionen zu Bildposition und Textumbruch

Textfluss und Abstand zum Text

Um den Abstand zwischen Bild und umgebenden Text zu ändern, klicken Sie entweder im Dokument auf das Symbol *Layoutoptionen* und den Link *Weitere anzeigen...* oder klicken Sie mit der rechten Maustaste in das Bild und auf den Befehl *Größe und Position....* Wählen Sie im Dialogfenster *Layout* das Register *Textumbruch* (Bild 8.24).

Im Menüband, Register Bildformat ▸ Anordnen öffnet die Schaltfläche Textumbruch und der Befehl Weitere Layoutoptionen... ebenfalls das Dialogfenster.

▸ Geben Sie im Bereich *Abstand zum Text* die gewünschten Abstände in cm in die Felder ein.

▸ Wenn Sie einen Textumbruch, z. B. *Rechteck* oder *Passend* gewählt haben, dann können Sie unter *Textfluss* steuern, auf welcher Seite der Text die Grafik umfließen soll.

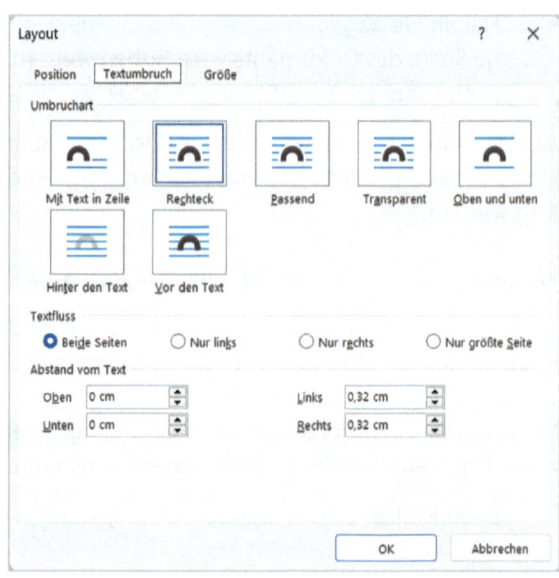

Bild 8.23 Layoutoptionen - Weitere anzeigen

Bild 8.24 Textfluss und Abstand zum Text

Feste Position auf der Seite

Die Position des Bildes relativ zur Seite, z. B. links oben oder horizontal und vertikal zentriert, können Sie falls nötig, im Menüband, Register *Bildformat ▸ Anordnen* mit Klick auf *Position* genauer festlegen. Die hier gewählte Position bezieht sich stets auf die Seite und wird auch durch nachträgliche Textänderungen nicht verändert. Gleichzeitig wird die Option *Position auf Seite fixieren* anstatt *Mit Text verschieben* aktiviert, siehe Seite 245.

Wenn Sie die Bildposition innerhalb einer Seite exakt definieren möchten, z. B. Innen bei beidseitigem Druck, dann klicken Sie auf *Position* und auf *Weitere Layoutoptionen....* Es öffnet sich das Fenster *Layout* mit dem Register *Position*. Wählen Sie als horizontale und vertikale Position zwischen den Optionen *Ausrichtung*, *Buchlayout*, *Absolute* und *Relative Position* und legen Sie rechts daneben den Bezug fest.

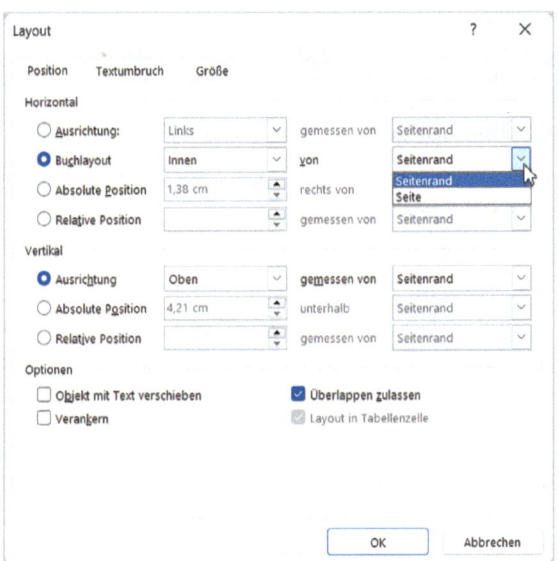

Bild 8.25 Layout - Positionseinstellungen

8.4 Dokumentgestaltung mit Formen

Neben Bild- und Grafikdateien können Sie auch verschiedene Formen in ein Dokument einfügen und daraus sogar eigene Grafiken kreieren. Außerdem bringt Word seit der Version 2019 eine Sammlung von Piktogrammen mit, die Sie ebenfalls beliebig in Dokumente einfügen können. Die Techniken zur Markierung, Positionierung und Größenänderung unterscheiden sich nicht von Bildern und werden daher an dieser Stelle nicht mehr beschrieben.

Form einfügen

Klicken Sie im Menüband, Register *Einfügen* ▶ *Illustrationen* auf *Formen*, die Position des Cursors spielt hierbei keine Rolle. Es öffnet sich ein Katalog verschiedener Formen, klicken Sie auf die gewünschte Form, z. B. Rechteck mit abgerundeten Ecken.

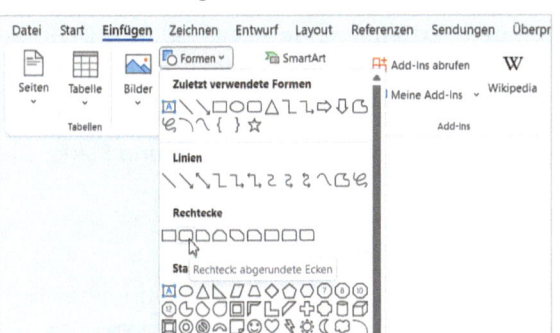
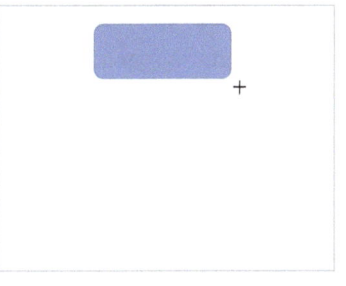

Bild 8.26 Form auswählen

Bild 8.27 Ziehen Sie im Dokument die Form diagonal auf

Zum anschließenden Einfügen im Dokument verwenden Sie eine der folgenden Möglichkeiten. Im Gegensatz zu Bildern werden Formen standardmäßig mit Textumbruch eingefügt, so dass Sie beim Einfügen nicht auf die Cursorposition achten brauchen.

- **Originalseitenverhältnis und -größe**: Um die Form in Originalgröße und im ursprünglichen Seitenverhältnis einzufügen, klicken Sie einfach im Dokument an die gewünschte Stelle.

- **Seitenverhältnis und Größe beliebig anpassen**: Wenn Sie die Form in beliebiger Größe und Proportion einfügen möchten, dann ziehen Sie diese mit der Maus auf. Der Mauszeiger nimmt im Dokument die Form eines Fadenkreuzes an. Beginnen Sie an einem der Eckpunkte, drücken Sie die linke Maustaste und ziehen Sie mit gedrückter Maustaste in diagonaler Richtung, bis das Objekt die gewünschte Größe und Form hat (Bild 8.27).

- **Seitenverhältnis beibehalten, Größe ändern**: Möchten Sie das Originalseitenverhältnis beibehalten und nur die Größe ändern, dann halten Sie zusätzlich während des Aufziehens mit der Maus die **Umschalt**-Taste der Tastatur gedrückt. Auf diese Weise können Sie z. B. statt einer Ellipse einen exakten Kreis zeichnen oder anstelle eines Rechtecks mit beliebigem Seitenverhältnis ein Quadrat.

Bild 8.28 Form einfügen

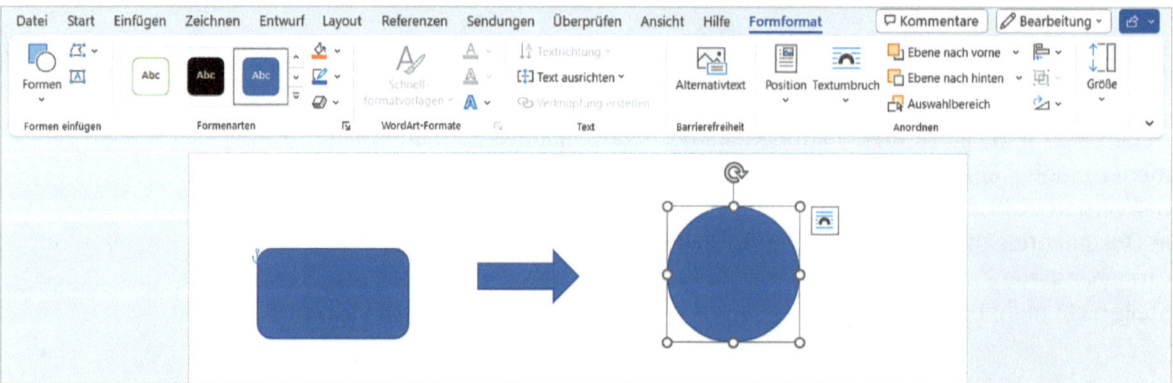

Größe und Layout ändern

Beim Ändern der Größe und Steuern des Textumbruchs gehen Sie wie bei Bildern vor. Sobald die Form markiert ist, erscheint an der rechten oberen Ecke die Schaltfläche *Layoutoptionen* und Sie können den Textumbruch festlegen (s. Seite 245). Die Größenänderung nehmen Sie wieder über die Markierungs- bzw. Ziehpunkte vor.

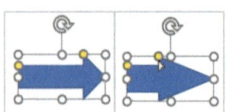

Tipp: Einige Formen, z. B. Blockpfeile, verfügen über zusätzliche gelbe Markierungspunkte, an denen Sie durch Ziehen mit der Maus auch noch Winkel und Stärke des Pfeils verändern können.

> ■ **Achten Sie bei der Größenänderung auf das Seitenverhältnis!**
>
> Wenn bei der Größenänderung mit der Maus das Seitenverhältnis beibehalten werden soll, dann müssen Sie wie beim Einfügen während des Ziehens gleichzeitig die Umschalt-Taste der Tastatur gedrückt halten.

Formen mit Füllungen und weiteren Effekten versehen

Die Standardfarbe einer Form beim Einfügen hängt von den Designfarben ab. Zur Formatierung und weiteren Bearbeitung von Formen verwenden Sie im Menüband die Symbole und Schaltflächen des kontextbezogenen Registers *Formformat*. Die wichtigsten davon finden Sie auch in der Minisymbolleiste, die zusammen mit dem Kontextmenü beim Rechtsklick in die Form erscheint.

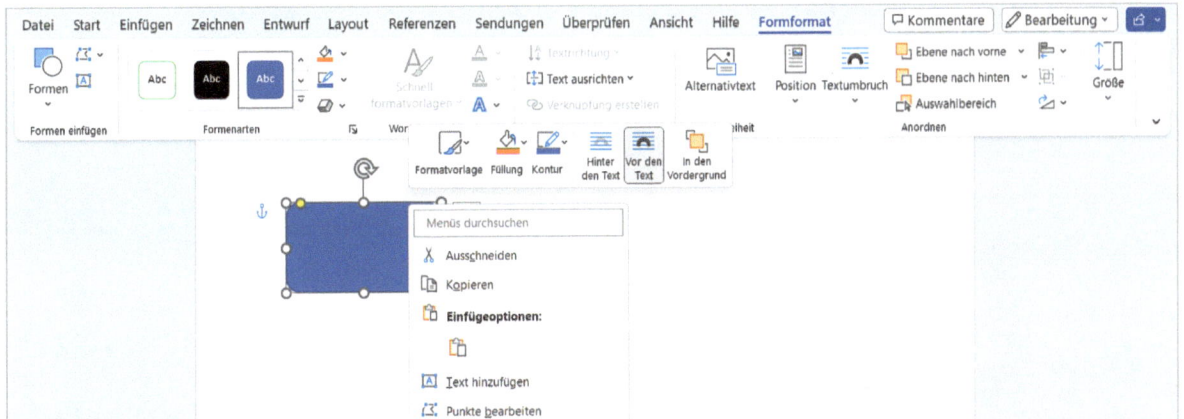

Bild 8.29 Register Formformat und Minisymbolleiste

Schnelle Gestaltung mit Vorlagen

Am schnellsten ändern Sie das Aussehen der markierten Form mit Hilfe von Vorlagen. Klicken Sie dazu im Register *Formformat* in der Gruppe *Formenarten* auf die Schaltfläche *Weitere*, um den gesamten Katalog zu öffnen. Ein weiterer Vorteil der Vorlagen: Füllfarbe und Schriftfarbe sind aufeinander abgestimmt, d. h. vor dunklem Hintergrund wird automatisch weiße Schrift verwendet und umgekehrt.

Die Farben und Effekte der Vorlagen, z. B. 3D und Schatten, richten sich nach den Designfarben und -effekten (Register *Entwurf* des Menübands, s. Kap. 4.2).

Bild 8.30 Formatvorlagenkatalog

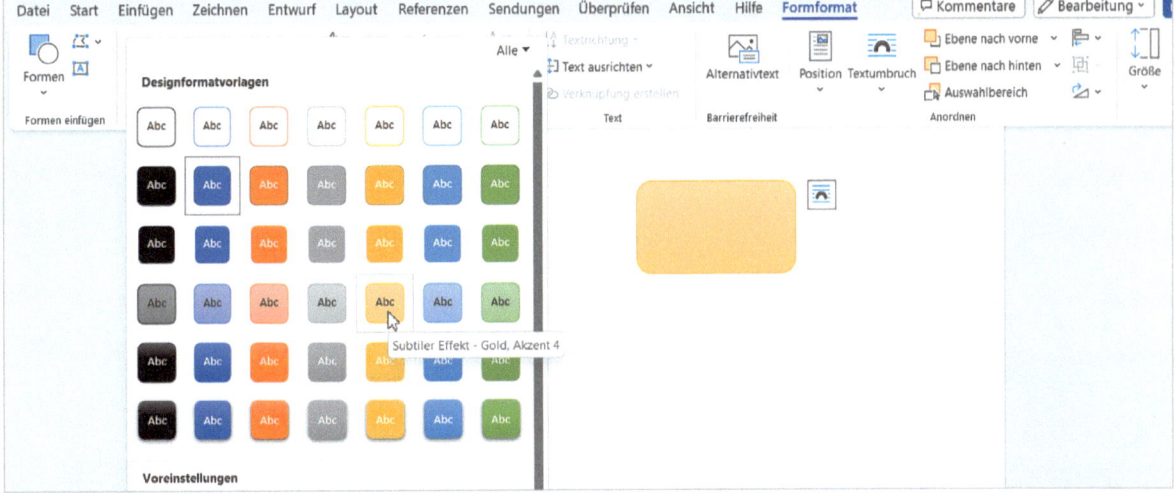

Individuelle Formatierungen zusammenstellen

In der Gruppe *Formenarten* und in der Minisymbolleiste finden sich auch die Schaltflächen *Fülleffekt*, *Formkontur* und *Formeffekte*, über die Sie einer Form nach Belieben einzelne Formate zuweisen können. Über *Fülleffekte* können Sie neben Farben auch ein Bild, einen *Farbverlauf* oder ein Muster (*Struktur*) als Füllung auswählen.

Um eine Füllung und/oder Kontur zu entfernen, wählen Sie jeweils *Keine Füllung* bzw. *Keine Kontur*.

Bild 8.31 Fülleffekt, Formkontur und Formeffekte auswählen

Der Aufgabenbereich Form formatieren

Weitergehende Möglichkeiten finden Sie im Aufgabenbereich *Form formatieren*, den Sie über den Pfeil ⌐ der Gruppe *Formenarten* oder per Rechtsklick und den Befehl *Form formatieren...* öffnen. Über die Symbole ❶ wechseln Sie hier zwischen den Registern *Füllung und Linie* ◇, *Effekte* ⌂ oder *Layout und Eigenschaften* ▦. In den Registern selbst öffnet ein Klick auf die Pfeile die dazugehörigen Einstellungen und blendet diese wieder aus.

Bild 8.32 Der Aufgabenbereich Form formatieren

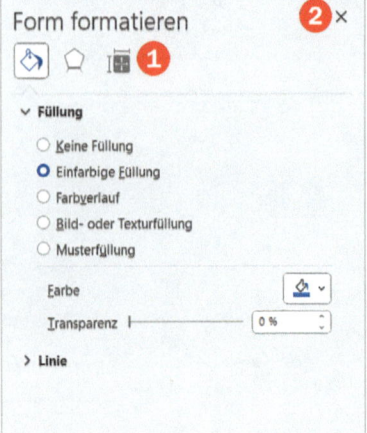
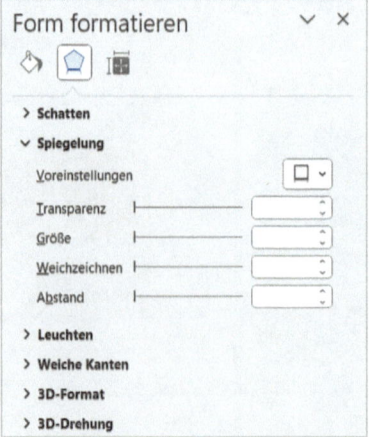
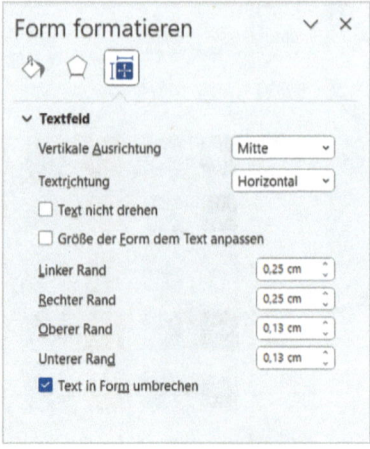

Detaillierte Beschreibungen aller Einstellungen würden hier zu weit führen, daher beschränken wir uns im nächsten Punkt exemplarisch auf Farbverläufe als Fülleffekt.

Wird der Ausgabenbereich nicht mehr benötigt, so klicken Sie zum Schließen auf das *Schließen*-Symbol ❷ rechts oben.

Farbverläufe verwenden und bearbeiten

Die Schaltfläche *Fülleffekt* stellt neben einfachen Farbfüllungen mit der Auswahl *Farbverlauf* auch verschiedene helle und dunkle Verlaufsvarianten zur Auswahl, die alle auf der aktuellen Füllfarbe basieren. Um also beispielsweise einen Farbverlauf in gelb zu erhalten, wählen Sie zuerst diese Farbe als Füllung. Klicken Sie dann erneut auf *Fülleffekt*, danach auf *Farbverlauf* und wählen Sie eine Variante.

Bild 8.33 Farbverlauf wählen

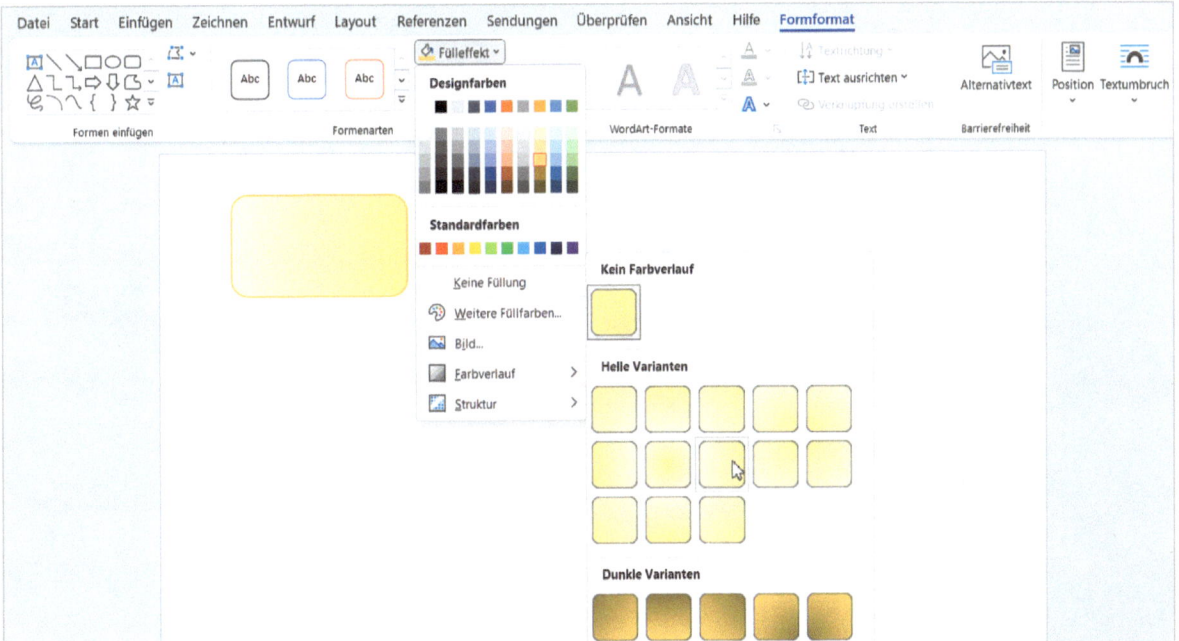

Wenn Sie Ihren eigenen Farbverlauf aus zwei oder auch mehr Farben zusammenstellen wollen, dann klicken Sie entweder unter *Fülleffekte* ▶ *Farbverläufe* auf *Weitere Farbverläufe...* oder öffnen den Aufgabenbereich *Form formatieren* per Rechtsklick und den Befehl *Form formatieren...*, s. oben).

Klicken Sie hier auf das Register *Füllung und Linie*, danach auf *Füllung* und wählen Sie die Option *Farbverlauf* ❶ (Bild 8.34). Die weitere Bearbeitung erfolgt anhand der Farbverlaufstopps:

1. Markieren Sie mit einem Mausklick den ersten Farbverlaufstopp ❷ und weisen Sie diesem über die darunterliegende Schaltfläche eine Farbe zu ❸. Bei Bedarf legen Sie über weitere Felder noch Transparenz und Helligkeit fest.

2. Genauso verfahren Sie nacheinander mit allen weiteren Farbverlaufstopps.

3 Die Position eines Farbverlaufstopps ändern Sie durch die Angabe eines Prozentwerts im Feld *Position* oder einfach durch Verschieben mit gedrückter Maustaste.

4 Mit den Schaltflächen *Farbverlaufstopp hinzufügen* bzw. *Farbverlaufstopp entfernen* ❹ können Sie noch weitere hinzufügen oder den markierten Farbverlaufstopp löschen. Oberhalb der Farbverlaufstopps finden Sie Schaltflächen, über die Sie noch Typ, Richtung und Winkel des gesamten Farbverlaufs ändern können.

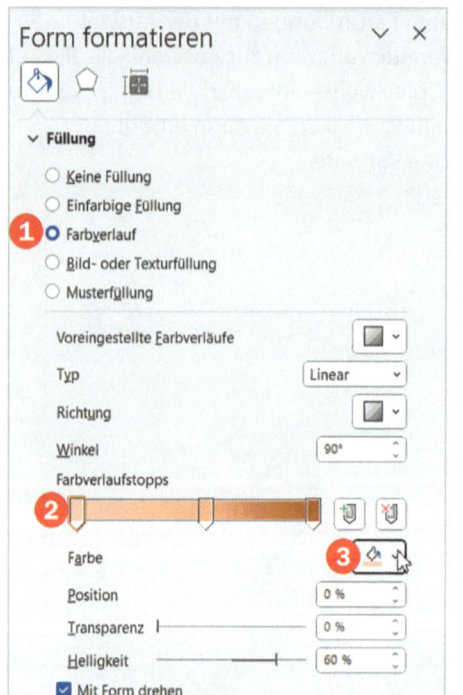
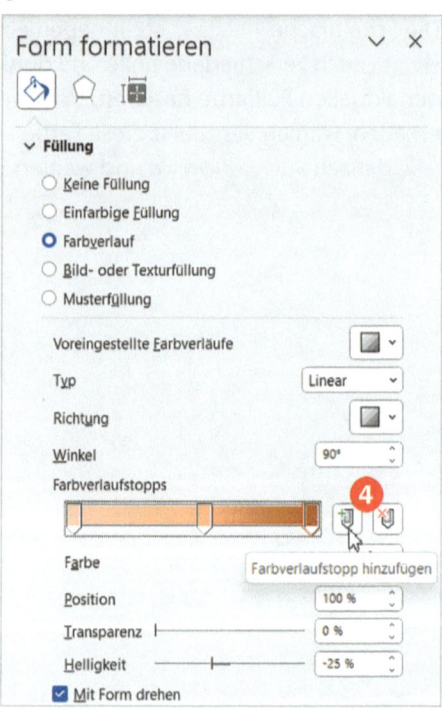

Bild 8.34 Farbverlauf bearbeiten

Mehrere Formen in Zeichenbereich zusammenfassen

Wenn Sie eine Grafik aus mehreren Formen bilden möchten, dann sollten Sie zunächst einen Zeichenbereich erstellen und die Formen hier einfügen. Der Vorteil: Der Zeichenbereich samt enthaltener Formen wird wie ein einziges Objekt behandelt, was die Positionierung im Dokument erheblich erleichtert und umständliches Gruppieren überflüssig macht.

Zeichenbereich einfügen

1 Positionieren Sie den Cursor in einem leeren Absatz, klicken Sie im Menüband, Register *Einfügen* auf *Formen* und am Ende des Katalogs auf *Neuer Zeichenbereich*.

Bild 8.35 Zeichenbereich einfügen

2 Der Zeichenbereich nimmt automatisch die gesamte Breite des Satzspiegels ein, kann aber wie jedes Objekt beliebig vergrößert oder verkleinert werden. Den Textumbruch steuern Sie wieder über das Symbol *Layoutoptionen*.

Formen hinzufügen

Anschließend markieren Sie den Zeichenbereich und fügen die benötigten Formen ein, auch Bilder können hinzugefügt werden. Die Objekte eines Zeichenbereichs können, wie oben beschrieben, beliebig formatiert werden. Auch der Zeichenbereich selbst kann über die Schaltflächen *Fülleffekt*, *Formkontur* und *Formeffekte* wie eine Form formatiert werden.

> **Zeichenbereich vor dem Einfügen von Formen markieren!**
> Damit ein Objekt Bestandteil des Zeichenbereichs wird, muss dieser vor dem Einfügen einer Form markiert sein. Nur dann wird die Form später zusammen mit dem Zeichenbereich verschoben.

Tipp: Wenn Sie eine Form mehrmals benötigen, dann benutzen Sie die Tastenkombination **Strg+D** zum Duplizieren der markierten Form einschließlich aller Formatierungen.

Zeichenbereich verschieben

Beim Verschieben des Zeichenbereichs müssen Sie unbedingt darauf achten, dass ausschließlich dieser markiert ist, wie im Bild unten. Zeigen Sie dann mit der Maus auf den Rahmen des Zeichenbereichs und ziehen Sie ihn an die gewünschte Stelle.

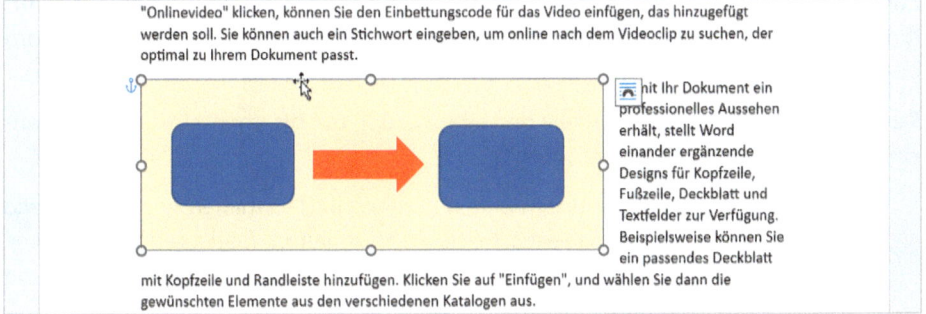

Bild 8.36 Zeichenbereich Verschieben

Form mit Text versehen

Alle Formen können Sie jederzeit mit Text beschriften. Dazu genügt es, wenn Sie die Form markieren und anschließend über die Tastatur Ihren Text eintippen. Als Alternative klicken Sie die Form mit der rechten Maustaste an und wählen aus dem Kontextmenü *Text hinzufügen* bzw. *Text bearbeiten*. Anschließend können Sie den Text markieren und mit den Symbolen des Registers *Start* formatieren.

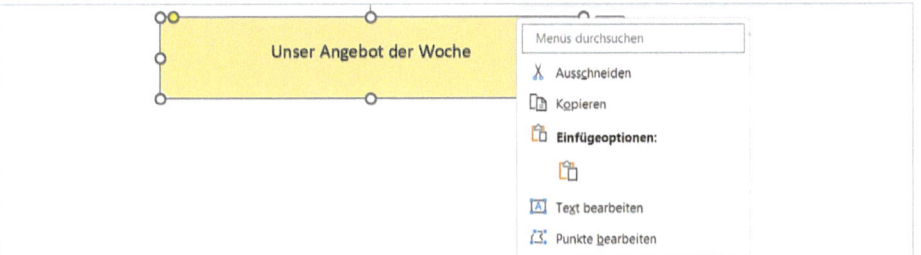

Bild 8.37 Text hinzufügen/ Text bearbeiten

Über die Schaltfläche *Textrichtung* lässt sich der Text auch drehen und mit *Text ausrichten* steuern Sie die vertikale Ausrichtung in der Form.

Bild 8.38 Text vertikal ausrichten

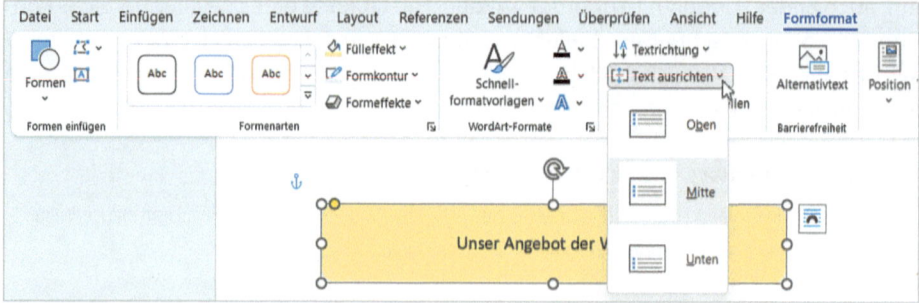

Tipp: Falls Text trotzdem nicht exakt vertikal in der Mitte einer Form ausgerichtet wird, dann müssen Sie den *Abstand nach Absatz* entfernen (Register *Start*, *Zeilen- und Absatzabstand*).

Objekte ausrichten

Zum Ausrichten mehrerer Objekte stehen verschiedene Hilfen und Befehle zur Verfügung. Ob es sich um Bilder oder Formen handelt, macht keinen Unterschied, Word bezeichnet diese pauschal als Objekte und behandelt alle gleich.

Beispiel: Sie möchten mehrere Pfeile derselben Größe mit gleichen Abständen nebeneinander und in einer Linie ausrichten.

Markiertes Objekt samt Formatierung duplizieren: **Strg+D**

1. Fügen Sie im ersten Schritt den ersten Pfeil ein und formatieren Sie diesen wie gewünscht. Um mehrere identische Pfeile zu erhalten, markieren Sie den Pfeil und betätigen mehrmals die Tasten **Strg+D** (Duplizieren). Ordnen Sie dann die Objekte zumindest ungefähr nebeneinander an, wie in Bild 8.39.

2. Markieren Sie alle auszurichtenden Objekte, indem Sie diese nacheinander mit gleichzeitig gedrückter **Strg**-Taste anklicken ❶.

3. Klicken Sie im Menüband, Register *Formformat* ▶ *Anordnen* auf die Schaltfläche *Objekte ausrichten*.

   - **Achtung**: Kontrollieren Sie zunächst, ob die Einstellung *Ausgewählte Objekte ausrichten* ❷ aktiv ist (Häkchen). Das bedeutet, die Ausrichtung richtet sich nach den übrigen Objekten; genauer gesagt nach demjenigen, das sich jeweils am weitesten unten/oben/links oder rechts befindet.
   - Mit den Einstellungen *An Seite ausrichten* und *Am Seitenrand ausrichten* und anschließender Auswahl einer Ausrichtung, z.B. *Linksbündig*, orientiert sich dagegen die Ausrichtung am Seitenrand des Dokuments oder am Papierrand.

4. Klicken Sie auf die gewünschte Ausrichtung, z. B. *Unten ausrichten* ❸.

Dokumentgestaltung mit Formen 8 | 257

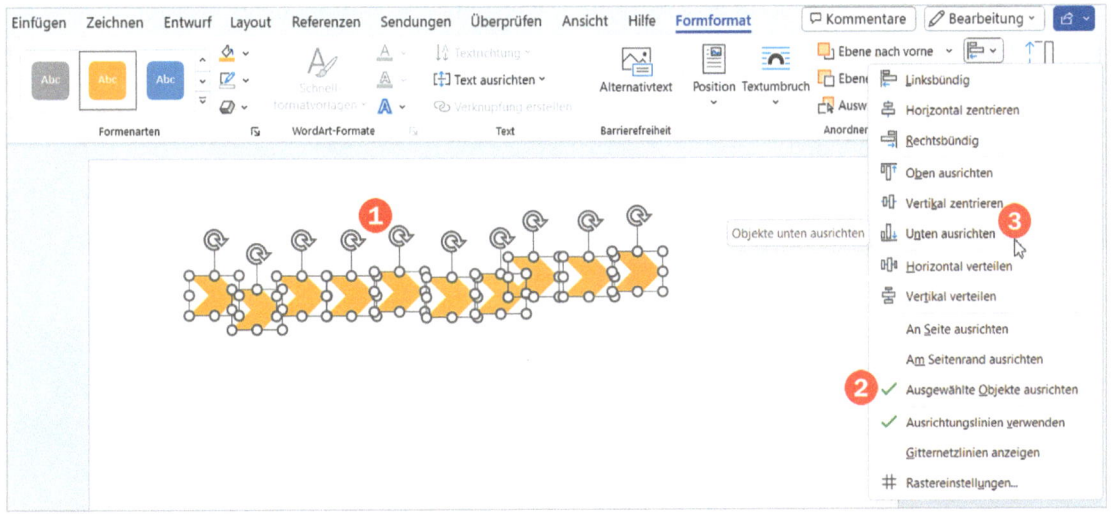

Bild 8.39 Objekte aneinander ausrichten

> **Mehrere Objekte gleichzeitig markieren**
> - Klicken Sie diese nacheinander mit gleichzeitig gedrückter Strg-Taste an.
> - Innerhalb eines Zeichenbereichs können Sie zum Markieren auch mit der Maus einen Rahmen diagonal über die Objekte ziehen. Dabei müssen sich alle zu markierenden Objekte vollständig innerhalb des Rahmens befinden.

Gleiche Abstände herstellen

Wenn Sie auch noch gleiche Abstände herstellen möchten, dann markieren Sie ebenfalls alle Objekte, klicken Sie auf *Objekte ausrichten* und wählen *Horizontal verteilen*.

Bild 8.40 Gleiche Abstände

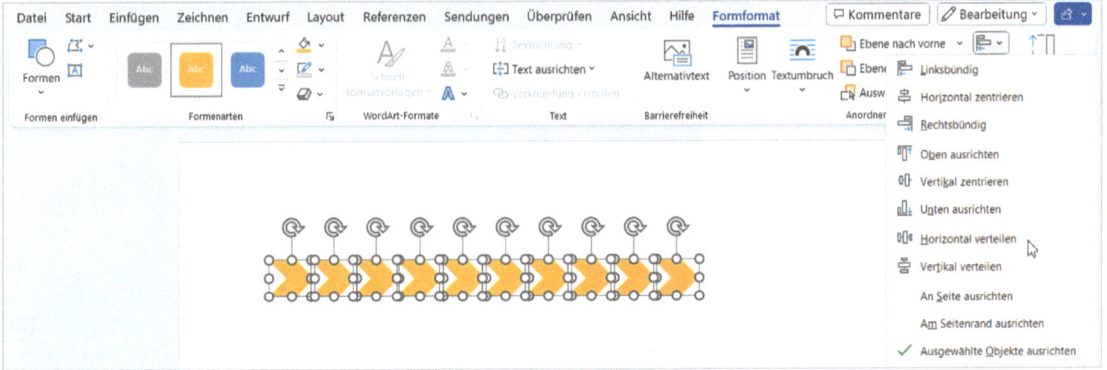

Überlappende Objekte anordnen

Alle Objekte werden im Dokument in derjenigen Reihenfolge angeordnet, in der sie eingefügt wurden. Diese Reihenfolge spielt allerdings nur eine Rolle, wenn Elemente übereinander bzw. überlappend angeordnet werden. Um ein markiertes Objekt nach hinten oder vorne zu verschieben, verwenden Sie im Menüband, Register *Formformat* ▶ *Anordnen* die Schaltflächen *Ebene nach vorne* oder *Ebene nach hinten*. Ein Klick auf den Dropdown-Pfeil der jeweiligen Schaltfläche öffnet ein kleines Menü und Sie können das Objekt auch schnell in den Hinter- oder Vordergrund bzw. hinter oder vor den Text bringen.

Bild 8.41 Markiertes Objekt nach vorne oder nach hinten verschieben

Formen gruppieren

Um mehrere, bereits ausgerichtete Formen leichter zu bearbeiten, z. B. zu verschieben, können Sie diese gruppieren. Dazu markieren Sie alle Formen, die Sie zu einer Gruppe zusammenfassen möchten und klicken im Register *Formformat* ▶ *Anordnen* auf *Objekte gruppieren* und wählen *Gruppieren*. Auf demselben Weg und mit der Auswahl *Gruppierung aufheben* heben Sie die Gruppierung wieder auf.

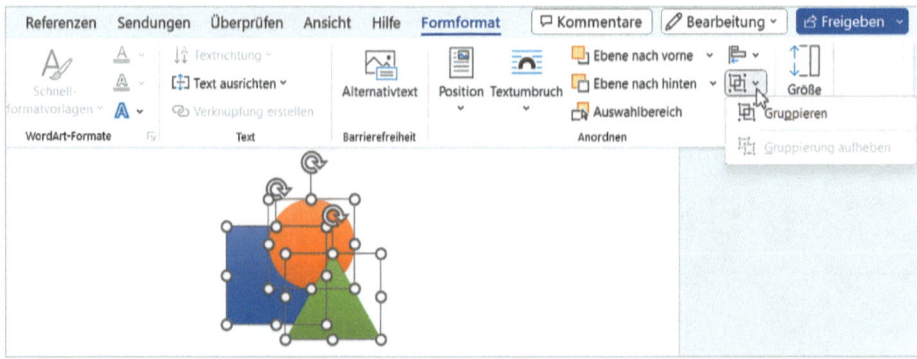

Bild 8.42 Markierte Formen gruppieren

Objekte an Raster ausrichten

Im Menüband kann im Register *Ansicht* mit dem Kontrollkästchen *Gitternetzlinien* auf dem Bildschirm im gesamten Dokument ein Raster eingeblendet werden, das Sie bei der Ausrichtung von Objekten unterstützt. Beim Verschieben und Ändern der Größe werden dann alle Objekte automatisch an diesen Rasterlinien ausgerichtet. Bei der Texteingabe und -bearbeitung wirken die Gitternetzlinien allerdings störend und sollten daher nur vorübergehend eingeblendet werden, bzw. wenn sie benötigt werden.

Optionen für Gitternetz und Führungslinien

Den Rasterabstand legen Sie im Dialogfenster *Gitternetz- und Führungslinien* fest, das Sie im Menüband, Register *Formformat* ▸ *Anordnen* mit Klick auf *Ausrichten* und den Befehl *Rastereinstellungen* öffnen. Hier finden Sie auch Einstellungen zu den oben bereits erwähnten Ausrichtungslinien.

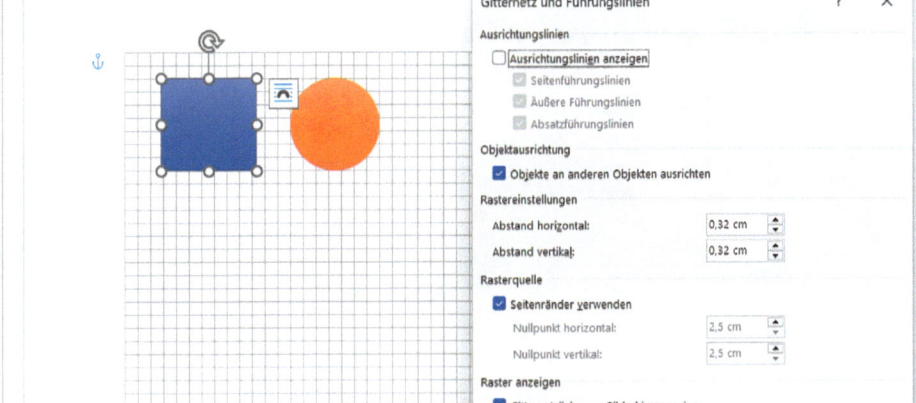

Bild 8.43 Einstellungen Raster und Führungslinien

8.5 Weitere grafische Elemente

Piktogramme einfügen und formatieren

Neben den einfachen Standardformen stellt Microsoft Office auch eine Sammlung von Piktogrammen zur Verfügung. Diese können wie Formen beliebig formatiert werden.

Piktogramm einfügen

Piktogramme werden beim Einfügen zunächst wie Text behandelt (s. Seite 245), platzieren Sie daher den Cursor am besten in einem leeren Absatz.

1 Klicken Sie im Menüband, Register *Einfügen* ▸ *Illustrationen* auf *Piktogramme*.

2 Es öffnet sich das Auswahlfeld *Archivbilder* (s. Seite 234), nur diesmal mit dem Bildtyp *Piktogramme* ❶ (Bild 8.44). Wählen Sie nun entweder eine bestimmte Kategorie, z. B. *Fahrzeuge* ❷ oder geben Sie einen Suchbegriff ❸ ein.

3 Klicken Sie auf das Piktogramm ❹, das Sie einfügen möchten, Sie können auch mehrere auswählen, und klicken Sie auf die Schaltfläche *Einfügen* ❺.

Bild 8.44 Piktogramm auswählen und einfügen

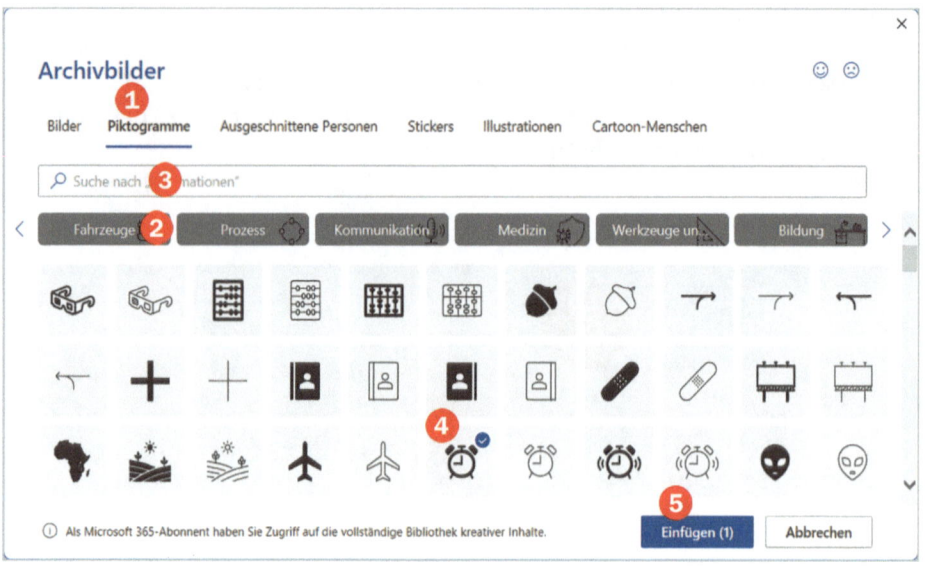

Piktogramme formatieren

Zusammen mit dem markierten Piktogramm erscheint im Menüband das Register *Grafikformat*, dieses ist bis auf wenige Ausnahmen identisch mit dem Register *Formformat*. Auch die Möglichkeiten der Formatierung unterscheiden sich wenig von den Formen, siehe Seite 251. Sie können auf verschiedene Formatvorlagen zurückgreifen oder mit *Grafikfüllung*, *Grafikkontur* und *Grafikeffekte* das Piktogramm individuell nach Ihren Vorstellungen gestalten. Am schnellsten ändern Sie die Farbe mit einem Rechtsklick und der Auswahl einer Farbe über die Schaltfläche *Füllung*.

Bild 8.45 Piktogramm formatieren

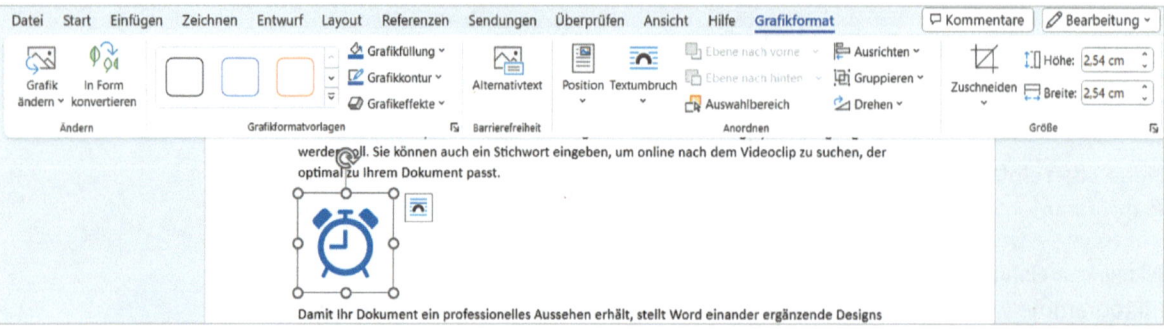

Die weitere Vorgehensweise, z. B. Positionierung und Größenänderung erfolgt wie bei Bildern und Formen und wird daher an dieser Stelle nicht nochmals beschrieben (siehe Seite 237 und Seite 244).

Tipp: Sämtliche Formate, wie z. B. die Füllfarbe beziehen sich standardmäßig auf das gesamte Piktogramm. Falls Sie einzelne Bestandteile gesondert behandeln möchten, dann klicken Sie im Register *Formformat* ▶ *Ändern* auf *In Form konvertieren*. Nach einer Rückfrage, ob Sie die Grafik in ein Zeichnungsobjekt umwandeln möchten, wird das Piktogramm in Formen zerlegt, die Sie nun einzeln markieren und formatieren können.

SmartArt-Layouts verwenden

Unter der Bezeichnung *SmartArt* finden Sie in Microsoft Office und damit auch in Word eine Sammlung grafischer Textlayouts, z. B. zur Darstellung von Abläufen oder Hierarchien, Stichwort Organigramm. Diese werden wie Grafikobjekte im Dokument platziert und können beliebig beschriftet werden. Zur Gestaltung sind im Menüband in den dazugehörigen Registern *SmartArt-Design* und *Format* verschiedene Vorlagen verfügbar sowie Symbole, über die Sie weitere Formen hinzufügen können.

SmartArt auswählen und einfügen

1. Zum Einfügen klicken Sie im Menüband, Register *Einfügen* ▶ *Illustrationen* auf *SmartArt* ❶.

2. Wählen Sie im Fenster *SmartArt-Grafik auswählen* das gewünschte Layout. Am besten klicken Sie zunächst links auf eine Kategorie, z. B. *Prozess* ❷. In der Mitte erscheinen alle dazugehörigen Layouts und rechts erhalten Sie eine Vorschau ❹ auf das markierte Layout ❸.

3. Mit Klick auf *OK* ❺ wird das ausgewählte SmartArt-Objekt an der Cursorposition im Dokument eingefügt.

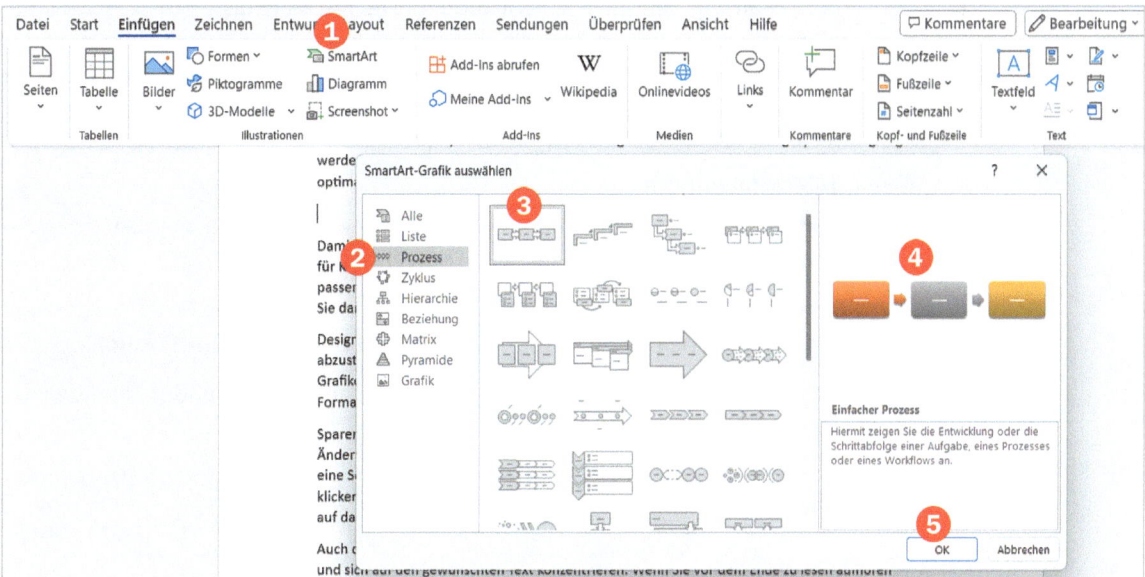

Bild 8.46 SmartArt auswählen

Elemente beschriften

Die Beschriftung erfolgt entweder direkt im Element - klicken Sie auf die betreffende Form ❶ (Bild 8.47) und geben Sie Ihren Text ein - oder verwenden Sie zur Eingabe den gesonderten Textbereich ❷. Dieser Bereich kann über das Symbol *Schließen* in der rechten oberen Ecke wieder geschlossen werden, zum Öffnen klicken Sie am linken Rand des Markierungsrahmens auf den kleinen Pfeil ❸ oder benutzen das Symbol *Textbereich* ❹ im Menüband (Register *SmartArt-Design* ▶ *Grafik erstellen*).

8 Bilder und grafische Elemente einfügen

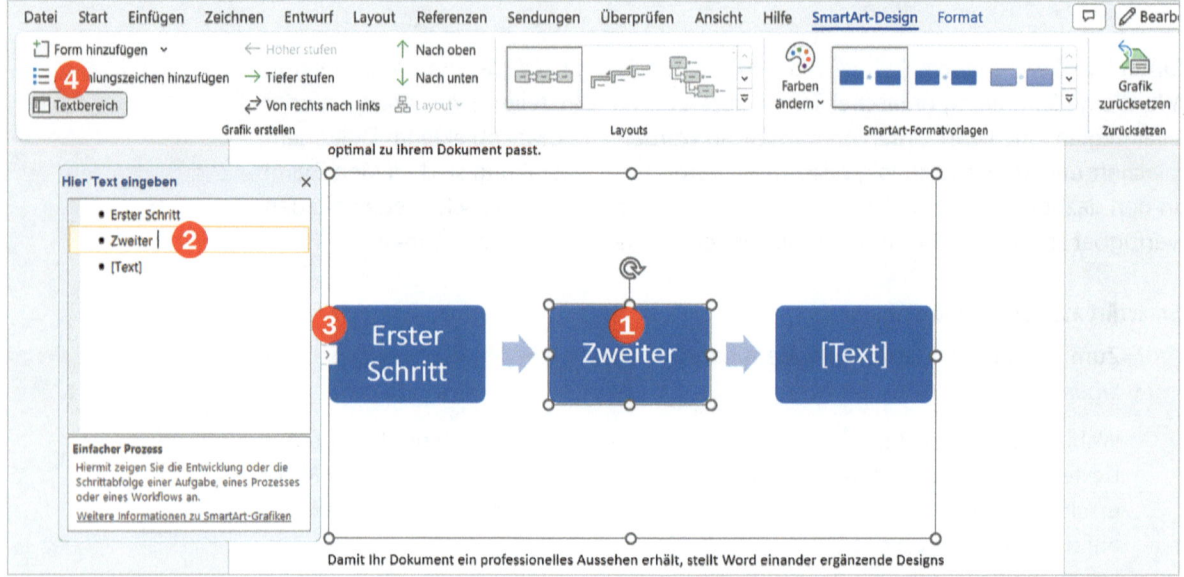

Bild 8.47 Text eingeben

Die Schriftgröße passt sich automatisch an die Größe der Form an. Für eine individuelle Schriftgestaltung benutzen Sie entweder die rechte Maustaste oder die Schaltflächen im Register *Start*. **Achtung**: Ihre Änderungen beziehen sich ausschließlich auf das markierte Element, mehrere Elemente markieren Sie, indem Sie diese nacheinander mit gedrückter **Strg**-Taste anklicken (Mehrfachmarkierung).

Weitere Formen hinzufügen

1. Wenn Sie ein weiteres Element hinzufügen möchten, dann markieren Sie zunächst das Element, an das die neue Form angefügt werden soll.

2. Klicken Sie dann im Menüband, Register *SmartArt-Design* ▶ *Grafik erstellen* auf den Pfeil der Schaltfläche *Form hinzufügen* und wählen Sie eine Position.

Überzählige Formen entfernen Sie durch Markieren und anschließendes Betätigen der **Entf**-Taste.

Bild 8.48 Form hinzufügen

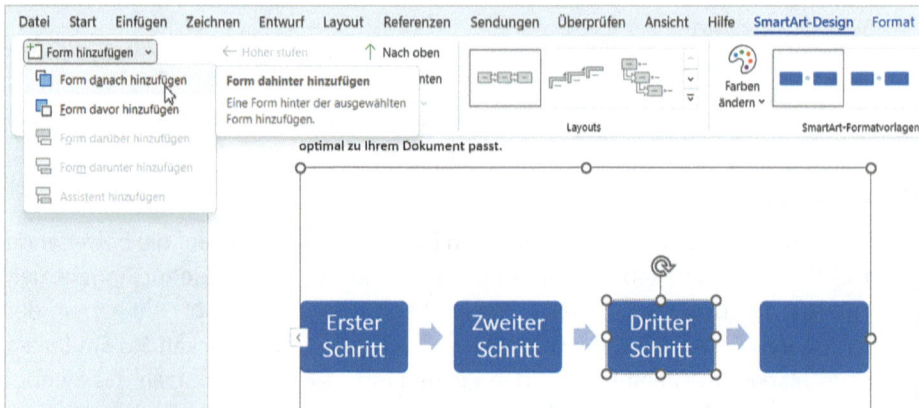

Mit jedem weiteren Element werden die vorhandenen Formen verkleinert und passen sich automatisch an die Größe des SmartArt-Objekts an. Das Smart-Objekt selbst verhält sich wie ein Zeichenbereich (siehe Seite 254) und kann mit der Maus an den Markierungspunkten vergrößert oder verkleinert werden.

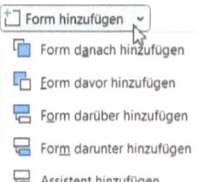

> **Formen werden an das markierte Element angefügt**
>
> Weitere Formen werden grundsätzlich an das markierte Element angefügt und die verfügbaren Positionen sind abhängig sind vom Layout. So sind z. B. *Form darüber* oder *Form darunter* nur in hierarchischen Layouts möglich.

Die weiteren Bearbeitungsmöglichkeiten

Im Register *SmartArt-Design* des Menübands finden Sie noch folgende Formatierungsmöglichkeiten:

- **Layout ändern**: Falls Sie nachträglich das Layout ändern möchten, so markieren Sie die SmartArt-Grafik und wählen in der Gruppe *Layouts* mit Klick auf die Schaltfläche *Weitere* ❶ ein anderes Layout.

- **SmartArt formatieren**: Zur Formatierung verwenden Sie am einfachsten eine der *SmartArt-Formatvorlagen* ❷.

- **Farben ändern**: Mit Klick auf *Farben ändern* ❸ erhalten Sie verschiedene Farbvarianten der aktuellen Designfarben zur Auswahl.

- **SmartArt zurücksetzen**: Das Symbol *Grafik zurücksetzen* ❹ entfernt alle nachträglich vorgenommenen Formatänderungen und das gesamte SmartArt-Objekt erhält wieder das ursprüngliche Aussehen. Nachträglich hinzugefügte Formen und sämtliche Beschriftungen bleiben erhalten.

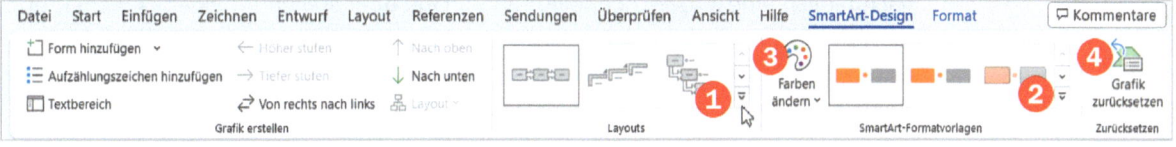

Bild 8.49 Das Register SmartArt-Design

Einzelne Elemente formatieren

Falls Sie bestimmte Farben und Effekte benötigen, so markieren Sie das betreffende Element und wechseln im Menüband zum Register *Format*. Hier können Sie jedem Element ein individuelles Format zuweisen, die Möglichkeiten sind dieselben wie für Formen.

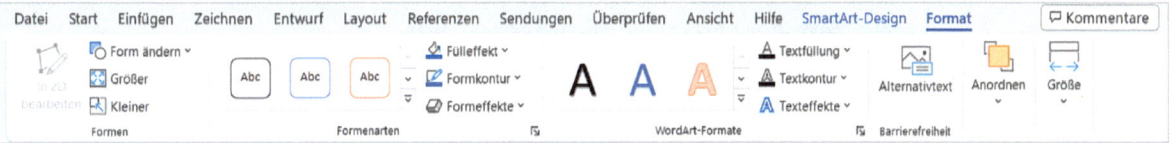

Bild 8.50 Das Register Format (SmartArt)

WordArt-Objekte

Hinter der Bezeichnung *WordArt* verbirgt sich ein Katalog verschiedener Texteffekte. Damit formatierter Text wird im Gegensatz zum Symbol *Texteffekte* im Register *Start* des Menübands als grafisches Objekt eingefügt und als solches behandelt.

1. Zum Einfügen klicken Sie im Menüband, Register *Einfügen* ▶ *Text* auf *WordArt* und wählen eine Vorlage.

2. Das WordArt-Objekt wird im Dokument mit Textumbruch, und zwar *Vor dem Text* eingefügt. Den Platzhaltertext können Sie anschließend einfach überschreiben und den Textumbruch über das Symbol *Layoutoptionen* ändern.

Bild 8.51 WordArt-Objekt einfügen

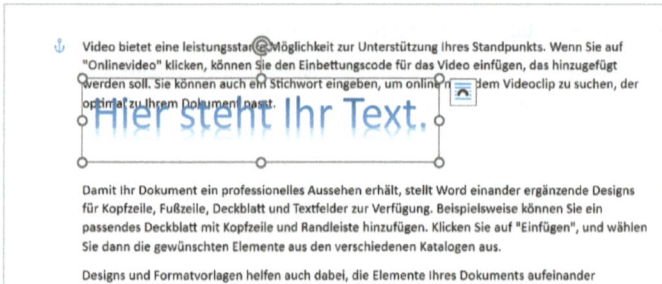

Tipp: Als Alternative können Sie auch vorhandenen Text, z. B. eine Überschrift markieren und anschließend auf *WordArt* klicken. Dann wird dieser Text in ein Objekt umgewandelt und entsprechend formatiert.

WordArt-Text formatieren

Zur weiteren Formatierung markieren Sie den Text und verwenden im Menüband, Register *Formformat* die Symbole der Gruppe *WordArt-Formate*. Wählen Sie entweder nachträglich eine andere Schnellformatvorlage oder stellen Ihr eigenes Format über die Symbole *Textfüllung*, *Textkontur* und *Texteffekte* zusammen. Beachten Sie, dass dazu der Text markiert sein muss.

Bild 8.52 Texteffekte - Transformieren

Über das Symbol *Textfüllung* ändern Sie die Schriftfarbe oder wählen einen Farbverlauf und mit *Textkontur* legen Sie die Farbe der Schriftkonturen fest.

Die Schaltfläche *Texteffekte* stellt verschiedene Schatten-, Spiegelungs- und 3D-Effekte zur Verfügung. Unter *Transformieren* finden Sie verschiedene Textpfade mit denen Sie beispielsweise Text kreisförmig anordnen können, was allerdings nicht gerade zur Lesbarkeit beiträgt.

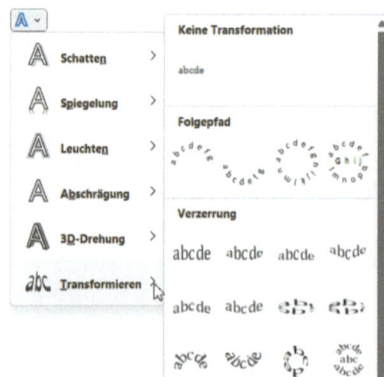

Textfelder einfügen

Mit Hilfe von Textfeldern können Sie auch normalen Text in beliebiger Länge als Objekt an beliebigen Stellen eines Dokuments einfügen und zur Platzierung alle, in diesem Kapitel beschriebenen, Methoden verwenden.

1 Zum Einfügen eines Textfelds klicken Sie im Menüband, Register *Einfügen* ▶ *Text* auf *Textfeld* ❶. Word öffnet ein Feld mit verschiedenen Standardformen, klicken Sie auf die gewünschte Vorlage.

2 Zur Texteingabe klicken Sie in das Textfeld: Der Platzhaltertext wird markiert und kann nun überschrieben werden.

Mit Vorlagen erstellte Textfelder werden standardmäßig mit dem Textumbruch *Quadrat* eingefügt und können anschließend mit gedrückter Maustaste verschoben, vergrößert und verkleinert werden. Eventuelle Änderungen des Textumbruchs nehmen Sie wieder über das Symbol *Layoutoptionen* vor.

Bild 8.53 Textfeld einfügen

Tipp: Mit der Auswahl *Textfeld erstellen* ❷ und anschließendem Aufziehen eines Rechtecks können Sie alternativ ein Textfeld in beliebiger Größe einfügen. Dieses erhält standardmäßig den Textumbruch *Vor den Text*. Ein Beispiel sehen Sie in Bild 8.54.

Textfeld formatieren

Innerhalb eines Textfelds können Sie alle Zeichen- und Absatzformatierungen verwenden sowie Tabellen und Bilder einfügen. Zur Formatierung des Textfelds selbst, z. B. mit Rahmenlinien und Füllfarben, verwenden Sie wie bei allen grafischen Objekten im Menüband das Register *Formformat*. Nützlich sind hier die Vorlagen aus dem Kata-

Bild 8.54 Textfelder Beispiele

log *Formenarten*, da diese bei farbigem bzw. dunklem Hintergrund automatisch weiße Schrift mitbringen und umgekehrt, im Bild unten zwei Beispiele.

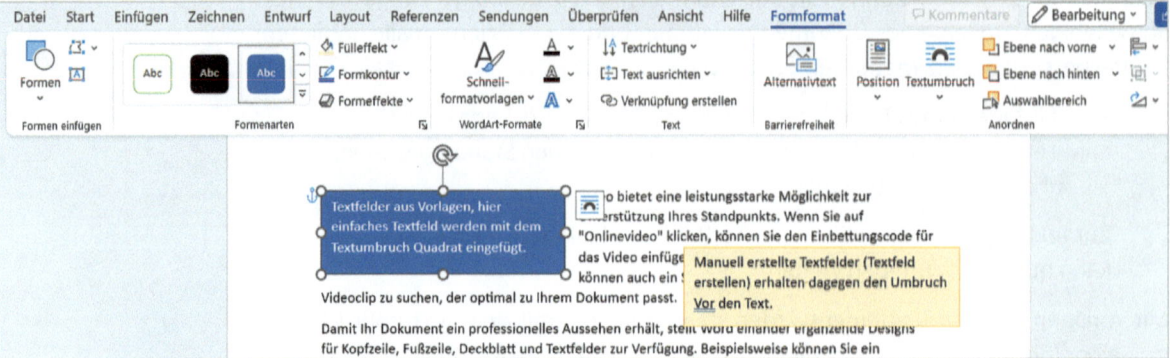

3D-Modelle

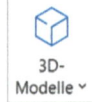

Word unterstützt auch 3D-Modelle, die im Gegensatz zu einfachen Bildern im Dokument beliebig gedreht werden können. Zum Einfügen klicken Sie im Menüband, Register *Einfügen* ▶ *Illustrationen* auf den Dropdown-Pfeil *3D-Modelle* und wählen zwischen *Dieses Gerät...* und *Archiv-3D-Modelle...*.

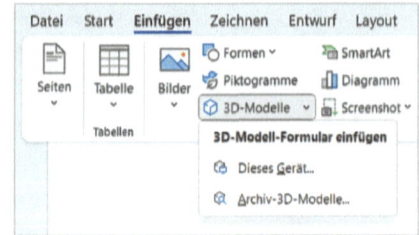

Beachten Sie bei 3D-Modellen

▶ Wenn Sie eigene 3D-Modelldateien einfügen möchten (Auswahl *Dieses Gerät*), dann gelten die nachfolgend beschriebenen Möglichkeiten ausschließlich für echte 3D-Modelldateien (z. B. mit den Dateinamenerweiterungen .fbx, .obj, .3mf, .ply, .glb), nicht aber für Grafiken mit 3D-Effekten. 3D-Modelle können Sie beispielsweise mit dem, in Windows integrierten, Zeichenprogramm 3D Paint erstellen und speichern.

▶ Hinsichtlich der Verwendung von 3D-Modellen aus der Archiv-Sammlung gelten dieselben Einschränkungen wie für alle Bilder aus dieser Quelle: Sie dürfen ausschließlich in Office-Dokumenten und unter Angabe der Bildquelle verwendet werden, s. Seite 234 dieses Kapitels.

Beispiel Archiv-3D-Modell einfügen

Um ein 3D-Modell aus der Archiv-Sammlung einzufügen klicken Sie auf *3D-Modelle* und auf *Archiv-3D-Modelle*.

1 Wählen Sie anschließend im Auswahlfeld *Online3D-Modelle* entweder eine Kategorie, wobei Sie hier auch verschiedene animierte 3D-Modelle finden, oder geben Sie einen Suchbegriff ein.

2 Klicken Sie auf das gewünschte 3D-Modell und danach auf die Schaltfläche *Einfügen*. Das nachfolgende Einfügen kann etwas dauern, da die Bilddatei erst aus dem Internet heruntergeladen wird.

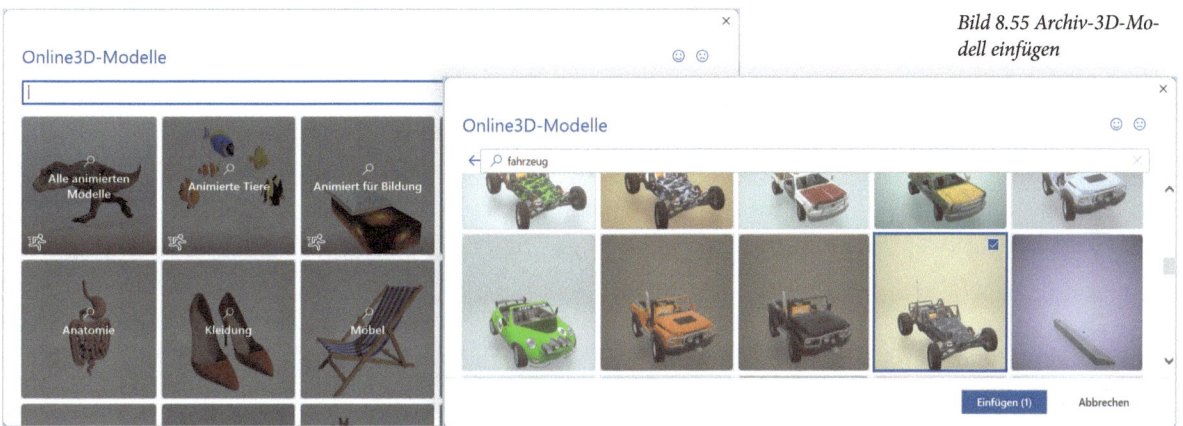

Bild 8.55 Archiv-3D-Modell einfügen

3 Die Platzierung im Dokument erfolgt wieder über das Symbol *Layoutoptionen* ❶ und auch die übrige Vorgehensweise unterscheidet sich nicht von Bildern und Formen.

4 Verschiedene Ansichten auf das 3D-Modell finden Sie im Register *3D-Modell* des Menübands in den *3D-Modellansichten* ❷. Wenn Sie das 3D-Modell mit der Maus drehen möchte, dann benutzen Sie dazu auf das Symbol in der Mitte ❸. Mit Klick *3D-Modell zurücksetzen* ❹ stellen Sie schnell die ursprüngliche Ansicht wieder her.

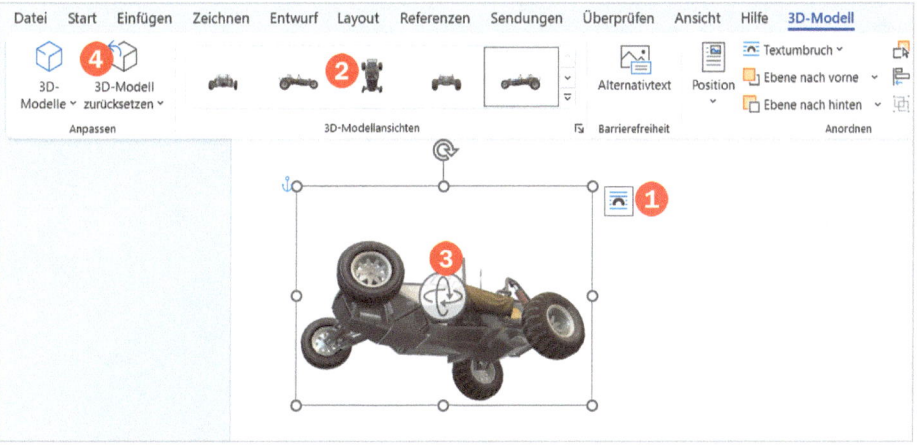

Bild 8.56 3D-Modell im Dokument drehen

Zeichnen

Sollte die Registerkarte *Zeichnen* nicht sichtbar sein, so klicken Sie zum Anzeigen mit der rechten Maustaste in das Menüband und auf *Menüband anpassen...*. Aktivieren Sie dann in den Word-Optionen die Hauptregisterkarte *Zeichnen* und klicken Sie auf *OK*.

Auf einem Gerät mit Touchbedienung können Sie in der Ansicht *Drucklayout* auch mit dem Finger oder einem Stift zeichnen. Hierzu greifen Sie auf die Registerkarte *Zeichnen* zurück. In dieser stehen folgende Werkzeuge zur Verfügung:

- Mehrere Stifte in verschiedenen Farben und Stärken ❶.
- Ein Textmarker ❷ zum Hervorheben von Text. Dieser unterscheidet sich in der Handhabung nicht vom Symbol *Texthervorhebungsfarbe* im Register *Start*.
- Radierer ❸ zum Löschen von Freihandzeichnungen.
- Über dieses Symbol ❹ kann ein Zeichenbereich eingefügt werden, falls nötig.

Bild 8.57 Das Register Zeichnen

Zum Zeichnen tippen Sie auf einen der Stifte, z. B. rot. Dieser ist nun mit einem kleinen, nach unten weisenden Pfeil versehen, über den Sie anschließend Farbe und/oder Linienstärke dieses Stifts ändern können. Tippen Sie dann in das Dokument und beginnen Sie mit dem Zeichnen.

Bild 8.58 Freihandform zeichnen

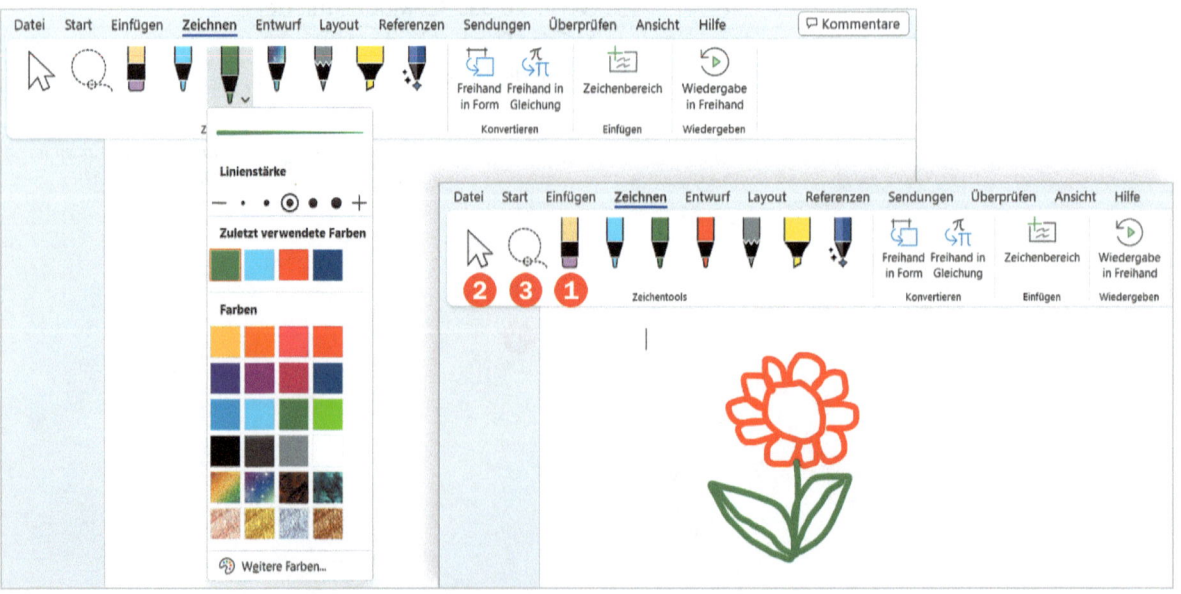

▶ **Form markieren, löschen**: Um eine Zeichnung wieder zu löschen, tippen Sie auf den Radierer ❶ und dann an eine beliebige Stelle der Linie. Oder tippen Sie auf das Symbol *Auswählen* ❷, danach auf die betreffende Form und betätigen die **Entf**-Taste. Zum Markieren komplexerer Zeichnungen tippen Sie auf das Symbol *Lassoauswahl* ❸ und ziehen dann einen Rahmen um die Zeichnung.

▶ **Freihandeingabe beenden, Zeichnen deaktivieren**: Mit Drücken der **Esc**-Taste beenden Sie die Freihandeingabe wieder.

Tipp: Falls Sie nachträglich die Farbe der Freihandzeichnung ändern möchten, dann markieren Sie diese und wählen im Register *Formformat* des Menübands über das Symbol *Formkontur* eine andere Farbe.

8.6 Übung

Beginnen Sie mit einem neuen leeren Dokument und speichern Sie dieses unter dem Namen Kap_08_Übung_Grafik.docx. Fügen Sie dann Blindtext über mindestens 1 Seite ein, z. B. mit der Anweisung =rand().

Blindtext einfügen, s. Kap. 5.1.

Gestalten Sie dann das Dokument mit grafischen Elementen nach dem unten abgebildeten Beispiel. Zur Ausrichtung nutzen Sie am besten die Ausrichtungslinien.

▶ Gestalten Sie mit Hilfe von Formen eine Überschrift, die Sie oberhalb der ersten Zeile mit dem Textumbruch *Oben und unten* platzieren (**Tipp**: Formen entweder gruppieren oder in Zeichenbereich einfügen). Farben und Schrift wählen Sie nach Ihren Vorstellungen.

▶ Fügen Sie ein Piktogramm zu einem beliebigen Thema ein, das Sie am linken Rand des Dokuments platzieren, der übrige Text soll das Piktogramm quadratisch umfließen. Formatieren Sie das Piktogramm mit grüner Füllfarbe.

▶ Fügen Sie am rechten Rand des Dokuments ein einfaches Textfeld ein und geben Sie hier beliebigen Text ein. Den Inhalt des Textfeldes formatieren Sie mit blauer

Schriftfarbe und kursiv, das Textfeld selbst erhält einen Rahmen und hellgraue Füllung. Der übrige Text soll das Textfeld quadratisch umfließen.

▶ Fügen Sie außerdem noch am Ende der ersten Seite entweder ein eigenes Bild oder ein Archivbild zum Thema Auto ein. Verkleinern Sie das Bild auf 3 cm Breite und achten Sie darauf, dass das Seitenverhältnis beibehalten wird. Platzieren Sie dieses Bild mit dem Textumbruch *Quadrat* am linken Seitenrand.

9 Weiterführende Techniken

In diesem Kapitel lernen Sie ...
- Texteingabe mit Schnellbausteinen und AutoText automatisieren
- Datum und Datumsfelder einfügen
- Fuß- und Endnoten verwenden
- Mathematische Formeln eingeben
- Übersetzungshilfen nutzen
- Dokumente im Team gemeinsam bearbeiten
- Überarbeitungen kennzeichnen
- Spezielle Leseansichten nutzen

Das sollten Sie bereits wissen
- Texteingabe und -korrektur
- Dokumente speichern und öffnen
- Zeichen und Absätze formatieren
- Tabellen und Tabstopps
- Seitenlayout einrichten

9.1 Textelemente einfügen

Datum und Uhrzeit

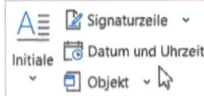

Nach Eingabe der ersten Zeichen des aktuellen Datums erscheint im Dokument ein kurzer Hinweistext und durch Drücken der **Eingabetaste** wird das Datum automatisch vervollständigt. Wenn Sie an der Cursorposition das aktuelle Datum in einer anderen Schreibweise einfügen möchten, dann klicken Sie im Menüband auf das Register *Einfügen* und in der Gruppe *Text* auf *Datum und Uhrzeit* ❶. Das gleichnamige Fenster wird geöffnet, markieren Sie das gewünschte Datums- oder Uhrzeitformat ❷ und klicken Sie zum Einfügen auf *OK*.

Weitere Datumsoptionen

▶ Falls Sie ein bestimmtes Datumsformat als Standardformat festlegen möchten, so öffnen Sie das Fenster *Datum und Uhrzeit*, markieren das gewünschte Format und klicken auf die Schaltfläche *Als Standard festlegen*.

▶ Soll ein Datum beim Öffnen des Dokuments automatisch aktualisiert werden, dann aktivieren Sie vor dem Einfügen das Kästchen *Automatisch aktualisieren* ❸.

Bild 9.1 Datum einfügen

Tipp: Falls nötig, können Sie hier eine andere Sprache und damit andere Datumsschreibweisen wählen ❹.

Weitere Datumsinformationen als Feld einfügen

Ein aktualisierbares Datum (s. oben) hat einen großen Nachteil: In Briefen ist beim späteren Öffnen des gespeicherten Briefes nicht mehr ersichtlich, wann der Brief erstellt bzw. gedruckt wurde, da stets das aktuelle Datum erscheint. Besser geeignet ist in vielen Fällen das Datum, an dem das Dokument erstellt oder gedruckt wurde. Diese Datumsfelder fügen Sie über das Dialogfenster *Feld* in Ihr Dokument ein.

1 Dazu setzen Sie den Cursor im Dokument an die betreffende Stelle, klicken im Menüband, Register *Einfügen* auf *Schnellbausteine* und hier im Menü auf *Feld...*.

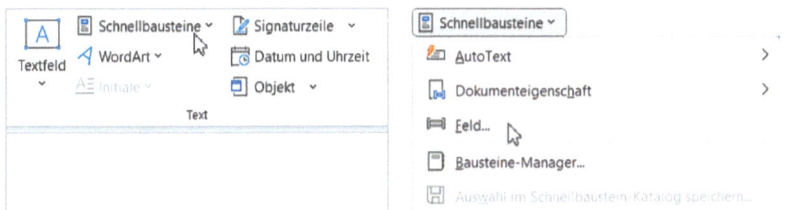

Bild 9.2 Klicken Sie im Register Einfügen, Gruppe Text auf Schnellbausteine

2   Das Fenster *Feld* öffnet sich und in der Spalte *Feld auswählen* sehen Sie eine Liste aller verfügbaren Felder. Da die Liste recht umfangreich ist, sollten Sie oberhalb zunächst die Kategorie *Datum und Uhrzeit* ❶ auswählen.

3   Anschließend erscheinen in der Liste ausschließlich Datumsfelder. Um das Datum einzufügen, an dem das Dokument erstellt wurde, klicken Sie auf *CreateDate* ❷. Im mittleren Bereich, unter *Feldeigenschaften* ❸, können Sie anschließend die gewünschte Schreibweise auswählen und mit *OK* ❹ das Datumsfeld in das Dokument übernehmen.

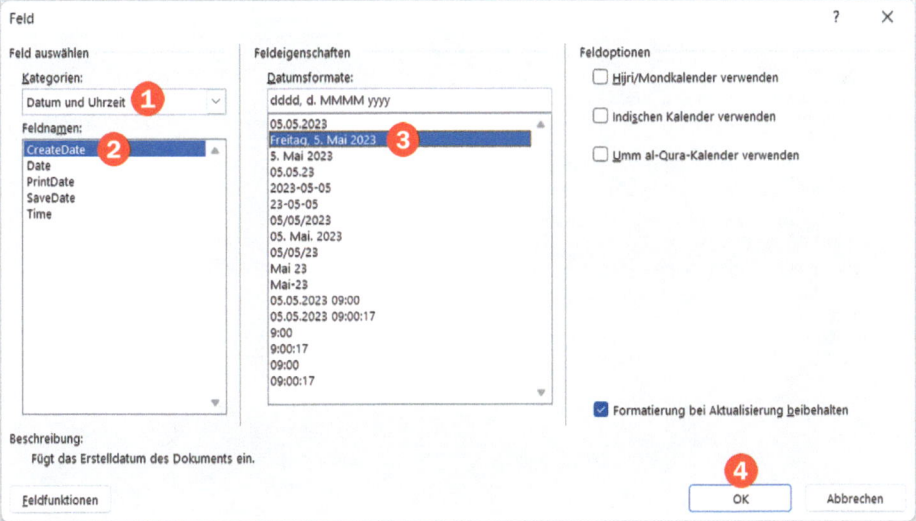

Bild 9.3 Weitere Datumsfelder über das Fenster Feld einfügen

Die weiteren Datumsfelder

Feld	Funktionsweise
SaveDate	Fügt das Datum ein, an dem das Dokument das letzte Mal gespeichert wurde.
PrintDate	Fügt das Datum ein, an dem das Dokument das letzte Mal ausgedruckt wurde. Wenn noch kein Ausdruck erfolgt ist, dann erscheinen Nullen, 00.00.0000.
Date	Das Datum wird bei jedem Öffnen des Dokuments automatisch aktualisiert, s. vorheriger Punkt.
Time	Fügt Datum und Uhrzeit ein, die tatsächliche Anzeige richtet sich nach dem vorgegebenen Datumsformat, z. B. TIME \@ "dd.MM.yyyy HH:mm". Dieses Feld wird auch von der Schaltfläche *Einfügen* - *Datum und Uhrzeit* eingefügt (siehe oben).

Mathematische Formeln und Sonderzeichen

Mathematische Ausdrücke erfordern zahlreiche Sonderzeichen und Symbole und es wäre äußerst aufwändig, wenn Sie diese einzeln als Symbole einfügen würden. Word unterstützt daher auch die Eingabe von Formeln und mathematischen Ausdrücken.

Integrierte Standardformel einfügen

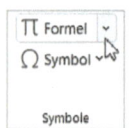

1   Zum Einfügen einer Formel positionieren Sie den Cursor an der gewünschten Stelle, z. B. in einem leeren Absatz ❶ wie im Bild unten, und klicken im Menüband, Register *Einfügen* in der Gruppe *Symbole* auf den Dropdown-Pfeil der Schaltfläche *Formel* ❷. Klicken Sie dann auf die gewünschte Formel, z. B. *Kreisoberfläche* ❸.

Bild 9.4 Eine integrierte Formel einfügen

Weitere Formeln sind online über *Weitere Formeln von Office.com* ❹ verfügbar.

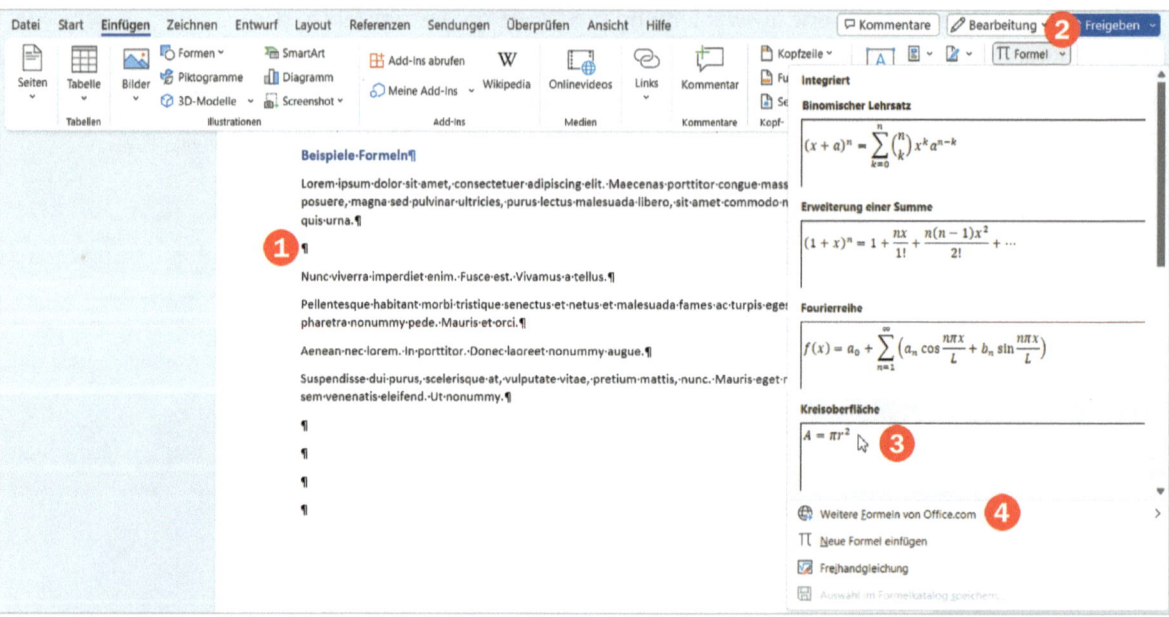

2   Falls Sie die Formel weiter bearbeiten möchten, so klicken Sie im Dokument in die Formel. Gleichzeitig erscheint im Menüband das Register *Formel* mit einer Bibliothek mathematischer Symbole und Strukturen, die Sie in die Formel einfügen können. Wie bei der Bearbeitung von normalem Text, müssen Sie zum Ersetzen oder Löschen einzelner Ausdrücke diese zuvor markieren.

Bild 9.5 Das Register Formel mit der Formel im Dokument

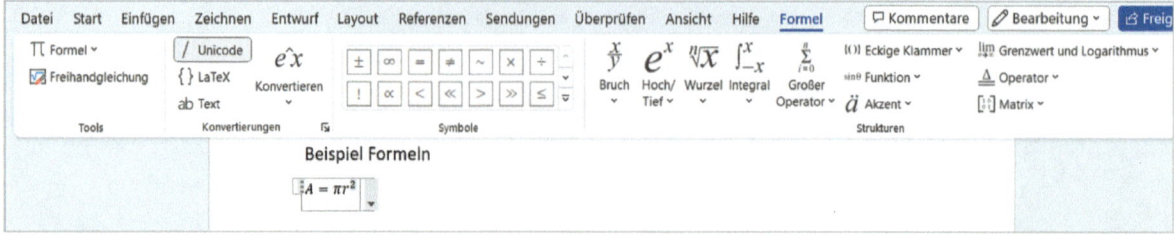

Hinweis: Der Rahmen um die Formel ist nur sichtbar, wenn Sie in die Formel klicken und wird nicht gedruckt.

Mit einer leeren Formel beginnen

1. Sollte die gewünschte Formel nicht in der Sammlung enthalten sein, so beginnen Sie mit dem Einfügen einer leeren Formel: Klicken Sie dazu entweder direkt auf die Schaltfläche *Formel* oder im Auswahlfeld auf *Neue Formel einfügen*.

   Auch die Tastenkombination **Alt+Umschalt+Gleichheitszeichen** (=) fügt ein leeres Formelfeld ein.

2. Klicken Sie dann in die Formel ❶ und fügen Sie die Formelelemente über die Symbole des Registers *Formel* hinzu. Beginnen Sie mit dem Einfügen einer Struktur ❷, z. B. *Bruch*, *Hoch/Tief* oder *Wurzel*, hier stehen jeweils mehrere Varianten zur Auswahl.

3. Danach fügen Sie entweder weitere Strukturen oder einzelne Symbole ❸ hinzu. Zahlen, Buchstaben und einfache Zeichen, z. B. Gleichheitszeichen können auch über die Tastatur eingegeben werden, ein Beispiel sehen Sie im Bild unten rechts.

Bild 9.6 Mit einer leeren Formel beginnen

Bild 9.7 Beispiel

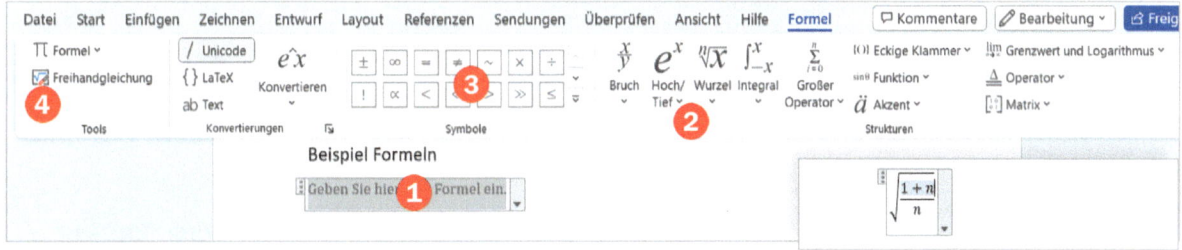

Tipp: Alternativ oder falls die hier angebotenen Symbole bzw. Formeln nicht ausreichen sollten, so klicken Sie in der Gruppe *Tools* auf *Freihandgleichung* ❹. Word öffnet ein gesondertes Fenster, in dem Sie einen Ausdruck je nach Gerät mit Maus, Finger oder Stift „zeichnerisch" eingeben können. Die Umwandlung in eine Formel erfolgt anschließend automatisch.

Formel ausrichten

Formeln, die nicht im Fließtext, sondern in einen gesonderten Absatz eingefügt wurden, werden automatisch zentriert ausgerichtet. Um die Ausrichtung zu ändern, z. B. Linksbündig und/oder Eingerückt, klicken Sie in die Formel und benutzen im Menüband, Register *Start* die Symbole der Gruppe *Absatz*.

Formel entfernen

Um eine Formel aus dem Dokument zu entfernen, klicken Sie in die Formel und dann links von der Formel auf die drei Punkte. Dadurch wird das gesamte Formelelement markiert und kann anschließend mit der **Entf**-Taste gelöscht werden.

Fuß- und Endnoten einfügen und verwalten

Fuß- oder Endnoten einschließlich einem hochgestellten Fußnotenzeichen lassen sich mit Word problemlos in Dokumente einfügen und verwalten, sofern Sie dazu die entsprechende Word-Funktion nutzen. Dann erfolgt die Nummerierung automatisch und wird auch bei späteren Änderungen aktualisiert. Der Unterschied:

- **Fußnoten** erscheinen am Ende der jeweiligen Seite,
- **Endnoten** werden gesammelt und am Dokumentende oder am Ende eines Abschnitts eingefügt.

So gehen Sie beim Einfügen einer Fußnote bzw. des Fußnotenzeichens vor:

1 Positionieren Sie im Dokumenttext den Cursor an derjenigen Stelle, an der das Fußnotenzeichen eingefügt werden soll ❶ und klicken Sie dann im Menüband, Register *Referenzen* ▶ *Fußnoten*, auf *Fußnote einfügen* ❷ oder verwenden Sie die Tasten **Alt+Strg+F**.

Bild 9.8 Fußnote einfügen

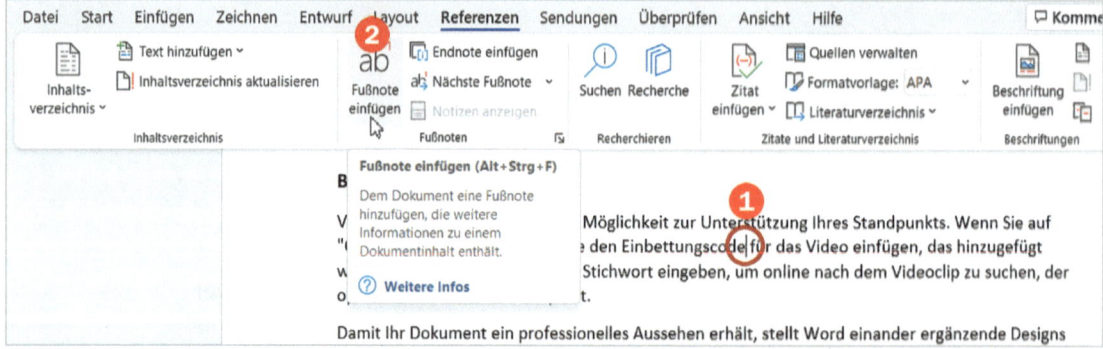

2 Ein hochgestelltes Fußnotenzeichen, in der Standardeinstellung eine fortlaufende Nummerierung mit arabischen Zahlen, wird an der Cursorposition eingefügt, gleichzeitig erscheint am unteren Seitenrand in einem gesonderten Fußnotenbereich dasselbe hochgestellte Zeichen zusammen mit dem Cursor und Sie können hier Ihren Text eingeben ❸.

3 Mit Doppelklick auf das Fußnotenzeichen ❹ wechseln Sie schnell vom Fußnotenbereich wieder zurück zum dazugehörigen Fußnotenzeichen im Text.

Bild 9.9 Fußnotenzeichen und Fußnotentext

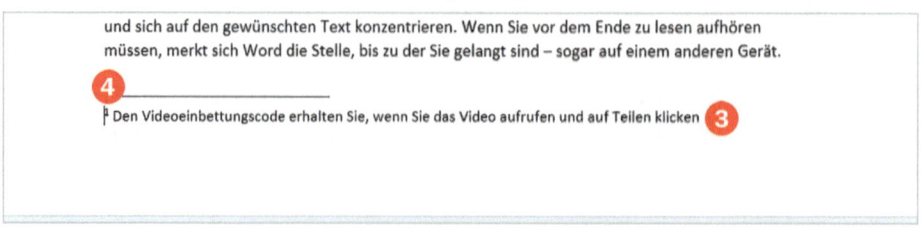

Endnote einfügen: Wenn Sie eine Endnote einfügen möchten, dann klicken Sie im Menüband auf *Endnote einfügen*, die weitere Vorgehensweise bleibt gleich.

Fußnote oder Endnote entfernen

Zum Entfernen einer Fuß- oder Endnote brauchen Sie nur das Fußnotenzeichen im Text löschen. Der dazugehörige Fußnotentext verschwindet automatisch und die Nummerierung der übrigen Fußnoten wird aktualisiert.

Text aus Datei einfügen

Wenn Sie in das aktuelle Dokument den Inhalt eines anderen Word-Dokuments einfügen möchten, dann ist dies auf dem Weg über die Zwischenablage möglich. Sie können aber auch ein zweites Dokument vollständig ohne vorheriges Öffnen einfach an der Cursorposition einfügen.

1. Positionieren Sie dazu den Cursor an der Stelle, ab der das Dokument eingefügt werden soll.
2. Wechseln Sie im Menüband in das Register *Einfügen*, klicken Sie in der Gruppe *Text* auf den Dropdown-Pfeil des Symbols *Objekt* und wählen Sie *Text aus Datei…*.
3. Das Fenster *Datei einfügen*, ähnlich dem Dialogfenster *Datei öffnen*, wird geöffnet. Markieren Sie die gewünschte Datei und klicken Sie auf die Schaltfläche *Einfügen*.

Bild 9.10 Datei einfügen

9.2 Wiederverwendbare Texte als Baustein speichern

Grundlagen

Gleichbleibende Standardtexte, die in mehreren Dokumenten benötigt werden, z. B. in Briefen, Verträgen usw., müssen nicht jedes Mal neu eingegeben oder umständlich auf dem Weg über die Zwischenablage kopiert werden. Einfacher ist es, wenn solche Elemente als Bausteine gespeichert und eingefügt werden. Diese stehen in allen Dokumenten zur Verfügung und können beliebig oft verwendet werden. Bausteine können nicht nur Text einschließlich Formatierungen, sondern auch Grafiken, Tabellen und andere Elemente enthalten.

Word unterscheidet zwei Arten von Bausteinen, genauer gesagt, Baustein-Katalogen, die sich nur durch ihren Speicherort unterscheiden. Von der Wahl des Baustein-Katalogs hängt es ab, in welchen Dokumenten der Baustein später zur Verfügung steht.

Näheres zu Dokumentvorlagen lesen Sie in Kapitel 10.

▶ **AutoText**: Als *AutoText* gespeicherte Bausteine werden zusammen mit derjenigen Dokumentvorlage gespeichert, auf der das aktuelle Dokument beruht. Bei einem leeren Dokument ist dies die Vorlage *Normal*, das bedeutet die Bausteine sind in allen Dokumenten verfügbar, die ebenfalls auf der Vorlage *Normal* basieren.

▶ **Schnellbausteine**: *Schnellbausteine* werden dagegen in einer gesonderten Datei mit dem Namen *Building Blocks* gespeichert und sind unabhängig von der verwendeten Dokumentvorlage, in allen Dokumenten verfügbar. In dieser Datei sind auch die integrierten Vorlagen, z. B. für Kopf- und Fußzeilen gespeichert.

Baustein speichern

Das Erstellen und Speichern von AutoText und Schnellbausteinen unterscheidet sich nur hinsichtlich der Wahl des Katalogs bzw. Speicherorts. Zunächst geben Sie den benötigten Text ein oder verwenden bereits vorhandenen Text, dieser kann auch Tabellen oder Bilder enthalten. Soll der Text später mit einem bestimmten Format eingefügt werden, so nehmen Sie auch gleich alle Formatierungen vor.

1 Markieren Sie die gesamte Textstelle, die Sie speichern möchten. Handelt es sich um einen oder mehrere vollständige Absätze, dann muss auch die Absatzmarke am Ende des Absatzes mit markiert und gespeichert werden. Zusammen mit dieser werden auch Absatzformate wie Einzüge oder Ausrichtung gespeichert. Andernfalls enthält der gespeicherte Baustein nur Zeichenformate.

Bild 9.11 Markierten Text im Schnellbaustein-Katalog speichern

2 Klicken Sie im Menüband, Register *Einfügen* ▶ *Text* auf *Schnellbausteine*.

- Wenn Sie den Baustein im Schnellbausteinkatalog speichern möchten, so klicken Sie hier auf *Auswahl im Schnellbaustein-Katalog speichern...* (Bild unten).
- Soll der Baustein dagegen als AutoText gespeichert werden, so wählen Sie *AutoText* und klicken auf *Auswahl im AutoText-Katalog speichern*.

3 In beiden Fällen öffnet sich anschließend das Fenster *Neuen Baustein erstellen*. (Bild unten). Geben Sie im Feld *Name* ❶ den Namen ein, unter dem der Baustein oder AutoText gespeichert werden soll. Standardmäßig verwendet Word dafür die ersten Zeichen des markierten Textes, wählen Sie stattdessen besser einen kurzen, eindeutigen Namen mit mindestens vier Zeichen Länge. Optional können Sie für andere Benutzer noch eine kurze Beschreibung hinzufügen.

4 Ihre Auswahl, *Schnellbaustein* ❷ oder *AutoText* ❸, ist im Feld *Katalog* ersichtlich und kann hier auch nachträglich noch geändert werden. Abhängig vom Katalog erscheint im Feld *Speichern in* entweder *Building Blocks* oder *Normal.dotm*, siehe Bild 9.12 und Bild 9.13.

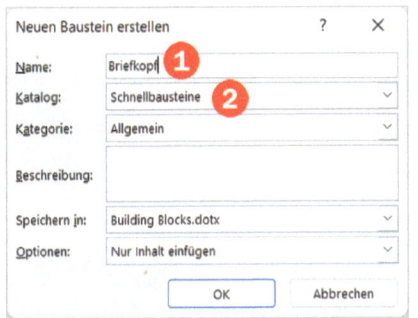

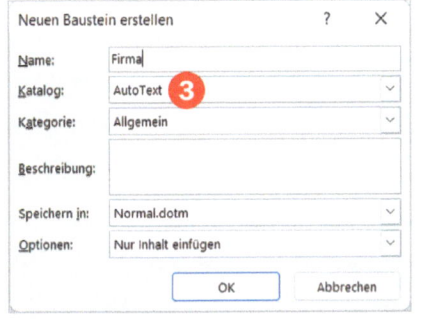

Bild 9.12 Neuen Baustein erstellen: Schnellbausteine

Bild 9.13 Neuen Baustein erstellen: AutoText

„Normal" ist der Name der Dokumentvorlage, die für alle neuen leeren Dokumente verwendet wird.

5   Im Feld *Optionen* steuern Sie, wie der Baustein im Dokument eingefügt wird. in der Standardeinstellung *Nur Inhalt einfügen* wird der Inhalt einfach an der Cursorposition eingefügt. Alternativ können Sie wählen, ob der Baustein stets in einem eigenen Absatz (*Inhalt in eigenem Absatz einfügen*) oder auf einer eigenen Seite (*Inhalt auf eigener Seite einfügen*) eingefügt wird.

6   Zuletzt klicken Sie zum Speichern auf *OK*. Falls Sie den Bausteintext in einem gesonderten Dokument eingegeben haben, kann dieser nach dem Speichern wieder gelöscht werden.

Bild 9.14 Speichern Sie die Änderungen der Datei Building Blocks

Achtung: Schnellbausteine in der Datei Building Blocks speichern!
Wenn Sie *Schnellbausteine* gewählt haben, dann erscheint beim Beenden von Word eine Rückfrage, ob Sie Änderungen auch in der Datei *Building Blocks* speichern möchten. Da hier alle Schnellbausteine gespeichert werden, müssen Sie auch Änderungen in dieser Datei speichern. Klicken Sie also auf *Speichern*, damit die Schnellbausteine künftig auch anderweitig verfügbar sind. AutoText wird dagegen automatisch gespeichert.

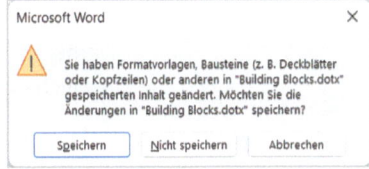

Baustein einfügen

Sie erhalten eine Liste der vorhandenen Schnellbausteine, wenn Sie im Register *Einfügen* des Menübands auf *Schnellbausteine* klicken (Bild 9.15) und können einen Schnellbaustein durch Anklicken schnell im Dokument an der Cursorposition einfügen. Als AutoText gespeicherte Elemente erscheinen, wenn Sie hier auf *AutoText* zeigen.

Baustein per Tastatur einfügen
Alternativ können Sie einen Baustein oder AutoText auch schnell einfügen, indem Sie im Dokument an der gewünschten Stelle den vollständigen Namen des Schnellbausteins eintippen und unmittelbar danach die Funktionstaste **F3** drücken. **Achtung**: Danach darf kein Leerzeichen eingegeben werden!

Wurde der Baustein als AutoText gespeichert, dann erscheint nach Eingabe der ersten vier Zeichen der AutoText in einem Infofeld (Bild 9.16) und kann mit Drücken der **Einga-**

Bild 9.15 Klicken Sie auf Schnellbausteine und auf den gewünschten Baustein

Bild 9.16 AutoText mit der Eingabetaste einfügen

betaste eingefügt werden. Dies funktioniert allerdings nur bei AutoText und nur, wenn der Name mindestens vier Zeichen lang ist.

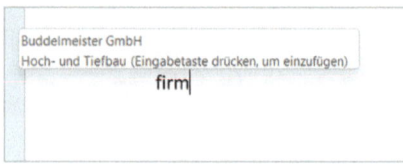

Tipp: Wenn Sie mit der rechten Maustaste auf einen Schnellbaustein klicken, so erhalten Sie im Kontextmenü einige Positionen im Dokument zur Auswahl. Beispielsweise die Möglichkeit, den Schnellbaustein in die Kopf- oder Fußzeile einzufügen.

Bausteine verwalten, ändern und löschen

Umbenennen, Speicherort/Katalog oder Kategorie nachträglich ändern

Name, Speicherort, Katalog sowie die Kategorie eines Bausteins können auch nachträglich noch problemlos geändert werden.

1. Dazu klicken Sie im Menüband, Register *Einfügen* auf *Schnellbausteine* und anschließend mit der rechten Maustaste auf den Eintrag, den Sie ändern möchten.

2. Klicken Sie auf *Eigenschaften bearbeiten*. Im Fenster *Baustein ändern* können Sie anschließend, wie im Fenster *Neuen Baustein erstellen*, die Eigenschaften ändern.

Inhalt eines Schnellbausteins ändern

Inhalt oder Formatierung eines Bausteins können dagegen nur geändert werden, wenn Sie diesen in ein Dokument einfügen, hier alle Änderungen vornehmen, und ihn anschließend erneut unter dem bisherigen Namen speichern. Bestätigen Sie die nachfolgende Meldung, ob Sie den Baustein neu definieren möchten mit *Ja*.

Bausteine im Bausteine-Manager verwalten, Bausteine löschen

Bild 9.17 Bausteine-Manager öffnen

Im Bausteine-Manager (früher Organizer) verwalten Sie alle Bausteine, können deren Eigenschaften bearbeiten oder einen Baustein löschen. Zum Öffnen klicken Sie im Register *Einfügen* auf *Schnellbausteine* und auf *Bausteine-Manager…*.

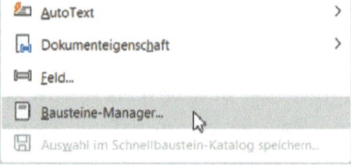

- Im Bausteine-Manager finden Sie neben den Katalogen *AutoText* und *Schnellbausteine* auch noch weitere Kataloge, z. B. Deckblätter, Fußzeilen, Kopfzeilen, usw..
- Um schnell einen bestimmten Baustein zu finden, können Sie die Bausteine mit Klick in die betreffende Spaltenüberschrift nach Name, Katalog, Kategorie oder Vorlage bzw. Speicherort sortieren.
- Wenn Sie einen Baustein anklicken, sehen Sie rechts eine Vorschau ❶ und mit der Schaltfläche *Einfügen* ❷ wird der Baustein in das Dokument eingefügt.

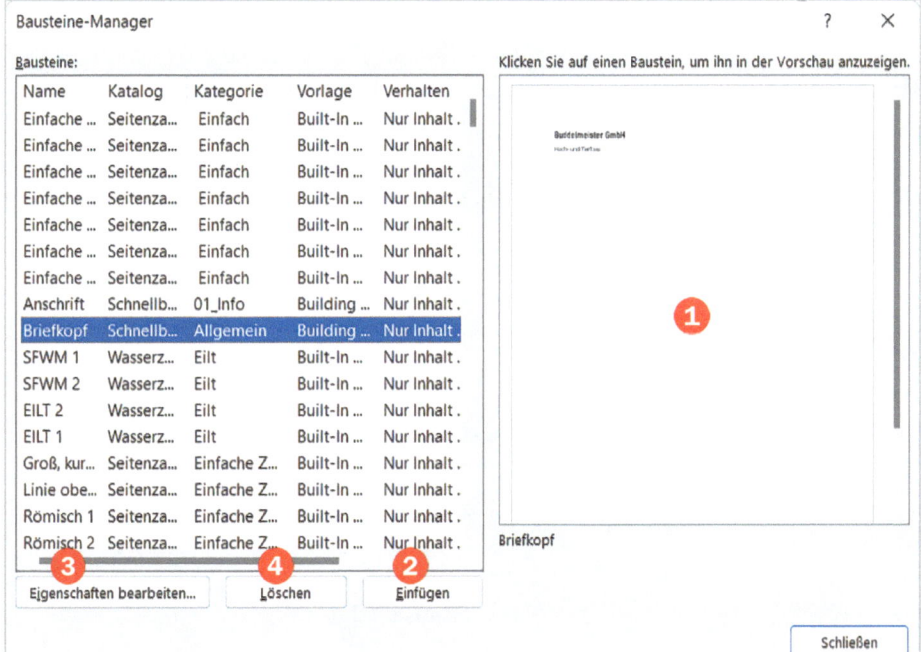

Bild 9.18 Bausteine im Bausteine-Manager verwalten

- **Baustein ändern**: Über die Schaltfläche *Eigenschaften bearbeiten…* ❸ können Sie Name, Kategorie, Speicherort usw. des markierten Bausteins ändern oder eine Beschreibung hinzufügen.
- **Baustein löschen**: Um einen (benutzerdefinierten) Baustein zu entfernen, klicken Sie diesen an und benutzen die Schaltfläche *Löschen* ❹.

  Tipp: Schneller und einfacher geht's per Rechtsklick auf den zu löschenden Baustein (Menüband, Register *Einfügen* ▶ *Schnellbausteine* bzw. *AutoText*) und den Befehl *Organisieren und löschen…*. Danach öffnet sich ebenfalls der Baustein-Manager, der Baustein ist bereits markiert und kann mit *Löschen* entfernt werden.

Achtung: Auch nachträglich erfolgte Änderungen an Schnellbausteinen und damit der Datei *Building Blocks.dotx* müssen beim Beenden von Word gespeichert werden. Klicken Sie daher bei der Frage, ob Sie Änderungen an dieser Datei speichern möchten, auf *Speichern*.

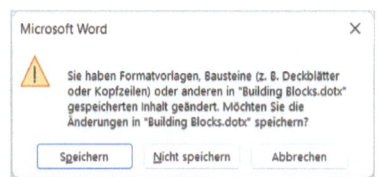

9.3 Nützliche Arbeitshilfen

Text übersetzen

Statt Text im Browser übersetzen zu lassen, z. B. mit Google Übersetzer, können Sie auch in Word übersetzen lassen. Das hat unter anderem den Vorteil, dass die Formatierung erhalten bleibt. Word benötigt jedoch zum Übersetzen eine Internetverbindung und genau wie bei jedem Übersetzungstool sollten Sie anschließend den übersetzten Text auf eventuelle Fehler überprüfen.

Markierten Text übersetzen

1 Die Vorgehensweise ist einfach: Markieren Sie den zu übersetzenden Text, klicken Sie im Menüband, Register *Überprüfen* ▶ *Sprache* auf *Übersetzen* und wählen Sie *Auswahl übersetzen*. Oder Rechtsklick in den markierten Text und Befehl *Übersetzen* ❶.

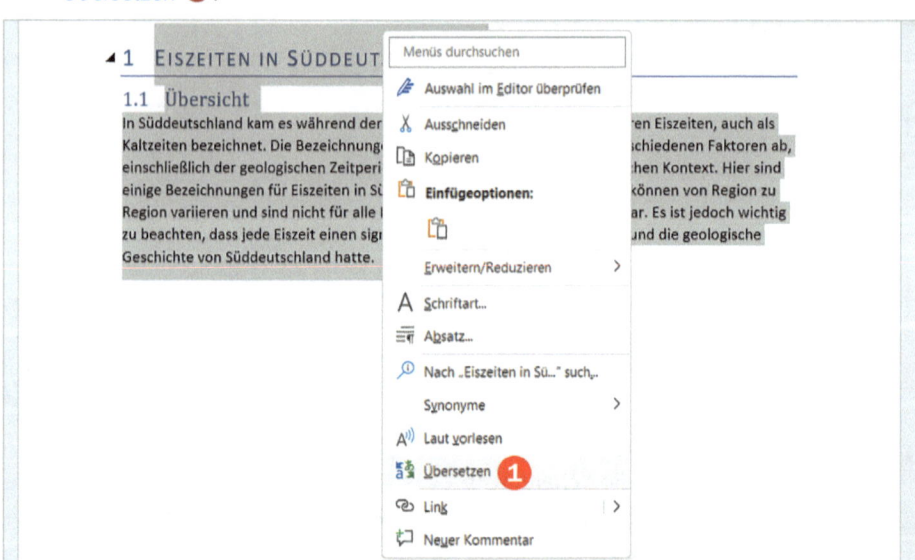

Bild 9.19 Markierten Text übersetzen

2 Am rechten Rand des Word-Fensters öffnet sich der Bereich *Übersetzer*. Der markierte Text erscheint im Feld *Aus* zusammen mit der Ausgangssprache, hier *Deutsch*. Meist wird die Sprache automatisch erkannt, wie im Bild unten. Sollte dies nicht der Fall sein, so klicken Sie auf den kleinen, nach unten weisenden Pfeil neben der Sprache ❷ und wählen eine Sprache aus der Liste aus.

3 Unterhalb wählen Sie ebenfalls mit Klick auf den Pfeil ❸ aus, in welche Sprache der Text übersetzt werden soll, z. B. *Spanisch*. Der übersetzte Text erscheint unterhalb.

4 Um die Übersetzung in das Dokument einzufügen, klicken Sie auf die Schaltfläche *Einfügen* ❹. **Achtung**: Der markierte Text wird durch die Übersetzung ersetzt, alle Formatierungen bleiben erhalten. Falls Sie die Übersetzung an anderer Stelle

in das Dokument einfügen möchten, müssen Sie zuvor den Cursor entsprechend positionieren.

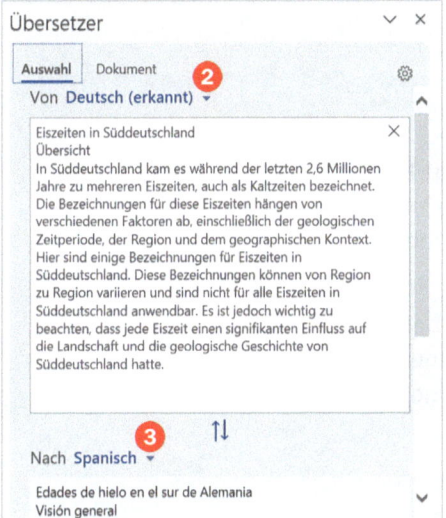
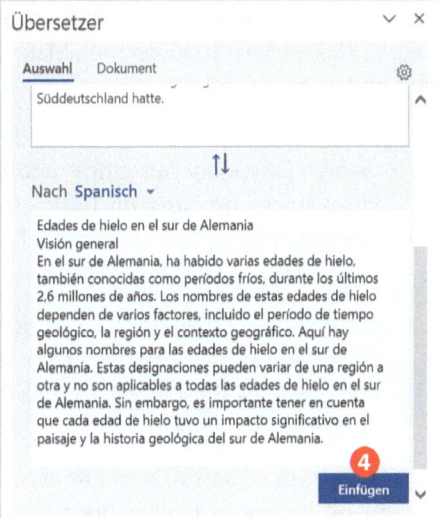

Bild 9.20 Markierten Text übersetzen und wieder ins Dokument einfügen

Gesamtes Dokument übersetzen

Wenn Sie das gesamte aktuelle Dokument übersetzen möchten, dann klicken Sie im *Übersetzer* auf *Dokument* (Bild 9.21), vorheriges Markieren von Text ist nicht nötig. Die Ausgangssprache (*Von*) wird ebenfalls meist automatisch erkannt, kann jedoch auch mit Klick auf den Pfeil gewählt werden, siehe oben. Darunter wählen Sie die gewünschte Zielsprache (*Nach*) und klicken danach auf die Schaltfläche *Übersetzen*.

Bild 9.21 Das gesamte Dokument übersetzen

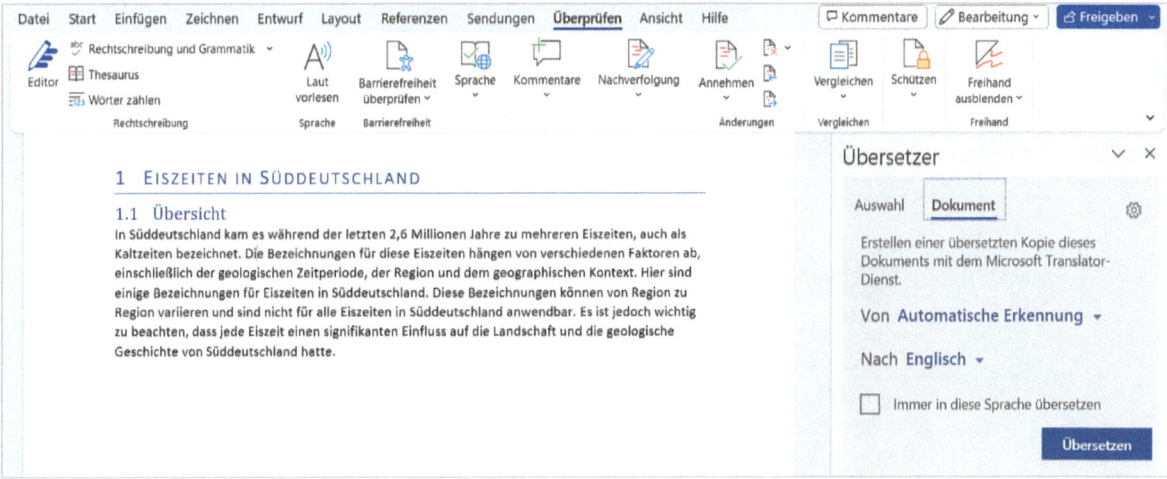

In diesem Fall wird die Übersetzung in eine Kopie des Dokuments eingefügt und diese in einem zweiten Word-Fenster geöffnet. Hier sollten Sie in jedem Fall noch Rechtschreibung und Grammatik von Word prüfen lassen und die Formulierungen kontrollieren und ggf. ändern. Anschließend können Sie das Dokument speichern.

Einzelne Wörter mit der Übersetzungshilfe übersetzen

Bild 9.22 Wörter oder Begriffe übersetzen

Möchten Sie nur einzelne Wörter übersetzen, dann markieren Sie ebenfalls das Wort oder den Begriff, klicken Sie mit der rechten Maustaste darauf und wählen *Übersetzen*.

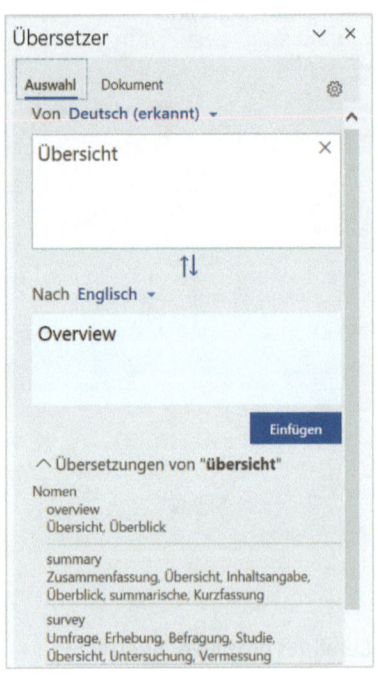

- Im Aufgabenbereich *Übersetzer* (Bild 9.22) wählen Sie wieder Ausgangs- und Zielsprache wählen und fügen die Übersetzung mit der Schaltfläche *Einfügen* an der Cursorposition ein.

- Weiter unten erhalten Sie zusätzliche Übersetzungsvorschläge und mit Klick auf einen Vorschlag als Beispiel einen vollständigen Satz in beiden Sprachen.

Tipp: Solange der Übersetzer geöffnet ist, können Sie schnell weitere Textstellen übersetzen lassen. Sobald Sie Text markieren, erscheint hier dessen Übersetzung. Beachten Sie außerdem, dass der Übersetzer automatisch die zuletzt gewählte Sprache als Zielsprache verwendet.

Übersetzung wird nicht angeboten?

Die Übersetzung funktioniert nur, wenn Sie dies in den Datenschutzeinstellungen erlaubt haben. Um diese zu kontrollieren und ggf. zu ändern, klicken Sie im Register *Datei* auf *Konto* und unter *Kontodatenschutz* auf *Einstellungen verwalten*. Aktivieren Sie im nachfolgenden Fenster die beiden Kontrollkästchen *Erfahrungen, die Ihren Inhalt analysieren* und *Erfahrungen, die Onlineinhalte herunterladen* und klicken Sie dann zum Übernehmen auf *OK*. Anschließend müssen Sie Word neu starten, damit Sie den Übersetzungsdienst nutzen können.

Bild 9.23 Übersetzungsdienste in den Datenschutzeinstellungen erlauben

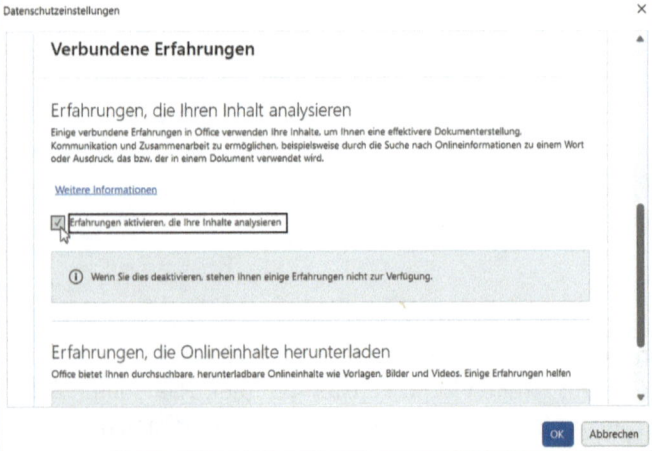

Begriffe schnell im Internet nachschlagen

Wenn Sie schnell weitere Informationen zu einem Begriff benötigen, dann können Sie diesen aus Word heraus im Internet nachschlagen.

1. Dazu klicken Sie mit der rechten Maustaste in das Wort oder markieren den Begriff und klicken diesen mit der rechten Maustaste an. Wählen Sie dann im Kontextmenü *Nach xxx suchen...* ❶ wobei *xxx* für den angeklickten Begriff steht.

2. Am rechten Rand des Word-Fensters öffnet sich der Aufgabenbereich *Suchen* und listet mehrere Fundstellen im Internet auf, unter anderem Wikipedia ❷.

Bild 9.24 Im Internet nach einem Begriff suchen

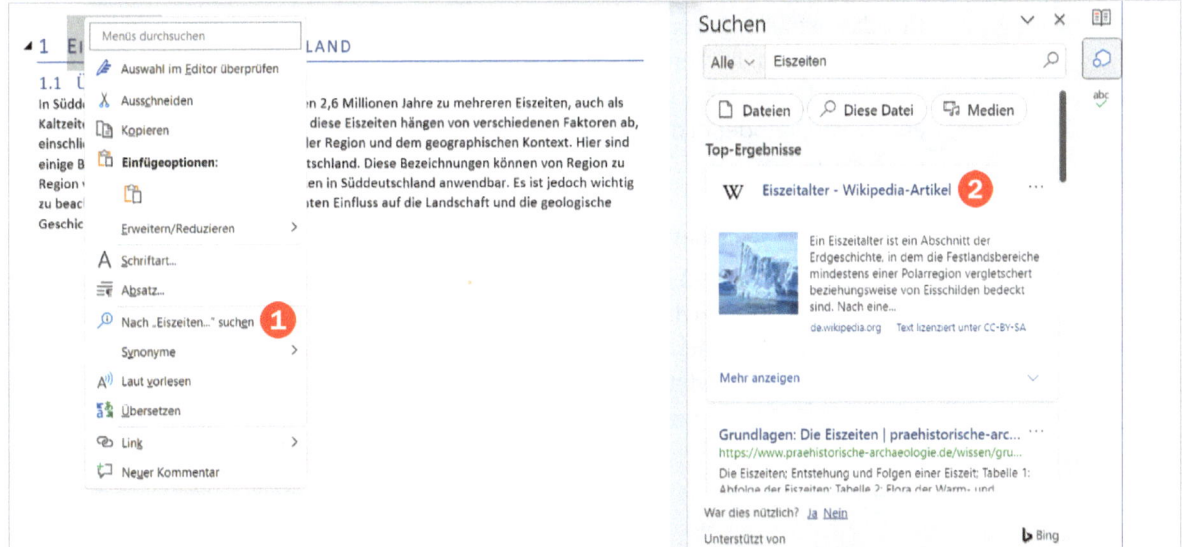

3. Um noch mehr Informationen zu erhalten, klicken Sie auf betreffende Überschrift. Der Inhalt erscheint zunächst ebenfalls im Aufgabenbereich, kann aber mit Klick auf *Im Browser öffnen* ❸ auch in einem gesonderten Fenster z. B. mit Microsoft Edge geöffnet werden. Über den Pfeil ❹ gelangen Sie wieder zurück zu den Suchergebnissen.

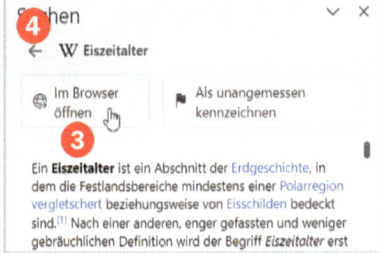

Suchfeld in der Titelleiste benutzen

Alternativ können Sie zur Suche auch das Suchfeld in der Titelleiste des Word-Fensters benutzen: Klicken Sie in das Feld und geben Sie hier Ihren Suchbegriff ein. Klicken Sie dann auf *Weitere Suchergebnisse für „xxx"*.

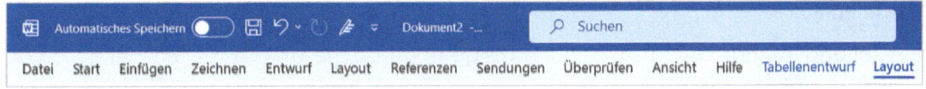

9.4 Lesbarkeit am Bildschirm verbessern

Dokumente im Lesemodus anzeigen

Im Gegensatz zur Ansicht *Drucklayout* zielt die Ansicht *Lesemodus* auf die Optimierung der Lesbarkeit von Dokumenten am Bildschirm, das Layout ist daher nicht identisch mit dem Druckergebnis. Aus demselben Grund wird in dieser Ansicht der Text standardmäßig in Spalten angeordnet. Ein weiterer Vorteil des Lesemodus ist die einfache Bedienung mit dem Finger.

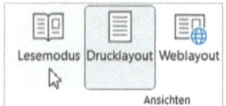

Um das aktuelle Dokument im Lesemodus anzuzeigen, klicken Sie entweder im Menüband, Register *Ansicht* ▶ *Ansichten* auf *Lesemodus* oder in der Statusleiste auf das Symbol *Lesemodus*.

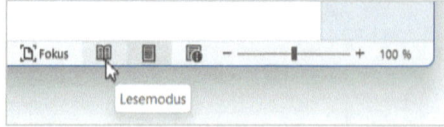

Navigation im Lesemodus

Zum Blättern zwischen den Seiten klicken Sie mit der Maus auf die Pfeile nach rechts und links oder drehen das Mausrädchen. Auf einem Touchscreen wischen oder streifen Sie mit dem Finger nach links bzw. rechts. Die Pfeiltasten der Tastatur können ebenfalls zum Blättern verwendet werden.

Bild 9.25 Ansicht Lesemodus

Einstellungen

Einstellungen zum Layout und zur Anzeige nehmen Sie über das Menü *Ansicht* vor. Hier blenden Sie beispielsweise einen zusätzlichen Navigationsbereich ein oder ändern die Spaltenbreite. Mit *Seitenfarbe* können Sie den Hintergrund augenfreundlicher gestalten, wie im Bild unten. Soll die Anzeige dem gedruckten Ergebnis entsprechen, so klicken Sie auf *Ansicht* ▶ *Layout* und wählen *Papierlayout*. Außerdem lässt sich der

Textabstand vergrößern und Sie können sich den Text laut vorlesen lassen, wobei das jeweils vorgelesene Wort hervorgehoben wird.

Über das Menü *Extras* können Sie außerdem im Dokument oder im Internet nach Begriffen suchen oder markierten Text in eine andere Sprache übersetzen lassen.

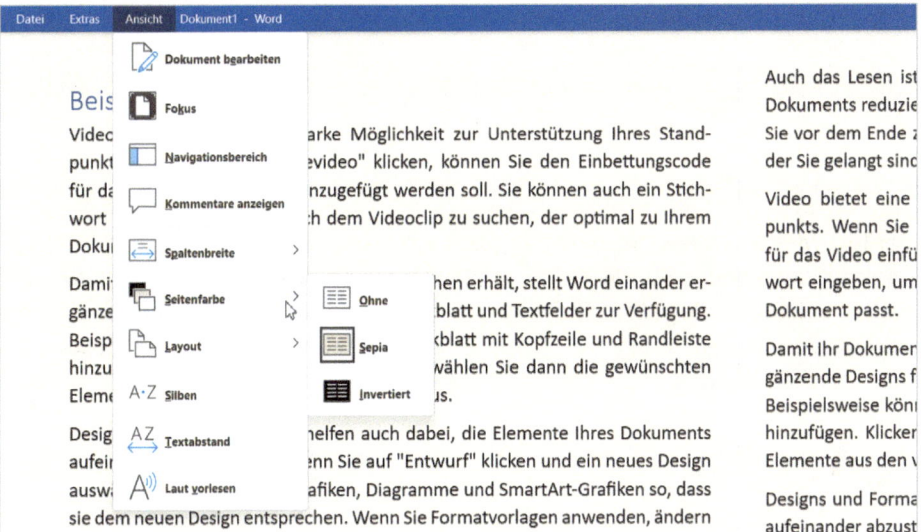

Bild 9.26 Anzeigeeinstellungen im Menü Ansicht

Objekte zoomen

Das Aussehen von Grafiken und Bildern entspricht im Lesemodus nicht ihrer ursprünglichen Größe und Position. Sie werden im Lesemodus zunächst verkleinert dargestellt, lassen sich aber mit einem Doppelklick schnell in der Originalgröße anzeigen. Der umgebende Text rückt dann in den Hintergrund und in der rechten oberen Ecke des Objekts erscheint eine Lupe, mit der Sie es nochmals vergrößern können. Mit Klick in den Dokumenttext kehren Sie wieder zur vorherigen Anzeige zurück.

Bild 9.27 Bild zoomen

Lesemodus beenden

Zum Beenden des Lesemodus klicken Sie entweder auf *Ansicht* und auf *Dokument bearbeiten* oder in der Statusleiste auf das Symbol *Drucklayout*.

Die Möglichkeiten des plastischen Readers nutzen

Ähnliche Möglichkeiten zur Verbesserung der Lesbarkeit am Bildschirm bietet auch der plastische Reader, mit dem Unterschied, dass in dieser Ansicht auch eine Bearbeitung des Dokuments möglich ist. Zum Anzeigen klicken Sie im Menüband auf das Register *Ansicht* und hier auf *Plastischer Reader*.

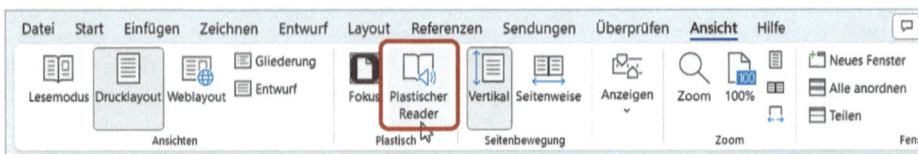

Bild 9.28 Register Ansicht - Plastischer Reader

Der Text wird zusammen mit dem Register *Plastischer Reader* angezeigt (Bild 9.29). Zur besseren Lesbarkeit sind die Zeilen verkürzt, das Seitenlayout entspricht also nicht dem Drucklayout. Dagegen sind Formate wie Fett, Unterstrichen und Schriftfarbe oder die Absatzausrichtung auch in dieser Ansicht sichtbar. Bilder und Tabellen werden ebenfalls angezeigt. Sie können in dieser Ansicht Text nicht nur lesen, sondern auch eingeben und korrigieren.

Bild 9.29 In der Ansicht Lerntools kann Text auch eingegeben und bearbeitet werden

Im Register *Plastischer Reader* sind folgende Einstellungen möglich:

▸ Mit der Schaltfläche *Spaltenbreite* ändern Sie die Zeilenlänge,

▸ *Seitenfarbe* erlaubt die Wahl einer anderen Hintergrundfarbe,

▸ mit der Schaltfläche *Textabstand* vergrößern bzw. verkleinern Sie die Abstände zwischen den Zeichen,

▸ *Silben* zeigt Trennzeichen zwischen den Silben an,

▸ mit *Laut vorlesen* lassen Sie sich das Dokument vorlesen, während die einzelnen Wörter hervorgehoben werden.

▸ **Plastischen Reader beenden**: Um zur vorherigen Ansicht, in der Regel *Drucklayout*, zurückzukehren, klicken Sie auf *Plastischen Reader schließen*.

9.5 Dokumente im Team bearbeiten

Häufig müssen Dokumente von mehreren Personen gemeinsam geöffnet und bearbeitet werden. Auf einem Laufwerk in einem Netzwerk stellt dies normalerweise kein Problem dar. Soll allerdings von anderen Orten außerhalb des Netzwerks Zugriff auf die Datei möglich sein, so versenden Sie entweder das Dokument per E-Mail oder nutzen die Vorteile der Speicherung in der Cloud und geben das Dokument frei.

Dokument freigeben

Zunächst müssen Sie das aktuelle Dokument freigeben bzw. den betreffenden Personen zur Verfügung stellen. Dazu klicken Sie rechts im Menüband auf *Freigeben* ❶ und auf F*reigeben...*, oder klicken Sie im Register *Datei* auf *Freigeben*. Wählen Sie im nachfolgenden Fenster *Freigeben* zwischen folgenden Möglichkeiten:

- Dokument auf OneDrive hochladen, um es zu teilen ❷,
- oder eine Kopie per E-Mail versenden, entweder als Word-Dokument ❸ oder im PDF-Dateiformat ❹.

Bild 9.30 Dokument teilen oder per Kopie E-Mail versenden

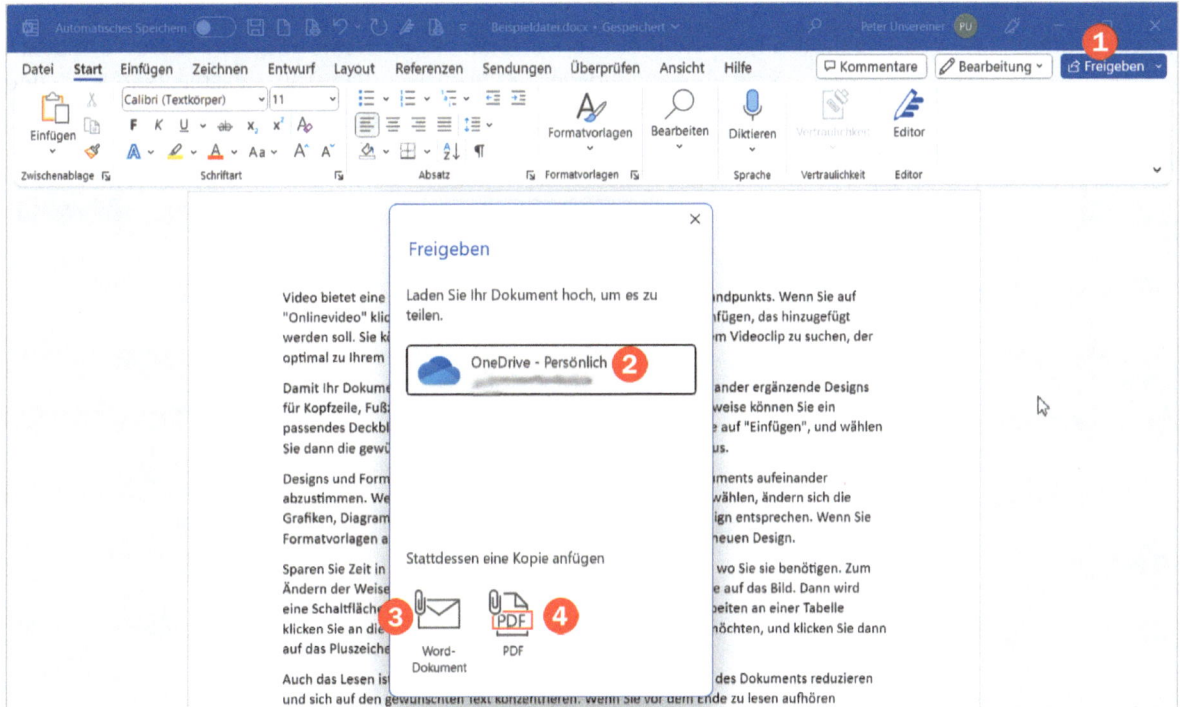

Kopie per E-Mail senden

Wenn Sie eine Kopie des aktuellen Word-Dokuments per E-Mail als Anlage versenden möchten, dann klicken Sie unter *Stattdessen eine Kopie anfügen* auf *Word-Dokument* oder *PDF* (Bild 9.30). Ihr Standard E-Mail Programm, z. B. Outlook, wird mit einer neuen

Nachricht geöffnet und eine Kopie des Word-Dokuments im gewählten Dateiformat automatisch als Anlage angefügt. Sie brauchen nur noch den oder die Empfänger eintragen, Ihren Nachrichtentext hinzufügen und auf *Senden* klicken.

Nachteil: An Kopien durch andere Personen vorgenommene Änderungen bzw. Überarbeitungen müssen Sie später eventuell in das Originaldokument übernehmen.

Dokumente in der Cloud speichern und freigeben

Freigaben und gemeinsames Bearbeiten in der Cloud setzen voraus, dass das Dokument an einem entsprechenden Ort gespeichert ist, entweder auf *OneDrive* oder, falls verfügbar, Office 365 SharePoint. Außerdem müssen Sie natürlich auch mit dem dazugehörigen Konto, z. B. einem Microsoft-Konto angemeldet sein (siehe Kapitel 3.6). So gehen Sie vor, wenn Sie das aktuelle Dokument für Mitglieder Ihres Teams freigeben möchten:

1. Speichern Sie Ihr Dokument auf dem, zu Ihrem Konto gehörenden Cloudspeicher, z. B. OneDrive bzw. in einem hier befindlichen Ordner.

2. Klicken Sie im Register *Datei* oder im Menüband auf *Freigeben* und wählen Sie zwischen *Link senden* und *Link kopieren*.

   Falls das Dokument auf der Festplatte Ihres Geräts gespeichert wurde, müssen Sie zunächst Ihren Cloudspeicher wählen, s. Bild 9.30. Anschließend wird eine Kopie automatisch auf den angegebenen Speicher hochgeladen.

3. Wählen Sie, wie Sie den Link zum Dokument weitergeben möchten:

Bild 9.31 Dokument auf Cloudspeicher freigeben

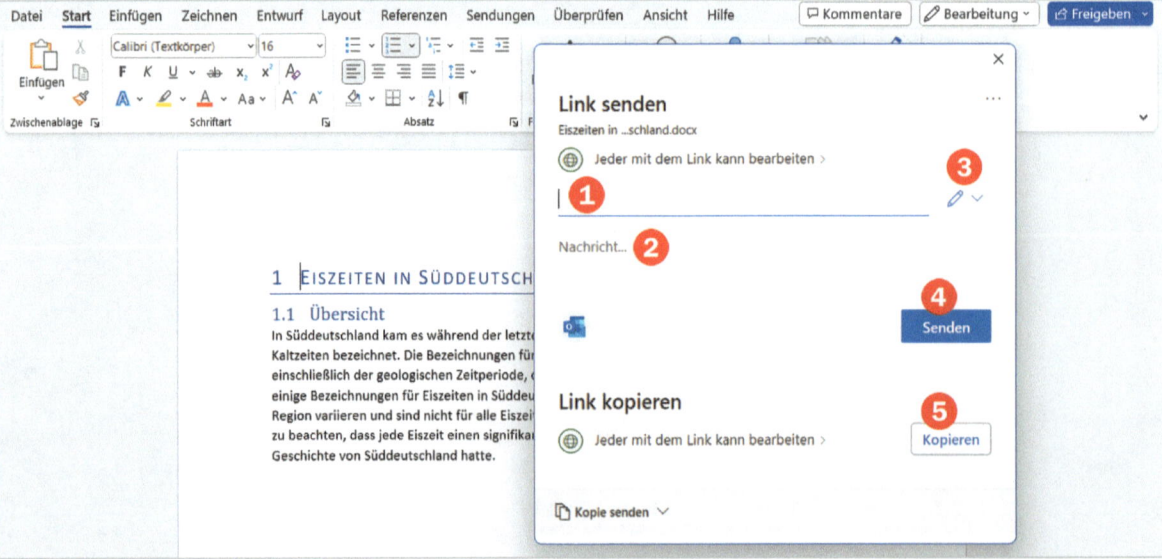

- **Link sofort senden**: Wenn Sie den Link sofort senden möchten, dann klicken Sie unter *Link senden* in das Feld ❶ und geben die E-Mail Adressen der Personen ein. Unterhalb können Sie noch eine Nachricht eingeben ❷. Standardmäßig dürfen alle Personen, die diesen Link erhalten, das Dokument bearbeiten. Falls

Sie dies auf nur Lesen einschränken möchten, so klicken Sie hier ❸ und wählen stattdessen *Kann anzeigen*. Klicken Sie abschließend auf *Senden* ❹.

- **Link erzeugen und anderweitig weitergeben**: Falls derartige Einladungen nicht von Ihrem E-Mail Programm unterstützt werden, können Sie als Alternative einen Freigabelink erzeugen und diesen selbst in eine E-Mail oder ein anderes Dokument einfügen. Dazu klicken Sie unter *Link kopieren* auf die Schaltfläche *Kopieren* ❺. Der auf diese Weise erzeugte Link erscheint in einem weiteren Fenster und kann mit Klick auf *Kopieren* ❻ in die Zwischenablage kopiert werden. Aus dieser können Sie anschließend den Link an beliebiger Stelle einfügen.

Bild 9.32 Freigabelink in die Zwischenablage kopieren

Falls Sie das Dokument nachträglich noch für weitere Personen freigeben möchten, so klicken Sie im Menüband auf *Freigeben* und wählen zwischen *Freigeben* und *Link kopieren*, s. oben.

Eine erteilte Freigabe aufheben

Wenn Sie eine erteilte Freigabe wieder aufheben möchten, dann klicken Sie ebenfalls im Menüband auf *Freigeben* und wählen *Zugriff verwalten…*. Im nachfolgenden gleichnamigen Fenster wählen Sie nun zwischen *Personen* ❶ und *Links* ❷. Um einer Person die Freigabe zu entziehen, klicken Sie diese an ❸, klicken dann in der Zugriffszusammenfassung auf die Berechtigung ❹, hier *Kann bearbeiten* und wählen *Direktzugriff entfernen* ❺. Bestätigen die Rückfrage mit Klick auf *Entfernen*.

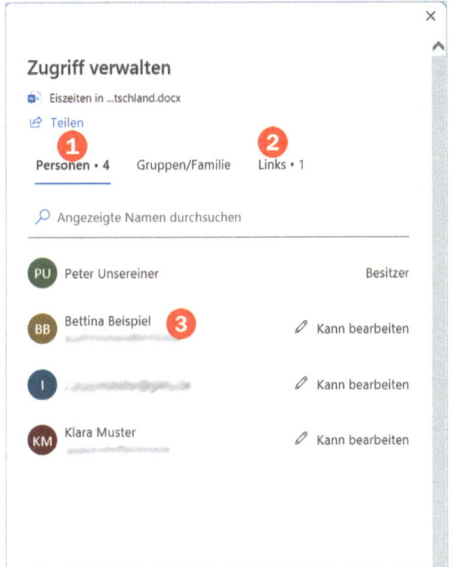
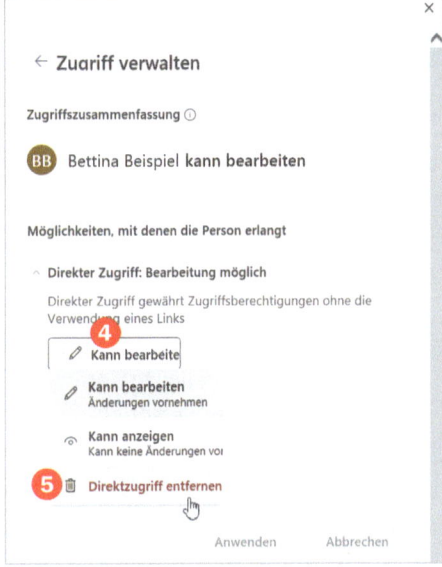

Bild 9.33 Freigabe aufhaben, Direktzugriff entfernen

Wenn Sie dagegen einen Freigabelink, s. oben entfernen möchten, dann klicken Sie im Fenster *Zugriff verwalten* auf *Links* und dann neben dem Freigabelink auf das Symbol *Löschen*.

Freigegebene Dokumente gemeinsam bearbeiten

Im Gegensatz zu Excel-Arbeitsmappen kann ein Word-Dokument auch von mehreren Personen gleichzeitig geöffnet und bearbeitet werden. Wenn Sie einen Bearbeitungslink zu einem Dokument erhalten haben, dann öffnet sich nach einem Klick auf *Öffnen* oder den Link das Dokument mit Word Online im Browser, z. B. Microsoft Edge.

1. Kontrollieren Sie in der rechten oberen Ecke, ob Sie angemeldet sind. Wenn ja, dann erscheinen hier Ihre Initialen. Falls nicht, so klicken Sie auf *Anmelden* und melden sich anschließend mit Ihrem Microsoft-Konto an.

   Nicht angemeldete Nutzer können trotzdem das Dokument bearbeiten, allerdings nur mit Word Online und erscheinen bei den übrigen Nutzern als Gast.

Bild 9.34 Klicken Sie auf Anmelden

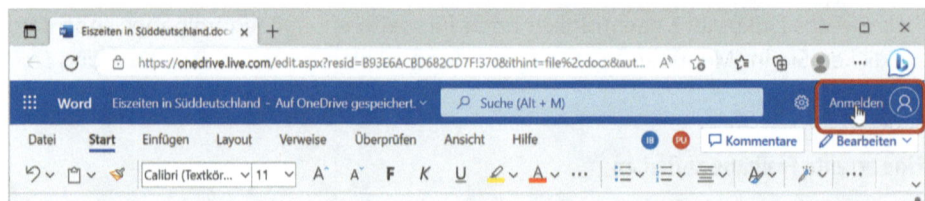

2. Um das Dokument anschließend zu bearbeiten, klicken Sie auf *Bearbeiten* und wählen zwischen *Bearbeiten*, d. h. im Browser mit Word Online oder dem installierten Word (*In Desktop-App öffnen*), falls vorhanden.

   Neben der Eingabe von Text können Bearbeiter auch Formatierungen vornehmen und Kommentare einfügen, siehe weiter unten.

Bild 9.35 Wählen Sie zwischen Bearbeiten im Browser und Bearbeiten in der installierten Word-App

3. Unterhalb der Titelleiste des geöffneten Word-Dokuments (Bild 9.36) erscheinen die Initialen aller Personen ❶, die aktuell das Dokument geöffnet haben und anhand der kleinen Fähnchen ❷ erkennen Sie, an welcher Stelle gerade gearbeitet wird. Der Name erscheint, wenn Sie auf eine Marke zeigen ❸. Sämtliche Änderungen am Inhalt sehen Sie in Echtzeit, allerdings werden diese nicht hervorgehoben.

4. **Änderungen speichern**: Bearbeiter können nur eine Kopie des Dokuments speichern. Beim Besitzer dagegen erscheint beim Schließen eine Rückfrage, ob Änderungen gespeichert werden sollen.

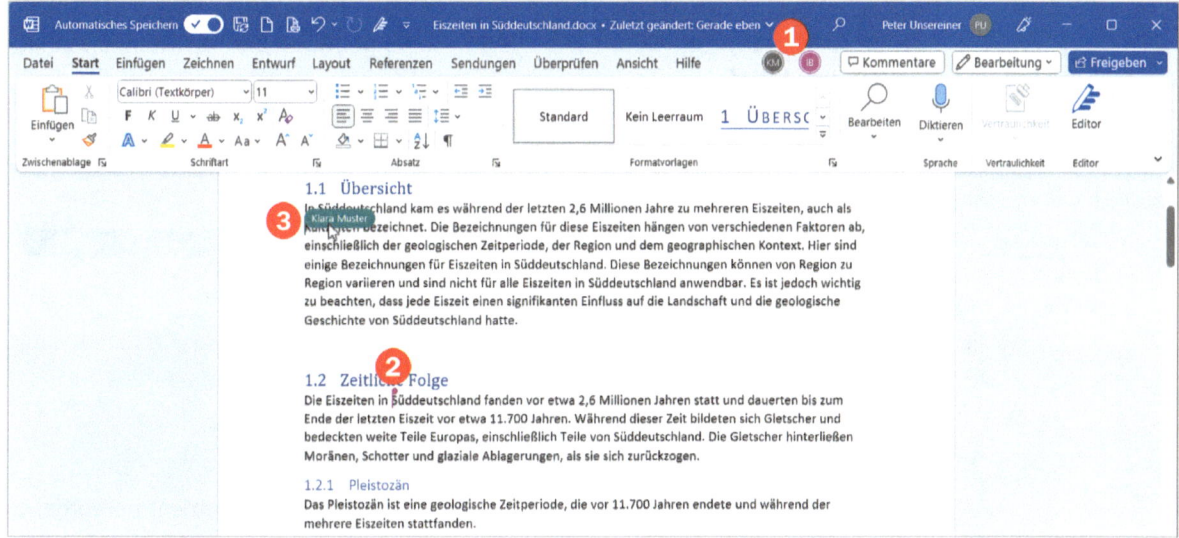

Bild 9.36 Dokument gemeinsam bearbeiten

Wo finden Sie geteilte Arbeitsmappen?

Natürlich können Sie Dokumente, die mit Ihnen geteilt wurden, jederzeit wieder über den Link in der E-Mail aufrufen. Geteilte Dokumente finden Sie aber auch auf *OneDrive*, allerdings nur im Browser, nicht aber im Datei-Explorer. Klicken Sie dazu in der rechten unteren Ecke des Bildschirms auf das Symbol *OneDrive* (Wolke) und auf *Online anzeigen* und danach in der linken Leiste auf die Kategorie *Geteilt*.

Microsoft 365 zeigt geteilte Dokumente auch in Word an, wenn Sie im Register *Datei* auf *Öffnen* klicken und *Mit mir geteilt wählen*.

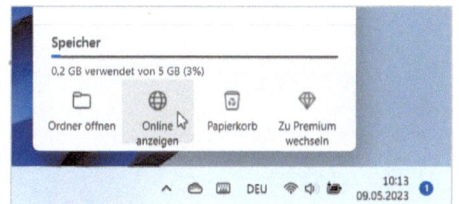
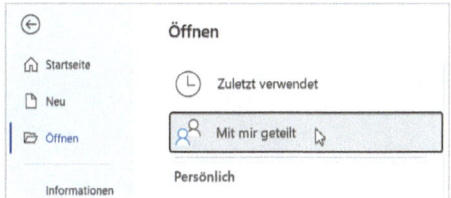

Bild 9.37 Geteilte Dokumente im Browser anzeigen

Bild 9.38 Geteilte Dokumenten im Register Datei

Änderungen nachverfolgen

In manchen Fällen ist es wichtig, dass nachträglich erfolgte Überarbeitungen genau nachverfolgt werden können, egal ob diese durch Sie oder andere Personen vorgenommen werden, und dass bei Bedarf der ursprüngliche Zustand wieder hergestellt werden kann. Dies erledigen Sie mit der Funktion *Änderungen nachverfolgen*.

Überarbeitungsmodus aktivieren

Damit alle nachträglich erfolgten Löschungen, Ergänzungen und Formatänderungen festgehalten werden, müssen Sie den Korrektur- bzw. Überarbeitungsmodus einschalten, bevor Sie mit der Überarbeitung beginnen. Klicken Sie dazu im Menüband, Register *Überprüfen* auf *Änderungen nachverfolgen* oder benutzen Sie die Tastenkombination **Strg+Umschalt+E**.

Der aktivierte Überarbeitungsmodus ist an der hervorgehobenen Schaltfläche zu erkennen, mit einem weiteren Klick auf diese Schaltfläche schalten Sie den Überarbeitungsmodus wieder aus.

Bild 9.39 Änderungen im Dokument nachverfolgen

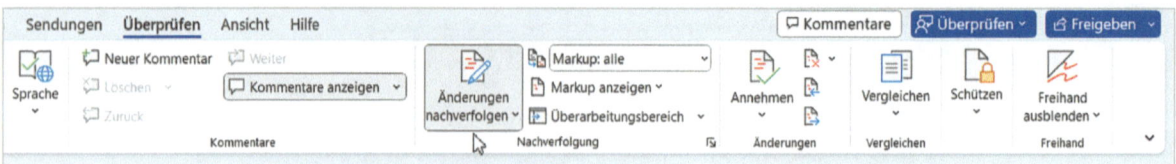

Hervorhebungen im Dokument

Von nun an werden je nach Einstellung alle Änderungen im Dokument hervorgehoben und geänderte Absätze am linken Seitenrand mit einer senkrechten Linie versehen. Die Anzeige der Überarbeitungen steuern Sie über das Auswahlfeld *Markup*:

▶ **Einfaches Markup** kennzeichnet die geänderten Stelle durch vertikale Linien, wobei die dazugehörigen Überarbeitungen zwar sichtbar, aber nicht hervorgehoben sind.

▶ **Markup: alle** (oder Klick auf eine der Linien) hebt alle inhaltlichen Überarbeitungen mit roter Schriftfarbe hervor: Gelöschter Text erscheint durchgestrichen und neu eingefügte Zeichen sind unterstrichen, wie im Bild unten.

▶ **Markup: keine** zeigt alle Überarbeitungen ohne Hervorhebung an und mit der Auswahl **Original** sehen Sie das ursprüngliche Dokument ohne Änderungen.

Bild 9.40 Markup: alle

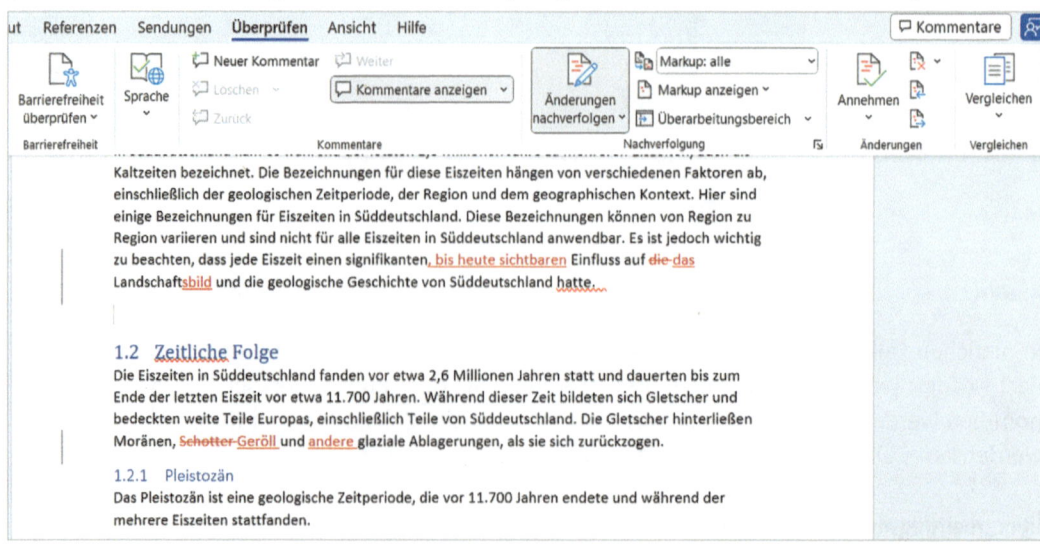

Weitere Anzeigemöglichkeiten

▸ Ob nur inhaltliche oder auch Formatänderungen hervorgehoben werden, legen Sie mit Klick auf *Markup anzeigen* fest. Über die Auswahl *Sprechblasen* können Sie angeben, ob die Überarbeitungen *inline*, d. h. nur im Dokument erscheinen oder in Form von Sprechblasen am rechten Seitenrand, wie im Bild unten.

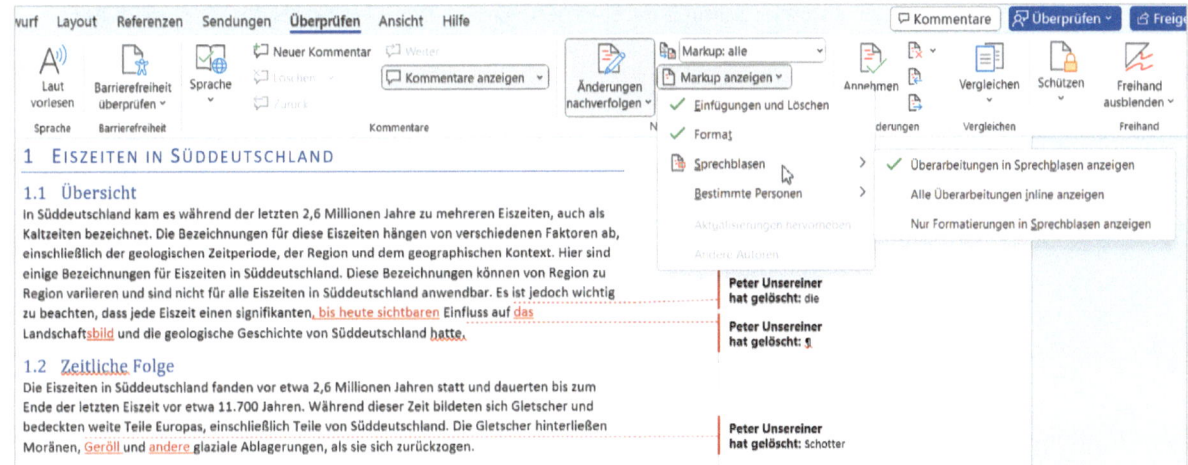

Bild 9.41 Überarbeitungen in Sprechblasen anzeigen

▸ Mit Klick auf *Überarbeitungsbereich* können Sie zusätzlich am linken Rand den Überarbeitungsbereich mit einer Zusammenfassung aller Änderungen ein- und ausblenden.

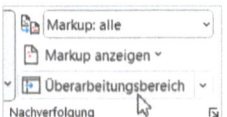

Änderungen annehmen/ablehnen

Im nächsten Schritt entscheiden Sie für jede einzelne Änderung, ob Sie diese beibehalten oder ablehnen möchten. Klicken Sie dazu im Dokument auf die erste geänderte Stelle und verwenden Sie im Menüband, Register *Überprüfen* in der Gruppe *Änderungen* die Schaltflächen *Annehmen* oder *Ablehnen*. In beiden Fällen verschwindet anschließend die Kennzeichnung an dieser Stelle und die nächste Überarbeitung wird automatisch markiert. Mit den Schaltflächen *Zurück* bzw. *Weiter* gelangen Sie dagegen auch ohne Annehmen oder Ablehnen zur nächsten oder vorherigen Änderung.

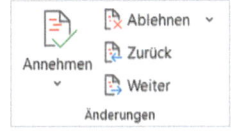

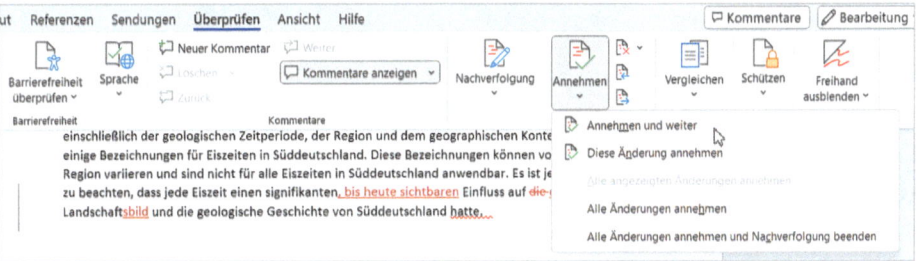

Bild 9.42 Überarbeitungen im Dokument

Alle Änderungen annehmen/ablehnen: Wenn Sie alle Änderungen gleichzeitig annehmen oder ablehnen möchten, so klicken Sie auf den Dropdown-Pfeil der jeweiligen Schaltfläche und auf *Alle Änderungen annehmen* bzw. *Alle Änderungen ablehnen*. Alle Ände-

rungen annehmen und Nachverfolgung beenden schaltet auch gleichzeitig den Überarbeitungsmodus aus.

> **Achtung: Überarbeitungsmodus wieder ausschalten!**
> Vergessen Sie nicht, dass Sie nach Beenden der Kontrolle auch den Überarbeitungsmodus wieder deaktivieren sollten. Alternativ schalten Sie den Überarbeitungsmodus mit der Tastenkombination Strg+Umschalt+E ein und wieder aus.

Kommentare einfügen

Statt direkter Änderungen im Text können Sie und andere Personen auch Kommentare an bestimmten Stellen einfügen. Diese erscheinen rechts in einer gesonderten Spalte oder wenn Sie im Dokument auf die betreffende Stelle zeigen.

Zum Einfügen eines Kommentars positionieren Sie den Cursor im Dokument an der Stelle, die Sie kommentieren möchten ❶ und klicken im Menüband, Register *Überprüfen* auf *Neuer Kommentar* ❷. Rechts erscheint ein Feld mit Ihrem Benutzernamen und Sie können Ihren Kommentartext eingeben ❸. Betätigen Sie anschließend die **Eingabetaste** oder klicken Sie auf die Schaltfläche *Kommentar posten* ❹, um den Kommentar zu übernehmen.

Vorhandene Kommentare erkennen Sie auch an diesem Symbol ❺.

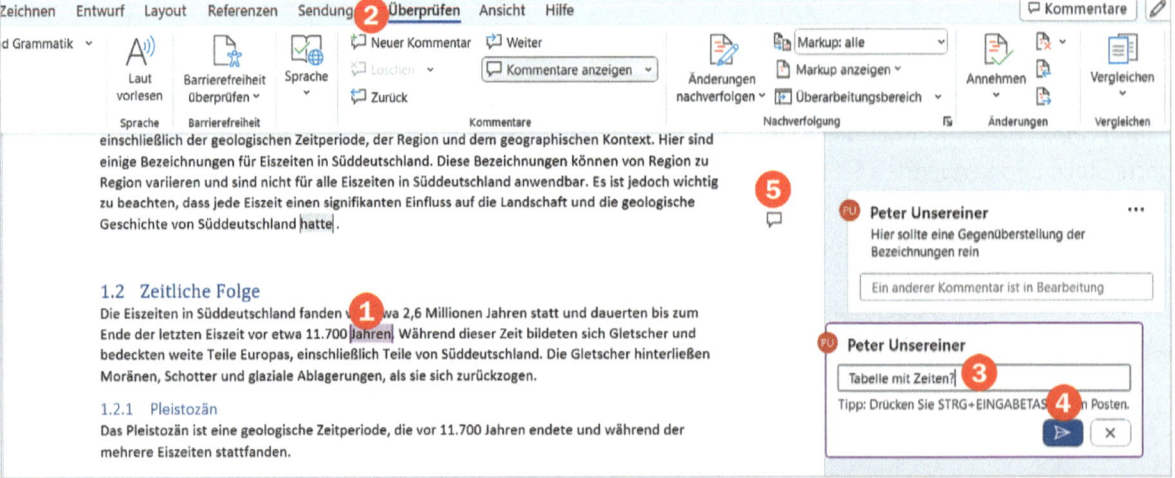

Bild 9.43 Kommentar einfügen

Weitere Befehle zum Verwalten von Kommentaren finden Sie ebenfalls in der Gruppe Kommentare (Register *Überprüfen*). Mit den Schaltflächen *Löschen*, *Zurück* und *Weiter* können Sie Kommentare löschen oder schnell auswählen. Über *Kommentare anzeigen* steuern Sie, ob die Kommentare im Kontext, wie im Bild oben oder als Liste im Bereich *Kommentare* am rechten Bildschirmrand angezeigt werden.

9.6 Übung

Teil 1: Bausteine erstellen und speichern

▸ Öffnen Sie ein neues, leeres Dokument, erfassen Sie die folgenden Texte (einschließlich Formatierung) und speichern Sie die Texte als Schnellbausteine unter den angegebenen Namen Mahn1, Mahn2, Mahn3 und Öffnungszeiten.

▸ Schließen Sie das Dokument. Das Dokument selbst braucht nicht gespeichert werden, achten Sie aber darauf, dass die Schnellbausteine gespeichert werden!

Mahn1

Sicher haben Sie übersehen, die unten genannte Rechnung zu begleichen. Bitte überweisen den noch ausstehenden Betrag innerhalb der nächsten 10 Werktage auf eines unserer Konten.

Mahn2

Bitte bei Zahlung unbedingt angeben:

Rechnung Nr.	Kunden Nr.	Rechnungsdatum

Mahn3

Sollten Sie den Betrag zwischenzeitlich bereits beglichen haben, so betrachten Sie bitte dieses Schreiben als gegenstandslos.

Öffnungszeiten

Beachten Sie unsere geänderten Öffnungszeiten:
Mo – Fr.   8:00 bis 17:00
Sa.   7:30 bis 15:00

▸ Erstellen Sie noch eine Grußzeile mit Ihrem Namen und speichern Sie diese mit dem Namen Grußzeile ebenfalls als Schnellbaustein.

Teil2 : Mahnschreiben verfassen

Beginnen Sie mit einem neuen leeren Dokument und speichern Sie es unter dem Namen Kap_09_Mahnung.docx. In diesem Dokument erstellen Sie folgendes Mahnschreiben.

▸ Geben Sie Ihre oder eine beliebige andere Adresse im Briefkopf als Absender ein und formatieren Sie den Briefkopf nach Ihren Vorstellungen.

▶ Als Datum fügen Sie das Druckdatum (PrintDate) ein.

▶ Geben Sie als Empfänger die folgende Adresse ein:

Marie Muster
Schlossallee 99a
80638 München

▶ Geben Sie in die Betreffzeile des Briefs den Text „Mahnung" ein und darunter mit 2 Zeilen Abstand die Briefanrede.

▶ Fügen Sie im Brief an den entsprechenden Stellen mit jeweils 1 Zeile Abstand die Schnellbausteine Mahn1, Mahn2, Mahn3 sowie Öffnungszeiten und Grußzeile ein und ergänzen Sie Rechnungsnummer, Kundennummer, Rechnungsdatum und Fälligkeit nach Belieben.

▶ Fügen Sie nach „… 10 Werktage" eine Fußnote mit folgendem Text ein:

Nach Eingang dieses Schreibens.

10 Individuelle Dokumentvorlagen gestalten

In diesem Kapitel lernen Sie ...
- Eigene Dokumentvorlagen erstellen und speichern
- Dokumentvorlagen verwenden, öffnen und ändern
- Formularfelder einfügen
- Dokumentvorlagen und Formulare schützen

Das sollten Sie bereits wissen
- Text eingeben und formatieren
- Tabelle einfügen
- Druckseite einrichten

Oft sind es die kleinen Helfer, mit denen Sie im Büroalltag eine Menge Arbeit sparen. Dazu gehören in jedem Fall Dokumentvorlagen für Briefe und andere, häufig benötigte Dokumentarten. Egal, zu welchem Zweck Sie die Vorlage erstellen, die grundsätzliche Vorgehensweise bleibt immer gleich.

10.1 Eigene Dokumentvorlagen speichern

Was sind Dokumentvorlagen eigentlich?

Dokumentvorlagen geben die Standardeinstellungen für ein neues Dokument vor. Jedes neue Word-Dokument basiert auf einer Dokumentvorlage, bei einem leeren Dokument ist dies die Vorlage Normal.dotx.

Dokumentvorlagen speichern allgemeine Einstellungen wie Papierformat, Ausrichtung und Seitenränder, können aber auch Text und Grafik oder Formatierungen in Form von Formatvorlagen enthalten, Sie brauchen dann nur noch Text hinzufügen. Dokumentvorlagen vereinfachen auch viele Aufgaben, wenn gleichartige Dokumenten, beispielsweise Briefe, ein einheitliches Aussehen erhalten sollen. Wie Sie eine Dokumentvorlage zur Erstellung neuer Dokumente auswählen, wurde bereits im ersten Kapitel beschrieben. In diesem Kapitel erfahren Sie nun, wie Sie eigene Dokumentvorlagen erstellen und speichern.

> Word-Dokumentvorlagen werden als eigener Dateityp mit der Dateinamenserweiterung .dotx gespeichert.

So gehen Sie bei der Erstellung vor

Zum Erstellen eigener Dokumentvorlagen gibt es mehrere Ausgangsmöglichkeiten:

▷ Sie verwenden eine Dokumentvorlage von Word, ändern diese nach Ihren Vorstellungen ab und speichern die Vorlage erneut.

▷ Sie öffnen ein gespeichertes Dokument und erstellen daraus eine Vorlage.

▷ Sie erstellen aus einem leeren Dokument eine neue Dokumentvorlage. Mit dieser Vorgehensweise werden wir uns in diesem Kapitel näher befassen.

1. Schritt: Erstellen und gestalten Sie die Vorlage

Dabei gehen Sie wie bei der Erstellung eines normalen Dokuments vor, beispielsweise eines Briefes. Legen Sie die erforderlichen Seitenränder mit Kopf- und Fußzeilen fest und geben Sie alle gleichbleibenden Texte, beispielsweise Firmenname und -anschrift, ein. Falls gewünscht, fügen Sie auch eine Grafik (z. B. ein Firmenlogo) ein. Formatieren

Sie das Dokument und ändern oder erstellen Sie ggf. die benötigten Formatvorlagen, z. B. die Formatvorlage *Standard* für einfachen Fließtext. Falls erforderlich, können Sie in Vorlagen für Briefe auch die genaue Position der Briefanschrift mit Hilfe eines Textfeldes festlegen.

> **Geben Sie in Dokumentvorlagen nur Texte ein, die Sie wirklich brauchen**
>
> Dokumentvorlagen können neben Tabellen und Bildern auch Text enthalten. Da dieser dann in jedem Dokument erscheint, das auf dieser Vorlage basiert, sollten Sie nur Texte eingeben, die auch wirklich in jedem Fall benötigt werden. Dies gilt auch für Grafiken.

2. Schritt: Als Dokumentvorlage speichern

1 Klicken Sie auf das Register *Datei* und auf *Exportieren* ❶. Klicken Sie hier auf *Dateityp ändern* ❷ und wählen Sie rechts den Dateityp *Vorlage* ❸. Anschließend klicken Sie auf die Schaltfläche *Speichern unter* ❹.

Bild 10.1 Datei - Exportieren

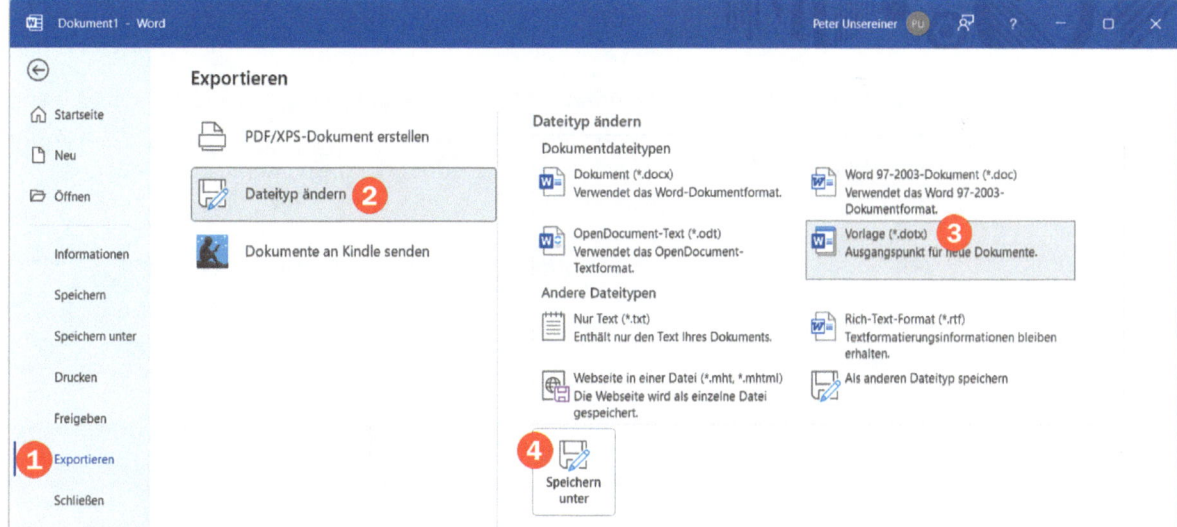

2 Das Fenster *Speichern unter* öffnet sich (Bild 10.2). Geben Sie einen aussagekräftigen Dateinamen ein, der Dateityp *Word-Vorlage (.dotx)* ❺ ist bereits vorgegeben.

3 **Speicherort**: Falls nicht bereits von Word vorgeschlagen, können Sie als Speicherort den Ordner *Benutzerdefinierte Office-Vorlagen* im Ordner *Dokumente* ❻ verwenden. Dieser Ordner wurde von Microsoft Office bei der Installation automatisch erstellt und hier gespeicherte Vorlagen finden Sie im Register *Datei* ▶ *Neu* unter *Persönlich* (s. Bild 10.3 auf Seite 302).

Alternativ können Sie natürlich auch den normalen Befehl *Speichern unter* verwenden und den Dateityp *Word-Vorlage* auswählen.

Bild 10.2 Dokumentvorlage speichern

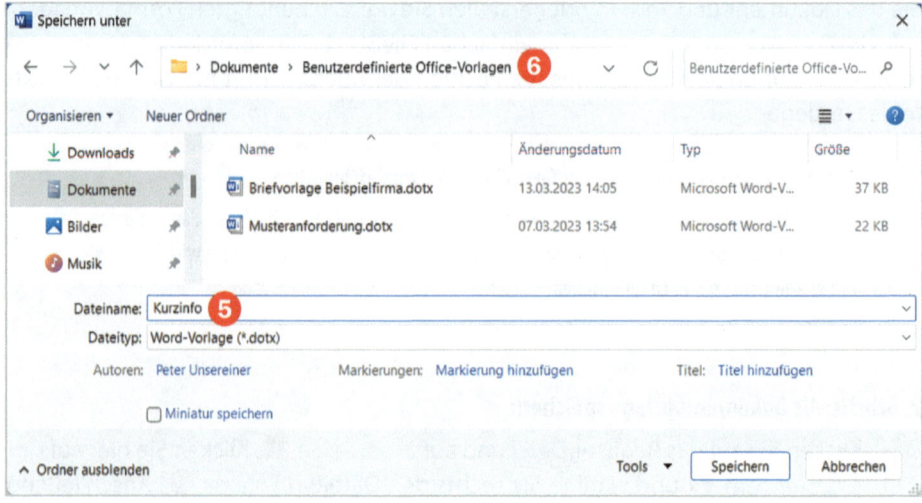

Dokumentvorlage verwenden

Bild 10.3 Benutzerdefinierte Vorlage verwenden

Zur späteren Verwendung finden Sie Ihre Dokumentvorlage im Register *Datei*, wenn Sie auf *Neu* klicken und statt der Office-Vorlagen die Kategorie *Persönlich* ❶ auswählen. Mit Klick auf die Dokumentvorlage ❷ öffnet Word eine Kopie der Vorlage.

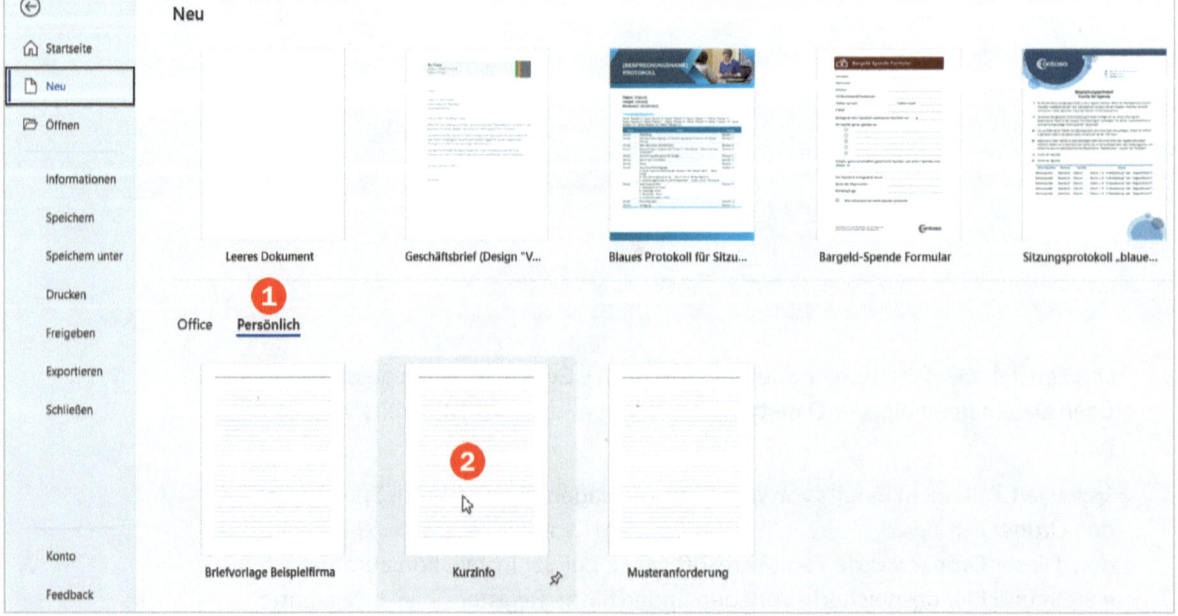

Anderen Speicherort wählen

Eine Dokumentvorlage kann auch in jedem anderen Ordner gespeichert werden, beispielsweise auf einem Netzlaufwerk, wenn die Dokumentvorlage auch für andere Personen verfügbar sein soll. Dann erscheint allerdings die Vorlage nicht im Register *Datei* unter *Neu*, Sie können jedoch auch im Datei-Explorer von Windows schnell mit Doppelklick auf das Dateisymbol aus der Vorlage ein neues Dokument erstellen.

> Dokumentvorlagen unterscheiden sich im Datei-Explorer von normalen Word-Dokumenten durch ein anderes Dateisymbol und im Gegensatz zu diesen öffnet ein Doppelklick auf das Dateisymbol eine Kopie der Dokumentvorlage als neues Dokument.

Den Standardspeicherort für persönliche Vorlagen können Sie bei Bedarf in den Word-Optionen ändern. Klicken Sie hierzu im Register *Datei* auf *Optionen*, wählen Sie *Speichern* ❶ und tragen Sie den Pfad des gewünschten Speicherorts in das Feld *Standardspeicherort für persönliche Vorlagen* ein ❷. Sollte das Feld leer sein, so sollten Sie unbedingt zumindest den Ordner *Benutzerdefinierte Office-Vorlagen* hier angeben.

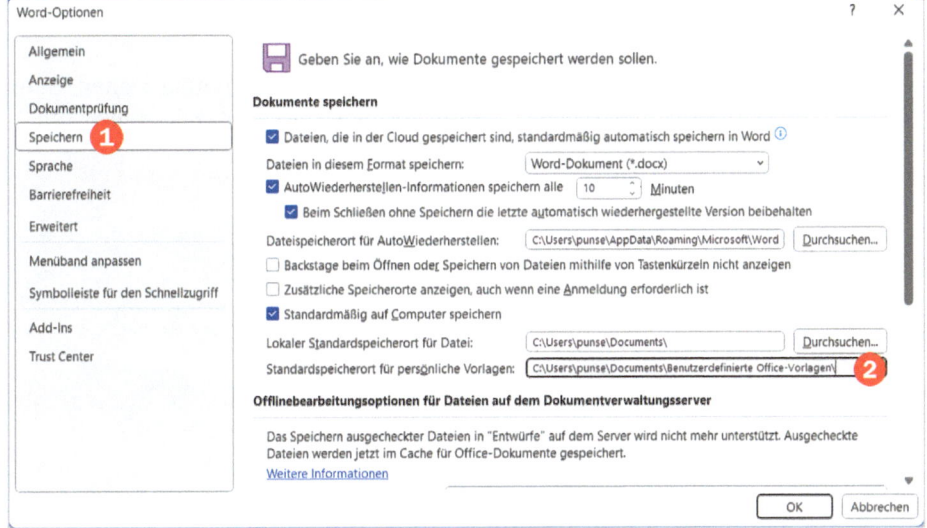

Bild 10.4 Standardspeicherort für Vorlagen

Tipp Dateipfad kopieren: Um einen Dateipfad zu kopieren, klicken Sie im Datei-Explorer den betreffenden Ordner mit der rechten Maustaste an und wählen den Befehl *Als Pfad kopieren*. Dieser kann anschließend aus der Zwischenablage mit **Strg+V** eingefügt werden.

Dokumentvorlage ändern

Nachträgliche Änderungen an Dokumentvorlagen sind jederzeit möglich, allerdings müssen Sie diese mit dem *Öffnen*-Dialogfenster von Word öffnen, da ein Doppelklick im Datei-Explorer ja eine Kopie der Vorlage öffnet.

Achtung: Eine Dokumentvorlage kann nicht geändert werden, solange ein, auf dieser Vorlage basierendes Dokument geöffnet ist. Eine nicht mehr benötigte Dokumentvorlage kann natürlich auch gelöscht werden, dies hat keinerlei Auswirkungen auf bereits vorhandene Dokumente, die mit dieser Vorlage erstellt wurden.

10.2 Beispiel: Dokumentvorlage für interne Kurzmitteilungen

Als Beispiel erstellen wir in diesem Kapitel eine Dokumentvorlage für interne Kurzmitteilungen. Da wir mit einem leeren Dokument beginnen wollen, klicken Sie im Register *Datei* auf *Neu* und wählen *Leeres Dokument* bzw. klicken Sie auf der Startseite von Word auf *Leeres Dokument*.

Dokumentvorlage speichern

Im ersten Schritt speichern Sie das Dokument als Dokumentvorlage. Dazu klicken Sie im Register *Datei* auf *Speichern unter* und auf *Durchsuchen*. Geben Sie einen Dateinamen ein und wählen Sie den Dateityp *Word-Vorlage*. Bei der Wahl des Speicherorts sollten Sie folgende Punkte bedenken:

▶ Wenn Sie die Vorlage im Ordner *Benutzerdefinierte Office-Vorlagen* speichern, steht Ihre Briefvorlage im Register *Datei* ▶ *Neu* unter *Persönlich* zur Auswahl. Diesen Speicherort verwenden wir auch für unser Beispiel.

▶ Alternativ können Sie Ihre Vorlagen auch in einem eigens dafür erstellten Ordner, z. B. einem Unterordner von *Dokumente* speichern.

▶ Soll die Vorlage dagegen auch anderen Nutzern zur Verfügung stehen, dann müssen Sie zum Speichern einen Ordner auf einem Netzlaufwerk wählen.

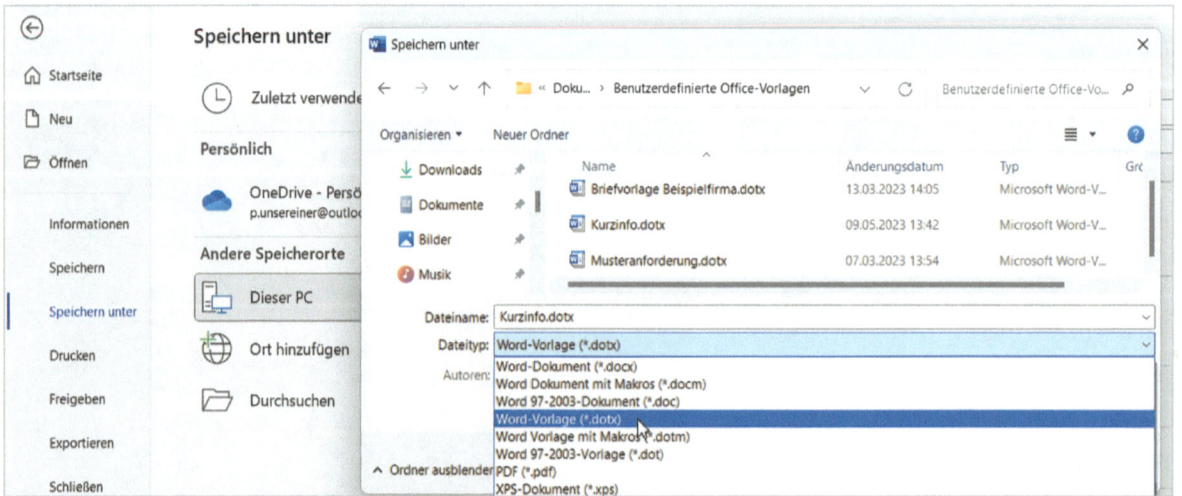

Bild 10.5 Dokument als Dokumentvorlage speichern

Designfarben und Schriftarten zusammenstellen

Im nächsten Schritt legen wir die Designfarben und -schriftarten fest. In größeren Firmen richten sich diese meist nach den Vorgaben des Corporate Designs, für dieses Beispiel wählen Sie einfach, was Ihnen am meisten zusagt.

▶ **Designfarben**: Klicken Sie im Register *Entwurf* des Menübands auf *Farben* und wählen Sie eine Farbzusammenstellung. Falls Sie einzelne Farben ändern möchten, so klicken Sie dann nochmals auf *Farben* und auf *Farben anpassen...*.

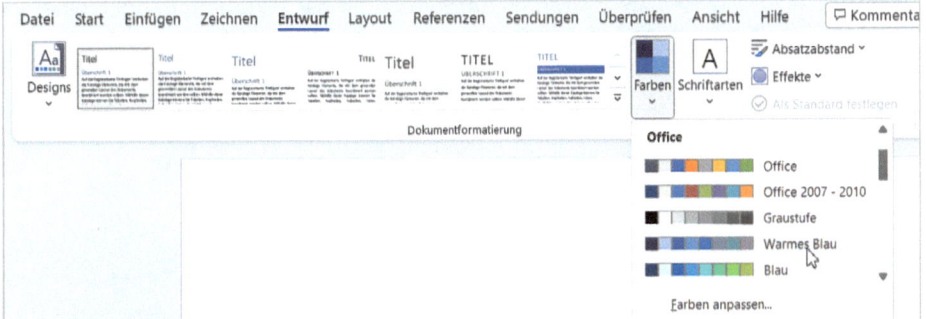

Bild 10.6 Farben wählen

▶ **Schriftarten festlegen**: Als Standardschriftart soll Calibri verwendet werden. Klicken Sie im Register *Entwurf* auf *Schriftarten* und wählen Sie *Calibri*.

▶ **Abstände und Effekte**: In der Standardeinstellung verwendet Word vergrößerte Zeilen- und Absatzabstände. Da wir in der Vorlage einfache Abstände benötigen, klicken Sie im Register *Entwurf* auf *Absatzabstand* und wählen die Variante *Kein Absatzabstand*. Die Schaltfläche *Effekte* spielt in diesem Beispiel keine Rolle, da sich diese ausschließlich auf grafische Objekte auswirken.

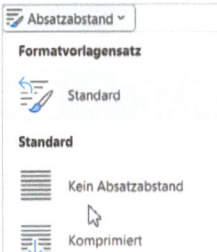

Seitenlayout einrichten und Kopf- und Fußzeile gestalten

Seitenränder

Von den Seitenrändern hängt die Position aller übrigen Elemente der Vorlage ab, daher sollten Sie diese gleich zu Beginn festlegen, insbesondere wenn es sich um eine Vorlage für Briefe handelt. Am einfachsten nehmen Sie die Einstellungen im Fenster *Seite einrichten* vor, das Sie im Register *Layout* des Menübands mit Klick auf den Pfeil ⌐ der gleichnamigen Gruppe öffnen.

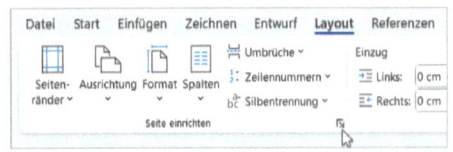

Die Kurzmitteilung erhält in unserem Beispiel je 2,5 cm Seitenrand links und rechts. Für die Inhalte von Kopf- und Fußzeile wird etwas mehr Platz benötigt, wählen Sie daher oben 3,5 cm und unten 3 cm.

Briefkopf und Fußzeile

Die Kopfzeile soll links den Namen der Firma enthalten, sowie am rechten Rand das Firmenlogo. Außerdem soll die Kopfzeile mit einer Rahmenlinie unterhalb versehen werden, s. Bild 10.7. Die Fußzeile erhält in der Mitte die Seitenzahl in der Schreibweise „Seite X / Y", außerdem eine hellgraue Rahmenlinie oberhalb.

Doppelklicken Sie im Dokument in den Kopfzeilenbereich oberhalb des oberen Seitenrandes und geben Sie links den Firmennamen ein. Dieser erhält etwas größere

Schrift in blauer Farbe und eine Rahmenlinie in derselben Farbe unterhalb. Als Firmenlogo verwenden wir für dieses Beispiel ein Piktogramm, das entsprechend verkleinert am rechten Rand platziert wird. Als Textumbruch eignen sich in diesem Fall *Vor den Text* oder *Hinter den Text* am besten. Außerdem erhält das Piktogramm noch eine, an die Designfarben angepasste, blaue Füllung.

Bild 10.7 So könnte Ihre Kopfzeile aussehen

Wechseln Sie in die Fußzeile und fügen Sie zentriert die Seitenzahl ein. Dazu klicken Sie im Register *Kopf- und Fußzeile* auf *Seitenzahl*, zeigen auf *Aktuelle Position* und wählen am Ende der Liste *Fett formatierte Seitenzahlen*. Markieren Sie dann das Wort „von" und ersetzen Sie es durch einen Schrägstrich. Wenn die Seitenzahlen nicht fett formatiert sein sollen, so markieren Sie diese und deaktivieren über das Symbol im Register *Start* (oder im Kontextmenü) die Fettschrift.

Formatieren Sie die Fußzeile noch mit einer Rahmenlinie oben und schließen Sie dann die Kopf- und Fußzeile.

Bild 10.8 Fußzeile mit Seitenzahl gestalten

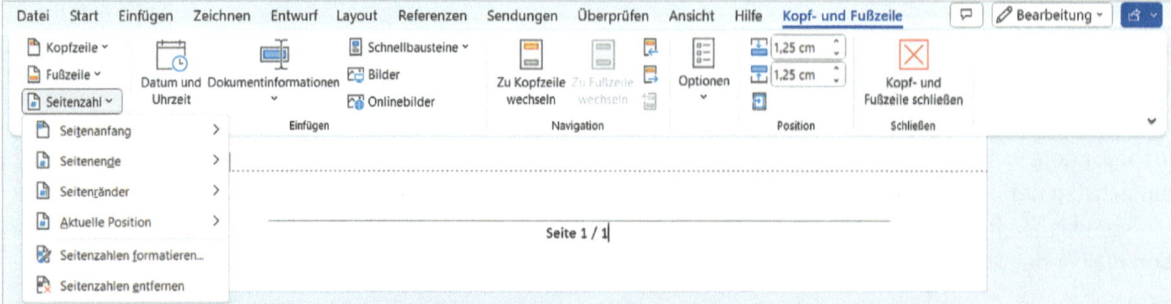

Sonstige Texte hinzufügen

Als gleichbleibenden Text erhält die Kurzmitteilung außerdem gleich eine entsprechende Überschrift, wie im Bild unten. Damit wäre die Dokumentvorlage eigentlich schon fertig zur Verwendung und braucht nur noch gespeichert werden.

Allerdings lassen sich viele Dokumentvorlagen mit Platzhaltern für den einzugebenden Text noch wesentlich komfortabler gestalten. Diese Platzhalter dürften Ihnen aus der Dokumentvorlage in Kapitel 1 bekannt sein. Auch Deckblätter und manche Kopf-

und Fußzeilen verfügen über solche Platzhalter. Mit diesem Elementen befassen wir uns im nächsten Punkt.

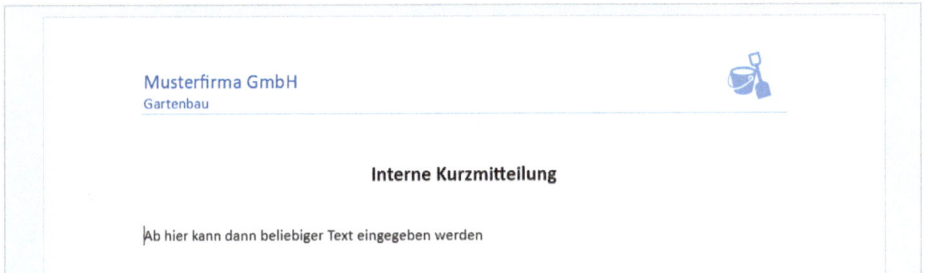

Bild 10.9 Die vorerst fertige Dokumentvorlage

10.3 Formularfelder einsetzen

Mit Word lassen sich auch Formulare erstellen, also Vordrucke, die Sie oder andere Personen später am Bildschirm ausfüllen. Dazu stellt Word spezielle Formularelemente zur Verfügung, die eine Tastatureingabe, Ankreuzen oder die Auswahl aus einer Liste unterstützen. Auch Formulare werden als Dokumentvorlage erstellt, daher ergänzen wir im nächsten Schritt die oben erstellte Dokumentvorlage Kurzmitteilung um solche Formularfelder.

Entwicklertools anzeigen

Die Formularfelder finden Sie im Menüband im Register *Entwicklertools*, das allerdings standardmäßig nicht sichtbar ist. Zum Einblenden klicken Sie mit der rechten Maustaste an eine beliebige Stelle im Menüband und auf *Menüband anpassen…*.

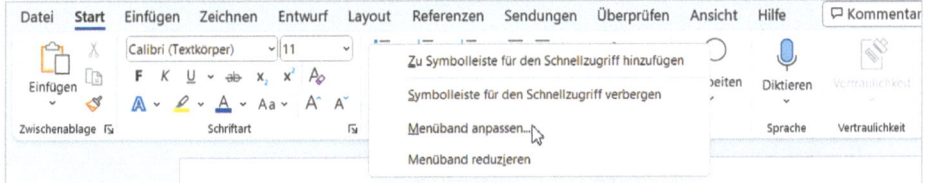

Bild 10.10 Menüband anpassen

Das Fenster *Word-Optionen* öffnet sich mit der Kategorie *Menüband anpassen*. Die rechte Liste enthält sämtliche Hauptregisterkarten, am Kontrollkästchen erkennen Sie die sichtbaren bzw. verfügbaren Register. Aktivieren Sie das Kontrollkästchen *Entwicklertools*, falls ausgeblendet, und schließen Sie die Word-Optionen mit *OK*.

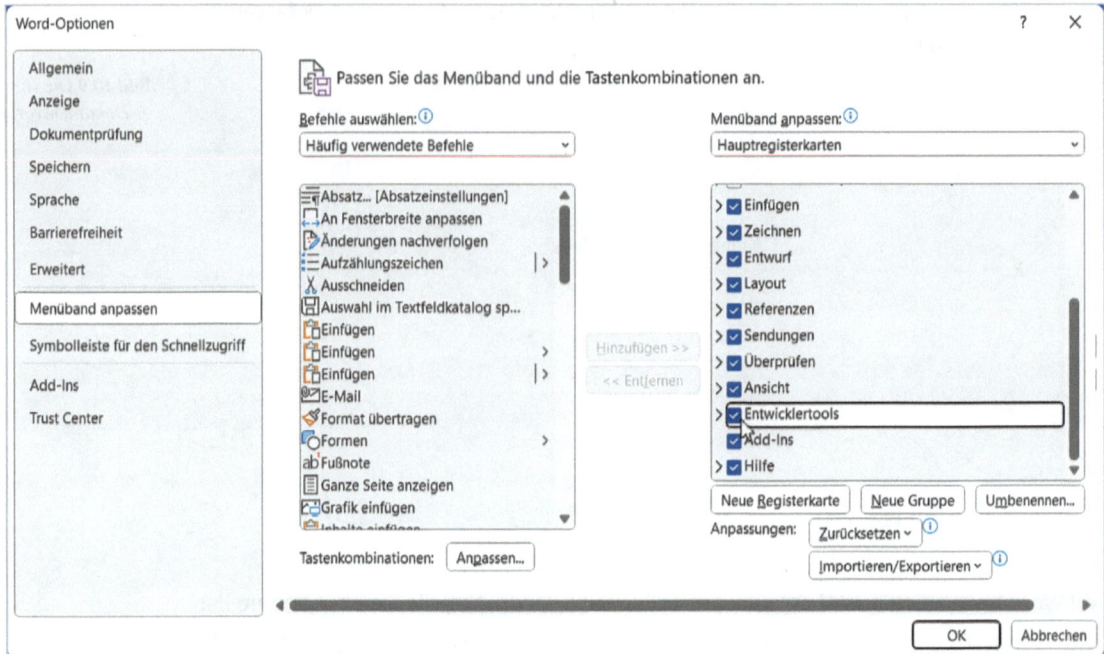

Bild 10.11 Entwicklertools anzeigen

Die wichtigsten Formularfelder im Überblick

Die Formularfelder finden Sie im Register *Entwicklertools* in der Gruppe *Steuerelemente*. Wir benötigen die folgenden Steuerelemente, der Rest ist für unser Beispiel nicht von Bedeutung.

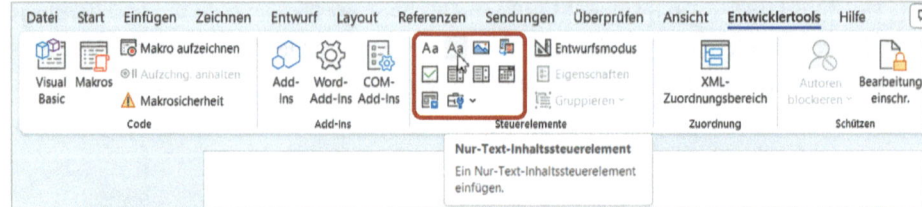

Bild 10.12 Inhaltssteuerelemente im Register Entwicklertools

▸ **Nur-Text-Inhaltssteuerelement** Aa : Erlaubt die Eingabe von Text oder Zahlen, die Formatierung richtet sich nach der Formatierung des gesamten Absatzes. Ein Absatzumbruch ist in solchen Feldern nicht möglich.

▸ **Rich-Text-Inhaltssteuerelement**: Wie Nur-Text Inhaltssteuerelement mit dem Unterschied, dass auch Absatzumbrüche und Formatierungen unterstützt werden.

▸ **Kontrollkästchensteuerelement** ☐ : Ermöglicht Ankreuzen bzw. Aktivieren und Deaktivieren per Mausklick oder durch Betätigen der Leertaste.

▸ **Kombinationsfeld-Inhaltssteuerelement** : Öffnet beim Klick auf den Pfeil eine Auswahlliste (Auswahlfeld). Aus dieser kann durch Anklicken ein bestimmter Eintrag ausgewählt werden. Zusätzlich ist auch die Eingabe von beliebigem Text möglich, falls der gewünschte Eintrag nicht in der Liste vorhanden ist. Dieser wird nicht in der Liste gespeichert.

- **Datumsauswahl-Inhaltssteuerelement** : Dieses Formularfeld steht speziell zur Datumseingabe zur Verfügung. Ein Klick auf den Pfeil öffnet ein Kalenderblatt zur Datumsauswahl. Dieses Datum wird **nicht** automatisch aktualisiert.

Inhaltssteuerelemente einfügen

Zur exakten Ausrichtung von Text und Inhaltssteuerelementen empfiehlt sich in vielen Fällen die Verwendung von Tabellen. Diese werden ohne Rahmenlinien formatiert und dafür die Gitternetzlinien eingeblendet (Register *Layout* ▶ *Gitternetzlinien anzeigen*). Die Tabelle zur Ausrichtung der Formularelemente in unserer internen Kurzmitteilung könnte aussehen, wie im Bild unten. Bei den Linien handelt es sich um die eingeblendeten Gitternetzlinien und keine Rahmenlinien.

Interne Kurzmitteilung

Von:		Datum:	
Abteilung			
An:			
Abteilung:			

Mit der Bitte um

	Kenntnisnahme
	Erledigung
	Weiterleitung
	Stellungnahme

Kommentar:

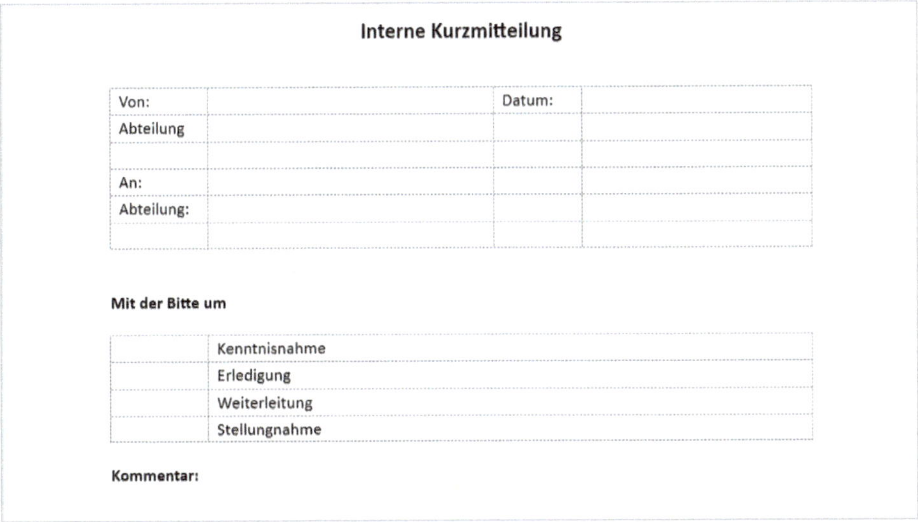

Bild 10.13 Die Tabelle ohne Steuerelemente

Nur-Text-Inhaltssteuerelement einfügen

1 In den Feldern Von: und An: ist eine Tastatureingabe erforderlich, dazu eignet sich am besten ein Nur-Text Inhaltssteuerelement. Positionieren Sie den Cursor in der entsprechenden Tabellenzelle und klicken Sie im Menüband, Register *Entwicklertools* auf *Nur-Text Inhaltssteuerelement*.

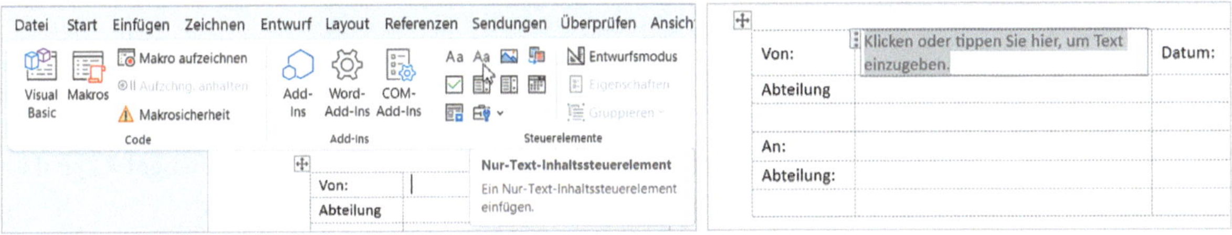

Bild 10.14 Nur-Text Inhaltssteuerelement einfügen

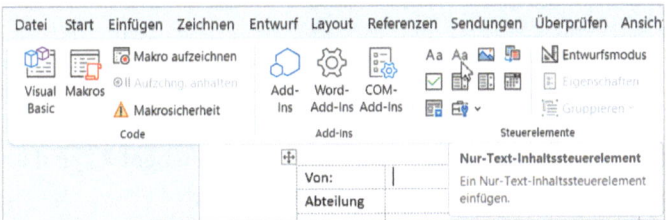

2   Das eingefügte Steuerelement zeigt einen kurzen Hinweistext an, dieser wird später durch die Tastatureingabe ersetzt. Der Rahmen und die graue Schattierung sind nur sichtbar, wenn das Feld angeklickt wurde bzw. sich der Cursor im Feld befindet. Beide werden nicht gedruckt!

3   Wiederholen Sie diese Schritte für das Feld An:

Datumsauswahl-Inhaltssteuerelement

Die Datumseingabe soll per Auswahl aus einem Kalenderblatt erfolgen. Setzen Sie den Cursor in die Tabellenzelle und klicken Sie auf *Datumsauswahl-Inhaltssteuerelement*.

Bild 10.15 Datumsauswahl-Inhaltssteuerelement

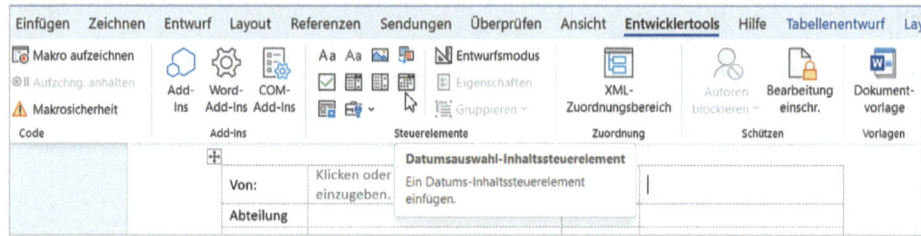

Mit Klick auf den Pfeil kann später beim Ausfüllen ein Datum ausgewählt werden.

Bild 10.16 Datum auswählen

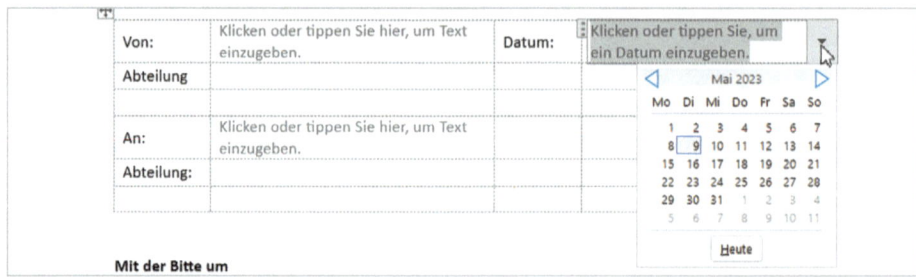

Kombinationsfeld-Inhaltssteuerelement

Zur Eingabe der Abteilung verwenden wir ein Auswahlfeld, in Word als Kombinationsfeld-Inhaltssteuerelement bezeichnet. Setzen Sie den Cursor in die entsprechende Tabellenzelle und klicken Sie auf *Kombinationsfeld-Inhaltssteuerelement*.

Bild 10.17 Kombinationsfeld-Inhaltssteuerelement einfügen

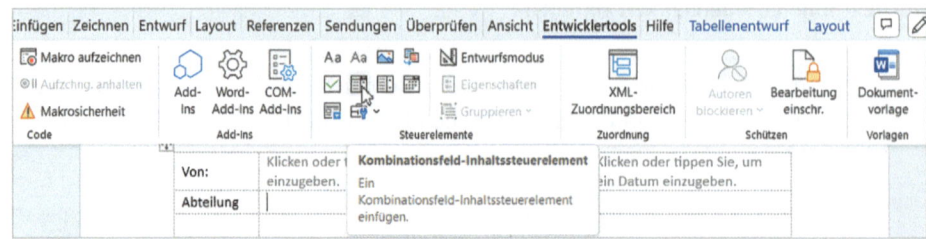

Listeneinträge hinzufügen

1   Zum Hinzufügen der Listeneinträge klicken Sie in das Steuerelement ❶ und im Menüband, Register *Entwicklertools*, auf *Eigenschaften* ❷.

2   Im Fenster *Eigenschaften* können Sie nun der Liste ❸ Einträge hinzufügen: Klicken Sie dazu auf *Hinzufügen…* ❹, geben Sie im Feld *Anzeigename* das erste Element der Liste ein ❺ und klicken Sie auf *OK*. Der Anzeigename wird automatisch in das Feld *Wert* übernommen.

3   Wiederholen Sie diesen Schritt für jeden Eintrag. Ein markierter Eintrag kann über Schaltflächen gelöscht oder in der Liste nach oben/unten verschoben werden.

4   Schließen Sie zuletzt das Fenster *Eigenschaften* mit *OK* ❻.

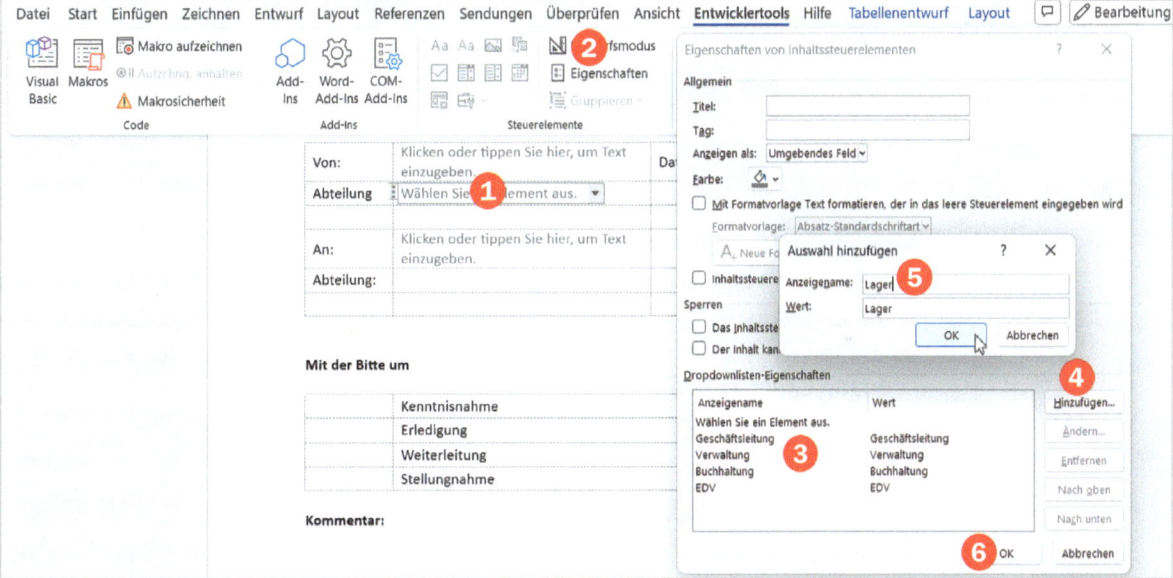

Bild 10.18 Listeneinträge hinzufügen

Später während des Ausfüllens wird mit Klick auf den Pfeil die Liste geöffnet und ein Element durch Anklicken übernommen. Oder öffnen Sie die Liste mit den Tasten **Alt+Pfeil nach unten**, wählen ein Element mit den Pfeiltasten aus und übernehmen dieses mit der **Eingabetaste**.

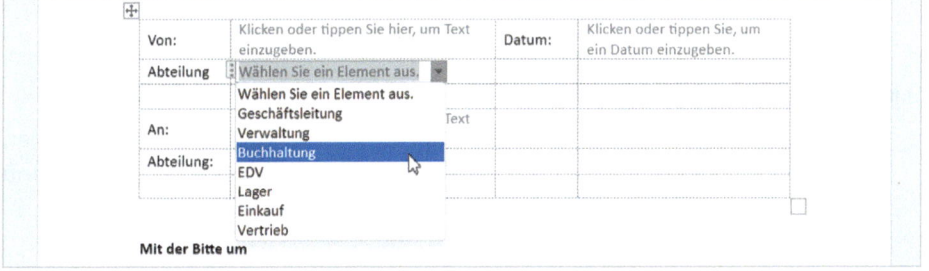

Bild 10.19 Element aus einer Liste auswählen

Tipp: Da das Auswahlfeld Abteilung ein zweites Mal benötigt wird, können Sie Arbeit sparen, indem Sie das Steuerelement mit allen Eigenschaften einfach kopieren. Klicken Sie dazu mit der rechten Maustaste in das Steuerelement und auf *Kopieren*. Anschließend fügen Sie die Kopie mit **Strg-V** an der gewünschten Stelle ein.

Kontrollkästchensteuerelement

Nun fehlen noch die Kontrollkästchen. Klicken Sie nacheinander in die betreffenden Tabellenzellen und im Register *Entwicklertools* auf *Kontrollkästchensteuerelement*.

Bild 10.20 Kontrollkästchensteuerelement einfügen

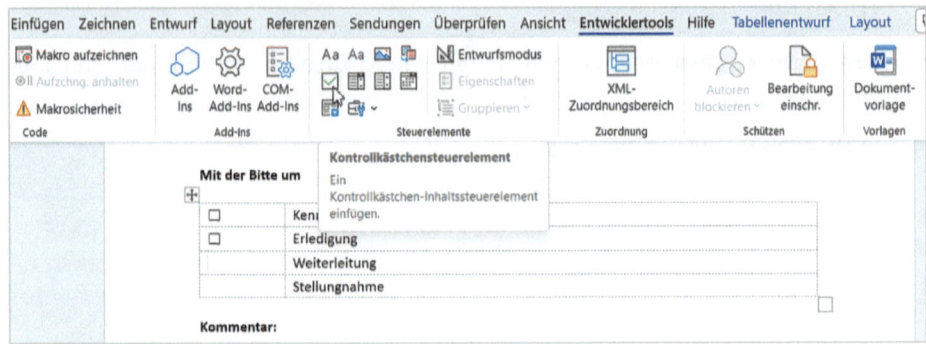

Steuerelement für Bemerkungen

Zuletzt fehlt eigentlich nur noch am Ende ein Steuerelement für Bemerkungen und Kommentare, in das Text beliebiger Länge eingegeben werden kann. Dazu eignet sich am besten ein *Rich-Text-Steuerelement*, da dieses auch Absatzumbrüche und einfache Formatierungen erlaubt.

Bild 10.21 Rich-Text-Steuerelement einfügen

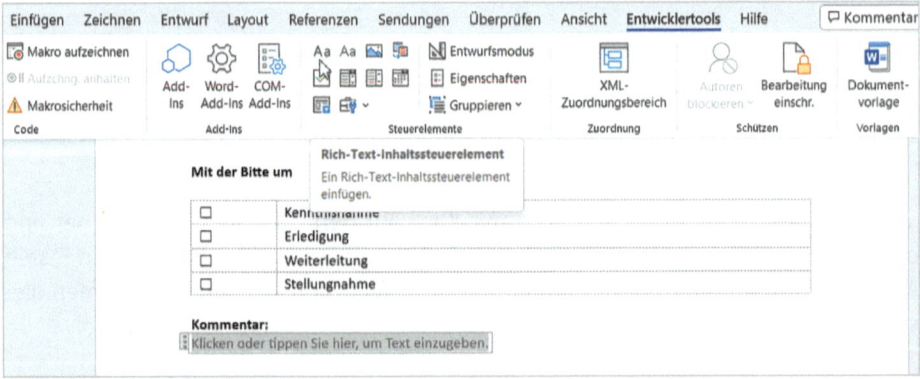

Inhaltssteuerelement löschen

▶ Nicht benötigte oder versehentlich eingefügte Inhaltssteuerelemente löschen Sie, indem Sie diese mit der rechten Maustaste anklicken und im Kontextmenü auf *Inhaltssteuerelement entfernen* klicken.

▶ Oder klicken Sie in das Inhaltssteuerelement und dann auf die drei Punkte, um es vollständig zu markieren. Danach können Sie das Inhaltssteuerelement auch mit der **Entf**-Taste löschen.

Damit ist die Dokumentvorlage für interne Kurzmitteilungen fertig und kann gespeichert werden.

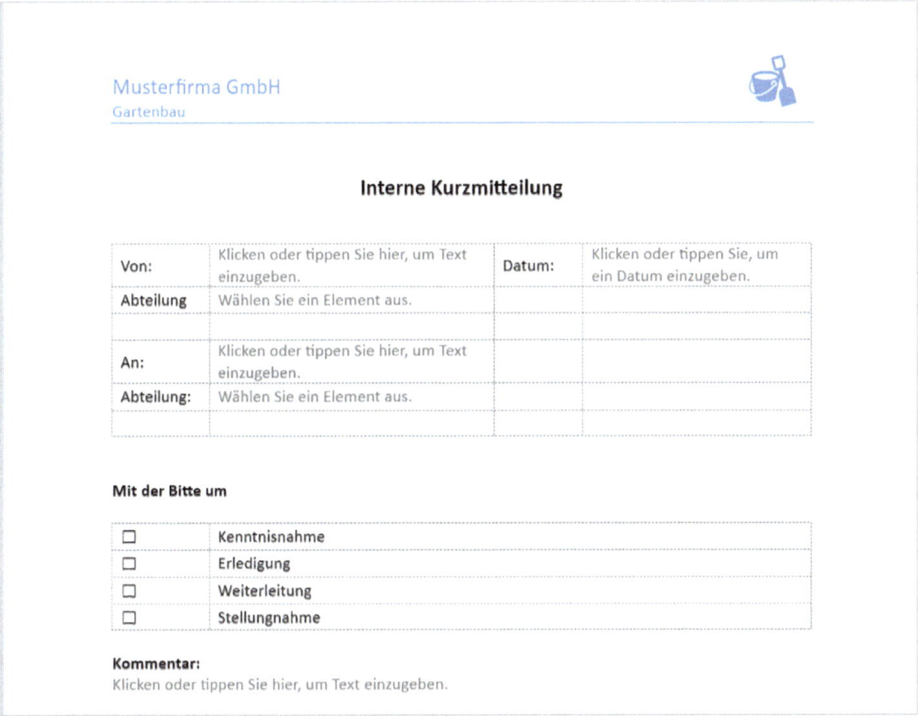
Musterfirma GmbH
Gartenbau

Interne Kurzmitteilung

Von:	Klicken oder tippen Sie hier, um Text einzugeben.	Datum:	Klicken oder tippen Sie, um ein Datum einzugeben.
Abteilung	Wählen Sie ein Element aus.		
An:	Klicken oder tippen Sie hier, um Text einzugeben.		
Abteilung:	Wählen Sie ein Element aus.		

Mit der Bitte um

☐	Kenntnisnahme
☐	Erledigung
☐	Weiterleitung
☐	Stellungnahme

Kommentar:
Klicken oder tippen Sie hier, um Text einzugeben.

Bild 10.22 Die fertige Dokumentvorlage

10.4 Dokumentvorlagen und Formulare schützen

Häufig soll ein Formular oder eine Dokumentvorlage von mehreren Personen genutzt werden. Um unbeabsichtigte Änderungen an der Dokumentvorlage zu verhindern und ausschließlich Eingaben in die dafür vorgesehenen Felder zuzulassen, sollten Sie die Dokumentvorlage schützen, am besten mit einem Kennwort.

Wie Sie ein normales Dokument mit einem Kennwort schützen, lesen Sie in Kap. 3.10 nach.

1. Dazu klicken Sie im Menüband, Register *Entwicklertools* auf *Bearbeitung einschr.* ❶ (Bild 10.23). Danach öffnet sich der Aufgabenbereich *Bearbeitung einschränken* am rechten Rand des Word-Fensters.
2. Aktivieren Sie unter Punkt *2. Bearbeitungseinschränkungen* das Kontrollkästchen *Nur diese Bearbeitungen zulassen* ❷ und wählen Sie im Feld unterhalb *Ausfüllen von Formularen* ❸ aus.
3. Klicken Sie bei Punkt *3. Schutz anwenden* auf die Schaltfläche *Ja, Schutz jetzt anwenden* ❹. Geben Sie im nachfolgenden Fenster ein Kennwort zum Aufheben des Schutzes ein ❺ und wiederholen Sie dieses.

   Falls Sie kein Kennwort vereinbaren möchten, so lassen Sie die Felder einfach leer und klicken auf *OK*.

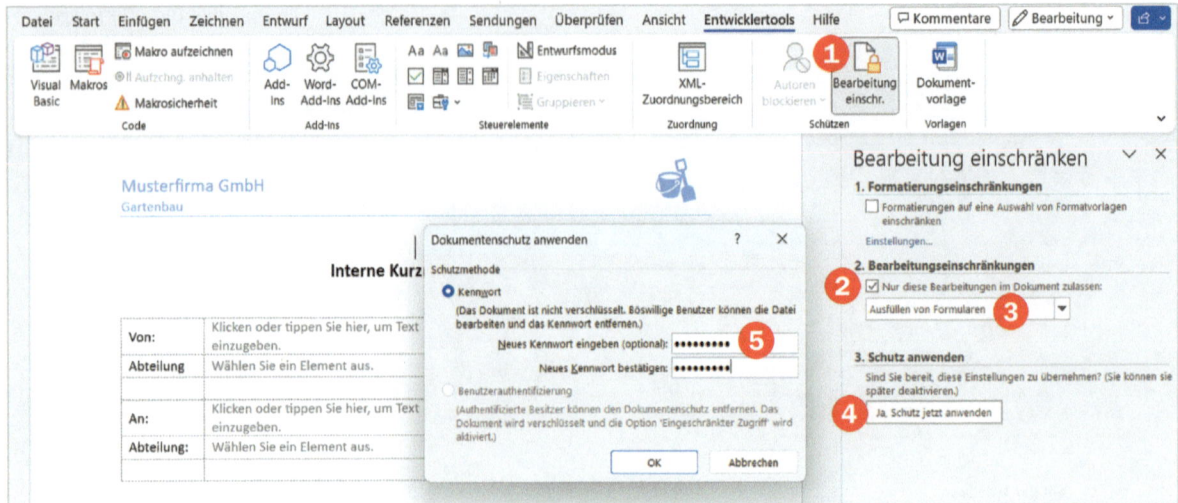

Bild 10.23 Formular schützen

Schutz aufheben

Vor eventuellen Änderungen an der Dokumentvorlage müssen Sie den Schutz aufheben. Klicken Sie dazu ebenfalls im Register *Entwicklertools* auf *Bearbeitung einschr.* und dann im Aufgabenbereich *Bearbeitung einschränken* auf *Schutz aufheben*. Geben Sie im nachfolgenden Fenster Ihr Kennwort ein bzw. lassen Sie das Feld leer, wenn kein Kennwort vereinbart wurde.

Kennwort entfernen: Falls Sie ein vereinbartes Kennwort wieder entfernen möchten, so heben Sie ebenfalls zuerst unter Eingabe des Kennworts den Schutz auf. Klicken Sie anschließend auf *Ja, Schutz jetzt anwenden*, lassen die Felder *Kennwort* leer und klicken auf *OK*.

Ausfüllen der geschützten Formularfelder

Wenn Sie ein neues Dokument aus einer geschützten Dokumentvorlage mit Formularfeldern erstellen (s. Seite 302), dann brauchen Sie nur die **Tab**-Taste betätigen, um von einem Formularfeld zum nächsten zu springen. Auswahl- und Datumsauswahlfelder öffnen Sie mit den Tasten **Alt**+**Pfeil nach unten**, wählen ein Element mit den Pfeiltasten aus und übernehmen dieses mit der **Eingabetaste**.

Bild 10.24 Formular ausfüllen

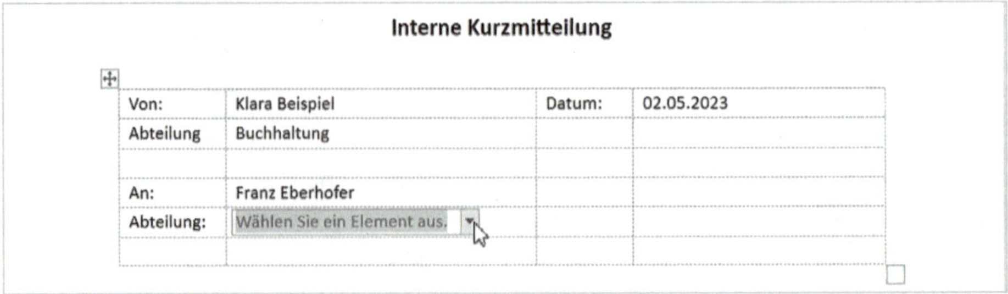

11 Einführung Seriendruck

In diesem Kapitel lernen Sie ...
- Empfängerliste erstellen, öffnen und bearbeiten
- Einfache Serienbriefe erstellen und drucken
- Anschrift und Grußzeile einfügen
- Serienbriefe sortieren und filtern
- Seriendruck-Etiketten erstellen

Das sollten Sie bereits wissen
- Texteingabe und -korrektur
- Dokumente speichern und öffnen
- Zeichen und Absätze formatieren
- Arbeiten mit Tabellen

Als Seriendruck bezeichnet man die Möglichkeit, Dokumente wie beispielsweise Briefe, Angebote oder Einladungen an einen größeren Personenkreis zu adressieren. Beim Drucken werden einzelne Elemente wie individuelle Anschrift oder persönliche Anrede aus den gespeicherten Empfängeradressen nacheinander in das Dokument eingesetzt. Neben Serienbriefen können Sie auf diese Weise auch Umschläge und Adressetiketten erstellen. Für den Seriendruck sind zwei Dokumente bzw. Dateien erforderlich:

- Ein Word-Dokument mit dem Brieftext, auch als Hauptdokument bezeichnet.
- Eine zweite Datei mit den Adressinformationen, sie wird auch als Datenquelle bezeichnet. Die Adressen können in Form von verschiedenen Dateitypen, z. B. Excel-Arbeitsmappe, Textdatei oder Access-Datenbanktabelle vorliegen.

Alle Befehle zum Seriendruck finden Sie im Menüband im Register *Sendungen*. Die meisten sind erst verfügbar, nachdem Seriendruck vereinbart wurde.

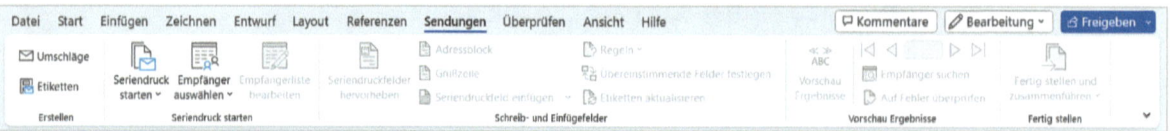

Bild 11.1 Register Sendungen

Achtung: Die Symbole *Umschläge* und *Etiketten* in der Gruppe *Erstellen* beziehen sich nicht auf den Seriendruck, sondern dienen zum Drucken von Einzeladressen!

11.1 Empfängeradressen

Aufbau und Dateitypen

CSV, Abkürzung für Comma Separated Values, was sich auf deutsch mit Komma oder Semikolon (;) getrennte Werte übersetzen lässt.

Die Adressen für den Seriendruck sind im Normalfall bereits vorhanden: Entweder in Form einer Microsoft Excel-Tabelle oder sie wurden aus einer Datenbank in eine Textdatei im gängigen CSV-Dateiformat exportiert, wobei anstelle von Tabellenspalten die Werte mit Komma oder Semikolon (;) getrennt werden. Beide werden neben anderen gängigen Dateiformaten von Word beim Seriendruck unterstützt. Natürlich können Sie die Adressen auch in einem Word-Dokument in Form einer Tabelle speichern. Unabhängig davon sollte die erste Zeile in jedem Fall die Spaltenüberschriften enthalten. Diese werden später als Seriendruckfelder in den Brief eingefügt.

Begriffe: In Verbindung mit dem Seriendruck werden aus dem Bereich Datenbanken häufig die beiden Begriffe Datensatz und Datenfeld bzw. Feld verwendet:

- Als **Datensatz** bezeichnet man eine einzelne Adresse einer Datenbank, in einer Tabelle entspricht ein Datensatz einer Tabellenzeile.
- Als **Datenfelder** bezeichnet man die Spalten einer Datenbanktabelle. Die erste Zeile der Tabelle enthält die Spaltenüberschriften (Feldnamen).

Adressen aus einer Microsoft Excel-Tabelle verwenden

Wenn die Adressen in einer Microsoft Excel-Tabelle gespeichert sind, dann sollten Sie darauf achten, dass die Tabelle in der ersten Zeile und Spalte des Tabellenblatts beginnt. Ist dies nicht der Fall, so muss der Zellbereich, der die Adressen enthält mit einem Bereichsnamen versehen sein. Zur besseren Orientierung sollten Sie außerdem in einer Mappe mit mehreren Tabellenblättern Blattnamen verwenden.

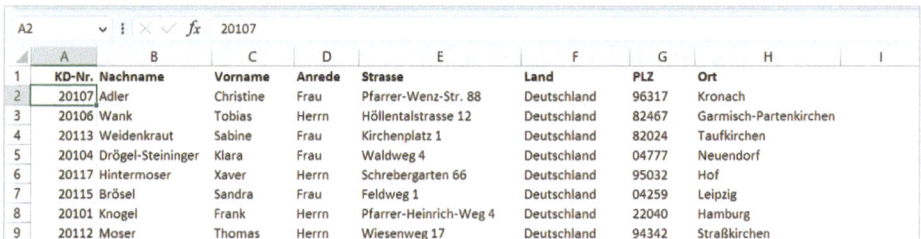

Bild 11.2 Beispiel Excel-Tabelle

Microsoft Word-Dokument als Datenquelle

Wenn Sie die Adressen in einem Word-Dokument erfassen und speichern möchten, so verwenden Sie dazu am besten eine Tabelle. Auf Formatierungen kann verzichtet werden, da diese in Serienbriefen nicht berücksichtigt werden. Als Alternative zur Tabelle können Sie die einzelnen Adressfelder wie Name, PLZ und Ort auch mit Tabstopps oder Semikolon (;) trennen. Hier einige Beispiele:

Kunden-Nr.	Anrede	Vorname	Nachname	Straße	Land	PLZ	Ort
153	Herr	Alfons	Altenkirchner	Obere Waldstr. 14	D	88212	Ravensburg
771	Herr	Bernhard	Feldmann	Donauweg 41	D	94056	Regensburg
106	Frau	Irene	Rother	Kapellenweg 23	D	44317	Dortmund
763	Frau	Doris	Rettich	Jahnstr. 9	D	22041	Hamburg

Bild 11.3 Tabelle

```
Kunden-Nr. → Anrede → Vorname → Nachname →   Straße            → Land → PLZ   → Ort¶
153        → Herr   → Alfons   → Altenkirchner → Obere-Waldstr.·14 → D    → 88212 → Ravensburg¶
771        → Herr   → Bernhard → Feldmann    → Donauweg·41       → D    → 94056 → Regensburg¶
106        → Frau   → Irene    → Rother      → Kapellenweg·23    → D    → 44317 → Dortmund¶
763        → Frau   → Doris    → Rettich     → Jahnstr.·9        → D    → 22041 → Hamburg¶
```

Bild 11.4 Tabstopps

```
Kunden-Nr.; Anrede; Vorname; Nachname; Straße; Land; PLZ; Ort
153; Herr; Alfons; Altenkirchner; Obere Waldstr. 14; D; 88212; Ravensburg
771; Herr; Bernhard; Feldmann; Donauweg 41; D; 94056; Regensburg
106; Frau; Irene; Rother; Kapellenweg 23; D; 44317; Dortmund
763; Frau; Doris; Rettich; Jahnstr. 9; D; 22041; Hamburg
```

Bild 11.5 Trennzeichen Semikolon

> ▪ **Beachten Sie die Voraussetzungen**
>
> Das Dokument darf oberhalb der Tabelle keinerlei weiteren Text enthalten. Außerdem sollte die erste Zeile Spaltenüberschriften enthalten.

Neue Adressenliste erstellen und speichern

Sollten noch keine gespeicherten Adressen vorhanden sein, so bietet Word in Zusammenhang mit Seriendruck die Möglichkeit, die Adressen in eine Datenbankdatei einzugeben und zu speichern. Dabei gehen Sie wie folgt vor:

1   Klicken Sie im Menüband auf das Register *Sendungen* und auf die Schaltfläche *Empfänger auswählen* ❶. Wählen Sie *Neue Liste eingeben…*.

2   Word öffnet das Fenster *Neue Adressliste* mit einer leeren Tabelle und Sie können in der ersten Zeile die erste Adresse eingeben ❷. Durch Anklicken oder mit der **Tab**-Taste gelangen Sie in die nächste Spalte.

- **Weitere Adressen bzw. Zeilen hinzufügen**: Klicken Sie auf die Schaltfläche *Neuer Eintrag* ❸ um eine weitere Zeile anzufügen.
- **Achtung**: Mit Drücken der **Eingabetaste** beenden Sie dagegen die Eingabe und schließen die Adressliste!

Bild 11.6 Neue Adressliste, Adressliste anpassen

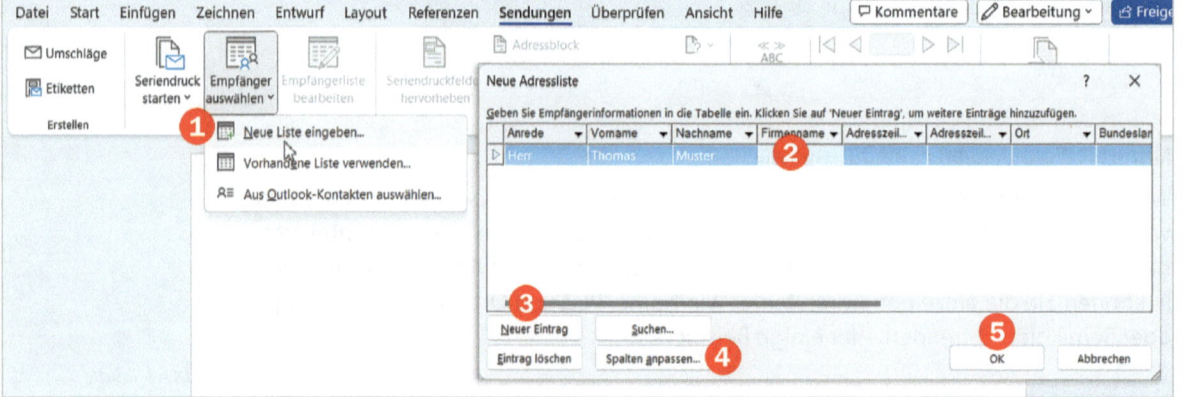

3   Falls Sie in der Tabelle zusätzliche Spalten benötigen oder überzählige entfernen möchten, können Sie vor Beginn der Eingabe mit Klick auf die Schaltfläche *Spalten anpassen* ❹ Tabellenspalten hinzufügen oder löschen.

4   Mit der Schaltfläche *OK* ❺ beenden Sie die Adresseingabe. Anschließend werden Sie aufgefordert, die Adressliste zu speichern. Als Speicherort wird meist der Ordner *Meine Datenquellen* vorgeschlagen, Sie können aber auch jeden beliebigen anderen Speicherort wählen.

Bild 11.7 Adressliste speichern

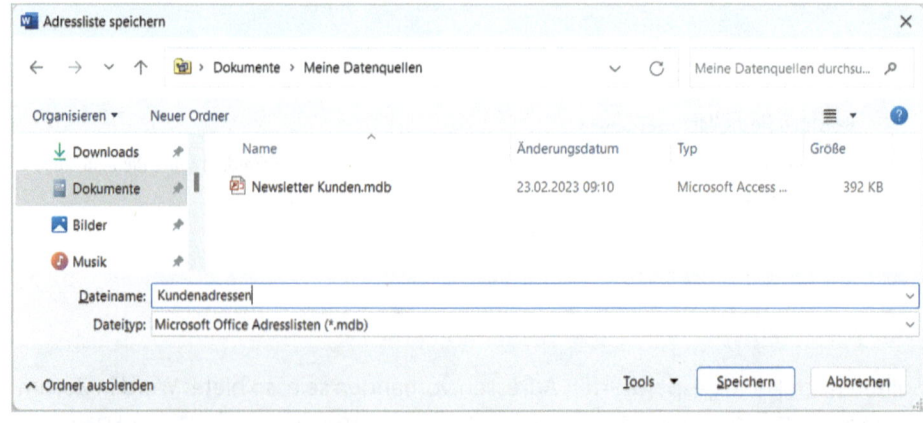

Falls Sie nachträglich die Adressen erneut öffnen und bearbeiten möchten, so klicken Sie im Menüband, Register *Sendungen* auf *Empfängerliste bearbeiten*, s. Seite 319.

Eine auf diese Weise erstellte Adressliste ist damit automatisch mit dem aktuellen Dokument als Hauptdokument verbunden und Sie können mit der Erstellung des Serienbriefs beginnen.

11.2 Serienbriefe erstellen

Die häufigste Form des Seriendrucks sind Briefe mit einer individuellen Anschrift und Anrede. Sie können dazu mit einem neuen, leeren Dokument beginnen oder ein bereits vorhandenes Dokument verwenden. Bei einem leeren Dokument beginnen Sie am besten mit dem Brieftext, Anschrift und andere individuelle Bestandteile des Briefs, beispielsweise eine persönliche Anrede, lassen Sie vorerst leer.

> Speichern Sie unbedingt das Dokument, bevor Sie mit der Erstellung des eigentlichen Serienbriefs beginnen!

Alle Schaltflächen und Befehle zur Erstellung und Bearbeitung von Seriendruck-Dokumenten finden Sie im Register *Sendungen*. **Ausnahme**: Die Schaltflächen *Umschläge* und *Etiketten* in der Gruppe *Erstellen* ganz links gehören nicht zum Seriendruck! Zur Erstellung von Serienbriefen verwenden Sie die übrigen Gruppen und Schaltflächen in der Reihenfolge von links nach rechts.

Bild 11.8 Das Register Sendungen

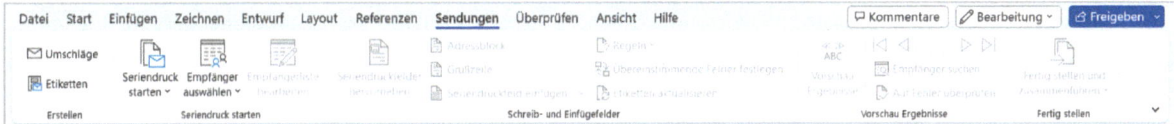

1. Schritt: Seriendruck starten und Dokumenttyp festlegen

Im ersten Schritt wandeln Sie das aktuelle Word-Dokument in ein Seriendruck-Dokument um und starten damit den Seriendruck. Wechseln Sie dazu im Menüband in das Register *Sendungen* und klicken Sie in der Gruppe *Seriendruck starten* auf *Seriendruck starten*. Wählen Sie den Dokumenttyp *Briefe*.

Bild 11.9 Dokumenttyp Briefe

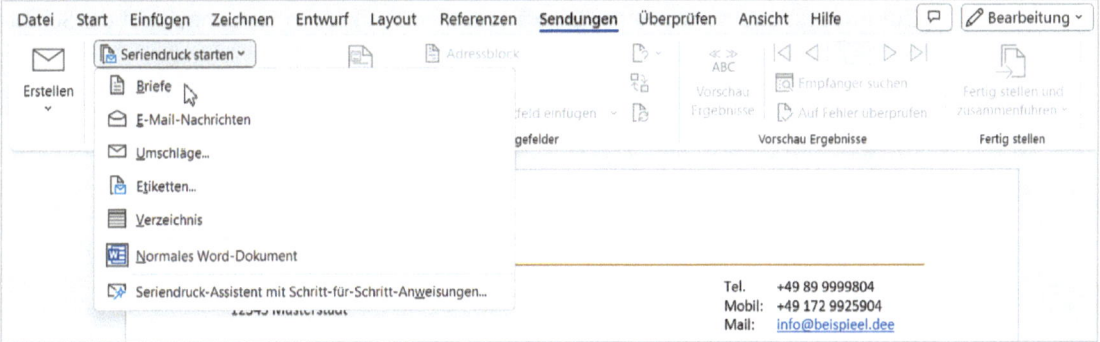

2. Schritt: Empfängeradressen auswählen

Im nächsten Schritt geben Sie an, welche Datei die Empfängeradressen enthält. Klicken Sie hierzu im Register *Sendungen* auf *Empfänger auswählen*.

▶ Liegen die Adressen bereits als Datei vor, z. B. als Excel-Arbeitsmappe oder Textdatei, so klicken Sie auf *Vorhandene Liste verwenden…* und wählen die benötigte Datei aus. Sollten noch keine Adressen gespeichert sein, so können Sie mit dem Befehl *Neue Liste eingeben…* an dieser Stelle auch eine neue Liste bzw. Datenbank erstellen, siehe Seite 317.

▶ Wenn Microsoft Outlook nutzen, so können Sie über *Aus Outlook-Kontakten auswählen…* auch die Kontakte aus Microsoft Outlook für Serienbriefe nutzen.

In diesem Beispiel verwenden wir eine bereits gespeicherte Adressdatei, klicken Sie daher auf *Vorhandene Liste verwenden…* ❶. Das Fenster *Datenquelle auswählen* wird geöffnet. Markieren Sie die Datei, die Ihre Adressen enthält und klicken Sie auf die Schaltfläche *Öffnen*.

Handelt es sich um eine Excel-Arbeitsmappe, wie im Bild unten, dann müssen Sie außerdem angeben, welches Tabellenblatt ❷ die Daten enthält, da Excel-Arbeitsmappen auch mehrere Tabellen umfassen können. Im Normalfall sollten sich in der ersten Zeile die Spaltenüberschriften befinden, dann muss auch das Kontrollkästchen *Erste Datenreihe enthält Spaltenüberschriften* ❸ aktiviert sein. Zuletzt klicken Sie auf *OK*.

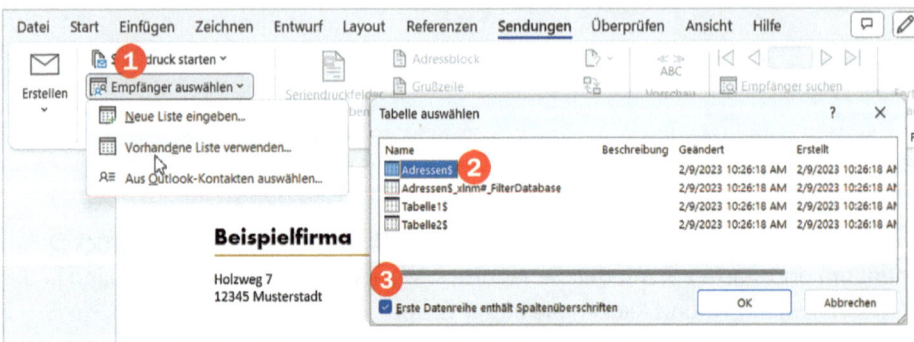

Bild 11.10 Excel-Tabellenblatt auswählen

Zur Anzeige und Kontrolle der Empfängeradressen klicken Sie danach auf die Schaltfläche *Empfängerliste bearbeiten* ❹.

Bild 11.11 Empfänger anzeigen

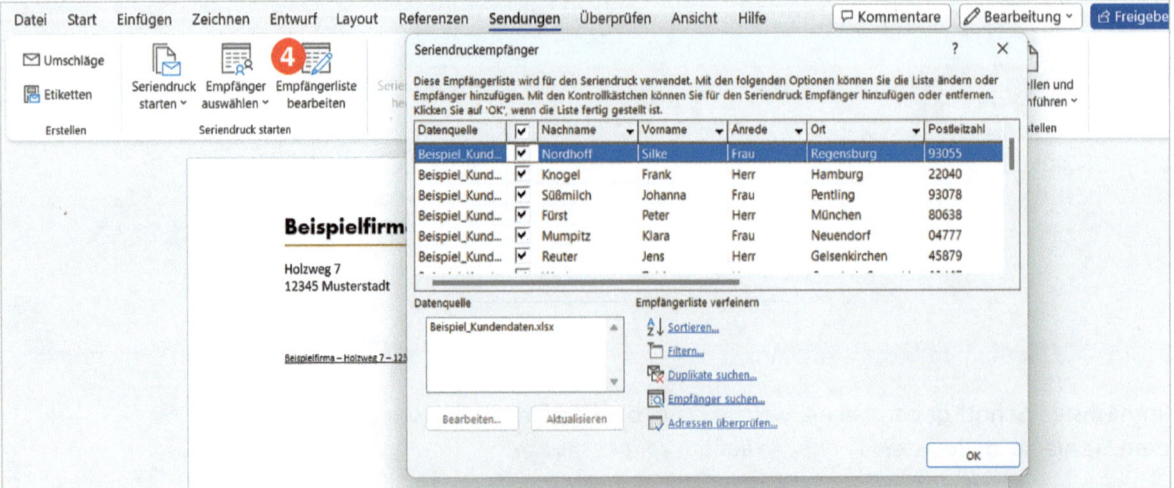

Im Fenster *Seriendruckempfänger* (Bild 11.11) können Sie anschließend kontrollieren, ob alle Adressen korrekt erkannt wurden und mit *OK* schließen Sie das Fenster wieder. Die Reihenfolge der Spalten stimmt meist nicht mit der Datenquelle überein, dies ist aber nicht weiter von Bedeutung.

3. Schritt: Seriendruckfelder einfügen

Nachdem das Hauptdokument mit der Datenquelle verbunden wurde, stehen Ihnen auch die Seriendruckfelder zur Verfügung. Diese werden aus den Spaltenüberschriften bzw. Feldnamen der Datenquelle gebildet, sie dienen als Platzhalter im Brieftext, und werden später beim Drucken durch die Inhalte der jeweiligen Spalte ersetzt. Im nächsten Schritt fügen Sie nun an den passenden Stellen die Seriendruckfelder ein. Hier als Beispiel die Postanschrift:

1. Positionieren Sie den Cursor im Brief an derjenigen Stelle, an der Sie das erste Feld der Empfängeranschrift einfügen möchten.

2. Klicken Sie im Register *Sendungen* des Menübands in der Gruppe *Schreib- und Einfügefelder* auf den Dropdown-Pfeil der Schaltfläche *Seriendruckfeld einfügen*. Es erscheint eine Liste aller Felder der ausgewählten Datenquelle und mit einem Mausklick fügen Sie das erste Feld an der Cursorposition ein.

3. Geben Sie danach ein Leerzeichen oder ein Absatzende ein, klicken Sie erneut auf den Dropdown-Pfeil und fügen Sie das nächste Seriendruckfeld ein. Genauso verfahren Sie beim Einfügen der übrigen Seriendruckfelder.

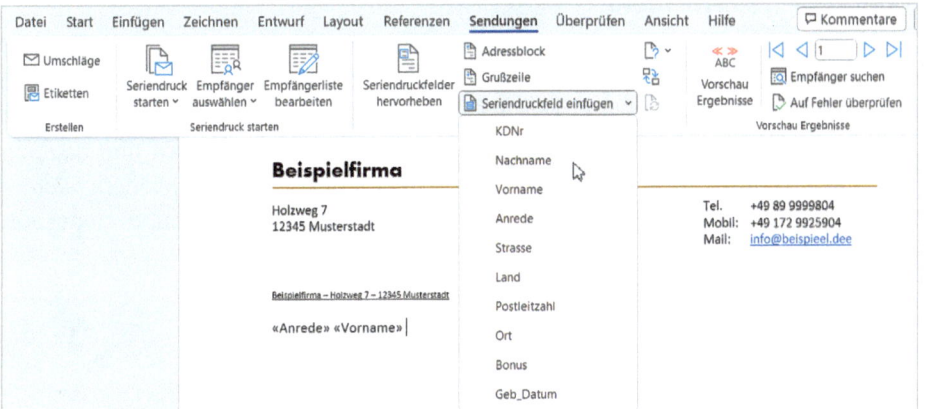

Bild 11.12 Seriendruckfeld einfügen

Seriendruckfelder sind im Dokument an den doppelten spitzen Klammern leicht zu erkennen. **Achtung**: Leerzeichen zwischen den Seriendruckfeldern müssen Sie per Tastatur eingeben, diese werden nicht automatisch eingefügt!

> ■ **Was passiert, wenn in der Datenquelle ein Seriendruckfeld leer ist?**
>
> Ist bei einer Adresse ein Feld leer, so erscheinen später auf dem Ausdruck trotzdem die Leerzeichen vor und nach diesem Feld. Aus leeren Feldern resultierende Leerzeilen werden dagegen unterdrückt.

Hinweis: Mit einem Mausklick direkt auf das Symbol *Seriendruckfeld einfügen* öffnet sich das Fenster *Seriendruckfeld einfügen* (Bild 11.13). Markieren Sie in diesem Fall das gewünschte Feld und klicken Sie auf die Schaltfläche *Einfügen*. Das Fenster bleibt geöffnet, so dass Sie alle Seriendruckfelder nacheinander einfügen können. Die erforderlichen Leerzeichen und Zeilenumbrüche müssen Sie in diesem Fall nach dem Schließen des Fensters zwischen den Seriendruckfeldern einfügen.

Achtung: Bei einer benutzerdefinierten Datenquelle, z. B. Excel-Tabelle muss die Option *Datenbankfelder* ausgewählt sein, damit die Seriendruckfelder korrekt angezeigt werden.

Bild 11.13 Das Fenster Seriendruckfeld einfügen

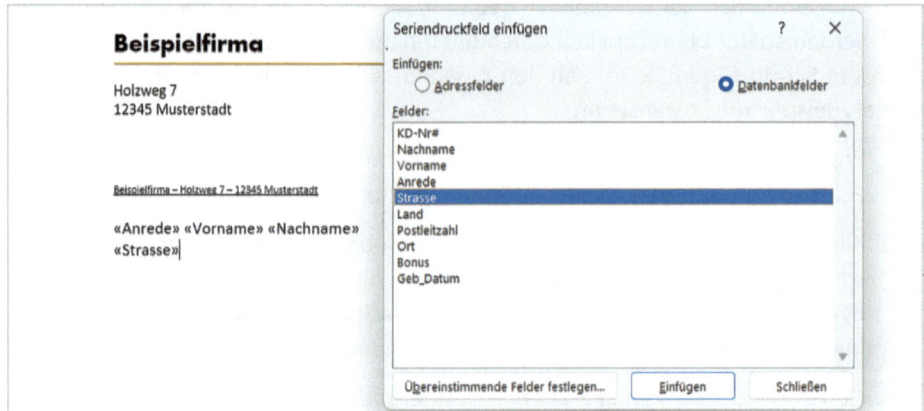

Seriendruckfelder hervorheben

Seriendruckfelder erscheinen, wie alle Felder in Word, grau schattiert, wenn Sie darauf klicken. Wenn Sie zur besseren Übersicht alle Seriendruckfelder optisch hervorheben möchten, dann klicken Sie im Register *Sendungen* ▶ *Schreib- und Einfügefelder* auf *Seriendruckfelder hervorheben*. Diese Schattierung wird nicht gedruckt und dadurch sind auch eventuell fehlende Leerzeichen zwischen den Seriendruckfeldern leichter zu erkennen. Ein weiterer Klick auf das Symbol schaltet die Hervorhebung wieder aus.

Bild 11.14 Hervorgehobene Seriendruckfelder

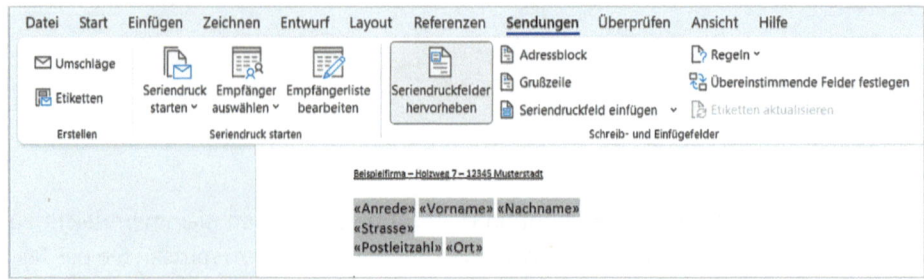

Adressblock verwenden

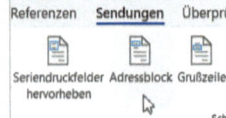

Als Alternative zu den einzelnen Seriendruckfeldern können Sie mit der Schaltfläche *Adressblock* die Postanschrift auch in einem einzigen Feld einfügen, wie im Bild unten. Dieser ist allerdings auf Empfängerlisten zugeschnitten, die Sie über *Neue Liste*

erstellen… eingegeben haben. Bei Verwendung einer eigenen Datenquelle erscheint dagegen häufig die Adresse zunächst unvollständig, wie in Bild 11.16. Dann müssen Sie den Adressblock erst anpassen, s. weiter unten.

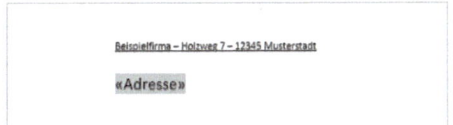
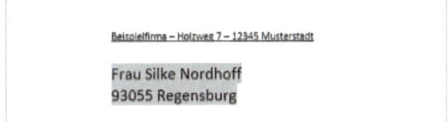

Bild 11.15 Adressblock im Brief

Bild 11.16 … und das Resultat

1. Zum Einfügen des Adressblocks setzen Sie den Cursor an die gewünschte Stelle und klicken im Register Sendungen auf *Adressblock* ❶.

2. Im nachfolgenden Dialogfenster *Adressblock einfügen* können Sie nun das Aussehen des Adressblocks näher definieren.

   - **Name und Anrede:** Bei *Empfängernamen in diesem Format einfügen* ❷ können Sie zwischen verschiedenen Schreibweisen wählen und beispielsweise vereinbaren, dass im Adressfeld keine Anrede (Frau/Herr) verwendet wird.
   - **Firmenname:** Handelt es sich um eine Firmenanschrift, dann entscheiden Sie bei *Firmennamen einfügen*, ob dieser Teil der Adresse sein soll, was in der Regel der Fall sein dürfte. Wenn die entsprechende Spalte in der Datenquelle mit *Firma* beschriftet ist, sollten hier keine Probleme entstehen.
   - **Postanschrift:** Das aktivierte Kontrollkästchen *Postanschrift einfügen* sorgt dafür, dass der Adressblock auch die Anschrift des Empfängers umfasst. Die Optionen für *Land/Region* setzen voraus, dass die Datenquelle das Feld *Land* enthält.

3. Rechts im Fenster sehen Sie eine Vorschau auf den Adressblock ❸ und mit den Pfeilsymbolen ❹ blättern Sie durch die Datensätze. Allerdings weisen die Adressen im Bild unten einen Fehler auf: die Straße fehlt.

4. Ist die Adresse in der Vorschau korrekt, so klicken Sie zum Einfügen auf *OK*. Andernfalls müssen Sie zuvor noch mit Klick auf *Übereinstimmende Felder festlegen* ❺ den Adressblock anpassen.

Bild 11.17 Adressblock einfügen

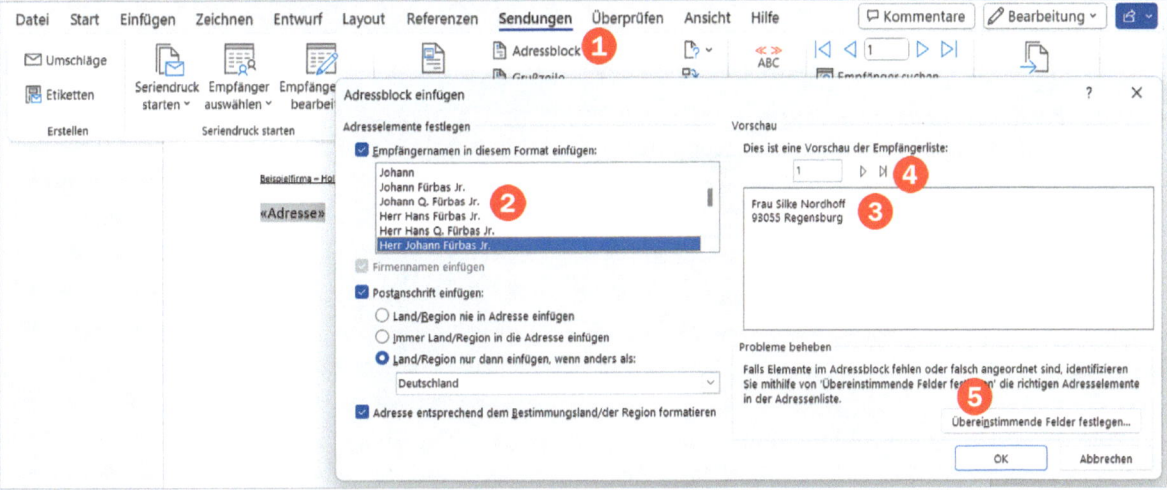

Adressblock anpassen

Wenn, wie in diesem Beispiel, Elemente der Anschrift fehlen oder nicht richtig angeordnet sind, dann liegt die Ursache in den unterschiedlichen Feldnamen und Sie müssen angeben, aus welchen Feldern der Datenquelle die Anschrift gebildet werden soll. Dies erfolgt über die Schaltfläche *Übereinstimmende Felder festlegen...* (Bild 11.17).

1. Im Fenster *Übereinstimmende Felder festlegen* sehen Sie links die erforderlichen Feldnamen und rechts daneben die zugeordneten Felder der Datenquelle. Wurde keine Übereinstimmung gefunden *(nicht übereinstimmend)*, so klicken Sie darauf und wählen das passende Feld der Datenquelle aus. In diesem Beispiel muss bei *Adresse 1* das Feld *Strasse* ausgewählt werden.

2. Wiederholen Sie diesen Schritt für alle erforderlichen und nicht übereinstimmenden Felder und klicken Sie abschließend auf *OK*.

Bild 11.18 Übereinstimmende Felder festlegen

Optionale Informationen müssen nur zugeordnet, werden, wenn Sie diese auch wirklich benötigen. Für unser einfaches Beispiel sind sie nicht relevant.

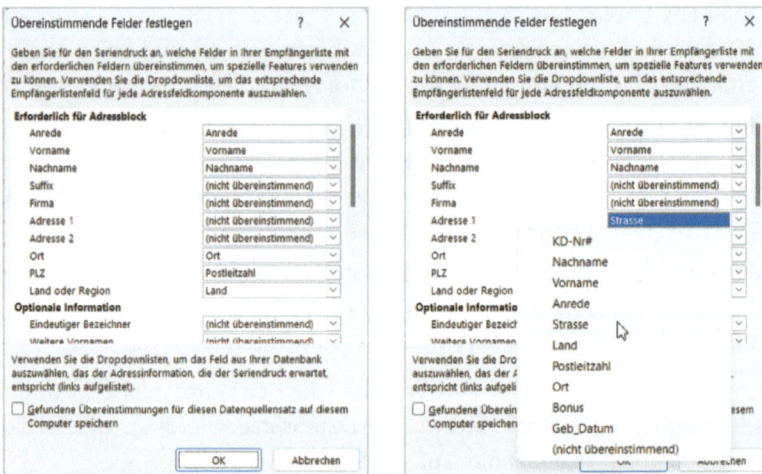

3. Kontrollieren Sie im Fenster *Adressblock einfügen* erneut die Vorschau, die Adresse sollte nun korrekt angezeigt werden. Klicken Sie abschließend auf *OK*.

Bild 11.19 Straße und Land werden nun korrekt dargestellt

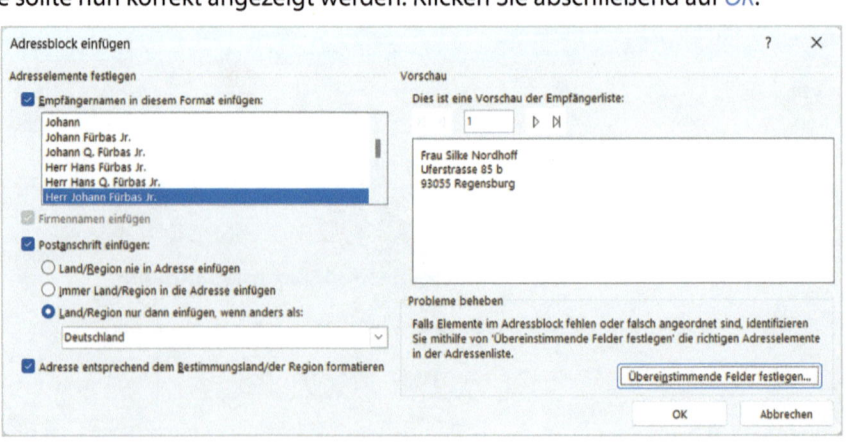

Grußzeile verwenden

Benötigen Sie eine individuelle Briefanrede, z. B. „Sehr geehrte Frau Beispiel" oder „Sehr geehrter Herr Muster", dann können Sie ebenfalls auf eine vorformulierte Grußzeile zurückgreifen. Klicken Sie dazu im Register *Sendungen* auf *Grußzeile*.

▸ Unter *Format für Grußzeile* wählen Sie für Anrede und Name jeweils eine Schreibweise ❶, das dritte Feld legt das Zeichen nach der Anrede fest, meist ein Komma. Wird stattdessen ein anderes Zeichen, z. B. Ausrufezeichen benötigt, so tragen Sie dieses hier ❷ ein.

Tipp: Wenn Sie eine neutrale Anrede bevorzugen, z. B. „Guten Tag Eva Muster", dann überschreiben Sie *Sehr geehrte(r)* einfach mit *Guten Tag* ❸ und wählen im Feld daneben die Schreibweise Vorname Nachname aus.

▸ Bei einer fehlenden Anrede wird im Feld *Grußzeile für ungültige Empfängernamen* automatisch *„Sehr geehrte Damen und Herren"* ❹ eingetragen, alternativ wählen Sie *(ohne)* oder tragen stattdessen Ihren Text hier ein.

▸ Unterhalb können Sie das Ergebnis anhand einer Vorschau kontrollieren und mit den Pfeilen durch die Datensätze blättern. Sollte die Anrede nicht korrekt dargestellt werden, ist dann müssen Sie wie beim Adressblock über die Schaltfläche *Übereinstimmende Felder festlegen...* die Felder manuell zuordnen.

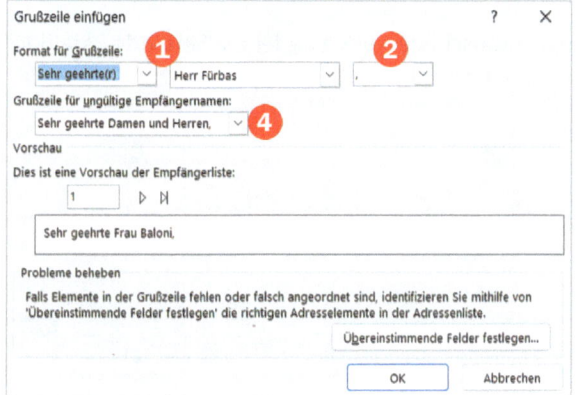
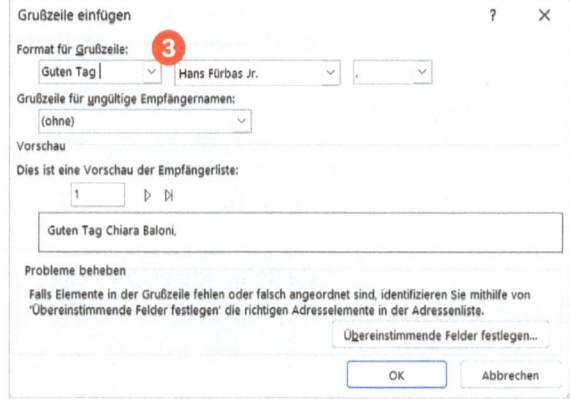

Bild 11.20 Grußzeile für die individuelle Anrede des Briefempfängers einfügen

Bild 11.21 Beispiel für eine neutrale Briefanrede

▸ Mit Klick auf *OK* fügen Sie die Grußzeile in das Dokument ein. Hier erscheint nun das Seriendruckfeld <<Anrede>> .

Bild 11.22 Grußzeile als Seriendruckfeld

4. Schritt: Briefe in der Vorschau kontrollieren

Nach dem Einfügen der Seriendruckfelder sollten Sie die Ergebnisse in einer Vorschau im Dokument überprüfen. Klicken Sie dazu im Menüband, *Sendungen* auf *Vorschau Ergebnisse* ❶. Nun erscheinen im Dokument anstelle der Seriendruckfelder die Inhalte der Datenquelle und um nacheinander durch die einzelnen Adressen zu blättern, benutzen Sie die Pfeile ❷ *Nächster Datensatz*, *Letzter Datensatz* und *Vorheriger* bzw. *Erster Datensatz*. Die Datensätze erscheinen in der Reihenfolge, in der sie in der Datenquelle hinterlegt sind, außer Sie haben eine Sortierung festgelegt, s. Seite 329.

Bild 11.23 Vorschau Ergebnisse

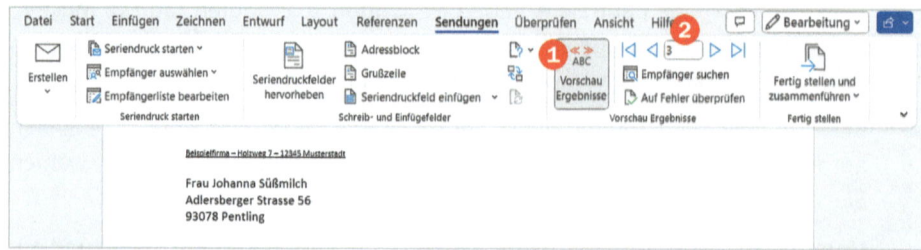

Eventuell fehlende Leerzeichen zwischen Seriendruckfeldern oder Zeilenumbrüche können problemlos in der Vorschau korrigiert werden. Fehlerhafte Adressen dagegen müssen in der Datenquelle berichtigt werden, s. Seite 331.

Vorschau ausschalten: Um die Vorschau auszuschalten und wieder die Seriendruckfelder anzuzeigen, klicken Sie erneut auf *Vorschau Ergebnisse*.

5. Schritt: Zusammenführen und drucken

Im letzten Schritt müssen Sie die Briefe nur noch drucken. Klicken Sie dazu im Menüband, Register *Sendungen* auf *Fertig stellen und zusammenführen* und wählen Sie eine der folgenden Optionen:

Bild 11.24 Fertig stellen und zusammenführen

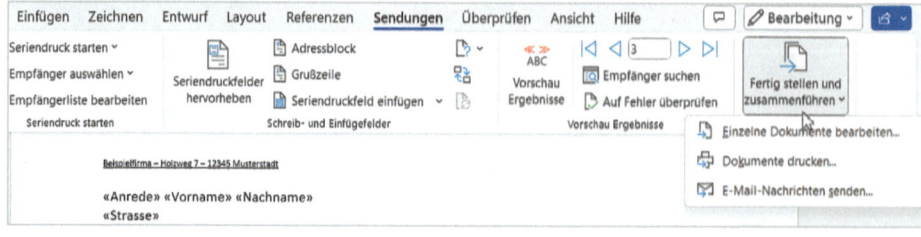

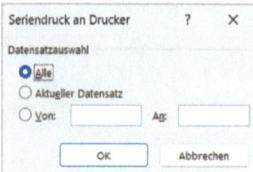

- Wenn die Briefe sofort auf dem Drucker ausgegeben werden sollen, dann wählen Sie *Dokumente drucken....* Im nachfolgenden Dialogfenster geben Sie an, ob Sie alle, oder eine bestimmte Anzahl von Datensätzen drucken möchten, z. B. von 1 bis 100 und starten mit Klick auf *OK* den Druckvorgang.
- *Einzelne Dokumente bearbeiten* bedeutet, die Briefe werden nicht auf dem Drucker, sondern in ein neues Dokument ausgegeben. Dieses erhält standardmäßig den vorläufigen Namen *Serienbriefe1* und wird anschließend automatisch geöff-

net. Hier können Sie nun einzelne Briefe nachträglich bearbeiten, speichern und wie ein normales Dokument drucken. **Achtung**: Die Anzahl der Seiten im Dokument entspricht bei einem einseitigen Brief der Anzahl der Adressen, daher eignet sich diese Option nicht für umfangreiche Mailings mit 1.000 und mehr Adressen.
- Die dritte Option *E-Mail Nachrichten senden* versendet die Briefe per E-Mail. Voraussetzung ist, dass die Datenquelle auch eine E-Mail Adresse enthält.

Die Serienbrieferstellung ist damit abgeschlossen, Sie können also das Dokument bzw. den Serienbrief speichern und schließen.

Gespeicherten Serienbrief öffnen

Ein Serienbriefdokument lässt sich auch später jederzeit wieder öffnen und erneut verwenden. Zusammen mit dem Serienbrief wird auch die Verknüpfung zur Datenquelle gespeichert und beim Öffnen des Dokuments erscheint eine entsprechende Meldung. Bestätigen Sie mit der Schaltfläche *Ja*, damit die Empfängeradressen im Serienbrief wieder verfügbar sind. Mit *Nein* wird dagegen das Dokument ohne Verknüpfung zu den Adressen geöffnet.

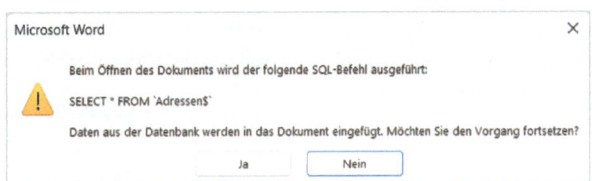

Bild 11.25 SQL-Befehl beim Öffnen ausführen

Lassen Sie sich nicht vom Begriff *SQL-Befehl* irritieren: SQL ist eine gängige Datenbankabfragesprache und der genannte Befehl ruft die Daten einer bestimmten Tabelle ab.

> **Serienbrief mit Verbindung zur Datenquelle öffnen!**
> Damit die Adressen nach dem erneuten Öffnen des Serienbriefs verfügbar sind, müssen Sie dem Ausführen des SQL-Befehls zustimmen, indem Sie auf *Ja* klicken. Dieser stellt anschließend wieder die Verbindung zur Datenquelle her. Andernfalls können Sie das Dokument nicht mehr als Serienbrief nutzen.

Hauptdokument in ein normales Dokument umwandeln

Falls Sie einen Serienbrief wieder in ein normales Word-Dokument umwandeln, bzw. die Verknüpfung zur Datenquelle entfernen möchten, so öffnen Sie das Dokument und klicken anschließend im Register *Sendungen* des Menübands auf die Schaltfläche *Seriendruck starten*. Wählen Sie hier den Eintrag *Normales Word-Dokument*.

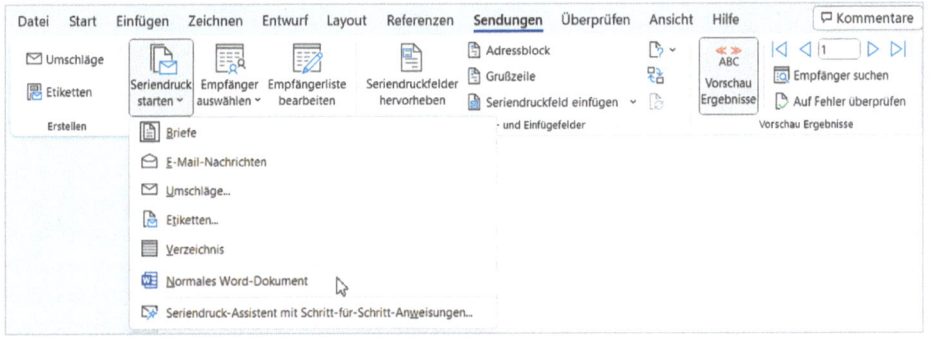

Bild 11.26 In normales Word-Dokument umwandeln

11.3 Bedingungen verwenden

Mithilfe von Regeln bzw. Bedingungen können Sie in Serienbriefe Formulierungen einfügen, die abhängig sind vom Inhalt eines Seriendruckfeldes. Auf diese Weise können Sie statt Gendersternchen oder Schrägstrich auch selbst eine Grußzeile mit einer individuellen Briefanrede erstellen. Hier ein Beispiel, wie Sie die Anrede *Guten Tag liebe Frau Müller* bzw. *Guten Tag lieber Herr Muster* selbst zusammenstellen.

Zunächst sollten Sie sich mit Klick auf *Empfängerliste bearbeiten* vergewissern, welche Formen der Anrede Ihre Datenquelle verwendet. In diesem Beispiel enthält die Datenquelle im Feld Anrede „Frau" und „Herrn".

1 Setzen Sie den Cursor an die Stelle Ihres Serienbriefs, an der Sie die Grußzeile einfügen möchten und geben Sie über die Tastatur den stets gleichlautenden Teil der Anrede, hier *Guten Tag*, gefolgt von einem Leerzeichen ein ❶.

2 Klicken Sie im Menüband, Register *Sendungen* auf *Regeln* und wählen Sie *Wenn... Dann... Sonst...* ❷.

Bild 11.27 Regeln: Wenn... Dann... Sonst... einfügen

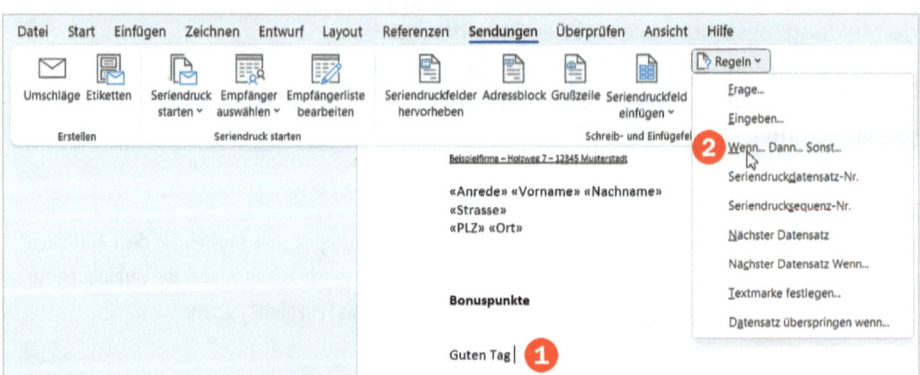

3 Das Fenster *Bedingungsfeld einfügen: WENN* wird geöffnet. Zuerst legen Sie die zu überprüfende Bedingung fest: Wählen Sie bei *Feldname* ❸ dasjenige Feld aus, dessen Inhalt überprüft werden soll, hier das Feld Anrede. Im Feld *Vergleich* benötigen Sie die Auswahl *Gleich* ❹ (Standardeinstellung). Nun geben Sie noch im Feld *Vergleichen mit* den Text „Frau" über die Tastatur ein ❺. Die zu prüfende Bedingung lautet somit: „Wenn der Inhalt des Feldes Anrede gleich Frau".

Bild 11.28 Bedingungsfeld einfügen

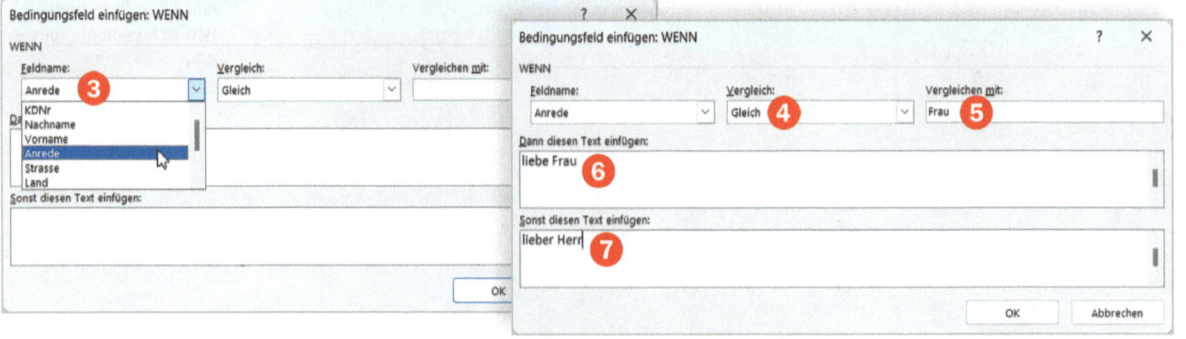

4   Nun brauchen Sie im Feld *Dann diesen Text einfügen* nur noch den ergänzenden Grußtext eintragen, der verwendet werden soll, wenn die Bedingung zutrifft, also „liebe Frau" ❻. In das zweite Feld, *Sonst diesen Text einfügen* tragen Sie die andere Alternative ein, also „lieber Herr" ❼.

5   Übernehmen Sie die Bedingung mit Klick auf die Schaltfläche *OK* und ergänzen Sie die Briefanrede noch um das Seriendruckfeld Nachname. Kontrollieren Sie das Ergebnis in der Vorschau und beachten Sie, dass der Inhalt des Bedingungsfeldes auch bei nicht aktivierter Vorschau vom aktuellen Datensatz abhängt.

Guten Tag lieber Herr «Nachname»,   Guten Tag liebe Frau Mumpitz,

Bild 11.29 Das Ergebnis

Tipp: Da das Feld Anrede manchmal unterschiedliche Schreibweisen gleichzeitig enthalten kann werden, nämlich „Herr" und „Herrn", sollten Sie besser die Bedingung „Anrede gleich Frau" verwenden.

Komplizierter wird es, wenn das Feld Anrede drei Möglichkeiten zulässt: Herr, Frau und Firma. In letzterem Fall benötigen Sie dann eine dritte Briefanrede, z. B. „Sehr geehrte Damen und Herren". Zu diesem Zweck lassen sich Seriendruckfelder ineinander verschachteln. Da Sie dazu allerdings auch Kenntnisse im Umgang mit Word-Feldern benötigen, würde dies hier zu weit führen. Im Buch Word 2021, Stufe 2 Aufbauwissen wird dieses Thema ausführlich behandelt. Solche Probleme lassen sich manchmal aber auch bereits in der Datenquelle lösen. Verwenden Sie beispielsweise eine Excel-Liste als Datenquelle, dann können Sie auch hier mithilfe der WENN-Funktion eine individuelle Anrede erzeugen. Zudem ist die WENN-Funktion von Excel wesentlich komfortabler und übersichtlicher als die Bedingungsfelder von Word.

11.4 Serienbriefe sortieren und filtern

Für den Versand einer größeren Anzahl von Serienbriefen ist meist eine Sortierung nach Postleitzahlen erforderlich. Vielleicht möchten Sie aber auch nur bestimmte Empfänger aus der Datenquelle auswählen. Auswahl und Sortierung nehmen Sie im Fenster *Seriendruckempfänger* vor, das Sie im Menüband, Register *Sendungen* mit Klick auf *Empfängerliste bearbeiten* öffnen.

Adressen sortieren

▸   Für einfache Sortierungen, z. B. nach Postleitzahlen klicken Sie auf die Überschrift der betreffenden Spalte und dann auf die gewünschte Sortierfolge ❶ (Bild 11.30)

▸   Benötigen Sie dagegen eine Sortierung nach zwei oder mehr Spalten, z. B. *Land* und danach nach *PLZ*, so klicken Sie auf den Dropdown-Pfeil einer beliebigen

Spaltenüberschrift und auf *(Weitere Optionen...)* oder klicken Sie unter *Empfängerliste verfeinern* auf *Sortieren...* ❷. Wählen Sie anschließend im Register *Datensätze sortieren* des Dialogfensters *Filtern und Sortieren* diejenigen Felder aus, nach denen Sie sortieren möchten, in diesem Beispiel zuerst nach *Land* ❸ und anschließend nach der *Postleitzahl* ❹. Maximal drei Sortierkriterien sind möglich.

▶ **Sortierung entfernen**: Die Schaltfläche *Alle löschen* ❺ entfernt bei Bedarf alle vorhandenen Sortierungen wieder.

Bild 11.30 Seriendruckempfänger sortieren

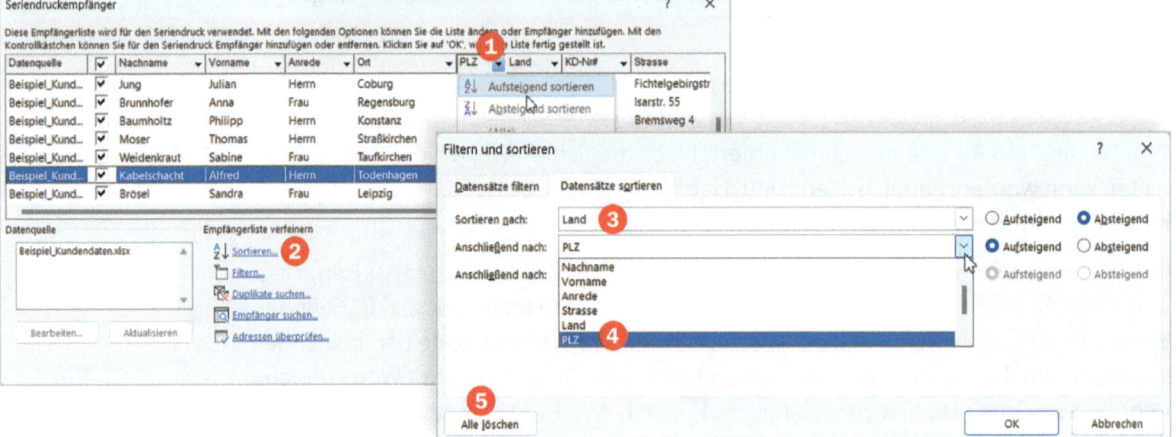

Empfänger filtern

▶ **Einzelne Datensätze filtern**: Am einfachsten schließen Sie einzelne Adressen aus, indem Sie im Fenster *Seriendruckempfänger* das Kontrollkästchen des jeweiligen Empfängers deaktivieren. Die Adresse wird dadurch nicht aus der Datenquelle entfernt.

▶ **Leere Feldinhalte ausschließen:** Auch Empfänger, bei denen der Inhalt eines bestimmten Feldes, z. B. Nachname leer ist, lassen sich auf einfache Weise ausschließen: Klicken Sie dazu auf den Dropdown-Pfeil der betreffenden Spaltenüberschrift und wählen Sie *(Nicht leere)*.

Bild 11.31 Empfänger mittels Kontrollkästchen ausschließen

Bild 11.32 Nur nicht leere verwenden

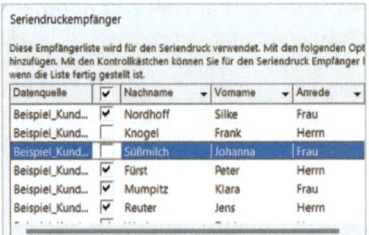
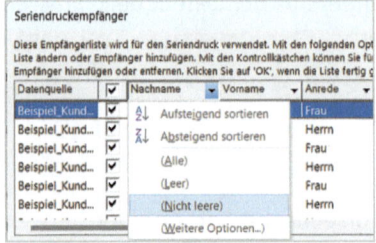

Filterkriterien zur Auswahl verwenden

Weitergehende Möglichkeiten, nur bestimmte Adressen für Serienbriefe auszuwählen, erhalten Sie mit Filtern. Klicken Sie dazu im Fenster *Seriendruckempfänger*

(Register *Sendungen* ▶ *Empfängerliste bearbeiten*) unter *Empfängerliste verfeinern* auf *Filtern…* ❶. Im nachfolgenden Fenster *Filtern und sortieren*, Register *Datensätze filtern* können Sie nun Ihre Auswahlkriterien festlegen. **Achtung**: Bei Verwendung mehrerer Filterkriterien müssen diese mit *Und* oder *Oder* ❷ verknüpft werden: *Und* bedeutet, dass jeder Datensatz beide Bedingungen erfüllen muss. Verwenden Sie dagegen *Oder*, so genügt es, wenn eine der beiden Bedingungen erfüllt ist.

Beispiel: Alle Datensätze in Deutschland, deren Postleitzahl mit 8 beginnt

Das unten abgebildete Beispiel liefert alle Adressen in Deutschland, deren Postleitzahl mit 8 beginnt.

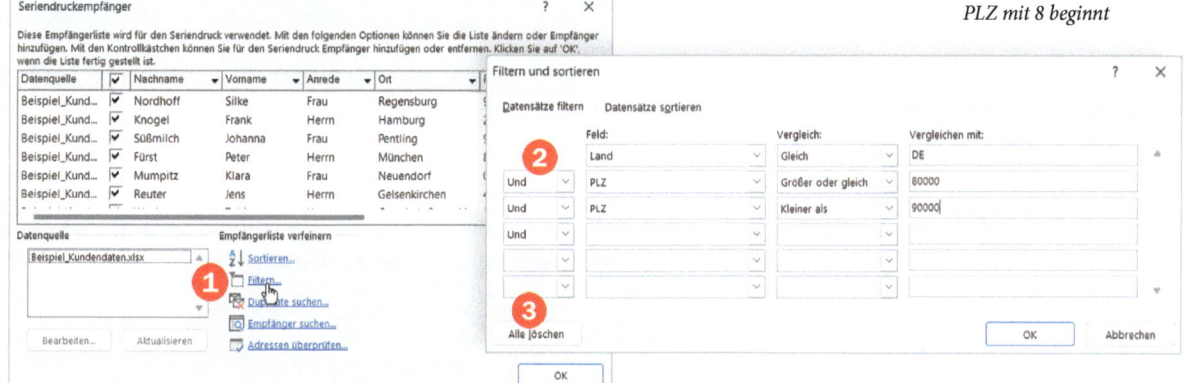

Bild 11.33 Beispiel Adressen in Deutschland, deren PLZ mit 8 beginnt

> ▌ **Achtung, Word speichert alle Filter!**
>
> Filter werden zusammen mit dem Hauptdokument gespeichert, vergessen Sie also nicht, die Filter mit der Schaltfläche *Alle löschen* ❸ zu entfernen, wenn wieder alle Adressen benötigt werden.

Adressen in der Datenquelle bearbeiten

Änderungen an den Adressen, z. B. an der Anschrift können Sie auch ohne Öffnen der Datenquelle aus Word heraus vornehmen: Klicken Sie dazu im Menüband, Register *Sendungen* auf *Empfängerliste bearbeiten*, markieren dann im Fenster *Seriendruckempfänger* die Datenquelle ❶ und klicken auf die Schaltfläche *Bearbeiten* ❷.

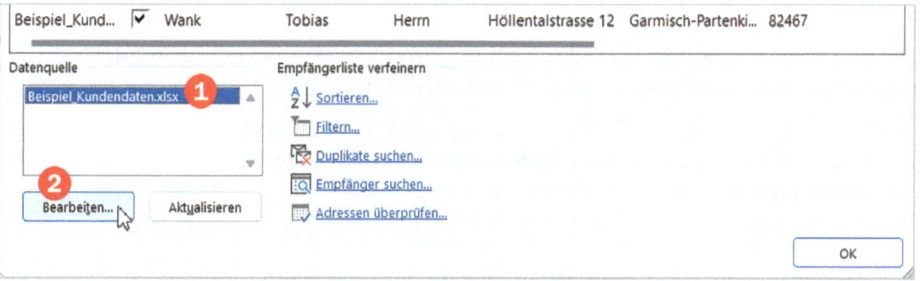

Bild 11.34 Datenquelle markieren und bearbeiten

Die Adressen werden im Fenster *Datenquelle bearbeiten* angezeigt und Sie können Feldinhalte, z. B. fehlerhafte Anschriften, korrigieren oder mit Klick auf die Schaltfläche *Neuer Eintrag* weitere Adressen eingeben. Schließen Sie zuletzt das Fenster *Seriendruckempfänger* mit *OK* und klicken Sie im nachfolgenden Meldungsfenster auf *Ja*, um die Änderungen zu speichern und die Datenquelle zu aktualisieren.

Beachten Sie, dass Sie nach vorgenommenen Korrekturen in der Datenquelle unter Umständen auch im Hauptdokument das betreffende Seriendruckfeld aktualisieren müssen, damit die Änderung in der Vorschau erscheint. Klicken Sie dazu in das Feld und drücken Sie die Taste **F9** oder Rechtsklick und Befehl *Aktualisieren*.

11.5 Seriendruck-Etiketten

Ähnlich wie Briefe erstellen Sie auch Seriendruck-Etiketten. Beginnen Sie mit einem neuen leeren Dokument, klicken Sie im Register *Sendungen* auf die Schaltfläche *Seriendruck starten* und wählen Sie hier *Etiketten...*. **Achtung**: Nicht zu verwechseln mit der Schaltfläche *Etiketten*, ebenfalls im Register *Sendungen*. Diese erstellt ein Etikett mit nur einer einzigen Adresse (siehe Kapitel 5.8)!

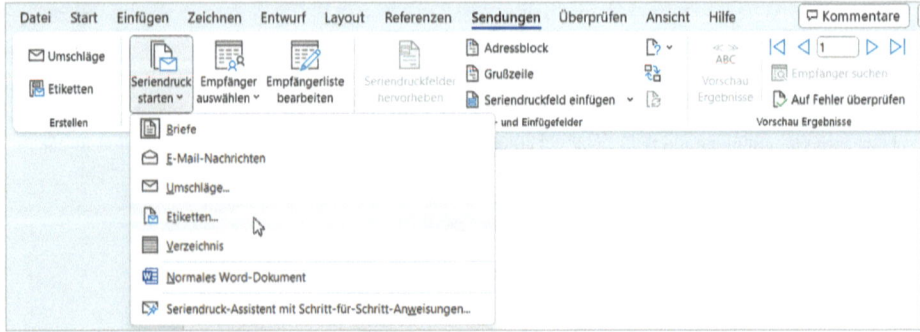

Bild 11.35 Seriendruck: Etiketten

Etikettengröße festlegen

Im nächsten Schritt öffnet sich das Fenster *Etiketten einrichten* zur Angabe des Etikettenformats. Beginnen Sie zunächst mit der Auswahl des Etikettenherstellers, z. B. HERMA ❶. Unterhalb erscheinen nun alle gängigen Etiketten- bzw. Bestellnummern ❷ dieses Herstellers und rechts davon sehen Sie die Abmessungen des markierten Etiketts. Im Normalfall dürften die Etiketten auf einer A4-Seite angeordnet sein, falls Sie stattdessen Endlosetiketten verwenden wollen oder sich die Etiketten in einem anderen Papierschacht befinden, so geben Sie dies unter *Druckerinformationen* ❸ an. Haben Sie Ihr Etikett gefunden, so markieren Sie dieses und klicken auf die Schaltfläche *OK*.

Sollten Hersteller und Bestellnummer nicht in der Liste aufgeführt sein, so können Sie über die Schaltfläche *Neues Etikett...* ❹ und unter Eingabe der genauen Maße eigene

Tipp: Noch mehr Informationen zum markierten Etikett erhalten Sie, wenn Sie auf *Details...* klicken. Zudem können Sie hier auch einzelne Maße ändern.

Etikettenformate definieren ❺ und unter einem Namen für spätere Verwendung speichern. Bestätigen Sie mit der Schaltfläche *OK*.

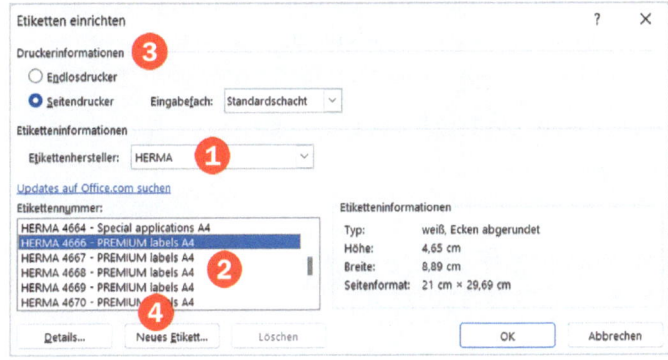

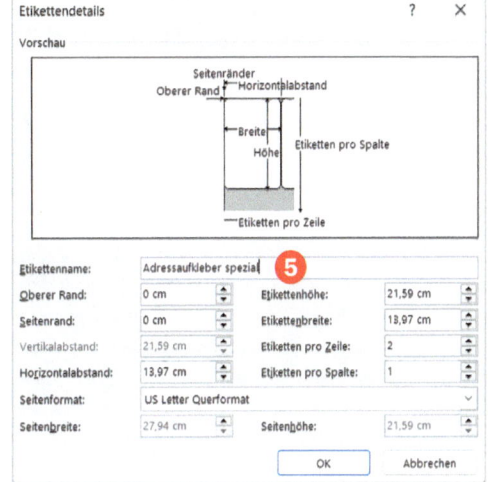

Bild 11.36 Hersteller auswählen

Bild 11.37 Oder Etikettenmaße eingeben

Seriendruckfelder einfügen und Etiketten aktualisieren

Word fügt in das aktuelle Dokument eine Tabelle mit den angegebenen Maßen ein. Verbinden Sie anschließend über die Schaltfläche *Empfänger auswählen* das Hauptdokument mit Ihrer Datenquelle. Beim Einfügen der Seriendruckfelder gehen Sie so vor:

1   Klicken Sie in das **erste Etikett** bzw. die erste Zelle der Tabelle und fügen Sie hier alle benötigten Seriendruckfelder ein. Formatieren Sie die Seriendruckfelder, falls erforderlich, und entfernen Sie beispielsweise unnötige Abstände vor und nach den Absätzen.

2   Im nächsten Schritt müssen Sie nun die Seriendruckfelder des ersten Etiketts in die restlichen Etiketten übertragen. Klicken Sie dazu im Menüband, Register *Sendungen* auf *Etiketten aktualisieren* ❻. Damit werden die Seriendruckfelder automatisch in die weiteren Felder übertragen und Sie können nun über *Vorschau Ergebnisse* alle Adressen anzeigen und kontrollieren.

Bild 11.38 Fügen Sie die Seriendruckfelder in das erste Etikett ein und klicken Sie auf Etiketten aktualisieren

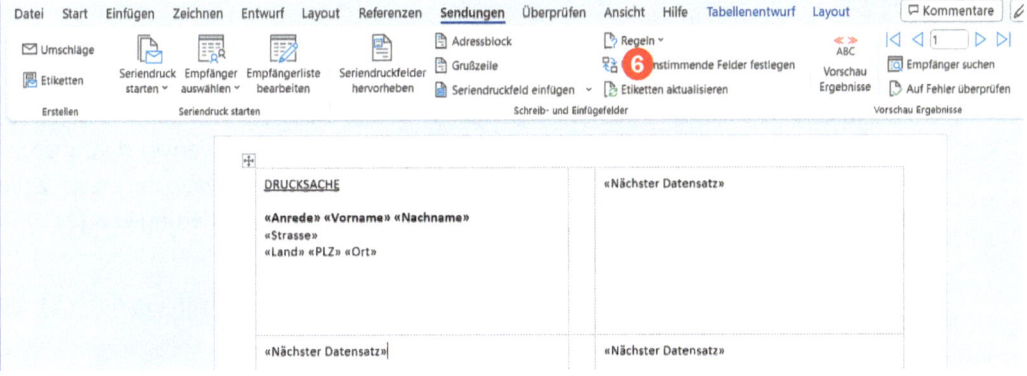

> **Achtung: Bearbeiten und ändern Sie grundsätzlich nur das erste Etikett!**
>
> Sollten nachträgliche Änderungen erforderlich sein, so nehmen Sie diese immer am ersten Etikett in der linken oberen Ecke vor und aktualisieren anschließend erneut alle übrigen Etiketten.

Zum Drucken verwenden Sie wieder die Schaltfläche *Fertigstellen und zusammenführen* und wählen *Dokumente drucken*.

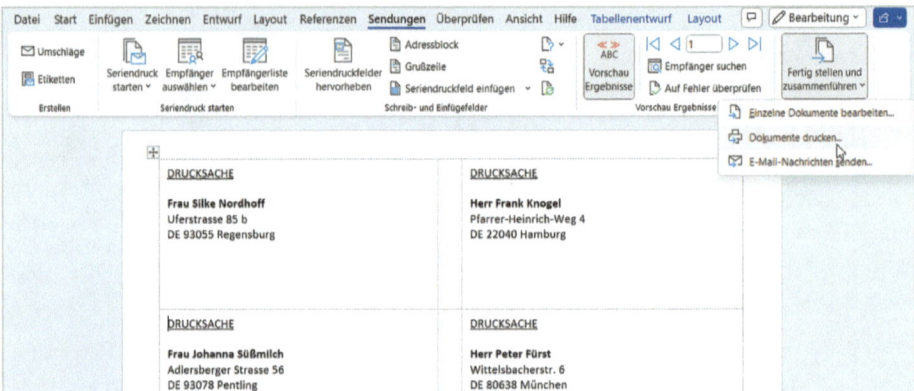

Bild 11.39 Adressetiketten drucken

Tipp: Zur besseren Übersicht sollten Sie die Zellbegrenzungen der Tabelle bzw. die Etikettenränder auf dem Bildschirm einblenden. Klicken Sie dazu im Menüband, Register *Tabellentools* - *Layout*, Gruppe *Tabelle*, auf *Gitternetzlinien anzeigen*.

11.6 Übung

Sie möchten die glücklichen Gewinner eines Preisausschreibens mittels Serienbrief benachrichtigen. Da deren Adressen noch nicht gespeichert sind, müssen Sie zuerst diese erfassen.

1. Adressen eingeben

Falls Microsoft-Excel auf Ihrem Gerät installiert ist und Sie über Excel-Kenntnisse verfügen, können Sie natürlich auch Excel zum Speichern der Adressen verwenden, ansonsten starten Sie Word mit einem neuen, leeren Dokument und fügen ab der ersten Zeile eine Tabelle nach dem unten abgebildeten Muster ein. Die Formatierung von Text und Tabelle spielt für Serienbriefe keine Rolle.

Tipp: Wenn Sie unter *Seite einrichten* als Ausrichtung *Querformat* wählen, dann ist die Tabelle übersichtlicher, da mehr Platz zur Verfügung steht!

Geben Sie mindestens 5 beliebige Adressen und Gewinne ein und speichern Sie das Dokument oder die Arbeitsmappe unter dem Namen Preisausschreiben_Adressen. Schließen Sie das Dokument.

Anrede	Name	Vorname	Straße	PLZ	Ort	Preis	Gewinn
Herrn	Kabelschacht	Andreas	Feldweg 3	04259	Leipzig	1.	eine 14 tägige Reise nach Mallorca
Frau	Müller	Sandra	Donaustraße 12	94315	Straubing	2.	eine 3 tägige Reise nach Berlin
Frau	Platzwart	Anna	Seestraße 56a	78465	Konstanz	3.	einen Laptop
Herrn	Dobermann	Thomas	Domplatz 21	90443	Nürnberg	4.	einen Rucksack
Frau	Brösel	Melanie	Waldweg 14	48153	Münster	5.	ein Werkzeugset

2. Brieftext erfassen

Öffnen Sie ein neues, leeres Dokument und speichern Sie das Dokument unter dem Namen Preisausschreiben_Brieftext.docx. Geben Sie den unten abgebildeten Brieftext ein, und formatieren Sie den Brief nach Ihren Vorstellungen. Fügen Sie im Briefkopf eine beliebige Firmenadresse als Absender ein.

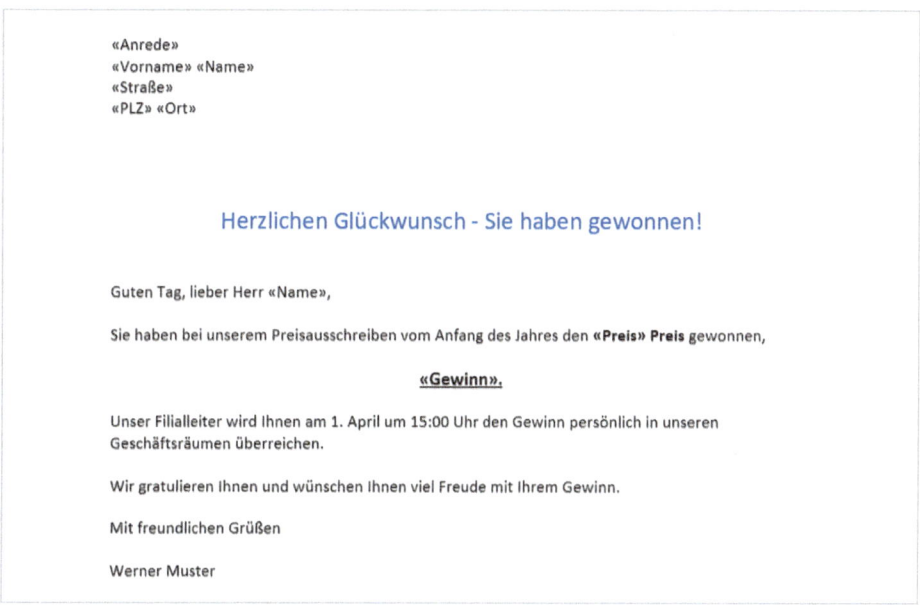

Beachten Sie folgende Vorgaben:

▶ Erstellen Sie aus diesem Brief Serienbriefe, als Empfängeradressen wählen Sie die soeben erstellte Datei Preisausschreiben-Adressen aus. Fügen Sie die Empfängeranschrift an der entsprechenden Stelle ein.

▶ Achten Sie auf eine individuelle Briefanrede, z. B. „Guten Tag, liebe Frau …", bzw. „Guten Tag, lieber Herr …".

- Fügen Sie im Brieftext die Seriendruckfelder Preis und Gewinn entsprechend der Abbildung ein und kontrollieren Sie die Ergebnisse in der Vorschau.
- Um Papier zu sparen, geben Sie für diese Übung die Briefe in ein neues Dokument aus, das Sie unter dem Namen Preisausschreiben_Ergebnis.docx speichern.

Tastenkombinationen

Zwischenablage, Bearbeitung

Kopieren des markierten Textes oder Objekts	Strg+C
Ausschneiden des markierten Textes oder Objekts	Strg+X
Einfügen aus Zwischenablage (Text oder Objekt)	Strg+V
Rückgängigmachen der letzten Aktion	Strg+Z
Wiederholen der letzten Aktion	Strg+Y oder F4
Markiertes Objekt duplizieren	Strg+D

Eingeben, löschen

Einfügen Absatzende	Eingabe
Einfügen Zeilenumbruch, kein Absatzende	Umschalt+Eingabe
Eingabe geschütztes Leerzeichen	Strg+Umschalt+Leertaste
Eingabe geschützter Bindestrich	Strg+Umschalt+Bindestrich
Eingabe bedingter Trennstrich	Strg+Bindestrich
Einfügen Seitenumbruch	Strg+Eingabe
Einfügen Spaltenumbruch	Strg+Umschalt+Eingabe
Einfügen Datum (aktualisierbar)	Alt+Umschalt+D
Einfügen Seitenzahl	Alt+Umschalt+P
Anzeigen nicht druckbarer Zeichen	Strg+Umschalt+* (* nicht im Ziffernblock)
Wort links von der Einfügemarke löschen	Strg+Rücktaste
Wort rechts von der Einfügemarke löschen	Strg+Entf
Einfügen Formel	Alt+Umschalt+Gleichheitszeichen (=)

Positionieren

Ein Zeichen nach links	Pfeil nach links
Ein Zeichen nach rechts	Pfeil nach rechts
Ein Wort nach links	Strg+ Pfeil nach links
Ein Wort nach rechts	Strg+ Pfeil nach rechts
Ein Absatz nach oben	Strg+ Pfeil nach oben
Ein Absatz nach unten	Strg+ Pfeil nach unten
Eine Zeile nach oben	Pfeil nach oben
Eine Zeile nach unten	Pfeil nach unten
An das Zeilenende	Ende
An den Zeilenanfang	Pos1
An den oberen Rand des Fensters	Alt+Strg+Bild auf
An den unteren Rand des Fensters	Alt+Strg+Bild ab
Eine Bildschirmseite aufwärts (Bildlauf)	Bild auf
Eine Bildschirmseite abwärts (Bildlauf)	Bild ab
An den Anfang der nächsten Seite	Strg+Bild ab
An den Anfang der vorherigen Seite	Strg+Bild auf
An das Ende des Dokuments	Strg+Ende
An den Anfang des Dokuments	Strg+Pos1
Zur letzten Bearbeitungsstelle	Umschalt+F5
Nach dem Öffnen eines Dokuments an die zuletzt bearbeitete Stelle springen	Umschalt+F5

Markieren

Erweiterungsmodus aktivieren	F8
Erweiterungsmodus deaktivieren	Esc
Erweiterungsmodus: Wort markieren	F8 (1mal)
Erweiterungsmodus: Satz markieren	F8 (2mal)
Erweiterungsmodus: Absatz markieren	F8 (3mal)
Erweiterungsmodus: nächstes Zeichen	Pfeil nach links oder Pfeil nach rechts
Erweiterungsmodus: nächstes Wort	Strg+Pfeil nach rechts
Erweiterungsmodus: Vertikalen Textblock markieren	Strg+Umschalt+F8, dann Pfeiltasten verwenden
Zeichenweise nach rechts	Umschalt+Pfeil nach rechts
Zeichenweise nach links	Umschalt+Pfeil nach links
Wortweise nach rechts	Strg+Umschalt+Pfeil nach rechts
Wortweise nach links	Strg+Umschalt+Pfeil nach links
Ab Cursor bis zum Anfang des Absatzes	Strg+Umschalt+Pfeil nach oben
Ab Cursor bis zum Ende des Absatzes	Strg+Umschalt+Pfeil nach unten
Ab Cursor bis zum Anfang des Dokuments	Strg+Umschalt+Pos1
Ab Cursor bis zum Ende des Dokuments	Strg+Umschalt+Ende
Gesamtes Dokument	Strg+A

Tabellen

Nächste Zelle in Zeile	Tab
Vorherige Zelle in Zeile	Umschalt+Tab
Nächste Zeile	Pfeil nach unten
Vorherige Zeile	Pfeil nach oben
Erste Zelle in Zeile	Alt+Pos1

Letzte Zelle in Zeile	Alt+Ende
Erste Zelle in Spalte	Alt+Bild auf
Letzte Zelle in Spalte	Alt+Bild ab
Zeile oberhalb markieren	Alt+Umschalt+Pfeil nach oben
Zeile unterhalb markieren	Alt+Umschalt+Pfeil nach unten
Neuer Absatz in Zelle	Eingabetaste
Tabstoppzeichen innerhalb einer Zelle	Strg+Tab

Schriftformatierung

Vergrößern des Schriftgrads um 1 Punkt	Strg+9
Verkleinern des Schriftgrads um 1 Punkt	Strg+8
Vergrößern des Schriftgrads	Strg+Umschalt+>
Verkleinern des Schriftgrads	Strg+<
Groß-/Kleinschreibung ändern	Umschalt+F3
Als Großbuchstaben formatieren	Strg+Umschalt+G
Doppelt Unterstreichen	Strg+Umschalt+D
Kapitälchen	Strg+Umschalt+Q
Tiefgestellt (automatischer Abstand)	Strg+#
Hochgestellt (automatischer Abstand)	Strg+Pluszeichen
Alle Zeichenformatierungen entfernen	Strg+Leertaste
Textformatierung kopieren (Format übertragen)	Strg+Umschalt+C
Der Markierung eine kopierte Formatierung zuweisen	Strg+Umschalt+V

Absatzformatierung

Einfacher Zeilenabstand	Strg+1
Doppelter Zeilenabstand	Strg+2
1,5-facher Zeilenabstand	Strg+5
Hinzufügen / Entfernen eines einzeiligen Abstands vor einem Absatz	Strg+0 (Null)
Linksbündig ausrichten	Strg+L
Rechtsbündig ausrichten	Strg+R
Im Blocksatz ausrichten	Strg+B
Zentriert ausrichten	Strg+E
Linken Einzug vergrößern (jeweils 1,25 cm)	Strg+M
Linken Einzug verkleinern (jeweils 1,25 cm)	Strg+Umschalt+M
Hängenden Einzug vergrößern	Strg+T
Hängenden Einzug verkleinern	Strg+Umschalt+T
Alle Absatzformatierungen entfernen	Strg+Q

Ausgewählte Formatvorlagen zuweisen

Formatvorlage Standard zuweisen (Absatzformat)	Strg+Umschalt+N
Formatvorlage Überschrift 1 zuweisen	Alt+1 (nicht im Ziffernblock)
Formatvorlage Überschrift 2 zuweisen	Alt+2 (nicht im Ziffernblock)
Formatvorlage Überschrift 3 zuweisen	Alt+3 (nicht im Ziffernblock)
Überschrift 4 ...	Alt+4 ...

Glossar

.docx	Office verwendet das Office Open XML-Format als Standard. Word Dokumente werden daher mit der Dateinamenerweiterung .docx gespeichert. Dieses Dateiformat benötigt im Gegrüheren Dateitypen weniger Speicherplatz und erleichtert den Datenaustausch.
.dotx	Dokumentvorlagen stellen einen gesonderten Dateityp dar und erhalten die Datennamenerweiterung .dotx
App	Windows bezeichnet alle Arten von Programmen als Apps. App ist eine Abkürzung des englischen Begriffs application, deutsch Anwendung. Apps im engeren Sinne sind eigentlich kleine spezialisierte und für die Fingerbedienung optimierte Programme.
AutoKorrektur	Die Autokorrektur korrigiert häufige Fehler automatisch während der Eingabe und wandelt beispielsweise den ersten Buchstaben am Beginn eines Satzes in einen Großbuchstaben um. Sie können die Autokorrektur rückgängig machen oder deaktivieren.
Backstage-Ansicht	Im Gegensatz zu den übrigen Registern des Menübandes, die Sie zur Arbeit im Dokument verwenden, enthält das Register Datei die Befehle zum Verwalten eines Dokuments. Daher wird dieses Register auch als Backstage-Ansicht (dt. hinter der Bühne/ den Kulissen) bezeichnet.
Bausteine	Häufig benötigte Textteile können als Schnellbausteine oder AutoText gespeichert und beliebig in Dokumente eingefügt werden. Bausteine können neben Text auch Formatierungen, Grafik oder Tabellen enthalten.
Bedingter Trennstrich	Wenn Sie mit den Tasten Strg + Bindestrich einen bedingten Trennstrich einfügen, so wird dieser nur dann gedruckt, wenn er sich am Zeilenende befindet, nicht aber mitten im Text.
Browser	Als Browser (engl. to browse = durchsuchen) bezeichnet man Apps, mit denen Sie im Internet surfen. Neben dem in Windows integrierten Browser Microsoft Edge, gehören dazu unter anderem auch Mozilla Firefox, Chrome und Safari.
Bundsteg	Als Bundsteg bezeichnet man den Bereich, der in Dokumenten eventuell zusätzlich zum Seitenrand zum Binden oder Lochen benötigt wird.

Cloud	Als Cloud-Computing bezeichnet man die Nutzung von Dienstleistungen wie Software und Speicherplatz über ein Netzwerk. Der Begriff „Cloud" (dt. Wolke) rührt daher, dass für die Nutzer der genaue Ursprung und Speicherort nicht nachvollziehbar und undurchsichtig (verhüllt) ist. „In der Cloud speichern" bedeutet somit nichts anderes, als Daten nicht auf der Festplatte des eigenen PCs, sondern irgendwo auf einem anderen Computer im Internet zu speichern.
Copy & Paste	Englisch für Kopieren & Einfügen. Ein Element wird dabei in die Zwischenablage kopiert (beispielsweise mit der Tastenkombination Strg+C) und andernorts eingefügt (beispielsweise mit der Tastenkombination Strg+V).
Creative Commons (CC)	Grundsätzlich ist jedes Werk (Foto, Bild, Musikstück etc.) geistiges Eigentum des Urhebers und geschützt. Es darf also nicht einfach kopiert und verwendet werden. Vereinfacht gesagt, dürfen Sie nicht ein Bild aus dem Internet kopieren und damit einen Flyer verschönern. Sie müssen zunächst den Urheber um Erlaubnis bitten. Einige Urheber sind durchaus bereit, Ihr Werk anderen zur Verfügung zu stellen. Hier hilft die Organisation Creative Commons (CC), die Urhebern vorgefertigte Lizenzverträge zur Verfügung stellt, durch die der Urheber sein Werk lizenziert und damit anderen Nutzern z. B. die Bearbeitung und das kommerzielle Nutzungsrecht einräumt.
CSV	Abkürzung für Comma Separated Values und ein gängiges Dateiformat für Textdateien, in denen die einzelnen Werte statt Spalten mit Komma oder Semikolon getrennt sind. Häufig wird das CSV-Dateiformat zum Datenaustausch bzw. Export umfangreicher Datenmengen aus Datenbanken verwendet.
Cursor	Der Cursor wird auch als Einfügemarke oder Schreibmarke bezeichnet und kennzeichnet die aktuelle Position. Alle Eingaben und nachträglichen Änderungen erfolgen immer an der Stelle, an der sich der Cursor gerade befindet.
Dateinamenerweiterung	Jeder Dateiname erhält beim Speichern automatisch einen Zusatz, dieser wird als Dateinamenerweiterung (extension) bezeichnet und setzt sich zusammen aus einem Punkt, gefolgt von drei oder vier Buchstaben. Sie kennzeichnet den Dateityp, d. h. legt fest, welche App zum Öffnen der Datei verwendet wird. Standardmäßig ist die Dateinamenerweiterung nicht sichtbar, kann aber im Datei-Explorer eingeblendet werden.
Datenfeld	Als Datenfeld bezeichnet man in einer Datenbank die Spalte einer Tabelle. Jedes Datenfeld besitzt eine Überschrift (Feldname) und enthält gleichartige Informationen, z. B. die Kundennummer.
Datensatz	In einer Datenbank bezeichnet man eine Zeile der Tabelle auch als Datensatz. Speichert die Tabelle beispielsweise Adressen, so entspricht jede Adresse einer Zeile der Tabelle und bildet einen Datensatz.

Dokument	Als Dokumente bezeichnet Word alle Dateien, die vom Benutzer erstellt wurden, unabhängig von der Bedeutung des Inhalts.
Dokumentvorlagen	Dokumentvorlagen dienen als Vorlage oder Vordruck für jedes neue Word-Dokument. Für neue, leere Dokumente verwendet Word die Vorlage Normal. Dokumentvorlagen stellen einen eigenen Dateityp dar und werden mit der Dateinamenerweiterung .dotx gespeichert.
Drag & Drop	Englisch für Ziehen & Fallenlassen, eine Bezeichnung für das Ziehen und Verschieben bei gedrückter linker Maustaste.
Dropdown-Pfeil/Auswahlfeld	Viele Eingabefelder erfordern keine Eingabe, sondern bieten Werte zur Auswahl an. Diese Felder rechts einen kleinen nach unten weisenden Pfeil auf und ein Klick darauf öffnet die Liste. Alternativ können Sie die Liste auch mit der Tastenkombination Alt+Pfeil nach unten öffnen, die Auswahl erfolgt dann mit den Pfeiltasten und durch Drücken der Eingabetaste wird die markierte Auswahl übernommen. Eine weitere Möglichkeit: Tippen Sie die ersten Zeichen ein, so wird Ihre Eingabe automatisch ergänzt.
Einzug	Einrückungen gegenüber dem linken oder rechten Seitenrand werden als Einzug bezeichnet.
Formatvorlagen	Formatvorlagen speichern sowohl Zeichen-, als auch Absatzformatierungen und dienen zur einheitlichen Gestaltung in umfangreichen Dokumenten.
Füllzeichen	Bei der Verwendung von Tabstopps können Sie den Abstand bis zur nächsten Position automatisch mit Füllzeichen auffüllen lassen. Meist dienen Punkte oder Striche als Füllzeichen.
Geschützter Bindestrich	Einen geschützten Bindestrich geben Sie mit den Tasten Strg+Umschalt+Bindestrich ein. Er verhindert an dieser Stelle einen automatischen Zeilenumbruch.
Geschütztes Leerzeichen	Ein geschütztes Leerzeichen zwischen zwei Zeichenfolgen verhindert, dass an dieser Stelle ein automatischer Zeilenumbruch erfolgt. Ein geschütztes Leerzeichen geben Sie mit den Tasten Strg+Umschalt+Leer ein.
Hängender Einzug	Als hängenden Einzug bezeichnet man einen Einzug, bei dem die erste Zeile eines Absatzes an der normalen Position, z. B. am linken Seitenrand beginnt und alle Folgezeilen eingerückt werden.
Hyperlink	Hyperlinks, auch kurz als Links bezeichnet, sind Verknüpfungen zu Webseiten oder anderen Dokumenten.

JPG/JPEG	Hierbei handelt es sich um ein Dateiformat, das zur Speicherung von Fotos verwendet wird. Die Dateien erhalten die Dateinamenerweiterung .jpg oder .jpeg.
Kapitälchen	Als Kapitälchen bezeichnet man die Schriftformatierung mit großen und kleinen Großbuchstaben.
Kompatibilitätsmodus	Dokumente, die mit älteren Versionen von Word erstellt und gespeichert wurden, werden im Kompatibilitätsmodus geöffnet. In diesem Modus stehen nicht alle Funktionen zur Verfügung.
Kopf- /Fußzeile	Kopf-/oder Fußzeilen befinden sich in dem Bereich zwischen dem Papierrand und dem Seitenrand, also außerhalb des Satzspiegels. Die hier befindlichen Inhalte werden, falls nichts anderes festgelegt wurde, automatisch auf jeder Druckseite wiederholt.
Microsoft Access	Access ist ein Datenbankprogramm, das ebenfalls zu den Microsoft Office-Anwendungen gehört.
Microsoft Excel	Excel gehört ebenfalls zu den Office-Anwendungen und ist ein weit verbreitetes Tabellenkalkulationsprogramm, mit dem sich nicht nur Berechnungen durchführen, sondern auch größere Datenmengen verwalten lassen.
Microsoft Outlook	Outlook ist eine Office-Anwendung, mit der sich allgemeine Aufgaben wie Kommunikation (E-Mail), Aufgaben- und Terminverwaltung organisieren lassen. Außerdem verfügt Outlook über eine integrierte Adressverwaltung.
Normal	Die Dokumentvorlage Normal wird von Word als Vorlage verwendet, wenn Sie bei der Erstellung eines neuen Dokuments mit einem leeren Dokument beginnen.
PDF	PDF ist die Abkürzung für Portable Document Format, ein gängiges Dateiformat den Austausch von Dokumenten, in dem alle Bilder und Formatierungen beibehalten werden. Die Inhalte können unabhängig vom Betriebssystem auf jedem Computer gelesen werden, dazu wird nur ein kostenlos erhältliches Leseprogramm, z. B. Adobe Reader, benötigt; auch im Browser Microsoft Edge können PDF-Dateien angezeigt werden. Nachträgliche Änderungen am Inhalt sind dagegen nur mit spezieller Software möglich.
Pfad/Dateipfad	Der Pfad oder Suchpfad bezeichnet den genauen Speicherort einer Datei oder eines Ordners und besteht aus dem Laufwerksbuchstaben und den Namen der übergeordneten Ordner, jeweils getrennt durch einen rückwärtsgewandten Schrägstrich, den Backslash. Beispiel: D:\Briefe\Geschäftlich\Maier.docx.

Proportionalschrift	Bei einer Proportionalschriftart wird für jedes Zeichen genau die benötigte Breite verwendet, im Gegensatz zur Schreibmaschine, bei der alle Zeichen die gleiche Breite haben. Bis auf wenige Ausnahmen, z. B. Courier, sind alle von Word verwendeten Schriften Proportionalschriftarten.
Punkt (pt)	Punkt ist eine typografische Maßeinheit, in der in Word Maße wie Schriftgrad (Schriftgröße) oder Abstände angegeben werden. 1 Punkt entspricht etwa 0,35 mm. In der Textverarbeitung werden meist 10 oder 11 pt als Standardschriftgrad verwendet.
Register	Das Menüband von Word fasst Befehlsschaltflächen für verschiedene Aufgabenbereiche in Gruppen zusammen. Jede Gruppe kann schnell über das Register, vergleichbar einer Kartei, durch Anklicken mit der Maus aufgerufen werden.
Satzspiegel	Als Satzspiegel bezeichnet man den Bereich, der sich innerhalb der festgelegten Seitenränder befindet.
Serifen	Als Serife (franz. Füßchen) bezeichnet man die feinen Linien, die bei manchen Schriftarten einen Buchstabenstrich am Ende, quer zu seiner Grundrichtung abschließen. Dadurch soll eine bessere Lesbarkeit der Schrift erreicht werden. Deshalb werden vor allem längere Texte häufig in einer Serifenschriftart gedruckt. Eine der bekanntesten Serifenschriftarten ist Times New Roman.
ShortCuts	Eine andere Bezeichnung für Tastenkombinationen, mit denen Befehle ausgeführt werden können.
SQL	engl. Structured query language, eine verbreitete Standardsprache in Datenbanken.
Nicht druckbare Zeichen	Verschiedene Tasten wie Eingabetaste, Tab-Taste oder Leertaste erzeugen bei der Eingabe Zeichen, die zwar nicht gedruckt, aber auf dem Bildschirm ein- und ausgeblendet werden können. An diesen Zeichen können Sie beispielsweise erkennen, wo ein Absatz endet.
Tabstopp	Tabstopps sind feste Positionen im Dokument, die Sie mit der Tabulatortaste (Tab-Taste) der Tastatur ansteuern.
Textfeld	Textfelder werden in Word verwendet, um Text innerhalb eines Dokuments mit der Maus an beliebiger Stelle zu positionieren.
XML	„Extensible Markup Language", eine Auszeichnungssprache zur Darstellung hierarchisch strukturierter Daten in Form von Textdateien. XML ist vor allem für den Datenaustausch von Bedeutung.

XPS	XML Paper Specification, ein von Microsoft entwickeltes Dateiformat als Konkurrenz zum PDF-Format, das allerdings nur selten zum Einsatz kommt.
Zwischenablage	Ausgeschnittene oder kopierte Elemente werden in der Zwischenablage abgelegt und können von dort beliebig oft solange wieder eingefügt werden, bis das nächste Element ausgeschnitten oder kopiert wird. Die Zwischenablage wird auch von Anwendungen genutzt, mit ihrer Hilfe lassen sich Daten aus einer Anwendung, zum Beispiel ein Bild aus einem Zeichenprogramm, in ein Word-Dokument einfügen.

Stichwortverzeichnis

Symbole
3D-Modelle 266
.doc 95
.docm 95
.docx 89
.dotx 89, 300
.odt 104
.rtf 95
.txt 104

A
Absatz 42
Absatzabstände 118, 134
Absätze
  Abstand vor/nach 134
  Aufzählungen 135
  Ausrichtung 129
  Einzug links 130
  Einzug rechts 131
  Formate 114, 129
  Nummerierung 138
  Rahmen 145
  Schattierung 149
  Sondereinzug 131
  Zeilenabstand 133
Absatzende 43
Absatzformatvorlagen 195
Abschnitte 162, 176
  Abschnittsumbruch einfügen 162
  Kopf- und Fußzeilen 176
  Layout bearbeiten 163
  Statusleiste anzeigen 164
  Umbruch anzeigen 163
Adressblock 323
Änderungen nachverfolgen 293
  Markup 294
  Überarbeitungsbereich 295
Anführungszeichen 60
Anlage senden 289
Anmelden 100
Anordnen 257
Ansichten
  Drucklayout 34, 40
  Entwurf 38
  Fokus 38
  Geschützte Ansicht 94
  Gliederung 38
  Lesemodus 38, 286
  Miniaturansichten 162
  Plastischer Reader 288
  wechseln 34
Anzahl Wörter 77
Archivbilder 234
Aufgabenbereich Form formatieren 252
Aufzählungen 135
  Symbol wählen 136
Aufzählungszeichen 135
  Symbol 136, 137
Ausblenden 127
Ausgeblendeter Text 127
  drucken 183
Ausrichten 256
Ausrichtung 157
  Tabstopp 207
Ausrichtungslinien 247, 259
Ausschneiden 67
Auswahlfeld 308
Auswahlmodus 50
AutoFormat 60, 65, 137, 140
AutoKorrektur 58
  Symbol einfügen 129
Automatische Aufzählungen 137
Automatische Nummerierung 140
Automatisches Speichern 89
AutoText 278. *Siehe auch* Schnellbausteine
AutoWiederherstellen 97

B
Backspace-Taste 42
Backstage-Ansicht 82
Barrierefreiheitsprüfung 77
Bausteine 173. *Siehe* Schnellbausteine
Bedingter Trennstrich 65
Beenden 22
Benutzername 107
Benutzeroberfläche anpassen 107
Bilder
  Abstand zum Text 248
  Archivbilder 234
  ausrichten 244, 247

Bildbearbeitung 242
  drehen 241
  einfügen 234
  entfernen 237
  Freistellen 242
  Größe 238, 240
  komprimieren 243
  markieren 237
  mit Text verschieben 245
  Onlinebilder 236
  Position 245, 248
  Rahmen 243
  Rahmeneffekte 243
  Seitenverhältnis 238
  spiegeln 241
  Textumbruch 245
  verschieben 247
  zurücksetzen 240, 243
  zuschneiden 239
Bildformatvorlagen 243
Bildlaufleiste 45
Bildlaufleisten 24
Bildschirmtastatur 32
Bildwasserzeichen 179
Bindestrich 60
Blättern
  Seitenweise 161
  Vertikal 37
Blindtext 156
Blocksatz 130
Briefkopf 305
Browser 292
Building Blocks 279
Bundsteg 158

C

Cloud 290
Corporate Design 117, 304
Creative Commons 236
Cursor 24, 41
Cursortasten 44

D

Datei einfügen 277
Dateiname 85, 87
Dateinamenerweiterung 88
Dateipfad 303

Dateipfad einfügen 173
Dateityp 88, 104
Dateityp umwandeln 96
Datenaustausch 68
Datenbank 317
Datenfelder 316
Datenquelle 316
  bearbeiten 331
  filtern 330
Datensatz 316
Datenschutzeinstellungen 101
Datum einfügen 272
  automatisch aktualisieren 272
  Druckdatum 273
  Erstelldatum 273
  Feld 272
Deckblatt 165
Designs 115, 119
  Abstände 118, 305
  Effekte 119
  Farben 117, 305
  Schriftarten 116, 305
  Standard 120
Dialogfenster 28
Dokumente
  Abschnitte 162
  Abstände 118
  anheften 93
  Ausrichtung 157
  aus Vorlage 17
  Design 115
  Einfügen 277
  E-Mail 289
  Exportieren 104
  Farben 117
  Freigabe aufheben 291
  freigeben 290
  im Browser öffnen 292
  Leeres Dokument 40
  Neu 83
  Nicht gespeicherte 99
  öffnen 91
  schreibgeschützt öffnen 96
  Schriftarten 116
  Sicherheit 94
  speichern 84

   suchen 92
   Übersetzen 283
   Wiederherstellen 98
Dokumentinformationen 76
Dokumentraster 258
Dokumentstatistik 78
Dokumentvorlagen 17, 300
   ändern 303
   erstellen 300, 304
   Normal.dotx 300
   öffnen 303
   Online suchen 18
   schützen 313
   speichern 301
   Speicherort 303
   verwenden 302
Drag & Drop 65
Drehen 241
Dropdown-Pfeil 27
Drucken 21, 181
   Ausgeblendeter Text 183
   beidseitig 158
   Duplexdruck 182
   Papierzufuhr 159
   Seiten 182
   Vorschau 181
Drucker 182
Drucklayout 34
Druckoptionen 183
Druckvorschau 181
Duplizieren 255
Durchstreichen 126

E
Editor 53, 101
Effekte 119, 251
Einfügen 46
   Optionen 67
   Zwischenablage 67
Einfügeoptionen 67
Eingabetaste 42
Eingeben 41
Einzüge 130
   Lineal 132
Endnoten 276
Entf-Taste 46

Entwicklertools anzeigen 307
Entwurfsansicht 38
Ersetzen 71
Erste Seite 175
Erstzeileneinzug 132
Erweiterungsmodus 50
Etiketten 184
Excel-Tabelle 316
Exportieren 105

F
Farben 305
Farben anpassen 117
Farbmodell 124
Farbverlauf bearbeiten 253
Feld einfügen 273
Feldnamen 316
Fenster
   Anordnen 103
   Teilen 104
Fenstergröße 24
Feststelltaste 42
Fett 122
Fingereingabemodus 31
Fingergesten 31
Firmenlogo 179
Fokus 38
Formate
   Absatz 129
   löschen 126, 152
   suchen 73
   Zeichen 114
Format übertragen 151
Formatvorlagen 115, 188
   Absatz 190, 196
   aktualisieren 193
   anpassen 192
   Aufgabenbereich 191
   Automatisch aktualisieren 195
   Basiert auf 197
   bearbeiten 194
   benutzerdefinierte 195
   erstellen 195
   Formatvorlagensatz 192
   Katalog 189, 195, 198
   Kein Leerraum 190

löschen 199
Nachfolgender Absatz 197
Neu 195
Standard 189, 190
Tastenkombination 198
Typ 191, 197
Überschriften 188, 190, 200
Verknüpfte 190, 196
Vorschau anzeigen 191
Zeichen 190, 198
Formatvorlagensatz 192
Formeffekte 252
Formeln. *Siehe* Mathematische Formeln
Formen
  anordnen 257
  ausrichten 256, 258
  Effekte 251
  einfügen 249
  Farbverlauf 253
  formatieren 251
  Füllung 251
  gruppieren 258
  Seitenverhältnis 250
  Text einfügen 255
  Zeichenbereich 254
Formulare 307
  Formularfelder 308
  schützen 313
Fotos 234
Freigeben 289
Freihandeingabe 268
Fremdwörter 55
Fülleffekte 252
Füllzeichen 209
Fußnoten 276

G
Geschützte Ansicht 94, 110
Geschützter Bindestrich 63
Geschütztes Leerzeichen 63
Gespiegelte Seitenränder 158
Geviertstrich 60
Gitternetzlinien 36, 258
Gliederungen 141
Gliederungsansicht 38

Grafik
  3D-Modelle 266
  Archivbilder 234
  Bilder 234
  Festplatte 234
  Formen 249
  Freihandzeichnungen 268
  Piktogramme 259
  SmartArt 261
  Web 236
  WordArt 264
Grammatik 51, 55
  Sprache 56
Großbuchstaben 126
Gruppieren 258

H
Hängender Einzug 132
Hauptdokument 316
Hervorhebungsfarbe 124
Hilfe 20, 32
Hochformat 157
Hochstellen 126
Horizontal blättern 161
Hyperlinks 61, 201

I
Inhaltsverzeichnis 201
Intelligente Führungslinien 247

K
Kapitälchen 127
Kein Leerraum 190
Kennwort 111, 313
Kombinationsfeld 310
Kommentare 296
Kompatibilitätsmodus 89, 95
Kontextmenü 29
Konto 100
Kontoeinstellungen 100
Kontrollkästchen 312
Konvertieren 96
Kopf- und Fußzeilen 169
  Abschnitte 176
  Abstand 174
  ausrichten 173

Dateipfad 173
erste Seite 175
Gerade und ungerade 176
Gespiegelt 175
Grafik 305
Linien 174
Logo 305
öffnen 169
Seitenrand 171
Seitenzahlen 171, 306
Tabstopps 173
verknüpfte 176
Vorlagen 170
Kopieren 66
Korrekturmodus 293
Korrekturtaste 42, 46
Kursiv 122

L
Leeres Dokument 83
Leere Seite 164
Leerzeichen 63
Leerzeilen überbrücken 62
Lesemodus 38, 286
Letzte Position 94
Ligaturen 126
Lineal 36, 207
  Einzug 132
Linienfarbe 146
Linker Einzug 132
Linksbündig 129
Liste mit mehreren Ebenen 141
Listenformat 143
Löschen 46

M
Makros 89, 95, 109
Markieren 48
  Erweiterungsmodus 50
  nicht zusammenhängenden Text 49
  Objekte 246
  Tasten 50
Markup 294
Mathematische Formeln 274
Mauszeiger 24
Mehrere Seiten 35

Mehrfachmarkierung 257, 262
Meine Datenquellen 318
Menüband 25
  anzeigen 26
  Tasten 29
Menüband anpassen 307
Microsoft-Konto 100
Microsoft Outlook 320
Miniaturansichten 162
Minisymbolleiste 29

N
Nachschlagen 285
Navigationsbereich 86, 188, 202
Neuer Ordner 86
Nicht druckbare Zeichen 43
Normal.dotx 300
Nummerierung 138
  entfernen 139
  unterbrechen 140
  Zahlenformat 138
Nur Text 104

O
Objekte
  ausrichten 256, 258
  markieren 246
  verteilen 257
Office aktivieren 102
Office-Hintergrund 102
Office-Zwischenablage 68
Öffnen 91
  Schreibgeschützt 96
  Sicherheitseinstellungen 94
OneDrive 84, 290
Online-Bilder 236
OpenDocument 104
Open-Type Features 126
Optionen 97, 107
Organigramm 261
Outlook 320

P
Papierausrichtung 157, 160
Papierformat 157, 159
  Benutzerdefiniert 159

Papierzufuhr 159
PDF-Datei 89, 105
   Lesezeichen 106
   öffnen 106
Pfeiltasten 44
Piktogramme 259, 306
   formatieren 260
Plagiate 56
Plastischer Reader 288
PrintDate 273
Product Key 102
Proportionalschrift 120, 206
Punkt (Maßeinheit) 122

Q
Quadrat 250
Querformat 157

R
Rahmen 145
   Absätze 145
   Abstand 147
   Horizontale Linie 148
   Seitenrand 150
   Seitenränder 178
   Tabelle 226
   Zeichen 145
Raster 258
Rechtsbündig 130
Rechtschreibung 51, 54
   Korrekturvorschläge 52
   Optionen 57, 62
   Sprache 56
Regeln 328
Register 25
   Datei 82, 85
   Entwicklertools 307
   Formel 274
   Hilfe 33
   kontextbezogene 28
   Referenzen 276
   Zeichnen 268
Rückgängig 47

S
Satzspiegel 169
Schattierung 149
Schließen 24
Schnellbausteine 173, 277
   ändern 280
   AutoText 278
   einfügen 279
   Inhalt ändern 280
   Katalog 278
   löschen 281
   speichern 278
   umbenennen 280
   Verwalten 280
Schnelltabellen 212
Schreibgeschützt öffnen 96
Schrift
   Abstand 127
   Attribute 122
   Farbe 123
   Größe 122
   hochstellen/tiefstellen 126, 127
   Position 127
   Schriftart 120
   Skalierung 127
   Stil-Sets 126
   Zeichenabstand 127
Schriftart Dialogfenster 127
Schriftarten 305
Schriftschnitt 122
Scrollen 24, 45
Seite einrichten 157
Seiten
   einfügen 164
   einrahmen 178
   Hintergrund 178
Seitenbewegung 37, 40, 161
Seitenfarbe 180
Seitenlayout 114, 156
   Mehrere Seiten 158
   unterschiedliche Seitenränder 160
Seitenränder 157
   ausblenden 36
Seitenumbruch 63, 162
Seitenzahlen 171
   Zahlenformat 172

Sendungen 319
Seriendruck 316
  Adressblock 322
  Adressen 316
  Anrede 325
  Bedingungen 328
  Briefe 319
  Datenquelle 320
  Datenquelle bearbeiten 331
  Datenquelle entfernen 327
  Datensatz 316
  Dokumenttyp 319, 327
  Drucken 326
  E-Mail 327
  Empfängeradressen 317, 319
  Empfänger bearbeiten 320, 331
  Excel-Tabelle 316
  Filtern 330
  Grußzeile 325
  Leerzeilen 321
  Neues Dokument 326
  Outlook 320
  Regeln 328
  Schattierung 322
  Seriendruckfelder einfügen 321
  Sortieren 329
  SQL 327
  Übereinstimmende Felder 324
  Umwandeln 327
  Vorschau 326
  Zusammenführen 326
Serifen 121
Short-Cuts 30
Sicherheit 94, 109
Silbentrennung 64
SmartArt
  einfügen 261
  formatieren 263
  Form hinzufügen 262
  Text eingeben 261
Sondereinzüge 131
Sortieren 222
Spalten 166
  Abstand 167
  Spaltenwechsel 168
  Zwischenlinie 167

Speichern 21, 84
  Automatisches Speichern 89
  Dialogfenster anzeigen 108
  Optionen 108
  Speichern unter 86, 88
  Speicherort 85
  Symbol 87
Sprache 56
Standard 190
Standardspeicherort 109
Standardtabelle 211
Standardtabstopps 206
Startseite 16
  nicht anzeigen 108
Statusleiste 25
Steuerelemente 308
  Datumsauswahl 309, 310
  Kombinationsfeld 308, 310
  Kontrollkästchen 308, 312
  löschen 312
  Nur-Text-Inhaltssteuerelement 308, 309
  Rich-Text-Inhaltssteuerelement 308, 312
Steuerzeichen 43
Stil-Sets 126
Suchen 20, 70
  Formate 73
  Sonderzeichen 73
  Suchoptionen 71
Symbole
  Aufzählung 137
  AutoKorrektur 129
  einfügen 128
Symbolleiste für den Schnellzugriff 30, 48
  anpassen 30
  anzeigen 30
  Neues Dokument 83
  Seitenansicht und Drucken 183
  Speichern 85
  Unter dem Menüband anzeigen 31
  verbergen 30
Symbolschriftarten 121, 128
  AutoKorrektur 129
  Tastenkombination 128
Synchrones Scrollen 103

T

Tabellen
  Ausrichtung 220
  Auswählen 214
  Eigenschaften 217, 220
  einfügen 211
  formatieren 223
  Formatvorlagen 225
  Gitternetzlinien anzeigen 226
  löschen 219
  markieren 214
  Radierer 228
  Rahmenlinien 225
  Schattierung 225
  Sortieren 222
  Spaltenbreite 212, 215
  Spalten einfügen 218
  Tabellenbreite 212, 220
  Textabstand 224
  Text eingeben 213
  Textrichtung 223
  Textumbruch 221
  Text umwandeln 229
  Überschriften wiederholen 223
  zeichnen 227
  Zeilen einfügen 218
  Zeilenhöhe 215
  Zellen teilen 219
  Zellen verbinden 219, 229
Tabstopps 173, 206, 317
  ändern 208
  Ausrichtung 208
  Füllzeichen 209
  Kopf- und Fußzeile 173
  löschen 209
  setzen 207
  Standardtabstopps 206
  verschieben 208
Tabulator-Taste 42
Tabulatorzeichen 206
Tastenkombinationen 30, 44
  Formatvorlagen 198
Teamarbeit 289
Text aus Datei 277
Texteffekte 125
Textende 62

Textfelder 265
Texthervorhebungsfarbe 124
Texthintergrund 179
Text in Tabelle umwandeln 229
Textrichtung 223
Textumbruch 245, 265
  Optionen 248
Textwasserzeichen 179
Tiefstellen 126
Touchmodus 31
Transformieren 264
Trennung 64
Trust Center 109

U

Überarbeitungsmodus 293
Überschreiben 47
Überschriften 190
  Formatvorlagen 190
  Navigationsbereich 202
  nummerieren 200
Übersetzen 282
Uhrzeit 272
Umbrüche 162
Umschalttaste 42
Umschläge 183
Unterstreichen 122
Unterstreichungsfarbe 123
Updates 102
Urheberrecht 236

V

Verknüpfte Formatvorlagen 191
Verschieben 65
Verschlüsselung 111
Versionsverlauf 90
Vorlagen 17

W

Wasserzeichen 179
Weblayout 38
Weiche Zeilenschaltung 43, 62
Wiederherstellen 47, 98
Wiederholen 47, 150
Wikipedia 285
WordArt 264
Word beenden 22, 82

Word-Einstellungen 107
Word Online 292
Word-Optionen 57, 75, 107
Word starten 16
Word-Vorlage 89, 301
Wörterbuch 51
   Hinzufügen 55

Z

Zahlenformat 138, 172
Zahlenformatvorlagen 126, 138
Zeichenabstand 127
Zeichenbereich 254
Zeichenformate 120
   Rahmen 145
   Schattierung 149
Zeichenformatvorlagen 191
   erstellen 198
Zeichnen 227, 268
Zeilenabstand 133
Zeilenumbruch
   Automatischer 42
   Manueller 43, 62
Zentriert 130
Zoom 35, 40, 181
Zuletzt verwendet 92
Zuschneiden 239
Zwischenablage 66
   Einfügeoptionen 67
   Office 68
   Optionen 76
Zwischenlinie 167